人类是永恒的学习者

谨以此《阅读天地》汉译本
纪念列夫·托尔斯泰诞辰190周年

阅读天地

托尔斯泰的读书札记和思考

[俄] 列夫·托尔斯泰 著
安国梁 译

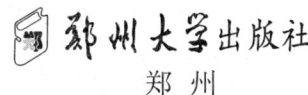

图书在版编目(CIP)数据

阅读天地/(俄罗斯)列夫·托尔斯泰著;安国梁译.—郑州:郑州大学出版社,2019.12
ISBN 978-7-5645-6635-7

Ⅰ.①阅… Ⅱ.①列…②安… Ⅲ.①读书笔记-俄罗斯-近代 Ⅳ.①G792

中国版本图书馆 CIP 数据核字(2019)第 277374 号

郑州大学出版社出版发行
郑州市大学路 40 号　　　　　　　邮政编码:450052
出版人:孙保营　　　　　　　　　发行电话:0371-66966070
全国新华书店经销
郑州龙洋印务有限公司印制
开本:710 mm×1 010 mm　1/16
印张:44.75
字数:902 千字
版次:2019 年 12 月第 1 版　　　　印次:2019 年 12 月第 1 次印刷

书号:ISBN 978-7-5645-6635-7　　　定价:158.00 元
本书如有印装质量问题,请向本社调换

《阅读天地》介绍

《阅读天地》是列夫·尼·托尔斯泰晚年的重要著作。

《阅读天地》从构思到面世经历了一个相当漫长的过程。1884年3月6日,托尔斯泰向尼·尼·盖(父子同名,此指父亲)说,他正在挑选和翻译不同民族的哲学家和作家的名言。同年3月15日,托尔斯泰日记中出现了一段摘记:"该给自己定一个阅读范围——爱比克泰德,马克·阿夫列里,老子,佛陀,帕斯卡尔,新约——这可能是大家都需要的。"1885年给契尔特科夫的信函、1888年2月28日给罗萨诺夫的信函中,他都提到了自己的这一设想。但是,直到1903年,托尔斯泰才根据早年的构想写作并出版了《哲人思想天天学》一书,成为《阅读天地》创作历程迈出的第一步。托尔斯泰从此一发而不可收,决定在此基础上做进一步拓展,修订后的文本于1906年出版,书名相应改为"阅读天地"。这是该书的第一版。托尔斯泰意犹未尽,在随后的岁月中对该书再次扩容增补,终于在1908年写出了内容更为丰富的《阅读天地》第二版。这一版在托尔斯泰辞世后经过相当多的删削后于1911—1912年由绥青出版。保持原貌的足本全文收在1957年版的《托尔斯泰全集》的41—42卷中。我们的译本则是根据1991年莫斯科政治文献出版社出版的两卷本足本原文的全部正文译出。

托尔斯泰对此书极为重视。他曾这样说:"这是多好的一部书啊!虽然是我自己写的,但在我每次阅读它时,我仍然感到精神无比振奋!"十月革命后,此书长期被搁置。但是,随着时间的推移,俄罗斯批评界已开始充分意识到,《阅读天地》是托尔斯泰晚期创作的核心作品,是20世纪重大的文化现象,是了解托尔斯泰不可或缺的一部重要书籍。那么,《阅读天地》究竟是怎样的一部书呢?

这是一部日记体的读书札记。日积成周,周积成月,月累为年。每日一记,每日的正文前有类似提要的小引,正文后有小结。每周则殿以长篇阅读材料,名为"每周阅读"。

全书材料宏富。正文引文2 360余条,署名者1 600余条,未注明出处者750余条。据托翁序言可知,这些佚名引文,有一些是佚失姓名的他人之作,有一些则出自他本人的手笔。根据内容推测,出自他的手笔的引文数量可能更可观。此外,正文前后绝大多数出自他手的"小引"和"小结"720余条,与佚名引文相加,约占全书五分之二,这些文字,大多为托翁本人的直抒己见,坦陈胸臆。

署名引文约占全书正文的三分之二。所引人物和作品,就地域而言,涉及欧美与东方;就时间而言,从古到托翁生前的时代。所引均为足以引人思考给人启迪的文字。

书中所引欧美代表性作家有:柏拉图、赫拉克利特、塞内加、西塞罗、普卢塔克、塞诺芬、爱比克泰德、培根、蒙田、卢梭、康德、帕斯卡尔、尼采、叔本华、爱默生、杰斐逊、亨利·乔治等。所引东方作家有老子、孔子、孟子、萨迪、佛陀、琐罗亚斯德等。翻阅全书,大有置身山阴道上美不胜收的感受。

然而,这只是表象,作品还有更深的蕴涵。书中所引观点都曾引起托尔斯泰强烈共鸣和充分肯定。从托翁本人言论和小引小结来看,所引观点,实则也是托翁的主张。因此,整个文本,托尔斯泰的观点和引述的其他作家的观点水乳交融,汇成一体,在内容和逻辑上,都表现出充分的完整性和统一性。从这一意义上讲,托翁只是把他人的观点当作思想材料加以熔铸,来构建自己的思想体系,表达自己对人、对人类未来的思考。托翁是借他人的酒杯,浇自己的块垒。

社会阅历十分丰富的托尔斯泰,在时代新旧交替的现实背景下,在历史、时代、现实的交会中,借助宗教形式,思考着人生的一系列重大问题:人的终极目的、社会制度、生活方式、信仰教化、真伪善恶、生死爱恨、幸福灾难、不朽永生、物质精神、法律道德、战争和平、理想现实、言与行、失与得、穷与富、苦与乐等。托尔斯泰作为激烈的抗议者,对当时俄国现存的生活秩序,做了无情的揭露和抨击,批判了他那一时代的道德状况。托尔斯泰与其说是在企图揭示并确立上帝的正面概念,还不如说是在谴责和揭露他那一时代的社会道德风尚。否定即肯定。托尔斯泰正面提出了人的正确的生活态度和生活的意义。全书既是托翁的世界观,也是他的人生观的告白。

托尔斯泰思想的形成复杂而漫长。但有一点是可以肯定的:他的世界观和人生观主要是然而并不完全是俄国现实的产物,国际范围中思想界的鼓动、摩擦和冲突,同样推动着他的思考,在他的思想中留下了烙印,也影响着世界的思想界。最典型的是,托尔斯泰的思想与印度甘地的非暴力不合作运动彼此呼应,相互推动。这是思想史上不争的事实。因而,托尔斯泰不单是俄国农民利益的维护者,他也是国际范围中时代冲突的一方代表,思想者。

托尔斯泰是新中国成立以来最受欢迎的外国作家之一,他的文学作品在国内得到了广泛传播。在这一背景下,本书确有其在中国流传的思想基础。本书对了解托尔斯泰本人、了解其思想、研究其作品都大有裨益,值得注意。

在托翁留给后人的精神财富中,至少有几个方面值得肯定。

1. 他对未来充满了光明期待。他以宗教式的语言肯定,"神的王国"(神国)定能在全世界落地生根。在这一王国中,没有人压迫人、人欺诈人的现象,没有战争,没有掠夺,没有贫富的分化,人人劳动,相互敬爱,就如同一父母所生的同胞。这一王国成为人间的极乐世界。他否定了基督教的彼岸世界、来世思想,他认为幸福在人间,希望在现实,人生的意义在现实。在时间的过去、现在和未来这三个维度中,过去已成历史,不复存在,未来还没到来,尚不存在,对人而言,能立足的只有现在,能把握的也只是现在。他主张人应当立足于此时此地为"神的王国"的到来而做出自己的努力。这种奋发图强的入世思想给人以向上的动力,值得人深思。

2. 在物欲横流的时代,人尤其要关注自己的精神世界。在他看来,物质必不可免会消亡,它的存在是短暂的、瞬息即逝的;精神则超越时空,是不受时空控制的,因而是永恒的、不可摧毁的。人的一身兼具物质(肉体)和精神(灵魂),因而,人的肉体压倒灵魂时,人就成为动物性的人,但是,当人的灵魂压倒肉体时,人就成为精神性的人。灵与肉的斗争不可避免。托尔斯泰认为人必须以精神来支配物质,而不是相反。不做动物的人,要做精神的人。人要不断求得精神的精进,不断自我完善。人与上帝同在,他就会像上帝一样,得到永生。这对当代的我们定会有良好的启迪。

3. 托尔斯泰的生死观很值得忌讳死的国人借鉴。托翁认为,人的一生始终处于变化之中,由在母腹中躁动的胎儿呱呱坠地起,婴儿、幼童、少年、成年、读书、工作、结婚、生子,无时无刻不在蜕变,这种变动总是受到上一代人的欢迎和肯定。以后变老、衰病,直至死亡,不过是人生变化中的一个阶段,是人的必不可免的归宿,不必惊慌,无须恐惧。如果说,生是幸福,那么作为生的必要条件的死也应是一种幸福。死并不是一切不复存在,人的精神将永存人间,一个人只要不忘使命,尊重理性,服从良知,为人们服务,是不会死亡的。这种死亡观促使人更积极地对待生命。这就是知死而知生。

4. 在为人处世方面,他以哲理性的语言表达了自己的真切感受,也更多地引证了世界哲人的一些金玉良言,至今不失其现实意义。如:"人的幸福视他为他人提供幸福的程度而增减""如同沉沉黑夜才能显出天宇一样,只有痛苦才能显示整个人生的意义""发现他人的谬误轻而易举,看出自己的纰漏则困难重重""对财富的强烈渴望绝不可能缓解和满足。拥有财富之人不仅为拥有更多财富的愿望而苦恼,而且为失去现有财富而恐惧""贫困的并不是那财富不多的人,而是那渴望财富更多的人""知识使伟人服从,使普通人惊奇,使渺小者头脑膨胀""过分臃肿的衣服妨碍身体的活动,财富则束缚灵魂的行动"——这类格言,书中俯拾皆是,确是人类精神宝库中的珍珠。

当然,原书出版于百多年之前。随着时代和社会生活的巨大变化,他的所有观点不可能都为当代读者所认同。托翁生活在一个知识爆炸的时代。他对科学研究,对知识、对教育的思考虽然从现代人的眼光来看颇为偏颇,但其中不乏真知灼见,蕴含着极为宝贵的合理内核,确是一种片面的深刻。我们不妨披沙拣金,下一番功夫,千万不要把小孩和脏水一起泼掉。总之,不管从正面还是从反面,此书都会给读者思想以强烈的冲击和全新的启迪。

原著前言

这里搜集的思想观点，是我从卷帙浩繁的文集和选集中摘录下来的。

那些没有署名的思想观点，有的是我从没有标明作者的选集中采撷而来，有的是出自我的手笔。

其余的思想观点都署上了作者的名字。但是，非常遗憾，我在摘录这些思想观点时，常常没能准确标注这些思想观点的出处。

我在移译众多作者的这些观点时，根据的往往不是原文而是译成别的语言的译文，所以，我的译文可能与原文不完全吻合。造成这些观点与原文不完全相符的另一个原因，则是由于我在他人洋洋洒洒的长篇大论中只是选用了个别的论断，为了造成一种鲜明而严整的印象，我势必会删除某些词句，偶尔还不仅会用另一些词句去置换一些词句，而且还会用完全是自己的语言去表达那思想。因为本书的目的并不在于给读者提供众多作家的文字忠实可靠的译文，而在于通过重温不同作家伟大而卓有成效的思想信念，给广大读者提供一个他们能够接受的天天坚持阅读的广阔天地，以便激起他们更高尚的思想感情。

我愿读者每天在阅读这本书时能和我一样，体验到一种高尚而振奋向上的感情。这种感情，我过去编写这一著作时体验过，如今，不管在每天阅读它还是在准备它的修订第二版时，仍一如既往地体验着。

列夫·托尔斯泰
1908 年 3 月　雅斯纳亚·波良纳

目 录

一 月

1月1日	知识	001
1月2日	信仰	003
1月3日	生活制度	004
1月4日	团结	005
1月5日	语言	005
1月6日	努力	006
1月7日	善良	007
每周阅读	贼之子	008
1月8日	信仰	011
1月9日	知识	012
1月10日	教化	013
1月11日	温顺	014
1月12日	异端邪说	015
1月13日	信仰	016
1月14日	爱	017
每周阅读	忏悔的罪人	019
1月15日	信仰	020
1月16日	生活制度	021
1月17日	真知灼见	022
1月18日	教育	024
1月19日	自我舍弃	025
1月20日	不朽	026
1月21日	自我完善	026
每周阅读	日臻完美	028

1月22日	战争	029
1月23日	恶	030
1月24日	真知灼见	032
1月25日	知识	033
1月26日	仁慈	034
1月27日	爱	035
1月28日	律法	036
每周阅读	基督教教义的本质	038
1月29日	真知灼见	041
1月30日	生活制度	042
1月31日	异端邪说	043

二　月

2月1日	灵魂	045
2月2日	死亡	047
2月3日	善良	048
2月4日	理性	049
每周阅读	理智	050
2月5日	思想的力量	052
2月6日	激情	053
2月7日	自我完善	054
2月8日	语言	055
2月9日	战争	056
2月10日	温顺	057
2月11日	律法	058
每周阅读	佛陀	059
2月12日	不朽	062
2月13日	信仰	063
2月14日	灵魂神圣的本质	064
2月15日	纯朴	065

2月16日	精神的本质	066
2月17日	平等	067
2月18日	自我舍弃	069
每周阅读	Ⅰ 弃绝私利	070
	Ⅱ 独立自主的人	071

2月19日	劳动	073
2月20日	进步	073
2月21日	素食	075
2月22日	上帝	076
2月23日	生活制度	077
2月24日	真理	078
2月25日	祈祷	079
每周阅读	Ⅰ 天使长加夫里拉	081
	Ⅱ 祷告	081

2月26日	语言	085
2月27日	财富	086
2月28日	艺术	087
2月29日	理想	088

三　月

3月1日	死亡	090
3月2日	自己的意志和上帝的意志融为一体	091
3月3日	善	092
每周阅读	穷人	093

3月4日	节制	096
3月5日	温顺	097
3月6日	上帝	098
3月7日	劳动	099
3月8日	祈祷	100
3月9日	战争	101
3月10日	团结	103

| 每周阅读 | I 团结一致 | 104 |
| | II 航海 | 104 |

3月11日	婚姻	105
3月12日	事业	106
3月13日	真知灼见	107
3月14日	理性	108
3月15日	爱	109
3月16日	知识	110
3月17日	生活制度	112
每周阅读	不以暴力抗恶	113

3月18日	谴责	114
3月19日	财富	115
3月20日	秘密	117
3月21日	生活的意义	118
3月22日	公正	118
3月23日	生活制度	120
3月24日	上帝	121
每周阅读	苏拉特城的咖啡馆	122

3月25日	互助	126
3月26日	神国即将来临	127
3月27日	勇敢	129
3月28日	真知灼见	130
3月29日	节制	131
3月30日	善良	132
3月31日	忏悔	133
每周阅读	科尔涅伊·瓦西里耶夫	134

四 月

| 4月1日 | 知识 | 147 |
| 4月2日 | 努力 | 148 |

4月3日	死亡	149
4月4日	欢乐	150
4月5日	劳动	151
4月6日	自我完善	152
4月7日	善	153
每周阅读	善	154
4月8日	战争	155
4月9日	不朽	157
4月10日	神国即将来临	158
4月11日	恶	159
4月12日	上帝	160
4月13日	理性	161
4月14日	生活制度	162
每周阅读	街头流动小贩	164
4月15日	报复	172
4月16日	人的价值	174
4月17日	信仰	175
4月18日	知识	176
4月19日	苦难	178
4月20日	自我舍弃	179
4月21日	生活制度	180
每周阅读	书简摘录	182
4月22日	灵魂的神圣本质	184
4月23日	纯朴	185
4月24日	勇敢	186
4月25日	灵魂的神圣本质	187
4月26日	上帝	188
4月27日	谴责	189
4月28日	劳动	190
每周阅读	鸡蛋一般的种子	191
4月29日	疾病	193

4月30日	生活的意义	194

五　月

5月1日	勇敢	197
5月2日	语言	198
5月3日	知识	199
5月4日	思想的力量	200
5月5日	教化	201
每周阅读	Ⅰ　教育	202
	Ⅱ　教育书简（摘录）	203
5月6日	素食	206
5月7日	一切在自身	206
5月8日	温顺	208
5月9日	努力	209
5月10日	灵魂	210
5月11日	理想	212
5月12日	死亡	213
每周阅读	死于医院	214
5月13日	一切在自身	216
5月14日	灵魂的神圣本质	216
5月15日	真理	217
5月16日	信仰	218
5月17日	癫狂	220
5月18日	灵魂的神圣本质	221
5月19日	律法	222
每周阅读	暴虐的法则和仁爱的法则	223
5月20日	自由	224
5月21日	善	225
5月22日	成长	226
5月23日	节制	227
5月24日	爱	229

5月25日	语言	230
5月26日	死亡	231
每周阅读	对苏格拉底的审判及其辩护	232
5月27日	诱惑	234
5月28日	财富	235
5月29日	灵魂的神圣本质	236
5月30日	生活制度	237
5月31日	欢乐	238

六 月

6月1日	事业	239
6月2日	妇女	240
每周阅读	Ⅰ 心肝宝贝	241
	Ⅱ 契诃夫短篇小说《心肝宝贝》跋	249
6月3日	团结	252
6月4日	异端邪说	253
6月5日	灵魂	254
6月6日	恶	255
6月7日	温顺	256
6月8日	善良	257
6月9日	生活制度	258
每周阅读	难道该这样？	259
6月10日	不朽	261
6月11日	思想的力量	263
6月12日	成长	264
6月13日	理性	265
6月14日	谴责	266
6月15日	上帝	267
6月16日	生活制度	267
每周阅读	最初的痛苦	269

6月17日	战争	277
6月18日	灵魂的神圣本质	279
6月19日	良知	280
6月20日	素食	281
6月21日	真知灼见	282
6月22日	事业	283
6月23日	自由	284
每周阅读	Ⅰ 自愿的奴隶	286
	Ⅱ 鹰	291
6月24日	死亡	292
6月25日	虚荣心	294
6月26日	理性	295
6月27日	努力	296
6月28日	家庭	297
6月29日	沮丧	299
6月30日	生活制度	300
每周阅读	浆果	302

七　月

7月1日	灵魂的神圣本质	310
7月2日	艺术	311
7月3日	自由	312
7月4日	惩罚	314
7月5日	幸福	315
7月6日	战争	317
7月7日	上帝	319
每周阅读	帕斯卡尔	320
7月8日	爱	325
7月9日	知识	326
7月10日	异端邪说	327
7月11日	仁慈	328

7月12日	团结	329
7月13日	生活制度	330
7月14日	神国即将来临	332
每周阅读	Ⅰ 世界的制度	333
	Ⅱ 早期基督徒对战争的态度	334
	Ⅲ 农民奥里霍维克拒服兵役的一封信	336
7月15日	自己的意志和上帝的意志融为一体	337
7月16日	语言	339
7月17日	暴力	340
7月18日	灵魂的神圣本质	340
7月19日	纯朴	341
7月20日	同情和素食	342
7月21日	爱	345
每周阅读	不信教的人	346
7月22日	事业	351
7月23日	努力	351
7月24日	律法	353
7月25日	苦难	354
7月26日	信仰	355
7月27日	知识	356
7月28日	忏悔	357
每周阅读	Ⅰ 忏悔	358
	Ⅱ 石块	360
7月29日	理性	360
7月30日	温顺	361
7月31日	财富	362

八 月

8月1日	自由	364
8月2日	死亡	365
8月3日	报复	366

8月4日	自我舍弃	367
每周阅读	Ⅰ 大熊星座（小罐）	369
	Ⅱ 麻雀	369
8月5日	教诲	370
8月6日	理性	371
8月7日	虚荣心	372
8月8日	异端邪说	373
8月9日	恶	374
8月10日	当今	375
8月11日	一切在自身	376
每周阅读	孤独	377
8月12日	自己的意志和上帝的意志融为一体	380
8月13日	真知灼见	382
8月14日	暴力	383
8月15日	欢乐	384
8月16日	团结	385
8月17日	善良	386
8月18日	信仰	387
每周阅读	天主教和基督教	388
8月19日	幸福	390
8月20日	纯朴	391
8月21日	祈祷	391
8月22日	知识	392
8月23日	真理	394
8月24日	成长	395
8月25日	劳动	396
每周阅读	论土地的解放	397
8月26日	公正	399
8月27日	一切在自身	400
8月28日	信仰	400
8月29日	灵魂的神圣本质	402

| 8月30日 | 神国即将来临 | 403 |
| 8月31日 | 艺术 | 405 |

九 月

| 9月1日 | 麻醉 | 407 |
| 每周阅读 | 人为什么会被蒙蔽？ | 408 |

9月2日	异端邪说	409
9月3日	上帝	410
9月4日	努力	412
9月5日	惩罚	413
9月6日	迷误	414
9月7日	死亡	415
9月8日	童年	417
每周阅读	Ⅰ 出逃	418
	Ⅱ 童年的力量	423

9月9日	知识	425
9月10日	良知	426
9月11日	信仰	428
9月12日	财富	429
9月13日	真知灼见	430
9月14日	暴力	431
9月15日	真理	432
每周阅读	彼得·赫尔切茨基	433

9月16日	知识	436
9月17日	生活制度	437
9月18日	灵魂的神圣本质	439
9月19日	异端邪说	440
9月20日	努力	441
9月21日	思想的力量	442
9月22日	不朽	443
每周阅读	Ⅰ 墨西哥国王的遗嘱(选)	445

II 苏格拉底之死		445
9月23日	知识	450
9月24日	素食	451
9月25日	劳动	452
9月26日	律法	453
9月27日	谴责	454
9月28日	教诲	455
9月29日	战争	456
每周阅读	为什么？	458
9月30日	真知灼见	473

十　月

10月1日	真知灼见	475
10月2日	信仰	476
10月3日	财富	477
10月4日	爱	478
10月5日	努力	479
10月6日	疾病	480
每周阅读	生命力	481
10月7日	上帝	488
10月8日	科学	490
10月9日	灵魂的神圣本质	491
10月10日	死亡	492
10月11日	骄傲	493
10月12日	勇敢	494
10月13日	暴力	495
每周阅读	神律和俗规	496
10月14日	艺术	501
10月15日	成长	502
10月16日	灵魂的神圣本质	503

10月17日	上帝	504
10月18日	灵魂的神圣本质	505
10月19日	生活的意义	506
10月20日	服务	507
每周阅读	拉门奈	508
10月21日	宁静	511
10月22日	谴责	513
10月23日	良知	513
10月24日	团结	514
10月25日	人的价值	515
10月26日	事业	516
10月27日	理性	517
每周阅读	启示和理性	518
10月28日	苦难	521
10月29日	教诲	523
10月30日	自我舍弃	524
10月31日	异端邪说	525

十一月

11月1日	温顺	527
11月2日	诱惑	528
11月3日	律法	529
每周阅读	神性与人性	530
11月4日	语言	554
11月5日	思想的力量	555
11月6日	谴责	556
11月7日	不朽	557
11月8日	上帝	558
11月9日	骄傲	559
11月10日	异端邪说	560
每周阅读	基督教与人的分化	562

11月11日	努力	565
11月12日	教诲	566
11月13日	自我完善	568
11月14日	知识	569
11月15日	财富	571
11月16日	信仰	572
11月17日	当今	573
每周阅读	爱的要求	574
11月18日	善	577
11月19日	恶	579
11月20日	勇敢	580
11月21日	服务	581
11月22日	生活制度	582
11月23日	生活的意义	583
11月24日	仁慈	585
每周阅读	米里埃主教	586
11月25日	战争	590
11月26日	生活制度	591
11月27日	灵魂的神圣本质	592
11月28日	不朽	593
11月29日	语言	594
11月30日	温顺	595

十 二 月

12月1日	妇女	596
每周阅读	Ⅰ 妇女	597
	Ⅱ 姊妹	599
12月2日	素食	604
12月3日	艺术	605
12月4日	人的价值	607
12月5日	理性	608

12月6日	迷误	609
12月7日	不朽	610
12月8日	律法	611
每周阅读	Ⅰ 《十二使徒的教义》前言	612
	Ⅱ 上帝通过十二使徒传给民众的教义	614
	Ⅲ 彼此相爱吧	616

12月9日	祖国	621
12月10日	诱惑	622
12月11日	劳动	624
12月12日	善良	625
12月13日	信仰	626
12月14日	灵魂的神圣本质	627
12月15日	真理	628
每周阅读	Ⅰ 哈里森及其《告白》	629
	Ⅱ 告白	631

12月16日	爱	632
12月17日	团结	634
12月18日	进步	635
12月19日	幸福	637
12月20日	神国即将来临	638
12月21日	祈祷	640
12月22日	生活制度	641
每周阅读	受伤害者	643

12月23日	真知灼见	649
12月24日	成长	650
12月25日	仁慈	652
12月26日	教化	653
12月27日	精神的本质	654
12月28日	知识	655
12月29日	战争	656
每周阅读	论广泛分布于匈牙利、塞尔维亚、克罗地亚的拿撒勒教派	657

| 12月30日 | 团结 | 659 |
| 12月31日 | 当今 | 660 |

主题索引 …………………………………………………… 662
引文索引 …………………………………………………… 665
译后 ………………………………………………………… 689

一 月

1月1日 知 识[*]

真正优秀的、不可或缺的读物,远比那数量可观的、平庸而可有可无的读物要少,了解这一点是一件大好事。

1. 在遴选出来的小小藏书中,能够蕴含怎样巨大的财富啊。从世界所有文明国家绵延数千年的时间中简拔出来的一群当之无愧的哲人使我们在这里以最出色的方式享用着他们研究和智慧的成果。他们有一些人是离群索居、不可接近的,也许是他们难以容忍他人去干扰他们的幽居生活,打断他们的工作,也许是社会环境使他人不可能与他们联系沟通,但是,他们那些甚至对自己的挚友都加以保密的思想信念却在这里用清楚明白的语言写下,留给了我们这些若干世纪之后的毫不相干的外人。的确,我们必须把我们生活中最主要的精神馈赠归功于这些优秀书籍。

爱默生

2. 我们是反刍一族,对我们而言,单单塞满一肚子的书是不够的。要是我们不去好好反复咀嚼、反复消化那些原先生吞活剥进去的所有美食,书籍并不能给我们提供力量和营养。

洛克

3. 必须注意对林林总总的作家和各式各样书籍的阅读,不要把你的头脑弄得昏暗模糊、混沌一团。如果你想汲取某些有益的成分,你的头脑就应当只从已有定评的作家那里获得。有太多的书籍在魅惑人的心智。所以只读那些众口一词公认的好书吧。如果有时想暂时变一变口味,阅读另一类文字,那就别忘了随时重新回到原先已经熟知的东西上去吧。

塞内加

---

[*] 原著每日后并无标题,此据原著目录移用,以便阅读。下同,不再出注。

4. 你得先读上乘之作,而且完全不必仓促赶读它们。

托罗

5. 只有在自己的并不罕见的思想之泉枯竭时才该阅读。这种思想枯竭现象在那些智慧超群的人身上出现并不罕见。但是,为了书本而去惊动尚不巩固成熟的思想见解,那就意味着对灵魂犯罪。

叔本华

6. 文学再现生活。你无论转向哪里,都是那些你挤我拥、不可救药的群氓——就是群氓的名字也多得数不胜数——他们像夏天的苍蝇,到处喧嚣骚动,把一切弄得污秽不堪、狼藉难忍。下列不良现象由此产生:粗制滥造、不堪卒读的作品泛滥成灾,文学莠草产量惊人,一切良种都被扼杀而不能破土而出。这类作品盗走了读者的时间、金钱和关注,而这一切,说实在的,本当只有由经过精心挑选出来的作品来享有。

坏书不仅无益,而且肯定有害。要知道,过去十分之九的书籍只是在日后才有机会出版,为了从轻信的读者的口袋里骗出剩余的不多几个三马克银币,仅仅为了这一目的,作家、出版者、印刷商,都挖空心思把小书尽量加厚。

一个更加有害、恬不知耻、丧尽天良的骗局出自那些按行计酬的下流作家:为自己那些不堪卒读的作品的每一行文字收取一文稿酬。这些论行计酬的下三滥作家败坏了读者的鉴赏力,一笔勾销了正当的教化。

为了与这极端有害的倾向相抗衡,应当抛弃阅读的老习惯,换言之,就是完全不阅读那些吸引广泛注意、引起一时轰动的作品。说得不客气一点,就是必须唾弃出版之日即其衰亡之时这一类的出版物。

确实,这里不能不预先说明,那些为糊涂蛋涂鸦的写手总能为自己找到最广泛的读者群,但是,说实在的,人应当借那些涂鸦之作毫无生气、极为短命的机会,用来把所有民族、一切时代的一流大师介绍给读者,把才华横溢的天才创造者介绍给读者。这些人一如塔楼高耸在众多平庸的作家之上。只有这类高品位的作家才有能力对读者进行教育和训导。

坏书即使寥寥,人在任何时候都不要去阅读;好书则因为数量可观而无法一一读完。坏书是使才智迟钝的道德毒药。

由于人们坚持阅读的不是一切时代的上乘之作,而只是当代文学的最新作品,而当今的下流作家只是在一切陈陈相因的狭隘的思想里兜圈子,反复谈着同一俗套,所以我们的时代不可能从自身的污泥浊水中挣脱出来。

叔本华

物质毒药和精神毒药的区别,在于大多数物质毒药是敌视审美情趣的,而以报纸和恶俗图书形式出现的精神毒药,则令人痛心,常常是颇为诱人的。

1月2日 信　仰

　　一个最最不可容忍的迷信乃是我们时代大多数所谓的学者的迷信：一个人能够没有信仰而生活。

　　1. 对自己的尘世生活的起源或终极目的，人始终怀有一种了解的渴望，或至少需要得到某种理解。宗教宣称，它能满足他们的这一要求，它能阐明可把一切人团结起来的结合点，使他们有如拥有同一个根、同一个生活使命和同一个终极目的的兄弟一般。

约瑟夫·马志尼

　　2. 真正的宗教乃是由人确立的他与他周围无限生活的某种关系，这种关系把他的生活和这种无限性联结起来，并指引着他的行动。

　　3. 任何宗教的本质，只在回答这一问题：我为什么活着，我对我周围的无限的世界持何态度。没有一种宗教，从最崇高的到最粗鄙的，不以确立人对自己与周围世界的关系的认识为基石。

　　4. 宗教是育人的最高级、最高尚的活动，是最伟大的教育力量，同时，作为信仰的外在显现和自私自利的政治活动，又是人类前进运动的重要障碍。不管是神职人员的活动还是政府的活动，和宗教都是对立的。宗教的本质是永恒而神圣的，但同时，它只在人心能感受、会跳动的地方才能充溢整个人心。我们的所有研究告诉我们，一切伟大的宗教都有一个共同的基础，都建立在从人类生活发轫之初直至今日发展起来的共同的学说之上。

　　在一切信仰的深处，流淌着同一个永恒的真理。

　　即使拜火教徒佩戴着"道表"*，犹太教徒佩戴着七连灯台，基督教徒佩戴着十字架，伊斯兰教徒佩戴着新月，但是愿他们都记住，这只是一种外在的标识，而一切宗教的根本实质，是对他人的爱，这同时也是摩奴、琐罗亚斯德、佛陀、摩西、苏格拉底、吉列尔、耶稣、保罗、穆罕默德所要求的。

莫里斯

　　5. 构成一切宗教本质的，并不是作为神启（因它自称为神学）的某一教义的内容，而是以神诫形式出现的所有一般的义务的内容。

据　康德

---

*　该象征物，下部为象征永恒的圆环，其左右有象征善恶两条道路的双翅，上部为踩在环中象征灵魂的老人，一手高举，指向去天堂之路，一手握指环，提醒教徒信守诺言

信仰缺失者的生活乃是动物的生活。

1月3日　生活制度

"我的精神食粮在于实现差遣我的主的愿望,完成他的事业。"基督说。这也是我们每一个人的主的事业。我们可能并不知道,上帝通过我们完成的整个事业是什么,但是却不能不知道,我们应当厕身其中的事业是什么。

1. 凡称呼我"主啊主啊"的人不能都进天堂,只有遵行我天父旨意的人,才能进去。

马太福音7章

2. 如果没有能力去点亮灯火,并使它光芒四射,那就至少不要去遮挡它。

3. 知道健全理智的规则,不如热爱这些规则;热爱这些规则,则又不如去实践完成这些规则。

中国智慧集

4. 我们生活的主要问题只有一个:在我们这短暂的一生中,我们是否做了那差遣我们来到人世的主所希望我们做的工作。

我们做了没有?

5. 我心情沉重,我请求上帝帮助我。可是显然,我的事业是为上帝服务,而不是让他来为我服务。一想到这一点,我那沉重的心情就变得轻松起来。

6. 天地之间并无深渊,认为上帝赠予我们的居所应当永远受恶、利己、压迫所支配这一想法,自然是一种亵渎冒犯的行为。大地不是赎罪之渊薮,而是我们应当在其中获得真理和公正并从事劳动的宅邸。每个人的灵魂深处都埋藏着对这宅邸的追求。

约瑟夫·马志尼

7. 我们命中注定的劳作,我们应当诚实地、完美无瑕地去完成。不管是我们希望渐渐成为天使,或者相信不定什么时候成为懦夫,反正都一样。

约翰·略斯金

要明白,生活的目的是你的幸福,残忍的生活则毫无意义。请相信人的智慧、你的理智和你的心对你的忠告:生活乃是为那差遣你人世的主服务,那么,生活就会成为始终不渝的欢乐。

1月4日 团 结

即使我们并不愿意这样,我们仍然不能不感到我们和人的整个世界存在的联系:使我们联系在一起的,是工业、商业,是艺术、学术,而主要的是我们共同的处境,我们对待世界相同的态度。

1. 善人毫无顾虑地彼此帮助,恶人则蓄意相互斥拒。

中国谚言集

2. 人人都有自己的沉重负担、自己的不足:没有他人的帮助,任何人都不可能应付一切;所以我们应当用安慰、劝告、彼此提醒来相互帮助。

选自 虔信者思想录

3. 我们的世界被安排成这样:一千人一起劳作所生产的产品,比同样一千人却分散单独劳作所生产的产品要多好多倍。可是,这并不能证明九百九十九个人必须成为一个人的奴隶的必然性。

亨利·乔治

4. 好人是坏人的导师。坏人是好人理该加以重塑的对象。那不尊重自己的导师又不爱理应加以重塑的对象的人,虽然智慧出众,却是错误的。

老子

5. 所有亚当的子孙,是同一身躯上的不同器官。一个器官疼痛,所有其他器官也都疼痛。要是漠视他人的痛苦,那你就不配人这一称号。

萨迪

6. 个别人的生活应当和人类的共同生活紧密结合成一体,因为整个创造活动都深深地贯穿着协调和团结。不管是外在的自然界,还是精神领域,一切生活现象都彼此紧密相连。

马克·阿夫列里

从我们知道人类历史时起,它就是一部人类走向日益广泛的统一团结的历史。这种统一团结是通过各式手段实现的。为统一团结服务的,不仅是那些为它工作的人,甚至还有那些反对它的人。

1月5日 语 言

一个人在一座人头攒动的大厦里一声尖叫:"失火了!"人群立即蜂拥而出,四散逃命,成十成百的人因此而丧命。

语言制造的显而易见的灾难就是如此。但是,即使我们没有看见被我们的讲话刺得万般痛苦的人,这灾难也并非不大。

1. 火器造成的伤口还有可能医好,恶舌带来的伤口则永远不会愈合。

波斯格言集

2. 在语言方面没有过失的人,是完人,他有足够的能力来控制自己的整个肉身。我们把嚼环放进马嘴,使它服从,我们就能控制它整个身体的活动。船只不管多大,无论被怎样大的风吹刮,一支不大的舵就能使船只随着掌舵人的意思而前进。舌头也是这样:器官不大,却可做很多。看,不大的火能烧掉多少东西,舌头即火,是谎言的护身。

雅各书

3. 听到对他人的毛病说三道四,千万不要去分享他们的快意。听到说人们所干下的蠢事,请立即离开不听,并尽量把听到的一切忘却。但是,听到他人的善举,就牢牢记住,并多多传播吧。

按这方式办吧,你将很快会养成一种习惯:听到他人的恶事时,就仿佛是自己在挨骂那样难受,对你的亲人冲口而出、恶语相向时,你就会觉得似乎是在自己揍自己那样痛心。

东方集

4. 倾听争论,但别卷入争论。让上帝保佑你远离哪怕一点点小而又小的愤激与躁动。愤怒在任何场合都不合时宜,它最多也只是没有过错,因为它只能使人昏头昏脑,神志不清。

果戈理

5. 我曾说,我要谨慎我的言行,免得我舌头犯罪,恶人在我面前的时候,我要用嚼环勒紧我的口。

诗篇38之2

在用语言挑起人们内心彼此不友好的感情时,当心自己成为破坏人类团结的罪人。

1月6日　努　力

必须努力为善,但更需要戒恶。

1. 为了净化,没有什么比自律更重要。自律则应当成为早年养成的习惯。如果它是早年养成的习惯，那他对善就会深信不疑。而对善深信不疑的人，就再没有什么他不能克服的东西。

老子

2. 人们那样迷恋不舍的，为了拥有而因之心绪不安劳碌奔走的东西，压根不能给他们带来丝毫的幸福。在人们孜孜以求时，他们以为他们的福祉就在求得此物。但是，当刚刚如愿以偿，他们就又开始为他们尚未到手的东西激动不安、伤心欲绝、艳羡不已。他们无聊的愿望即使得到满足，也并不能使他们内心平静，相反，只有使他们摆脱这类愿望才能使他们内心安恬。

如果你想验证此话是否真实可信，只要使自己从自己空虚的愿望中摆脱出来，哪怕是从你迄今为完成这些愿望而付出的精力中拨出一半精力来，你自己很快就会发现，由于按此行动，你已获得了巨大的安宁与幸福。

据 爱比克泰德

3. 荣誉属于不屈从于诱惑的人。上帝用种种方法对人加以考验：对一些人用财富，对另一些人则用贫穷；富人能否对急需帮助的人援之以手，而穷人对自己的痛苦能否毫不抱怨、俯首听命。

塔木特

4. 我只能把那能克制自己的愤怒像能可靠地驾驭风驰电掣的大马车一样的人尊为驭手；而另一些无力自制的人，他们只是抓住缰绳而已。

佛陀智慧集[达马巴达]

5. 如果一个人被不愉快的事弄得沉重不堪，感到愤懑和怒气即将大爆发，那就赶快恢复本性，不要失去自制力。通过意志力恢复宁静的心情，这种训练越多，那么，控制心境宁静的能力就越强。

马克·阿夫列里

在战胜自己的激情之前，你无论失败多少次，都不要垂头丧气。斗争的任何努力都会削弱激情的力度，从而使战胜激情变得容易些。

1月7日 善 良

在与人的交往中，善是必须的。如果你不善待人，那么，你就不能完成你的重要义务。

1. 应该尊重所有的人，无论他们怎样可怜而又可笑。应该记住，所有的人和我们一样，身体里也跃动着同样的灵魂。甚至在他们身心两方面都令人十分厌恶时，还是应当这样去考虑："确实，人世间还是应当有这些畸形人的立足之地，必须容忍他们。"如果我们对他们抱一种鄙夷排斥的态度,那么,第一,我们是不公正的;第二,比如会引起这些人不惜以死命相搏的纷争。无论这些人如今是什么样子,他们已不可能再重塑自己。除了把我们当死敌一般做一番抗争以外,他们还能做什么?很显然,只要他们改变他们目前的样子,我们确是能善待他们的。可是,这一点是他们无法做到的。所以,应当善待所有的人,无论他们已成为怎样的人,不要要求他们脱胎换骨,判若两人,这一要求是他们难以办到的。

据　叔本华

2. 对那些受过诱惑的人,不要冷酷无情,而要用你自己所希冀得到的那种安慰尽量去安慰他。

选自　虔信者思想录

3. I 今天能做完的工作,不要拖到明天;
　 II 自己能做好的事情,不要推给别人;
　 III 自尊心比诸如衣食住行所需的一切更珍贵;
　 IV 对那些只是可能发生却没有发生的事,我们曾因之而忍受多少煎熬啊;
　 V 如果你怒不可遏,先试着找件无论什么事情做做或说说,比如数到十,要是仍气愤难平,就数到百,要是气仍未消,那就数到千吧。

据　杰斐逊

4. 不要艳羡任何人,应遏制心中不善的判断及对他人的令人屈辱的猜疑,永远从好的方面去看待别人的言行吧。

选自　虔信者思想录

5. 圣徒没有刚愎自用之心。他力求使自己的心紧贴大家的心,他用对待善人的态度对待善人,而用对待能迁恶从善者那样的态度对待有缺陷的人。

东方智慧集

6. 一个人越聪明越善良,他就越能更多地发现人们身上的善心。

———

良善使生活变得美丽动人,并消弭一切矛盾:混乱变成明净,沉重变成轻松,阴郁变成欢乐。

每周阅读

贼之子

某城准备做一次有陪审的审判。陪审员中有农民,有贵族,有商人。首席陪审员是一位备受尊敬的商人伊凡·阿基莫维奇·别洛夫。大家之所以敬重他,是因为他善良仁慈:诚信处事,童叟无欺,不蓄意坑人,乐于助人。他是一位年近七旬的老翁。陪审员到齐了,宣誓后都落了座。带上来受审的是一个盗马贼,他盗走了一个农夫的一匹马。审判刚要开始,伊凡·阿基莫维奇站起来对法官说:"请原谅,法官先生,我不能参与审判。"

法官吃了一惊:"怎么了,为什么呢?"

"真的,我不能参加审判,让我走吧。"

突然,伊凡·阿基莫维奇的声音发颤,哭了起来。哭啊哭的,哭得连话都说不出来。随后,他稍稍镇静了一下,对法官说:

"我不能参加审判,法官先生,是因为我和我的父亲或许比这个贼更坏,这就像是我在审判如我一样的人。我不能参与审判,请您让我走。"

法官允许伊凡·阿基莫维奇离庭,傍晚时分,又把老人叫到自己身边来询问:"说说,你为什么拒绝参加审判?"

"是这样——"伊凡·阿基莫维奇低声细语讲起自己的身世。

"有人说,您以为我是商人的儿子,出生在您的城市里。这实在是误会。我是农民的儿子,我的父亲是农民,是我们那一带的头号小偷,后来死在牢中。他本是一个善良的人,可是,只要一喝酒,醉醺醺的,就打我母亲,就胡闹,就准备去干任何坏事,事后自己又懊悔不迭。有一次,他带我一起去盗窃。正是这一次盗窃,我的命运完全变了。

"事情是这样的。我的父亲和一群蟊贼聚在小酒馆里鬼混。他们开始商量到哪里去弄钱。我的父亲说:'正巧,我的伙计们。你们大概都知道别洛夫老板有一个朝着街道的货栈,那货栈正堆满了多得数不清的值钱东西。只是要进那货栈,得动动脑子。于是我开始琢磨,琢磨出这一道道。这个货栈有一个又高又窄的小窗,大人是无法爬进去的。于是我就想出了这一招。你们知道,我有一个小男子汉,一个灵巧的小家伙——他指的是我——我们可以带着他,先用一根绳子把他绑牢捆好,把他推进窗口,好让他钻进去,然后,我们用绳子把他放下去,他手里另拿着一根绳子,让他用这绳子把货栈里值钱的东西扎紧捆好,我们就把东西拉上来。东西拿够以后,我们再把他拉出来。'

"这伙蟊贼都赞成这一招,说:'好吧,去把你儿子带来吧。'

"父亲这就回到家,喊我。母亲说:'你找他干吗?''找他,自然有事要他干。'母亲说:'他上街了。''把他叫回来。'母亲知道,他喝醉时是无理可讲的,他会把人狠揍一顿的。她跑出来找我,喊我。父亲问我:'凡卡,你会爬吗?''爬墙我是一把好手,想爬哪就能爬哪。''好吧,和我一起走吧。'母亲本想劝阻,父亲伸出大手向她一挥,她吓得不敢再吭声。父亲带着我,穿好衣服,走了。到了小酒馆。他们给了我一杯放糖的茶和一些小吃。我们一直挨到傍晚。天黑了,他们一共三人,带着我就上路了。

"我们到了商人别洛夫的这幢房子边。我马上被一根绳子缚好,他们把另一根绳子塞到我手里，我被举了起来。'你不怕吗？'他们问。干吗怕？我一点不怕。'爬进窗去，看准了，挑好的拿，那里皮货不少，把到手的东西用绳子捆紧绑牢。注意，不要用绳的两头，而要用绳子的中间去捆扎，这样，我们拉绳的时候，绳子的一头就会留在你手里。明白吗？'他们说。有什么不明白的，我懂。

"他们这就把我举到小窗口，我爬进窗，他们开始用绳子把我往下放。我一落地，马上开始用双手摸啊摸地摸起来。伸手不见五指———一片漆黑。我只能靠触摸辨识东西。突然，我摸到了皮货，马上把绳拉过来，用绳子的中段而不是用绳的末梢把它捆结实，他们把捆好的东西拉了上去。再一次扯起绳子，重又把东西捆好。他们一共拉了三次，他们又把整根绳子放在我身边，这就是说——拿够了，他们要把我往上拉啦。我的双手紧抓着绳子，他们拉了起来。刚刚拉到一半，啪！绳子断了，我摔了下去。幸好摔在垫子上，没有摔伤。

"我事后知道，就在那一刻，守卫发现了他们，发出了警告，他们就带着偷来的东西四散跑了。

"他们跑了，却把我丢在货栈里不管。他们走了。我孤零零地躺在黑暗中，怕得要命，哭喊起来：妈妈，妈妈！妈妈，妈妈！因为害怕，因为哭闹，加上整夜没有合眼，我是那样的疲劳，竟不知不觉在垫子上睡着了。突然，我睡足醒来，面前竟站着别洛夫老板本人，还有一个警察。老板手里拿着灯。警察开始审问我，我跟谁在一起。我说：'父亲。''你父亲是谁？'我又哭了起来。别洛夫老爹对警察说：'别难为他了。孩子是上帝的灵魂。定要他说出父亲不好，东西丢就丢了吧。'

"这位已故的老人真是好人，家也像是天堂。这家的大婶更会心疼人。她把我带到房间里，给了我一点小吃，我不再哭：要知道，孩子是任何一点点东西都能使他安静高兴起来的。早晨，大婶问我：'想回家吗？'我不知道怎么回答好，就说是的，我想回家。'想留在这里跟我们一起吗？'她说。我回答说，想。'好吧，那就留下吧！'

"我就这样留了下来。留下来，就一直那样生活在他们身边。他们为我设法弄了一份文件，好像我是弃儿被他们收养什么的。最初，他们只是把我当孩子一样使唤，后来，我长大成人了，他们让我当了掌柜，经营管理小店。大概我管得不赖，两位好心的老人那样喜欢我，竟把他们的女儿嫁给了我。他们把我当作他们的儿子一样。老人死后，把所有的产业留给了我。

"我就是这样的一个人。我是贼，是贼的儿子。我怎么能去审判别人呢？更何况这种审判不合基督精神呢？法官先生，我们应当宽恕所有的人，应当爱人，即使他这个贼干了坏事，也不要惩罚他，而是要怜悯他。要记住基督的话。"

伊凡·阿基莫维奇说了这么一篇话。

法官不再发问，独自陷入了沉思：用基督的戒条去审判人行吗？

托尔斯泰据列斯科夫作品改写

1月8日 信 仰

基督学说是那样明白易懂,连小孩都能领会它的真谛。只有那些自以为是和自命是基督徒,然而事实上并不是基督徒的人才可能领会不了它。

1. 佛说,一个开始为灵魂而生的人,就像是一个持灯进黑屋的人。黑暗在刹那间被驱散。只要坚守这种生活,一个人的内心就能臻于清明透亮。

2. 人(我指的是那些良善之辈,与那些源自统治阶级的害人妖术毫不相干的人),摆脱了基督称之为敛财癖,满足于最起码的生活要求,仅仅要求天父把提供给既不播种又不收割的小鸟的食粮同样提供给他们的人——这些人的生活才是真正的生活,与那些沉湎于尘世的追逐和操劳的芸芸众生相比,他们过的才是一种更丰富的心灵生活。这就是英雄功勋、自我牺牲的精神和行为应当在他们这些人中去寻找的原因。如果抛开这些人,那么担负义务的誓言、唯一能支撑社会的力量、构成民族伟力的基础会怎么样呢?如果没有这些普通人,那么,当一个民族式微时,谁来使它获得新生、再现活力呢?如果这些人病入膏肓,即将辞世,那么,从哪里选择生机勃勃的新枝以取代这些老柯呢?不是还得从这些人中去选拔吗?!所以基督面向这些人,所以这些人也承认他是天父的使者,并赞颂他的名字,庄严宣告他的权威,完全听命于他。教会的公爵们、写手们诅咒并要杀死他。但是,尽管他们采用暴力和狡诈手段,尽管他被处决,但是基督在人民中取得了巨大的胜利,民众正在人世为他的王国奠基,这一王国将通过民众在世界范围广泛拓展,在民众中,一种新的生活即将诞生,一切强权自然极想摧毁这一新生活的神圣的萌芽,因为它们为自己的末日即将到来而恐惧万端。

拉门奈

3. 应当谨防两种极有害的迷信:神学学者的迷信和科学家的迷信。前者宣称,神的本质能用语言来表达;后者认为,神力可以通过科学研究加以阐释。

约翰·略斯金

4. 基督的遗训反映了他的整个学说:"像我爱你们一样,彼此相爱吧,因为大家都知道,如果你们彼此相爱,你们大家由此就会认清你们是我的门徒。"他不是说"要是你们信仰那或信仰这",而是说"要是你们相爱"。信仰是会随观点和知识的不断改变而改变的;它和时间相联系,并和时间一起改变。爱则是没有时间的;它不变,是永恒的。

5. 我的宗教——爱一切生灵。

伊卜拉吉姆·科尔达夫斯基

为了实现基督精神,仅仅消除对他的曲解是不够的。

1月9日 知 识

只有当知识不是凭死记硬背,而是通过自己努力思考而获得的时候,这种知识才真正成其为知识。

1. 只有我们完全忘却昔日所学的一切,才是我们真正认识之开始。由于我此前一直认为有可能通过学者的介绍初步确立我对认知对象的态度,所以我对对象反而几乎一无所知。为了认识对象,我应当像接近某个完全陌生的东西一样去接近它。

托罗

2. 异己思想的滚滚洪流定会阻碍、压制自身的思想。在一个时代的漫长时期内,如果思想并不具备对抗这种不正常洪流的高度弹性,思想力量甚至会完全被削弱。这就是经常研读会使头脑混乱的原因;同时,如果我们为了对思想进程的转向让路而那样任意地、经常地打断自己的思想体系,那么,我们自己的思想和认识体系就将失去目的性和一贯性的联系。为书本上的思想让路而抹杀自己的思想,照我看来,如同为了看看他人的田地而出卖自己的田地一样,莎士比亚责备这类人乃是自己时代的观光客。

在自己对阅读的对象尚未做深思之前就匆匆去浏览也是有害无益的。因为和这些新材料一起偷偷钻入脑海的,还有对这一材料的异己观点,对这一材料的异己态度,更有可能是,由于人天性的慵懒和冷漠,总想摆脱费力的思想探索,而接受现有的思想,并使它通行无阻。这种习惯以后就会变得根深蒂固,其时,思想就如流向运河的小溪,沿着习惯的道路运动;此时要想寻找自己的新思想业已困难重重。学者独立不倚的思想由此那样的罕见。

叔本华

3. 知识仿佛是流通的硬币。人如果亲自把铸币的金属进行加工,试着把钱币冲压成型,或者至少用已被尝试过的方法诚实地取得这种钱币,人多多少少有权为自己已经掌握的知识感到自豪。但是,如果他什么工作也没干,而只是获得了迎面滚来的某个钱币,那么,他有什么理由因它而骄傲呢?

约翰·略斯金

4. 完全不学习,较之过早和过度的学习,对人的智力的伤害较轻。

5. 最伟大的思想家的功勋,正在于他们并不依赖先于他们就存在的著作和传说,他们表达的是他们自己的所思所想,而非前代或同时代人之所思所想。

同样确属必要的,是我们每一个人应当伺机抓住那些光辉的思想,它们宛如火花,一代一代地在我们的意识中突然燃烧,发出熊熊火焰。对我们每个人来说,类似内心灵光一闪的彻悟,比对诗人和智者的整个星座的观照和研究具有更大的意义。

爱默生

6.当思想通过其智慧得以发掘,或者哪怕思想只是回答了心灵中已经浮现出来的问题时,只有在这种情况下,思想才能在生活中发挥作用。而凭才智和记忆接纳的思想是他人而非自己的思想,对生活不会产生影响,它能和有悖它的行为和平共处而不发生冲突。

少一点阅读,少一点学习,多一点思考。只有你们必须知道和希望知道那些知识时,才向导师和书本请教。

1月10日 教　化

教育的基础乃是确立对整体起源的态度,以及确立由之而来的行为准则的态度。

1.我的小孩子信仰我;如果有人诱惑他,对该人最好的处置是在他脖子上吊块大磨刀石,沉进深海。

这世界因种种诱惑而有祸了,因为这种诱惑将不可避免地到来。但那诱惑者同样有祸了,正是他们的介入,诱惑才得以实现。

马太福音18章

2.教育孩子时应当记住,我们并不是为了现在的生活,而是为了未来的人类最佳状况下的生活,即在另一种最佳生活条件下的生活才来教育他们的。父母通常教育孩子,仅仅能够使他们适应当今的、尽管是腐败的社会。应当为未来最佳的世界制度教育孩子,我们将通过这些精英优化未来的社会制度。

据　康德

3.为了教育未来有用的人才,应当培养他们,应当考虑把他们培养成真正完美的人——只有在此时,受教育者才能成为他们必然要生活在其中的那一代人的楷模。

4.让孩子意识到自身的神圣本质,我以为是他的双亲和教养者的主要任务。

强宁格

5. 真正的教育目的,不仅使人做善事,而且使人在其中找到快乐;不仅使人成为纯洁无瑕的人,而且使人热爱这一纯洁无瑕;不仅使人成为公正不阿的人,而且使人召唤和渴求这种公正性。

约翰·略斯金

宗教学说是教育的基础,然而在同时,我们的基督世界中用以教导人的,却是一些无人相信的东西。孩子是能看穿这一点的,他们看到这一情况,不仅不再相信用以教导他们的那些道理,而且不再相信教导他们的那些人。

1月11日　温　顺

不谦虚谨慎,人就不可能日臻完美。"如果我已如此出色,我干吗还要追求完美?"

1. 一个人的地位越高,就越要谦虚谨慎。许多人身居高位,声誉卓著,但是隐私一旦暴露,他们不过是些卑微宵小之徒。不要寻求极端困难而又力不胜任的目标。但是,对驱遣你去行动的,你该以敬畏的态度去思量一番。不要企求你不需要的东西。袒露在你面前的,最多的是你能够理解的事物。

许多人之所以常常被骗,是因为自己虚荣心在作怪;所以不要炫耀你尚不掌握的知识。

艾克列齐亚斯特

2. 耶稣把他们叫来后说:"你们知道许多民族的公爵统治着人们,达官贵人们支配着人们;但是在你们之间不能这样,你们中间谁想成为大人物,他将成为你们的服务者,你们中间谁想当天字第一号人物,他将成为你们的奴仆;因为人子并非为受众人的服务而来,而是为众人服务而来,并为救赎众人而献出自己的灵魂。"

马太福音20章

3. 被侮辱而能平静地忍受侮辱,如果对侮辱者还能不加报复的话,那这人就赢得了生活事业上的辉煌胜利。

日涅维奥-拉克

4. 你的净友指责你,你的昵友奉承你;接近那指责者,远离那奉承者吧!

塔木特

5. 占有低于你应得的地位吧。即使有人对你说,向上升比往下降更好。狂妄自大者,上帝必加以贬黜;谦卑自抑者,上帝必给予褒扬。

塔木特

6. 要坚持不懈地力求打消自身的任何支配欲,不要寻求荣耀和赞誉——这一切只会扼杀你的心灵。要警惕你拥有其他人没有的美德这种念头。

选自 虔信者思想录

7. 尽管智者严于律己,但绝不以同样严格的立场要求他人。他安于自己的处境,永不怨恨上天,也不为自己的命运埋怨他人——所以,即使处境不佳,仍能听天由命。那些缺乏理智的人,因为寻求尘世幸福而落入了险境。

如果箭没有射中目标,射手应该归罪于自己,而不是他人。这就是智者的行为准则。

孔子

8. 你们中的大人物定当成为你们的奴仆;因为凡自高者,必被贬低,凡谦卑者,必被高举。

马太福音 23 章

想一想你做过的一切蠢事吧。它将帮助你避免重蹈覆辙。要是你只想到你所做过的好事,那么,它将妨碍你去做好事。

1月12日 异端邪说

有些人自以为有权为他人决定他们与上帝、与世界的关系,绝大多数人则拱手把这种权利交给他人,并盲从他人告诉他们的那些道理。不管是前者还是后者,同样都是犯罪。

1. 有些人,在获悉一切宗教问题均已解决,所有宗教法规已经确立后,就立即向那些致力于这些问题的解决者和这些法规的确立者输诚效命。

他们干吗那样断然地承认他人的事业乃是自己不可剥夺的事业去掺和操劳呢?他们由此注定只能惬意地虚度光阴,夜以继日地寻欢作乐、娱情消遣,年复一年在美梦中昏头昏脑地苟活。

民众中缺乏对他们所获得的那些劝导做出评判的意向。其结果就是这种麻木的满足。

我担心,造成盲目信仰的铁轭所留下的奴性印迹将长远地留在我们的脖子上。

弥尔顿

2. 那一刻,人抛弃了自己的精神独立性,那一刻,人不是根据内心的召唤,而是根据某阶层或某党团的观点来确定自己的义务,那一刻,他仅仅因为是百万人中的一员而一下子让自己摆脱了个人的责任和义务——从那一刻起,他丧失了自己的精神力量,他期待于人的,是那唯有上帝才能完成的工作,他让人智的指令占有了神力的地位。

强宁格

3. 我们大家都像孩子，最初是人云亦云地重复自己奶奶的那些毋庸置辩的真理，以后是重复老师，然后是视年龄不同而重复那些在我们的道路上邂逅的另一些著名人物。

我们当初想把我们从他们那里听到的言论背得滚瓜烂熟是何等的困难！当我们达到了我们这些指导者所处水平的阶段，弄明白了他们这些言论的意义，我们的失望常常会那么的强烈，以致我们会乐意把从他们那里听来的一切，一股脑儿地忘掉。

爱默生

4. 你们要防备那些假先知，他们到你们这里来，披着羊皮，骨子里却是凶残的狼，凭着他们的果实，就可以认出他们来。荆棘上岂能采摘葡萄，蒺藜里岂能收获无花果！一切好树都结好果，坏树都结坏果；好树不可能结坏果，坏树不可能结好果。这样，根据他们的果实就可以辨认出他们。

马太福音 7 章

5. 人能利用先哲前贤向他们转述的传说，但是，他应当用自己的智慧亲自验证向他转述的一切，有些加以淘汰，另一些则予以接纳。

———————

每一个人应当亲自确定自己与世界、与上帝的关系。

1月13日　信　仰

信仰是对生活意义的一种理解，并承认由此而来的义务。

1. 谁是好人？——只有有信仰的人是好人。但是，信仰是什么呢？——这是自己的意志同良心及整个世界的理性协调一致。

中国佛教

2. 信仰问题，不仅在把人变成好人；好人的信仰还能把他推向一个高度，他从这高度将感到一切都轻松愉悦。

据　莱辛

3. 唯一必要的是为上帝献身。如果本身井然有序，完好无损，那就让上帝打开世界及其命运的一团乱麻吧。让毁灭或不朽到来吧。应当存在的将存在，将要存在的将是一种幸福。为了走完人生之旅程，对人来说，除了对善的信仰，就一无所需。

阿米埃尔

4. 有两种宁静。一种宁静是消极的，它没有喧闹，没有刻骨铭心的操劳，是争斗之后风暴之后的沉寂。但是，另一种宁静则是更加完美的心灵宁静，这种宁静高于第一种宁静，是圣洁的平静，它足以使人明白"我们心中的神国"这一真正的称号。宗教给予我们的那种平静就属于这种心灵的宁静。这是上帝和世界的自觉统一，是爱和一切生命体的联盟，这种爱是对一切纯洁而无辜者的爱，是一种能牺牲个人的意愿和利益的能力，一种参与灵魂与人世间生活的能力，是个人意志及其无穷源泉的充分协调一致。人的真正的平静和幸福就在于此。

强宁格

5. 据说，末日将是全体的审判，善良的上帝将会勃然大怒。但是，好上帝除了善以外，是什么也不会发生的。别害怕，结局将满是欢乐。人间的信仰无论怎样，真正的信仰只有一种——上帝即爱。由爱带来的，除了善，就不可能是任何别的东西。

来自 波斯

6. 人问：人死后会怎样？对此应当这样回答：要是你确实是用心而不是用舌头提出这问题，那么，你无论是在尘世还是在天堂的意志，即无论在你短暂的人生中，还是在永恒的生活里，你都不必思考人死后怎样的问题。要是你赞赏意志，那就和那无穷无尽生灵的意志发生共鸣吧。你知道，意志即爱——有了这爱，你还有什么可害怕的呢？

基督临终前说："父啊，我把我的灵魂献给你。"如果有人说这些话时不单单是用舌头，而是用整个心的话，那么这样的人也就一无所需了。

如果我的灵魂重新回到天父身边，那么，对我来说，除了这最美好的结局就不可能有其他。

7. 为了拥有真正的信仰，应当在自身培育这信仰。为了培育这信仰，就应当去创造信仰的业绩。

创造信仰业绩的本质并不在伟大的功勋，而是在那不露行踪、微不足道然而又只是为上帝而创造的业绩。

"每个人都会死。"帕斯卡尔说。然而，只有在你独自一人面对上帝，而不是面对众人之时，生命才是真实的。

不要以为没有信仰而能找到心灵世界。

1月14日 爱

只有一个心存众生的人，才能得到自爱。而爱一个心存众生的人，就意味着爱上帝。

1. "导师，律法中哪一条是最高的诫命呢？"耶稣说："你要全心全意、用灵魂和理智去爱主你的上帝：这是最首要的也是最高的诫命；其次，与第一条诫命相似，你要爱人如爱己。这两条诫命乃是整个律法和先知一切道理的基础。"

马太福音 22 章

2. 人之所以能生存,并不是因为人能独立思考,而是因为人间有爱。

上帝似乎不希望人们老死不相往来地生活,也不希望日后认不清这一道理:每一个人对自己都是需要的,他希望他们一起和睦生活,并且在随后的日子里懂得,他们所有的人对自己、对所有人都是必不可少的。

人们似乎觉得,他们是为自己忙碌操劳而活着,实际上他们仅仅因为爱而活着。如果人间没有爱,那么,任何一个孩子都不会降生,任何一个人都不可能活在这人世。

3. 人因爱而活。自爱则是死亡的发端;爱上帝和人则是生命的肇始。

4. 上帝即爱;住在爱里,就是住在上帝里面,上帝也在他里面。上帝是任何人在任何时间都看不见的。但是,如果我们彼此相爱,那么,上帝就住在我们里面,他的爱在我们心里才得以完全实现。说"我爱上帝,然而恨我自己的兄弟"的那个人是在撒谎,因为不爱自己可以看得见的兄弟,怎么能爱连看都看不见的上帝呢?弟兄们,让我们彼此相爱吧,因为会爱的人都是由上帝而生,并且认识上帝,因为上帝即爱。住在爱里面,就是住在上帝里面,上帝就在他们里面。

选自 约翰一书 4 章

5. 要是一个人不能宽恕兄弟,那么,他就是不爱他的兄弟。真正的爱是没有穷尽的,如果它是真正的爱,就不存在那些它所不能宽恕的众多的侮辱。

6. 爱那些我们喜欢的人并不意味着爱。当你所爱的他人心中的和你心中的是同一个上帝之时,这种爱才是真爱,也只有此时此刻,真爱才会出现。以这样的爱去爱,你爱的不仅仅是自己的亲人,不仅仅是那些爱你的人,而且是那些不友好的憎恨你的恶人。为了爱这些人,你应当记住,你正与之打交道的人爱自己,如同你爱自己一样,他们心中拥有的,如同你心中拥有的,是同一个上帝。如果你记住这一点,那你就会懂得你应当怎样去对待他。如果你懂得了这一点,那你就会爱他,如果你能这样去爱,这一种爱,较之你对爱你者的爱会给你带来更大的快乐。

———

爱并不是我们生活的基本元素。爱是结果而非原因。爱的原因乃是自己内心拥有神圣的精神本质这种意识。这种意识要求爱,生成爱。

每周阅读

忏悔的罪人

> 他对耶稣说：主啊，当你的国降临的时候，为我祈祷安息吧！耶稣对他说：我实在告诉你，今日你要和我一起去乐园了。
>
> 路加福音 23 章

有一个人在尘世已经过了七十个春秋，他的一生都是在罪恶中度过的。这人病了，但不忏悔。当死神来临，他在最后时刻哭了起来，说："主啊！就像宽恕十字架上的强盗那样宽恕我吧！"刚说完这句话，他就一命呜呼了。罪人的灵魂爱上帝，相信他仁慈为怀，就来到天堂门口。

罪人开始敲门，请求让他进入天堂。

他听到门后传来一个声音："什么人在敲天堂的门？你在自己的一生中做了什么事啊？"

告发者的话应声而起，历数这个人干过的一切坏事。没有一件事称得上好事。

门后传来了对罪人的回答："罪人不能进天堂。离开这里吧。"

这人说："天啊！我听到了你的声音，但是看不到你，也不知道你的名字。"

门后的声音答："我是圣彼得。"

罪人说："可怜可怜我吧，圣彼得！请记住人类的弱点和上帝的仁慈。难道你不是耶稣的门徒，难道你没有听过他亲口教导你的他的教义，并且没见过他做出的生活榜样吗？你记得吗？有一次，当他为灵魂感到烦恼悲伤之时曾三次请你不要睡并为他祈祷，可你却睡了，因为你的眼皮重得难以支撑，他刚好三次见到你入睡的情景。我也是这样。

"还记得吗？你怎样答应他本人，生死不渝，绝不离弃他，当他被带去见该亚法时，你怎样三次背弃了他。我也是这样。

"还记得吗？当公鸡报晓，你怎样走出去痛苦得号啕大哭。我也是这样。你不能不放我进去。"

天堂门后一片沉寂。

稍待片刻之后，罪人重又敲门，请求让他进入天国。

门后传来了一个声音："你是谁？你在尘世怎样生活？"

告发者立即应声而答，重数罪人干下的所有坏事。没有一件事称得上是好事。

门后的声音回答罪人说："离开这里，这样的罪人是不能和我们一起待在天堂里的。"

罪人说:"天啊!我听到了你的声音,却看不到你,也不知道你的名字。"

门后的声音对他说:"我是王,是先知大卫。"罪人并不垂头丧气,也没有离开天堂门,开始说:"可怜可怜我吧,大卫王!请记住人类的弱点和上帝的仁慈。上帝爱你,使你在人间享有盛名,你曾拥有一切:王国、声誉、财富、妻子、儿子,你从房顶上见了穷人的妻子却起了邪念,你抢了乌利亚的妻子,又通过亚拿尼亚人的剑杀了他本人。你这腰缠万贯的大佬却剥夺了穷人最后的小绵羊,毁灭他本人。这同样的事我也干过。你记得此后你怎样忏悔说:我明白了自己的罪过,我对自己的罪孽万分悲痛。这我同样做过。你不能不放我进去。"

门后一片沉寂。

稍待片刻后,罪人重又敲门,请求让他进入天国。门后传来了第三个声音:"你是谁啊?你怎样在尘世生活?"

告发者立刻应声回答,第三次历数罪人的坏事,他的一生乏善可陈。

门后的声音回答罪人说:"离开这里,罪人不能进入天国。"

罪人回应说:"我听到了你的声音,却看不到你,也不知道你的名字。"

门后传来了答话:"我是巴戈斯的约翰,耶稣的爱徒。"

罪人很高兴,说:"如今不能不放我进门了:彼得和大卫如果放我进门,是因为他们知道人类的弱点和上帝的仁慈。你放我进门,是因为你内心充满了爱。巴戈斯的约翰,难道不是你在自己的书中写下这样的文字,上帝即爱,不爱就不懂得上帝吗?难道不是你在桑榆之年对人说着同一句话:'兄弟们,彼此相爱吧!'你现在怎么能恨我、赶我走呢?如今,不是你背弃自己的信念,就是你让我进入天国。"

天堂之门在他面前打开,约翰拥抱了忏悔的罪人,放他进入天国。

托尔斯泰

1月15日 信 仰

耶稣学说的基本意义,在于确立人—神子—天父三者的直接联系。

1.您问,基督性格的本质是什么?我的回答是:基督性格的本质是他对人类灵魂的恢宏大气满怀信心。他在人身上看到了神的映像和形象,所以他爱人,不管这个人是什么样的人,也不管这个人生活条件和性格什么样。耶稣以能穿透身体表面的眼光看人,人体在他面前消失了。他透过富人的华美服饰和穷人的破衣烂衫看到了人的灵魂;在那里,在暗藏着的无知和众多罪恶之中,他也找到了日后可能会无限发展的力量和完美,找到了不朽的精神本质。他在那彻底堕落、腐败不堪的人身上看到了可能变成人间天使的本质。不仅如此,他感到,他自身没有任何东西是每一个人不能做到的。

强宁格

2. 对许多民族来讲，就像对每一个个人来讲一样，从偏见中摆脱出来，并不能减少精神方面的障碍；它只是用一种较高尚的生活指导原则取代那较粗野的生活指导原则而已。在这类更替中，许多心灵贫乏的人失去了自己的支撑。但是，这并没有什么不好或危险。这只是一种成长。孩子应当学会独自走路。失去了习以为常的迷信，人最初会感到自己若有所失、无家可归。但是，把那些外在的支撑从他身上剥离，这一行动迫使他回归自我，他会由此变得更坚强。他感到自己可以直面上帝：他不是照本宣科，而是在心灵深处掌握了学说的意义。他的小小的教堂扩展成了天上宏伟壮丽的圣殿。

爱默生

3. 认识上帝，有可能成为智者或以信仰为基础的道德家。智者的认识是不可靠的，容易受误导；而道德家的认识只是把要求合乎道德的行为举止归属于上帝。这种信仰既合乎自然，又超越自然。

据 康德

4. 不仅要寻找那合乎道德的生活，而且要追求高于道德的生活。

托罗

敬畏您和上帝，即活跃在您心灵中的神之间形成的一切关系。

1月16日 生活制度

生活安排得糟糕的主要原因，在于错误的信仰。

1. 人的生活在于使自己由生活中的不合理的状态转向合理状态。为此，他必须做两件事：

（1）看到整个人生意义的不合理性，而人对此却熟视无睹；

（2）彻底清楚地认识未来可能生活的合理性。

一方面，因为意识到整个生活的不合理及永远由此而来的那种生活苦难，人会不由自主地摒弃这种不合理性；另一方面，因为清晰地意识到有可能过一种合理的生活，人也会不由自主地追求这种生活。因此，可能组成人类所有导师的任务的，应当是不掩盖不合理生活的罪过，鲜明地指明合理生活的好处。

可是，就在这一方面，坐在摩西宝座上的总是那些不愿走向光明的人，因为作恶才是他们的事业；所以总有一些摆出导师架势的人，不仅不尽量阐明当今生活的不合理性，未来当过的生活的合理性，而是恰恰相反，肆意掩盖当今生活的不合理性,动摇未来当过生活的合理性的信念。为实现这一目的而行动着的,有警察、军队、刑法、监狱、儿童收容所、养老院、育婴堂、妓院、疯人院、医院、保险公司,还有所有义务的、用强制手段征集来的财物建立起来的教育机构,少年犯管教机构,以及许多其他机构。

这类机构中的任何一个,除了掩盖罪恶,都以致命的方式生产着新的罪恶,势不可遏地像滚雪球一样地扩大这些罪恶,而这些罪恶正是这些机构原先声称要加以消灭的罪恶。

那些用于建立目的在掩盖罪恶和扩大罪恶的一切机构所做的努力,如有千分之一被用来反击所有这些机构为之掩盖的这种罪恶,那么,这种罪恶对我们来说就变得显而易见,就有可能很快被消灭。

2. 我们应该全神贯注地对待我们的社会事业;我们应该时刻准备改变我们的意见,拒绝陈腐观点,掌握新颖主张。我们应该抛弃先入之见,以完全自由的理智做推断。海员使用的是同样的帆,如果不看风向做相应的调节,他就永远回不了自己的港湾。

亨利·乔治

3. 工人和资本家,为了改善彼此的关系,应该抛弃"以眼还眼,以牙还牙"这一古老的摩西律法。把爱的律法引进生活之中——按照他人的意愿对待他人,以使他人也这样对待你。

留西·马洛里

4. 如果人依然故我,一仍旧贯,那么,任何暴力的改革都不能矫正罪恶,所以,矫正罪恶,不能期待我们生活形式的改变,而只能依凭善和理性的普及推广。

5. 直接而简单地接纳耶稣学说,我们大家、我们中的每一个人曾在其中生活过的那种可怕欺骗,就会昭然若揭。

———————

听命于虚伪信仰的要求,这是人们遭遇灾难的主要原因。

1月17日 真知灼见

因为履行自己的内在使命,为心灵而生活,人会不由自主地、以最有效的方式为改善社会生活而努力。

1. 使人从外在生活的羁绊中摆脱出来,并不比使他们从内心生活的羁绊中摆脱出来更为重大。

赫尔岑

2. 幻想家常常会正确地规划未来,但是他总是不愿等待。他想通过自己的努力拉近与它的距离。大自然中需要千百年才能完成的工作,他却想在自己有生之年就看到圆满结局。

莱辛

3. 你们已置身于可怜的境地,为什么还要徒劳无益地折磨自己呢?你们的愿望是好的,但是你们却不知道怎样去达成这一愿望。要知道,只有那献身生活的人才可能收获生活。没有上帝,你们将一无所获。你们只是在你们痛苦的罗网中来回兜圈子!你们究竟在寻找什么?你们消灭了一些压迫者,却又出现另一些比原先还坏的压迫者。你们消灭了奴役的法律,你们得到的是更加血腥的法律和更新的奴役法律。不要相信站在你们和上帝之间的人,他们用他们的阴影挡住上帝,不让你们见到。这些人有一种邪恶的愿望。因为解放的力量仅仅来自上帝,联结成一体的爱也仅仅来自上帝。一个只遵循自己思想和自己意志法则的人,能为你们做什么呢?如果他具有一个善良的意愿,希望的仅仅是善,他提供给你们的,也仍然只是自己用以代替法律的意志,自己用以代替法规的思想。这类事情,所有的压迫者都能做,不值得为以暴易暴去进行毁坏。自由不在于是这一个人还是那一个人来统治,而是没有任何人统治。在上帝没有控制的地方,人才统治。神国从理智方面讲是正义之国,从心理方面讲是仁慈之国。它的基础是对由耶稣宣布的律法、仁慈的律法和公正的律法的信仰。公正的律法教导我们,在天父和唯一的导师基督面前,人人一律平等。仁慈的律法教导我们,去爱和相互帮助,有如同一父亲的子女、同一导师的门徒一样。

如果有人对你们说:"我们之前,没有人知道什么叫公正,公正由我们提出,相信我们,我们将给你们奠定使你们满意的那种公正。"那么,这样的人不是在欺人,就是在自欺,尽管他真诚地允诺给你们自由——因为他们渴望你们承认他们是统治者。在那种情况下,你们的自由只是听命于这些新的统治者罢了。回答他们吧:你们的主是唯一的上帝,你们不希望有另一个主,上帝才能解放你们。

拉门奈

4. 如果智慧具有这样一种特性:能由一个满脑袋智慧者把智慧倒进没有智慧者的脑中,就像水通过毛布由一个碟子倒进另一个碟子,直至两个碟子中的水完全相等为止。这该多好啊!可是,不幸的是,为了接受他人的智慧,必须首先进行独立的工作。

5. 如果教人为善而自己却不做,那么,你就失掉了你亲密的朋友。

中国智慧集

若要从事自己的生活事业,那就完善和改进自己的心灵吧。你要相信,只有通

过这一途径,你才能卓有成效地推进公共生活的改善。

1月18日 教 育

知识渊博者是了解自己生活使命的人。

1. 学者是有丰富书本知识的人;教养良好者则是掌握所有当代广为流行的知识和方法的人;知识渊博者则是懂得自己生活意义的人。

2. 自有人类起,所有民族始终拥有自己的导师,他们构成了一门人必备知识的学科。这一专门学科始终在开导人,人的使命,以及每个人、所有人因此将获得的真实不虚的福祉。只有据此为标准,才能判断其他所有知识的意义。

学科对象数不胜数,如果没有构成人的使命和福祉这类知识,就没有可能在这数不胜数的对象中做选择,因此,没有了这种知识而留下的其他所有知识和艺术就像它们在我们时代的基督世界中所发生的一样,变成了无聊而有害的游戏。

3. 对有悖于一切时代优秀人物的意识的、当代人仍然在其中生活的极不合理的生活的唯一阐释,都包含在年轻一代对许多极端困难的对象所从事的研究中:论天体的地位,论千百万年前地球的状况,论生物起源,等等。他们唯一没有研究的是大家始终需要的是什么,人生有什么意义,应当怎样度过这一生;在这一问题上想过什么,古代哲人是怎样解决的。我们时代的年轻一代,对此不仅不去加以研究,而且取代这种研究,在上帝律法的名义下,研究那些连研究者本人都不相信的显然毫无意义的东西。在我们生活的整幢大厦底下,铺垫的不是石块,而是充满空气的鼓鼓的气泡。这大厦怎么能不倒坍呢?

4. 我们时代可以见到的一种习见现象,是一些自诩是学者的人,有教养和文明的人,尽管熟悉不计其数的无用知识,却深陷于最深刻的愚昧无知的状态之中,他们不仅不知道自己生活的意义,而且反以这种愚昧无知为荣。与此相反,另一现象也并不罕见:在那些半文盲和文盲中,那些压根就不知道化学元素表、时差和无线电技术的人中,却能遇到一些真正文明的、懂得自己生活意义的人,他们并不以此傲人,而只是对那些假文明人深感惋惜。这些假文明人因为无限的自信心使自己的愚昧无知变得牢不可破。

学术中唯一的要求,是人该如何生活的知识。这些知识是人人都可理解的。

1月19日　自我舍弃

只有在舍弃个人利益的条件下,社会生活才可能得到改善。

1. 有人说,孤零零的一小片叶子装扮不出一个春天,但是,难道因为一小片孤零零的叶子装扮不出一个春天,那已经感到春天气息到来的并未被风刮走的一小片叶子就不能去等待春天了吗？当然,要是任何萌芽和小草都要这样等待,那么,春天就永远不会到来。同样,我们为了建立神国,不是也该想一想这个问题:我是春天第一片小叶,还是万绿丛中的一片小叶？

2. 天空和大地是永恒的。它们之所以永恒,是因为它们并不是为自己而存在。所以它们永恒。

同样,圣人舍弃自己,并以此成为永恒,由于成为永恒,他变得恢宏强大,定将完成他必需的整个工作。

老子

3. 在私人生活和公共生活中,存在着同一个规律:如果要改善生活,那就准备为它献身。

4. 历史上某一时期,当各族人民只是期待那大地上不定什么时候开始发生最伟大的善恶之战的信号时,当世界各个角落里都可听到那震耳欲聋的隆隆雷声时,当人们都感到了两支大军:上帝的军队和魔鬼的军队相互遭遇的时刻已经逼近,并感到人类未来命运——解放还是被奴役——靠的就是这一战斗时,在这一庄严伟大的时刻,首先应当记住的是,能够得到上帝军队战士称号的,只有那些效法它的穷人一般的领袖的人。为了拯救人,他们舍弃一切,无处安身,抛开妇人之仁,以便完全有可能今天在这里、明天在那里,在一切有危险的地方进行斗争,并用死人去埋葬死人。而那些深切关注正在消逝的东西并为物质利益奔波的行尸走肉甚至不知道自身拥有要求解放的灵魂,也不知道生活意味着斗争,意味着牺牲,更不知道只有通过这一途径,伟大的解放才能实现。

拉门奈

5. 人的日臻完美是用他无我忘私的程度来衡量的,人摆脱一己之私越多,他就越完美。

没有牺牲却想改善生活的那种尝试是毫无结果的。这些尝试只是提供了一种改善的可能性。

1月20日　不　朽

死与生,是两个极限。在这极限之外,是某种相同的东西。

1. 要是想弄明白死后灵魂怎样,那就不能不去弄明白出生之前灵魂曾怎样。要是你向某地走去,那么,你大概也会从某地离开。生活中也是如此。要是你走向这一生活,那么,你也会从这一生活离开。要是你后来才开始生活,那么,你此前一定曾经生活过。

2. 人死后走向何方? 到我们来的地方去。我们由之而来的地方,没有我们如今称之为我们的"我"的东西,我们却由此而回忆不起我们曾经待过的地方,我们曾在那里待了多久,那里有些什么。要是我们死后重归我们由之出发的地方,那么,我们死后就不会有我们称之为"我"的事物。

我们由此无论如何也不能理解我们死后的生活是怎样的。大概唯一可说的是,我们出生之前不坏,死后也不可能坏。

3. 如果一个人过着美好幸福的生活,那么,他如今是幸福的,他不会去想身后的情景。如果真想起死,他也会根据当今我们安排得如此美好的生活进行判断,相信死后的生活会同样美好,相信上帝善良而仁慈,过去和现在都为我们提供了最好的生活,比相信整个天堂幸福要平静安详可靠得多。

4. 我们呱呱坠地时,我们的灵魂被安置进我们身体的灵柩之中。而灵柩——我们的身体——会逐渐毁坏,我们的心灵就会越来越从中解脱出来。而当身体灭寂时,灵魂就完全自由了。

据　赫拉克利特

———————

人不须猜度此生之后的生活,只要力求在此生中按照我们的理智和心灵所了解的、我们的派遣者的意志行动就是。

1月21日　自我完善

人的理智越坚定,欲念越平静,人内心对上帝、对他人的爱的精神生活就越无窒碍。当他自觉地促成这种状态,他是幸福的人。

1. 要是见到一个人没给自己的房子盖屋顶,安窗户,每当刮风下雨的时候,却冒着风雨,朝着外面,对乌云大发雷霆,向它们吆喝,命令它们一个向左,一个向右——要是我们看到这个人后,我们大概会说这个人疯了。然而,我们大家的所作所为却正与此人相类:我们为他人作下的罪恶满腔怒火,咒骂他人,却不关心铲除自己心中的罪恶。当然,从自己心中驱除罪恶——盖上屋顶、安上窗户——是我们力所能及的,然而根除世界上的罪恶,就像对乌云发号施令,是我们力所不及的。同样,如果人们不去开导他人,哪怕只是偶尔着手自我开导一番,世界上的罪恶也将会越来越少,人生活得也会越来越轻松。

2. 但愿错误和虚假的方法没有使你忐忑不安。任什么都不可能教会人意识到自己的错误。人意识到错误的最重要的手段之一是自我教育。

卡莱尔

3. 保护你们的心灵不受与你们格格不入的杂事干扰,不要参与与你们无涉的事情,力求变得更好,以便修正完善之路并取得成功。

选自 虔信者思想录

4. 我们的生活为我们构建了道德传统,一如我们的祖先的生活为家族构建了传统。我们所完成的伟大行动乃是我们使我们的整个生活与这一行动完全相符的动因。

乔治·艾略特

5. 任何时候都不要以为所干的小坏事无关紧要。"今天做了,以后再也不做了。"这是错误的。因为你很难管住你自己,做了一次就不再做第二次。

任何时候都不要谈及自己做过的好事。因为做好事不必做太大的努力,这很容易,想做,总能做到。不要这样想,也不要这样说。最小的善举永远能赋予善良生活以力量,而不良之举则同样能削弱这种力量。

6. 熟苹果从老树上掉下来,旁边是一个尚未熟透的苹果。熟苹果对尚未熟透的苹果说:"你好,好苹果,愿你更快成熟,一如我现在的样子。""你自己若喜欢,你就腐烂吧,你这傲慢无礼的家伙,"苹果说,"难道你没有看到,我是那样的红润、美丽、健壮而水灵灵的。我不想成熟,我只要快乐。""可是很显然,你整个的美和你整个的身体——所有这一切仅仅是凭仗时间的荫庇和恩赐,所有这一切并没有生命。生命只存在于你自身拥有而你自己尚不了解的种子里面。""什么种子都不存在,一切都是胡说。"苹果说完,不再搭腔。

一个意识不到自身存在精神生活,只是过着动物般生活的人,他的所思所想,与上述一切如出一辙。不管希望不希望这样,这人同那个苹果一样,生活得越久,身体就会越来越虚弱,他以之为生命的东西正从他身上逐渐消逝,而一个真实的、不断成长的、不朽的生命正越来越清晰地显露出来。如果从一开始过的就不是那种会澌灭消亡的生活，而是那种不断生长、不会毁灭的生活，不是更好吗？

我们似乎觉得，世界上最重要的工作就是致力于那些看得见摸得着的工作：盖房啦，耕田啦，喂牲口啦，收果子啦，而致力于心灵提高的工作、致力于那些既看不见又摸不着的工作是不重要的、可有可无的工作。可是，只有致力于心灵的工作，使心灵变得一天比一天更优秀、更善良，才是唯一的事业，只有这一工作才是真正的工作。而其他一切可见的工作，在变成只有致力于心灵的主要工作时，才是有益的。

每周阅读

日臻完美

人不可能做到上帝的完美，但他应当不懈努力，以便日益接近这种完美。这是一条人命中注定的、一代又一代必须经由的道路。这是一条因为人步步都会碰到重重困难而成为荆棘满地、难以忍受的道路，但也是一条使人欣慰、令人愉快的道路，因为它带来丰硕的成果，这些丰硕的成果将汇集成最后的结果——一个亲如兄弟般的世界，一个大地上建立起来的和平和爱的王国。到这一时刻，终极的大团结才真正到来。但团结显然不是别的，而是每个人的生活和所有人的生活交融连接在一起；所以，为了实现这一团结，别无他法，只有按照团结所要求的那样，割舍一己之私——自觉地拒绝一切分离和离群索居的倾向。新约的整个教义就在于此。它就是仁慈，包含在上帝自身及人身上的普遍的爱。人身上的一切，首先在发展方向上起了变化。源于自爱的是骄傲自大，贪财欲，炽热的肉欲，嫉妒心，愤怒，敌意；由以上帝为基础的生活完整感诞生了脉脉柔情，弃绝私利，内心的安详平和——那种把尘世苦难变作某种不可破坏的福祉的纯净欢乐。

但是，要牢记，你们在这条道路上跋涉的里程越长，你们从那些听命于旧时沙皇的时代之子方面碰到的障碍就会越多。他们将仇恨你们，迫害你们，把你们拖上法庭，送进监狱，目的是要扼杀那萌芽中的善（这善的种子还是你们在你们周围撒下的），使他们为之服务的恶得以继续。坚定你们的信心，加强你们的男子汉气概，为了在这神圣的斗争中不至落败。把这一斗争作为你们遗产中极宝贵的部分转交给追随你们的人。休息将在激战之后。战斗则会继续进行到宣布"上帝胜利了，他的王国已在大地上建立，他的孩子有了祖国"的那一时刻为止。

拉门奈

道德律——如新约所说的，"爱人如己"，在没有得到履行之前，是不会过时的。这一规律，完全如同万有引力定律，化学化合定律，以及其他所有的物理定律一样，是不可避免的。

可以推断，一些物理定律在某些时候会摇摆不定，并不为一切自然现象所共有，需要反复加以修正，但是，说到底，它还是成为一种必然的现象。道德律也是这样，它需要我们去反复加以修正。

对一个理智的人来说，世界生活的最新目标是世界所有人的团结一致。最初只是一些越来越听命于理性规律的人才会明白，生活的幸福不是每一个人追求自己的个人幸福，而是每一个人追求其他所有人的幸福才能获得。不是这一观点日后将为所有其他人越来越理解，就是他们也将得出这一结论。

1月22日　战　争

在任何情况下都不能做这种恶事：说杀人不再是对上帝律令（表现在所有的宗教学说中和人的良知上）的最粗暴、最公开的践踏蹂躏。

1.基督在哪里？他的学说在何方？在基督部族的何处可以找到他？机关里——这里没他；贯穿着非法的不平等精神的法律里——这里也没他；在浸透着利己主义的习俗里——这里同样没他。基督学说究竟在哪里？它在由人性深层工作所准备的未来之中，在激动世界各地的各族人民的运动之中，在追求纯洁灵魂和虔诚心田之中，在对一切事物的意识之中，因为人人都明白，现存的不可能永世长存，因为它是恶，是对仁慈之心和兄弟情谊的否定，是该隐家族的遗产，是某种由于上帝的吹拂应当播种而被拒绝的东西。

拉门奈

2.什么是兵役？这就是。年轻人刚长大成人，身强力壮，能帮自己的双亲分担一点劳作，他却立即被送到征兵接待站。那里命他脱去衣服，检查，然后让他对十字架和新约宣誓说，他将服从自己所有的长官，将杀死他受命杀死的所有的人。当他违背理智、良心，甚至新约上所写的基督律法的条文，做完这一切事情以后，上面指令他穿上制服，发给他枪支，进行射击训练，派他去杀人——杀自己的兄弟。他受命加以杀害的人，并没有对他做过任何坏事，他也从未见过他们，但是他还是开枪杀了他们。他用新约发过誓，然而，正是在这本新约里说到，应该发誓：不仅不杀害兄弟，也不对兄弟生气。

3.兵役通常使人腐化堕落，因为它把入伍者置于空虚无聊、无所事事即摆脱合理而有益的劳动的环境之中；它也使这些入伍者脱离了人类的共同义务却仅仅代之以团队、军服、军旗等人为荣誉；一方面它使人对他人具有无限的控制权，另一方面却又被要求对自己的上司那样卑躬屈膝，俯首听命。

他们空虚无聊、任性胡为的生活在军人中过得特别荒唐恶劣，因为要是不是作为军人过这种日子，他的灵魂深处就不能不为这种生活感到愧恶羞惭。可是有些军人却认为，过这种生活理所当然，值得夸耀，以过这种生活为荣；在战争时期更是如此。"我们准备在战争中牺牲自己的生命，所以，对我们来说，这种无忧无虑的快乐生活不仅是可原谅的，而且是必需的。我们理该如此打发日子。"

4. 单独一个人不该杀人。他若杀了人，他就是罪人，是杀人犯。两个人、十个人、一百个人，要是他们这样干，他们也是杀人犯。但是，国家和民族可以杀死若干它想杀掉的人，但这不是杀人行为，而是好事善举。只要集合的人越多，成千上万人的大屠杀成了无罪的事业。但是，就这事而言，需要集合多少人才被认为是合法的呢？这就是问题的症结所在。一个人不能偷盗、抢劫，但是整个民族却可以。然而，就这事而言，需要集合多少人才被认为是合法的呢？为什么一个人、十个人、一百个人不该破坏上帝的律法，而许多许多人却可以加以破坏呢？

巴鲁

每人的身体里都跃动着同一神圣的因素，所以，不管是单个的人，还是汇集在一起的人群，都不可能拥有权利去毁坏这一由神圣因素和人的肉体结合成的统一体，即剥夺人的生命。

1月23日 恶

在一切罪过中，只有怒对兄弟是直接违背人生的主要幸福——爱的幸福的，所以，没有一种罪过能比它更准确无误地去剥夺人最出色的生活幸福了。

1. 古罗马哲人塞内加说，为了控制愤怒，最好的手段就是——当感到怒火上涌时，就停止一切活动，什么也不做：不走动，不活动，也不说话。如果给身体、舌头自由，愤怒便会烈火般地越烧越旺。

同塞内加的言论同样好的是，为了使自己压下无名怒火就多看看另一些正暴跳如雷的人。当你见到那些人，他们因愤怒变成什么样子，当你见到他们变得像醉汉，像野兽一样，满脸通红，凶相毕露，不成样子，声嘶力竭，令人厌恶，当你听到他们满嘴污言秽语，那么，你定会想起你幸好没有也变得像他们这样不堪入目。

2. 人们之所以常屈从于愤怒，对愤怒不加克制，原因是他们以为在愤怒中有着某种勇气。他会说,我不放过他,我就这样大骂他一场,等等。然而,这是错误的。为了不屈从于愤怒,应当牢记:愤怒没有也不可能有任何好处,愤怒是软弱而非力量的标志。

当一个怒气冲天的人对孩子或妇女这些弱者拳脚相加时,甚或扑打狗马时,他借此显示的不是力量而是懦弱。

3. 愤怒对他人无论怎样有害,但与之相较,对那个怒气冲天的人则更有害。比起引起愤怒的欺凌,愤怒总是更有害。

4. 完全可以理解,一个贪婪而悭吝的人为什么总在抱怨他人:他想占有他们的财产使自己更加富有;他为一己私利而害人。恶人则在毫不利己时也害人,而且是害人又害己。

据　苏格拉底

5. 那个愤怒到毫无节制的人,那个被愤怒像菟丝子一样紧紧缠绕的人,很快就会把自己推向深渊,那个只有最凶恶的敌人才会希望把他推去的地方。

佛陀智慧集[达马巴达]

6. 你的敌人报答你的是恶,憎恨你的人回报你的则是令人痛苦的,比恶更其无法比拟的你内心的愤怒。

如果你的心不再追究并忘却,你就拥有了与你的心一致的那么多的善,这是连你的父母亲朋都无法为你做到的。

佛陀智慧集[达马巴达]

7. 但愿任何时候都不要把自己对人大发雷霆认为是公正的,对任何人都不要直呼其名,不要把他们当作倒霉鬼或无用之人。

8. 人生气,只是因为他不知道他对之生气的那件事为什么发生。因为要是他知道,那他针对的不就是生气的结果而非原因了吗?但是,任何现象的外在原因是那样的隐而不露,以致难以寻觅;而内在原因,则永远只在你自己。

9. 为什么我们那么乐意指责他人,那么恶狠狠、不公正地指责他人?因为对他人的指责免除了我们的责任。我们以为,我们之所以坏,并不是我们不好,而是因为他人有错。

大人们满腹怨恨地斗嘴吵架,孩子们弄不清谁是谁非,就伤心地离开他们,并指责争吵双方,他们永远比争吵的此方或彼方都正确。

1月24日　真知灼见

人类往何处去,人何从知道。人的最高智慧在于知道你该走向哪里。知道这一点,你就会走向尽善尽美。

1.通向生活的道路是狭窄的,找到这条窄路的人并不多。找到它的人所以不多,是因为多数人走的只是那条众人都在走的宽广道路。真正的路则是狭窄得只容一人通过。为了找到这条窄路,不应当和一群人而应当和其后单独行进的人——佛、孔子、苏格拉底、耶稣一起走,这些人为自己、也为我们大家前后相继地开拓着同一条狭窄的道路。

据　留西·马洛里

2.只有三种人:一种寻找到了上帝,并为他服务,这些人是合乎理性和幸福的;第二种人,没碰到上帝,也没找他,这些人是糊涂昏聩和不幸的;第三种人,不寻找上帝,却与上帝不期而遇,这些人是合乎理性的,然而还是不幸的。

帕斯卡尔

3.探求真理开始之处,永远是生活发轫之地。只要探求真理的工作中断,生活也随之停顿。

约翰·略斯金

4.看到一切事物的圣洁完美,把自己的生活变成向完美前进的运动——这正是古代哲人苏格拉底、爱比克泰德、马克·阿夫列里的令人惊异的视点。有这样一种基督教,居然对智慧肆意谩骂,企图不予承认。其实,以地上神国为满足的那种智慧远胜于向信众灌输神国只在人死后才有可能的那种学说。

这种虚伪学说的标志,是把生活推向另一时段,把自己学说的信徒看得比善人更重要。

据　阿米埃尔

5.人若寻觅智慧,他是聪明的;但是,他想找到它,那他就是愚蠢的。

波斯智慧集(阿尔彼季斯的)

6.重要的并不是我们占有的地方,而是我们由之前进的方向。

霍尔姆斯

———

应当和你周围的人一起规定你的活动并非是目的,而是你生活的使命,一个与世界所有人的使命一致的使命。

1月25日 知 识

有些知识,是人人必备的。如果一个人没有掌握这些知识,那么,所有其他知识对他都是有害的。

1. 苏格拉底一贯对自己的学生指出,在正确构建起来的每门学科的教育中,理当有一个明确的、不应逾越的界限。他说,按几何学家的意见,如果一个人有机会在买卖土地时对其做正确的测量,有能力把遗产分为若干份,有能力把工作分配给每一个工人:只要掌握这么多知识就足够了。"这是轻而易举的,"他说,"只要做些小小的努力,任何测量都不难,即使测量整片土地也如此。"但是他并不看好在这一学科中醉心于巨大困难的工作,尽管他个人熟悉这些难度极大的知识,他说,这些困难极大的工作会占用人的一生,诱使他丢下那些有益的学科,而他所掌握的那些知识则是一无所需的。他由天文学悟出最理想的知识面是,根据天空特征,知道晚上时间,每月的日子,每年的四季,不迷路,在海上掌握航向,替换值班人。"这一学科是那样轻松,"他补充说,"它对所有猎人、航海者,对所有想多少掌握它的人都是容易接受的。"但是,在这一学科中,如果进而去研究由天体沿曲线移动显示出来的不同的轨道,计算行星和星球的数量,它们离地球的距离,它们的运动和变化——他都绝对加以否定,因为他在这些工作中看不到有任何好处。他对这些学科的评价如此之低,并不是出于无知,因为他自己曾研究过这些学科,而是因为他不希望把时间和精力浪费在这些多余的工作上,而这些时间和精力本可用在使道德日臻完善这一人最迫切需要的工作之上的。

塞诺芬

2. 那些搜集知识的学者的苦恼,那些扬扬自得的哲学家的苦恼,也是一种贪得无厌、永不满足的研究家的苦恼。这些愚蠢的阔佬天天在自己的精神盛宴中狂欢度日,结果却如拉撒路一样,始终饥肠辘辘。这些人满腹子虚乌有,因为这种空洞的知识无助于无论是内心还是社会的完善。

费涅龙

3. 摒弃你从欺骗世界得来的见解,不要相信自己的感觉,它们在撒谎,但是,在你自身之中,在你自身之外去寻找那永恒的人吧!

佛陀智慧集[达马巴达]

4. 当经验科学为了它们自身而为人所研究时,因为是一种缺乏哲学思想指引的探讨,这种经验科学就像是一张没有眼睛的脸。它们是适合中人之才的工作,然而却会失去可能成为需要细心而耐心的探索的障碍的更高才能。具有这些中人之才者会把自己全部精力和所有能力集中到一个唯一的、界限分明的科学领域,他们因此在对所有其他门类完全无知的条件下仍能获得可能的完整知识,可以把他们比作钟表工场中的工人,在他们中间,一些人只做飞轮,另一些人只做发条,而第三批人只做链子。

叔本华

5. 知道不多的生活法则比学会许多无益的科学知识更好。生活法则使你远恶趋善,而无益的科学知识只会诱使你傲慢无礼,妨碍你明确无误地理解。生活法则才是你最需要的。

要害怕的不是无知,而是伪知识。一无所知比以谬误为真理更好。对天空一无所知比以为它是坚硬的,上帝正坐镇其中更好。但是,以为我们可见的天空是一个无限空间也并不太高明:无限的空间同坚硬的天空同样不准确。

1月26日 仁 慈

富人不能不变得心肠像铁石一样。要是他任由善心这一天性去行动,他很快就不再是富人。

1. 我们谈笑用餐,饱食无厌,同时听到另一些人在沿街哭泣,我们不但不注意他们的哭声,而且对他们火冒三丈,骂他们是骗子。这岂不是一件极不合理的事?你说他们是骗子。可是难道会有人为了一块面包去骗人?要是你以为他们在骗人,你尤其应当去怜悯他们,尤其应当使他们摆脱贫困。要是你不想施舍,至少不要去侮辱他们。

约翰·兹拉托乌斯特

2. 首先不要讨厌偷盗者,而后要给他们施舍。不要先放手重利盘剥,然后再向他们伸出援手去施舍。如果我们用自己同一双手,一边把一些人的衣服剥光,一边又给另一些人穿上,那么,施舍就会成为犯罪的借口。不表善心比这样表达善心更好。

约翰·兹拉托乌斯特

3. 富人生活的残忍,任何事情都比不上在他们试图发善心这事上表现得那样一目了然。

4. 富人三个人有十五个房间,却不许乞丐入内暖暖身体,借宿一晚。
农户七俄尺的小屋住了七个人,他却乐意为流浪者敞开大门。

5. 我们爱那些对象,是因为它们并不完美,而这种不完美早已被上天预先注定了的,以便证明努力是人生的法则,善心是人类审判的法则。

约翰·略斯金

6. 正如智慧的第一法则是认识自己——尽管这是最困难的,仁慈的第一法则则是为男人提供生活帮助,虽然这是同样困难的;只有这种满心喜欢、心平气和的人在对另一些人做好事时才是积极有力的。

约翰·略斯金

7. 一个拥有尘世财产的人,看到自己的兄弟贫困无依,却不能把他放在自己的心上,神的爱怎能留在他里面呢?我的孩子们,相爱用的不是语言或舌头,而是实事和真诚。

约翰一书 3 章

为了不是用语言或舌头,而是用实事和真诚去爱,富人应当像基督所教导的那样向乞求者施舍。

如果向乞求者施舍,那么,一个人纵使拥有许多财产,他也将很快不再是富人。不再是富人,却刚好做到了基督对富有的年轻人所做的劝导。

1月27日 爱

爱人提供了一种真实的而不可剥夺的内心幸福,因为它把人和其他人、和上帝连成了一体。

1. 除了自己,任何人都不可能妨碍一个人的精神发展。无论身体的弱点,还是智力的平庸都不能成为精神天性发展的障碍,因为精神天性的发展只是一种爱的扩展,任何东西都阻遏不了这种扩展。

留西·马洛里

2. 一个睿智的人所以爱,并不是这对他有利,而是因为他在爱的本身中找到了幸福。

3. 不要对过去感到遗憾,遗憾有什么好处?谎言说:无非是伤心;真话说:只是爱。使自己远离一切回忆。不谈往事;在爱的世界中去生活,让一切其他事情都过去。

波斯智慧集

4. 有人向一个中国智者请教:"什么是学问?"他回答说,"知人。"又问:"什么是道德?"他答道:"爱人。"

5. 人不能获得幸福,因为他追求尘世的幸福越多,这种幸福实现的可能就越小。完成义务也不能给予他幸福,因为它提供的是宁静,而非幸福。

只有神的神圣的爱和同上帝融为一体才能给予真正的幸福,因为如果牺牲都成了快乐,成了一种持续的、日益增长的、不可破坏的欢乐,那么,灵魂也就充分提供了不断增长的幸福保障。

阿米埃尔

6. 愿你尽量去爱你并不爱的人,斥责那欺凌侮辱你的人。如果你做到了这些,那么,你会体验到一种全新的、令人惊异的欢乐感觉。你马上会发现,这个人里面的上帝和生活在你里面的上帝是同一个上帝。正如黑暗之后灯光照耀得更加明亮一样,当你摆脱了无爱的心境,神爱之光就会在你内心燃烧得更加灿烂,更加欢快。

7. 我意识到自身中有一种逐渐会再造世界的力量。它不催促,也不强制,但我仍然可以感到它缓缓地、不可遏制地引我前进。我觉得有某种东西在牵引着我,结果是我也无意识地牵引着另一些人。我被他们吸引,他们也被我吸引。我意识到我们正在追求一种新的团结统一。

我问这种在我里面的力量:你是谁?

它回答道,我是爱,天空的统治者,我还想成为大地的统治者。

我是天空一切力量中最强大的,我是来创建未来社会的。

克洛斯比

8. 像母亲冒着生命危险培育和保护自己的宝宝,自己那唯一的宝宝一样;愿每一个人都像她那样,培育和保护好自身中那对一切有生之物的友爱感情。

密塔–苏塔

爱给予的无畏、安宁、欢乐是如此之多,以致爱(人之爱)所提供的尘世幸福是一个意识到爱的内心幸福的人难以察觉的。

1月28日 律 法

一个人为了他所服从的并给予他自由的那些宗教教义,他应当由肉体生活提升到精神生活。

1. 那差遣我来的是真的,我从他那里听到的一切,我都向世人做了宣讲。

世人却不明白耶稣是指着父说的。

所以耶稣说:你们举起人子之后,必定知道我是基督,我做的事,没有一件是我自作主张,我说的话,都是我父教诲我的话。

约翰福音第8章

承认自己的生命并不在自己的人身,而在那居于每个人里面的神的精神。基督称其为"举起人子"。

2. 基督是真正的预言家。他看穿了心灵的秘密。他看到了人的伟大。他相信生活在你我心中的神圣精神。他看到了体现在人内心的上帝。他欣喜若狂地宣告:"我是神圣的,上帝正通过我在行动、通过我在说话。如果你的所思所感一如我现在的所思所感,那么,想观察就看一看你内心吧。"人们听过这些话,下一代中有人就会说:"他是从天上下凡的耶和华,我要杀死所有说他是一个凡人的人。"

表达方式,他的语言,他的隐喻式的寓言,占据了他的真理的位子。教会不是建立在他的真理的基础上,而是建立在他的譬喻之上。基督成了神话,一如希腊、埃及昔日的诗意传说。

他尊重摩西和预言家们,但并不认为必须支持他们原初的发现,并使心灵屈从于他们的永恒发现。意识到这一生活在人心灵里面具有支配地位的律法之后,他决不让这一律法屈从于任何其他事物。他承认这一律法就是上帝自身。

爱默生

3. "我和上帝是同一的!"导师说。但是你若认为上帝就是我的肉身,那是错误的。如果把上帝当作我的非肉身的、区别于其他存在的特殊存在,那同样是错误的。要想不错,只有在你懂得自己内心的真正的我的"我"就是那确实和上帝同一,和所有人内心都一样的"我"时才有可能。为了理解这个我,应在内心里使人变得高尚起来。当人变得高尚时,你就会发现,你们和另一些人并没任何不同。

我们只是似乎觉得我们是一些单独的个体,正像苹果树上所有的小花朵觉得自己是单独的一朵一样,然而,它们都只是同一棵树上的花朵,都是同根所生。

费多尔·斯特拉霍夫

4. 应当按永生的法则去度过这短暂的人生。

托罗

5. "就其本质而论,人类灵魂乃是基督教女教徒。"

人总是被基督教看作是某种被遗忘、却又突然想起的对象。基督教把人提升到这样一个高度,一个服从理性法则的欢乐世界从这高处在他面前打开了。一个了解基督教真理的人所体验到的感情,有如一个被禁闭在黑暗而窒闷的塔楼里的人,当他走上塔楼那高耸而敞亮的小平台,从那里他看到了原先从未见过的美丽世界一样。

屈从于人的法则的意识是一种奴役,臣服于神的法则的意识则是一种解放。

基督教教义的本质

从远古时代起,人们总是感到自己的生存状态窘困、不稳定和无意义,企图通过信仰上帝或其他至高神们从这种窘困、不稳定、无意义的状态中获救。人们以为,上帝或其他至高神们能够使他们摆脱这一生活的种种不幸,在未来生活中赐予他们那种他们希望得到而在现世生活中得不到的福祉。所以,从远古时代起,不同民族都拥有各自的布道传教者,他们开导人说,这个上帝怎么样,那些至高神怎么样;他们有能力来拯救人民。他们开导人说,该做些什么让上帝或至高神们满意,以使他们在这一或未来的生活中给人以奖赏。

有些宗教教义说,这个上帝是太阳,它会化身为种种动物;另一些教义说,至高神是天地;第三种教义说,上帝创造世界,并在所有民族中选出了自己喜爱的民族;第四种说,上帝有许多个,他们参与人的一切事务;第五种说,上帝装成人的样子,已下凡来到人间。所有这些导师,通过把这些真话和假话搅混在一起,除了要求人们不做坏事而做好事外,还要求人们做圣礼仪式,提供祭祀供品,做比起其他的事项更能保证人在尘世和未来获得自己福祉的祈祷。

但是,人生活得越长久,这些信念满足人类灵魂的要求就越来越少。

人们发现,第一,尽管他们满足了上帝或至高神们的一切要求,他们追求的尘世幸福并没有获得。

第二,由于教育的普及,宗教导师们关于上帝、未来生活和尘世奖赏的反复说教因为并不与世界的明晰概念相吻合,相信他们所宣传的那种宗教信念也就变得越来越淡漠。

如果最初一个毫不动摇而一无怀疑的人还能够相信上帝在六千年前创造了世界,地球是宇宙的中心,地狱在地球的下面,上帝下凡随后又飞升到天堂等诸如此类的神话,那么,如今的人们对此已经不可能相信,因为人们确切地知道,世界存在不止六千年,而是已有几十万年,地球也不是世界的中心,和另一些天体相比,它只是一个很小的行星;人们知道地球一无所有,因为地球是个圆球;人们知道,飞升入天堂也是不可能的,因为并不存在天堂,有的只是看似苍穹的东西。

第三,重要的是,动摇这些不同宗教教义的信念的是,由于人们彼此之间越来越紧密的联系,人们也就了解到每一个国家许多宗教导师宣传着各自独特的学说,宣称只有自己是真理,其他的宗教都该否定。

人们在了解了这一切之后,自然会做出结论,这些宗教教义中的任何一种并不比另外的教义更可靠,所以,其中的任何一种教义不可能被接纳为不容置疑、绝对正确的真理。

难以企及的此生幸福，日益传播普及的人类文明，人们彼此联系带来的他们对另一些民族信念的了解，使人们对他们过去接受的信念的信赖越来越淡漠。同时，阐明生活意义的要求，解决一方面追求幸福和现世生活同另一方面越来越意识到贫困和死亡的不可避免性之间的矛盾的要求都变得越来越迫切。

人希望自己幸福，并把它看作自己生活的意义，可他在其中生活得越久，他越来越发现他不可能幸福；人希望生活和生活的延续不替，可是，他发现他和他周围的存在的一切都注定不可避免地毁灭和消亡；人拥有理智，寻求着对一些生活现象的理性解释，可是他却找不到任何的理性去解释无论是自己的生活，还是他人的生活。意识到生活和要求幸福的人这种矛盾及这一生活的继续存在，如果在古代，只是那些最优秀的人物，如所罗门、佛陀、苏格拉底、老子等才理解那不可避免的死亡和痛苦，可是，在现代，这成了所有人都能理解的真实情况。所以，解决这一矛盾，比任何时候都变得更需要。

正因为此，解决对幸福的追求同意识到这一追求的不可能性的生活之间的矛盾，对人类来说，成了特别折磨人的不可回避的要求；它赋予人以真实意义上的基督教教义。

古代教义通过自己关于存在造物主、庇护万物的上帝、作为牺牲的救赎者的信念竭力掩盖人类生活的矛盾，基督教教义则相反，向人揭出这一强烈沉重的矛盾，揭示它确实存在，并从承认矛盾入手，寻找出路，加以解决。矛盾如下：

事实上，一方面，当人过着一种肉欲生活时，人就是动物，而且不能不是动物；另一方面，他又是精神的人，他否认了人的一切动物的要求。

在自己生命的初始阶段，人活着却并不知道是自己活着，因为活着的并不是他本人，而是生命力正通过他活着。这种生命力是生活在我们已知的一切事物之中的。人只有在知道他活着的前提下才开始独立活着。而从他知道他希望自己幸福别人也同样希望幸福那一刻起，他才知道自己活着。这种知识使他自身中的理性开始觉醒。

在知道他活着并希望自己幸福，别人也同样希望幸福之后，人就会不可避免地知道，他希望自己的个体获得的那种幸福，对他来说是不可企及的，替代他渴求的那种幸福的，是他将面对那不可避免的痛苦和死亡，所有其他人面对的也将是同样的命运。出现了这样一种矛盾，人为这一矛盾寻找到这样一种解决办法，通过这种办法，人现有的这种生活似乎有了一层理性的意义。他希望，生活或许会继续成为他理性觉醒以前的那种老样子，换言之，或者是完全动物性的，或许是已完全成为精神性的。人不是想成为野兽，就是想成为天使，但是他既成不了野兽，也成不了天使。

就在这里，宣布一种由基督教教义提供的解决这一矛盾的方法出现了。它告诉人，他既不是野兽，也不是天使。但是，他是由野兽中诞生的天使，是从动物中诞生的精神的人。我们留在这一世界的目的不是别的,正是为了这一诞生。

人刚把理性意识唤醒,这一意识就对他说,他愿意幸福;因为他的理性意识是在他的个体中苏醒过来的,所以他觉得,他的幸福的诉求是属于他的个体的。但是,那个向他指明他是希望自己幸福的独立个体的理性意识本身又向他指明,独立个体与理性意识向其提示的那种幸福和生活的愿望是不相适应的;他发现,独立个体既没有幸福,也没有生活。

"究竟什么才拥有真实的生命?"他问自己,并且发现,拥有生命的既不是他,也不是他周围的那些人,而只是一种幸福的意愿。在了解了这一点以后,人不再承认自己是有别于另一些的,拥有肉身并会死亡的生灵的独立个体;他承认自己乃是和另一些精神的,所以是不死的生灵不可分割的一部分。而这正是他的理性意识向他揭示的。

这样,一个新的精神的人就从人里面诞生了。

由人的理性意识向人揭示的那种生命本质,是一种幸福意愿,它与先前的构成他的生活目的的幸福意愿完全相同。但是,两者仍有差别:先前的生命本质属于个体的、纯肉体的生命本质,并没有意识到自我,而如今的幸福意愿则意识到自我,所以,它之所属不是某个个体,而是所有的存在者。

在理性觉醒之初,人觉得,他自己意识到的幸福愿望只属于那愿望被困其中的肉身。但是,人真正的生命状态和真正的"我",正如人自己很快意识到的那样,并不是他那没有真实生命的肉身,而是幸福意愿本身,换言之,是属于所有存在者的那种幸福意愿。所以当理性变得越明朗,越坚定,他的上述认识也就越鲜明。属于所有存在者的那种幸福意愿,就是把生命给予所有的存在者,也就是我们所说的上帝。

所以,人的意识为人打开的那种生命本质,是一种正在诞生的生命本质,是把生命给予一切存在者,也就是上帝。

按照原先的教义,人为了认识上帝,应当相信其他人向他宣传的上帝,相信上帝仿佛创造了世界和人,而后在人世向人显身;而按基督教的教义,人是通过自己的意识直接认识了在自己里面的上帝。意识在自己里面则向人揭示,他的生命本质就属于一切存在者的幸福意愿,就是无法用语言阐明表达,同时却又是人最贴心最理解的某种对象。

幸福意愿的开端,在人自身,最初表现为一种他的个体的动物性生物的生命,以后表现为人喜欢的那种活物的生命,再后,从他的理性意识在他自身觉醒时起,它就表现为一种属于所有存在者的幸福意愿。凡属于所有存在者的幸福意愿乃是一切生命的开端,是爱,是上帝,正如新约所说,上帝即爱。

托尔斯泰

1月29日 真知灼见

不要以为智慧只是特殊人物自身所固有的特性。智慧是人人必需的,所以为一切人所固有。智慧在于了解自己的使命及完成这一使命的手段。

1. 我们能通过三种途径获得智慧:首先,通过沉思,这条路最为高尚;其次,通过模仿,这条路最轻松;再次,通过实践,这条路最艰难。

孔子

2. 用以衡量一个人的价值的,并不是他所掌握的那种真理,而是他为了获得这一真理所付出的那些劳作。

莱辛

3. 生活即学校;在学校中遭到失败比取得成功是更好的教师。

格拉纳达·苏莱曼

4. 想研究自己,那就看看人们及其事业;想研究他人,那就在心灵中探视一下自己。

席勒

5. 理解作品,就意味着钻进这些作品,而后又从中跳出来。所以,必须先迷恋后摆脱,先陶醉后清醒,先热昏后冷静。那些正处于陶醉中的作品,一如那并未让人陶醉的作品,同样是不能理解的。我们熟知的作品,只是那些先相信后研讨过的作品。为了理解,应当成为自由的,但是,此前则应当成为一个陶醉其中的人。

阿米埃尔

6. 要是我们感到人或众人的寿命像苍蝇的生命那样微不足道,而又相反地感到苍蝇的生命像拥有尘埃一般众多民族的天体的生命一样无穷无尽,那么,我们就会感到自己既太渺小,又很伟大,我们就能从太空的高度俯瞰我们个人的存在和使我们小小的欧洲波起云涌的那种小小的旋风。这正是自由理想所做的工作。

阿米埃尔

7. 灯火从里面或从后面越过我们闪耀着——我们能断定,我们与此无关,一切都在灯火。我们通常把那吃喝操劳自认为人的生物称为人,我们对人的认识确实并不真实,相反完全是虚假的。真正的人,是生活在人里面的那个灵魂。如果人只是通过灵魂的事务才显现,我们自然会向灵魂膜拜。

有一条聪明的格言说:"上帝走向我们,并不用吆喝开道。"这意味着我们和一切发端之间并无隔阂,人同上帝这一因果之间并没有隔离墙。

爱默生

8. 灵魂自身既是自己的法官,又是自己的避难所。不要侮辱你那有意识的灵魂——那内心的最高法官。

摩奴法典

———————

并不存在智慧似乎不可能出现于其中的那些情势和那些无关紧要的事务。

1月30日　生活制度

土地不能成为私有的对象。

1. 有人问苏格拉底,他是哪里人,他说他是世界公民,他认为自己是全世界的居民和公民。

西塞罗

2. 假定一切有人居住的土地可以成为土地所有者的所有物,他们对地面拥有权利,那么那些非土地所有者对地面就没有了权利。结果,那些非土地所有者只有在那土地所有者同意的条件下才能在大地上生活,连他们双脚踩踏的地方,也只有在那土地所有者同意的条件下才拥有权利。所以,如果这些人不愿意给他们提供地方,他们似乎就应当被从地球上扔出去了。

赫伯特·斯宾塞

3. 占有土地,有如占有奴隶,就其本质来讲,区别只在占有劳动创造的对象不同。

即使抢劫他人和民众的金钱、商品、牲畜,他们的这种抢劫也会和他们的离去一起结束。当然,他们的罪恶并不会随着时光的流逝而成为好事,但是时间却抚平了抢劫的痕迹。罪恶和参与犯罪的人一起很快消失在遥远的过去。

但是要是劫夺的是民众的土地,他们的劫夺将永久继续。对不断更替的一代又一代的新人来说,对每一新年,每一新的日子来说它又演变成了一场新的劫夺。

亨利·乔治

4. 我们占有小岛,凭自己双手的劳动生活。一个船只被风浪击碎的水手被抛到我们的海岸。他的权利在哪里?他能不能说:我也是人,我也有耕耘土地的自然权;根据同样的原理,我能和你们一样,占有一小块土地,靠自己的劳动为生。

拉维莱

5. 最大不幸的原因,是粗暴地、骇人听闻地主张土地可以成为某人的私有财产。这与奴隶制一样,同样不公和残忍。

纽曼

6. 如果有人没有土地权,那么,我的、你们的、任何人的土地权都是不合法的。

爱默生

7. 土地,是我们共同的母亲。她养育我们,给我们栖留休憩的场所,使我们高兴,爱怜地给我们温暖;从我们呱呱坠地起,当我们在她母性的怀中为永恒之梦感到烦躁不安时,她总是用温柔体贴的拥抱抚慰我们。

尽管人们在讨论土地的买卖,在我们这个土地可以买卖的时代,土地也确实有评估和所谓买卖的市场。但是买卖创世主创造的土地乃是一种野蛮而荒诞不经的怪事。土地只属于全能的上帝,属于所有在上面劳作,或将在上面劳作的人之子。土地作为所有物,它不属于某一代人,而是属于所有过去、现在和未来在上面劳作的世世代代的人。

卡莱尔

———

任何人都不能够拥有土地所有权。

1月31日 异端邪说

最高程度的粗鲁行为,是由一些人来确定他人不应对其讨论而又必须接受为自己信仰的这些宗教律令。

为什么这能成为人的必需呢?

1. 要是确为真理,那么,所有人——穷人、财主、男人、女人和孩子都该相信它;要是确为谎言,无论是财主、穷人、众生、女人、孩子,任何人就都不该相信。真理应当公开宣告。

经常有小道消息悄悄传播:危言耸听地向民众公开某些东西。他们说,我们知道这不是真的,但这对民众是那样有用;他们的信仰摇摆不稳,由此就可能做出很多坏事。

但是,弯道仍然只是弯道而已,尽管它们是为了欺骗大多数民众而非个别人事先蓄意打造的。所以,我们承认的唯一动机是:追随我们知道的,无论它会把我们带向何方的真理。

克利福特

2. 民众某种程度的无知和迷信是以下列事实为前提的:过去总有、现在仍有这样一些残忍的人,尽管他们受过教育,却只用这些知识在民众中加强这种无知的黑暗,而不按照应有的原则用它去帮助民众从无知的黑暗中挣脱出来。

3. 真是咄咄怪事!坏蛋在任何时候总力求把自己卑鄙龌龊的下流行径伪装成一种忠于宗教、道德、热爱祖国的利益之行为。

海涅

4.我们要防备那些文士,他们身穿长袍,喜欢在民众的集会上向他们问候致意,又喜欢坐在教堂的主位,宴会的首席上。他们侵吞寡妇的家产,假惺惺地做长时间的祈祷。他们要受到更重的判决。

路加福音 20 章

5.你们不要称导师,因为你们中只有一位导师——基督,而你们大家都是兄弟;不要称呼尘世的任何人是自己之父,因为你们只有一个父——天上之父;也不要称指路人,因为你们只有一个指路人——基督。

马太福音 23 章

6.基督的整个学说在于完成他的圣训。进入天堂的,并不是那些高呼"上帝,上帝"的人,而是那些完成了天父的愿望的人。

基督开导人说,在上帝和人之间并不需要中介者。他开导说,所有人都是上帝的儿子。在父子之间怎能需要中介者呢?

二月

2月1日 灵 魂

任何论断都不能把精神导向物质,也不能由物质来阐明精神的起源。

1. 人认为自己既拥有肉体,又拥有灵魂。但是,人永远——特别是青年时代——关心的只是肉体。然而,每个人身上最主要的不是肉体,而是灵魂。所以最应当关心的不是肉体,而是灵魂。使这一行为成为习惯并常常记住你的精神生活,保护它远离一切生活的污泥浊水,不要让肉体压制它,而要让肉体屈从于灵魂,在这种情况下,你才会完成自己的使命,欢乐地度过一生。

据 马克·阿夫列里

2. 整个问题在于信还是不信灵魂的真实性。根据对生者与死者的宗教态度,人就可以被区分为虔信者还是不信者。

不信的人说:"哪里有灵魂……吃喝享受,这才是我需要的。"他考虑不多,关心的只是外在生活,干着肉欲的恶劣勾当,撒谎,吹牛,奴颜婢膝,并不感到自身需要自由、真理、爱这些更高的要求。这种人放弃了理智之光,因为他是行尸走肉,因为光只赋予活物以生命,死尸则只能干枯腐烂。

对灵魂生活真实性的信仰给人的思索提供了另一种方向。

相信精神生活的人,关注自己的内心,力求厘清自己的情感,自己的思想,力求把自己的生活安排得与最高要求相吻合:使它成为一种自由、真实而令人喜爱的生活;力求用最符合善的目的的思想感情,通过自己的行为构建自己的生活。这种人寻求真理,倾向光明,因为灵魂的生活不能没有理智之光,正如可视世界的生活不能没有阳光一样。

人间既没有彻底黑暗的居民,也没有纯粹光明的居民,大家都站在十字路口:每一个人因为都拥有自由行动的权力,所以可以或此或彼,或东或西。一切相信灵魂真实性的人,因为生活在理智之光下,就能进入上帝之国,拥有永恒的生命。

布卡

3.即使学者、哲学家深思过自己注定的命运,自己无法回避的活动,即使大家以为世界是由一系列偶然事件创造的,我却在这世界里看到了一种统一的构思,尽管这些构思有待证明,这些构思还是使我承认有一个共同的起点。这正如他们对我说,《伊利亚特》是用散落的活字偶然拼凑成的,我会毫不动摇地对他们说,这不是真的,尽管除了我不敢苟同这一点以外,我没有任何其他理由不相信这一观点。

"所有这都是迷信。"学者说。我回答说,也许是迷信,可你们反对迷信的那种模糊不清的理性能做什么呢?迷信不是比理性更令人信服吗?

你们说:"不存在两种起源——精神起源和肉体起源。"我说,我的思想和树木之间可没有任何共通处。

最可笑的是,他们通过自己的诡辩,彼此拆台,他们宁愿把灵魂称作石头,也不承认它在人里面。

卢梭

4.我不知道狗是否能选择、记忆、爱怜、恐惧、想象、思索,所以,要是有人对我说,狗体里的这一切并不是欲望,也不是情感,而是它的由不同的物质构件组合而成的机体组织的一种自然而必然的活动,对这种意见,那我是能同意的。但是,我正思索,我才知道我在思索。而正在思索的东西同某个物质部分的联合体会有怎样的共同点呢?也就是说,和把其分割并强纳入自己所有的流向和维度之中的空间——在长度、广度、深度上会有怎样的共同点呢?

拉伯雷

5.如果一切都只是物质,如果我心中的思想和所有人心中的思想一样,只是许多物质构件联结组合而成的成品,那么,除了肉体这一物质,究竟还有什么能在人世产生关于某些其他物质的思想呢?物质怎么能成为否定它和排斥它存在的原因呢?它怎么能在人体内成为会思想的东西,也就是说,使人信服思想不是物质的东西呢?

拉伯雷

6.现实中有一种形而上学,如果算不上科学,至少也是一种自然倾向,因为人的理智在势不可挡地向前推进时,不只受到知识渊博这种虚荣心的激励,而且受其自身特有的要求的推动;从而它会提出一些理智的任何实践活动都无法给予回答并使理智实践活动失去根基的问题。因此,所有那些把理智扩展为思辨的人确实永远会成为某种形而上学;它永远在这些人身边。

康德

精神和物质,有如孩子最单纯的智慧与哲人最深刻的智慧的区别,同样都是最简单明白的。关于精神与物质的讨论和争论是无益的。这些讨论什么问题都没有解释清楚,反而把一些清楚明白、毫无争论的东西弄得模糊难解。

2月2日 死 亡

忘却死亡的生活和意识到死亡时刻逼近的生活,是两种完全不同的状态。

1. 由肉体领域转入精神领域的生活越丰富,对死的恐惧就越少。对一个完全过着精神生活的人来说,这种恐惧是不会有的。

2. 如果你坚信并牢记,你时刻准备抛弃自己的臭皮囊,自己的肉体,即死亡,你就不难恪守公正原则,按真理行动,痛快地听从自己命运的安排。你只要考虑目前你需要做的每件事情中怎样不背离真理,怎样顺从地担待你如今面对的一切事情。就按那样生活吧——你就不仅会平心静气地应对他人的风言风语、飞短流长、诽谤中伤——对这一切你甚至连想都不会想到,而且,你可能碰到的一切灾难,对你来说似乎都无关紧要,因为按这一方式生活,你的一切愿望都汇成了一个愿望——完成上帝的意愿。而这是你永远能做的。

据 马克·阿夫列里

3. 经常想到死亡,仿佛你知道死亡即将降临一般地生活。

你对如何行动无论怎样疑虑重重,如果你想象自己将在傍晚辞世,那么,疑虑马上会烟消云散,会立刻决定什么事情应从长计议,什么才是个人的意愿。

4. 死亡迫在眉睫的思想会按照行动对我们生活的真正重要性的程度来安排我们所有的行动。被判处立即处死的人不再操心增加、保卫自己的身份,不再顾及无论是树立自己良好的声誉,还是本国民众对他国民众的胜利,或者是发现新的行星,等等;但是在死前的那一刻,他会竭尽全力去安慰伤心人,扶起跌倒的老人,包扎伤口,帮孩子修理玩具……

5. 我爱自己的园子,我爱读可意的书,我喜欢爱抚孩子。如果死了,我就失去这一切,所以我不想死,我害怕死。

很可能,我的一生是由这些无常的世俗愿望及其满足构成的。要是这样,我就不能不为这些意愿被打断而担心。但是,如果这些意愿及其满足在我自身已经改变并代之以其他愿望——完成上帝的意愿,我将以我现在所处的那种状态,以及我将来所处的一切可能的状态为它献身,那么,我的意愿被上帝的意愿取代得越多,不仅我对死亡的恐惧会越小,而且对我来说,死亡的存在也就会越小。如果我的个人求幸福的愿望完全被完成上帝的意愿取代,那么,对我来说,除了生命,不再会有其他。

用永恒的生活取代无常的世俗生活,这是生活之路。理当走这一条路。怎么走？这只有我们每一个人在自己的灵魂深处才知道。

回想死亡,意味着活着却没有在意它。关于死亡,必需的不是回想,而是意识到它的不停逼近仍平静欢快地生活。

2月3日 善 良

善对于灵魂,如同健康对于身体；你拥有它时,它并不显露形迹。

1. 真正有道德的人并不自认为有道德,所以,他们是合乎道德的；不是真正有道德的人从来不会忘记自己的德行,因此,他们是没有道德的。真正的善行并不自赞自赏,也不显山露水；不是真正的善行则自夸自奖,而且袒露表白。

真正的善心并不自知,并且尽力不表露出来；不是真正的善心自以为是,力求自我表白。真正的公正在需要时才出现,但尽力不表现自我；不是真正的公正永远不忘自我现身,千方百计表现自我。

真正的礼节在需要时才使用,并且尽力不表现自我；不是真正的礼节则永远执行,要是没有人回礼,就用暴力强制完成自己的法则。

当真正的善举丧失殆尽,善心就跟着出现；当善心丧失殆尽,公正就跟着出现；当公正丧失殆尽,礼节就跟着出现。

礼节的法则,只是真理的赝品,一切混乱的开端。

老子

2. 一个真正道德的人,力求在正道上走到底。应当担心的是走到半道就泄气。

中国智慧集

3. 人身蕴含的道德应该拥有宝石般的品质,无论遇到什么情况,它都能始终不渝地保持自己天生的美。

马克·阿夫列里

4. 悄悄地做善事,对善事被人知道这类事要感到遗憾。你要学会乐于创造善。不要人为之赞赏的意识就是善良生活的最好奖赏。

5. 人的幸福视他为他人提供幸福的程度而增减。

本丹

6. 上帝的意愿是我们能彼此都生活幸福和充满生命活力。

约翰·略斯金

7. 植物的幸福在阳光,所以,不能并且也不要问一无所覆的植物它向哪方长,阳光好不好，它是否期待另一种更好的光，而是要它把握那世界现存的唯一的光，并向其倾斜。与此相同，一个弃绝个人幸福的人不会议论他所爱的人：他如今所爱是那些人吗，有没有比当前可能有的那种更出色的爱，而是要他把自己献给他能理解的、他所面对的那种爱。

8. 没有一种爱像这种为了朋友而把自己的灵魂献上的爱。爱，只有在它是自我牺牲时才成其为爱，只有当人忘掉自己，以所爱者的生命为生命时——只有这种爱才是真正的爱，只有在这种爱里，我们才会找到幸福，获得爱的奖赏。只有因人身蕴含的这种爱，世界才能屹立不倒。

任何事物都比不上养成做好人的习惯那样给无论是自己的生活还是他人的生活增光添彩。

2月4日 理 性

人只有在他拥有真理时才是自由的。真理则是由智慧发现的。

1. 要记住智者的优异本性是自主地屈从于自己的命运，而不是同动物本能一样，与命运做可耻的争斗。

马克·阿夫列里

2. 要是人不知道眼睛能看，就任何时候都不会睁开双眼，他可能会很可怜。要是人不懂得他之所以被赋予智慧，为的是能使他平静安详地渡过一切不幸，这同样很可怜。如果人理性地生活，他就不难度过一切不幸，因为理智告诉他，一切不幸都会过去，而且常常能转化为好事。况且，人要是不敢直面不幸，就会竭尽全力回避这不幸。我们为下列情况高兴岂非更好：上帝赋予我们权力，使我们不用为不由我们自主而发生的不幸事情伤心苦恼；我们感谢上帝，因为他使我们的灵魂只服从我们的理智——我们自己能支配的对象。他显然没有使我们的灵魂服从我们的父母、兄弟、财富，服从我们的肉体，服从死亡。他使我们的灵魂唯一服从的只有那依赖我们自身的我们的理智。

据 爱比克泰德

3. 如果把核桃和蜂蜜饼干满街乱撒，孩子们就会马上跑来，开始捡拾，斗殴打架。大人则不会为此而动武。空壳则连孩子都不会去捡拾。

财富、荣耀地位、声誉，对智者来说，或如孩子的甜点，或如那些空壳。让孩子们去捡拾这些吧，让他们为此而拳脚相向吧，让他们去吻阔佬、统治者及其仆从的手吧；对智者来说，这一切都是空壳。要是有一个核桃偶尔落在这个智者的手中，那干吗不把它吃了呢？但是，为了要把它拾起来而低头弯腰，为了它而互相争斗，把人摔倒或自己摔倒——为了这些空壳真不值得这样。

爱比克泰德

我们并不自由，我们屈从的不单是我们的欲望，还有在一定程度上已偏离理智要求的那些人。真正的解脱只有通过理智才能实现。

> 每周阅读

理　智

1

在这个尘世的一切事物中，每一种新手段、新优势、新卓越地位立马会随之带来自身的害处，理智也不例外。理智在赋予人对动物以如此巨大的优势时，也随之带来了自身的害处，开启了动物永远不可能落入其中的诱惑之路。通过这些诱惑，一些新型的动机，那动物不可能拥有的动机，一种抽象的动机，简单说，就是思想，会起而控制他的意志。思想远不是永远从自身的经验中抽象概括出来，而常常是由语言、他人的榜样暗示和文献孳生演化而来。随着理解的可能性立即展现在人面前的是谬误的可能性。而每一个谬误，或早或迟会成为一种祸害，而且是谬误越大，祸害越大。到了某一时刻就不得不为个人的谬误付出代价，甚至是昂贵的代价；而在更大范围内，随着众多民族的谬误的出现，同样也是如此。所以，不能充分记住那些应当追踪并铲除的在任何场合见到的作为人类之敌的一切谬误，谬误就不能变成无害的，更不能变成有益的。善于深思熟虑的人应当和它们斗争，甚至应当让置身于这一处境中的人类像正由医生切开脓疮时的病人一样号啕痛哭一番才好。

对民众来说，一种貌似的训练取代了当今教育的地位。在让我们蓄积起足够的理想经验和判断力以便与其做斗争之前，这种训练就创制出了范例、习惯和从童年起就强行灌输进去的牢不可破的某些观念。就这样，思想成了习惯；这一思想随后变得那样根深蒂固，对无论什么样的教导变得始终是那样冥顽不化，不可战胜，仿佛它们天生就是这样；甚至连哲学家们也常常认为它们本就如此。采用这一方法，就能一样成功地强行灌输或公正、或理性、或荒谬绝伦的思想观念——使人对它们习以为常。比如说，有的人一定是浑身感到神圣的战栗，喊着偶像的名字，走近某个偶像，不仅是身体，而且是整个灵魂拜倒在尘埃之中；有的人为了一些空话，为了所谓声望，把自己的生命财产献上，去捍卫荒唐怪诞微不足道的事情；有的人毫无根据地认为，某事是无上光荣，某事是奇耻大辱，而且根据这些认识，对人由衷加以敬重或相应的蔑视；又如，在印度斯坦，人不吃任何肉食，而在阿比西尼亚那里，人吃从动物活体上割下的尚温热而颤动的肉块；再如，在新西兰人吃人，或把自己的孩子献给火神摩洛赫做牺牲，自我阉割，自愿投身火化死人的火堆——总而言之，人确能高高兴兴地习惯它们。由此出现了十字军东征，残暴教派的淫逸放荡生活；由此出现了人间千年天国教派的信徒和鞭身派的教徒，迫害异端，奥托-达-弗（宗教裁判所的火刑）及人类谬误长卷中能够找到的一切……

谬误和偏见的实践是悲剧，它们的理论则是喜剧：这并不荒谬；这一荒谬即使开始时使三个人相信，它也不太可能成为全民的信念。

与我们自身理性的参与相关的，其不利方面就是这样。

叔本华

2

在寻找和承认真理这事情上，人之所以产生谬误和分歧，并不是其他原因，而是他们怀疑理智；因此，人受理智之外的习惯、传说、时尚、迷信、偏见、暴力及人乐于接受的一切事物支配的生活自行其是，而理智也自行其是。理智的器官即思维，常常不是用来作探索和传播真理事业，而是用来不惜一切代价为习俗、传说、时尚、迷信和偏见做辩护，做支柱。

在承认唯一真理的事情上，人之所以产生谬误和分歧，并不是因为人的理智不是同一的，或者理智不能向人展示那唯一的真理，而是因为他们不相信它。

如果他们相信自己的理智，那么，他们就能找到一种方法把自身显示的理智与他人身上显示的理智做一核对。要是找到这一相互检测的方法，那么，就能肯定理智是同一的，虽然因为理智器官——思维的不同等级的力度，它显示出来是各不相同的。

理智方面出现的现象，同样出现在视力方面。视觉器官——眼给人展开的，就大小长短等规模来说，是完全不同的物理视野的半径，原因并不是缺少视力规律的统一性，而是由于视力等级的不同，视点（就本义说）的不同；与此相同，理智的器官——思维给人展开的，也是完全不同的理智和精神视野，原因并不是缺少思维规律的统一性，而是因为理智"视力"等级的不同，或"视点"（就转义说）的不同。

在观察物理视野这一事情上，个别分散的视点的单面性会通过联合，把它们校正为一个比如最高视点（就这词的本义说），而视力等级中的差别则会被光学仪器——眼镜、双筒望远镜、天文望远镜拉平。同样，在研究道德、精神视野的事情上，单个视点的单面性会通过类似的联合，把它们修正为一个共同的最高视点，理智"视力"等级中的差异，借助于教育得以拉平，而出自哲人之口的言论则是拉平差异的最为出色的器官。

哲人帮助人自身独立生成他们自己的思想感情，并把这些来自永恒的东西贯注入这些思想感情之中。他的作用完全像单筒望远镜的作用。他不能让盲人看见,而只是提高了哪怕是视力极差的眼睛的视力。苏格拉底好像是接生婆式的哲人,她并不能给妇女孩子,而只是帮产妇把自己的孩子分娩到人间。

但是,在承认唯一真理这件事情上,人意见分歧的原因不在"视点"和理智等级的差异。这种意见分歧的隐在原因是人的自尊心,尽管他已经承认自己的谈话对手的论据有其内在合理性,人常常仍然会固执己见,重申旧意。

费多尔·斯特拉霍夫

2月5日 思想的力量

个体生活和社会生活中完成的一切事项,都有其思想根源。所以,要阐明人身上发生的一切事情,根源并不在先于它的事件,而是在先于事件的思想。

1. 了解不该想什么,比了解该想什么,难道不是更为重要吗?

2. 我们的生活是我们思想的结果;它来自我们的思想。如果人说话或行动充满恶意,那痛苦就会紧追不舍地跟随着他们,有如车轮触碰那正拉着大车的公牛的腿一样。

我们的生活是我们思想的结果;它在我们心中诞生,它是我们的思想所创造。如果一个人说话或行动充满善意,那是因为欢乐像须臾不离的影子追逐着他们。

佛陀智慧集[达马巴达]

3. 人并不因为他的住处被粉刷得雪白而改变。人的幸福并不因为给他提供了巨大快乐和物质享受的可能性而增加。灵魂创造自己的肉体,只有思想才会建造与它匹配的住宅。

约瑟夫·马志尼

4. 我们习惯性的思维,在我们头脑中会把其独特的色彩情调涂抹到与我们毗邻的事物之上。这些思想是虚假不实的——它们会曲解最高尚的真理。被我们习惯性思维在我们周遭创造出来的精神氛围,对我们每一个人来说,好像是某种比我们居住其中的房子更坚硬的东西,类似于蜗牛处处随身携带的外壳。

留西·马洛里

5. 我们或好或坏的思想,将把我们或送上天堂或送下地狱;这天堂和地狱既不在天上,也不在地下,而是在这里,在这种生活里。

留西·马洛里

6. 思想似乎是自由的,但在人身内,有一种比它更强大、更能支配着它的东西。

为了改变自己或他人既定的生活步伐,应当与之做斗争的,并非是那些事件,而是过去和现在滋生它们的那些思想。

2月6日 激 情

那些最使我们紧抓不放的愿望,是一种永远难以满足而又极具诱惑力的愿望;这些愿望越得到满足,它就增长得越多。

1. 我们来看一看奴隶想怎样生活。他首先想让自己获得自由。他以为缺了这,他既不能成为自由身,也不能成为幸福者。他会如是说,如果我获得自由,我马上变得完全幸福:我就不必强使自己去满足我的主人的愿望,不必强使自己去阿谀奉承他,我能同我乐意的人作为和我平等的人一样讲话,我能不征得任何人的同意,想到哪里就到哪里。

可是,他刚获得自由,马上就得寻找那愿意供他伙食的人,因为主人不再管饭。为此,他准备去干任何卑污的工作,他又落入比原先更为沉重的奴役地位。

当他心情特别沉重时,他会想起自己原先的奴隶地位,并说:

"我过去的主人对我不赖。我不用为自己操心,有衣服穿,有鞋穿,有饭吃,要是我有时病了,也有人管我。况且劳役也不太重。可现在多么不幸啊!过去我有一个主人,可现在我有多少个主人啊!为了发财致富,我得满足多少人的愿望啊!"

为了发财致富,他忍受着一切苦难,当他果真获得了他希望获得的财富,他又发觉他正被形形色色的令人不快的烦心事紧紧缠住,脱不了身。

他仍然没有变得聪明一点。他以为,如果他成了一位伟大的统帅,他的一切不幸就能戛然而止:大家似乎都会对他拍马奉承。他出发远征,忍受着所有的损失,像苦役犯人般受苦,却坚持请求二次远征,三次远征。他的生活变得越来越糟。

如果他想摆脱自己所有的痛苦和不幸,但愿他能觉悟过来。他该了解什么是真正的生活幸福。真正的幸福在于自己的生活和铭刻在每个人灵魂深处的真和善的法则步调完全一致。只有如是行动,人才能得到真正的自由及所有人心灵渴求的那种幸福。

据 爱比克泰德

2. 谁被肉体享受的卑劣渴求包围——这种渴求充满了毒药——谁的周身将被痛苦缠绕,就像那缠绕树木的菟丝子一样。

能战胜这种渴求的人,就能把所有痛苦从其身上——抛弃,就像雨珠从荷叶上滚落一样。

佛陀智慧集[达马巴达]

3. 为坏事而希冀、激动、痛心。真正的好事常常是不以我们的愿望而获得,而是与其相反,往往只是在为坏事激动、痛心之后才产生。

4. 人人常常为自己的愿望比控制自己的愿望的力量更加强大而感到自豪。多么奇怪的谬误!

牢记这点:我们昔日热情追求的许多事物,如今在我们心中引起的感受,即使不令人难堪,也是应该加以鄙弃的。目前使你寝食不安的那些愿望,将来也难免这一命运。

牢记这点:在力求满足我们自己原先的愿望时,我们已经损失了很多。要是现在和将来仍这样做,将来也难免同一结局。克制这些愿望吧,平息这些愿望吧。这永远是最有益的,而且永远是可能做到的。

2月7日　自我完善

自我完善是一种内功,又是一种外功。不与人们交往,没有他们对他、他对他们的交互影响,人就不可能日臻完善。

1. 有三种诱惑折磨着人:肉欲、傲慢、贪婪。人的灾难由此而来。没有肉欲、傲慢、贪婪,人人就会幸福地生活。究竟怎样才能摆脱这些可怕的疾病? 摆脱它们是困难的,也是重要的,因为它们的萌芽就在我们的天性里。

为了使自己摆脱它们,只有一种方法可行:人人从事自我修养。常常有人认为,法律和政府能帮助我们,但是,这是不可能的,因为制定法律和管理民众的,也是那些同样受肉欲、傲慢和贪婪诱惑而饱受折磨的人。所以,不能寄希望于法律和政府。所以,人为了自己的幸福,能做的只有一件工作,这就是在自身清除肉欲、傲慢和贪婪。如果每个人不先从自身着手改造,那么,任何的改造都是不可能的。

据　拉门奈

2. 为了学会忍耐,必须像研究音乐那样付诸实践;而我们在老师刚刚到来、学习忍耐的机会刚刚落到头上这一时刻,却刚好逃课不在。

约翰·略斯金

3. "愿你们像我们天父的完善一样去完善自己。"新约说。这并不意味,基督教导人要成为上帝一样的人,而只是意味着任何人都应该力求向上帝那神圣的完善靠拢。

4. 没有任何杂质的完善是上帝;向上帝靠拢才是人生。那坚持追求自我完善的人是聪明人,能区分善恶。当一个人知道善即善、恶即恶时,他就会趋善远恶。

孔子

5. 无论教养怎样欠缺,我仍能在理性之路上前行。我必须担心的一件事,就是自命不凡。最高的理性是极为质朴的,但是人对此并不理解,所以大家以为他们理解了的事物其实是他们尚不理解的事物。

据 老子

6. 真是咄咄怪事!人竟对身外的恶、他人的恶——这些他不能加以消除的恶大发雷霆,但是却不与自身的恶做斗争,尽管这些恶他始终能加以掌控。

马克·阿夫列里

7. 如果把目前用在攻击阔佬和企图找到一种方法以改变现存的生活制度及确立公正分配财富的制度方面所花时间和精力,能用在自我完善的事情上,那么,我们如此渴望的我们国家、社会和道德生活方面改善的变革很快就会到来。人应该学会正确思考——我们的尘世目前有多不幸,将来就会变得有多幸福。但是,民众不想了解那使人获得解放的真理,因为它与他信奉的那些国家和宗教的谬见是针锋相对的。

留西·马洛里

一心旨在提高自己动物生活的一切活动,对自己和他人来说,没有任何行为比它更有害;意在改善自己灵魂的一切活动,对自己和他人来说,没有任何行为比它更有益。

2月8日 语 言

为什么人那么喜欢彼此指责?因为任何人在指责他人时,以为他不会做出他人遭到责备的那类事。人由此而爱听对人的指责。

1. 指责不仅是不公正的,而且真实无误地一下子伤害了三个人:坏话涉及的人,听说坏话的人,然而最主要的,还是那个说坏话的人。一条成语说:"为人隐恶一回,上帝原谅两次。"这确是真理。

2. 人们是那样喜欢诽谤中伤,以致难以克制,因为不指责人,就会使自己的交谈者不高兴。

3. 当两个人吵架时,双方永远都有过错。所以,只有两人中有一人承认自己错了，争吵才能平息。

4. 你们不要评判他人，以免你们被他人评判，因为你们怎样评判人，也必被他人怎样评判。你们用什么尺量人，人家也必用同样的尺量你们。为什么能看到你兄弟眼中的小树枝而感觉不到你眼中的梁木呢？你怎能对你兄弟说：来，我帮你把眼中的小树枝拔出来；那你眼中的梁木呢？你这伪善人！先拔掉自己眼中的梁木，然后你才看得清怎样去拔掉你兄弟眼中的小树枝。

马太福音7章

5. 在指责别人之前，先不断看看自己，想想自我矫正。

选自　虔信者思想录

6. 漫不经心的赞美和指责所带来的危害很多，但是，由指责引起的危害，则很重。

约翰·略斯金

如果不再指责人——你就会感到灵魂变得那样的轻快，有如一个醉汉不再喝酒、一个吸烟成瘾者不再吸烟那样。

2月9日　战　争

由战争产生的实体性的恶，不管它怎样巨大，在与灌输进劳动者那简单而又不多思考的心灵中颠倒善恶概念的那种恶相比，就微不足道了。

1. 由战争激起的狂热、国际仇恨、仰慕战争荣誉、渴求胜利或复仇，扼杀了民众的良知，把人际彼此之间的善意变成了由爱国主义煽动的卑劣而不明智的自私心，摧毁了对自由的爱恋，因为想杀死他人的野蛮愿望或担心被他人杀死的那种恐惧使人屈从于所有压迫者。由战争激起的狂热是那样败坏了人的宗教感情，以致众望所归的基督教导竟成了以基督的名义祝福杀人犯和强盗的工具，为赢得胜利的世界而赞美上帝。而在此情况下，大地上堆满了山一般残缺的尸体，无辜的民众心中充满了忧伤。

亨利·乔治

2. 如果用微笑迎接孩子，孩子会表现出善意的欢乐；任何一个没有蜕化变质的人同样如此。然而，一个民族的民众，尽管他还没见到外国俘虏，却已对其切齿痛恨，准备让他受到折磨和死亡。在民众心中引起这种感情和促使采取相应行为的人，是怎样的罪魁祸首啊！

3. 最出色的武器是不祥的武器。所以,明智之人并不信赖它。他最珍视和平和安宁,他战胜,但并不靠武器。

老子

4. "分而治之"——这是所有压迫者的主要狡计。只要煽动烈焰一般的敌意、国际仇恨和地域偏见,只要一些民族起而反对另一些民族,那么,贵族政体和专制政权就能建立起来,得到支持。所以,想解放众人的人,应当提高他们,使他们超越憎恨这种感情,否则他们就难以达到目的。

亨利·乔治

战争置人于这一处境——最最卑鄙无耻的小人能在其中得到荣誉和政权。

2月10日 温 顺

人对自己个人的评价抬得越高,他的地位就越不尽如人意;他越谦恭下人,他的地位就越稳定坚牢。

1. 想成为强者,就当如水一般。毫无阻碍——它自在流淌;有拦路的堤坝——它稍作停留;堤坝被冲破——它又重新流淌。在四方的盘子里,它是四方的;在圆的器皿中,它是圆的。由于它是那样的谦卑退让,所以,它是最必需的,又是最强有力的。

据 老子

2. 谦逊在于承认自己有罪,而又不把自己所做善事当作是自己的长处。

3. 人越深入自己内心,就越觉得自己渺小。这是智慧的第一课。让我们谦虚谨慎,以使我们成为睿智者。让我们了解自己的弱点,这将赋予我们以力量。

强宁格

4. 高处留不住水,它会向低处流淌。与此相同,在狂妄自大的人那里留不住美德,它只在那些谦卑者中间停留。

据 塔木特

5. 睿智者为自己愿做却无力去做善事而伤心,但是,并不会为人们不了解他或误解他而不快。

中国智慧集

6. 尽管大多数人通常很少注意自己的缺点,但是没有人会不知道自己比自己所认识的人在某些方面更糟。

波里斯莱

7.善良而睿智的人最重要的长处在于他的自觉意识:他知道他很谫陋浅薄,而有许多人比他更聪明,同时,他始终愿意了解、学习,而不好为人师。

想教诲或管理别人的人既不会好好教人,也不会好好管人。

约翰·略斯金

8.最了解自己的人,是最少敬重自己的人。

――――――――――

尽力认清自己的力量。认清之后,不用担心它们的消减,而要担心它们的膨胀。

2月11日 律 法

人生是否美好,仅仅视它执行生活的规则、上帝的规则的程度而定。

1.当人把自己肉体的动物性的生存当作自己的生活法则时,只是此时,人才会把死亡和痛苦看作恶。当他虽然是人却降到了动物的水平时,只是此时,他才会觉得死亡和痛苦是那么悚然可畏。死亡和痛苦像稻草人一样从四面八方追逐他,把他驱赶上一条在他面前展开的人生的康庄大道:执行在爱中表现出来的上帝的法则。死亡和痛苦,仅仅是因为人违背这一法则。一个完全遵循上帝法则生活的人,既没有死亡,也没有痛苦。

2.当一切——健康、欢乐、眷恋、清新的感情、记忆、劳动能力——都弃我们而去,当我们感到太阳似乎也在变冷,而生活仿佛失去了其所有的魅力,我们怎么办?当一丝希望都没有,我们如何是好?是醉生梦死,还是心如顽石?回答永远只有一个:把自己的意志和上帝的意志汇为一体。要是感到良心无愧,要是感到自己对一切已都能安然处之,一切正常,合乎要求,那就听其自然吧。你应当成为什么人就成为什么人吧——其余的事由上帝去处理吧。如果连爱的上帝也没有,有的只是那些法则,那么义务也许仍然是这一秘诀的谜底。

阿米埃尔

3.义务的执行和个人快乐没有任何共通之点,义务有自己的特殊法则,有自己的特殊审判,要是我们企图把义务和个人快乐加以混淆,以便据这混合物生活,那么,义务和个人快乐立刻会彼此相互分离。

据 康 德

――――――――――

我们对上帝法则的了解,是由所有宗教传说得来,是由自己那尚未被欲念和思想欺诈弄糊涂的那种意识得来的,我们也可以根据这些法则在生活中的运用加以了解。赋予我们以不可剥夺的福祉的一切法则要求，都是符合真理的法则要求。

每周阅读

佛 陀

二千四百年前，印度有一个国王，名叫首图驮那（净饭王），他有两个妻子，是两姐妹。但是，第一个妻子没有怀孕生子，第二个妻子也没有一男半女。国王因此很伤心，当他不再抱任何希望时，突然，他的第一个妻子摩耶却生了一个儿子。

这样的儿子国王是再也生不出的，国王为儿子不惜付出一切，要他高兴，让他快乐，教给他各色科学知识。悉达多——儿子的名字——是一个又聪明，又英俊，又善良的孩子。十九岁时，父亲让他娶表妹为妻，并把这对年轻夫妇安置在一座位于美丽的花园和小树林之间的宏伟壮丽的宫殿中。这对年轻夫妇的宫殿里和花园中应有尽有，任何一件只要人能想得起的物件，件件不缺。

因为愿意看着自己疼爱的儿子永远幸福快乐，国王首图驮那严厉命令悉达多的亲信和仆人们，不仅不能让某些事情使儿子伤心，而且要求把一切会引起年轻的继承人痛苦或会使他内心忧伤的东西，都不让他见到。

悉达多没有走出过自己的居住地，而在自己的居住地内，他看不到任何丑陋、不洁、老朽的东西。仆从竭尽全力，消除一切看到能引起不快的景观，不仅把一切不洁之物搬离远远的，而且收拾和从树上及灌木丛中弄走一切枯枝败叶。所以年轻的悉达多在自己周围看到的只是那些生机盎然、美丽愉悦的事物。

悉达多婚后几年就是这样度过的。有一次，他在花园里溜达时，忽然想到自己住地之外看一看其他人是怎样生活的。

悉达多命令自己的车夫强纳赶车送他进城。他看到的一切：街道，屋宇，服装各异的男男女女，小商店，琳琅满目的商品，使他感到新奇，乐于接受，他深深被这些东西吸引。

但是，在一条街道上，他突然看到了一个他从未见过的那样奇怪的人。这个怪人坐在房屋墙边抽搐，大声而可怜地呻吟着。这个人脸色苍白，蹙额皱眉，浑身打战。

"这个人怎么啦？"悉达多问车夫强纳。

"大概病了。"强纳回答。

"病了是啥意思？"

"病——就是说，他的身体不对劲。"

"可他为什么病哪？"

"该病大概就病了呗。"

"可他为什么会病?"

"病侵袭了他。"

"所有人都会被病那样侵袭吗?"

"所有人都会受侵袭。"

悉达多不再提问。

不远处,一个老乞丐向悉达多的座驾走来。他年迈体衰,弯腰曲背,泪眼婆娑,一双小眼红红的,吃力地移动那两条干瘪、颤动的腿,张着没了牙齿的口,含糊不清地呢喃着,乞求施舍。

"这也是病人吗?"悉达多问。

"不,这是个老头。"强纳回答。

"老头是什么意思?"

"意思是他变老了。"

"为什么会变老呢?"

"活得时间长了。"

"所有人都会老吗?那些活得时间长的人都会变成这样吗?"

"人人都这样。"强纳回答。

"我要是活得那么长久,也会变成这样吗?"

"人人都这样。"

"回家吧。"悉达多吩咐说。

强纳赶马动身,但在城门口被人挡住了。那些人正用担架运送着一件像人一样的东西。

"这是什么?"悉达多问。

"这是死人。"强纳答。

"死人是什么意思?"悉达多问。

"死——就是说,没命了。"

悉达多从车上下来,走近运死尸的那些人。死人有一对睁大而呆滞、玻璃球般的眼睛,龇牙咧嘴,肢体僵硬,一动不动地躺着,只有死人才会那样。

"这人为什么死了?"悉达多问。

"大限一到,大家都会死。"

"大家都会死。"悉达多重复了一句,回到自己的座驾上,低着头,回到家。

悉达多在花园一个远远的角落,独自一人坐了整整一天,不停地思考着他看到的事情。

"人都会生病,人都会老,人都会死——当人们知道他们随时都能得病,他们每时每刻在变老,变得丑陋不堪,失去精力,此外,知道人随时都能死去,确实会或早或晚地死去,他还怎么能活?在知道他确实会死去之后,人怎么还能为某些事高兴，怎么还能去做事，怎么还能生活呢？不该这样，"悉达多对自己说，"应当设法避免这。我要去找它。要是能找到摆脱这些困境的办法，我要把它转交给民众。但是，为了寻找这办法，应该离开这个事事都在为我消愁解闷的宫殿，离开妻子，离开父母，去找隐士和智者，向他们探问他们对这一切是怎样理解的。"

决定之后，悉达多在第二天晚上召来为他赶车的车夫强纳，吩咐为他的马备鞍鞯，打开门。离家前，他走近妻子。她已经沉沉睡去。他没有叫醒她，但在心里和她作了告别，他迈着悄无声息的脚步，尽量不把睡着的男女奴隶惊醒，永远离开了自己的宫殿，骑上马，独自离别了亲爱的家。

到了他的马匹足力能够到达的远方，他下了马，放掉了马，和遇到的修道士交换了长外衣，剃去了头发，独自到婆罗门智者-隐士那里，请他们给他解释他不明白的问题，为什么会有病、老、死，怎样才能避免这类不幸。一个婆罗门接待了他，给他讲了婆罗门的教义。这个教义说，人的灵魂会从一个生物体内转到另一个生物体内，所有的人生前都曾是动物，直到死去。死后则视他生前的情况，转生为更高或更低的生物。悉达多理解这个教义，但并不接受它。他在婆罗门中间生活了半年之后，离开了他们，走近寂静的丛林。那里生活着一群著名的导师-隐士，他和他们一起度过了六年斋戒和劳动生活。他那么勤奋，那么虔诚，他的名声在民众中传诵。他身边聚集了一批门徒，民众开始颂扬赞美他。但是，在这些隐士的教义中，他并没找到他要寻找的答案。一个考验向他袭来，他开始惋惜过去他抛弃的一切，他想回到自己的父亲和妻子身边。但是，他没有回家，他离开了自己的崇拜者和门徒，远远地到了一个没有任何人知道他的地方，老是思索着同样的问题：怎样才能从生老病死中得救。

他苦恼了很久，有一次，当他坐在树下苦思冥想老问题时，他对他寻求的答案豁然开朗，他发现了从痛苦、衰老、死亡中获救的方法。他觉得获救方法在四谛之中。

第一谛，就是人人都会遭到痛苦；第二谛，就是痛苦的原因在欲念；第三谛，就是为了避免痛苦，应当消除自身的欲念；第四谛，就是为了消除欲念，必须做好四件事。

第一件，心灵的觉醒；第二件，思想的净化；第三件，摆脱一切恶意和怒气；第四件，在自身唤醒不仅对人，而且对一切生物的爱。

在戒绝自己过度的性方面，最必需的是摆脱肮脏念头，净化灵魂。真正的解放只是在爱之中。只有用爱来置换自己欲念愿望的人，才能摆脱粗鲁无知、种种欲念的锁链，摆脱痛苦和死亡。

当这个教义在他面前展开，悉达多离开了隐修地，不再持斋，身体疲惫不堪，开始到民众中去宣讲他所发现的真理。

开始时，他的门徒弃他而去，但是，以后在理解了他的教义后，又团结在他的周围。尽管婆罗门迫害悉达多——佛陀,他的学说却传播得越来越广。

悉达多向民众宣讲自己包含十戒的教义:

一戒,不杀生,保护一切活物的生命;

二戒,不偷盗,不抢夺他人劳动所得;

三戒,无论是心里,还是生活中,都要纯洁贞洁;

四戒,不撒谎,如有需要,则要无畏而又饱含爱心地说真话;

五戒,不说人坏话,不传别人所说他人的坏话;

六戒,不发誓赌咒;

七戒,不把时间浪费在空话上,或说事,或沉默;

八戒,不贪财,不嫉妒,为他人的幸福感到由衷高兴;

九戒,从心灵中清除恶意,不恨任何人,要爱他们;

十戒,竭尽全力领会真理。

佛陀在长达六十年的时间里,不断由一地转向另一地,宣传自己的教义。

佛陀的晚年身体虚弱,但仍到处传教,在一次辗转迁徙中,他感到死亡逼近了,他停下脚步,说:"我渴极了。"门徒把水递给他,他多少喝了一点,稍作停留,又上路前行。但在哈纳涅阿瓦塔河附近,他又停下,坐到树下,对自己的门徒说:"我的大限到了,我不在,也要牢记我过去给你们传授的一切。"他心爱的门徒阿难听到他说的话,难过得难以自制,退到一边哭了起来。悉达多马上劝慰他说:"算了,阿难!别哭,别惊慌,或早或晚,我们总要和我们珍惜的这一切告别。难道尘世有什么永恒的事物?我的朋友们,"他转向另一些门徒补充说,"像我教导你们的那样去生活。挣脱那使人糊涂的欲望之网,遵照我给你们指引的道路前行。永远记住,肉体的总会毁灭,只有真理才牢不可破而永世长存。在真理中去寻求拯救。"

这就是他的遗言。

托尔斯泰述作

2月12日 不 朽

死亡正等待着我们中的每个人,没有任何事情比这一点更确凿无疑,然而,我们却像死亡似乎永远不会到来一样地生活着。

1. 我们的生命因为死亡而终止,这一问题意义重大,而且不能不想这一点。根据我们是否信仰不朽这种信念可以断定我们的行为是理智的,还是毫无意义的。

所以,我们关注的重心当在这一问题的解决上:在肉体死灭之时我们是否完全消亡?要是并不是完全消亡,那就恰恰证明,我们身上有一种不朽的因素存在。要是我们理解我们自身存在着死灭和永生两种因素,那么,很显然,我们在尘世生活中应当更多地关注那永生的因素而非死灭的因素。可是人通常的行为刚好相反。

据　帕斯卡尔

2. 要是人间痛苦不能滋生良善,这世界就令人惊惧。一个制度只是为了从精神和肉体上折磨人而建立起来,这制度是一种恶。要是确实如此,世界是一种无法用语言表达的不道德,因为它不是为了未来的良善,而是空虚无聊、漫无目的地作恶。它似乎只是为了使人痛苦而故意陷人于水火之中。它从我们呱呱坠地就打击我们,向一切幸福之杯中羼杂苦汁,使死亡成为一种如雷轰顶的永恒恐惧。诚然,如果不存在上帝和永生,那么,完全可以理解人们所说的对生的厌恶,这种厌恶是现存秩序,或者毋宁说是现存的无序状态在他们心中引起的。这种无序状态是一种令人毛骨悚然的道德的混乱,诚如它的名字所表明的那样。

但是,要是我们头顶上只有上帝,我们头顶上只有永恒,那么,一切就都变了。我们在罪恶中看到良善,在黑暗中见到光明,于是,希望开始驱赶绝望。

在这两种假说中,究竟哪一种更有可能呢?难道能够允许道德的生物——人——被置于对现存世界秩序公正地加以诅咒的必然情景之中?然而,他们面对的其实也是一种解决它们矛盾的出路。要是上帝和未来并不存在,他们应当诅咒他们降生的世界和日子。如果相反,前者和后者都确实存在,生活本身就成了一种幸福,世界就成了道德完美、幸福和圣洁无限增加的地方。

爱拉兹姆

3. 对自己的生命认识越深刻,对死即毁灭的信仰就越少。

4. 我们常常竭力设想自己死了,或正转向死亡,但是,这如同设想自己是上帝,完全是不可能的。我们能做的,就是相信死亡是存在的,如同相信来自上帝的一切都是善的一样。

5. 人的起源无论是什么,它确是可感知、可理解、充满生气并存在着,它是圣洁而神奇的,所以应当成为永恒的。

不相信永生的人,只是那些从未严肃认真地思考过死亡的人。

2月13日　信　仰

宗教是人人都懂的哲学。

1. 人只有通过美好生活才能使上帝满意。所以,除了美好、纯洁、善良、谦逊的生活,人想用以使上帝满意的其他一切事物,都只是一种欺骗,都只是为上帝所做的虚假的服务。

据　康德

2. 基督教义的基本特征,在于把好道德与坏道德之间彼此的区别当作是天堂和地狱的区别,而非天和地的区别。地狱及其永恒的痛苦这一心象使灵魂愤懑不平,但是,就其意义来说,这种心象倒是忠实正确的。它为我们效力,用的是一种警告:我们不用去考量善恶,那光明王国和黑暗王国已并排站在一起,而且两者用一个彼此相通的固定台阶连接着。这一心象也指明,善与恶彼此间还隔着一个深不可测的深渊。

据　康德

3. 抽象事物中最重要而又最古老的观念——永远只是一种最大的可能,所以稳健的人生智慧马上会予以攻击。整个世界的发端——上帝的存在,其遭遇就是如此。

据　莱辛

4. 宗教是质朴的、转向心灵的智慧。智慧是为宗教辩护的理智。

5. 民众的教育原则、政治、社会经济和艺术,源自他们称之为宗教的事物。

约瑟夫·马志尼

6. 人没有宗教,就是其没有与世界构成某种关系,这就像是一个人没有心脏,是不可能生活的。人可能不知道他有心脏;但是,如同没有心脏,没有宗教,人是不能生存的。

7. 应当认为善良的生活原则(不杀生,不发怒,不淫乱,不以恶报恶等)对我们是正确而必需的,原因并不在它是神诫,而应当认为,它们是神律,原因是我们感到它们恰是我们内心的需要。

据　康德

8. "不知将来怎样,不知什么在等待我们,我们该怎样生活呢?"

当一个人不知道什么在等待他时,只有在此时此刻,他真正的生命才开始。只有在此时此刻,他才会去创造生命,执行上帝的使命。他知道,只有这种活动才证明他信仰上帝及其诫命。只有这一时刻,生命才是自由的。

宗教能阐明哲学论述,哲学论述则能证实宗教真理。所以,去寻找真正的宗教徒和真正的哲学家(不管尚健在,还是已辞世)之间的共通处吧。

2月14日　灵魂神圣的本质

人里面生活着上帝的灵魂。

1. 人若不因上帝而重生，就不能见到天国。

约翰福音 3 章

2. 理性只有在善良者身上才能清楚显示。只有理性在他身上清晰地显示出理性时，人才能成为善良之人。善良生活需要理性之光，理性之光需要善良生活。两者相辅相成。所以，如果理性不帮助善良的生活，就不是真正的理性。如果生活不帮助理性，就不是善良的生活。

中国智慧集

3. 一个娶女王为妻的商人，给她建了一座宫殿，买了贵重的衣饰，配了一百来个仆人侍候她，千方百计使她开心。但是女王烦闷苦恼，老是想着自己的皇家血统。人的灵魂也是这样。人用尘世的一切享受提供给它，它却仍想念自己的家，自己的本源——它由之而来的上帝。

塔木特

4. 尽管人不知道善为何物，但是善仍在他们心中。

孔子

5. 塞内加是古罗马的哲人。他不知道基督及其教义，但却像基督那样理解生活。这是他写给朋友的一段话："敬爱的留齐里（朋友名），你好好干吧，全力以赴，使自己心灵美好而仁慈。任谁都永远会为自己这样做。他们不必为此而向天神高举双手，或者请求神殿的守卫者让他们走近天神，以便他更清楚地听明白他们的吁请，因为天神永远就在人的身边，就在人里面。是的，亲爱的留齐里，我肯定，我们内心有着神圣的灵魂，一切善恶的见证人和守护者。我们怎样对待他，他也就怎样对待我们。要是我们珍惜他，他也就同样珍惜我们。

天神生活在每个善良的人心中。"

6. 如同你看不见人的灵魂一样，你也看不见天神，但是，你却知道他在他的创造物之中。同理，你不能不承认一种心灵的神圣力量，它显现在对完美的永恒追求中。

塞内加

上帝活在我们每个人里面，任何东西都不能像对上帝的回忆那样使人不作恶并助其行善。

2月15日　纯　朴

有一种纯朴是天生的，有一种纯朴则来自人的智慧。两者都使人珍爱和敬重。

1. 大多数生活任务的解决有如代数的等式:把它们做最大的简化。

2. 真理的语言永远不需夸饰,它始终质朴无华。

3. 最伟大的真理最质朴。

4. 纯朴总是招人喜欢的。孩子和动物的招人喜欢正由此而来。

5. 大自然丝毫不知人在彼此之间确立的那种令人憎恨的隔膜。它把灵魂赋予众人,并不偏爱高尚者和富人。天生的仁慈善良的感情甚至在普通人中间似乎更多见。

莱辛

6. 当人们说得机智、慧黠和雄辩,那么,他们不是想骗人,就是想争得赞誉。对这些人不该信任,也不该仿效。

好话是纯朴的,人人都能了解,而且充满睿智。

7. 质朴是对自己作为人的尊严的一种认知。

布亚斯特

8. 质朴永远是崇高感情的果实。

达朗贝尔

9. 话使人彼此亲近,所以应当尽可能地把话说得人人能懂,而且所说的一切都是真话。

———————

应摆脱一切矫揉造作的、排他的、竭力把注意吸引到你身上的噱头。任何事物都不能像纯朴一样促进人彼此的亲密接触。

2月16日 精神的本质

一个人越年轻,越少考虑,他就越容易相信他生活的本质在肉体;一个人越年长,越理智,他就会越来越意识到自己乃至整个世界的生活基础在灵魂。

1. 应当好好牢记,我们真实的生活——不单是我们在这里、在尘世度过的那种外在的、肉体的生活,而且与这种生活一起,我们心里还有另一种内在的生活——灵魂的生活。

我们可见的肉体生活——是为盖房准备的脚手架。房子盖好以前,脚手架本身才是需用之物。但房子一旦完工，脚手架就不再需要，就会被拆除。我们的肉体生活与此同理。它只是为修建精神生活这屋宇而做的必要准备，一旦屋宇告成，肉体也就必加拆除。

当我们看到巨大、高耸而坚固的铁铸脚手架，而屋宇本身实际刚在地基上显露出来，我们会觉得，整个事情在脚手架，而不是屋宇。我们会同样觉得，我们的整个生活在我们的肉身。

我们彼此都要好好记住，正如脚手架只是为了今后能修建屋宇，我们的肉身也只是为了日后发展培植出那精神生活。

2. 看着天空，望着大地，想一想吧：一切都在消逝，所有这些山岳、河流、各色生命，以及大自然的产物。所有这一切都变动不居。当你明白个中道理，立即就会豁然开朗，你就懂得了什么是存在而不会消逝的。

佛陀格言集

3. 我们对宏伟壮丽的建筑、山脉、天体感到惊奇，盘算它们有几百万立方英尺大，几百万蒲特重，然而，所有这些貌似如此巨大的庞然大物和一切已知的相关事物相比，却就显得微不足道了。世界上最强大的，不是那可视、可听、可触摸的东西。

4. 记住，死去的不是你，而是你的肉体，活着的也不是你的肉体，而是你肉体里面的灵魂。不是你的肉体使你的灵魂懂得你的生命和世界的生命，而是活在你里面的灵魂在活动，在感受，在回忆，在预测，在管理和指导你的肉体和你的行为。如同一种无形的力量管理你的肉体一样，你也应当成为那种管理整个世界的无形力量。

据　西塞罗

只有把承认肉体世界重要而且真实存在的感受当作一种欺骗而予以舍弃时，人才能理解自己的真正使命并完成这一使命。

2月17日　平　等

世界上所有的人都有利用世界自然资源的相同权利，都有受尊重的相同权利。

1. 基督教被曲解，它在生活中很少甚至完全得不到实行，这使我们感到惊诧莫名。可是这种教义难道能有另一种命运？这一教义通过其要求提出了人的真正平等：人人都是上帝之子，人人都是兄弟，所有人的生命都是神圣的。真正的平等不仅要求消灭等级、身份和财产,而且要求消灭不平等的主要工具——暴力。正如大家所想,平等不可能由非宗教的措施加以实行,它只有通过对上帝和对人的爱才可能实现。而对上帝和对人的爱绝非由非宗教措施所能培植,而只能由真正的宗教教义做诱导。

自由、友爱、平等中竟可以引入死刑、死刑威胁和暴力,这人可能陷入的是一种谬误。人能陷入这种粗野谬误并不证明,人们追求的这一切都不正确,只是证明陷入谬误的人企图用以实现自由、友爱和平等的那条道路是不靠谱的。

2. 据说,平等是不可能的,因为总有一些人比另一些人更强壮有力、更聪明。正因为此,里赫登别尔格认为,由于一些人比另一些人更强壮有力、更聪明,人的平等权就尤其必需。强者对弱者的压迫在当今之所以那么令人胆战心惊,是因为除了体力和智力方面的不平等之外,竟还存在着一种权利的不平等。

3. 只须看看基督世界民众的生活。这些人被分成两类:一类人整整一生被捆绑在令人麻木、精疲力竭、并非他们必需的劳作上;另一类人则无所事事,纵情于形形色色的寻欢作乐上,把满嘴基督教教规的那些人所能达到的不平等推到令人瞠目结舌的恐怖程度,特别是有关制度生活的平等的说教更成了一纸谎言,因为生活已被最残忍和一目了然的不平等弄得骇人听闻。

4. 没有人像孩子一样在生活中去实现真正的平等。成年人犯下何等的罪行!他们一边破坏他心中的这种神圣感情,一边又向他们灌输:有必须尊敬的皇帝、王侯、阔佬、闲人;也有理当加以轻慢的仆役、工人、乞丐。"有人正引诱弱势群体的某一方……"

基督给众人指明他们永远应该了然于心的事情:人人都彼此平等,之所以平等,是因为在他们心中生活着同一个灵魂。但是,从古时起,人就彼此被相互分隔成皇帝、达官贵人、阔佬;工人和乞丐,即使知道他们大家都是平等的,但仍像似乎不知道这一真理而那样生活着,据说,人的平等事实上是不可能的。不要相信这种说教。向孩子们学习吧,像孩子那样以爱和柔情对所有人,也同样对一切事物。如果对一些人说"你",那么,就对所有人说"你",如果说"您",就对所有人说"您"。如果有人自高自大,那对他们就不要比对其他人更加敬重。如果人谦卑自下,那么,对这些虚怀若谷的人则应尽可能地给以尊敬,不使那些坏榜样占尽他们的上风。

2月18日　自我舍弃

每个人的个性是掩盖活跃在人里面的神性的外壳。人摆脱自己的个性越多，他里面的神性就显露得越多。

1. 必须爱的只有上帝，必须恨的只有自己。

帕斯卡尔

2. 天父我爱，因为我献出了我的生命，以期重新接受生命。

没有人剥夺我的生命，而是我自己献出的。我有权献出生命，也有权重新接受生命。我从我父得到了这启示。

约翰福音 10 章

3. 人越多关心自己，照顾自己，越多爱惜自己的生命，他的力量就变得越小，他的禁忌束缚就越多。相反，一个人越少为自己操心，越少照顾自己和珍惜自己，他就越有力量，越自由。

4. 要是能做到舍弃自我，舍弃自己的意志，那么，一切都将轻松而美好。

5. 只有否定自身个性的人，他用以教导真理的那些言论才会历久弥新。

塔木特

6. 那想珍惜自己灵魂（生命）的人，结果失掉了灵魂（生命）；那个为我、为福音失掉了灵魂（生命）的人，灵魂（生命）反倒得以保存。

马可福音 8 章（原注引自马太福音）

7. 在自己错失的机会、声誉和物质利益方面不计个人得失的人，是懂得生活真谛的人。

佛陀智慧集［达马巴达］

8. 一个人虽然还没有勇气亲自体验或至少暂时体验那无条件自我牺牲的生活，尽管他还没掌握任何供评判这种生活的资料，他却仍有权对这种生活的结局做出自己的评判，但是，我以为任何一个聪明人都不愿、任何一个正直者都不敢否定对他灵肉产生的那种高尚影响，尽管这只是在他忘我、弃绝个性的偶然瞬间才有。

约翰·略斯金

当讲话中追忆自己的往事——人就会失去观点的思路。只有在人完全忘却自己、超越自我时，只有在那时，人才能卓有成效地和其他人沟通，为他人服务，对他人施加影响。

Ⅰ 弃绝私利

最坚定的人也常有沮丧失望的时刻。你看到善举,力求向善,想做善事,而这一切仿佛都是徒劳,你感到你被自己过去为之牺牲的那些人遗弃了。你忍受憎恨、诽谤和迫害。在这一时刻,你会从心灵深处迸出呐喊声:"天啊,让我躲开这一时刻吧……"这情景基督就体验过。基督独自一人在病人、瞎子、聋子的世界中,在不理解他的门徒中,在粗野而冷漠的人群中,在凶残的敌人中,因为预料自己将被处死,这应当成为他的事业的第一个成果。基督吁求说:"天啊,把我从这一灾难时刻拯救出来吧。"他预感到自己的痛苦和被钉在十字架而死去的情景,他又补上一句说:"但我仍将走向这一灾难时刻。"

是的,基督的事业正在这痛苦、死亡及战胜痛苦和战胜死亡之中。

这是那些想要继承他的事业者的永恒榜样!他教导他的事业继承者们说,这一事业,只有通过自我牺牲才会结出果实;播种的人,并不收割;如果他不死,那么,留下的只是他一个,如果死了,他像撒在地里的种子一样,就会带来丰硕的成果。

因为你们的言论被否决,因为你们看不到这些言论的作用及应当源自这些言论的未来,你们的灵魂感到惶恐不安,你们有如你们所感到的那样,以为这些真理将和你们一起被埋葬进连魔鬼之了都想埋葬的坟墓之中——请你们相信,恰恰相反,这正是生命开始运作的时刻,也是你们准备向其进发的这一时刻。

基督的门徒们!你们不可能超过你们的导师,你们应当追随他,沿着他给你们开辟的道路前行。把义务当作自己的义务去完成,再不要向尘世乞求,再不要希冀期待,像狄底姆说的那样,"我们也和他一起赴死"。播种吧,播种吧,在灼热的太阳下播种吧,在严寒的雨水下播种吧;到处播种吧,在法庭,在监狱,在刑场;播种吧,收割将及时到来。

拉门奈

为了不停留在口头上,而是能够真正地爱他人,就该同样不是在口头上,而是在事实上不爱自己。通常是这样:我们想到为我们所爱的另一些人,我们使自己、也使他人相信这一点,但是,爱他人只是在口头上,爱自己则是事实。我们常会忘记为他人安排食宿,但永远不会忘掉为自己安排食宿。所以,为了实心实意真正爱他人,就应当学会忘掉为自己安排食宿,就像我们忘掉为他人这样安排一样。

牺牲越多,爱就越多;爱越多,事情的成果就越多,对人的好处也就越多。

有两种境界:一类人愿为朋友献出自己的生命;另一类人生活着却不愿改变自己的生活环境。所有人都处于这两种境界之内:一些人在某种程度上是基督的门徒,他们放弃一切,跟他走;另一些人在某种程度上像圣经中的富有青年,当他听到要其改变生活时,立刻扭过头离开了。在这两种境界之内还有介于两者之间的撒该,他们改变的只是自己的部分生活。但是,即使只是为了成为撒该这类人,也当不断努力去追求第一境界。

托尔斯泰

Ⅱ 独立自主的人

聂赫留朵夫站在渡船边上,望着宽广而湍急的河流。顺着水面传来了城市的喧嚣声,奥霍特尼茨基教堂那大铜钟振动的袅袅余音。站在聂赫留朵夫身旁的车夫和其他所有货车车夫,一个跟着一个脱下帽子,在胸前画着十字。比这些人更靠近船栏杆的地方,站着一个个子不高、头发蓬松的老人,聂赫留朵夫最初并没留意过的这位老人,没有画十字,而是抬着头,盯着聂赫留朵夫。这个老人穿着打补丁的上衣、粗呢长裤和一双打补丁的合脚的长筒靴。肩上背着一个不大的背囊,头上戴着一顶高高的破皮帽。

"老头,你干吗不祷告?"聂赫留朵夫的车夫一边戴帽子,一边说,"没有受过洗吗?"

"向谁祷告?"头发蓬松的老人断然反驳,说得很快,一字接着一字。

"这还不明白——向上帝呗!"车夫嘲笑地说。

"你指给我瞧瞧,他在哪里,那个上帝?"

老人脸上露出这样一种严肃而坚定的神情,车夫立马感到,他碰到了一个性格刚毅的倔老头。车夫多少有点惊慌,但并没有流露出来,面对那些听客,他既不想闭嘴,也不想受辱,立即反驳说:

"在哪里?还用说?在天上呗。"

"你到过那儿吗?"

"到倒没有到过,可大伙都知道,应该向上帝祷告。"

"可无论什么人无论在什么地方都没见过上帝。上帝是由那个心存父亲的独子宣布出来的。"老人严厉地皱起双眉,极快地说。

"你显然是个不信教的人,是个穴居的野蛮人,向洞穴祷告。"马车夫一边说,一边把赶马鞭杆插进腰里,把拉边套马上的皮马套拉正。

有一个人笑了起来。

"老大爷,那你信什么呢?"一个已经不很年轻的人问,他正和大车一起待在渡船边。

"我什么也不信。所以,我不信任何人,除了自己,不信任何人。"老人同样急速而坚定地回答。

"可你怎么信自己?"聂赫留朵夫插嘴说,"也许这是错误的。"

"我一辈子没犯过错。"老人摇摇头,断然回答。

"为什么会有各式各样的信仰呢?"聂赫留朵夫问。

"因为大家只信别人,不信自己,所以信仰就会各不相同。我过去倒信过别人,结果我就像迷失在原始大森林里,迷迷糊糊,真以为找不到出去的路了。有信旧教的,有信新教的,有信安息会的,有信鞭身派的,有信教堂派的,有信非教堂派的,有信奥地利教派的,有信莫罗勘教派的,有信阉割派的。所有的信仰都只说自己好。这一切信仰都像瞎眼小狗库佳塔一样乱爬。信仰五花八门,灵魂却一模一样。它在你里面,在我里面,也在他里面。这意思是说,要是人人只信自己的灵魂,大家就会团结成一个人。如果人人都保持自己的本来面目,所有人都将汇集成一人。"

老人大声说着,环顾四周,显然希望有尽可能多的人听他讲话。

"您早已进行这种宣传?"聂赫留朵夫问。

"我吗?早已这样。二十三年前我早就被他们赶出来了。"

"怎么把你赶出来?"

"像驱赶基督一般被大家驱赶出来。被抓,送上法庭,送到神父那里,送到读书人那里,送到法利赛人那里;关进疯人院。他们拿我一点办法也没有,因为我是独立自主的。'说,姓名?'大家以为我会给自己取某种名字。但是,我没有任何名字。我抛弃了一切,没有名字,没有居住地,没有祖国——我一无所有。我只是我。'怎么称呼你?'人。'几岁?'我说我没算过,而且也不可能算,因为我过去一直活着,现在还将一直生活下去。他们问:'你的父母是怎样的人?'我说,除了上帝和土地,我既没有父亲,也没有母亲。上帝是我父亲,土地是我母亲。他们说:'你承认沙皇吗?'为什么不承认呢?他是自己的沙皇,我也是自己的沙皇。大伙说:'得啦,跟你还有啥可谈!'我说,我又没有请你和我交谈。大伙就这样折磨我。"

"你现在要上哪儿?"聂赫留朵夫问。

"听老天安排吧。我能工作,要是找不到工作——我就得去要饭啰。"老人见渡船已靠近对岸,结束了讲话,得意扬扬地对听他讲话的所有人扫视了一通。

渡船靠岸,聂赫留朵夫掏出钱包,递给老人一些钱。老人拒绝了。

"我不要钱。我要面包。"老人说。

"哎,非常抱歉。"

"没什么要抱歉的。你又没得罪我。再说要得罪我也是不可能的。"老人说,开始把原先放下的背囊背上肩。

与此同时,驿车已推上岸,套上了马。

"老爷,你真喜欢闲聊。"聂赫留朵夫给了船夫一些喝茶的小费后,爬上了驿车,车夫对他说,"流浪汉,都是那样不正经的。"

托尔斯泰(选自长篇小说《复活》)

2月19日 劳 动

不干活之所以是罪恶,是因为虽然不干活却仍能生活。

1. 无论什么都不能像劳动那样使人变得高尚。没有劳动,人就不能葆有自己人的价值。无所事事的人由此那样关心令人肃然起敬的面子:因为他们知道,连这点玩意儿都没有,众人会对他们不屑一顾。

2. 真诚的宗教信念和纯洁的道德观念,在那些不凭自己双手的劳动获取自己的面包的人中间,实际上不可能存在。

约翰·略斯金

3. 明白了在现实生活中任何人都没有而且也不能有特权、优先权、例外,而义务却无穷无尽,明白了人的首要而毫无疑义的义务是为了自己和他人的生活而参加与大自然的斗争之后,人应该完全接受真理,应该完全忏悔。

4. 劳动后的休息是一种毫无疑义而纯洁的欢乐。

康德

5. 不论贫富、不论强弱,凡是不劳动者都是坏蛋。凡是人都应当学会时下的一门手艺。只有通过劳动,才能体会这是一种最出色最纯洁的欢乐。劳动越辛苦,劳动后的休息和这种欢乐就越多。

据 卢梭

6. 坚持不懈地工作吧,不要认为工作是自己的不幸,也不要希望因为工作而获得嘉许。

马克·阿夫列里

7. 最卓越的才能也会被游手好闲、无所事事吞噬。

蒙田

公正要求取诸他人的不多于给予他人的。但是,不可能把自己的劳动成果和被你利用的他人的劳动成果细加称量,此外,你随时随地有可能丧失劳动能力,而不能不利用他人的劳动成果。所以,为了不失公允,就尽力多给少取吧。

2月20日 进 步

人类不断前进。前进运动应当存在于信仰之中。

1. 人的生活宝藏依赖他们的信仰。信仰随着时间的推移变得越来越单纯、易懂和明朗,而且和真正的知识相匹配,和信仰的简化、明朗相适应,人彼此之间就越来越团结。

2. 人要是以为我们应当墨守当今向我们展现的那种信仰认识,那么,人就会远离真理。我们得到光,它之所以提供给我们,并不是为了不停地注视着它,而是要用它给我们打开新的、尚不为我们所知的真理。

据　弥尔顿

3. 基督精神,尽管在这个强权世界从高高的王座和讲坛力求加以扼杀,但是,它仍正大光明地在各地涌现。福音的精神难道会不深深地扎根于人民之中?他们难道还没有开始看到光?每个人的权利和义务观念难道不是变得更加清明爽朗?四面八方传来的对更公正的律令的呼唤,对建立以公正的平等权为基础的、保卫弱者的机构的呼唤,难道还没听到?那些因为国王挑唆而分裂的人群之间原先的仇恨难道还没有消除?各族人民难道没有感到彼此是兄弟?压迫者已经浑身打战,一个内在的声音好像在预告他们即将到来的末日。被毛骨悚然的幻影弄得惶惶不可终日的沙皇,惊恐不安地扔掉了手握的锁链。而这些锁链正是他们用以禁锢民众的刑具。基督则前来解救民众,这些锁链将很快被砸烂。地下的号角声惊醒了他们的美梦。在社会的秘密底层正完成一件工作;这一工作他们曾竭尽统治的全力阻挡而无法使其停步不前,这一工作的连续不断的成就正使他们陷入无法用语言形容的惊悚恐惧之中。这一处于萌芽状态的并将进一步发展的工作,这一消除世界罪恶的爱的工作,虽然现在还很微弱,它却正在抚慰伤心人,打碎囚徒的枷锁,给各族人民开辟新的生活道路。这一生活的内在本质绝非暴力,而是人彼此之爱。

拉门奈

4. 人类之所以向前运动,仅仅因为信仰在向前运动。信念的前进运动,并不在于发现新的宗教真理,并不在于探索人对世界及其起源的新关系——任何新的观念都不存在——而在于抛弃一切羼杂进宗教观念中的多余之物。新的宗教真理并不存在,从我们知道智者的时代起,它对世界及其起源的态度同现代所持态度完全相同。如果说有宗教运动,那么,这一运动并不在发现某些新事物,而只是在纯化业已发现业已表达的事物。

5. 信仰是当今时代、当今社会最优秀、最进步的人士能够理解的崇高的生活观点的指标;这一社会所有其他成员将不可避免、始终不渝地向这能理解的崇高的生活观点靠拢。

不应当把真理的进步、宗教的进步同科技的进步、工艺的进步混为一谈。科技

和工艺的成就和宗教的落后都能极度扩大,就像我们时代所发生的那样。

想为上帝服务,那就首先成为宗教进步的工作者吧,这种宗教进步体现在和迷信做斗争上,也体现在阐明和简化宗教意识上。

2月21日 素 食

有过人吃人的时代;人们不再吃人的时代也已过去,但是人还继续吃动物。如今,一个新的时代正在到来,人们越来越多地抛弃这种令人悚惧的习惯。

1. 真怪,许多不同的儿童保护协会和动物保护协会,对素食主义完全无动于衷,然而,正是对肉食的需求在多数场合中确是他们想通过惩处而与之斗争的那种残忍杀生的原因。按爱的法则行事比对追究刑事责任而来的恐惧能更有力地遏制残忍的杀生。为了发泄愤怒的感情所做的虐杀行为的残忍性,同为了食用肉食所做的虐杀行为的残忍性,两者之间未必有什么区别。由于渴望肉食,人们内心熊熊燃起了残忍杀生的炉火。

留西·马洛里

2. 可诅咒的大三位一体:烟草、红酒、动物肉。大灾难、大破产由这令人悚惧的三位一体而来。如果被这三位一体控制,人就与动物相差无几,就没有了人的模样。人生的最理想的幸福:拥有清明爽朗的理智和一颗善良的心。

据 吉尔西

3. 认为我们对动物的所作所为不存在道德意义,或者换句通行的道德语言说,动物面前不存在任何的义务。这是一种谬误。骇人听闻的粗暴行径和野蛮行为就植根于这一谬误之中。

叔本华

4. 一个旅行者走近一群非洲食人者,当时他们正在吃一种肉。他问他们吃的是什么,他们回答说是人肉。

"难道你们能吃这?"旅行者惊叫起来。"可为什么不呢?放点盐,味道极好。"非洲人回答他。他们对自己的所作所为是如此的习以为常,甚至难以理解旅行者为什么对此会那么大惊小怪。

当素食主义者看到猪、羊羔、公牛,仅仅因为其肉放上盐就是美味而被吃掉时,他们同样体验到了一种食人者难以明白的那样的愤怒。

据 留西·马洛里

5. 杀戮和食用动物之所以发生,主要是因为人们相信,上帝早已规定动物注定要为人所食用,杀戮动物没有什么不好。但是,这是错误的。无论什么书,都不会写上虐杀动物无罪。在我们大家的心上比在书本上更清楚地写着,应该像怜惜人一样怜惜动物,要是我们良知未泯,我们都懂得这一点。

当你们不吃肉,你们所有的家庭亲人责备你们,谴责你们,嘲笑你们时,请不要因此而怒火中烧。要是吃肉是无所谓的琐事,肉食者就不会责难素食者,他们之所以怒不可遏,是因为在我们的时代,人们已经意识到,吃肉是一种罪过,然而又无力摆脱这一罪过。

2月22日 上 帝

过去说及上帝的一切话题,以及能够说及上帝的一切话题,大家皆不满意。上帝身上隐藏着人只能意会却不能言传的某些东西,而它却正是人人必需的,而且只有它才能赋予人以生命。

据 安格鲁斯·西列齐乌斯

1. 能够理解的智慧,不是永恒的智慧。能够称述的本质,不是永恒的本质。

老子

2. 有些本质自身包含着一切,没有这种本质,就既不会有天,也不会有地;这种本质是静止的、无形的;它的特性是召唤智慧和爱,但本质自身并无名称。它最疏远,又最切近。

据 老子

3. 上帝就是那要求我们虔诚的无限性。

梅狄·阿福里特

4. 上帝就是我们意识到自己是其一部分的一切。

5. 那些问天帝在哪里的人是狂妄之徒。天帝在整个大自然中,在每个人的心灵之中。信仰形形色色,天帝却只有一个。如果人连自己都不认识,他怎能认识天帝?

印度智慧集

6. 我从未存在,外部世界在任何时候也不以我为转移,正如外部世界也不取决于现存的我一样——所以,我开始成为并继续成为在我之前已经存在、在我之后仍将存在、比我更加强大的某一事物的一股力量。可是,有人却对我说,没有任何我们称之为上帝的这种东西。

拉伯雷

7. 一个人一出生就被关在一个窗上安着不透明玻璃的房间,他可能会开始把太阳称为不透明玻璃,这一名字正是太阳光通过它才能透进房间的唯一事物的名字。与此相似,《福音书》正是用崇高感情或人的崇高能力来命名确定上帝这一概念的。这些崇高感情成了唯一能传达天赐神启的传感器。正因为如此，上帝被称为爱、智慧（言）。

只有从禁锢中挣脱出来，才有可能使囚徒把太阳本身和因太阳而变亮的不透明玻璃区分开来。与此完全相同，只有某种程度上从肉体的物质的枷锁中挣脱出来，人的心灵才有可能和神的本质进行更直接的沟通。

此前，最尊重自己智慧的人，会把智慧和上帝混为一谈，把他称为智慧；最尊重爱的感情的人，就会把爱和上帝混为一谈，把他称作爱。

最后，一个既不相信自己的智慧，也不相信自己的爱的人，就会由此而盲目地绝对服从地信任他人的权威，就会把上帝和此人混为一谈。

费多尔·斯特拉霍夫

――――――――

如果你的眼睛被太阳照花了，你并不会说，太阳并不存在。你之所以不说上帝不存在，是因为你在力求弄明白上帝之前，你的理智即使已经糊涂，已经丧失，但仍在力求理解他。

据　安格鲁斯·西列齐乌斯

2月23日　生活制度

现存的生活制度，既不符合良心的要求，也不符合常识的要求。

1. 多数务实者认为，成为尘世事物最合宜的秩序的是这种肆无忌惮的秩序：混乱而庞杂的人群彼此抢夺一切可能到手的东西，蹂躏儿童和老人，依靠能够诱骗和网罗的工人的帮助，制造五花八门的劣质品；而这帮工人嗣后则被赶走，听任他们无助地饿死。

约翰·略斯金

2. 想象一下一群鸽子落在已播过种的田野上。其中百分之九十九的鸽子，并不啄食它们想要的种子，而只是吃一些最必需的食物，却把它们能够得到的一切谷物聚成一个大堆，除了谷糠，再没给自己留下任何东西，全给了鸽群中一只最羸弱的鸽子食用。想象一下这种情景吧：它们围成一圈，瞅着这一只鸽子怎样一边独自享用食物，一边抛撒和浪费这些东西，有一只比其他鸽子更饥饿、更勇敢的鸽子，仅仅因为取了大谷堆上一粒小小的种子，竟被它们扑上去把它撕成了小块。

要是你们看到这一切，你们可能看到的只是人们彼此之间确凿无疑而习以为常的行为。

巴莱

3. 看到人们利用自己的才智彼此争吵，互设陷阱，欺瞒诈骗和背叛出卖，我能不痛心吗？看到善恶的原则被抛弃，或者准确地说，被泯灭，我能不潸然泪下吗？

菲奥格尼斯特

4. 在土地上、阳光下，在动、植物王国中，在矿产地，在我们还刚开始利用的自然力中，蕴藏着取之不尽的财富，受智性支配的民众由此完全可以满足自己的一切物质要求。在大自然中，不存在贫困的原因——甚至不存在弯腰曲背和衰颓老朽等不幸的原因。因为，人就其本性而言，是社会动物，要是没有长期赤贫的毫无人性的影响，那么，家庭的仁爱和社会的怜悯使那些自己已无力养活自己的人就能得到生活的一切必需品。

亨利·乔治

5. 为了改善共同生活，必须把越来越多的智力和仁爱投入社会事务的管理之中。这不仅需要某些个人的参与，而且需要全社会的动员。我们不能只合乎理性地把我们的社会事务托付给政府管理人员。民众自己应该思索探寻，因为只有他们才能够行动。

亨利·乔治

6. 无论我们觉得我们的文明何等的稳定，事实上，其中已有一些破坏力量正发展起来。不是在沙漠中，不是在丛林中，而是在城市的贫民窟中，在公路上，那些野蛮人已经养成，而我们的文明所产生的这些野蛮人的所作所为同古代匈奴人、汪达尔人所干出的野蛮行径如出一辙。

亨利·乔治

7. 改革应当为了人民并且由人民来完成。迄今为止，一切改革就像目前一样，都为一个阶级所独占，为其所垄断，一切改革只是一种以恶易恶，并非服务于拯救人民这种事业。

约瑟夫·马志尼

人是理性的生物。可是，他们用以指导社会生活的，为什么不是理性，而是暴力呢？

2月24日 真 理

为了让真理为人所知，应当善意地将真理述说。心中的话无论怎样聪慧和真实，其他人是不可能听到的。所以，你当知道，如果你的讲话不为他人所接受，那么，原因必然两者居其一：不是你所谓的真理并非真理，就是你并没有善意地将真理传达；甚至还有可能，两者同时出现在你的谈话之中。

1. 传达真理的唯一手段，就是将话说得充满爱意。只有挚爱者的语言常为人所接受。

托罗

2. 说出真话,就像巧手缝纫一样,灵巧地斜针走线,描画得出色漂亮。这只有那些缝纫过许多次、斜针做过许多次、描画过好多次的人才能做到。一个人无论怎样努力都做不好他没有反复做过许多次的工作。所以,为了说出真话,必须使自己养成这习惯。而为了使自己养成这习惯,则必须在一切事情上,哪怕只是琐事也都只说真话。

3. 我们在他人面前是那样习惯于伪装,以致面对我们自己时也常常会伪装。

拉罗什福科

4. 就本质而言,只有社会的基本思想才拥有真实性和生命力,人只有据它们真正的含义才能理解它们。异己的、阅读所得的思想是他人餐桌上的残羹剩渣,外国人身上脱下的破衣烂衫。

叔本华

5. 如果一个人在真理面前畏葸不前,即使见到真理也不予承认,那么,他将扼杀自身的承认他所认为的真理是谎言的那种意识,那他就永远会不知道他该怎么办。

6. 出类拔萃的哲人,他们为真理而热爱真理,并不屑把真理据为己有。他们在其碰到真理的所有地方都以感恩的态度接纳它,并不在真理上打上个人的印记,因为这一真理自古以来,已经永远属于他。

爱默生

真理不可能把人变成无良之辈,变得刚愎自用。真理的显现永远是温馨的、谦逊的、简朴的。

2月25日 祈 祷

祈祷,意味着承认和牢记上帝那永恒而无限存在的教规,并用以衡量自己过去和未来的行动。尽可能多地这样做是有益的。

1. 开始祷告之前,先尝试一下你的思想能否集中,否则,就不要祷告。
祷告一旦变成自己的习惯性行为,这种祷告就不真诚。

塔木特

2. 为什么我们不去使用作为这一针对我们弱点的工具的祷告呢? 一切使我们

接近上帝的心灵追求使我们从关注自己的思想中摆脱出来,从而通过向上帝吁请帮助,我们就学会了在自身中找到这种帮助。并不是他在改变我们,而是我们因为向他靠拢而在改变我们自己。我们向他吁请的一切,作为应有之事物,我们将自己给我们自己提供。

卢梭

3. 你们祷告时,不要像那些伪善者那样,喜欢站在会堂里和街角上祷告,以便让人看见。我真诚地告诉你们,他们已经得到他们的奖赏。

当你祷告时,就走进你的房间,关上门,向你在暗中的父祷告。你的父在暗中察看,必然报答你。

祷告时,不要像偶像崇拜者一样空话连篇,因为他们认为话多必为人听从。

不要模仿他们,因为你的父在你向他祷告之前,就已知道你需要什么。

马太福音6章

4. 从古时起,大家都承认祷告对人是不可或缺的。

昔日古人都曾祷告;现在大多数人仍做祷告:在特定环境中、在特定地点,用特定的行为和语言,向上帝或上苍吁请怜悯他们。

基督教义并不认可这种祷告,它教导人们说,祷告并不是作为逃避人间灾难、获取人间幸福的手段,而是作为加强人与罪恶做斗争的手段才是必不可少的。

5. 祷告由于摆脱了一切世俗杂念、摆脱了所有为我们的感官消愁解闷的娱乐(伊斯兰教徒走进清真寺,用手捂着双眼和双耳开始祷告,这种做法极佳),就在自身激起一种神圣的因素。为此,最好按基督教导的那样:独自走进密室,关上门,也就是说,在完全孤寂中祷告,它(神圣的因素)可能就在这密室中;当然,还可能是在森林里,或田野上。祷告因为排除了一切尘世的外在的杂念,所以能在自身激发出自己灵魂中的神圣部分,迅即将其融入祷告之中。借助于这种祷告,人就和自己灵魂只占其神圣因素极小部分的那个人汇成一体,人由此意识到自己是上帝的奴仆,并根据这一心灵的神圣部分的要求,而不是外在世界环境的要求考量自己的灵魂、自己的行为、自己的意愿。

这样的祷告不是由集体祷告及其歌唱、绘画、灯光、布道制造出来的空洞无物的动情和兴奋,这样的祷告是心灵的帮助、加固和提升。这样的祷告乃是忏悔、往日的检核及指导未来行为的指令。

好好使自己的祷告日新月异,就是表明自己和上帝的关系。一个人始终在成长和变化,所以,应当阐明和改变他同上帝的关系。祷告也应当有相应的变化。

> 每周阅读

Ⅰ 天使长加夫里拉

有一次,天使长加夫里拉听到从天堂传来的上帝的声音——上帝向某人祝福。天使说:"这大概是至高无上者(上帝)的重要仆从,或者是某个圣洁的隐士-智者。"天使下凡来到人间,想找到这个人,但是,无论是在天堂还是大地,都没能找到他。于是,他回到上帝那里说:"噢,上帝!请告诉我,怎样找到你所爱的那个人?"上帝回答说:"到村子里去,在那里有一幢小屋,你将看到灯光。"天使来到这幢小屋,他在那里看到一个人正在向偶像祷告。天使回到上帝那里说:"噢,上帝!那是个偶像崇拜者,难道你那么疼爱欣赏他吗?"上帝说:"我不介意他对我的不正确的理解。要正确理解我的真实面貌,凡人中任谁都不能做到。凡人中最伟大的哲人,就像这个人一样,远非正确地明白我是什么人。我看人不是看理智而是看心。这个人用心寻找我,所以与我亲近。"

阿塔尔

Ⅱ 祷告

> ……你们的父在你们向
> 他祷告之前就已经知道你们
> 需要什么……
>
> 马太福音6章

"不,不,绝不!绝不能这样……大夫!难道一点办法都没有了!可您干吗对这一切都三缄其口呢?"

一位年轻母亲,一边迈着果断的大步从儿童室走出来,一边这样说。儿童室里,她的第一个也是唯一的儿子,三岁的孩子因为脑积水而奄奄待毙。

彼此悄悄交换着意见的丈夫和大夫默不作声。丈夫忐忑不安地靠近她,柔情脉脉地用手摸了摸她头发凌乱的脑袋,沉重地叹了口气。大夫低头站着,一言不发,一动不动,表明情况毫无希望。

"究竟怎么办!"丈夫说,"究竟怎么办,亲爱的……"

"啊,别说话,别说话!"她突然尖叫一声,样子有点吓人,而且带点责备的意味,迅速转身向儿童室走去。

丈夫想制止她。

"卡佳!别去……"

她不回答,用那双大大的、透着倦意的眼睛扫了他一眼,转身进了儿童室。

孩子躺在保姆的手中,小脑袋下垫着一个白色的枕头。他双眼睁着,但并不看什么。泡沫从他紧闭的小嘴冒出来。保姆一脸严峻、凝重的神色,端详着孩子脸旁的一个地方,连母亲在门口时也没挪动一下。母亲贴近保姆,手伸到枕头底下,准备从保姆那里接过孩子,保姆悄声说:"离开!"避开了母亲。但是,母亲并不听她,用灵巧的习惯性动作把孩子抱在自己手里。孩子卷曲的长发纠结在一起,她把它理正理顺,对他的脸蛋瞅了一眼。

"不,不能!"她悄声说,用快速然而细心的动作把孩子交给保姆,走出房间。

孩子得病已是第二个星期。在整个生病时间,母亲的心情每天会有好几个起落:由绝望而希望,由希望而绝望。在这段时间,她一天一夜几乎只睡一个半小时。这一段时间,她不断地一天几次走进自己的卧室,停在穿着金色外衣的救世主大圣像前,向上帝祷告,求他救救她的孩子。脸庞黝黑的救世主用黝黑的小手拿着一本金色的书,书上用墨写着一行字:"一切劳苦者和不堪重负者到我这里来吧,我将抚慰你们。"她站在这圣像前祷告,把自己全部心力倾注进这一祷告之中。尽管在心灵深处,在祷告之时,她已感到回天无力,上帝并不按照她的意愿而是根据他自己的心意行事,她还是做着祷告,念着所有已知的和自己撰写的祈祷文,并以一种特别紧张的心情做大声的诵读。

如今,当她明白他即将夭折时,她感到脑子里发生了某种变化,仿佛有一样东西脱落下来,她感到天旋地转,她走进自己的卧室,莫名其妙地扫视自己所有的物品,似乎不认识这一地方。接着,她躺倒床上,头不是落在枕头上,而是落在丈夫那折叠好的长袍上,她失掉了知觉。

她在梦中见到她的科斯佳,一头卷发,脖子又细又白,健康而快乐,坐在小安乐椅上,晃悠着腿肚圆润的一双小脚丫,噘起嘴唇,使劲把一个洋娃娃放到缺一条腿、背已刺穿、用硬板纸做的小马驹上。

"他活着多好啊!"她想,"要是他死了,这事多残忍啊!为什么,难道我那样向其恳求的上帝能让他夭折吗?上帝干吗要这样?难道他妨碍了什么人?难道上帝不知道,他是我的命,没有他我就活不成了吗?这不幸而无辜的可爱的幼小生命突然被取走,受折磨,把我的生活击得粉碎,对我所有的苦苦哀求的回答,竟是他呆滞不动的双眼,竟是他精力耗尽,逐渐变冷,变僵硬。"

她又瞧了瞧。看,他正在走。他是这样的弱小,却向那么高耸的大门走去,一边摆动双手,像大人一样来回走动,他一边看,一边笑……"亲爱的!上帝想折磨他,整死他!要是上帝能干出这样骇人听闻的事,干吗还要向他祷告呢?"

突然,保姆的助手、小女孩玛特列莎开始说起莫名其妙的话来。母亲知道,这是玛特列莎,同时她是和玛特列莎、和天使在一起。"可是,要是她是天使,为什么她背后没有翅膀呢?"母亲思忖。不过,她想起一个人,她已记不起是谁,然而确有一个理应得到信任的人对她说过,现在常有一些天使是没有翅膀的。天使-玛特列莎说:"太太,您责备上帝是枉然的。他无论怎样是不可能听从所有祷告的。他们的请求常常相互矛盾,给一些人做,常常使另一些人难受。就在此时,整个俄罗斯都在祷告,祷告的人人山人海!大主教们,寺院的僧侣们,大家都在藏有圣徒干尸的教堂中祷告,恳求上帝帮助打败日本人。可这难道是好事?祈祷这不好,对任何人都没用。日本人也在祷告,为了他们能战胜。可是很显然,我们的老爷子,他可只是一个哪!他该怎么办?"

"太太,他该怎么办呢?"玛特列莎说。

"对,确实如此。这是老话。伏尔泰早就说过。人人知道,可人人仍都说。可我说的不是这种事。当我请求的并不是损人利己的事情,而只是不要让我亲爱的孩子死时,可他究竟为什么不能满足这种请求呢?不用说我没有他就不能活。"母亲说,感到他用胖乎乎的小手搂着她的脖子,她的整个身子感到了他的暖暖的小小的身子。"这事不发生多好。"她想。

"可是,很明白,太太,这不一样。"玛特列莎像平时一样,还是糊涂地纠缠不休。"很明白这不一样。常有人请求上帝,可上帝无论怎样都不可能满足他的愿望。我们完全清楚这一点。不用说我也知道,所以我就如实报告了。"天使玛特列莎说话的样子和昨天一模一样。昨天太太差遣她去找老爷时,她对保姆说:"我知道老爷在家,所以我就如实报告了。"

"必须报告几次,"玛特列莎说,"这是年轻人中的一个好人,得更多地求人帮他不干坏事,不酗酒,不拈花惹草,求他像拔刺一样从他身上拔掉恶习。"

"是的,可玛特列莎说得多好啊。"太太思忖。

"他无论怎样都不可能做到这一点,所以每个人都应当自己努力。只有努力才会有成绩。太太,您自己给我读过一个黑母鸡的童话。童话说,一只黑母鸡为了感谢一个孩子把它从死亡中救出,就送给孩子一粒神奇的大麻种子,这种子只要放在他的裤子口袋里,他不用学习,就什么功课都会,他因为这粒种子就不再学习,他也就失去了记忆。老爷子他不可能取走众人身上所有的灾难。这不该向他恳求,灾难应该由自己设法从自己里面取出,清理洗刷,摆脱。"

"这些话她是从哪里听来的?"太太边想边说,"玛特列莎,你还没有回答我的问题。"

"请等一等,我会说明白一切。"玛特列莎说,"可事情常常这样:我报告说,家庭破产并不是他们自己的过错,大家痛哭流涕,没有了漂亮的房子,只能挤在半间屋里,甚至连茶也没有,请上帝哪怕多少给一点帮助也好。他同样无论怎样都不可能按他们的要求去做。因为他知道,这对他们有好处。他们看不到这一点;可老爷子他却知道,如果他们过着富足的生活,他们就会完全变得娇生惯养。"

"这是真的。"太太想,"可她为什么要把上帝说得如此粗俗不堪呢?'完全'……这非常不好。有机会我一定要对她说说。"

"但是,我问的并不是这方面的事情。"母亲又重复了一遍,"我问的是为什么,为什么原因,你的这位上帝想要夺走我的孩子?"母亲瞅着自己面前的科斯佳,生气勃勃,听到他那银铃一般响亮、稚嫩、那特别而亲切的笑声。"为什么他们要把他从我手里抢走?如果上帝都能干出这种事情,那他就是凶恶的坏上帝,压根不配'他'这一称呼,我也不想知道他。"

而原因就在这:玛特列莎已完全不是玛特列莎,而完全成了陌生的、奇怪而模糊不清的另一个人。这个人不是用嘴说话,而是用一种特殊方法直接传进母亲的心里。

"可怜哪,盲目而无礼,你这骄傲自大的女人,"这个模糊陌生的怪人说,"你看到自己的科斯佳,还像一周以前一样,有着结实、富有弹性的肢体,长着长长的卷发,讲话天真、温存而懂事。但是,难道他向来如此?有过一段时间,你喜上眉梢,因为那时他喊出了'妈妈'和'姆妈',认清了谁是谁;而更早一点,你欣赏他居然能站立起来,并且摇摇摆摆地双脚轻柔地向椅子走去;再早一点,你惊叹他像小狗般在厅里乱爬;更靠前一点,你们为他无发的小脑瓜能挺直抬起,小脑囟门一起一伏跳动而感到高兴;再推前一点,你们为他能抓住乳头,用没有牙齿的牙床咬压乳头吮吸乳汁而大为高兴。再往前推一点,你们兴奋难平,因为他全身通红,尚未和你分离,可怜地大哭,以使自己的肺得以更新。再往前推一年,当时他还根本不存在;他在哪里呢?您老是以为,您一点没变,您和您疼爱的孩子也会永远像你们现在的样子。但是,很显然,您时时刻刻在变化,一切都像河水一样在流动,一切都像石头一样飞溅、落地,并或早或迟通向灭寂。而死正等待你们所有的人。你怎么不明白呢!如果他从子虚乌有中变成了他后来曾有的面貌,那,他就分分秒秒都不能停留,时时刻刻都不能固守他曾有的样子,直至死亡;正像由乌有变成了新生儿,由新生儿变成孩子一样,孩子自然会变成小学生、少年、青年、成年人,变老,成为老人。你显然不知,要是他一直活着,他会变成什么样子。可是,我知道。"

于是,母亲看到了这一幕:在一家饭店(她的丈夫有一次曾带她到过这种饭店)灯火通明的单间里,在杯盘狼藉的餐桌旁,有一个脸有点浮肿、布满皱纹、髭须翘起的令人厌恶的略显年轻的老头。他坐着,整个身子埋进长软椅里,醉眼蒙眬地贪看一个颇为风骚的、涂脂抹粉的、裸露着又白又胖的脖子的女人。他醉话连篇,一再重复着一个粗俗的笑话,显然,他对另一个一丘之貉者的赞许的哈哈大笑感到心满意足。

"这不是真的,这不是他,不是我的科斯佳!"母亲喊了起来,恐怖地看着这个厚颜无耻的老头,这个老头因为在他的目光里,在他的嘴唇上,都能联想起科斯佳特有的某种神态而令人恐怖。"好在这是梦。"她想,"真正的科斯佳,是这个。"她看到苍白、裸露、胸膛饱满的科斯佳,看到他坐在沙发里,嘻嘻哈哈,晃悠着两条小腿,她不仅看到,而且感到他突然抓住她裸露到肩肘的手,吻啊吻啊,最后竟咬了一口,弄不明白他对这只十分亲切的手还会干些什么。

"是的,这才是科斯佳,而不是那个可怕的老头。"她自言自语道。这话里有一种失落感,惊悚恐惧地承认了梦后醒来,已经无处可逃的现实。

她走进儿童室,保姆已经把科斯佳全身洗净,收拾整齐。他的小鼻子蜡黄而纤细,鼻孔里有一些小坑,头发由额头起已被梳整抚平,躺在一个垫高隆起的地方。周围点燃着蜡烛。床头旁的小桌子上放着白色、淡紫、玫瑰色的风信子。保姆从椅子上站起,扬了扬眉毛,努着嘴唇,瞧着石头般一动不动地仰起的小脸蛋。玛特列莎从另一扇门迎着母亲走进来,满面泪痕,纯朴而仁慈。

"她对我说不要伤心,可自己却痛哭流涕。"母亲想。她把目光转向夭折的孩子。在最初的一瞬间,她大吃一惊,死者的脸和她梦中看到的老人的脸惊人的相似使她身不由己地后退了一步,但是,她驱散了这一念头,在胸前画着十字,用温暖的嘴唇轻轻地触了触他那冰冷而蜡黄的额头,接着吻了他那叠在一起变冷的一双小手。突然,风信子的气味仿佛像一种新事物在告诉她,他没了,永远都不会再有了。号啕痛哭会使她透不过气来。她又吻了吻他的额头。她终于第一次哭了出来。她痛哭,但流的并不是绝望的眼泪。她难过,但已经不再愤懑不平,不再抱怨,她知道,过去曾有的,应当存在于过去,所以,在过去是好事。

"好妈妈,不该哭!"保姆说,一边走近孩子的小小的尸身,一边用叠好的小手帕擦掉母亲落在科斯佳蜡黄额头上的眼泪。"因为你的眼泪会使他的灵魂沉重。他如今很好。一个无罪的小天使。也许他过去确实生活过,可如今又有谁知道,过去是什么样子的呢?"

"是这样,确是这样,可是我还是心里难受,难受!"母亲说。

托尔斯泰

2月26日　语　言

一次长谈之后,如果竭力回忆讲过的一切,你会大吃一惊,许多话都是空话,废话,而且往往是蠢话,有时候讲过的所有话竟都是如此。

1. 蠢人最好沉默。但是,如果他懂得这一点,他可能并非蠢人。

萨迪

2. 如果你开口说话,那么,你的话应该比沉默高明。

阿拉伯俗语

3. 如果你因为没有讲话而觉得是一次遗憾,那么,你会因为没有三缄其口而无数次地后悔。

4. 好话无论敌;论敌无好话。
智者不教;教者无智。
实话不讨好;讨好无实话。

老子

5. 手工劳动之所以有益,是因为可使人摆脱喋喋不休的空谈。

6. 想成为一个聪明人,就要学会聪明地提问,专注地听讲,安详地回答,如果已无话可说就不再开口。

拉法德尔

7. 如果人们争论不休,那么,这正证明他们为之争论不休的对象是他们自己并不了然的。

伏尔泰

8. 人之所以说出那么多荒谬绝伦的见解,仅仅是因为他总想说一点新鲜的意见。

伏尔泰

9. 哑巴的舌头比撒谎者的舌头更出色。

土耳其俗语

如果说话之前有时间思考,那么,必须考虑是否值得说,是否必须说,你说的话是否会对人造成伤害。

2月27日 财 富

当善行是一种牺牲时,只有在此时善行才称其为善行。

1. 你们的金银都长了锈。金银上的锈是反对你们的证明,还要吃你们的肉。你们在这末世只知道聚敛财富。

雅各书 5 章

2. 在钱中,在钱本身,在对它们的占有中包含着某种不道德。

3. 如果希望上帝仁慈,那就把情况摆一摆。但很可能,目前就会有一个像富有青年一样的某人说:"我已完全做到这些训诫:不偷盗,不杀人,不奸淫。"但是,基督说,必须做的不只是这些,而且有另外一些事情。那究竟是什么事情呢?"卖掉你的产业,"基督说,"把它分给穷人,并跟从我。"(马太福音 19 章)而跟从他——意味着事事都仿效他。在什么事情上仿效他? 在爱他人上仿效他。如果一个青年因为生活富足而不能把自己的产业与穷人分享,那么,他怎么能说他爱他人呢? 如果爱是炽热强烈的,而且不只停留在口头上,那么,它定会在事实上表现出来。富人表现出的事实上的爱——意味着抛弃财富。

据　约翰·兹拉托乌斯特

4. 一个富有怜悯心的人常常不富有,富有的人大概不会富有怜悯心。

中国东北满族俗语

5. 腰缠万贯的慈善家没有看到,他们用以赈济穷人的财物,常常是从更穷困者的手中掠夺而来。

6. 要是阔佬向穷人施舍,他们仍然会对民众造成一种大的伤害,因为他们富有,生活奢华。他们没有想过,他们的拜金欲,他们的穷奢极侈的生活,他们对贫困、乏味生活的鄙视,败坏了穷人,暗示他们这种有害观念:尘世只有一种幸福——那就是财富,应当优先取得它。

据　强宁格

7. 富人进天国困难重重。骆驼穿过针眼比富人进神国更容易。

马太福音19章

用财富不可能行善。富人为了能够行善,他应当先摆脱财富。

2月28日　艺　术

艺术是一种使人们团结一致的工具。

1. 优美的艺术若不能贯全人类共有的、旨在使人们同心协力的道德理想,那么,这种艺术只是服务于无聊的娱乐而已。人们在其中会感到,为了压制自己难填的欲壑,对这种娱乐的需求越多,反而会对这种娱乐的渴望越强。但是,他们这样做对自己常常更加有害,更难得到满足。

康德

2. 可以认为,艺术已经奄奄待毙,但是,以为在财富面前卑躬屈节、对贫困冷嘲热讽就能使艺术生机焕发,那是不可思议的。

莫里斯

3. 艺术是一种最强大的潜移默化的手段。因为潜移默化能够成为一种或恶劣(对恶劣的暗示潜移默化,永不会那样沉重)或良好的手段,所以,对其他任何潜移默化手段不应当比艺术的潜移默化更加警惕。

4. 宗教教义中暗示的影响越小,教义就越崇高。反之亦然。

5. 艺术的优点和科学的优点在于无私地为民众利益服务。

约翰·略斯金

6. 艺术家,不是一流的牧师,就是或多或少有点机灵的伶人:两者必居其一。

约瑟夫·马志尼

7. 艺术的目的在于道德的完善。只有当艺术具有这种自觉时,艺术才处于自己适宜的位置。艺术的任务是满腔爱意地教诲。如果艺术只是为了惬意地消磨时光,而不是为了帮助人们发现真理,那么,这种艺术不是高尚的事业,而是一种恬不知耻的工作。

约翰·略斯金

8. 我们的艺术,给自己提出的目的是为富人阶级提供娱乐。这种艺术不仅仅像卖淫,而且也有某种完全不像卖淫一样的成分。

约瑟夫·马志尼

有关艺术的议论,都是空洞无物的议论。艺术的行家里手都知道,每一种艺术都有自己的独特语言,用语言议论艺术是无益的。因此,那些不懂艺术、缺乏艺术感受的人常常更会喋喋不休地奢谈艺术。

2月29日 理 想

为了出行,应当知道走向哪里。为了明智而美好地生活,知道走向同样是必需的。应当知道我的生活和所有人的生活会走向何方。

1. 完美是上帝的本性,希望完美是人的本性。

歌德

2. 生活之所以存在,并不是为了逗乐,无所事事。不,生活是一场战斗,一次远征。这是善与恶、公正与欺诈、自由与压迫、爱与淫乱之间的战斗,这是我们的"我"为实现理想而向其逼近的远征。这一理想像破晓的曙光辉映着我们的智慧和我们的心灵。

约瑟夫·马志尼

3. 我们都知道,我们并没像应有的生活那样生活,也没像我们可能的生活那样生活。可是,我们却这样主张:生活能够而且应该变得更好,应当永不踟蹰不前。但是,记住这一点应该是为了创造更好的生活,而不是为了谴责当今的生活。应该相信,生活理当比当前的生活更美好,生活理当能够逐渐变得更美好。

4. 人常说:"人是脆弱的,一个人不可能变成圣徒,没必要去努力,让我们像大家一样生活吧。"这话是个大错误。努力让生活变得美满,不应是为了变成圣徒,而应是为了能使现在的生活比往日的生活变得更好。所有人主要的生活事业正在于此。每一个人和整个人类的幸福也都在于此。

5. 理想在你自身。实现理想的障碍也在你自身。你的境况就是你实现这一理想的物质基础。

卡莱尔

6. 完美只在思想里才可能实现,完美只有在无限中才能做到,所以,接近完美的可能性也是无限的;只有在这些先决条件下,完美才称其为完美。

——————

希望并相信我们所意识到的善确实存在于我们内心和世界,这是实现善的可能性的主要条件。不相信这一点,并以为我们将像现在一样永远成为这样糟糕的人,所有人的生活将像当今的生活一样永远那么恶劣,这是逐步实现善的主要障碍。

三 月

3月1日 死 亡

对死亡的恐惧不是理智的人所固有。人内心对死亡的恐惧乃是一种有罪的意识。

1. 动物不可能预料必不可免的死亡,所以就没有死亡的恐惧。可是,人却往往害怕死亡。人难道拥有了那使他发现死亡必然性的智慧反而使他的情况比动物更糟糕?要是人把自己的智慧用在预测死亡上,而不是改善自己的生命上,那么,情况也许就是这样。人的精神生活越丰富,人对死亡的恐惧就越淡定。要是一个人过着唯一的精神生活,那么,死亡对他毫不可怕。对这样的人来说,死亡只是灵魂摆脱肉体束缚的一种解放。他知道,他以之为生命的东西,是不可能被消灭的。

2. 怕死者,无生命。

泽依墨

3. 有种观点认为,我们在死亡时,只是回到我们出生以前曾有的状态,而不是步入一种全新的状态。甚至连"曾有"都不可说,因为我们回到我们同样那么熟悉的就像我们此时此地所处完全一样的状态。

任何事物都不能像这种观点那样去肯定自己生命的不灭性和超时间性,任何事物都不能像这种观点那样平静地去接受死亡。

4. 死亡是肉体最大的也是最后的变化。我们肉体的变化,是我们过去和现在都能体验到的:我们曾是一个赤裸的小肉团,随后成了吃奶的婴儿,随后长出了头发、牙齿,随后乳牙掉了,长出恒牙,随后我们的头发逐渐花白,开始谢顶。而对这一切变化,我们并不担心。对最后的变化,我们究竟为什么忧心忡忡呢?因为没有任何人对我们说过这一变化之后它会怎样。但是,很显然,对一个已经离我们而去、不再给我们写信的人,提到他时谁都不会说他没有了,只会说没有他的信息。

对于死者也完全一样，我们不知道我们死后会怎么样，一如我们不知道我们出生之前曾经怎么样。这只是证明：这事不使我们知道，是因为我们不必知道。然而我们只知道一点：我们的生命并不在肉体的变化，而在寄寓于这一肉体的东西。而寄寓于这一肉体的，则是一种精神本质；对一个精神本质来说，既没有开端，也没有终极，因为它超越时间。

5. 苏格拉底说，要是死如我们常处的那种失去一切生命意识的酣睡的相同情况的话，那么，我们都知道，这种情况并无什么可怕；如果死亡像许多人想的那样，是转向更美好的生活，那么，死不是恶，而是一种幸福。

死亡比今天之后是明天、白天之后是黑夜、夏天之后是冬天更加真实可信。可我们为什么只预期明天、黑夜、冬天的降临，而并不预期死亡的到来呢？应当准备死亡的到来。准备好死亡只是一种高尚的生活。生活阅历越多，死亡的恐惧越少，死得越轻松痛快。圣徒没有死亡。

3月2日　自己的意志和上帝的意志融为一体

人的意志和上帝的意志融合得越紧密，人的行动就越坚定。

1. 我们并不知道，也不可能知道我们为什么来到这人间，我们该为这尘世生活做点什么，但是，我们知道，如果我们恭恭敬敬按派遣者的意志去执行的话，那我们就做了我们应该做的事，我们会心安理得。拉着大车的马不可能知道到哪里去，为什么去，为什么要拉大车，但是，它知道，它这是在为主人工作，它很好。人同样如此。基督说："桎梏是我的幸福，重负是我的轻松。"如果我们只做他希望我们做的事，那么，对我们来说，上帝希望我们做的事是一种轻松和幸福。

2. 如果执行上帝的意志有如你自己的意志一样，那他将按照你的意志有如你的意志一样去执行。如果让自己的意愿合乎他的意愿那样去行动，那他将通过自己的意愿使另一些人的行动合乎你的意愿。

塔木特

3. 一个人始终不渝地按上帝的心意行动，并事事都顺从他，这个人身上蕴藏着何等的力量啊！

4. 如果大路上有强盗抢劫，那旅人就不要独自上路；他需稍作等待，看是否有带着守卫的人到来，并和他们会合，那他就不再害怕强盗。

一个睿智的人，在自己的生活中同样会如此行动。他对自己说："生活中有许许多多各色各样的灾难。要克服所有这些灾难，我该到何处去求援呢？为了平安无事，该期待什么样的旅伴呢？该跟着谁走呢？是跟这些人还是那些人：是追随富人，重要的达官贵人，还是自己的沙皇呢？但是，他们能保护我吗？显然，他们也遭抢劫、被杀戮，他们像其他人一样，同样遭到不幸。还有一种可能，我与其结伴的那个人，反而转身亲自攻击我，抢掠我。我怎样才能为自己找到一个孔武有力而忠实可靠的，既是我的屏障又不会攻击我的旅伴呢？我该追随谁的足迹前进呢？"

这样忠实的旅伴只有一个。这个旅伴就是上帝。为了不身陷苦难，就该跟他前行。跟上帝前行意味着什么？这意味着你希望的就是他想要的，你不愿的，同样是他不希望的。怎样做到这一点？你就得明白他的教义，跟随他。

据　爱比克泰德

5.一个劳作者弄明白了自己的位置，只有此时，他才会出色地完成自己的工作。基督学说要被人掌握，只有在这条件下才有可能，即人应明晰地理解，他的生命不是他的，而是那个赋予他生命的人的，生命的目的也不在人自身，而在赋予他生命的那个人的意志中，所以应当了解、执行那个人的意志。

6.你一无所愿；不要以为这是必需的，必需的愿望是，得到上帝希望得到的。

阿米埃尔

7.不要以为，以你的境况，你做不了一个人命定要做的事情。我们在地球的任何一点，离天空和离无限都同样近。

阿米埃尔

―――

善良仁慈之路是狭窄的。但是要认出这路却是容易的。我们认出它，就像认出那铺着木板穿过沼泽的道路一样容易。只有在某一方面偏离它的时候，人才会陷入不智和恶的泥淖之中。睿智者不慎踩到沼泽，会马上退到木板路上，愚鲁人则在沼泽中越陷越深，越来越难以自拔。

3月3日　善

做好事还会有怎样的奖赏？在做好事时人所体验到的欢乐中，你已得到奖赏。任何奖赏都将使这种欢乐削减。

1.对他人做好事，就最大地对自己做了好事。这不是从他做好事将得到奖赏这一意义，而是从他意识到他所做好事已经给了他巨大的欢乐这一层面所做的理解。

塞内加

2. 一个人那样祷告上帝给人们提供一种神圣的生活："噢，上帝！愿你施仁慈于恶人，因为你对善人已经够仁慈的，他们之所以都好，是因为他们是善人。"

萨迪

3. 行善而要求奖赏，意味着行善的效果和力量丧失殆尽。

选自　虔信者思想录

4. 他人给予我们的帮助，我们经常了无印象。然而，我们为他人的效劳，却始终痕迹依旧。

选自　虔信者思想录

5. （你施舍时）不要让你的左手知道你的右手所做。

马太福音6章

6. 有些人，要是为某人效劳，自己就期待由此获得奖赏或谢意，有些人，尽管并不期待奖赏和谢意，却仍然常常不忘他们所做的好事，把那些他们曾为其效劳的人看作是自己的债务人。但是，只有当不是为别人而是为自己行善时，善才成其为真正的善。一个行善的人并不寻求奖赏，行善就像一棵硕果累累的大树，当它结出果实而果实又为那些需要者所利用，这对它就足够了。

据　马克·阿夫列里

7. 算计由他人的感谢得到好处而善待人，那么，你们为了你们的善行将得不到点滴回报；但是，善待他人而没有任何自私自利的考虑，那么，你将得到感谢和好处。一切无不如此："谁想保存好自己的灵魂，谁就失去灵魂；谁为我失去自己的灵魂，谁的灵魂就得以保存。"

约翰·略斯金

8. 操练一切美德，远离一切恶行！一件美德会吸引另一些美德，一桩恶行会紧跟另一些恶行。美德的奖赏是美德，恶行的报应是恶行。

本·恰赛

高高兴兴地行善。当知道有关你所做的善事无人知道时，你的快乐将大大增加。

【每周阅读】

穷　人

在一座渔民的小茅屋里，渔民的妻子冉娜正坐在炉火旁织补船帆。外面狂风呼啸，悲愤怒号，浪涛轰响，击拍海岸……门外又黑又冷，海上还刮着风暴，但是门里却又暖和又舒适。茅屋的泥土地面打扫得干干净净，炉火还炭火未灭，碗架上盘子闪着寒光。挂着白色帐子的床上,并排躺着五个孩子。在这刮着风暴的大海的凄厉吼叫声中,他们都已沉沉睡去。男人一早就驾船出海,现在还没回来。渔娘听着那汹涌澎湃的涛声、狂吼怒号的风声。冉娜害怕极了。

旧木钟嘎哑嘎哑地敲过十点,十一点……老公仍没回来。冉娜陷入了沉思。老公从不顾惜自己,连这种十分阴冷、狂风暴雨的天气还出海打鱼。她呢,也是从早到晚操劳。可是又怎么样呢?也只是勉勉强强糊口罢了。孩子们连双鞋子也没有,不管炎夏严冬,总是光着脚丫子乱跑;面包也不是小麦烤的——黑麦面包还算够吃,也就谢天谢地了。下饭菜总也只是鱼。"嗯,托上帝的福,孩子个个健健康康的。没有什么可抱怨的。"冉娜想,重又倾听风暴声。"他现在在哪里呢?保佑他,老天爷,发发慈悲救救他吧!"她边说边在胸前画十字。

上床还早。冉娜站起身,头上裹着一条厚厚的围巾,点上灯,到街上张望大海是不是开始平静下来,天光是否亮一点,灯塔上的灯光是否还亮着,丈夫的小船是不是露面了。但是,海面上一点都看不见。一阵狂风刮掉了她的围巾,被刮下的一件什么东西击中了邻居家的门。冉娜想起,还在黄昏时分,她就想去探望那位有病的女街坊。"没有个人在她身边照看她,"冉娜边想边敲门。她侧耳倾听,没有人搭腔。

"寡妇的日子好难过哪!"冉娜站在门口思忖,"虽然孩子不多,只是两个,可样样事情都得她一个人操心。可她偏偏又病了。哎,寡妇的日子好难过哪。该去看看她。"

冉娜一次又一次敲门。没有人应。

"喂,好街坊!"冉娜吆喝了一声。"莫非出了什么事,"她想了想,推开门。

小屋潮湿而阴冷。冉娜举起灯,想看看病人在哪里,首先投入她眼帘的,是正对门的一张床。女街坊正仰面躺在床上,悄没声息,一动不动,只有死人才是这个样子。冉娜把灯更移近一点。是的,是她。脑袋向后仰着,在那冰冷的乌青的脸上,现出一片死的宁静。死者一只苍白的手,像要伸出去拿什么东西,却无力地跌落下来,从草秸上耷拉着。就在那里,就在离死去的母亲不远之处,两个孩子正伙盖着一件旧衣服睡着。两个娃娃一头卷发,胖嘟嘟的脸蛋,却冷得直打哆嗦,两个头发淡黄的小脑袋紧紧挤在一块儿。显然,母亲死前还赶着用旧围巾裹住了他们的小腿,把自己的衣服盖在他们身上。他们呼吸均匀,十分平稳,睡得又香又沉。

冉娜取下睡着两个孩子的摇篮,用围巾把他们裹严实,把他们带回了家。她的心怦怦直跳;她自己也弄不清她这是怎么回事,为什么这样做,但是,她知道她不能不这样做。

回到家,她把那两个熟睡未醒的孩子放到床上,和自己的孩子睡在一起,慌慌张张地把帐子拉上。她脸色苍白,神情激动。她的良心像正受着折磨。"他会怎么说呢?"她自言自语,"这可不是闹着玩的!自己已有五个孩子,他为他们操劳还少吗？是他回来了？不,还不是！把孩子抱回来干吗？他会揍我的！活该,是自找的。他回来了！不是……哎,那更好！"

门吱扭一响,像是有人进来。冉娜打了个寒战,从凳子上抬起身来。

"不是,还不是！老天,我干吗这样做？如今我怎样对他正眼相看呢？"冉娜心事重重,在床边默默地坐了很久。

雨停了。天亮了。但是,风还像原先一样呼啸,海还像原先一样咆哮。

门突然开了,一股大海清新的空气扑进房间,一个面孔黝黑、个子魁梧的渔夫,背后拖着一张湿漉漉的破网,一边说话一边进了上房:

"我回来了,冉娜！"

"噢,是你啊！"冉娜应声说,强忍住话头不往下说,也不敢抬眼看他。

"啊,这鬼夜,真吓人！"

"是的,是的,天气太可怕了！唔,打到鱼了吗？"

"糟透了,糟到不能再糟了！什么也没打到。网倒破了。倒霉,真倒霉……一点不错,我说这确实是个鬼天气！这种黑夜,我好像不记得碰到过。还提什么打鱼,谢天谢地,人活着回来已是上上大吉……哎,我不在家你干啥来？"

渔夫把网拖进房间,坐到炉子旁。

"我吗？"冉娜说,脸都煞白了。"我在忙活……补网……风呼呼叫,好怕人！我为你担心！"

"是的,是的！"男人嘟嘟囔囔地说,"天气真坏得要命！可有什么办法呢？"

两个人都默不作声。

"你听我说,"冉娜开口说,"女邻居西蒙死了！"

"怎么？"

"不知道什么时候死的,大概晚上就死了。确确实实,她死时心里十分难过。大概为了两个孩子,心痛哪！两个孩子还是两个娃娃……一个还不会说话,一个刚刚会爬……"

冉娜不再说话。渔夫皱起眉头,脸变得那样严峻、忧郁。

"嗯,这可是大事！"他一边搔后脑勺一边说。"嗯,该咋办呢？去把他们抱回来吧,要不他们醒来,死人还能对他们怎样呢！好吧,反正这样了,苦日子总会熬过去的。快去吧！"

但是,冉娜在原地没动。

"你怎么啦？不愿意吗？你怎么啦,冉娜！"

"你看,这不就是他俩吗？"冉娜说,把帐子掀了起来。

维克多·雨果
托尔斯泰改写

3月4日 节 制

贪食是最普通的恶习。我们之所以很少注意,只是因为几乎所有的人都很容易接受它。

1. 有的罪过是牵涉众人的,有的罪过是牵涉自己的。牵涉众人的罪过,常常是因为我们不尊重他人身上所蕴含的上帝的灵魂,牵涉自己的罪过,是因为我们不尊重自己身上蕴含的上帝的灵魂。而牵涉自己的最普通的罪过之一,就是贪吃。

2. 要是不贪吃,任何一只鸟都不会落入罗网。许多人也是因为这种诱饵而被抓。口腹是脚镣手铐。口腹的奴隶永远是奴隶。人想自由,就先得摆脱口腹之欲。吃是为了果腹,而不是为了大快朵颐。

据 萨迪

3. 一个饱食终日的人,不能和慵懒做斗争,而一个饱食终日又无所事事的人则更难和性欲做斗争。所以,按照这些理论,对节制的追求应当从同贪食做斗争开始,从斋戒开始。

4. 所有人都像驯兽师,而野兽——就是他的欲念。拔掉它们的獠牙和利爪,给它们套上笼头,驯服它们,使它们变成家畜,变成尽管咆哮但仍然顺从的仆役——这就是自我教育的任务。

阿米埃尔

5. 上帝予人食品,魔鬼给人厨师。

6. 智者苏格拉底严于自我节制,舍弃了一切多余的,诸如不是解决饥饿而是大快朵颐的食物,他劝他的学生也一样做。他说,对身体和心灵最有害的,无过于多余的食物和酒水,他建议永远不要过度饱食,而是在还想吃时就离开餐桌。他让自己的学生牢记足智多谋的奥德修斯的故事:女魔法师喀耳刻的妖术之所以没能把他变成猪,只是因为他没有开始吃,他的伙伴则刚刚吃她的甜食,立即被她变成了猪。

7. 要是肉体因灵魂的修炼而痛苦,那并非不幸,人身上最可珍贵的——灵魂——如因肉体而痛苦,那才是可耻的。

据 塔木特

8. 管好你的嘴:病从口入。这样做吧:还想吃时就起身离开餐桌。

放纵吃喝而不认为是恶习,只是因为它对他人并不产生明显的祸害。但是某些恶习却有碍人意识到自己的价值。放纵吃喝,就是其中之一。

3月5日 温 顺

就像人不能自己把自己抬高一样,人同样不能自己赞美自己。相反,人自夸的任何意图,都会令人白眼相向。

1. 既不要在人前自夸,也不要在人前自责。你自夸,别人并不相信;你自责,人把你想得比你说的更坏。所以,涉及自己,最好什么也不说。

2. 说自己谦逊的人并不谦逊;说自己一无所知的人是聪明人;说自己向人求教的人是饶舌者;缄口不语的人则比所有人更聪明、更出色。

巴马那-布拉纳

3. 波斯人萨迪说,有一次,他坐在父亲身旁,整夜没合眼,一直诵读圣书《古兰经》,而那时全家人都已酣然入睡。到了午夜时分,萨迪放下圣书,对父亲说:"没有人再做祷告,也听不到念圣书,大伙睡得像死人一样。"父亲说:"你最好去睡觉,这总比你责备人好。"

4. 自我吹嘘的人,除了自己,什么也看不到。与其只看到自己,还不如变成瞎子更好。

萨迪

5. 想要众人夸您,那就别夸自己。

帕斯卡尔

6. 思想及其反映——语言,是一件严肃的事情。为了为自己的行为辩护而玩弄概念和辞藻,是恶劣的。

7. 听到别人说你的闲话,你绝不会平静处之。

8. 溜须拍马者之所以阿谀奉承,只是因他对自己、对他人的评价都不高。

拉伯雷

想要得到良好的声誉,或者至少是不坏的声誉,不仅不要自赞自夸,而且不要允许他人赞美自己。

3月6日 上　帝

对上帝的爱就是爱本身——对爱的爱。这种爱是最高的幸福。这样的爱不允许也不可能不爱无论什么样的生物。哪怕只是不爱一个人，他就已丧失对上帝的爱及由这爱而来的幸福。

1. 法利赛人中有一个律法师，他要考验耶稣，就说："导师！律法上的诫命，哪一条最重要呢？"耶稣对他说："你要尽心、尽性、尽意地爱主你的神：这是诫命中首要的、最重要的一条；其次，也与第一条相似：爱人如爱己。这两条诫命确立了整个律法和先知的一切道理。"

马太福音22章

2. 一切灾难和灵魂的痛苦从何而来？仅仅因为我们的灵魂执着于那些人不能始终拥有的事物而来，因为那些事物必有无限的变化。人显然只为他们所爱的对象害怕和痛苦，而所有欺凌、怀疑和敌意，这一切也只是因为人对始终无法完全拥有之物的爱而产生。

只有对永恒和无限的对象之爱才为我们的灵魂提供纯洁的欢乐，这正是我们应当全力以赴去追求的幸福。

所以，人的最高幸福不仅依赖于对上帝的认识，而且完全包含在其中。事情确然如此明白，人的完善程度根据他最爱的那个对象的完善程度而增长；反之亦然。所以很显然，人越完善，越多参与至乐活动，他就越热爱最完美的存在即上帝，就会越多地为这种爱献身。所以，我们的最高幸福和我们至乐的基础，仅仅在于对上帝的认识和对他的爱。

如果承认这一点，那么，很显然，能够而且应当承认的上帝的诫命是达到人类追求的这种终极目的的手段，因为利用这些手段乃是上帝本身给我们预先规定了的，因为它正存在于我们心灵之中。所以，导向这一目的的行动法则能称为神圣诫命，或神律。而整个神律则完全包含在爱上帝乃是最高的幸福这一诫命之中，也就是说，并非出于对惩罚的恐惧，也非出于对另一对象的爱，而是因为对他的爱乃是我们一切行动指归的终极目的。

肉体的人不懂得这道理，在他看来，这法则是一纸空文，因为他对上帝有一种不完善的理解，在向他提供的那种最高幸福中，他看不到丝毫能摸得到的、任何令感官惬意的、任何满足肉体的东西——他的享受的源泉的东西，因为给他提供的幸福只包含在抽象的思想里，只包含在理智里。但是，那些能够理解人身上没有任何比智慧更高、比纯洁灵魂更完美的东西的人，毫无疑问，是会那样想的。

如果我们审视一下这一神律的本质，那么，我们看到，首先，这一神律具有普世意义,也就是说,适用于所有人,因为它来自于所有人的本性;其次,这一神律无须从任何历史故事这一中介取得支持,因为这一法令只是从人的本性中引申而来,我们在一切人(不管这些人是离群索居,还是生活在与他相似的人群中)的灵魂中都可见到它;再次,我们看到,这种天生的对上帝的爱的神律并不要求我们做任何祷告仪式,也就是说,无须从事这类活动,因为这类活动就本身而言是无关紧要的,只是因为得到所有人认可的传说的支持才被认为是好的,因为那活跃在我们自身的天生的智慧之光并不要求我们做任何我们无力理解的行为,可以鲜明想象,我们自身就是获得幸福的手段该是何等美好啊!最后,我们看到,执行神律的奖赏乃是神律本身,也就是说,是对上帝的认识及对其纯洁、自由而不可逾越的爱。对神律破坏者的惩罚则只是这些幸福的丧失,以及身体和始终多变不安的灵魂被奴役。

斯宾诺莎

3. 没有对上帝的爱而爱他人,有如没有根的植物。没有对上帝的爱而爱人,这种爱是一种对爱我们的人、为我们所喜欢的人、美丽而快乐的人之爱。这种爱往往会由爱变恨。要是因为爱上帝而爱他人,那么,就会爱那些不爱我们的人、敌视我们的人及身体畸形丑陋的人。这种爱是真实而坚定的爱,这种爱不会被削弱,而会越来越坚不可摧,给体验到这种爱的人越来越多的幸福。

4. 有人说,我不明白爱上帝意味着什么。但是,谁能弄明白爱随便某个东西、某个人意味着什么呢?明白这点的只有爱者本人。

如果人不知爱艺术、爱科学意味着什么,如果他连艺术和科学是什么也不知道,那怎么向他解释这一点呢?

如果一个不仅不知道上帝是什么,而且以这种无知为荣的人,究竟怎样才能向他解释爱上帝意味着什么呢?

据说,应当敬畏上帝。这不对。应该热爱上帝。怎么能爱一个令我们胆战心惊的人呢?此外,之所以不该怕上帝,还有一个原因,因为上帝即爱。怎能害怕爱呢?应当不怕上帝,而是热爱他。要是我们爱上帝而非害怕他,那么,我们将不怕尘世的任何事物。

3月7日 劳 动

劳动、能力训练是生命的必要条件。一个人能强使他人代做必须由他本人做的事情,但是,他不能使自己摆脱身体的工作欲求。要是他不做必需的理智的工作,那他将做不必要的愚蠢的工作。

1. 人像所有动物的做法一样,为了不致冻饿而死,他必须工作。这种为了喂饱肚子和抵御恶劣天气的工作,对人来说,就像对一切动物那样,不是痛苦,而是欢乐。但是,人却如此安排自己的生活:有一些人游手好闲,而使他人为自己工作,却又因为不知道自己该干什么而感到苦闷烦恼,并想出一切蠢事和孬事以使自己有事消磨;而另一些人则工作到精疲力竭,因为工作而苦闷烦恼,他们之所以苦闷烦恼,是因为他们并不是为自己工作,而是不得不为他人卖命。

两者都感到不好。前者,那些无所事事者之所以不好,是因为他们的灵魂被他们的空虚无聊吞噬,后者之所以不好,是因为他们的身体被过度的劳作损坏。

但是,劳动者比起无所事事者仍然更好。灵魂比肉体更珍贵。

2. 要是你们认为工作重要,报酬在次,那么,作为劳动及其创造者的上帝,就是你们的主人。但是,要是你们认为工作在次,报酬重要,那么,你们就是作为报酬及其创造者的魔鬼(而且是最卑鄙最恶劣的魔鬼)的奴隶。

约翰·略斯金

3. 魔鬼为了使人上钩,总要安上各式各样的诱饵。但是,对一个空虚无聊的人来说,任何诱饵都并不需要,空鱼钩也会使他们去吞食。

4. 欧洲人在中国人面前大肆炫耀机器生产的优越性:"它使人摆脱劳动。""但是,劳动是一种幸福,摆脱劳动是一种弥天大祸。"中国人如是回答。

5. 任何手工劳动都使人高尚。不教子女从事手工劳动,就无异让他准备抢掠。

塔木特

―――――――

肌肉不加训练,动物就无法生存,人也不能生活。

为了这一训练能使人满足,给人快乐,应当训练他做有益工作,最好是为他人服务。这是它最好的运用。

3月8日 祈 祷

祷告,是提醒自己他同无限、同上帝的关系。

1. 生活一团糟,使我们生气,使我们的思想涣散。祷告由此而对灵魂常常是那样的有益。祷告是一服健身剂,它使我们恢复宁静和勇气。祷告提醒我们曾犯的过错,提醒我们宽恕一切的必要性。它对我们说:"你被人爱,你该爱人;你得到,你该付出;人难免一死,那就做你该做的事;用宽容大度战胜愤怒,用善压倒恶。何必介意人们对你的虚假评价。你不必讨好他们,也不必非得成功。做你该做的事情,事情会怎样就让它怎样吧!你的证人是你的良心,而你的良心就是上帝,他正在你的内心说话。回忆、重新回忆你自身中的这一切——祷告的目的就在于此。"

阿米埃尔

2. 要知道,我们向上帝祷告,向他提出我们的意愿,并不是他的意志应当改变,而是因为我们向他呼求时,我们实际就承认了他的权威,而承认他的权威,我们的灵魂就能得到净化和升华。

塔木特

3. 祷告之所以面向作为个人的上帝,并不是因为上帝是个别的人(我甚至确切知道,他是非个人的,因为个人即局限,而上帝是无限的),而是因为我是个别的人。

我眼前有一小块绿色玻璃,我看一切都是绿色的,我看到的世界不能不是绿色的,尽管我知道,世界并非如此。

4. 祷告是对自己同一切起源的关系的解释,是对自己和众人即和我们同一个父亲的孩子的义务的解释,是对自身过去整个行为的清算,是为了在未来摆脱过去的错误而对愚昧无知的过去所做的检讨。

塔木特

5. 定时祷告是一件好事。但是,如果不能聚精会神,最好不要祷告,不要用同一张嘴重复相同的话。

6. 在孤独中祷告是一件好事,也是必需的。但是,当你心情激越、被深深吸引,受强烈震撼时,即使在人声鼎沸中做祷告,也是最必需的。在这一时刻想起的是自己的灵魂,是上帝——最必需、最出色的祷告正是这样。

不要以为用祷告就能使上帝满意而无须服从他。祷告,只是使你记住你是什么人,你的生命的事业在哪里。

3月9日 战 争

战争和基督教是不相容的。

1. 只要一个人提到坏事时对自己说,尽管我知道这事不好,却不能不做——只要一个人对自己这样说,他就会做出最令人发指的事来;不单以为这些事应该做,而且以做这些事而自豪。战争,就是这些令人发指之事中的一种。

2. 武装起来的世界和战争,如果有一天会被消灭,那么,此事无论怎样都不会是沙皇所为,不会是世界强权者所为。战争对他们大有好处。战争,只有战争的最大受害者懂得了他们的命运就掌握在自己手中时才可能停止。他们为了让自己摆脱战争的灾难,采用了最普通最自然的手段,对那些把他们投入战争、使他们成为"丘八"的人不再唯命是从。

据 哈尔丘恩

3. 对那些不理解我们信仰的人来说,他们希望我们手执武器为共同的事业去杀人,对此我们可以做如是的回答:"看看你们的偶像和你们的神庙的祭司们,他们正把自己的双手洗得干干净净,为了可以用干净的、没有被鲜血和杀戮所玷污的手做祭献,把牺牲献给你们的神。而无论什么样的战争大爆发你们绝不会把他们征召入伍。如果这一习俗是明智之举,那么,我们基督徒,使自己的双手保持干净、不受任何污染,难道不是更加明智得多?"

如果我们用劝导鼓励各民族结成牢不可破的联盟和缔结和平条约,我们所作所为比他们的战争对统治者更有益。如果我们在劝导中加进教人摆脱欲望的思索和训练,那么,我们就真正参加了旨在社会幸福的许多工作。我们的确比其他所有人更多地为皇帝的幸福而战斗。虽然我们并不在他的麾下服役,将来也不会在他的麾下服役,即使征召我们也是如此,但是我们还是用众多善事保卫了他。

奥利根(3世纪前半世纪作家)

4. 耶稣为新社会奠基。在他之前,民众属于一个或许多个主人,就像畜群属于其主人一样。公爵和强权世界以它沉重的傲慢和贪婪压迫着人民。耶稣结束了这一混乱现象,使他们抬起低垂的头,解放了奴隶。他教导他们,上帝面前,人人平等;人都是自由的;任何人本身都不能支配自己的兄弟;自由、平等这一人类的神律是牢不可破的;统治不能成为一种权力,在社会制度中,权力是一种义务,一种服务,一种为了共同幸福而自觉自愿接受的差役。耶稣规划建立的社会就是如此。我们在当世见到这一社会了吗?耶稣的这一教义是否已君临大地?我们尘世的各民族的王公是奴仆还是主人?在十九世纪这一漫长时间里,基督教义被一代又一代先后传承着,大家都说信仰它,可世界发生了什么变化呢?被压迫的、受苦受难的各个民族仍然在等待原先许诺的解放,原因并非是耶稣的见解不可靠或无操作性,而是因为各民族或者还不明白耶稣教义的实现,是应当通过他们自己的努力、他们坚定的意志来完成的,或者他们为自己的屈辱地位所累,不准备为真理献出生命,因而,他们做不成任何一件取得胜利的工作。但是,他们已经觉醒。他们中间出现一种骚动;他们听到一个声音在宣告:拯救日益迫近。

拉门奈

一般来说,人,特别是基督徒,应当拒绝战争,无论从人员方面,从金钱方面,还

是从战争舆论方面,都应当拒绝为其做准备。

3月10日　团　结

那赋予生命的,一切都是统一的。

1. 一切活物都害怕痛苦,一切活物都害怕死亡;如果在一切生灵中反观自我,那就不要折磨人、不要杀人,不要引起痛苦和死亡。
一切活物都想你所想,一切活物都珍爱自己的生命;在一切生灵中反观自身吧。

佛陀智慧集[达马巴达]

2. 你所见的一切人,其身上蕴含神性和人性的一切人,都是内在一致的;我们是一个伟岸躯干上的许多器官。大自然把我们创造成近亲,因为它在这人世用同一种材质、为了同一个目的而把我们塑造成形。它在我们体内安放了互爱,使我们彼此亲近,友善相处,并让公正的追求和使命感在我们体内扎根;根据它的安排,毁灭比死亡更糟糕;按照它的嘱托,我们应当始终准备对他人援之以手。我们为团结而生。我们的联盟像是石拱顶,如果石块不能相互支撑,那么,石拱顶就会彻底垮塌。

塞内加

3. 人只有在为他人服务中才能找到自己的幸福,因为这种服务,他和世界生活的基础才融汇成一体。

4. 我和他人的统一,我极鲜明地意识和感觉得到;在自己和动物之间,我感到这同样的统一(尽管比较弱);人和昆虫和植物之间的统一,我感觉更弱;在同需要用显微镜和望远镜才能见到的生物的关系方面,这种统一的意识,在我已消失殆尽。但是,我为了意识这种统一而缺乏必需的感觉器官这一事实,并不证明这种统一是不存在的。

5. 生命旅程只有一条,我们大家迟早会走完这旅程。对这旅程的认识我们已了然于心,为了不是偶然进入其中,这路极为宽广、极为显目。这条大路的尽头是上帝。他召唤我们向他靠拢,看着有些人偏离这条大路而在死亡之路上踯躅,他是何等痛心!
生命之路是宽广的,但是许多人并不知道这条路,而是在死亡之路上彳亍而行。

据　果戈理

———————

把有碍你感到自己与一切活物之间的联系的阻碍统统掷掉。

I 团结一致

"每个人都是完全不同于所有其他人的有生命个体。我的真正的存在只在我自身,而所有其他人都不是我,与我格格不入。"这是一种认识,其真实性可以得到充分的证实。这一认识的基础是一切自私自利,每一无爱、不公和凶恶的行为就是它的现实反映。

"我真实的内在本质直接生活在一切相同的活物中,正像在我的自我意识中,这一本质只向我本人袒露一样。"这一认识反映在一个梵文不变的公式"tat-twam-asi"即"你就是一切"之中;这一认识是作为怜悯出现的,所以,这一怜悯的基础是一切真正的即没有私心的善,它的真实反映是每一个善举。这一认识因而最终成为对一切温柔、仁爱、善心的召唤,因为这类召唤提醒我们,让我们记住这一点:我们大家都拥有同样的本质。相反,自私心、嫉妒、仇恨、压迫、冷酷无情、复仇、幸灾乐祸、残忍都是基于第一种认识及对其加以支持者。在听到、更多的是看到、最多的是亲身做一件高尚的行为时我们所感受到的那种深情的感动和狂喜,其最深刻的原因在于它使我们坚信:在个性的多样性和相异性之下,掩盖着它们的一致性;这种一致性确实存在,而且是我们可以接近的,结果,这种一致性果真显现了。

这两种认识,出现的是前者还是后者,不仅在一些个别行为上,而且在人的认识和心态的所有本性上都反映出来。一个性格善良的人同一个性格凶狠的人的认识是完全不同的。性格凶狠的人处处感到他和他身外的一切隔着一堵坚硬的墙,对他来说,世界非我,他对世界的态度,一开始就是敌对的,所以,他的基本性情始终是不友好、疑虑不决、嫉妒心重、幸灾乐祸的。而性格善良的人并不生活在自我之中,而是生活在一个外在世界之中,他意识到这个外在世界是与他同在的,其他人对他来说,并不是非我,而是"终究还是我与我"。所以,他对每个人的态度永远是友好的;他感到所有的生物都是自己的亲属,直接与他们同悲欢共命运,信赖地要求他们与自己一样参与呼应。在他的内心里,平和和坚定、宁静、满足的心境变得牢不可破。由于这种心境,每个人因为在他身边而感到愉悦欢欣。

叔本华

II 航 海

我从汉堡乘船去伦敦。我们一共两个旅客:我和一只小猴子;这只雌性狲类,是一个汉堡商人送给自己的英国合伙人的礼物。

它被一根细链锁在甲板上的一把长椅旁。它来回乱窜,抱怨似的,像鸟一样吱吱尖叫。

我每次走过它身旁,它总向我伸出它那黑黝黝而冰凉的小爪子,用它那忧郁的几乎像人的那种眼睛瞅着我,我握住它的爪子,它不再吱吱尖叫,不再来回乱窜。

海上风平浪静,大海向周围展开它那凝滞不动的铅色水平面。

船尾一口不大的钟不断当当作响,抱怨似的,并不比猴子的尖叫声更难听。

海豹偶尔露出海面,陡然翻过身,一头扎进稍稍有点波动的平静海面之下。

船长脸膛黝黑,脸色忧郁,是一个沉默寡言的人,衔着一只短烟斗,生气地对着凝固一般的大海吐了一口痰。

对我所有的问题,他片片断断用难听话作了回答,并不由自主地把脸转向我的唯一旅伴——小猴子。

我坐在它的旁边,它不再吱吱尖叫,又向我伸出了爪子。

凝伫不动的烟雾有如一团令人昏睡的湿气包围了我们俩;陷入同一的并非有意识的沉思冥想之中,我们宛如亲人彼此紧挨在一起。

我当即笑起来……可是这时我内心浮出了一种异样的感觉。

我们大家都是同一母亲的孩子,我很惬意,因为可怜的小猴子那样信任地安静下来,紧靠着我,像亲人一样。

伊凡·屠格涅夫

3月11日 婚 姻

正如食物是个体人生存的必要条件一样,婚姻是人类生存的必要条件;正如食物的滥用对个体人极有害一样,婚姻的滥用则会对个体人、对人类产生最大的祸害。

1.同居(其结果可能是孩子的降生)是事实的婚姻,任何仪式、声明、契约都构不成婚姻,其大部只是用以承认一切此前的非婚同居生活。

2.你能面对夫妻关系而无视自己所承担的义务,能逃避夫妻关系方面的这些义务给你带来的忧伤,能离此他去。但是,你要寻找的究竟是什么呢?
那是同样的忧伤,然而却缺乏那过去已被完成的义务的意识。

乔治·艾略特

3.作为契约的婚姻,是男女两性拥有只属双方共有的自己孩子的保证。破坏这一契约是欺骗、背叛和犯罪。

4.当两个灵魂感到,为了在所有艰难困顿中相互支持,在一切忧患痛苦中彼此帮助,在默默的、无法表达的、最后离别的时刻联成一体、他们将终生相伴。这真是一件大事。

乔治·艾略特

5.一对相亲相爱的夫妻,要是他们把自我完善当作自己的目的,并在这方面相互提醒、劝告、以身作则来彼此帮助,他俩将获得何等巨大的幸福啊!

6.一个法利赛人来试探耶稣说:"人无论什么原因可以休妻吗?"

耶稣回答说:"难道你没读过这经:那最初造人的,既造了男人,又造了女人。"并且说:"因此,人要离开父母,与妻子结合,二人成为一体。既然如此,夫妻不再是两个人,而是一体了。所以神配合的人不可分离。"

马太福音 19 章

7.一切休妻再娶者,犯了奸淫罪;一切娶忆离女子为妻者,也犯了奸淫罪。

马太福音 19 章(原注为路加福音 16 章,误)

———————

不管对每个个体,还是对整个人类,男人和女人成为一体在人类延续方面是如此重要的大事件,以致男女结合的终身大事绝不可草率从事,想怎样就怎样,乐意怎样就怎样,而应效法生于我们之前的睿智之士和圣洁者,像他们解决和缜密思考过这一大事那样去操办这一大事。

3月12日 事 业

人的事业就是他的生命。他的事业成为他或好或坏的命运。我们生命的法则正在于此,所以,人在尘世最重要的是他现在所从事的工作。

阿格尼-布拉纳

1.波斯人中流传着这样一个故事:

灵魂在人死后飞向天空,迎面遇到一个令人悚惧的妇女,丑陋,肮脏,全身布满化脓的伤口。"你真让人厌恶,令人作呕,连魔鬼都不如。你干吗在这里?"灵魂问,"你是谁?"令人悚惧的妇女回答说:"我是你的躯壳。"

2.行善,成为仁慈、温柔、谦逊的人,说好话,愿他人好运,葆有一颗纯洁的心,始终接受教诲,永远讲真话,克制愤怒,有耐心,知足,成为友爱、有羞恶心的人,尊敬老人,听从双亲和老师的劝导——这一切就是善良之友和凶恶之敌。

说假话,偷盗,用不洁的眼光看女人,欺骗、谩骂、咒人倒霉,成为高傲、空虚无聊、造谣中伤的人,吝啬,不孝顺,厚颜无耻,急躁,拿别人的东西,成为报复心重、顽固不化、爱嫉妒的人,害人,迷信——这一切就是凶恶之友和善良之敌。

波斯手册

3. 重要的是善事,而不是对善良生活做论断。

塔木特

4. 好事绝不拖延,今天能做不要推到明天,因为死神并不考虑人是否做了他该做的事情。死神并不专等某人某事。它既无敌人,也无朋友。

阿格尼-布拉纳

5. 当你呱呱坠地时,你大哭,周围却一片欢笑;但愿你能这样:当你离开尘世时,大家都哀哀恸哭,你却独自微笑。

印度格言

6. 只有当你实践你所知道的真理时,新真理才会向你袒露无遗。

留西·马洛里

往事对生活的导向的影响无论怎么强大,通过心灵的努力,人仍然能使这种生活导向发生转变。

3月13日 真知灼见

道德的纯洁是智慧的条件,其结果是心灵的安谧平静。

1. 好人更多关心的是做应该做的事,而不是他会发生什么事。这种人会说,做应该做的事,是我自己的事;至于发生什么事,则是上帝的事。而且无论发生什么事,任何事物都不能阻挡我去做我应该做的事。

2. 一个人把做他想做的事当作自己的行为准则,那么,不用多久,他所做的事正是他想做的事。

3. 当我们感到自己身体最孱弱时,我们的精神则可能最强盛。

留西·马洛里

4. 智慧的最佳证明是一个人始终不变的良好心情。

蒙田

5. 愿你只做提升你精神境界的事,并坚信你因此而最能成为有益于社会的人。

6. 如果某事使你不快和痛苦,那就想想:其一,你和其他人可能碰到许多更不愉快的事。其二,回忆过去的不快,许多往事和环境曾完全像如今一样使你痛苦过，可如今提到它，你已能平心静气、淡然置之。其三，主要的，想想那些使你不快和痛苦的事只不过是一种体验，而在这种体验中，你却能表现出你自己的精神力量，而且还得以加强。

7. 人的灵魂伴随着时间的推移，常能臻于尽善尽美，然而伴随着时间的推移，也能使它达到极度的骄奢淫逸。美好的时光须珍惜，把握好这些美好时刻，消弭一切恶劣的瞬息，那么，你生活中的美好时光将会越来越多，恶劣时间则会越来越少。

据 培 根

8. 只有不自诩聪明的人，才能成为聪明人。而只有那些始终看到上帝的完美的人，才不会自诩是聪明人。

9. 没有什么可丢失的人很富有。

中国谚言集

智慧无穷无尽；越是不停地接近它，它就变得越发需要。
人永远能变得更好。

3月14日 理 性

仁爱引导人团结一致；所有人共有的理智则使这种团结一致牢牢确立。

1. 人思考，所以人得以被创造。他显然应当理性地思考；一个理性思考的人首先想的是他应当为何而生；他理应关心自己的心灵，关心上帝。可是，你瞧瞧，尘世的民众在想什么？他们确有乐意关心的对象，只是并不是上述的一切。他们关心跳舞、音乐和歌唱；他们关心房子、财富和权利；他们嫉妒富豪和沙皇的地位。但是他们压根就没关心过成为人意味着什么。

帕斯卡尔

2. 人的一个重要义务是人能全力以赴地阐明上天赐予我们的理智的光辉源头。

中国智慧集

3. 只有得到众人承认并且众人不能不承认的事物，才显示出是真正的理智。

4. 一个想成为真正的人的人，就应该摒弃迎合俗世的念头；一个想过真正生活的人，愿他不要受那公认的善的支配，愿他认真地搜寻真正的善在何处，真正的善为何物。没有任何事物比一个独立的精神探索行动更神圣、更有效。首先确立自身对各种生活现象的态度,而后再独立解决出现的一切问题。

爱默生

5. 当我们因为怀疑真理的力量而允许或禁止发表这种或那种观点时,我们实际是在侮辱真理。让真理和谬误徒手相搏吧:真理在自由而平等的斗争中是不可战胜的。批驳倒谬误,比任何禁止都能更好地消除谬误。

弥尔顿

6. 我们的教会基督教是建立在空洞无物而又不稳固的基础之上的;大家认为,教会基督教包含着一种经常的危险,始终对某些事物感到恐惧不安。表现得十分强烈的怀疑动摇了教会基督教的基础。这引起了教皇方面的电闪雷鸣;怀疑越有根据,恐惧就越强烈。

难道人会担心群山坍塌?可教会的传说却时刻都有可能毁灭。"也许公正,也许并不公正。"说到它的毁灭,这是众人可能对其说的一切。然而,它却成了宗教的基础。权威被当作真理,盲目的信仰成了宗教的本质。

巴克尔

任何事物都不能改变理智的解决。我们知道的一切,都是通过理智才得知。所以,不要相信那些说不该追随理智的人。这样说,就像是劝告我们把那在黑暗中照亮我们前进道路的唯一的灯光熄灭。

3月15日 爱

只有爱不友好的人、敌对的人,才了解真正的爱。检验真爱的标尺是对敌人的爱。

1. 爱那爱我们的、我们喜欢的人可能只是人间之爱,只有爱敌人才可能成为神圣的爱。用人间爱去爱人,这种爱可能变成恨,但神爱不会改变。无论什么,甚至死亡都不能破坏它。它是灵魂的本质。

2. 如果善待那善待你们的人,为此有什么可以酬谢你的? 因为罪人也这样做。要是贷款给人并希望由此得到回报,为此有什么可以酬谢你的呢? 因为罪人贷款给罪人,也指望如数收回。但是,你们倒要爱敌人,要善待他们,贷款给他们而不指望偿还。给你们的奖赏必大,你们必成至高者的儿子,因为他是善待那些忘恩者和作恶者的。因此,你们要慈悲,像你们的父慈悲一样。

路加福音6章

3. 爱你们的敌人,你们就会没有敌人。

十二使徒教义

4. "你们曾听过这样的劝告:爱你的邻居,恨你的仇敌吧。"可是,我告诉你们:爱你的仇敌,善待咒骂你们的人,善待仇恨你们的人,为欺侮和驱逐你们的人祷告;这样,你将成为天父之子。因为他吩咐自己的太阳照临恶人的头上,也照临善人的头上,降雨给正直的人,也降雨给不正直的人。

马太福音 5 章

要是上帝对所有人一视同仁,对恶人和好人不加区分——这是因为他深知人的心灵——我们怎能在还不了解人的心灵的活动时就根据一些表面现象把他们分类,爱某些人而不爱某些人呢?

5. 偏爱一些人而不偏爱另一些人的狂热,是由不正确的爱引起的,它只是一种野生的小树,真爱可在其上嫁接成活,结出它的果实。但是,作为砧木,它不是苹果树,它不结果,或者结苦果而不是甜果。偏袒就不是爱,不会予人以善,或者反倒产生更多的恶。

6. 爱的幼芽娇嫩柔弱,不耐触摸,只有在它迅速成长时才变得茁壮强盛。人对它采取的种种举措,对它更坏。它只需要一样东西:任何事物都不要挡住它需要的理智之阳光,只有理智之阳光才能使它恢复健康。

7. 最完美的人爱一切人,且不问好人坏人一样对他们行善。

穆罕默德

8. 用温顺对抗腐化:利剑割不断软丝。有了柔和的语言和善心,一根小绳也能引领大象前行。

萨迪

凡有人欺侮你,你胸中涌起对人的恶意时,你要尽力记住:人人都是上帝同样的儿子;人无论对你怎样不友好,作为你的兄弟,和你一样同是上帝的儿子,你都不应该不爱他。

3 月 16 日 知 识

当代科学重要的祸害是,因为不可能把所有事物一一加以研究,因为缺乏宗教的帮助而不知道应该研究什么。当代科学研究的只是那些过着错误生活的科学家本人需要而且乐意的事物。

他们最需要的是有利于他们现存制度的事物。
他们最乐意的是满足他们无聊的求知欲。

1. 研究自然史最后在德国达到了疯狂的程度。尽管对上帝来说,昆虫和人的价值是相等的,可是对我们的理智来说,却并非如此。人怎样才能把许多东西整理得井然有序,首先得弄清飞鸟和蝴蝶!但愿你们能研究自己的灵魂,使自己的理智习惯于小心谨慎下结论,使心灵习惯于平静安定,教人对事物识别辨认,为了你亲人的福祉而鼓起男子汉的勇气说真话。要是找不到任何合适的手段,那就利用数学使自己的理智变得更加敏锐深刻吧,谨防只给小昆虫分类,这种表面肤浅的知识是无益的,精确的知识则会把人带向无限。

"但是,上帝在昆虫中,就像在太阳中一样,同样是无限的。"你说。我乐意承认这一点。上帝在大海的沙子(各色各样的沙子还没有任何人去做过分门别类的整理)中是无可计量的。要是你在此没有感到在这些沙子堆积的地方寻觅珍珠的特殊使命,那你就留在这里翻耕自己的田地吧。这一田地要求你付出全部勤奋努力。不要忘记,你的脑子的容量是有限的。在那为某种蝴蝶史伤脑筋的地方,也许正是那些能给予你灵感的智者思考的用武之地。

里赫登别尔格

2. 智慧并不在多知多识。我们绝不可能知道一切。智慧并不在尽可能多地掌握知识,而在了解怎样的知识最需要,怎样的知识不太需要,怎样的知识最不需要。在人需要的所有知识中,最重要的知识乃是怎样好好地生活,也就是说,把生活做如此的安排:尽可能少做坏事,尽可能多做好事。在当代,人学一切不必要的知识,却不学这一最必需的内容。

3. 最大的粗鲁无礼是什么?是为了上帝而不容忍这些我们不理解的主张。

加尔文

4. 知之甚少的人,总是喋喋不休;见多识广的人,常常缄口不语。

这往往是因为那些知识浅薄之辈认为他们掌握的一切都是重要的,总想把这一切告诉所有的人。那些博闻强记的人知道,可能有人比他知道得更多,所以就只说别人需要知道的那些事情;要是没有人问他,他就闭口不谈。

据 卢梭

5. 一个真正的学者一旦掌握了理性的要求,他会竭尽全力去实现这一理性的要求;一个普通的学者一旦了解了理性的要求,他会时刻去迎合这一理性的要求,像是时刻在实现这种要求,又不像时刻在实现这种要求;一个庸劣的学者知道了这种理性的要求,反嘲弄这种理性的要求。要是理性不遭到嘲弄,理性也就不称其为理性了。

老子

6.要是一个人已经懂得可以提什么问题,这是他智力和理解力的重要而必不可少的证明。若以为问题本身是荒谬的,所答是不必要的,那么,这样的问题除了给提问者带来耻辱以外,还会造成另一种令人难堪的场面:冒失的听者会不由自主地对所提问题做出荒谬的回答。这就出现了这样一个令人捧腹的喜剧:按照古人的说法,就是一个人给公山羊挤奶,另一个人用筛子在下面接奶。

康德

如果一切知识都是真实无误的知识,那么,任何知识都有益无害。但是,因为常常有人把虚假知识冒充为真实知识,所以,在你挑选你想获得的知识时,就有可能不够严格。

3月17日 生活制度

从世俗的愚蠢制度中获救,唯一的办法是在人间推广真正的信仰。

1.要是信仰不是人类社会得以改良的主要原因的话,那么,永远不可能在这种社会改良的事业上跨出巨大的一步。所以,任何不以信仰为基础的学说,在过去和未来都始终无力去改良社会结构。也许它能成功地创造出美丽的形式,但是,这些形式将始终欠缺普罗米修斯从天上盗取的那种圣火。

约瑟夫·马志尼

2."先找到神国及其真理,其他的就能水到渠成,迎刃而解。"向自然而又健康的社会制度跨出的第一步,永远是保障所有人在物质世界的自然、平等和不可割让的权利。做到这一点,并不意味着做了该做的一切,而只是意味着所有其他的工作做起来将会更加容易。如果这一点还没有做到,其他任何东西都不会带来任何好处。

亨利·乔治

3.一个社会,没有共同的信仰和共同的目的是不可能存在的;社会活动应当包含在贴近生活的、由宗教确立的那一源头之内。

约瑟夫·马志尼

4.使徒生活得如同共有一个心脏和共有一个灵魂似的。要是他们都会彼此意见相左,那么,还有谁能了解基督的信仰呢?显然,如今的多神教徒都不接受基督教,因为他们在基督教中看不到团结和爱。任何东西都不像美德那样吸引人,任何东西都不像罪恶那样为人所排斥。人们摒弃基督教,因为当人们发现那个教人连敌人都要关爱的人却在重利盘剥,抢劫,争吵,激起敌意,对人就像对野兽一样时,他就不可能相信爱的学说。当他发现基督徒怕死,那么,他就绝不会信仰不朽。我们基督徒应对他们不信仰基督学说感到愧疚。我们也许会说:"请以古代圣人为榜样。"但是,人们希望看到当代的善人。他们说,告诉我们你的事业体现出来的信仰,而不是单纯的事业。相反,他们发现,我们在撕扯折磨自己人时比野兽更坏。这自然使人与基督学说保持距离。我们说,我们对基督学说所做的宣传说教,只是把人吓得不敢接受它。

据 约翰·兹拉托乌斯特

5. 基督教,只要它能被真诚接受,它在炸毁一切旧地平线和打开无限的新地平线方面,会像最厉害的烈性炸药一样行动。

如果你发现社会制度恶劣,你想加以矫正,那你就得知道,为了这一目的,方法只有一个:使人人变好;而为了使人们变好,在你自己可控的范围里,方法也只有一个:使自己变好。

> 每周阅读

不以暴力抗恶

"你们听说过'以眼还眼,以牙还牙',可是,我对你们说:'不要与恶对抗。'"

基督教导说,不要与恶对抗。这一教义是真实可信的,因为它把恶从受辱者和施暴者的心灵里连根拔起。这一教义不准做扩大恶的事情,尘世之恶却并未终止。当一个人攻击另一个人,使他人委屈时,他以这一方式点燃了另一个人内心的仇恨情绪,成为一切罪恶的根源。为了平息这种恶的感情,我们究竟该怎么办?难道做引起这种恶的感情的同样的事情——欺侮另一个人,也就是说,重复那坏事?这样做就意味着不仅没能赶走魔鬼,反而使它更强有力。撒旦不可能被撒旦驱赶,谎言不可能用谎言来洗净,恶也不可能用恶来摆平。

所以,不以恶抗恶是战胜恶的唯一手段。它将消除作恶者和受害人内心的凶恶感情。

"但是,请问,这一教义的主张若是忠实可信的,那么,它是否已得到执行?"就像被神律注定要执行的一切善一样,它同样会得到执行。没有弃绝私利,备受艰难,饱经忧患,在极端情况下甚至失去生命,那么,一切情势中的善是不可能实现的。一个珍惜生命远胜执行上帝意志的人,对唯一真实的生命来说,实际已是行尸走肉。这样的人,千方百计拯救自己的生命,却还是失去了生命。此外,一般来说,一个值得以一个生命或某些现实的生活利益做牺牲的不对抗活动,也就值得为其献上千百个同样的牺牲。

不对抗是保全,对抗是毁灭。

公正的行为比不公正的行为,忍受欺凌比以暴力对抗欺凌安全得无可比拟——甚至在当前生活的关系上也更安全。如果所有人都不以恶抗恶,我们的世界就会祥和自得。

"但是,当只有为数不多的人那样行动时,他们会怎样开始呢?"要是哪怕只有一个人那样行动,其他所有人仍异口同声一致要把他钉在十字架上处死,那么,他在为自己敌人祷告时被杀死,比起成为戴上溅满被杀者鲜血的皇冠的沙皇,难道不是更加光荣吗? 但是,那坚定不移地决定不以恶抗恶的人,不管是单枪匹马,还是成百上千,反正都一样,他们不管是在文明人中间,还是在野蛮人中间,反倒要比那些主张用暴力对抗暴力的人更安全。强盗、杀人犯、骗子比手执武器反抗的人更能让他们不受干扰。拿剑的剑下死,寻求和平、行动友好的人不会伤人,忘掉和宽恕欺侮的人大多都能安享宁静,即使丧生,死时也会得到祝福赞美。

因此,要是大家都遵循不抗恶的诫命,那么,很显然,就既不会有欺凌,也不会有恶行。要是多数人都这样,那么,他们就会造成一种风气:甚至对那些施暴者也待之以爱和善意,不以恶抗恶,永不采用暴力。要是这样的人是人数相当多的少数,那么,他们就会对社会产生这样的道德影响:一切残忍的惩罚将被废除,暴力和仇恨将被安宁和仁爱所取代。要是他们只是极少数,那么,他们也可能偶尔会体验到比俗世的蔑视更恶劣的行径,但是同时,俗世自身即使并没感到、并没为此而知恩图报,却会不断变得更聪明、更好。

在最糟糕的情况下,若有几个少数派成员遭到不测,那么,这些为真理而献身的人,身后留下了他们因他们的殉难的鲜血而变得圣洁的学说。

巴鲁*

3月18日 谴 责

斥责别人这种行为永不正确,因为任何人、任何时候都不可能知道这个人内心发生过和正在发生的一切。

1.我们常评判人,称一些人为善人,另一些人为恶棍;一些人是蠢货,另一些人是聪明人。可是,这种事是做不得的。人像河流一样变动不居,他每天是这样,又不是这样:过去愚鲁,如今睿智;过去凶顽,如今良善;相反亦然。不该评判人。你

---

* 巴鲁,美国宗教团体"亚丁·巴鲁"的领导人。死于1890年8月。在长达五十年的岁月中,撰写并出版了一些主要论述不以暴力抗恶问题的书籍。在这些行文极其鲜明、极为优美的出色文章中,对不以暴力抗恶的问题从一切可能的方面做了探讨。他的重要作品之一是《不抗恶手册》。

评判,可他已是另一个人。

2. 要是你是那么的幸福,以致你永远说的只是实际上存在的事物,批驳的只是错误的意见,怀疑的只是该怀疑的对象,企盼的只是良善和幸福,那么,你就不会对那些凶顽而缺乏理智的人义愤填膺了。

"可他们显然是蠹贼和骗子啊!"你说。可是什么是蠹贼和骗子呢?这人明明只是有毛病,迷失了方向。对这种人应当心存怜悯,而不是愤怒相向。要是可能,那就相信他这一点:对他本人来说,他会感到当前的那种生活极端糟糕,他将不再作恶。要是你还难以明白这一点,那就是你还明白不了这一点,那他生活得极为卑鄙龌龊是不足为奇的。

"可是,"你说,"这些人难道不该得到惩处!"别这样说。最好说:这个人在人间最重要的问题上迷了路。他不是肉体的眼睛失明,而是灵魂的眼睛毁了。你一旦对自己这样说,你就立刻明白你过去对他何等严厉。要是人的双眼有病,失去了视力,你显然不能说他为此应当得到惩罚。那你怎么还想惩罚失去了比眼睛更珍贵的东西、失去了作为最大幸福的理智地生活的能力的那些人呢?对这些人需要的不是愤怒,而只是怜悯。

怜悯这些不幸的人,力求不让他们的迷误激怒你。记住你自己怎样常常迷失方向和违背教规,最好对自己多加责备,因为你心中居然盘踞着这样的恶意而心如铁石。

爱比克泰德

3. 要是你想起自己的缺点,并力求加以改正,那你就不会想到去责备他人,而且永远不会。

4. 当你没有置身于他人的位置,就不要指责他人。

塔木特

5. 对人宽恕多,对己无所失。

普布里乌斯·西鲁斯

我了解自己,我不想做坏事,即使做了,也只是因为我没能约束住自己。其他所有的人,若是做了坏事,那同样是因为没能约束住自己。这样的话,我为什么要去想他们的蠢事并指责他们呢?

3月19日 财 富

有这么一个世界体制,富人们以穷人的劳动为生,穷人为其盖房,使其衣食无忧，但是这些富人却自以为他们是这些穷人的恩人。这一世界体制难以避免是何等错误啊！

1.石头摔到瓦罐上——瓦罐倒了霉，瓦罐摔在石头上——倒霉的还是瓦罐，不管什么情况，倒霉的总是瓦罐。

塔木特

2.要是富人能以自己的财富赈济穷人，这种事情之所以发生，那是因为政府庇护了某些人，形成了财产的不平等，慈善事业的产生由此而有其必然性。在这种情况下，富人给予穷人的帮助，是否总能具有那种自诩为利人功德的慈善活动的声望呢？

康德

3.富人由穷人的眼泪获取快乐。

4.即使我们不去劫掠黄金和那么多亩土地，但是通过某些欺诈和暗占手段，我们却做着同样的只是规模较小的劫掠活动，结果也能占有若干财富。比如，在商业承担义务中，在买卖商品时，我们总是讨价还价，千方百计压价压到比应付的还少，并竭力设法做到这一点——这难道不是劫掠吗？不是野蛮行为和盗窃吗？不要对我说你抢的并非一般家庭，也非奴隶。不公正并不由盗窃事物的价值，而是由盗窃者的主观意愿决定的。公正不公正，无论其多少，其作用都是相同的。一个割人钱包偷人钱财的人，同一个在市场买商品而扣下应付价格的人，我不加区分地都称为小偷。盗贼不单是那些穿墙入室盗窃财物的人，而且包括那些破坏公正原则从他人那里攘夺财富的人。

约翰·兹拉托乌斯特

5."不要成为抢劫穷人的强盗，因为他穷。"所罗门说。然而，这种"之所以抢劫穷人恰恰因为是他穷"的事情，是最普通不过的事情。财主始终在利用穷人食用的匮乏而迫使他们为自己工作，或用最低价收购他们出卖的商品。

在大路上抢劫富人，为的是他富有，然而这种事情极为罕见，因为抢劫富人有危险，而抢劫穷人，则能够不冒任何风险。

约翰·略斯金

6.财富是劳动的积累，完全正确。然而在通常情况下，一些人从事劳动，另一些则在积累。而这却被一些聪明人称为"劳动分配"。

译自 英文

――――――――――

公正的财富在小康者中间才可能存在。而在我们这里，每个富人造成了百十个穷人的地方，公正的财富是不可能有的。

3月20日　秘　密

为完成上帝的使命而生活的人,对众人的评判不能过于敏感。

1. 该如此设想:我们灵魂中发生的一切变化,仿佛人人都能看清。

塞内加

2. 愿你胸怀坦荡地生活。

奥古斯特·孔德

3. 掩盖坏事不好,但是公然干坏事并以之自豪,则更坏。

4. 在人前感到羞赧是一种良好感情,但是,最好的情感则是在自己面前感到羞赧。

5. 一个人对什么感到羞愧,对什么不感到羞愧,没有比这更真实地反映出他所处的道德完善程度。

6. 对自己的蠢事,如果有人问,那你就毫不隐瞒地回答,但是,没有必要时,就不要谈论它。

7. 要是人面对上帝所抱的恐惧,一如人在面对众人时的恐惧那么强烈,那该多好啊！因为人在面对众人时都想掩盖自己的坏事,而在上帝面前掩盖则毫无可能:那就该不干这种坏事。

8. 瞒得了人,瞒不了上帝。

谚言

9. 人力求加以掩饰的,几乎总是坏事。

10. 只有为了不泄露自己的善事,掩饰才是好行为。

11. 任何加以掩饰的事,无不会——暴露出来,似乎不为人知的隐私,同样会无不——暴露出来。

路加福音 8 章

不必隐瞒,但同样不必在旁人面前显摆私事。你就照此生活吧。

3月21日　生活的意义

我们了解的只是这儿的生活,只是这尘世的生活,所以,我们的生活若有意义的话,我们生活的意义也只应存在于这儿,存在于这尘世。

1. 不管是为了尘世目的而生活在人间的人,还是为了宗教目的而离群索居的人,他们都没有内心的安宁。只有那些为上帝效劳而生活在人间的人才能获得内心的宁静。

2. 你不愿死去,因为你活得沉重。世界的整个重负压在每一个有德者的肩上,这促使有德之士去执行自己的使命。摆脱这一重负的唯一方法就是执行自己的使命。只有做了你命中注定的事业,你才会如释重负。

爱默生

3. 真实的生活只存在于现在。那过去存在的,如今已经消失,将要到来的,则尚未出现,存在的只是现在。有关现在好好生活的话题,也只是在谈那应当力求用全部心力去过好现在的生活的话题。要是有人教导说,今生应该为来生而生活,请不要相信。我们了解的正经历的只是这种生活。所以应当全力以赴的就是这种生活——应当尽可能好地度过的,不单是这整个一生,而且是这一生中的分分秒秒。

4. 生活既不是受苦,也不是享乐,而是我们必须做并忠诚地将其做到底的事业。

托克维尔

5. 你痛苦,你觉得你生活得不如你希望的那样好,觉得你要是过的是另一种生活,做的是你认为该做的工作时你才会更轻松。那你要认清这一真理:即使在这种生活里,在你现在所处的环境里,你也永远能做成你该做的事情。

据　卡莱尔

这个世界,此时此地,是我们出力效劳的场所,所以,在致力服务时,我们所有的精力都只应指向这里。

3月22日　公　正

要是真理正揭露我们的生活,承认真理仍然比隐瞒真理要好;我们的生活可能由此而改变,真理却永远是真理并将一直揭露我们。

1. 我们应当像在众目睽睽之下生活。我们应当像我们心灵的最隐蔽角落都可能有人在窥视一样地思考。为什么有些东西要向人隐瞒呢？任何东西都不可能瞒过上帝。一切神和人的教义都能归结为这一真理：我们大家都是一个伟大躯干上的各式器官。人的天性把我们团结为一个大家庭，我们大家被创造成这样的人：在相互帮助中一起度过我们的一生。

据 塞内加

2. 基督的启示是人的平等学说，上帝是父亲、众人是兄弟的学说。这一学说从根本上打击了使文明世界窒息的那种令人恐怖的暴力，粉碎了奴隶的枷锁，消灭了那种弥天大谎，这一谎言为一些人依靠一群人过着奢侈淫逸的生活、劳动者的劳动果实却被剥夺提供了可能性。这就是统治阶级迫害原始基督教的原因，就是统治阶级明白基督教不可能被消灭以后就转而接受它，并使其腐败的原因。基督教在自己的胜利中不再是真正的原始时期的基督教，它变成了富人的奴仆。

据 亨利·乔治

3. 你的生身兄弟——我指的是精神方面的诞生——因为饥饿而死亡，而你却因为吃得过饱而变得动作迟钝。你的兄弟赤身裸体，你却在衣物上裹上衣物，以保护它们不受虫蛀。这些衣物要是用来给穷人蔽体不是更好吗？这样，衣物就可以避免虫蛀，你也不必为它们做多余的操心而自由自在。因为，你若不想自己的衣物被飞蛾咬破，倒不如把它们送给穷人；他们会经心地收拾衣物。一个人要是为财富所陶醉，他就难以倾听我的声音，他将因此而发现自己生活在不幸之中。可是，你说，用这种要求去要求穷人合适吗？很显然，他们不是既没有财富，也没有很多的衣物吗？然而，他们还有面包、冷水，还有双腿可以去拜访照顾病人，有舌头和语言去安慰不幸的人，有房屋和居留处可接纳流浪者。

约翰·兹拉托乌斯特

4. 当代所有好人的错误在于，他们不失礼貌地对坏人援之以手，支持坏人干坏事，甚至常常为坏事推波助澜，却指望以此来防止这些坏事的恶果。

为了满足内心的要求，早晨他们为两三个破产家庭提供生活必需品，傍晚则和使这些家庭破产的罪魁祸首一起用餐，艳羡这些使人破产的罪魁祸首，准备效法那些使两三千人破产的腰缠万贯的投机分子。就这样，他们几个小时的破坏远甚于数十年岁月矫正的所有影响。在最好的情况下，他们不过是类似于这样的一些人：他们企图用喂饱那将被歼灭的军队后方的饥饿居民的办法，力求日益扩充这支军队的兵员，加快调动的速度。

约翰·略斯金

5. 你把人推进坑里，随后对他说，他的这种处境是上天注定的。他对此应当满足：我们当代的基督教就是如此。你说："我们并没推他。"确实，这样说也符合情理，因为当你每天早晨不向自己提出问题，在你并没有意识到该做什么不该做什么以前,你在这整整一天里所做的是人所习惯的工作,而非于人有益的工作。

约翰·略斯金

要是真理没有向我们指明我们应该做什么,那么,它始终在昭示我们应该不做什么或者应该终止做什么。

3月23日　生活制度

土地,有如空气和阳光,是所有人的财产,不能成为私有物。

1. 我们大家都是这个世界的漂泊者。走南闯北往东向西,可在你停留的所有地方,却都会有人来赶你,宣称:"这是我的土地。"当你走遍世界各国归来,你就会了解,你的妻子可以在那里生儿育女,你能在那里耕耘田地,你们的子女能在那里埋葬你们尸骨的任何地方都不是不幸的角落。

拉门奈

2. 把人扔进大西洋之前对他说:"你可以自由地走向海岸。"其实这还算不了是对人的最大嘲弄,还有远甚于此者:一个人在一个地方安顿下来,可土地已完全被占为私产,在这种情况下,竟还有人对他说:"你是自由人,可以按自己的意愿为自己干活,花自己挣得的工资。"

亨利·乔治

3. 不合法的土地私有权使每个民族超过半数以上的人丧失了他们的自然遗产。

托马斯·潘恩

4. 如果把一百个人安置在没有出路的孤岛上,让其中一人全权支配其他九十九人,或者让他全权处置岛上的全部土地,两者是没有任何区别的。

亨利·乔治

5. 尽管英国拥有足够的土地,足以养活比现在多十倍以上的人,但是,还是有许多人或者以乞讨为生,请求自己的兄弟施舍,或者以沉重的劳动挣得每天的日常支出,或者饿死、偷盗,或者像不配活在世上的人一样上吊自杀。这难道不是奴隶制度吗?

杰拉尔德·温斯德列伊

6. 合法势力若要击破他们的最为敏感的人类生存权利,那土地私有权就意味着饥饿,干渴,没有衣物,徒劳的劳动,自愿劳动成果的被攫夺,房屋破败,一贫如洗,疾病,双亲、孩子和妻子的死亡,穷人心灵的绝望和失去理智。这一切都包含在土地私有权之中。

卡尔基纳尔·马宁格

那个通过土地私有权占有远远超过养活自己和家人所必需的土地的人,不仅是制造那些民众深感痛苦的贫困、不幸、蜕化的参与者,而且是制造这些不幸的罪人。

3月24日 上 帝

只有执行上帝律法的人才了解上帝本人。越亲近地去执行上帝的律法,他对上帝的理解就越清楚、越好。

1. 耶稣对她说:"相信我,时候将到,你们拜父,不在这山上,也不在耶路撒冷。"
时候将到,如今已是,真诚的礼拜者将用心灵和诚实拜父,因为父的这种礼拜者在寻找自己。上帝是心灵。拜他的人应当用心灵和诚实拜他。

约翰福音4章

2. 没有任何一个信徒会在其内心找不到片刻对上帝存在的怀疑。这种怀疑并无害处,相反,它将导向对上帝的更高的理解。
你了解的那个上帝成了一个习以为常的对象,你就不再信仰他。只有在他重新被发现时,你才会完全信仰他。如果你全心全意去寻找他,他就会向你展示全新的一面,至于他的全新面是数不胜数的。

3. 摩西对上帝说:"啊,上帝,我到什么地方去找你呢?"上帝说:"你在寻找我时,你就已经找到我。"
有人问一位智者:他为什么知道有上帝?他答道:"为了观看太阳,难道需要火炬吗?"
我们没有语言可用来说上帝是什么,但是,我们没有语言也知道他确实存在。

阿拉伯智慧集

4. 不管是聪明人,还是愚鲁者,只要这两类人心地谦虚恭顺,他们都一样能认识上帝,他们是真正理智的人。只有那些狂妄自大、智能平庸的人认识不了上帝。

据 帕斯卡尔

5. 正像任何事物只有贴近它才能理解它一样,人接近上帝,才能理解上帝。只有通过执行他的律令这种好事才可能接近上帝。对上帝的理解越多,执行他的律令就越乐意。执行律令越好,对上帝的认识就越切近。两者互为表里,相互推动。

犹太人认为,直呼上帝之名是一种罪过。他们确实是对的,因为上帝是灵魂。而任何名字都是肉体的,而非灵魂的。

苏拉特城的咖啡馆

从前,印度苏拉特城里有一家咖啡馆。一些从世界各地来的旅人汇集到这里,常常在此谈天说地。

有一次,来了一位波斯神学家。他毕生都在研究神灵的本质,阅读和撰写有关神学的书籍。久久思索、阅读和撰写他对上帝的见解,弄得他头脑发懵,脑中的一切乱成了一团,以致他走到不再相信上帝的地步。

国王知道了这件事,就把他驱逐出了波斯王国。

就这样,尽管毕生探讨第一原因,不幸的神学家还是头脑紊乱了。他不了解他如今已经失去了清明的理性,反而以为他拥有再没有比这更好的足以管理世界的最高智慧。

这位神学家有一个跟他一起来的非洲奴隶。神学家进咖啡馆时,这个非洲人留在门外,坐在石头上晒太阳,赶走身边的苍蝇。神学家本人则躺在咖啡馆的沙发上,盼咐给他送一碗鸦片来。他喝了一点,鸦片使他的脑袋瓜儿骚动不安起来。他对自己的奴隶说:

"怎么啦,你这下贱胚?"神学家说,"告诉我,你以为上帝有还是没有?"

"当然有啦!"奴隶说,马上从腰后拿出一个小木偶。"瞧这,"奴隶说,"这就是上帝,那个从我生到人世起就庇护我的上帝。这个上帝是用我国所有的人向其顶礼膜拜的圣树上的一根大树枝雕刻成的。"

听到神学家和奴隶之间的这段对话,咖啡馆里的人很是惊诧。

他们觉得主人问得奇怪,而奴隶也答得十分荒谬。

一个听过奴隶答话的婆罗门对他说:"不幸的蠢货!难道可以认为上帝能够挂在人的腰后吗?上帝只有一个,那就是梵天。这个梵天比整个世界还大,因为整个世界都是他创造的。梵天是唯一的大神,这位天神在恒河岸边建造了宫殿,他的唯一的祭司——婆罗门为其效劳。只有这些祭司才知道真正的大神。已经过去十二万年了,世界无论发生了多少变化,这些祭司都依然故我,丝毫没变。因为梵天是唯一保护他们的真正大神。"

婆罗门说完,自以为说服了大家;但同在这里的犹太钱币兑换商却起来反驳他。

"不,"他说,"真正的上帝的神殿不在印度……上帝庇护的也不是婆罗门种姓!真正的上帝不是婆罗门的上帝,而是阿夫拉阿姆、伊萨克、亚科夫的上帝。真正的上帝庇护的只是自己唯一的以色列民族。上帝从创世初起,过去爱的、而今爱的都只是我们唯一的民族。若说如今我们民族散布在世界各地,这也只是一种考验,而上帝,正像他所允诺的那样,将重新把自己的子民聚集到耶路撒冷,以便复兴古代奇迹耶路撒冷神殿,使以色列人统治一切民族。"

犹太人说着哭了起来。他还想往下说,可是,同在这里的意大利人打断了他。

"您说的不对,"意大利人对犹太人说,"您这样说是在编派上帝的不公正。上帝不可能偏爱一个民族而忽略其他民族。相反,即使他曾经庇护过以色列,那也是以前的事了。上帝曾对它怒火中烧,作为他气愤难耐的标志的,就是他毁灭了以色列,把这个民族驱赶到世界各地,这事已过去一千八百年,以致这种信仰不仅没有流传,而且只局限在某些地方。上帝并没有特别优待任何一个民族,他承认所有想获救的人都要投入唯一的罗马天主教教会的怀抱,除此则不可能获救。"

意大利人如此说。但是,同在这里的一个新教牧师脸色苍白,回答天主教信徒说:

"您怎么能说只有在你们的宗教里才能得到救赎呢?您知道,按新约说,只有在精神和行为上根据耶稣律令去为上帝服务的人才能得到救赎。"

这时,一个在苏拉特城税关工作的此时也在座的土耳其人,一边神情严肃地吸着烟斗,一边转向两个基督教徒。

"你们那样相信罗马信仰的真实性,完全是徒劳的。它早在约六百年前就已被穆罕默德的信仰取代。正如你们亲眼所见,穆罕默德的信仰在欧洲、非洲、亚洲,甚至在高度文明的中国传播越来越广泛。你们亲口承认,犹太人已被上帝抛弃,通过这一证明,可以得出这一结论:犹太人处境屈辱,他们的信仰不可能广泛流布。承认穆罕默德信仰的真理性吧,因为他庄严宏伟,一往无前地广为传播着。只有信仰神的最后的预言家穆罕默德的人才能得救。得救的仅仅是奥马尔的信徒,而非阿里的信徒,因为阿里的信徒是不对的。"

在议论纷纭,莫衷一是的时候,属于阿里教派的波斯神学家想予以反驳。咖啡馆里,所有在座的不同信仰、不同宗教的外国人中间这时掀起了一场争论的轩然大波。在座的还有阿比西尼亚基督教徒,印度喇嘛教徒和拜火教徒。

大家争论上帝的本质,争论必须怎样尊重他。每个人都肯定说,只有在他的国家里,才知道真正的上帝,知道应当怎样去尊崇膜拜他。

大家争啊,吵啊,只有一个在座的中国学者孔子安详地坐在咖啡馆的一角,没有加入这种争论驳难。他喝着茶,倾听大家的谈话,自己却一言不发。

土耳其人在争论中注意到了他,就对他说:

"你哪怕多少帮我说几句也好呀,好心的中国人。你却三缄其口,可是你是能为我说点什么好话的。我知道,在你们中国,而今有许多不同的信仰。你们的买卖人不止一次对我说过,你们中国人认为,在所有不同的信仰中,穆罕默德的信仰是最好的,是你们乐意接纳的。请支持我说的话,说说你关于真正的上帝及其先知的想法。"

"对,对,说说你的想法吧。"其他人也跟着对他说。

中国学者孔子闭上双眼,想了想,随后睁开眼睛,从自己宽大的衣袖中伸出双手,抱在胸前,开始用一种安详平稳的语气说起来。

"先生们,"他说,"我觉得,在信仰问题上,人的自尊心比起其他一切因素更是这一问题取得一致的最大障碍。要是你们肯耐心听我的见解,我就举例向你们把这一点解释明白。

"我乘坐环球航行的英国轮船从中国到苏拉特城。路上,为了补充淡水,我们的船停泊在苏门答腊岛的东岸。中午我们离船上岸,坐在海岸边的椰子树荫下。这儿离岛民的村落不远。我们这几个人来自不同的地方。

"我们坐在那里时,一个双目失明的人向我们走来。

"这个人之所以失明,正像我们后来了解的那样,是因为他时间过长不停地观看太阳,因为他想弄明白太阳是什么。他想知道这一点,以便支配阳光。

"他长时间受强光的刺激,着手做科学实验:他想抓住几缕阳光,把它们塞进瓶子,并用瓶塞封紧。

"他受强光刺激的时间太长了,老是盯着太阳,什么事情都做不了,他的变化只有一点:他的眼睛由此而被太阳灼伤,他的眼睛瞎了。

"这时,他却对自己说:

'太阳光不是液体,因为它若是液体的话,它应该像水一样会溢出,风一吹会晃动。太阳光也不是火,因为它如果是火,它在水里就会熄灭。太阳光同样不是精神,因为它可见然而又没有肉体,因为它不能够移动。所以,太阳光不是液体,不是火,不是精神,不是肉体,太阳光由此只是一种子虚乌有。'

"他得出了这样的结论,与此同时,因为老是观察太阳、思考太阳,他失去了视力,也失去了理智。

"当他完全变成了一个盲人,他就真正相信太阳是不存在的。

"给这个盲人带路的是他的奴隶。奴隶让他的主人坐在椰子树荫下,他从地上拾起一个椰子,用它做一盏小灯。他用椰子的纤维做了一个灯芯,从椰子里挤出椰油放进椰子硬壳里,把灯芯放在椰油里浸了一下。

"当奴隶做小灯时,盲人叹了口气对他说:

"'奴隶啊,你干吗不信我对你说过的太阳并不存在是真话呢?你瞧,一片漆黑。而大家说太阳……可什么是太阳呢?'

"'我不知道什么是太阳,'奴隶说,'这与我无关。可我知道这光。这是我做的小灯。我得用它照明,我将用它为你效劳,直到找到咱们的窝棚。'

"奴隶拿起椰子硬壳。'这可算是我的太阳。'

"这里还坐着一个带拐杖的瘸子。他听到谈话笑了起来。

"'看来你生下来就是个瞎子,'他对盲人说,'竟不知道什么是太阳。我告诉你：太阳是一个火球。这火球每天从海上升起，每天晚上又落到我们岛的丛山后面；这我们大家都看得到，你要是眼清目明，你也会看到．'

"同在这里的渔夫听到这些话后，就对瘸子说：

"'看来你从没跨出岛外一步。要是你不是瘸子，能出海，你就会知道，太阳并不落在我们岛的丛山后面，而是像从海上升起一样，傍晚时分，它又重新落入海中。我说的是真的，因为我每天目睹这一切．'

"一个印度人听了这谈话。

"'我真奇怪，'他说，'一个聪明人怎么能说出这样的蠢话来。一个火球落入水中难道能不熄灭？太阳根本不是火球，太阳是神灵，是一个被称作代婆的神灵。这位神灵坐在大马车里绕着密路瓦金山在天空中行走．'

"常有恶蛇拉古和凯图攻击代婆，把他吞食，于是，天空变得一片漆黑。但是我们的祭司祷告让神灵获得自由，于是他就得到了自由。只有像你这种无知无识的人，从未走出自己岛屿一步的人才想得出来太阳只照亮你们岛。

"这时，早在这里的埃及船主开始说话了。

"'不，'他说，'这是弥天大谎，太阳不是神灵，也不是单单围着印度及其金山转。我航海到过许多地方，到过黑海，到过阿拉伯海岸，到过马达加斯加，到过菲律宾岛。太阳照耀全世界，不单单是印度。它不是绕着一座山转，它在日本海岸一带升起，所以那些岛屿被称作亚奔，用他们的话来说，就是太阳出世，它落在极其遥远的西边，在英伦群岛之后。这方面我极为熟悉，因为我见多识广，也从爷爷那里听到很多。我的爷爷曾航海直至天涯海角．'

"他还想往下说，但是我们船舰的英国水手却打断了他的话。

"'除了英国，'他说，'全世界没有任何一个地方能够更好地了解太阳是怎样运转的。我们大家都知道，太阳既没在英国的任何地方升起，也没在任何地方落下。它始终不断地围着地球转动。这一点我们了解得很透彻，因为我们自己刚刚做了一次环球旅行，在任何地方都能碰到太阳。它处处都像这里一样，早晨展现，傍晚隐没．'

"英国人拿起一根小棍子，在沙上画了一个圆，开始解释太阳怎样沿着天空围着地球转。但是，他不善解释，就手指自己船舰的舵手说：

"'他其实比我更有学问，可以更好地把这一切给你们解释清楚．'

"舵手是个聪明人，不问他时只是默默听讲话。但是，如今大家都要听他回答，他就开始开口说话。他说：

"'你们大家都在自欺欺人。太阳并不绕着地球转，而是地球绕着太阳转：地球二十四小时不停地对着太阳旋转，同时，它本身还在自转。日本、菲律宾、我们所在的苏拉特、非洲、欧洲、亚洲，还有许多其他地方，无不如此。太阳照耀的不只是一座山、一个岛、一个海，甚至不只是一个地球，而是许多像地球一样的行星。要是

我们都仰望天空,而不是俯视脚下,同时并不以为太阳只为他、只为他的祖国而辉耀,那么,这一点是我们人人都能理解的。'

"这个聪明的舵手,这个来往于世界各地,而且许多次仰视天空的人如是说。"

"是的,人在信仰上的迷失和不和谐,都来自于自尊心。"中国学者孔子继续说,"太阳的问题,同上帝的问题完全一样。每个人以为他有自己独特的上帝,或至少有他故土的上帝。每个民族都想把没有得到全世界拥戴的神放进自己的神殿。

"神自己为了把所有的人团结集结成一种宗教和一种信仰而建立了自己的神庙。世上什么样的神殿能和这样的神殿相媲美呢?

"所有尘世的神殿都是仿照上界的神殿——神的天地——修建的。尘世所有的神殿,有圣水盘、拱顶、圣灯、神像、铭文、律法书、牺牲、祭坛和祭司。可是,什么神殿有海洋一样的圣水盘,有苍穹一样的拱顶,有太阳、月亮、星星一样的圣灯,有生气勃勃、彼此相爱、相互帮助的人这样的神像呢?上帝为了人的幸福而到处撒布的恩惠作为上帝仁慈的那么容易理解的铭文到哪里去找呢?刻在心灵上人人都懂得的这种律法书在哪里呢?相亲相爱的人带给自己的亲人的割舍私利的那种牺牲在哪里呢?上帝亲自在其上接受牺牲的善人之心一般的祭坛在哪里呢?

"人对上帝的理解越高尚,对上帝的认识就越好;对上帝的认识越好,离上帝也就越近,效法上帝的仁慈、善良和对人的爱就会越多。

"所以,但愿人见过洒满世界的所有阳光,但愿人不要责备、不要蔑视那在其偶像里只看到一缕阳光的迷信者,但愿人不要蔑视那完全失明、完全看不见阳光的不信教者。"

中国学者孔子如是说,所有待在咖啡馆里的人都鸦雀无声,不再争论谁的信仰更好。

贝尔纳金·德·圣·彼埃尔
托尔斯泰 译

3月25日 互 助

谚言说,人帮人,帮一生。没有这种帮助,人就不能生活。这种帮助本应是相互的,但是我们的生活却把它扭曲成这样:一些人帮助,另一些人只享用这些帮助。

1. 凡人都会利用他人的劳动成果,所以为了不成为小偷,应当亲自劳作,把自己的劳动成果提供给他人,以补偿从他们那里取得的劳动成果。

衡量取人几何、予人若干是绝不可能的,所以为了不成为小偷,他人的劳动成果应当尽可能少拿,自己的劳动成果尽可能多予。

2. 在获得每一件东西并加以利用时,应该牢记,这是人的劳动的产物,在消耗、用尽、损坏它时,你用掉的是劳动成果,消耗的是人的生命。

3. 在你和获得的东西中间,无论有什么中介,这东西都是作为你的兄弟的人的劳动所得,你必须敬重你兄弟的劳动成果。为了表达你的敬重之情,你应当珍惜兄弟的劳动产品,并为他们劳动。

约翰·略斯金

4. 富人,除了他们通过购买表现出来的与他人劳动的关系外,还存在他们与劳动者、与仆人的直接关系。我们对基督教的否定,无论什么情况都比不上我们对待仆人所持态度显示得那么鲜明清楚。仆人把自己所有的时间用来为我们服务,为我们完成最脏、最苦、最无意义的工作,我们大部分人却认为我们并不欠他们人情,因为我们已付给他们协商好的酬金。但是,他们显然是我们的兄弟,要是我们生活的性质决定了这些人应该为了酬金而为我们服务,那么,我们至少要确立用人的关系去对待他们。

即使他们为我们服务,为什么我们就不能和他们在一起,和他们一样呢?为什么我们就不能和他们一起休憩、快乐和学习呢?

5. 愿你们把你们所有的才能和知识看作是帮助他人的一种工具。
强者和智者禀受的才能并不是为了压迫弱者,而是为了帮助和支持弱者。

约翰·略斯金

此外,对人的帮助应该是相互的:接受自己兄弟帮助的人应当为此付出的不仅仅是酬金,而且有敬重和谢意。

3月26日 神国即将来临

各民族生活的重大改变是他们信仰的改变。

1. 耶稣临终前,主要有两个问题纠缠着他:人们以他的名义做下的那种欺世盗名的滥用行为的问题,他的诫命在经历了深刻的、破坏性的震荡后最终的确立的问题。耶稣在死前对自己的门徒和其他所有人说,他死后,会出现伪基督和伪先知,不管怎样使人惊诧莫名,还是应当谨防他们。他说,这些伪基督、伪先知将变得强大,而他们的强大能诱使人上当受骗。

他说,将来总会看清他们学说的虚假性。要看清这一点,应该根据的是,通过果实区别树的好坏的那一相同原则。即使学说里没有蔑视尘世的美好,若没有舍弃个人私利,没有仁慈之心和不加区别的对所有人的爱,那么,没有这一切的任何地方都不会有真正的基督教教义,有的只是伪基督和伪先知。基督说,伪基督和伪先知很多,在只有天父才知道的那一时刻到来之前,他们将一个接一个地出现。

但是,这一时刻到来了。一个人类社会动荡不安的时代到来了,一些民族推翻另一些民族,一些政权和势力开始没落,社会变得普遍的惊恐不安。基督说,旧世界的末日到了,新时代开始了,神的王国将建立起来。基督说,这一新世界的时代离我们不远了,因为已经可以看到,旧世界,伪基督、伪先知的世界正在离去。各族人民已经兴高采烈地高举头颅,环视八方,以欢迎神国的到来。

据 拉门奈

2. 古时候,要是人遭到不幸,先知会对他说:"你忘了上帝,离开了上帝之路,否则,你是不会遭到不幸的。你没按永恒的律法生活,没有用它指引自己的生活,而是追随谎言和欺诈的律法,有意轻忽实际情况,但是如今你已看到,大自然的长久忍耐已消失殆尽。"

所有这一切,一个纯朴而没有蜕化变质的人是能完全明白的。但是,现在却出现了一些人,他们认为,大自然是死寂的,就像几千年前制造的已经无法报时的钟表一样;这钟表还在嘀嗒嘀嗒地响,但是一无用处。对这样的人,任何规劝和揭露都不起作用。然而,所幸不是所有人都这样。已有一些明白事理的人懂得,要是他们的生活很糟,造成这一情况,要加以责备的只是他们自己。

据 卡莱尔

3. 正像一个站在悬崖边的醉汉对那警告他以免他失足掉下去的人用傻笑和无礼话作为回答一样,我们被各式各样的不洁的欲念弄得如痴如醉的世界,对那些企图把它从威胁它的命运中拯救出来的先知们,同样报之以嘲笑。如今我们可以像在古代一样说:"啊,耶路撒冷,耶路撒冷,你这杀戮先知和用石块砸死受派到你那里去的人的城市!我多少次想如老鸟召唤自己的雏鸟置于卵翼之下一样,把你的子孙集中起来置于我的保护之下,可是,你们却不想这样。"

留西·马洛里

4. 人类是永恒的学习者。个体人会死去,但是,他们探索过的真理,他们表述过的真相是不会和他们一起毁灭的。人类把这一切都保存起来,人可从死者的墟墓中取用先辈获得的成果。我们每个人都生活在我们先辈信仰的世界里,每个人都会无意中在他继承来的人类生活的宝藏中添加进某种或多或少有价值的东西。人类教育的完善类似于东方的金字塔,每个路过旁边的人都在为它增添石块。我们是行踪匆匆的过客,为了完成我们的教育而被召唤到另一世界的我们正在离去;但是人类的教育尽管缓慢却仍在不断地完善。

据 约瑟夫·马志尼

以为一切时代的信仰只能有一个,是大错误。人生活越长,他们的信仰就变得越明晰、越质朴、越坚韧。

信仰越明晰、越质朴、越坚韧,人的生活就越和谐越好。

相信同一个信仰对一切时代都有好处,不应改变,这与你相信你小时候母亲给你讲的那些童话、谐趣话完全一样,都是符合实情的实话,你不能不相信它们。

3月27日 勇 敢

人越信仰上帝,就越少害怕人。

1. 不要沮丧,不要绝望,即使做你希望做的好事没有取得完全的成功。

要是你从高处摔倒,就竭尽全力重新站起,就温顺地接受生活的考验,乐意地自觉地回到自己原先的基础之上。

马克·阿夫列里

2. 畏惧众人者不畏惧上帝,畏惧上帝者不畏惧众人。

3. 敬重其生平事事顺遂、胜利不断的人,也同样敬重那因为追求高远和真相而在艰难困苦中而非众口赞誉中寻找支持的人吧。后者是一些并不光彩夺目,也不希望光彩夺目的人。尽管他事前就知道,他将为此而痛苦,他还是选择了会遭到唾骂的美德,选择了真理,而所有与这真理敌对的乌合之众,却为了消灭这一真理而联合了起来。最高尚的美德永远与世俗的律法相矛盾。

爱默生

4. 凡伟大真理,为了进入人类的意识,应当不可避免地经历三个阶段。第一阶段:"这是那么的荒谬,根本不屑一顾。"第二阶段:"这是不道德的、反宗教的。"第三阶段:"这早该让大家知道。"

5. 无所畏惧、始终准备为真理献身的人,比那些事事害怕、把他人生活控制在自己手中的人更加强大。

6. 到俗世加以谴责的人中间去寻找优秀人物吧。

7. 做你认为该做的事,但不要为此企盼任何荣誉。记住这一点:蠢人是理性行为的糊涂法官。

要想从人的统治中获救,那就接受上帝的统治吧。要是知道自己是在上帝的

统辖之下,那么,他人就会对你无可奈何。

3月28日 真知灼见

智慧是通过在孤独中内省,同时也是通过在与人交往中磨炼自己而获得的。

1. 听人讲话要专注,但要少说。

要是没有人问你,任何时候都不要说话,但是,要是有人问你,那就立即简短地作答,即使你不得不承认问你的问题你并不了解也不要羞赧。

不要为争论而争论。

不要夸口炫耀。

即使有人向你建议,也不要寻求高位,不要接受高位。

在无关宏旨,即不致违背天职的事情中,就迁就一下你与之一起生活的人的习惯与愿望吧。

尽量不做既不是你的义务也无助于你的同伴方便的事情;否则这种习惯会变成难以摆脱的东西。每个人都应当粉碎自己难以摆脱的对象。

苏菲智慧集

2. 只有用别人的眼睛才能看到自己的不足。

中国谚言集

3. 每个人都是他人的镜子;通过镜子,他能清晰地看出自己的恶习、缺陷和形形色色的坏毛病;但是,在这种情况下,我们大部分人都会像狗一样行动,它根据那里面看到的不是自己,而是另一条狗的推断,就对着镜子狂吠。

叔本华

4. "了解自己"是一条基本法则。然而,你难道以为人在审视自己时就能了解自己?不,你只有反复审视在你之外的现象时你才能了解自己。把你们的力量与别人的力量,你们的要求和别人的要求做一比较吧:尽力把自己的要求看作次要的要求,并由自身大概没有什么特别之处的信念出发,对他人的优点顶礼膜拜吧。

约翰·略斯金

5. 若是我们三人同行,那我必能找到两个老师。对好人,我将全力加以效法;如果看到的是坏人,我将不遗余力地校正自己。

中国智慧集

6. 我向自己的老师学到了许多东西,向自己的同伴学到的更多,而向自己的学生学到的则最多。

塔木特

7. 若见到圣人,就扪心自问,你能不能成为同样的人;若见到腐化堕落的荡子,也该扪心自问,你身上有没有同样的恶习。

中国智慧集

8."小心:你想打人身上的魔鬼时,可别伤及他身上的上帝。"这意味着,在责备人的时候,也不要忘记他身上有着神的灵魂。

9."和罪恶反目,和罪人和好。"憎恨人身上的坏事,但要爱人。

10. 不是夸夸其谈而是实际行动的爱,才是真爱。它不仅不会使人变糊涂,而且只有这一种爱才赋予人以真正的原则性和智慧。

———————

和人共处,不要忘记你孤独中所得到的感悟。离群索居,就认真思考你在与人交往中体验到的经验。

3月29日 节 制

若是偶尔感到,尽管想征服欲念,欲念却还是压倒了你,这时仍别以为你征服不了欲念。这只是证明这一次你没做到罢了。马车夫并不因为没有让马一下子停下就把缰绳扔掉,而是继续拉紧缰绳,终于使马停止不动。你也该照此行动,一次没有坚守住,就继续与之斗争,获胜的必定是你,而非欲念。

1. 使自己的理智凌驾于自己的嗜好之上,此乃节制的真谛所在。这一点,一个教会神父曾这样说过:这不是美德,然而是美德的伟大行为。

约翰生

2. 养成控制贪婪、空想、奢华、愤怒的习惯。

3. 一个战胜自己的人,比在战争中千百次战胜成千敌人的人,是更加伟大的胜者。一个战胜自己的人比一个战胜所有其他对手的人更优秀。

那在战争中战胜别人的人会被人战胜,但那战胜自己、控制自己的人则永远是胜者。

佛陀智慧集[达马巴达]

4. 像敬人如己那样控制自己的行为。如我们愿他人对待我们那样去对待他人。这可以称之为"爱人"。没有任何东西比这更高尚。

孔子

5. 年轻人!放弃满足自己的一些愿望(寻欢作乐、奢华享受等)吧,即使不能完全拒绝满足所有这些愿望,哪怕注意一下那越来越膨胀的享乐也好。这种对待自己生活感受方面的谨慎态度,由于延缓了享乐的有效期限而确使你事实上变得殷实富有。享乐由自己掌握这一意识,比起通过这种享乐的中介而得到的满足感更富有成效和更为广泛,因为与获得满足一起的就是享乐的消失。

康德

6. 人心的欲望,初起是蛛网,随后成为粗绳。

欲望初始是陌路人,随后是客人,最后成了家中的主人。

塔木特

7. 一切恣肆妄为是自杀的根苗。这是房屋下面的暗流,迟早会冲刷淘空房屋的基础。

勃列基

8. 战胜自我的人,是真正强大的人。

东方智慧集

9. 我的主要愿望是永不愤怒,永说真话,以一种不侮辱任何人、满怀热爱的态度说真话,为了不侮辱任何人,用耐心对待没有耐心的人,善待一切已从欲望煎熬中摆脱欲望的可指摘的人。这就是我的主要愿望。

佛陀智慧集[达马巴达]

自制力的养成并不是一蹴而就,但总能达到。凡人的一生并不在加强欲念,而是在削弱这种欲念。

时间帮助我们努力和自制。

3月30日　善　良

真正的善,不仅是美德和欢乐,而且是一种比暴力更加强大的武器。

1. 善待有缺点的、虚伪的人,特别是欺侮过我们的人,确实是困难的;但是,对待他们,而且正是对待他们这些人,无论是他们还是我们自己,需要的是善良仁慈。

2. 于是彼得走进来,对耶稣说:"主呀,我的兄弟开罪于我,可以饶恕多少次呢?七次可以吗?"

耶稣对他说:"我不说是七次,而是七十个七次。"

马太福音 18 章

3. 如果你知道人应当为他们自己的幸福而生,并且愿人人都好,那么,你就会把这主张向他们宣传,说得他们相信你。而为了使他们相信你,理解你,你就应当竭尽全力以一种平静而善意的方式反复传达自己的这一主张。

然而,我们的行动往往刚好相反。我们极善于与同我们一致或几乎一致的人沟通,但是,当我们发现我们交谈的对手不相信我们承认的真理,甚至不理解它,尽管我们使出浑身解数向他们解释而他们仍不同意我们的观点,我们于是就会觉得,这是一个冥顽不化的人,有意曲解我们的意思,于是我们就会多么容易地失去平静而变得怒气冲天啊!我们或者气愤难平,对我们交谈的对手说些不愉快的话,或者中断谈话,以为不值得和这种不明事理、顽固不化的人去多费口舌。

要是你想向你的谈话对手在交谈中指明某种真理,那么,这时最重要的是不要火冒三丈,也不要说任何不友好和刺耳的话。

据 爱比克泰德

4. 要是发现了某人的错误,就礼貌地加以纠正,向他指明他错在哪里。要是他不听你的意见,那就归罪于自己一个人,更好的是什么人也不责怪,就一如既往以礼待人吧。

马克·阿夫列里

要是和人意见相左,要是你对他不满,要是你正确而他不赞同,那么,错不在他而大概在你,因为你在同他打交道时缺乏一种善意。

3月31日 忏 悔

忏悔,意味全面看到了自己的毛病,自己的弱点。忏悔是对自身所有恶劣不良倾向的否定,是心灵的净化,是为心灵接受善的准备。

1. 一个好人要是不承认自己的错误,而且总是竭尽全力为自己辩护,那么,他很快会由好人堕落为一个很不好的人。

2. 那些足以受责备的东西是你固有的吗?那你自己就最好尽快承认。

3. 没有任何东西像错在自己的意识那样使心肠变软,没有任何东西像一贯正确的愿望那样使人成为铁石心肠。

据 塔木特

4. 一个人如果在心灵深处感到自己在上帝面前有罪,然而又无论是对别人还是对自己都不承认自己有罪,那么,这种人总乐意指责别人,特别乐意指责那些他自己愧对的人。

5. 好人是记住自己的罪过、忘却自己做过的好事的人,恶人则相反,记住的是自己做过的好事,忘却的是自己的罪过。

　　如果不宽恕自己,那宽恕他人就轻而易举。

塔木特

　　6. 一个用善行掩盖昔日曾做过的坏事的人,在这黑暗世界里就像多云的夜空中的月亮在闪耀。

佛陀智慧集[达马巴达]

　　7. 在还有能力忏悔时去忏悔罪过是好事。

　　忏悔,意味着净化自己的灵魂,准备过一种善的生活,所以当生命力尚未弃你而去时忏悔是好事。当灯芯尚未熄灭时就应当往灯里加油。

据　塔木特

　　一个人在广袤无垠的世界之间意识到自己的有限性和罪恶感,这就是说,他没有履行他能做、应该做、却没有做的那种责任,在人成为人以前,这种意识过去有,将来也会存在。

每周阅读

科尔涅伊·瓦西里耶夫

1

　　科尔涅伊·瓦西里耶夫最近一次回乡,已经五十四岁。他那卷曲的浓发还没有一根白发,只有脸颊旁的黑胡须里夹杂着一些白毛。他的脸光滑、红润,脖子宽而结实,他的健壮的躯干露出因为城市富足生活造成的肥腴丰赡。

　　他二十年前从军队退役,带着服役挣得的钱回来。开初,他开了家小铺,随后结束小铺生意,开始做牲口买卖。他常去契尔卡萨贩"商品"(牲口),并把牲口运往莫斯科出售。

　　在哈伊村,在他那覆着铁皮屋顶的石屋里,住着他的老母亲、妻子和两个孩子(一个小男孩,一个小女孩),还有他的侄儿,一个十五岁的哑巴孤儿,以及一个帮工。科尔涅伊结过两次婚。他的第一个妻子体弱多病,没生孩子就去世了。他以不很年轻的鳏夫之身再婚,娶了邻村穷寡妇的女儿,一个健康美丽的姑娘。两个孩子都是第二个妻子所生。

　　科尔涅伊最近一次在莫斯科的"商品"交易时获利颇丰,使他拥有了约三千卢布。他从老乡处得知,离他们村不远,有一个破产的地主,如收购其小树林将收益可观,于是他又打算兼做这林木生意。他以前就熟悉这类事,还在服兵役以前,他当过做林木生意的商人管家的帮手。

在拐向哈伊村的火车站,科尔涅伊遇到了哈伊村的老乡独眼龙库兹米。每一趟火车到站,他都会赶着套着马毛松乱的两匹劣马的双套马车来接客人。库兹米很穷,因此不喜欢一切阔佬,尤其是财主科尔涅伊。他叫科尔涅伊为科尔纽什卡。

科尔涅伊短袄上套着光板皮袄,手提箱子,走到车站台阶上,腆着大肚子,站在那里,气喘咻咻地环视四周。已是早晨,天气宁静、阴暗,有点冷。

"库兹米大叔,你是来等乘客吧?"他说,"把我捎上好吗?"

"给钱,当然可以。"

"给七十戈比够吧。"

"好大胃口,你想一下就从穷人身上抠走三十戈比啊。"

"好吧,随你。"科尔涅伊说。他把箱子和包袱放到马车上,就宽展放松地坐到马车后座上。

库兹米坐到马车夫赶车的座位上。

"好吧,走啰。"

马车从车站旁坑坑洼洼的处所赶上了平滑的小路。

"喂,你家——不说我家——怎样?你们村子里怎样?"科尔涅伊问。

"反正好事不多。"

"可怎么会那样?我的老娘没事吧?"

"老太活着。在教堂还见过。你的老妈活着。你那年轻的主妇也活着。她有点儿变化,请了新帮工。"

科尔涅伊觉得,库兹米的微笑似乎露出了一丝诡异的味道。

"什么帮工?彼得怎么了?"

"彼得病了。她请的是卡明基村的叶夫斯季格涅依·别雷。"库兹米说,"就是说,从她娘家的村子雇来的。"

"怎么这样!"科尔涅伊说。

还在科尔涅伊迎娶玛尔法时,村里就传着婆娘们关于叶夫斯季格涅依的闲话。

"确是这样,科尔涅伊·瓦西里耶夫,"库兹米说,"如今,婆娘们总是随心所欲的。"

"干吗说这!"科尔涅伊低声犹豫地说,"你的这一套都老掉牙了。"科尔涅伊加了一句,不想再说下去。

"我自己本来就不年轻了。好吧,你是老板,你说了算。"库兹米接过科尔涅伊的话头回答说,一边轻轻抽几鞭,赶着长毛弯腿的骟马。

半路上有一家客店。科尔涅伊盼咐车子停下,走进客店。库兹米把马停在一个空槽边,整理着皮马套,并不看科尔涅伊,等着他叫自己。

"进来吧,库兹米大叔,"科尔涅伊走上台阶招呼他,"来喝一杯。"

"那好吧。"库兹米装出一副不慌不忙的样子回答说。

科尔涅伊要了一瓶伏特加给库兹米。库兹米从早上起来就没吃过东西,所以马上醉了。他一醉就变得絮叨起来。库兹米一边靠近科尔涅伊,一边把村子里的传闻告诉他。大家议论纷纷,说他的妻子玛尔法把自己原先的情人接来当帮工,和他同居。

"事虽与我无关,但我很可怜你。"醉醺醺的库兹米说,"这不好,人会嘲笑的。他们显然不怕罪过。我说,那你就等着吧。时限一到,报应自到。就是这样,科尔涅伊·瓦西里耶夫老弟。"

科尔涅伊默默听着库兹米的话,浓眉越来越低地压到黑得像煤的发亮的眼睛上。

"怎么样,还喝吗?"他喝完一瓶酒后说,"不喝,那就上路吧。"

他结了账,往街上走。

黄昏时分,他回到家。他碰到的第一个人,正是叶夫斯季格涅依·别雷本人,那个一路上他不能不想到的人。科尔涅伊向他问好。看到慌慌张张的叶夫斯季格涅依那淡黄的毛发清瘦的脸后,科尔涅伊只是莫名其妙地摇了摇头。"撒谎,这老狗。"他记起库兹米的话。"可谁知道呢,我得查个水落石出。"

库兹米站在马匹旁边,用独眼对叶夫斯季格涅依眨了眨。

"这就是说,你是住在我们这里啰。"科尔涅伊问。

"是的,干活总得有个窝住啊。"叶夫斯季格涅依回答。

"正房生火了吗?"

"那还用说?那里是马特维夫娜住的。"

科尔涅伊跨上台阶。玛尔法听到声音后走到前室门厅,看见丈夫后面红耳赤,仓促而特别温存地向他问好。

"我和妈妈已经等得不耐烦了。"她说,跟着科尔涅伊进了正房。

"怎么样?我不在你过得怎么样?"

"一切都是老样子。"她说,两岁女儿抓住她的裙子要吃奶,她抓住女孩的手,迈着果断的大步走进前室门厅。

科尔涅伊的母亲,长着与儿子一样的黑色眼睛,困难地拖着穿毡靴的双脚,走进正房。

"谢谢你坐车来看我们。"她说,不断晃动着那震颤的脑袋。

科尔涅伊对母亲说他回来办什么事,突然想起库兹米,准备出来付车钱,他刚打开通向前室门厅的门,突然看到自己正对面通院子的门旁的玛尔法和叶夫斯季格涅依。他们彼此站得很近,她在说着什么。看到科尔涅伊后,叶夫斯季格涅依一下子闪进院子里,玛尔法则走近大茶炉,扶正茶炉上嗡嗡作响的大烟囱。

科尔涅伊一言不发地在她猫着的背旁边走过,拿起包袱之后,喊库兹米到佣人的大房间喝茶。喝茶前,科尔涅伊给家人分发从莫斯科带回的小礼品,母亲是一条丝头巾,费杰卡是一本带图的小书,哑巴侄儿是一件背心,妻子是一块做连衣裙的印花布。

喝茶时,科尔涅伊沉着脸,一声不吭地坐着。看到哑巴兴高采烈,逗得大家大笑的样子,只是偶尔露出并不开心的微笑。哑巴对背心喜欢得不得了。他刚把它放好,又打开,穿上它,吻自己的手,看着科尔涅伊微笑着。

喝过茶,吃过晚饭之后,科尔涅伊马上回到他和玛尔法及小女孩住的上房。玛尔法留在大房间收拾杯盘。科尔涅伊独自一人坐在桌旁双肘支着桌子等待。对妻子的愤怒越来越强烈地在他胸中翻腾。他从墙上取下算盘,从口袋里掏出记事本,为了分散思绪,开始算账。他一边算账,一边向门口张望,倾听着大房间传出的声音。

他几次听到打开通大房间的门,有人向前室门厅走去,但这并不是她。还好,终于听到了她的脚步声,她用力猛然拉门,把门都拉脱了,她脸色绯红,漂亮,穿着红色连衣裙,抱着女孩进来。

"大概路上累了吧?"她微笑着说,像没有发现他阴沉的脸色似的。

科尔涅伊看了她一眼,又开始算账,尽管已经没什么要算了。

"已经不早了。"她说,放下女孩,走到隔墙后面。

他听到她铺床,让女孩睡觉。

"人都在嘲笑,"他记起库兹米的话,"你就等着吧……"他一想起这话,就费劲地喘了一口气,慢慢站起来,把用剩下来的一截铅笔放进背心口袋,把算盘挂在钉子上,脱下上衣,走进隔墙的门。她脸对圣像祷告。他停下等她。她长时间在胸前画十字,苦苦哀求,絮絮祷告。他觉得她早已读完所有的祈祷文,又故意重复了好几遍。但是,你瞧,她又在磕头,直起腰后,心中絮絮念着一种祈祷词。然后她把脸转向他。

"阿加什卡已经睡了。"她指着小女孩说,笑眯眯坐到嘎吱作响的床上。

"叶夫斯季格涅依早就在这里?"科尔涅伊进门说。

她用一个轻缓的动作把一条粗辫子从肩后移到胸前,手指飞快地开始把它解开。她直视他,眼露微笑。

"叶夫斯季格涅依吗?谁知道呢,来了有两三个星期吧。"

"你和他同居?"科尔涅伊说。

她手里放下发辫,但马上又抓住自己那浓密的头发,开始编辫子。

"有什么谣言编不出来啊,我和叶夫斯季格涅依通奸?"她说,把叶夫斯季格涅依这几字说得特别响,"亏他们编得出来!谁告诉你的?"

"说,是真的,还是假的?"科尔涅伊说,插在口袋里的大手紧紧攥成了拳头。

"尽是瞎话。把短靴脱了吧?"

"我在问你呐!"他重复了一遍。

"你看,多好啊,我竟恋上了叶夫斯季格涅依!"她说,"只是到底是谁对你撒的这种弥天大谎?"

"你和他在前室门厅里说什么?"

"说什么,说该给木桶箍上箍。可你干吗跟我纠缠不休?"

"我警告你,给我说实话。不然,我就揍你这个下贱坯。"

他抓住了她的辫子。

她把辫子从他手里挣脱,痛得脸都扭歪了。

"你真是鬼迷了心窍,竟要打人了。我能期待你干什么好事?我不知道由着你的性子你会干出什么来?"

"干出什么吗?"他一边说,一边逼近她。

"干吗扯掉我半条辫子?瞧瞧,头发一片一片掉,干吗纠缠真啊假的……"

她话还没说完。他抓住她的手,把她从床上拉起来,开始揍她的头、肩和胸。他越揍越气恼。她叫喊,自卫,想逃走,但是他不放过她。小女孩惊醒过来,扑到母亲身边。

"妈妈呀!"她号啕大哭。

科尔涅伊抓住小女孩的手,把她从母亲身边拉开,像扔小猫一般把她扔到墙角。小女孩尖叫一声,有几秒钟连哭声都没了。

"强盗!打孩子!"玛尔法叫喊,想抱起孩子。

但是,他又抓住她,拼命揍她的胸脯,以致她仰面倒地,也没了叫喊声。只有女孩哭得上气不接下气,拼死叫喊着。

老太太没披围巾,头发蓬乱而花白,头不断震颤着,跌跌撞撞地走进屋子,既不看科尔涅伊,也不看玛尔法,走近满脸淌着绝望的泪水的小孙女,把她抱了起来。

科尔涅伊站着,喘着粗气,看看四周,脑子迷迷糊糊,弄不明白他身在何处,谁和他一起在这里。

玛尔法抬起头,呻吟着用衬衣擦脸上的血。

"你这讨人厌的恶棍!"她说,"我跟叶夫斯季格涅依睡觉来着,我过去也跟他睡觉来着。来,打死我吧。阿加什卡不是你的女儿,是我和他生的。"她急急地说着,用双肘护着脸,等他来打。

但是,科尔涅伊好像什么也没弄明白,只是呼哧呼哧喘息着,打量着四周。

"你看,你对小女孩干了些啥?手都断了。"老太太说,把不停喊叫的小女孩的脱臼的下垂的手给他看。科尔涅伊转过身,默默走向前室门厅,走向台阶。

院子里还是那样黑,那样冷。霜花落到他那发烧的脸颊和额头。他坐在台阶的梯级上,把栏杆上的雪聚集在一起,然后抓了一把往嘴里塞。门后传来玛尔法的呻吟声、小女孩可怜的哭声。随后通向前室门厅的门打开了,他听到母亲和女孩由正房穿过前室门厅走进住人的大房间。他站起来,走进正房,扭小的灯盏在桌上发出微弱的灯光,隔墙后面传来玛尔法比刚进来更加响亮的呻吟声。他一声不吭穿好衣服,从长凳下取出箱子,把自己的东西放进去,用绳子把它捆好。

"为什么打我?为了什么?我对你做了什么?"玛尔法可怜兮兮地说。科尔涅伊并不回答,提起箱子,向门口走去。"坏胚,强盗!你等着瞧!难道无法控告你吗?"她换了另一种完全不同的声音恶狠狠地说。

科尔涅伊并不回答,用脚推开门,又砰的一声把门关上,门关得那样有力,连墙都晃动起来。

科尔涅伊走进大房间,喊醒哑巴,吩咐备马。哑巴并没一下子清醒过来,惊疑地打量着叔叔,双手搔着头皮。他终于弄明白叔叔的要求,马上起来,穿好毡靴、破短皮袄,提着灯,向院子走去。

天已完全亮了,科尔涅伊和哑巴坐着宽大的小雪橇驶向院墙栅栏,沿着昨天傍晚和库兹米回村时走的原路往回返。

他在火车开前五分钟到站。哑巴看着他买票,提起箱子,向自己点头后坐进车厢,车厢在他眼前远去,消失。

玛尔法除了脸上被打伤以外,还断了两根肋骨,打破了头。但是她强壮、健康而年轻,半年后,康复如初,结果没留下任何伤痕。女孩却永远成了半残废。她的两根臂骨被打折,一只手再也不能伸直。

自从科尔涅伊离开村子以后,没有人知道他的任何消息。大家不知道他活着还是死了。

2

十七年过去了。一个深秋。太阳在低空移动,傍晚三点多钟,天已开始暗下来。安德列耶夫卡的畜群正赶回村来。牧人在牧放工期结束之后,在斋戒期前的最后一个荤食日离开了,赶牲口的活由妇女和孩子轮流担当。

畜群刚由收割过的燕麦地转到布满两行兽蹄印痕,被车辙压得凹凸不平、尘土飞扬的黑土路上,畜群不停地咩咩、哞哞叫着。一路上,畜群前走着一个人。他是一个魁梧的老人,胡子灰白,鬈发灰白,只有浓眉还是黑的。他穿着一件被雨淋得褪色的打补丁的粗呢上衣,头戴大帽子,皮口袋挎在有点驼的背后。他走着,摆动那湿透的、做工极差而粗糙的小俄罗斯式靴子踏着泥泞艰难地前行着,他每走一步,就用橡木手杖平稳地支撑一下身子。畜群超过他时,他支着拐杖停了下来。一位赶牲口的少妇,头盖一块粗麻手巾,裙子掖起在腰间,脚蹬男式靴子,跨着急步,时而在土路这边,时而在土路那边,赶着落在畜群后面的绵羊和猪。她赶上老人之后,收住脚步,打量他。

"你好,老爷爷。"她说,声音清脆、温存而年轻。

"你好,好人儿。"老人说。

"看来你得在这里过夜了,对吗?"

"看来得这样啰,累死了。"老人声音都嘶哑了。

"老爷爷,你不必找甲长,"少妇温婉地说,"就直接去我家,村边第三家。对在路上奔波的人,婆婆一向是乐意接纳的。"

"第三家。齐诺维耶娃家,是吗?"老人说,黑眉毛微微一动,流露出一种莫名的意味。

"你难道认识他们?"

"过去认识。"

"费丘什卡,你干吗流唾沫,瘸腿的绵羊完全落在后面了。"少妇惊呼一声,指着落在畜群后磨磨蹭蹭的三条腿绵羊,右手挥着长棍,用那样子有点怪怪的弯曲下垂的左手抓住头上的粗麻手巾,往后去赶落在后面的跛足的湿漉漉的黑绵羊。

老人是科尔涅伊,少妇还是那个十七年前被他折断手的阿加什卡。她嫁到了离哈伊村四俄里的安德列耶夫卡村的一户富裕人家。

3

科尔涅伊·瓦西里耶夫由一个强壮、富有而骄傲的人变成了他现在的这种样子:要饭老头,除了身上的破烂衣衫、士兵证和袋子里的两件衬衣,他已一无所有。所有这一切变化都是那样缓慢发生的,以致连他自己都说不清楚这种变化是什么时候开始的,什么时候出现的。可是,有一点是他知道而且坚信的:他的不幸的根源是他的坏老婆。他想起他昔日的样子,会感到奇怪而痛心。当他想起这些往事,他就会满腔仇恨地想起她,把她看作是自己这十七年经历过的种种辛酸的罪魁祸首。

他痛打妻子的那天晚上,他去找准备出售小树林的地主。小树林没买成,它已被人买走。他回莫斯科,开始酗酒。他还像以前一样喝,可如今,他能糊里糊涂一连喝上两个星期,当他想起买卖时,牲口已不得不贱卖脱手。生意不顺,他赔了本。他第二次去贩运。第二次买卖也不成功。一年时间,他的三千卢布只剩下二十五卢布,他不得不受雇于老板,他还像原先一样喝酒,如今喝得越来越勤。

开头一年,他在牲口贩子那里当管家,但是他在路上也喝酒,老板炒了他的鱿鱼。随后,他通过熟人在卖酒老板处找了一份工作,但在那里没有做长,他算错了账,又被人解雇了。回家他又感到羞惭,而且旧恨未消。"我不在,他们也会一样生活下去;连男孩都可能不是我的。"他想。

生活越来越糟。没有酒他就不能活。管家的工作找不到了,他开始受雇赶牲口,以后连这种活计都难找了。

他的生活越糟,他就越认为是她害他成这样,他对她的愤恨就越强烈。

科尔涅伊最后一次受雇于一个不认识的老板赶牲口。牲口病了。科尔涅伊并无过错，但是老板很生气，把管家和他都除了名。无处可找工作，科尔涅伊决定去流浪。他给自己缝制了一双好靴，背包，买了茶、糖，加上八个卢布，到基辅去。他并不喜欢这里，又上高加索、新亚封。还没到达新亚封，他得了寒热病。他一下变得衰弱无力。钱只剩下一卢布七十戈比。没有任何熟人。他决定回家找儿子。"她如今兴许早死了，我的魔障。"他想，"可要是她还活着，哪怕是她死之前，我都要把这一切告诉她，让她这坏蛋知道我经历的一切。"他想着往家走。

寒热病整天使他哆嗦。他越来越衰弱，结果一整天走不了十到十五俄里路。到家的路不足二百俄里，钱却花光了，他不得不一路乞讨，求甲长让他过夜。"让她高兴去吧，看她把我害成什么样子！"他想到妻子，习惯地把两只无力的老手攥成了拳头。但是无人可打，而且双拳也已毫无力气。

4

他照阿加什卡的劝说做了。他走到齐诺维耶娃的院子，请求过夜。他们接纳了他。

走进木屋，他像平时一样，对圣像画着十字，和主人问好。

"老爹，冻僵了吧？来，来，上炉顶来。"女主人是个满脸皱纹的快乐的老太太，离开桌子招呼说。

阿加什卡的丈夫是个年轻农民，正坐在桌旁凳子上给灯加油。

"老爹，你湿透了！"他说，"快设法把衣服烘干吧！"

科尔涅伊脱了衣服和靴子，把包脚布挂在炉子对面，爬上了炉顶。

阿加什卡提着壶走进木屋，她已把畜群顺利赶到，收拾妥当。

"一个流浪老人来了吗？"她问，"我嘱咐他上咱家。"

"来了。"男人说，指着炉顶。科尔涅伊正坐在那里搓揉毛茸茸的瘦骨嶙峋的双腿。

主人喊科尔涅伊喝茶。他从炉顶爬下，坐在长凳边，有人递给他一个茶杯，一块糖。

开始谈论天气，谈论收割。今年粮食收割遇到大麻烦。地主田间的粮垛都发芽了。刚开始运送，天又下开了雨。农民抢运完，老爷那里却霉烂了。成串成串的老鼠——太可怕了。

科尔涅伊说，他一路上看到整个庄稼地堆满了粮食垛。少妇给他倒上味道已淡、几乎发黄的第五杯茶，递给他。

"没关系，老爷爷，为了健康，喝吧！"她见他拒绝，劝他说。

"你的这只手怎么落下的毛病？"他问她，小心翼翼地接过斟满的茶杯，眉毛微微一动。

"小时候就坏了，"她多话的婆婆说，"她的父亲想打死我们的阿加莎。"

"这是为什么?"科尔涅伊问。打量着少妇的脸,他突然记起了长着鸽子眼的叶夫斯季格涅依·别雷,他拿着杯子的手抖得那样厉害,在把杯子放回桌子时,把半杯茶都洒掉了。

"我们在哈伊村有一个亲戚,是她父亲,叫科尔涅伊·瓦西里耶夫,是个富人,对妻子那样蛮横不讲理。女孩挨了打,就这样被打坏了。"

科尔涅伊从不停地微微抖动的黑眉毛下默默打量着,时而看看女主人,时而看看阿加莎。

"可这是为了什么呢?"他边问边咬糖块。

"谁也不知道,关于我们的亲家母有种种传闻,可谁能保证它是真的?"老太太说,"他们那里,因为一个帮工出了点问题。帮工是我们村的,年轻,英俊。他死在他们家。"

"死了?"科尔涅伊追问了一句,咳嗽起来。

"早已死了……我们娶了他们家的姑娘。他们生活不坏,主人活着时是村子里的首富。"

"那他怎么啦?"科尔涅伊问。

"大概也死了。从那以后就音信全无。有十五年了。"

"好像时间更长。妈妈对我说,那时她刚给我断奶。"

"你为什么不怨恨他呢,他打断了你的手啊……"科尔涅伊刚开始就停了下来,突然嗓子眼痒痒起来。

"他又不是外人——他是父亲啊。茶冷了,别再喝了。续点热水好吗?"

科尔涅伊没回答,呜呜咽咽哭了起来。

"你怎么啦?"

"没什么,只有求基督拯救了。"

科尔涅伊用颤抖的双手抓住小柱子和高板床,用干瘦的大腿爬上炉顶。

"你瞧!"老太太对儿子说,对老人则使了个眼色。

5

第二天,科尔涅伊比所有人都起得早。他从炉顶爬下,揉搓已经干了的包脚布,费劲地穿上粗硬的靴子,拿起背包。

"老爹,吃了早饭再走,好吗?"老太太说。

"感谢上帝。我要走了。"

"那至少也要拿一点昨天的饼。我给你放在口袋里。"

科尔涅伊道谢和告别。

"回来时再来看看我们……"

外面弥漫着笼罩一切的秋天的浓雾。但是科尔涅伊对道路十分熟悉,了解路上所有的上下坡,所有的灌木丛,以及白柳树,林木在右边还是左边,尽管在这十七年间,有一些已被砍伐,老树变成了小树,另一些小树则变成了老树。

哈伊村还是老样子,只是村边添了几幢原先没有的新屋。有一些木屋变成了砖房。他家的石屋还是老样子,只是更旧了。屋顶早已褪色,墙角碰撞处露出了砖,台阶也已歪斜。

他走近自家房子的那一刻,从吱吱咯咯响的栅栏门冲出来一匹母马和一匹公马,带有杂色的灰色老骟马和一匹两岁多的小马。老灰马和科尔涅伊离家前一年从集市买回的那匹母马一模一样。

"这匹马也许就是那时的那匹母马生的。一样屁股下垂,一样胸部宽阔,一样腿部毛茸茸的。"他想。

赶马去饮水的是一个穿着新树皮鞋的眼珠乌黑的小男孩。"这大概是孙子,费杰卡的儿子,一双黑眼睛当然像他。"科尔涅伊想。

小男孩看了一眼不认识的老人,跑到在尘土中嬉戏的小马驹后面。小孩后面跟着一只狗,样子跟原先养的狗沃尔恰克一样,也是黑色的。

"难道就是沃尔恰克?"他记得狗该二十岁了。

他走近台阶,吃力地跨上那一级一级的梯级,那离家前他曾坐在其上吞咽栏杆上积雪的地方,推开通向前室门厅的门。

"为什么不问一声就进来了?"大房间传出一个女人的声音。他听出这是妻子的声音。她由门里探出身子,这就是她本人,一个瘦削的、青筋暴露的、满面皱纹的老太婆。科尔涅伊期待的是那个年轻漂亮、曾经侮辱过他的玛尔法。他恨她,想责备她,可是突然取代她的面对他的竟是这样一个老太婆。"要施舍,就在窗下要。"她的声音刺耳,吱呀吱呀作响。

"我不是求施舍的。"科尔涅伊说。

"那你究竟来干吗?还干吗?"

她突然站住了。他从她脸上的表情看出,她认出了他。

"你到处闲逛也许还不够。走吧,走吧,上帝保佑吧!"

科尔涅伊背靠墙,支着长棍,凝视着她,奇怪地感到他灵魂深处对她多年的积怨没有了,一种深深感动的衰弱感突如其来地控制了他。

"玛尔法!让我们和睦相处吧!"

"走吧,走吧,上帝保佑吧!"她说得很快,一肚子怨恨。

"再没有什么要对我说?"

"我无话可说。"她说,"走吧,上帝保佑你。走吧,走吧。你们这些魔鬼、寄生虫真多,闲逛去吧。"

她快步回到大房,啪的一声关上门。

"干吗骂人哪?"传来了男子的声音,一个腰间插着一把斧头的农夫进了门。

他皮肤稍黑,跟四十年前的科尔涅伊一样,只是个子较小、较瘦,但是一双眼睛也同样乌黑、熠熠发光。

这就是那个费杰卡,十七年前科尔涅伊曾把一本有插图的小书作为礼物送给他。他责备妈妈不可怜穷人。和他一起进门的是腰间同样插着斧头的哑巴侄儿。他现在是成年人,长着稀疏的胡子,满面皱纹,瘦骨嶙峋,脖子长长的,眼光果断、专注而锐利。两个农夫刚吃过早饭,要到林中去干活。

"老爷子,等一下。"费杰卡说,接着对哑巴先指指老人,后指指上房,然后用手做出切面包的样子。

费杰卡向街道走去,哑巴则回到屋里。科尔涅伊仍然站着,低着头,靠着墙,支着长棍。他感到极度衰弱,吃力地忍住不哭。哑巴走出屋子,手里拿着一大块香气扑鼻的新鲜黑麦面包,在胸前画了十字,递给了科尔涅伊。科尔涅伊接过面包,同样在胸前画着十字,哑巴其时转向屋门,双手摸一摸脸,做出一副不满的样子。他用这方式表示了对婶婶的不满。他突然僵住了,张大嘴巴,盯视科尔涅伊,像是认出什么似的。科尔涅伊再也忍不住眼泪,用男长衣的衣角擦起眼睛、鼻子和花白的胡子来,转身背对哑巴,向台阶走去。他体验到在人面前,在她面前,在儿子面前,在所有人面前温顺谦卑屈辱所具有的一种特殊的怜悯油然而生的狂喜的感情。这种感情既快乐又痛苦地撕扯着他的灵魂。

玛尔法从窗里往外看,当看到老人的身影已消失在屋角后,只有这时,她才平静地叹了口气。

当玛尔法相信老人已经离去,就坐到织机上开始织布。她着手拿筘干活,撞击了十来下,但双手却不听使唤,就不再干,开始思量和回忆她看到的科尔涅伊如今的样子。她知道这是他,那个打过她、原本爱过她的人,她为她现在的行为感到害怕。她现在做的不是她应当做的。可究竟应当怎样对待他呢?他并没明说他是科尔涅伊,他回家来。

她重新拿起织梭,一直织到黄昏时分。

6

科尔涅伊将近黄昏才吃力地回到安德列耶夫卡村,又请齐诺维耶娃家留他过夜。他们接待了他。

"老爹,走得不远吧?"

"走不动了,一点力气都没有,这不,只好回来。请允许在这里过夜。"

"这里的地方仍留着呢。来,把衣服烤烤吧。"

科尔涅伊整夜发寒热。临近早晨,他才沉沉睡去。待他醒来,家里所有人都已分头各自干各自的活去了,只有阿加什卡独自留在家中。

他躺在正厅上层的上敞廊里,躺在老太太给他铺垫的干燥的男长衣上。阿加什卡从炉子里取出面包。

"好人儿,"他声音微弱,招呼说,"到我这里来。"

"老爷爷,我马上就来。"她边答边放下面包,"喝点什么?克瓦斯好吗?"

他没有回答。

放好最后一块面包,她拿着一罐克瓦斯走到他身边。他没有转过身向着她,也没有喝克瓦斯,他仰面躺着,一动不动地开始说话。

"阿加莎,"他轻轻地说,"我的大限到了。我想死了。为了基督,那你就宽恕我吧。"

"上帝会宽恕你的。可你又没对我做过什么坏事……"

他稍稍沉默了一会儿。

"还有一件事:好人儿,你到母亲那里对她说……流浪汉,"他说"……昨天的流浪汉,你告诉她……"

他开始哽咽。

"你莫非是我们一家人?"

"过去是。你告诉她,昨天的流浪汉……流浪汉,你对她说……"他因痛哭而说不下去,最后,他攒起精神,把话讲完,"来向她告别。"他说,开始在自己的胸前掏摸。

"我说,老爷爷,我去说。可你在找什么呀?"阿加什卡说。

老人并没回答,因为费劲而皱起眉头。一只干瘦多毛的手从怀中取出一片纸,递给了她。

"有人问,就把这给他看。这是我的士兵证。感谢上帝。一切罪过都解脱了。"他的脸露出一副庄严的表情。眉毛上扬,眼睛盯在天花板上,他安静下来。

"蜡烛。"他说,连嘴唇都没动。

阿加什卡明白他的意思。她从圣像处拿过点残的蜡烛,点上递给了他。他用大手指抓住了它。

阿加什卡离开,把他的士兵证放进箱子,当她回到他身边时,蜡烛已从他手中掉落,呆滞的眼睛已视而不见,胸脯也没了呼吸。阿加什卡在胸前画着十字,吹灭蜡烛,拿了一条干净毛巾盖在他的脸上。

玛尔法这一整夜都无法入睡,老是想着科尔涅伊。她一早就穿上粗呢上衣,扎上头巾,外出打听昨天的老人在何处。她很快得知,老人在安德列耶夫卡村。玛尔法从篱笆上抽了一根棍子当拐杖往那里赶。她越往前,就变得越来越害怕。"和他和解,带他回家,把一切过失都了结了。哪怕死在家中儿子身边也好呀。"她想。

玛尔法快走近女儿家,看到木屋边聚了一大群人。一些人站在前室门厅里,另一些人则在窗下。大家都已知道,这就是那个二十年前在这一带赫赫有名的富人科尔涅伊·瓦西里耶夫,如今已成一文不名的流浪汉,死在女儿家中。屋里也满是人。婆娘们窃窃私语,伤心叹气。

玛尔法走进屋子,大家让开路让她进去,她在圣像下看到了清洗过、收拾好、一条毛巾盖着脸的尸身。断文识字的费利普·科诺内奇俯对老人,正模仿正教教堂读圣经的下级职员,拉长着声调念着斯拉夫文的圣诗。

无论原谅,还是请求原谅,都已经不可能。从科尔涅伊那严峻、美丽的老人脸容上看不清:他是原谅了还是仍在生气。

托尔斯泰

四 月

4月1日　知　识

科学门类之多是无穷尽的,每门科学也是无穷尽的,可能要走越来越远的漫漫长路才能接近它。所以在每门学科中,最重要的首当其冲的是要弄清:何者最为重要,何者稍次,何者更次,何者最次。掌握这一点之所以必要,是因为不可能把一切都加以研究,而应当加以探讨的只是最必需的东西。

1. 当今积累了大量值得研究的知识。我们的能力将急剧变得微弱不堪,哪怕只是为了掌握这些知识中最有益的部分,我们的生命也显得过于短促了。为我们服务的资源含宏万汇,但是在接受这些资源之后,我们应当重新把许多东西作为无用之物加以废弃。有时最好不要因它们而使自己不堪重负。

康德

2. 在我们过早的、往往是连篇累牍的,给我们提供那么多没有深思熟虑材料的阅读情况下,我们的记忆通常支配了我们的感情和趣味;我们由此必须常常在思想上做出巨大努力,以使我们的感情返璞归真,在一大堆他人的思想观点的垃圾里寻找自己,以便自己开始去感受和说话,我甚至想说,不定什么时候开始感到自己的存在。

里赫登别尔格

3. 波斯的智者说:"年轻时我对自己说,我想掌握整个科学。我几乎达到了未知的东西所剩无几的地步。但是,当我到了暮年,我发现我的生命即将过去,可我却一无所知。"

4. 把完全掌握天地间的一切学问的妄想从我们心灵深处抛弃。有关天命之路也好,有关生存规律也好,我们也许有一天能了解;一般来说,这样的机遇并不多。但是,这不多的机遇已足够,完全够了,硬去追逐更多的机会并非是我们的福。你们要相信,什么超出了我们简朴生存实际的需要,什么超出了我们中每一个人注定要操控的那个领域;这个领域就是我们在毫无干扰、泰然自若的情况下掌握自己、自己的思想、自己的言行。任何过度的努力都将加深愚蠢,任何扩展知识的活动都将增加不幸。

约翰·略斯金

5. 天文学家的观察和计算教会我们许多足以使我们大为惊叹的东西,但是,他们研究的最重要的结果,大概是他们在我们面前揭示出我们无法了解的所有事物的深不可测:如果没有这些人类的知识,理性就绝不可能想象这深奥的广袤性,对此所做的深入思考,则造成规定我们理性生活的终极目标,就可能会发生巨大的变化。

康德

6. "大地上有草地,我们可以看到,但是如果从月亮上俯瞰则一无所见。这些草地中有许多长缝隙,在这许多长缝隙中有小生灵在活动,但是再远就一无所见。"——何其自信!"复杂的机体由元素构成,而元素是不可分的。"——何其自信!

帕斯卡尔

7. 不用担心无知,要担心的是伪知识。因为世上一切罪恶都由它而来。

———————————

知识无限。所以博闻多识之人并不比略知一二之辈占有多少优势。

4月2日 努 力

真正的生活在于使生活变得更美好,用精神力量战胜自己的肉体,并向上帝靠拢。这并不是自然而然就能做到的。这必须为之付出努力。这努力给人以欢乐。

1. 永远不可把习惯,即使是好的行为习惯,称作善。因为是一种习惯,所做好事也不再是善举。善仅仅是那些通过努力才获得的行为。

康德

2. 挑起自己的重担,懂得其中包含着你的幸福;从中汲取你理智生活必需的养分,有如胃从食物中汲取身体必需的一切养分一样;或如某物被投入火中,火会燃烧得更加明亮一样。

马克·阿夫列里

3. 一个人越抗拒自己的苦难,他就会变得越艰难。

阿米埃尔

4. 永远注意自己的行为,绝不要认为这种注意不足挂齿。

孔子

5.以一种纯朴而意气风发的感情始终不懈地完成一些微不足道的义务,这足以牢固地塑就一种刚毅的性格,使他在面对喧嚣的世界,面对断头台时,能坚毅勇敢而矫健有力地去行动。

爱默生

6.成长是一个缓慢渐进的过程,而非一种剧烈的突变。用疯狂的突发的忏悔去战胜罪恶,一如通过思想瞬息迸发的全部热情去掌握整个科学,同样是不可能的。内心臻于完善的真实手段乃是在理智的推论的指导下作一种耐心而始终不渝的努力。

强宁格

道德上的努力和生命意识的欢乐相互交替,有如体力劳动和休憩的欢乐那样。没有体力劳动,就没有休憩的欢乐;没有道德的努力,就没有生命意识的欢乐。

4月3日 死 亡

我们撒手人寰时可能的后果:不是自认为已转入别的个体之中,就是我不再是个体,而和上帝融合为一体;两者必居其一。不管是前者还是后者,两者皆好。

1.如果生即梦,死即醒,那么,我意识到自己是一个不同于所有其他生灵的个体,其实也只是一种梦境而已。

据 叔本华

2.死亡乃是肉体的毁灭;我正是借助这一肉体才接纳这个生活五彩纷呈的世界的。因而,肉体的毁灭乃是一种我借以观物的眼镜镜片的毁灭。关于这种毁灭是否会被另一种毁灭所取代,或者透过窗户所见的物象会和一切事物融为一体——这是我们无法确知的。

3.生命应该有一条明确的界限,树木的果实和大地同样如此,一年四季也是一样,它应该有开端,有过程,有结局。智者乐于服从这种顺序。

西塞罗

4.就我将会怎样,作为整个世界的个体人死后会怎样这一问题,对此答案只有一个:如果是好人,死后的个体生命仍会延续不替,生命仍会继续;如果不是太好,那么,生命就此戛然而止。

我对上帝的所有了解使我深信,他所做的一切对我们最好。

据 爱默生

5.死亡是那样轻而易举使人摆脱一切艰难困顿和不幸,以致那些不相信人能不朽的人可能会希望结束生命。其实,相信不朽、期望新生的人理应更加希望死神的降临。如果两者都不愿告别人世,那只是因为人在弥留之际感到痛苦。痛苦使人抗拒死亡。

6.无人知道死亡是什么,是恶还是善。可是人人都害怕它,就像确切知道它是一种恶似的。

柏拉图

7.即使人确然知道,打雷时电击早已过去,雷已不能致人于死命,但是人仍然始终对雷击悚惧不安。人对死亡的态度同样如此。尽管我们已经明白,肉体的死亡,毁灭的只是肉体,而非灵魂的生命,我们却仍然不能不对它惶恐不安。但是,受过教育的人,因为记住了他的生命不在肉体而在灵魂,他就能战胜自身的恐惧;而没有受过教育的人,觉得随着死亡一切都完了,所以他是那样害怕死亡,躲避死亡,如同糊涂人躲避雷击,其实这种雷击无论如何是不可能把他击倒的。

———

应当如此生活:既不害怕死亡,也不期盼死亡。

4月4日 欢 乐

生活应当而且能够成为一种连续不断的欢乐。

1.这里的生活,既不是痛苦纷扰的尘世生活,也不是人们经受考验的场所,而是一种我们绝不会想到的、最为美好的事物。这种生活的欢乐是无穷无尽、无际无涯的。但愿我们能因生活为之提供给我们的那种目的而利用那些欢乐。

2.一个人对他人的恶意使他成为不幸的人,同时也败坏了另一个人的生活,而爱心作为生活齿轮的滑润剂使生活变得更轻快、更友善,对他如此,对同他交往的所有人也是这样。

3.大多数人一旦失去自己的赏心乐事,都会不快。但是,只有那些欢乐的依据不复存在时仍然高高兴兴并不痛心的人才是对的。

帕斯卡尔

4.不妨尝试一下,你也许能像一贯受命运青睐而感到心满意足、一贯胸怀爱和善心的人那样幸福美满地生活。

马克·阿夫列里

5.保持愉快心情的最重要的秘密在于,不要让那些不值一提的琐事打搅我们,同时对降临到我们头上的任何一个小小的欢娱都加以珍惜。

斯梅里斯

6. 永远不要去寻找欢乐,但要时刻准备在一切方面发现欢乐。如果你们的双手忙于工作,而心灵却自由自在,那么,最微不足道的东西也足以使你们愉悦欢忭,你们在听到的一切传闻中也能发现兴趣盎然而令人惬意的东西。但是,如果把欢乐变成你们的生活目的,那么,总有一天,那些最具喜剧性的场景都不能再引起你们真正的笑声。

约翰·略斯金

7. 真正的睿智者永远快乐。

欢乐生活的主要手段,就是相信生命为欢乐而生。要是欢乐戛然而止,那就找找你错在哪里吧。

4月5日 劳 动

规避履行劳动法则只可能是一种罪过:不是通过暴力、参与暴力来完成,就是在暴力面前阿谀奉承、奴颜婢膝来实现。

1. 失去生命胜于向卑鄙小人献媚逢迎。一贫如洗胜于由效力阔佬而取得的富足奢华。不在财主门前哀告乞求——这就是美好的生活。

吉托巴地

2. 人因饥饿而死比为填饱肚子而失去操守好。

托罗

3. 从前有两兄弟:一个为皇帝效力,一个靠自己双手的劳动养家糊口。有一次,富哥哥对穷弟弟说:

"你干吗不去为皇帝效力呢?这样你就可以不用再干劳苦沉重的活计。"

可是穷弟弟回答说:

"你干吗不去参加劳动以便摆脱沉重的卑贱屈辱的地位呢?智者告诉我们说,安闲平静地享用自己的劳动成果,比腰缠金紫、成为他人的仆役更好。用双手搅拌石灰和黏土,比表明仆役身份而把双手交叉胸前更好。安于一块小小的面包比奴颜婢膝、弯腰屈背更好。"

萨迪

4. 皇帝赏赐的华服无论怎样漂亮,自己的粗衣旧衫还是更加惬意;尽管阔佬的佳肴味道鲜美,自己餐桌上的一块面包却更加香甜。

萨迪

5. 向人乞讨,不如带上绳子去林中打柴,以成捆的木柴换取食物。这比乞讨好得多。因为要是乞讨时人们不给,你将感到羞愧懊丧;要是给,那就更糟,你将由此而欠施舍者一个人情。

穆罕默德

6. 土地对不耕耘土地的人说:"为了你不肯用你的左右双手侍候我,你将和所有的乞丐一起,永远站在别人的门口求乞,将永远在阔佬的残羹剩渣里讨生活。"

琐罗亚斯德

7. 劳动生活比游手好闲更值得尊敬——深信这一点,并这样生活,还与此相应地珍重他人,尊敬他人,人们就会生活得美好而幸福。

———————

要是不愿劳动——那就得或用暴力去劫夺,或以卑躬屈膝去乞讨。

4月6日 自我完善

人们从事五花八门的、自以为是极其重要的事业,但却几乎从不做他们注定要做的而且包容了所有其他事业的唯一事业——使自己的心灵更美,使心灵的神圣因素得到释放。这一人可以毫无阻碍地达到的唯一目的显示,正是人命中注定要做的事业。

1. 青年时代,人人相信我们希望自己和他人拥有的那种美德是可能达到的,人的使命就在于不断使自己日臻完美,甚至连矫正人类陋习、消灭一切罪恶和不幸也是可能的,甚至是容易的。这种理想并不可笑,相反,与那些陈腐的、沉溺于罪恶的诱惑中的人的见解相比,其中包含着更多的真理。因为那些并不按照人的本性度过自己一生的人,正在劝告其他人什么也不要希望,什么也不要寻找,如今怎么生活就怎么生活。青春时期幻想的错误,仅仅在于年轻人把自我完善、自己灵魂的完善看作是次要事,还在于这些在未来才可能完成的事业,他们却想马上得到。

2. 我认为,没有比活着力求变得更好的那种生活更出色的生活,没有比感到自己真正变得更好的那种满足更充实的满足。这是我迄今不断体验到的幸福,这是我的良知启示我的那种真正的幸福。

苏格拉底

3. 我们应该感谢那些向我们指出我们缺点的人。即使我们的缺点并不由这种指正而销声匿迹,这是因为我们的缺点太多;但是,当我们知道了自己的缺点,而这些缺点又开始威胁到我们的灵魂,不给良心以平静,那我们就会千方百计地纠正这些缺点,摆脱这些缺点。

帕斯卡尔

4. 我们的意识状态比整个外部的议论于我们的意义更大,因为我们始终不渝、连续不断地生活在我们自己的意识之中。我们的幸或不幸依赖的不是别人对我们的态度,而是我们对自己的态度。使自己、使自己的灵魂变得更好吧,这样做,你将因此而做了于己于人可能都是最好的工作。

留西·马洛里

5. 最好的幸福,是感到自己年末时比年初更好。

托罗

6. "像天父一样完美吧!"这意味着千方百计把自己生命中的神圣因素从自身中释放出来。

———

如果经常被尘世浮华所困扰,自我完善就没有可能,如果始终幽居独处,自我完善的可能性就更少。自我完善的最合宜的条件,就是在幽居独处时反复探索和巩固自己的世界观,随后在喧嚣的人世生活中使世界观和事业协调一致。

4月7日 善

以善报恶,比以恶报恶更自然、更容易、更理智。

1. 当大家来到一个叫髑髅地的地方,耶稣和两个犯人就被钉到十字架上,一个在耶稣的右边,一个在耶稣的左边。耶稣就说:"父啊,赦免他们,因为他们并不明白自己的所作所为。"

路加福音 23 章

2. 任何人绝不会厌倦于为自己弄到各种各样的福祉。但是很显然,一个人能够给自己取得的最大福祉是在和他最高尚的天性相适应时才会采取行动,而你灵魂最高尚而神圣的天性嘱咐你把孜孜不倦地对他人行善当作自己最高尚的福祉。

马克·阿夫列里

3. 愿你以善报恶。

塔木特

4. 为什么要报复自己的敌人?竭力向他尽可能多地行善吧。

爱比克泰德

5. 用温情战胜愤怒,用善良战胜凶恶,用慷慨战胜悭吝,用真实战胜谎言吧。

佛陀智慧集[达马巴达]

6. 要是我们采用他们理该得到的那种态度来待人,那么,我们只能使他们变得更糟糕。要是我们对他们采用比他们实际应得到的更好的那种态度,那么,我们就能使他们变得更好。

歌德

7.以善报恶,就毁灭了恶人想从作恶中获得的那种满足感。

8.训练自己的心灵,然而不要向它学习。

佛陀格言集

———

一个人哪怕只有一次体验到以善报恶的欢愉,他就不会再放弃任何机会去获取这种欢愉。

每周阅读

善

在外在自然界,植物、动物既没有善,也没有恶;在人类有生命的无理性的躯体里,同样没有这种体验。这种区分善恶的界线是凭借人的意识和理解的能力在人的灵魂中开始的。人的灵魂从青年时代起就与恶进行着持续不断的斗争。在那里,而且只在那里,即在人的灵魂里,和恶的斗争才符合人的本性,并且卓有成效。处于这一领域之外的和恶的斗争并非人的本性,而且收效甚微。最能说明问题的是基督关于不以暴力抗恶的圣训。这一圣训准确而鲜明地确定了和恶斗争的场所。这场所就是人自己的内心。

每一个理性的人都把操控强制的范围限制在自身,自己的肉体,因为,使肉体屈从于灵魂正是灵魂的工作和滋润剂。至于别人,别人的肉体,他们也有自己的相类似的主宰者。针对他人肉体的强制行为在理性上没有令人信服的辩护理由,辩解是不必要的。不抗恶的学说具有的正是这一目的本身,即揭示对他人施暴是不必要的。

谁敢肯定说,人本身凭自己的意志是不能管好自己的,人也不能理解和践行他生活其中的那个世界的生活向其提出的种种要求?肯定这种观点,就意味着否定上帝给人提供的生命自由,拯救自己或扼杀自己的自由,否定自己是理性的人;肯定这种观点,就意味着否定人。人的意志能够超出他生存的界限,但是,又有谁能断然肯定,意志在那里是必不可少的呢?谁能断然肯定,尘世生活由于他,人类的,个人的不干预而蒙受损失呢?肯定这观点,无异于说上帝的意志不足,无异于否定上帝。尘世的恶正在于人们使自己的意志越出自己本质的界限外,即把自己的意志置于上帝的意志的位子上。这种渎神行为因不抗恶的圣训而暴露无遗。

成功为事业辩护:他胜利,所以他正确,真理寓于胜利之中。这是对于真理的粗俗的、动物式的、偶像崇拜式的理解,根据这种见解,"真理"这个词只能是一个空洞无物的声音。彼拉多说:"真理是什么?就是把你和你的真理吊死!"但是,耶稣发现了这真理,他从相反的角度发现了它:被战胜的一方是对的。如果你个人在与他人的争斗中凭力取胜,那就是说,不对的必定是你,真理不在你一边。真理在被战胜者、在被战胜的上帝一边。被战胜者自身体现了上帝统治的概念,这个具有理性的人的首要的、基本的概念。人在尘世的地位就是如此,摆脱乍看令人忧伤的状况的唯一道路,就是不抗恶,不和人争斗,承认自己早已被彻底征服,早已被上帝所征服。这一道路因其合乎真理的宗教性,因其对人生的理解而光明普照、声名远播。

不对抗,因为排除了争斗,抚平肉体欲望的一些可能性和机会也就冲破约束释放出来;另一种道德(其中已包含着另一些力量和另一类利益)的相互影响的平台也就摆脱了束缚而获得自由。人在尘世的使命,正像新约中耶稣受魔鬼诱惑及同尼哥底姆谈话所揭示的那样,在于释放和放声颂扬尘世的人所具有的认识和理解的神圣能力——释放和颂扬人身上的人之子、神之子的这一理性意识。不对抗意味着唤醒并使神之子复活,使耶稣复活;对抗意味着压迫和把耶稣钉在十字架上。人是理性的生物。理性生物的福祉在于理性的胜利和统治。而为了理性的胜利和统治,首先必须抚平肉体的各种欲望。不论是在一个人的生活中,还是在各族民众的社会生活中,从未能确立理性对欲望、骄傲、独断、统治、暴力的统治。通过不抗恶的圣训,这一智慧的公理将在生活中实现。

人的理解力和意识由上帝安置在每个人的心灵之中,新约提醒大家要珍视这一最可宝贵的对象。"谁骂自己的兄弟是'干尸匣'他就该受审判,而骂自己的兄弟是'疯子',他就该进火焰地狱。"只有人的心灵通过意识和理解力才能发现和谐和仁爱,在外在世界中,每一个生灵都爱自己甚于其他所有生灵。不抗恶的圣训因为规定了同恶斗争的地位,也就消除了反目成仇的外在世界同和谐仁爱的内在世界之间永恒矛盾的问题,并把它们统一成一个唯一的神国,就像耶稣对哈法纳伊精神振奋地谈到这一点时所说的那样:"如今天地的界限被消解,天空的一切力量服务于人,和大地的一切力量也服务于人完全相同。"(约翰福音1章)

布卡

4月8日 战 争

人们以为,要是他们把杀人罪行称为"战争"的话,那么,杀人就不再称其为杀人,不再是罪行。

1.可以用不同的方法否定耶稣。首先,可以粗野地亵渎、侮辱其庄严伟大,但这伎俩构不成威胁。宗教于人极为珍贵,所以,任何讥讪挖苦都能被他们消解。但是还有另一种伎俩:这就是称耶稣为主,却不遵行他的圣谕;用他的语言扼杀自由思想,以他的名字掩饰人的一切狂妄、迷误和罪过,并予以神圣化。后一伎俩特别有害。

巴克尔

2. 以为反对外国人的战争是神圣的,这是谎言;以为大地渴望流血,这同样是谎言。大地向天空祈求丰盈的河水、晶莹的露珠及美丽的云霞,而非红红的鲜血。战争为上帝,甚至为许多参战者所诅咒。

阿弗雷特·德·维尼

3. 只有你们的不法行为使你们与神隔绝,你们的罪恶使神掩耳而不听你们。因为你们的手被血玷污,你们的指被不法行为玷污,你们的嘴谎话欺人,你们的舌说假话。没有一个人按正义来伸张,没有一个人凭诚实来辩白,依靠的是虚妄和谎言。所怀的是灾难,所生的是混乱。他们的事业是罪恶的事业,他们的双手施暴,他们的双脚向恶。他们急速地使无辜者的血直流,他们的意念是罪恶的意念,他们所经之路都荒凉毁灭,他们不知道和平的道路。他们所行之事没有公平。他们为自己修弯曲的路,凡行此路的,都没有平安。因此公平离我们远,公义追不上我们,我们指望光亮,却是黑暗,指望光明,却行幽暗。我们摸索墙壁,好像瞎子。我们正午绊脚,如在黄昏一样。我们在活人中却像死人一般。

以赛亚书 59 章

4. 国中有可惊骇、可憎恶之事:就是先知说假预言。祭司借它们把持权柄。我们百姓也喜爱这些事。到了结局你们怎么行呢?

耶利米书 5 章

5. 只因不法的事增多,许多人的爱心才渐渐冷淡了。

马太福音 24 章

6. 现在却是你们的时候,黑暗掌权了。

马太福音 22 章

7. 战争是一种帷幕,一些人和一些民族都躲在其后,醉心于换成另一种方式做世界将难以容忍的那种罪恶。

斯普林格费尔德

8. 他们将把刀打成犁头,把枪打成镰刀,各民族不再刀剑相向,不再学习攻守。人人都坐在自己的葡萄树和无花果树下,任何人都不使他们感到恐惧惊骇。这是万军之主耶和华亲口所说。

弥迦书 4 章

不管是什么人批准,不管用什么方式为其辩护,杀人的罪恶永远是罪恶。所以杀人者,那些已经杀人或准备杀人的人,都是罪人。对这些罪人,需要的不是尊敬、赞许、惊叹,而是惋惜、修正、规劝。

4月9日 不 朽

对善良的挚爱和对不朽的信仰是不可分割的。

1. 无论什么人都不能说他知道未来的生活。我们敢肯定这一点的根据不在逻辑，而在道德的可信性，所以，我不能说上帝存在和我的不朽无可怀疑，但是我可以说，我在道德层面上肯定上帝是存在的，我的"我"是不朽的。这就意味，对上帝和彼岸世界的信仰与我的天性联系得那样紧密，以致这一信仰与我是不可分离的。

康德

2. 我们的生活越富有精神因素，我们就越信仰人的不朽。对这不朽的怀疑将随我们的天性脱离动物的粗野程度而逐渐消失。从未来身上抖落了覆盖掩蔽之物，黑暗已被驱散，我们此时此地已经感到自己的不朽。

据 马尔丁诺

3. 我见过和知道的一切教我相信我没见过和不知道的事物。上帝为我们准备的未来，无论它是什么，应当是某种庄严伟大而幸福有加的事物，是与我们在人间已知的他所从事的那些事业同一类的事物。我们的未来应当与我们只能想象的最卓越高尚的生活相媲美。

爱默生

4. 死没有任何可怕之处；死引起恐惧，其程度只依我们在尘世拒不执行永恒法则的情况而定。

5. 我们在尘世就像一个孩子走进有学者在其中作学术讲演的教室一样。孩子没有听到开头，而在讲演结束前就离开了。他听到了某些观点，但是他不能理解他所听到的一切内容。上帝的伟大言论早在我们开始自己的学习好多世纪之前就已公诸于世，当我们将来化为尘土时仍将继续被传诵。我们听到的仅仅是这伟大言论的一部分，我们对我们所听到的，大部分都不能理解。但是，我们毕竟听过，尽管数量有限，模糊不清，我们还是明白了其中伟大而庄严的真理。

达维·托马斯

6. 真正热爱上帝的人，不会设法寻求上帝对他的爱。他自己爱上帝于他就足够了。

斯宾诺莎

一个以全身心去热爱善（上帝）的人，是不可能怀疑自己的不朽的。

4月10日　神国即将来临

　　人身上的神圣因素正在越来越多地获得释放,这将不可避免地导向改变现存秩序和构建另一种生活。

　　1. 我活得越久长,我面临的事情就越多。我生活在一个重要时期。人们从未面对如此之多的事件。我们的时代是一个革命(从此词最好的意义去理解)的时代——不是物质方面的革命,而是道德精神方面的革命。社会制度和人类完善的崇高理想正在酝酿成熟。我虽然活不到收获的时刻,但是,播种信仰也是一种伟大的幸福。

强宁格

　　2. 倾听一下对社会中广泛流传的现代基督教形式的那种深刻不满吧,它们时而表现为一种怨言,时而表现为一种暴怒和忧郁。大家都期待神国的到来。神国正日益逼近。

　　更纯洁的基督教尽管姗姗来迟,但是以这一名字命名的对象所占地位则越来越加强。

强宁格

　　3. 正像自然界中干旱现象(潮湿不足)有赖两个彼此矛盾的成因:太冷(冬天的严寒)和太热(夏天的酷暑),人的性格的坚定性(毫不动摇)同样取决于两个相互抵牾的成因:一方面是纯粹异教式的人的自我意识,另一方面是纯粹基督精神。

　　正像由冬天向夏天过渡的春季,人们极少发现干燥却相反看到许多潮湿一样,人在由异教向基督教转折的变动中,极少显露出性格的果断一面,相反在他该怎么办,他该怎么行动方面最充分暴露出犹豫动摇的一面。

　　无论对融融春日,还是对由异教向基督教转化的状态,对其不感到欢欣鼓舞的人,可能只是那些不懂得用什么方法去召唤这一季节和这种状态的人。大自然春日湿润的气候和人的举棋不定、犹豫不决的心态是自然和人的内心所具的过渡性引起的。理解这种自然现象和人的心理现象的人知道,前者正是太阳向夏日过渡,后者正是转入对生命意义的更高理解的现象的表现,因而他们不仅不会因观察到的湿润和犹豫而忧心忡忡,而且会乐于见到这些现象,因为它们正是自然中夏天即将来临、人类世界中神国即将君临人间的鲜明标志。

费多尔·斯特拉霍夫

　　4. 在拥有"人人都是兄弟"这一共同的宗教意识的当代,真正的学术应当指出把这一意识应用到生活中的途径,艺术则应当把这一意识转化为感情。

　　5. 离目标越远,向前奋进就越必要。不必心急如焚,但也不要松散懈怠。

6.我见到面前的民众或穿着受奴役和政治无权的仆役服装,或穿着破衣烂衫,饥肠辘辘,筋疲力尽,拾起阔佬们从豪华宴席上轻蔑地扔给他们的残渣余羹。我见到,他们在严峻的叛乱爆发的瞬间,陶醉于兽性的凶残和野蛮的欢乐之中。但我同时记起,这些野性十足的脸庞上面也带有上帝手指的烙印,有着与我们相同的使命。我随后把目光投向未来,在想象中,我目前呈现出的民众,已恢复了其一切伟大庄严,并因平等和爱的唯一的共同纽带使他们联成一体的这一信念而成为兄弟。我见到,这些未来的民众,并没被奢华所败坏,也没有被赤贫弄得兽性十足,而是满怀着自己作为人的尊严的那一意识。在这一幻象中,我的心为现实痛苦地纠结,为未来欢乐地跳动。

约瑟夫·马志尼

"你们的心灵不用躁动不安:信任上帝,信任我吧。"换言之,信任由基督向你们揭示的你们天性中的神圣性吧。这种神圣性意识,人不能不承认,所以也就不能不成为现实。

4月11日 恶

道德世界较之物质世界,其中的一切都联系得更为紧密,任何一个谎言都会引起一系列谎言,任何一种凶残随之而来的必将是一系列凶残。

1.要是人有一次破坏了无关大局的圣训,那么,他最终也会难以控制地去破坏举足轻重的圣训。要是他违背"爱人如爱己"这一圣训,那么,他随后连诫令——不要复仇,不要心怀恶意,不要憎恨你的兄弟——都会加以破坏,最后他甚至会走到流血动武的地步。

塔木特

2.人们常以自己的良心纯洁无瑕自豪,只是因为他们确实健忘。

若尼扎(拉斐兹的)

3.但愿人不要那么轻率地思考罪恶,并在心中说这罪恶显然与我无干。许多小水滴积聚起来足以充满一个水盆,一个聪明人哪怕只是渐渐地做点坏事,他整个儿就会充满罪恶。

但愿人不要那么漫不经心地思考善良,同时心中又自以为自身无力接受善。正如水是一滴一滴充满水盆的一样,只是哪怕渐渐地做点好事,一个追求幸福的人周身就充满了善意。

佛陀智慧集[达马巴达]

4.我们身上的一些恶习,只是依凭我们另一些恶习才得以存在,如果我们根除了基本的恶习,它们也将随之消失,正如我们砍下了树干,树枝也跟着陨落一样。

帕斯卡尔

5. 消除一个恶习,那么随之消失的是十个恶习。

洛德

6. 良心乃是那该走之路的路标。一旦人们偏离这一道路,人就只能在两者中选一:不是根据这条良心之路对生活作调整,就是闭眼不看自己良心的路标。对于前者,只有一种方法可供采用,即增加自身的光,关注它所照亮的地方。对于后者——对那闭目不看自己良心路标的人——则有两种方法可供采用:外在的方法和内在的方法。外在的方法是致力于把注意力从良心的路标上转移开的工作;内在的方法是使良心本身变黑。该担心的是这一点。一个人刚偏离善的途径,还没来得及想想,就会立即陷入恶的泥淖之中。

要注意恶的萌发滋生。有一种心灵的呼声在指认这种萌生:行动变得难堪而羞愧。相信这一呼声吧!请稍事停留,寻觅一番,你将找到正在萌生的欺骗。

4月12日 上 帝

当一个人深入自己内心到一定程度,他就会意识到自己内心存在某种超越个人的因素。

1. 上帝之所以存在,是因为我们存在。那就称这为上帝或其他任何名字吧:确实,无可争辩的是,我们内心存在着并非由我们创造的,而是馈赠给我们的生命,那就让我们称这生命之源为上帝或其他任何名字吧。

约瑟夫·马志尼

2. 想象创造幻影,并被幻影吓倒。这种事情之所以情有可原,是因为想象只是想象而已。但是,要是理智听命于由它产生的那些议论并被这些议论吓倒,这种事情则是不可原谅的,因为理智不能也不应被欺骗。其实,对无限空间的迷信乃是对创造了空间概念的理智的欺骗。被创造者不可能比创造者大,儿子不可能比父亲大。这里有必要作些矫正。理智应当摆脱给它提供了有关其本身的虚假概念的那种空间。但是,只有当我们学会观看理智中的空间,而非观看空间中的理智的那一情况下,摆脱那种空间才是可能的。可是怎样才能做到这一要求呢?那就得让空间回归它的基本特性。空间是理智活动的条件。

所以,上帝无处不在,却并不占有广阔无垠的空间,无论是小到百分之一,还是大一百倍,都与上帝无涉。

在人的意识里,世界是没有空间的,但是,在有关空间的议论中,天堂中的天是必要的。

对意识来说,时间和数量也不是必要的,它们只是存在于理智之中,因此,人既不小于也不多于最大空间、无限时间和无限数量。

阿米埃尔

3. 当我站在林中,看那在地上爬行的小甲虫力图钻进罗汉松针叶中躲开我时,我问自己,它为什么那么怯懦,把头藏起来躲开我?而我当时可能正准备对它做好事,告诉它及其亲属对它们也许是极为高兴的消息呢。我不由自主想起了我们小甲虫似的人头顶上的大恩人。

托罗

4. 对一个不寻找上帝的人来说,上帝是不存在的。只要开始寻找上帝,上帝就会在你心中,你就会在上帝心中。

5. 寻找上帝,就跟用网打水一样。打水的当儿,水就在网中。但是往上一提,水就一点儿都不存。

当通过思想和事业去寻找上帝,那么,上帝就在你心中。但是只要你一当拿定主意去找上帝,寻找安慰——上帝也就消失了。

费多尔·斯特拉霍夫

6. 这真是奇事:我以前怎能不先弄清那毋庸置疑的真理;这个世界背后,我们的生命背后,这一世界里面一定隐藏着这个世界为之存在的某种可知的人和事,我们置身在这个世界中,就像开水中的气泡一样上下翻滚、破裂和消失。

7. 在这老是静静地谈论上帝的伟大统一的社团中,不信教的人看到的只是一片永恒的寂静。

卢梭

要是人并不意识到上帝,那么,他就没有任何权利由此推论说,上帝并不存在。

4月13日 理 性

我们生活的精神的神圣因素,我们一方面凭借理性,另一方面凭借爱才得以认清。

1. 智者的本质表现在三方面:首先,亲自动手做他规劝他人从事的工作;其次,永不起而反对任何公正的事情;最后,容忍他周围人的弱点。

2. 伟大的思想来自心灵。

沃维纳克

3. 我们的道德感情和智慧力量是那样紧密地相互交织在一起,以致我们不能触及一个,而不触及另一个。巨大的才智如果没有道德感情的辅佐,将是巨大灾难的源泉。

约翰·略斯金

4. 对一切都加以研探,但只相信那和理性吻合一致的东西。

5. 理性和才智,性质完全不同。许多人拥有失去理性的卓越的才智,才智是理解和思考世界生活环境的能力;理性则是心灵的神圣本质,这一本质向灵魂展示它同世界、同上帝的关系。理性不仅不和才智相同,而且与它相反:理性使人摆脱才智加在人身上的那些诱惑和欺骗。理性的主要活动正在于此;因为消除了诱惑,理性也就释放出了人的灵魂的本质——爱和给予爱以显现的机会。

6. 人们通常会区分理性和良知,并说善事比强有力的思维活动更重要。但是因为这种对灵魂那牢不可分的紧密联结在一起的力量的剖分,我们却损害了我们的天性。扔掉了有关道德的主张,还能留下什么呢?没有思想的助力,我们称为良心的东西只能堕落为一种幻想、对恶的夸张和辩护。人世最残酷的事情都是以良知的名义完成的。人们根据良知的义务在彼此仇恨,相互虐杀。

强宁格

理性的人不可能成为祸害。善良者永远明白事理。用训练理性的方法去增加自身的善,用怀抱爱心的训练去增强理性。

4月14日 生活制度

在把人分成富豪是治人者和穷人是治于人者的社会中,完美的制度是不可能存在的。

1. 必须承认,我们对金钱的崇拜把我们带向一个奇怪的结局。我们说,我们生活在社会中,同时又公然宣扬把社会做最彻底的剖分和极端特殊化。我们生活展示的,并不是相互帮助的场景,而是在正当竞争及诸如此类的名义下展开的,被严格精确的战争规律掩盖着的相互敌视的舞台。我们完全忘却了一切人与人之间的关系并不能归结为现金交易。"我同工人饿死的事有什么关系?"腰缠万贯的工厂主说,"难道我在市场上公然拒绝雇用他们,拒付根据合同他们应得的每一文小钱?对他们,我还能怎么样?"是的,对金钱的崇拜确是一种令人忧郁的信仰。该隐出于个人的利益而杀死了自己的弟弟亚伯。当有人问他:"你的弟弟在哪里?"他回答说:"难道我是我弟弟的看护人?"工厂主说的则与他如出一辙:"难道我没有给他付酬金——他应分得到的所有的钱?"

卡莱尔

2. 因为人只能依赖土地并在土地上生存,所以,在把人应当生存在其上的土地变成一些人的私有物后,就像把人的血肉之躯变成他人的私有物后一样,我们同样完全可以那样役使它,最后,到了社会发展的一定阶段,这种源于土地占有的奴隶制度,由于主人与奴隶之间的关系在此情况下极少有直接而公开的联系,比之把人身变为私有物的奴隶制度,就变得更加残酷,更加腐败。

亨利·乔治

3. 成为一个幸福之人需要多少现实条件,就会有多少我们的先辈连想都想不到的方便设施。可是,我们幸福吗? 要是少数人越幸福,那么,多数人就会越不幸福。要是为少数富人扩充所需的生活条件,我们就会使多数人成为并自认为是苦命人。以损害他人幸福为条件的幸福,怎么能成为幸福呢!

卢梭

4. 假定我救了一名即将遭灭顶之灾的溺水者,但在救人之前,我和他约定,他的大部分财产归我。显然,这只是一种以酬金报答效力的交易。溺水者把自己的生命看得比财产更珍贵。但是对这样的协议能说什么呢? 同时,因为人们的财产那样被剥夺,所以千百万人拥有的财产微乎其微,毫不足道,人们只能把他们的劳动看作是他们的私有财产和能给他们提供生活所需的手段。

索尔德尔

5. 流浪者是百万富翁的必然补充。

亨利·乔治

6. 你们不能在那里为基督的兄弟情谊奠定基础,因为在那里,以无知、赤贫、奴役和腐败为一方,以文明、富有和统治为另一方,双方正互相妨碍彼此之间的尊重和爱。

约瑟夫·马志尼

成为压迫者——统治者比成为驯顺的奴隶更坏。贫乏不致使人苦恼,过剩则成为人的累赘。

如果你收到一笔并不是自己挣来的钱,那么,定有别的什么人付出了劳动却没有收到这笔酬金。

街头流动小贩

菜贩热罗姆·克伦克皮尔推着自己的小车满街叫卖:"白菜,胡萝卜,芜菁!"当他有大葱卖时,他就吆喝:"新鲜的龙须菜!"因为大葱就是穷人的龙须菜。有一天,那是十月二十日的中午时分,当他的车顺着蒙马特尔街往前走时,鞋匠老婆巴雅尔太太从小店出来,走到装满各色蔬菜的小车旁。她拿起一把大葱,一脸不屑地说:

"你这葱已经不太好了。一把要多少钱呐?"

"十五个苏,太太。比这更好的葱你哪儿去找?"

"你这种赖葱,还要十五个苏?"

她厌恶地把大葱扔回到小车上。

这时64号警察走来对克伦克皮尔说:"快走!"

克伦克皮尔从早到晚在城里叫卖已经有十五个年头。他把警察的指令看作是依法办事,完全正常。他准备照令行动,就请太太赶快选她中意的菜。

"我还得重新挑挑。"鞋匠老婆气呼呼地说。

她又开始翻拣所有一把把的大葱,挑了一把她自认为是最好的大葱,紧抱在胸前。

"我给你十四个苏。这足够了。我马上从店里拿来,我身上没带钱。"

她抓起大葱,回到小店,恰好一个手抱孩子的女顾客也刚刚进门。

这一刻,64号警察第二次对克伦克皮尔说:

"快走!"

"我在等人家付钱。"克伦克皮尔说。

"我没说不准你等人付钱,我只是命令你赶快走开!"警察严厉地说。

就在这时,鞋匠老婆正在自己的小店里给一个一岁半的小孩试穿一双蓝色的鞋子。女顾客手忙脚乱,心急慌忙的,柜台上则静静地放着一把大葱,叶尖绿油油的。

克伦克皮尔,整整十五年在城中各个街道推着自己的小车叫卖,早就学会对权力的代表唯唯诺诺。但是,这一次他却陷入了权利和义务之间的矛盾的尴尬境地。他极少思考法律问题,也并不明白在行使个人权利时并没有免除他履行社会义务的责任。他的注意力完全集中在收十四个苏的这一权利上而没有足够认真地对待"推车,往前,一直往前"的这个义务上。他仍待在原地不动。

64号警察第三次发出快走的命令,安详平静,没有丝毫动气。

"难道你没有听到我让你离开的命令？"

克伦克皮尔有他看来留在原地的极为重要的原因。他又简单而笨拙地重申了他的理由：

"天啊，我的主。我不是已经给你说过，我在等人付账。"

警察对此这样回答说：

"你也许愿意因不执行警令让我送你到管理处去。要是你愿意这样，那你只要说一声就行。"

对这一席话，克伦克皮尔只是慢慢地耸了耸肩，神情沮丧地对警察看了一眼，就抬头仰视天空。这眼光好像在说：

"老天有眼！我怎么会反对法律呢？"

警察也许没有弄明白这种眼光的含义，也许在这眼光中他没有为小贩违警找到足以令人信服的辩护理由，他又用生硬而严厉的声调问这个小贩，他有没有听懂自己的话。

蒙马特尔街此时恰好各式车辆越聚越多：马车、板车、运送家具的车、公共马车和四轮大货车，它们一辆紧挨着一辆，彼此像连成了一条线。从各处传来了叫喊声和骂街声。

马车夫隔着老远用厉害的谩骂和小店掌柜懒洋洋地对骂，公共马车夫认为克伦克皮尔是这场混乱的罪魁祸首，骂他是"可恶的大葱"。

同时，人行道上聚集了一批看热闹的人听他们吵架斗嘴。警察见大家盯着他，认为现在唯一的办法是抖抖自己的威风。

"好吧，"他说，从口袋里掏出一本脏兮兮的记事本和一截短铅笔。

克伦克皮尔受一种内心力量的支配，犟脾气上来了，也毫不退让。何况此时他已既不能后退又不能前进呢。倒霉的是，他的小车轮子被卖牛奶人的车子的车轮挂住了。

他一点辙都没有了，他揪住自己的头发大声喝道：

"我不是给你说过，我在等卖菜钱！真倒霉！真糟，那么糟！天啊，老天啊！"

64号警察以为，这些绝望多于抗议的话侮辱了他。因为任何侮辱于他都化作了一种传统的千篇一律的、为人热捧的惯例，甚至可以说几乎化成了一句口头禅："该死的母牛！"*于是，他自以为自己听到的正是这句话，并在自己脑子里确认这是犯人的原话。

"啊！你骂我'该死的母牛'！好，你跟我走。"

小贩一脸茫然，睁大双眼，绝望地打量64号警察一眼，双手在自己蓝色的短衫上画着十字，惊呼了一声：

---

* 在巴黎盗贼的切口中警察被称为母牛。他们认为这种称呼是极端侮辱人的。

"我说'该死的母牛'了吗？我说了吗？哦……"

这种拘捕迎来了小店掌柜和流浪儿童的一阵哄笑声。它迎合了一切人群对低俗而残忍的场景的癖好。这时一位身穿黑衣服、头戴高筒帽的老人穿过这群看客，走近警察，用一种平静、温和而坚定的声音对他说：

"你搞错了。这个人并没有侮辱你。"

"不是自己的事别瞎掺和，"警察对他说。这一次，他说话的腔调没了威胁的味道，因为他面对的是一位衣冠楚楚的人士。

老人平心静气地、克制地继续坚持自己的意见。于是，警察就告诉他，他应当向警察局长去说明情况。

此时，克伦克皮尔重又吆喝了一声：

"可我说过'该死的母牛'了吗？哦——哦！"

他在说这些莫名其妙的话时，鞋店老板娘巴雅尔太太手里拿着钱从小店向他走来。但是警察已经抓住了他的衣领，巴雅尔太太认为不值得把自己的钱交给一个要被押到警察局去的人，就把十四个苏放进自己围裙的口袋里。

克伦克皮尔突然明白，他的小车被扣了，个人自由没有了，他的脚下是万丈深渊，他眼前的太阳也已黯然失色，他嘟囔了一句：

"反正就这样了！"

不认识的老人对警察局长说，他因为被极度拥挤的车辆堵在街上，成了这一事件的见证人。他肯定说，警察绝没遭到侮辱，他只是自己搞错了。老人把自己的名号也留了下来：达维·马吉埃，安布卢耶兹-巴列医院的主管大夫，荣誉团勋章获得者。

克伦克皮尔没有被释放，在警察局过了一夜，第二天早上，他被用囚车送进了监狱。

他觉得，关进监狱并不那么让人丢脸，也不那么使人痛苦。他注定要进这监狱的。监狱的墙和地板干净得让他特别吃惊。

他说：

"对这种地方来说，这里算得上极为干净。应当说句实话：即使在这地板上吃饭也一点不赖。"

他独自一人留在牢房里，他想把小凳移动一下，却发现凳子是钉死在墙上的。老人大为惊奇，大声说道：

"真没想到！我怎样也想不出和它一样的东西，怎么也想不出！"

他坐下，好奇地用双手触摸他周围的一切。寂静和孤独使他苦恼。他愁闷烦恼，惊恐地想起自己那堆满白菜、胡萝卜、芹菜、莴苣的小车。他忧心忡忡地自己问自己："他们会把我的小车弄到哪里去呢？"

第三天，他的律师列密尔先生来看他。这是律师界的一名无名小卒。

克伦克皮尔试着把他的案情告诉律师。但是,这事于他并非易事,因为他没有养成支配自己讲话的习惯。要是有人帮忙,他也许能把事情原委讲清,但他的律师对他这个老人所讲的一切,只是不信任地摇着脑袋。他一边翻阅文件,一边自言自语地嘟囔:

"呣,呣,可事实上文件中这些话一点也没有……"

随后,他一副倦容,捋了捋自己浅黄色的髭须,对小贩说:

"为你自己好,也许你最好一切都承认,我从我的角度认为,你完全否认对自己所有的指控很不成功……"

克伦克皮尔现在也许真会承认一切,只要他知道他该承认什么。

庭长布里什先生审判克伦克皮尔用了整整六分钟。这一次审判,被告若能对提问做出回答,案情也许会搞得稍稍明白一点。可是,克伦克皮尔不习惯做辩护,而且在法庭这种场合,恐惧和尊敬使他开不了口。因此,他一直保持沉默,庭长自己做出回答;这些回答则肯定了指控。庭长最后总结说:

"说到底你还是承认了你说过'该死的母牛'!"

只有到这时,被告克伦克皮尔的喉咙才发出了声音,一种既像旧铁块的沉闷声又像碎玻璃的清脆声的声音。

"我说'该死的母牛',是因为警察先生先说了'该死的母牛',只是这当儿我才说了'该死的母牛'。"他想让人明白,他被这种先前连想都想不到的指控吓了一大跳,在惊慌失措的情况下他重复了那句令人恐怖的话。这话被说成是他说了,而他实际并没说过。

庭长布里什先生却不这样理解。

"你是说,"他说,"警察先说这些话?"

克伦克皮尔不想再解释。这对他极为困难。

"你不坚持这一点了?不坚持理由倒很足。"庭长说。

他命令传讯证人。

名叫巴斯金·马特罗的64号警察宣誓说他将说实话,而且只说实话。随后,他讲了下面这段话:

"十月二十日中午时分,我在执勤时,发现蒙马特尔街上有一个模样像街头小贩的人。他的小车没有按规定停放,停在328号房的旁边,结果造成了车辆的拥堵。我三次命令他快走,但是他拒不执行这个指令。当我警告他要把他登进违警记录时,他对我大喝一声:'该死的母牛!'这使我感到极大的侮辱。"

这段简明扼要的说明在法庭上赢得了听众明显的赞赏。辩护方提请鞋匠老婆巴雅尔太太和安布卢耶兹-巴列医院的主管大夫荣誉团勋章获得者达维·马吉埃先生当庭做证。巴雅尔太太什么都没看见,什么也没听见。而马吉埃大夫则曾处在围着让小贩快走的警察的人群之中。他的证词引起了一片哄笑。

"我是事件的见证人，"他说，"我发现警察搞错了；谁也没有侮辱他。我走到他身边，向他指出了这一点。但是，警察还是抓走了小贩，并让我跟他一起到警察局长那里做说明，我就这样做了。我已经把我的证词交给了局长。"

"您可以坐下了。"庭长说，"守卫，再传证人马特罗。"

"马特罗，您逮捕被告时，你有没有听到马吉埃大夫说你搞错了？"

"他这简直就是侮辱我，庭长先生。"

"他究竟对你说了什么？"

"他说'该死的母牛'！"

大厅里响起了一片不满的窃窃私语和笑声。

"您可以离开。"庭长紧接着说，并警告旁听者，如果再发生这种藐视法庭的事情，他就要让他们离开大厅。此时，辩护方以为胜券在握，大伙这时都以为克伦克皮尔将被宣告无罪。

当大厅重又一片寂静，列密尔先生站了起来。他的辩护词是以赞美本地警务人员开的头，他说："这些为社会服务的人，收入很少，经受着辛劳困顿，遭遇到一连串危险，却每时每刻完成着英雄的事业。这些人过去是战士，现在仍然是战士。战士！单单这一个词就足以说明一切。"列密尔先生对军人的道德大唱赞歌。照他的话说，他本人和一些人一样，绝不允许"触犯军队尊严，不允许触犯他有幸成为其一员的国家军队的尊严"。

庭长点了点头。

列密尔先生确实是预备役中尉。他还是旧奥特利区国家主义党的候选人。

律师继续说：

"当然，我极了解那些为保卫巴黎良民的安宁而每日所做的实在而珍贵的效劳。先生们，如果我知道克伦克皮尔侮辱过去的战士，那么，我绝不会同意为他做辩护。我的当事人被指控骂警察'该死的母牛'。这话人人都知道是什么意思。如果你查查有名的词典，你在那里就会读到如下的文字：'母牛，懒汉，寄生虫。像母牛一样懒洋洋地闲躺着不工作。母牛，卖身投靠警察局的人，指警察局密探。''该死的母牛'在一些特定人群中流行。但问题在于这句话克伦克皮尔是怎样说的，甚至是否说过这句话。先生们，请允许我对此持怀疑态度。我并不怀疑警察马特罗有任何恶劣的想法。但是，正像我们已经指出的那样，他担负着沉重的工作，他有时会感到精疲力竭，感到心力交瘁。在这种情况下，他很容易产生某种幻觉，成为幻觉的牺牲品。先生们，要是他能告诉您，荣誉团勋章获得者，安布卢耶兹-巴列医院的主管大夫、科学代表、社会名流达维·马吉埃大夫也会对他大骂一声'该死的母牛'，那么，我们不得不承认，马特罗是精神病的牺牲者，要是您感到这种话不过于夸张的话，甚至可以说是迫害狂的牺牲者。

"即使在克伦克皮尔真说过'该死的母牛'的情况下，还必须了解这些话在他嘴里属于什么性质的罪过。克伦克皮尔是一个死于酗酒和淫乱的街头女小贩的私生子;他生来就是嗜酒成癖的人。您看,六十年的贫困生活把他变成现在的这副模样,先生们,你们会说,他是一个不能为自己的行为负责的人。"

列密尔先生坐了下来,布里什庭长口齿含糊地宣读判决,判热罗姆·克伦克皮尔两个星期的监禁和五十法郎的罚款。法官们采信了警察马特罗的证词做出了这种判决。

当克伦克皮尔被带过法庭大厅黑暗的长走廊时,老人感到了有得到同情的极度需要,他侧身转向押送他的庭警,三次喊他:

"老总……老总……啊?老总!"老人叹了气,"要是两星期以前有人对我说,因为前面的事我如今会怎样……"

随后,他又说了下面一段话:

"他们说得太快了,那些先生,他们说得很好,只是太快了。接不上和他们解释……老总,你是不是觉得说得太快?"

但是,庭警一句话也不说,连脑袋都没有晃一晃,只顾走路。克伦克皮尔问他:"你干吗不回答我?"

庭警继续保持沉默。老人伤心地对他说:

"不用说就是同狗也是有说有讲的。你为什么一句话都不对我说呢?你可能从不张嘴;这就是说,你连偶尔让它透透风都害怕。"

被重新带回监狱后,克伦克皮尔既焦急又奇怪,坐到钉在墙旁的小凳子上。他在路上还没弄明白他的法官搞错了。法官们在庄严的形式下向他隐瞒了自己的弱点。他难以相信他自己是对的,这些重要的官吏是错的,因为他弄不明白他们的推理。他不会想到在这庄严的审判仪式里会出什么毛病。他既不上教堂,也没到过叶利舍大街,他一生从未见过比审判违警案这样更庄严的场景。他很明白他没有说过"该死的母牛",但是,如果他因这些话而被判监禁两个星期的话,那么,在他的脑海中,这整个事件成了一件庄严的秘密,像虔诚教徒赞同却并不理解的宗教信条同样的秘密,成了一种既可敬又可怕的神秘启示。

这个可怜的老人承认自己犯了莫名其妙侮辱64号警察这样的罪,就像正在学习《教理问答》的小孩子承认自己犯了夏娃所犯过的那种罪一样。人们告诉他,他之所以坐牢,是因为他骂了"该死的母牛",由此可见,他确实曾用某种自己也没察觉的神秘方式说了这句话。他简直被引进到了超自然的境界。他觉得,对他的审判是一种无法破解的宗教默示录。

要是他对自己的罪过没有一个明确的认识,那么,他对自己受到惩罚的认识决不会更明确。他觉得,对他的判决隆重而庄严,是一种不能理解、不可争辩、既不应高兴也不必悲伤的使人神骇目迷的事件。

克伦克皮尔出狱后,还像原先一样推着自己的小车顺蒙马特尔街叫卖:"白菜,胡萝卜,芜菁!"他对入狱既不感到骄傲,也不感到羞愧。他同样也没有留下沉重的回忆。在他脑海里,它只是一幕戏,一次出游,一场梦。一个老太太走到小车旁,边挑芹菜边问:

"您出了什么事,克伦克皮尔老爹?整整三个礼拜没见到您了。前一阵病了?你脸色有点苍白。"

"马里奥什太太,这一阵我活得像老爷一样。"老头说。

他的生活一点都没变,只不过每天光顾小酒馆的次数比平时更多,因为他觉得,他现在像过节日一样,何况他还认识了一些好心人呢。他多少有点醉意地回到了自己栖身之处。他躺在床垫上,没有被子,拉过街角卖栗子的小贩借给他的几条麻袋盖在身上。老人思忖:"监狱里没有什么可埋怨的,你需要的那里全有。但是,自己的窝还是更好。"

他的好心情没过多久就完了。他发现,他的女顾主对他白眼相加。

"多好的芹菜,库安特罗太太!"

"我什么菜都不要。"

"您怎能什么菜都不要呢?您总不能喝西北风吧!"

库安特罗太太一句话都不回答,趾高气扬地回到自己的大面包房。那些女老板和女门房,不久前还急不可耐地等他那堆满绿油油、花簇簇的蔬菜的小推车,如今却都背过身去对他不理不睬。他走近他的整个意外遭遇发源地的鞋铺后,就吆喝起来:

"巴雅尔太太,你还欠我十四个苏。"

但是巴雅尔太太坐在自己的柜台后,甚至连头都不肯赏光回过来看一看。

整条蒙马特尔街都知道克伦克皮尔出狱了,人人都不想再和他打交道。他坐牢的消息传遍了这一带,以及喧闹的利舍街的角角落落。大概中午时分,他在那里发现了洛尔太太,她是他的一位仁慈而忠实的女顾客。她正弯腰低头在小马丁的车上挑菜,摸着一棵大白菜。

看到这情景,克伦克皮尔心都碎了,他把自己的小车直接推到小马丁的车旁,用抱怨的声调对洛尔太太说:

"你变心不买我的东西,这不好。"

洛尔太太对克伦克皮尔一言不发,像是受到了极大的侮辱一般。

街头流动老小贩感到难受,扯开嗓门嚎道:

"好你个臭婊子!"

洛尔太太放下手中的白菜,高喝一声:

"滚开,你这老贱坯!刚从监牢出来还敢侮辱人!"

对洛尔太太,克伦克皮尔平心静气时绝不会为了她的行为而责备她,但是,这一次老人气昏了头。他一连三次骂她"婊子""贱货"和"破鞋"。这一幕最终使克伦克皮尔在蒙马特尔街和利舍街一带失去了立足之地。

老头边走边嘀咕：

"这个臭婊子，你就碰不到第二个这种烂货！"

最糟糕的是，不单单是她把他当垃圾一样看待，如今再没人愿意和他打交道了。

他的脾气越来越坏。和洛尔太太吵架以后，他如今和所有人都已免不了抬杠斗嘴。为了一些鸡毛蒜皮的小事，他会对自己的老主顾动粗，要是他们挑拣时间一长，他就直接数落他们挑三拣四，是懒婆娘；在小酒馆里，他也经常和同伴吵骂。他的朋友，卖栗子的小贩简直认不出他了，说克伦克皮尔老爹成了真正的满身是刺的豪猪。否认这一点是不可能的，因为他变成了一个爱挑眼的怪癖的人，说话也变得粗野而无礼。置身于这种不成体统的社会中，他感到了现代制度的不完美，必须加以改革，但是他远非大学里讲授社会科学的教授，自然很难把自己的想法表达出来，何况这些想法在他的头脑里混沌一团，没有完全弄明白呢。

不幸使他成了一个蛮不讲理的人。他往往对根本不希望他倒霉的人报复，有时甚至连比他更弱小的人也不放过。比如，一次，他狠揍了卖酒人的小儿子阿尔封斯一顿，因为那孩子问他关在监牢里好不好。

"哼，你这下流的小鬼！"他对小孩吆喝，"你父亲才该去坐牢，免得他靠卖毒物来赚钱！"

最后，他终于精神崩溃了。一个人到了这个地步就不可能东山再起。一切过路人都可在他身上踩一脚。

贫困，难以存活的贫困到来了。这个街头流动老小贩，过去有一段时间从蒙马特尔那一带带回满口袋每枚值一百苏的银币，现在却连一个苏都没有。冬天到了。他被赶出了租住的旮旯。他如今住在车棚中的大车底下。下了几乎整整一个月的雨，阴沟里的水漫出了地面，车棚里也满是水。

老人蹲在小车上，下面是一片臭水，和他做伴的是那些老鼠、蜘蛛和饿猫。老人在黑暗中掂量着。已经一整天没吃东西，现在连当被子盖的麻袋也没有了。他回想起政府给他提供食宿的那些日子。他羡慕那些不受饥寒折磨的犯人的命运。突然，他有了一个主意：

"我现在知道该怎么办了；我干吗不利用这个办法呢？"他起身走到街上。还不到夜里十一点。外面湿漉漉的漆黑一团，下着毛毛细雨，比其他雨更冷更刺人。零零星星的行人贴近墙根走着。

克伦克皮尔走过圣叶夫斯达菲教堂，转到蒙马特尔街。街道如今空无一人。一个警察站在教堂入口煤气灯下的人行道上。灯光周围可以见到下着的小雨。警察用风帽严严实实地裹着，样子已完全冻僵。不知是他因为害怕黑暗喜欢光亮呢，还是因为走路走累了，他一动不动地伫立在路灯底下，就像立在亲密的朋友身旁。

这不断颤动的灯光在这无人的黑暗里是他唯一的伴侣。他一动不动的样子看起来不像是个活人。他的长筒靴映在变成一片水荡的人行道上,使他下半身的影子拉得很长,远远望去,他仿佛是半个身子露出水面的巨人怪物安菲皮,靠近一点看,戴着风帽的警察又像修道士又像军人。他的棱角分明的脸因为风帽阴影的衬托,显得更加僵硬,表情平静而忧郁。他的髭须短而密,已开始花白。这是一个四十岁上下的老巡警。

克伦克皮尔悄悄靠近他,用颤抖而微弱的声音对他说:

"该死的母牛!"

接着,他开始等待这句恶骂引起的行动。但是什么行动也没有出现,警察默不作声,一动不动地站着。宽大的外套下的双手仍交叉着放在胸前。他大睁的双眼在黑暗里熠熠发光,专注而忧郁地带着某种轻蔑的态度端详老人。克伦克皮尔有些惊奇,但仍有一点坚持的味道嘟嘟囔囔地低声说:

"我可真骂你'该死的母牛'了!"

一段长时间的沉默。在这段时间里,只有小雨纷纷扬扬地飘洒,浓重的夜色笼罩一切。警察最后开口说:

"不该这样说话,我郑重劝告您不要这样骂人。到了您这把年纪,您应该变得稍稍老成一点……走你的路吧。"

"你干吗不把我抓起来?"克伦克皮尔问。

警察摇了摇湿漉漉的风帽之下的脑袋:

"要是把一切说浑话的醉鬼都抓起来,那事情会多得不可开交……况且这有什么用呢?"

克伦克皮尔被这种宽宏大量的轻蔑弄得很难受,感到纳闷,长时间地站在大水荡里,一声不吭。但是,在离开之前,他试着做一些解释:

"我骂'该死的母牛'并不是对你的,也不对其他某一个人,为的是一个特定的目标。"

警察用一种严厉然而平和的语气回答他:

"即使为了某个目的,或者为了别的东西,这话就压根不该说,因为一个人在执行自己的任务时,经受了不少痛苦,别人就不应再用一些废话去侮辱他……我再说一遍,您赶快走您的路。"

克伦克皮尔摆动双手,冒雨消失在浓重的夜色之中。

阿那托尔·法郎士

4月15日 报 复

我们行为的后果永不可能轻易为我们所了解,因为我们在无限世界中的行为的后果,呈现在我们面前也是无限的。

1. 我们的行为属于我们,而其后果则是老天的事情。

弗朗西斯科

2. 你是日工;那就做一天工挣一天的工资吧。

塔木特

3. 人想参悟上帝生活的奥秘,那是徒劳的;人的事业只在恪守他的诫命。

塔木特

4. 履行自己的义务,其后果则由命你履行义务的委托方来掌控吧。

塔木特

5. 你们事业的结果让别人去评判吧,你们现在竭尽全力要做好的,只是使你们的心灵此时此刻纯洁而诚实。

据 约翰·略斯金

6. 圣人关心内在生活,而非外在生活;他鄙视外在生活,而选择内在生活。

老子

7. 人的劳动的确定条件之一,在于我们追求的目标越远大,我们希望亲眼看到我们劳动开花结果的心愿越小,我们成就的规模就越大越宽广。

约翰·略斯金

8. 对事情本身和人的另一些事情来说,最为重要和必需的事情,是他看不到其结果的那些事情。

9. 每个人的行为越可敬、越卓越、越壮丽,其行为的影响也就越深远。

约翰·略斯金

10. 只是为了执行上帝意志而丝毫不考虑任何后果所完成的行为,是最伟大的行为。它只能由真正的人来完成。

11. 人世间隐藏着大量的罪恶和谎言,有如地雷中的炸药。要是我们把新的同样的罪恶和谎言填充进地雷,那么很显然,我们不会由此而破坏当前人类社会生活的安宁和平衡,可是,如果我们填充进地雷中的不是罪恶和谎言,而是善良和真实,那么,善良和真实作为火花就会引爆罪恶和谎言的炸药,罪恶和谎言就会立即暴露无遗,一目了然。

人仅仅为了避免地雷中炸药的爆炸而拒绝行善,并继续支持占统治地位的谎言,表明他并不懂得火药爆炸的意义。这种火药爆炸只是缓解了蓄积起来的罪恶,由此数量不至增加,且能有所减少。

耶稣本人承认,他由自己教义带来的不是和平,而是利剑和大地的纷争。他并不因通过这种方式暴露出来的那种罪恶而焦急不安,反而因善恶、光明黑暗的鲜明冲突而感到欢欣鼓舞,因为这种冲突足以使光明和善取得毫无疑问的胜利。

费多尔·斯特拉霍夫

12. 基督的一生作为人不可能看到自己工作结果的典范而显得特别重要。事业越重要,看到自己工作成果的可能性越小。摩西能带着自己的族人进入上帝许诺给他们的福地,但是基督无论如何都无法看到自己的教义结出的丰硕成果,即使他能活到现在也是如此。我们渴望从事神的事业,然而收获的却是人的奖赏。

要是你能看到自己活动的所有后果,那就足以说明,这个活动是微不足道的。

4月16日 人的价值

如果承认人自身和他人的尊严,那么一个人对另一个人无论是臣服、庇护,还是施恩,都与这主张是水火不相容的。

1. 任何人都可以要求别人尊重自己,就像自己同样应当尊重别人一样。

任何一个人都不能成为工具,也不能成为目的。人的尊严就在于此。就像他不能独占所有好处(这会有悖于他的尊严)一样,他同样无权放弃对一切人同等尊重的义务,也就是说,他必须在事实上承认每个人身上所具有的人这一称号的尊严,并因此对每个人都应当表现出这种尊重。

康德

2. 在讨论劳动者的幸福时,权势者常常表现出一副睥睨倨傲的庇护的腔调,这腔调对意识到劳动的真正的尊严的人的侮辱,比起他们可能遭受到的公开的蔑视更要令人难堪。在权势者一切同情的告白中表明:承认贫困是劳动者的一种自然状态,他们必不可免地会落入他们得不到好好庇护的这种境地。任何人都没有看到土地所有者和资本家必须对他们加以庇护的理由。有人告诉我们,劳动者能够自己照顾自己;只有那些贫困的工人才应得到救助。

亨利·乔治

3. 对民众的保护任何时代都是使用暴力的借口,都是为君主制、贵族、形形色色的特权所做的辩护。在世界历史上,不管是君主政体时代,还是共和政体时代,你能举出哪怕是一个例子能表明对工人群众的保护不就是对他们的压迫吗?手握立法大权的人所表现出来的那种对劳动者的保护,在最好的情况下,也不过是像人对家畜那样的保护。他保护它们,只是为了以后利用它们的力量和肉。

亨利·乔治

4. 最不足道的细节影响着性格的形成。

不要说细节乃区区小事。只有真正有德之士才能悟透细节的整个深长含义。

5.有些信徒,养成一种向每个和他们交往的人跪拜的习惯。他们说,他们之所以这样做,是因为每个人身上都有上帝的灵魂。这一习惯无论怎样奇怪,它的理由却是极其真实的。

6.人是怯懦的,老是请求对自己宽大为怀。他几乎不再说:我在,我思。

爱默生

一个人在为他人服务时,应当清楚地知道,他不是屈从他人,不是庇护他人,也不是施恩于他人,他只是在执行自己——不是对人,而是对永恒的法则——所担负的义务。

4月17日 信 仰

基督教是关于人身蕴含神性的学说。

1.基督教是简单的事业,确实极为简单:就是爱人,爱上帝。那就像天父那样去践行吧,那就生活在上帝之中吧,即为了最好的目的,采用最好的方法,去做最好的事情。

所有这一切都很简单,连黄口小儿都能明白,它是那样的美,以致连伟大的思想家都想不出任何比它更美的东西。

巴克尔

2.从摩西到耶稣,在众多的个人和众多的民族中,完成了伟大的理性和宗教的发展。从耶稣时代到当代,这种运动不管是在众多个人还是众多民族中都更加波澜壮阔。旧的迷误被抛弃,新的真理进入人类的意识之中。单个的人不可能像人类一样的伟大。一个伟人如果那样超前于自己广大的群众,群众就难以理解他。这样的时代到来了:他们开始从头追赶他,随后就超过他,而且离他越来越远,以致对那些依然站在伟人原先所站的地方的人,自然也就变得难以理解了。于是,需要有一个新的伟人出现,并开辟更遥远的道路。

巴克尔

3.对自己生活的意义缺乏明确的理解,缺乏所谓的信念,一个人每时每刻都有可能放弃他原先为之生存的一切原则,开始为他曾加以痛斥的事物而生活。

4.人生的目的,并不能那么轻易为人所了解,人可能明白的只是生活的潮流和趋向。

5. 一切宗教教义的本质在于爱。基督关于爱的教义的特点,在于这一教义鲜明而准确地确立了爱的主要条件,而这些条件一旦遭到破坏,爱就不可能存在。

这条件就是不以暴力抗恶。

6. 基督教的爱源于自身和所有人身上的神性因素一致的意识,这一神性因素不单体现在人身上,而且体现在一切生物身上。

———————

若要变得从容不迫而坚强有力,那就在自身确立起坚定的信念。

4月18日 知 识

重要的不是知识的数量,而是知识的质量。一个人可以知识极为渊博,却未必了解他最需要的是什么。

1. 无知并不可耻和有害,谁都不能无所不知,以不知佯装为知才可耻而有害。

2. 人不可能了解和懂得世界发生的一切事情,所以,他们对许多事情的判断并不正确。人的蒙昧无知有两类:一类是纯粹的、自然的、与生俱来的蒙昧无知;另一类是所谓哲人的蒙昧无知。当一个人研究了一切学术,了解了人类过去、现在所了解的一切知识以后却发现,所有这些知识,即使加在一起,也是那样的微不足道,以致根据这些知识,也不可能真正理解上帝的世界。他从而肯定,就本质而言,学识渊博者和那些普通人、非学者一样,同样一无所知。可是,有一些略知皮毛的浅薄之辈,他们学了某些东西,掌握了不同学科的肤浅知识,就自以为了不起。他们脱离了天生的蒙昧无知,但是并没有达到那些懂得人类知识的不完美和微不足道的学者的真智慧境界。这些自诩为聪明人的人,把世界弄得乌烟瘴气一团糟。他们自信而轻率地评判一切,自然,往往错误百出。他们善于使用障眼法,人常常对他们尊重有加,但是,普通百姓却发现了他们于事无补,因而对他们白眼相向;他们对百姓也是不屑一顾,认为百姓粗俗无知。

帕斯卡尔

3. 如果只是有些人被允许生产食品,其他所有人被禁止从事这一职业,或被迫无法从事这一职业,那么,食品质量就会低劣不佳。要是一个阶层攫取了科学和工艺的专利,这种低劣的现象也就会在这两者的范围里应运而生。两者的情况只有微小的差别:生活必需品不能过度超出天然而合理的界限,精神食粮则可以有最大的偏离。

4. 智慧是一个宏伟壮阔的对象,它要求所有能够贡献给它的一切充裕时间。无论你能怎样及时地应付那众多的问题,你仍然会不得不为那些应当加以研究和解决的众多问题感到苦恼。这些问题是那样广泛,那样纷繁,以致为了给才智以完满的工作空间,不得不要求从意识中摆脱一切多余的事情。我真得把自己的一生消磨在一些思想观念上吗?事实上,学者对讲话的思考远多于对生活的思考。得注意,过度卖弄聪明的鬼把戏派生出怎样的罪恶,它又如何能成为对真理的威胁。

塞内加

5. 高等学校教学上那种喋喋不休的饶舌,因为赋予语言以一种含糊不清、模棱两可的意义,所以往往只是规避解决难以解决的问题的一种共同协议,因为一句方便的、大都冷冰冰的"不知道"在学院里是人们不乐意听到的。

康德

6. 真理必须克服重重障碍才能丝毫无损地形成文字,并通过书籍重新传达给人脑。撒谎者是真理微不足道的敌人。真理的最危险的敌人,首先是那些激情洋溢的作家,当他们喝得酩酊大醉时,完全像另一个人一样讲述一切事物和审视一切事物;其次是自认为知识渊博的人,他们在人的每一个行为里看透或想看透人的整个一生;最后是那些道貌岸然、笃信宗教的人,他们出于尊敬而信仰一切,绝不研讨十五岁以前他们所学到的一切,他们极少使自己的研究触及未经研究的基础。所有这些人,都是真理最危险的敌人。

里赫登别尔格

7. 一切学术的最为热情洋溢的捍卫者,通常是那些对学术不存丝毫偏见的人。尽管他们通常对学术没有深入的了解,却私自以为,这是他们自己的不足。

里赫登别尔格

8. 文化是一块胶合板,它的上面常常覆盖着一层无知,而非教养。

留西·马洛里

9. 一个一无建树的学者,就像一朵不下雨的乌云。

东方智慧集

10. 那些力求用表达深入思考过的思想的陈词滥调去表达自己直接的思想的作家,其主要方面是不足为训的。要是他们不这样做,而是用相应的语言说出自己的观点,他们始终都有可能把自己的创造带进总的文化创造之中,使整体文化得以提高,他们也就可能得到足够的关注。

里赫登别尔格

对真实的知识而言,最有害的,莫过于使用含糊不清的概念和语言。而这正是伪学者惯用的伎俩,他们总是为模糊含混的概念杜撰一些模糊含混的、无关紧要的、虚构的语言。

4月19日　苦难

一个尚未意识到苦难的积极作用的人，尚不能理智地即真正地开始生活。

1. 只有在人类饱经忧患苦难的情况下，人类的一切伟业才得以完成。耶稣知道，他该期待这一苦难，他也预见到了这一切。他痛恨那些他对其统治必须予以消灭的人，痛恨他们的密谋、他们的暴力，以及他们对百姓的忘恩负义的背叛，而他却曾为这些百姓治病，并许诺以"天降食物吗哪"供应那身处旷野中饥肠辘辘的百姓食用。他预见到十字架、死亡，以及比死亡本身更加令人痛苦的被抛弃。这一思想在他心中萦回不去，当然，他实际上没有片刻被抛弃。即使肉体本能使他想要推开这杯"苦酒"，但是更加坚毅果敢的意志使他毫不犹豫喝下这杯"苦酒"。在这方面，他为那些他的事业的继承人提供了一个足以令人始终永志不忘的榜样，激励他们像他一样去拯救百姓，为使百姓摆脱迷误和罪恶的羁绊而工作。要是人们想到达基督指引的那一目标，那他们就该沿着同一条道路前进。只有付出这一代价，众人才能为人众服务。你们希望他们成为真正的兄弟，你们就得激发他们遵循他们共同天性的法则，你们就得与一切压迫、一切不法行为、一切伪善做斗争；你们要召唤公正、天职、真理和爱的王国降临大地——而那些其政权建立在相反原则上的统治者们怎么能不起而反对你们呢？难道他们能不做斗争就放任你们去毁坏他们的殿堂，建造另一种不像他们拥有的、不是凭人的双手可以建造的、由上帝亲自奠基的永恒的殿堂？丢弃这一幻想吧，即使你们曾轻率地以为你们曾拥有过这种幻想。你们干完这杯苦酒吧。他们把你们当作坏人抓起来，寻找种种伪证反对你们，对你们为之献身的一切响起一声断喝："你渎神！"法官判决：你该死！当这一切发生时，你高兴吧：这是最后的征兆——证明你确是天父所派来的征兆。

拉门奈

2. 如同沉沉黑夜才能显出天宇一样，只有痛苦才能显示整个人生的意义。

托罗

3. 没有痛苦，就不可能有精神的成长，就不可能有生命的升华，而伴随这痛苦而来的永远是死亡。痛苦是生活必需而有益的条件。民众中由此而传说，上帝爱那些身遭不幸的人。

4. 疾病缠身，失去亲人，极度失望，财产损失，朋友离去，乍看是无可挽回的损失，但是岁月却基于这种损失而成为一种深刻的治疗力量。

爱默生

5. 幸运在于人生的真理是为人由自发的无意识的生活转向理性的自觉的生活

开启的一道大门;所以,痛苦尽管还是痛苦,死亡还是死亡,但在理性的意识中,痛苦死亡被看作是一种幸福——普遍的、和平的、上帝的、永恒的、不朽的生活的幸福。

布卡

6. 人如何接受命运比之命运本身的实际情况,无疑更为重要。

汤波尔特

7. 一些小小的痛苦使我们失去自制,而巨大的痛苦则使我们恢复本性。有裂缝的钟发出浑浊低沉的声音,把钟打破而成两半,它会重新发出清脆响亮的声音。

让-保尔(里赫德尔)

8. 宗教的力量和恩惠,在于它向人阐明了人生存的目的和终极意义。当我们掷掉源自宗教的整个道德基础(在这科学和智力的自由世纪,我们总是这样做的),我们就已经没有任何手段去认知我们为什么活在这个世界上,我们在人间该怎么办。

命运的秘密以其一系列威严的问题从四面八方包围着我们,确实,我们就应当根本不去思考这一问题,以免使人感到生活是那么令人痛苦、惶恐不安的毫无意义。肉体的煎熬,精神的罪恶,心灵的疼痛,恶人的幸运,虔信者的被贬损——要是能够弄明白世界制度的内在秩序,要是可以假定其中存在天意,那么,这一切似乎都还可以忍受。信徒为自己的创伤高兴,他以忍耐应付自己敌人的不公和暴力,恶行甚至犯罪都没能使他失望。但是,对一个失去所有信念的人来说,罪恶和痛苦都已失去了意义,生活只是一种令人厌恶的玩笑。

阿那托尔·法朗士

――――――――――

一个拥有精神生活的人不能不看到,痛苦把他推向他所希望的完美目的;对这样的人来说,痛苦不再是痛苦,而成了一种幸福。

4月20日　自我舍弃

对一个意识到自己的崇高精神的人来说,自我舍弃是一种幸福,有如一个过着动物一般生活的人在欲望和性得到满足时一样。

1. 对他人行善的人是善良的。要是他为行善而痛苦,他就更优秀;要是他的痛苦来自他曾对其行善的人,那么,他已臻于最高的善;能够加强这种最高善的途径,则在扩大他继续行善所带来的痛苦,如果他为此而丧生,那么,这是最高的完美。

拉伯雷

2. 爱父母胜过爱我的人,不配做我的门徒;爱儿女胜过爱我的人,不配做我的门徒;不背着他的十字架不追随我的人,也不配做我的门徒。珍惜自己灵魂的人,他将失去灵魂;而为我丧失自己灵魂的人,他将葆有灵魂。

马太福音 10 章

3. 对一个人来说,没有比无私地为他人的幸福而劳作,即为永恒的幸福而劳作更崇高的幸福。如果民众都服从共同的利益,就像他们现在服从他们自己个人的企求一样,那么,他们就能迎来安宁和幸福,他们面前展开的,将是他们现在见所未见的天赐的智慧的无限表现。

留西·马洛里

4. 于是,耶稣对门徒说:"要是有人要跟从我,就当舍己,背起他的十字架,来跟从我。因为凡是要拯救自己灵魂的人,他的灵魂必定丧失;凡是为我丧失灵魂的人,他的灵魂必定得救。要是人拥有整个世界却因此而毁坏了自己的灵魂,那又有什么好处呢?人还能用什么赎回自己的灵魂呢?"

马太福音 16 章

5. 像火焰销蚀蜡烛一样,善也使个人生活消失殆尽。

像石蜡被火苗消融一样,承认个人生活就销蚀了从事慈善活动的可能性。

死亡毁灭了肉体,就像房屋建成而脚手架被拆毁一样。其房屋建成的人则乐意见到脚手架即自己的肉体被毁灭。

6. 我们的阳光中始终有黑斑:这是我们个人投射其上的阴影。

卡莱尔

7. 自私自利是灵魂的牢狱,它如同剥夺人身自由的牢狱一样;这种灵魂的牢狱同样真实不虚地剥夺人的幸福。

留西·马洛里

8. 只有当我们为他人而活着,只有此时此刻,我们才真正为自己活着。这看似奇怪,但是,当你试着一做,你的经验将使你对此深信不疑。

———

要是人过的是一种精神生活,那么,割舍世俗幸福可能算不得是他的一种功劳。因为他不可能别出心裁,另搞一套。他这时不是搞砸了,而是改善了自己的处境。

4月21日 生活制度

我们基督教世界民众生活制度行将到来的变化,在于以爱取代暴力,在于承认基于爱之上,而非基于暴力及对暴力恐惧之上的那种轻松而快乐生活的可能性。

1. 对那些因为失去财产、家庭、美、健康和人的声誉的人自怨自艾不加埋怨,对他们因为失去道德、纯净的理性、善良的习惯因而成了真正的可怜人而横加指责,都很难使人习惯。但是,为了让他们完成他们应担的义务,这种对人的态度又是必要的。

2. 我这样吩咐你们,是要叫你们彼此相爱。世人老恨你们,你们该知道,他们在恨你们之前已经恨我了。要是你们属于这一世界,世界必定爱你们,因为你们并非属于这一世界,我因此从这一世界中挑选了你们,所以世界就恨你们。

约翰福音 15 章

3. 有人以为有一种可以不用关爱人的处境,然而这种处境是不存在的。对于无生命的物可以没有关爱:伐树、制砖、锻铁可以没有爱,但是对人绝不可没有爱,如同对待蜜蜂绝不可没有谨慎一样。蜜蜂的特性是,要是你们对它们没有足够的谨慎,它们就会开始戕害你们,人也一样。

事情不能不这样,因为人与人之间彼此的爱乃是人类生活的基本法则。诚然,人不能像强使自己劳动一样去强使自己爱;但是却并不能由此得出结论说,对待人可以没有爱,特别是在向他们提出某些要求时尤其如此。你要是没有感到对人们的爱,那你就安稳地待着,照管好你想照管好的东西,只是人除外。如同只有在你希望无害有益的那一时刻事情才能无害有益一样,只有你热爱人的时刻,对人才能有益无害。只要你放纵自己丧失对人的爱,那么,你就会对人无限残忍、野蛮,自己的痛苦也就会变得无际无涯。

4. 在我没有看到基督最重要的法则——爱敌人——得以严格遵守之前,我一直在不断怀疑,他们是否真为基督而献身。

莱辛

5. 人一旦允许对他人做出己所不欲的事情,诸如惩处甚至残杀等形形色色的暴力,那么,所有关于爱的学说也就马上变成了一纸空文。

6. 为了成功地获得最大幸福,那就连最微细的罪过也不该做。

帕斯卡尔

7. 人世间不定何时曾犯过的最有害的错误,乃是使政治科学同道德伦理科学分离。

在与俗世一致时,人就会准备继续过这种生活。然而人不该那样生活。要是你那样生活,你就会推迟爱的王国的到来。应该为这一王国的降临而生活。为了这样的生活,就该把自己的生活建立在爱而非暴力的基础之上。

书简摘录

人所面对的大千世界,在他出生之前就已存在,在他死亡之后仍将存在。他知道,世界是永恒的,他也希望分享这一世界的永恒性。要是人的使命在于生活,他会把自己的命运托付给围绕他、激动他、嘲弄他、消灭他的那种永恒的生活。他知道开始而不希望结束。他大声呼唤,细语祈祷,"求索一种为了他的幸福而常常躲避他的真实可靠性,因为真实可靠的认识对他似乎是一种固定不变、死寂僵硬的东西,因为人的最强大的推动力是不可知的。因此,他在怀疑和否定中陷得无论怎样深,因为自尊、好奇、愤恨和时尚,他也始终会回到一旦失去就不能生活的那种愿望之中"。

所以,人对完美的追求偶尔会一时昏暗,却永远不会完全消失。哲学的迷雾穿越这一追求,就像月亮为云彩所遮掩,但是闪耀白光的天体仍继续着自己的行程,并突然从云彩后面显露它那固有的、光芒四射的本来面目。可以用来解释人身蕴含的无法遏制的完美追求的,是一种不顾一切的冲动,因为人以一种坚定的信念,一种狂喜,一种没有理性的分析判断的态度扑向不同的形形色色的宗教学说。而这些不同的宗教学说在给他无限的承诺时,还向他表示要为他提供与其天性吻合的一切,并进而把这一切置于确定的、为了完美永远是不可或缺的范围之内。

然而,事情早已如此,在人类运动的每一个驿站,特别是近百年以来,越来越多的新人摆脱了黑暗愚昧,以理性、科学和观察的名义,否定昔日所谓的真理,宣布它们都是相对的,企图击垮那些包含这些真理的学说。

确有这么一种力量,无论它是什么样子,创造了我们这个世界,因为正如我感觉到的那样,世界是不可能自己创造自己的;然而,这种力量在使我们成为它的工具之后,却为自己保留了应该赋予我们的知情权:它为什么把我们变成我们这样,它要把我们带向何方。这种力量,对认为是属于它的那些意向和向它提出的一切要求不屑一顾——这种力量似乎想保守自己的秘密,所以(我这里所说,都是我的所思)我以为,人类开始摒弃想要洞察这一秘密的愿望。人类开始转向什么也无须向其证明的宗教,因为宗教五花八门,各个不同;人类开始转向哲学,哲学也不必向其多作解释,因为种种哲学彼此矛盾;人类如今力求独自应付自己朴素的本能和自己健全的理性,因为他生活在大地上,由于不知道"为什么"和"怎样",人类就力求通过我们的星球提供给他的那些手段,成为尽可能做到的那种幸福之人。

有一些人,他们建议把劳动当作克服生活中一切困难的手段。药是对症适用的,人类因此至少仍是健全的,但人类始终会感到而且将继续感到生活的不足。让人通过自己的体力和智力去劳作吧,但获得食物、积攒财富或猎取荣誉仍然绝不可能成为他唯一操心的事情。所有那些囿于这一目标的人,当他们达到了这一目标的那一瞬间,他心中总会涌出他还有某些事物没有得到的感觉。问题在于,人无论会发生什么,会说什么,别人会对他说什么,他拥有的不仅是需要吃喝的肉体,不仅是需要教育和发展的才智,而且,他无疑还有要宣布自己要求的灵魂。而这灵魂正处于永不停息的劳作、持续不辍的发展和对光明及真理的追求之中。在灵魂没有获得完全的光明和争得整个真理之前,灵魂将使人感到痛苦。

灵魂从没像当代那样强有力地占有并支配人。它可以说弥漫于笼罩世界的整个空气里。有个别几个渴求社会再生的特别灵魂,逐渐寻觅,彼此召唤,日益靠拢,汇而为一,相互理解,组织小组,一个具有吸引力的中心出现了。如今,许多别的灵魂从世界的四面八方飞向这一中心,就像许多百灵鸟掠过平静如镜的水面一样。就这样,许多灵魂汇成了一个共同灵魂,为了使不久前还互相敌对的各族人民,能一致、自觉、不可阻遏地实现面临的统一工作及正确的前进运动。我在貌似全盘否定它的现象中找到并认清了这一新的灵魂。

装备一切民族的这些武器,由其政府彼此制造的这些威胁,重新压迫排挤某些民族,同胞间的这些敌对现象,是一种令人厌恶的景象,然而并不是令人厌恶的前兆。这是对应当消失事物的惊慌失措、焦虑不安的结果。在这种情况下,疾病只是一种生灵摆脱致命因素的坚定的努力。

那些曾经利用过昔日谬误的人为了阻挠任何变动而沉瀣一气,以期天长日久,甚至永远加以利用昔日谬误。因为这种原因——就出现了这些武器,这些威胁,这些排挤压迫。但是要是你们做更仔细的观察,那你们就会发现,所有这一切只是一种表面现象,看似声势浩大,实际却空洞无物。

所有这一切都已没有灵魂:灵魂已转移到另一地方。所有这些数以百万计被武装起来的人群,因为同一的歇斯底里的战争,每天操练不歇,然而,他们却已经不再仇恨他们应当与之作战的人,他们的魁首也没有任何人敢悍然出来宣战。谴责声正在下层传播,而上层也已开始以大的真诚的同情回应他们的正得到承认的公正性。

彼此理解已经不可避免地提到了确切的日程上来,而且来得比我们原先设想的时间要早。我不知道这事会不会发生,因为我将很快离开这人世,由地平线下升腾而起的照耀着我的光芒已经使我眼前发黑,但是我认为,我们的世界即将步入践行"彼此相爱"这一誓言的时代,我们不必争论这一誓言是由谁说出的,是上帝还是人。

从四面八方已经清晰可见的唯灵论运动,那么多自尊而天真的人想加以支配的运动,它无条件的是人性的。那些温和地一无所为的人也将如痴似狂地彼此相爱。显然,这事最初是不可能自然而然地完成的。肯定会有误会,甚至可能是血腥的误会,因为我们被培养得习惯于彼此仇恨,而那些昔日仇恨的培养者如今却在号召我们学会彼此相爱。然而,显而易见,这一伟大的兄弟情谊的法则总有一天会实现,所以我敢肯定,我们不可阻遏地希望它实现的那个时代即将到来。

大仲马

4月22日 灵魂的神圣本质

承认自己就是承认上帝。

1. 耶稣说:"信我的,信的不是我,而是信差遣我来的:人看见我,就是看见那差遣我来的。我作为光,来到这世界,为了一切信我的不再待在黑暗之中。要是有人听见我的话而不信服,我不审判他,因为我来是为了拯救世界,而不是审判世界。那排斥我不接受我的话的,自有审判他的法官,就是我所讲的道,在末日它将审判他。因为我不是代表我说话,而是传达差遣我来的父的话,他已经给我圣诫,该说什么,讲什么。我也知道,他的圣诫就是永生。所以,我说的话,一如父对我说的话一样。"

约翰福音 12 章

2. 最伟大的知识乃是了解自己的知识:了解自己的人,就能了解上帝。

3. 人的基本特性——会多多少少地厚此薄彼——并不是由时空环境造成的。而且恰恰相反,时空环境对人有无影响,仅仅是因为人在进入这一世界时已经有了极其确定的厚此薄彼的特性。正是由于这情况才造成了这一现象:在完全相同的时空条件中诞生和受教育的人们,常常会表现出与自己内在的"我"最尖锐的矛盾现象。

4. 没有灵魂的纯洁,为什么崇拜天帝?为什么说我开始崇拜天帝?作恶的人怎能崇拜天帝?

神圣性不在丛林,不在天空,不在大地,不在圣河。净化自己的肉体,你就能看见他。把肉体变成圣殿吧,抛弃丑恶的思想吧,用内在之眼去直观天帝吧。当我们认清了他,我们也就认清了自己。没有个人的体验,只有文本,就消除不了我们的恐惧,就像画成的火焰驱散不了黑暗一样。当你内心没有真情实感时,你的信仰,你的祈祷,无论怎样都不可能使你踏上幸福之路。认清真理的人才能再生。

真正幸福的源泉在心灵,在其他地方寻找幸福是疯子。他就像那怀抱着羔羊却寻找羔羊的牧人。

为什么你要准备石块去建设伟大的神殿?为什么你要那么折磨自己呢?其实

上帝就一直住在你里面。

院子里的狗比屋中无生命的偶像更好,世界大神比一切受崇拜的不朽人物更好。

像晨星一样生活在每个人心灵之中的光,这种光才是我们的避难所。

巴马纳-布拉纳

5. 批评一个不了解自己的人,说他为什么不由自己转向上帝,这是奇怪的。对一个了解自己的人说这话,才合适。

帕斯卡尔

人能把自己的"我"从屈从的、不稳定的困苦的情境转入自由的、稳定的、欢乐的情境之中:转入其精神的神圣本质的意识之中。

4月23日 纯 朴

真正的善永远是纯朴的。

纯朴是那样迷人,那样有益,以致令人惊诧莫名的是,生性淳朴的人怎么会那么少啊!

1. 幸福不必漂洋过海去寻找。感谢至尊的老天,他让必需的变得不难获取,难以取得的则是不必要的。

格里戈利·斯科沃洛达

2. 所有真正好的东西都是廉价的,一切有害之物都是昂贵的。

托罗

3. 每一个所谓进步的取得总伴随着某些损失,比如,某一群体靠一些新发明发了财,同时却丧失了我们人人都天生具有的某些特质。文明人拥有马车,但是,马车却差点控制了他们的双腿。他有漂亮的日内瓦钟表,但是,他却无法根据太阳的运转了解时间。他买了天文历,指望从中找出必需的知识,他却不会分辨天空中任何一个星座,识别不了秋分和春分。

睿智之士则抛开一切多余之物,最终回归到他所必不可少的事物上去。

爱默生

4. 我们所有的花费几乎都是为了模仿他人而产生。

爱默生

5. 服务于公共事业吧,用语言、节制、努力去从事仁爱的事业吧,这里不会说蠢话,不会做比过去曾干过的更糟的蠢事,在这里会克服怯懦和虚伪的羞愧,说做该说做的事,说做好事,说做喜爱的事情,哪怕所有的都只是一些很小的难以察觉的言行。但是,这极小的种子将会长出枝繁叶茂、足以覆盖整个世界的爱的参天大树。

6. 不必去寻觅丰功伟业。即使你只是做了你当前处境要求你做的事情,你若能竭尽全力完全按基督教的最好方式去完成,那么,你的生命仍将是充实的,丰功伟业是没有什么可寻找的。

7. 任何伟大的事业都是在难以察觉、谦逊、质朴的环境中形成的。不管是耕耘田地、修建房屋,还是放牧牲畜、思考问题,在如雷掌声和光芒四射的环境中甚至都无法进行。真正的伟大事业,永远是质朴谦逊的。

———————

想要显示质朴的人最少质朴。佯装的质朴是最大的令人厌恶的矫揉造作。

4月24日 勇 敢

真正的斗争勇气是那些知道其盟友为上帝者所固有。

1. 人间有苦难,但是,鼓起勇气吧,因为我已战胜了世界。

约翰福音 16 章

2. 为真理战斗至死,上帝将因你而获胜。

耶稣 西拉赫之子

3. 一个推翻了人类通常据以行动的动机和原因,并断然决定信赖自己的人,是幸福的。一个人如果能够不顾社群、习俗和命令而自主,而且使自己内心的坚定信念于他具有了对他人如一种"钢铁般的必然性"的巨大力量,那么,这样一个人的灵魂应该是高尚的,意志是坚定的,目光是清澈的。

爱默生

4. 无论发生什么,都不要失去锐气。任何坏事,只要不是作为人的你所固有的,都不可能发生。

5. 一切都游移不定、朦胧幽暗、昙花一现,唯有美德是爽朗清明的,是任何暴力都无法加以摧折的。

西塞罗

6. 割舍了个人利害的人是强大的,因为个人利害把上帝禁锢在人的心里。一旦抛开这种个人利害,在他内心行动的已不是他,而是上帝。

7. 有一次,罗马皇后丢失了自己的珍宝,于是在整个帝国发布了以下告示:"如果有人在三十天内找到并归还失物,他将得到巨额奖赏;如果三十天后才归还失物,他将被处以极刑。"犹太教拉比萨缪尔很快找到了遗失的珍宝,但是他却在三十天以后才把失物归还。皇后问他:"此前你在国外吗?"他答:"不,我就在家。""你也许不知道告示的内容吧?"萨缪尔说:"我知道。""那你干吗不在限期之前把失物送来呢? 你无疑该处死刑了。"

"我想向你证明,"萨缪尔说,"我把你的失物归还给你,并不是出于对惩罚的恐惧,而是由于对上帝的敬畏。"

———————

即使并不期待你为之服务的上帝的事业大功告成,但是你当明白,你的每一个努力都不是徒劳的,它推动了上帝的事业的发展。

4月25日 灵魂的神圣本质

人能够意识到自己是一种既是肉体又是灵魂的生物。只意识到自己是肉体的生物,人就不可能自由。而对灵魂的生物来说,甚至连怎样的不自由这样的问题都不可能存在。

1. 我实实在在告诉你们:那听我话的又信差遣我来者的,就有永生,不受审判,就已出死而入生。我实实在在地告诉你们,时候将到,现在就是了,死人要听见神之子的声音,听见的人就会活了。因为父怎样在自己里有生命,就赐给他儿子也照样在自己里有生命。

约翰福音 5 章

2. 究竟什么是"对上帝之爱"作为一种非强制的追求把最巨大的创造能量带进了自己的生活。神圣的创造力包蕴在一切之中,但是,这种创造力在这尘世的最伟大表现则在人自身,为了创造力能发挥作用,人必须承认这种创造力。

要是一个人不承认他能创造出最优秀的事物,那他就不可避免地造出最拙劣的东西。

选自 世界进步思想杂志

3. 我知道,应当时刻约束自己;我知道,上天知道一切,天道永世不变。我知道,上天看到一切,进入一切,参与一切。上天会钻进所有人的心灵深处,如同白天的光照亮黑暗的房间。我们应当力求反映他的光,就像两件调好音的乐器一样彼此呼应共鸣。

中国书经

4. 人的天性是坦白率直的,这种自然的坦白率直一旦在生活中沦丧,那么,人就不可能幸福。

中国智慧集

5. 当你思考灵魂的特性时,你会感到被禁锢在如同异乡的肉体里的这样的灵魂,比摆脱了肉体的羁绊,而又与其感到自己是它的一部分的那个对象结成一体这样的灵魂是更难以理解的。

据 西塞罗

6. 只有当你真诚由衷地说,你在一切里面看到了上帝的意志,你不再有一己的私意,你只是做他希望做的事,只有在此时,你才变得完全的自由。

爱比克泰德

人感到自己有多大程度的自由,取决于他在多大程度上由动物的生存转向了精神的生活。

4月26日 上　帝

上帝的意识是简单的,人人都能理解的。"他"的意识,则是无论什么人都难以理解的。

1. 一个聪明、谦恭、极有涵养,但是智力受到制约的人,他感到了自己的极限。他不能从中解脱出来,只是在这极限中寻找对自己的灵魂、自己的创造主的理解,同时却意识到他不可能真正彻底明白地加以理解,不可能用只有纯洁灵魂才会那样观照它们的方式去观照它们。他驯顺地面对它们,没有触动它们的掩蔽物,因为意识到他伫立在崇高的事物面前而感到心满意足。在极限前止步,对哲学只有好处,也是必需。这一极限之上的事物,是并非人生来就有的那种空洞抽象的对象。睿智的人对此总是弃而不论,因为它使人觉得很是陌生。

世界各民族都了解和尊敬上帝;尽管各民族都按照自己的习俗给他穿戴打扮,但是穿着这些不同服装的却是同一个上帝。然而被选定的、对学说有更高要求的少数特殊人物,因为不满足于所提供的简单健全的思想而去寻觅更加抽象的上帝。我对这些人不加评论。但是,如果他们以全人类的名义断然说,上帝之所以躲避人,是因为人类看不见他,那么,我敢肯定,这少数人是不对的。我承认这是可能发生的事情:某些人的狡计能够暂时使人相信这少数人,相信上帝是不存在的,然而这种时髦玩意不可能继续。无论如何,上帝是人须臾不可离开的。虽然有悖自然规律,上帝却会以更清晰的面貌向我们显灵,我相信,那些不信上帝的人仍然会虚构出莫名其妙的新理由去否定他。理智永远使心灵的要求屈服。

卢梭

2. 对我来说,世界上所有事物中最不能怀疑的,是我正意识到目前的自我。

3. 信仰上帝,如同人能用双腿行走一样,完全是他的固有本性;这种信仰在某些人身上可能会变形,甚至完全衰退,但是,它通常是存在的,对理性生活是必不可少的。

据 里赫登别尔格

4. 有上帝,然而"他"不存在;灵魂在肉体中,然而我们身体里却没有灵魂;世界被创造,然而它不是被创造出来的。把这两种论点相提并论是不可思议的。

帕斯卡尔

5. 宗教来自上帝,神学则来自人。

代舍尔尼

生活在上帝之中,和上帝一起生活,同时意识到自己身上的"他",然而别试图用语言去给"他"下定义。

4月27日 谴 责

反感引起对人的指责,然而过多地指责人也会勾起我们内心对他们的反感,反感越多,我们对他们的指责也就会越多。

1. 不要评判人,难道你不会被人评判?因为你怎样评判人,你就会受到怎样的评判。你用怎样的尺丈量人,人家也将用怎样的尺丈量你。为什么你在自己兄弟的眼中看得见树枝,而感觉不到自己眼中的树干呢?你怎么能对你的兄弟说,"让我帮你把你眼中的树枝拔掉",而不拔掉你眼中的树干呢?你这伪君子!首先把你眼中的树干拔掉,然后你才能看清怎样去拔掉你兄弟眼中的树枝。

马太福音7章

2. 广为流传最为习见的迷信之一,乃是认为每个人都有自己特定的属性:有些人是善良的,有些人是凶恶的;有些人是聪明的,有些人是愚鲁的;有些人热情洋溢,有些人冷漠平淡,等等。人并非如此。

谈到人,我们可以说,他常常善良多于凶恶,聪明多于愚鲁,热情多于冷淡;我们却与此相反。要是我们谈到一个人,说他始终是善良或聪明的,谈到另一个人,说他一贯是凶恶或愚鲁的,然而这是错误的。但是我们确实一贯以这种方式把人分类。这是荒谬的。

3. 您看到人的弱点,但是您并不知道,单单他所有行动中的一个行动也许就比您整个的一生还使上帝欢喜,即使人不幸堕落,您也看不到他们先前的伤心落泪继而深深忏悔的心情,然而当见证了他的苦难和悲痛的上帝已经为他辩护时,您却还在责备他。

选自 虔信者思想录

4. 要是两个人互存敌意,那么,错误肯定在双方。用零乘以无论多大的数,其结果还是零。敌意一旦出现,那么,敌对的任何一方都会充满敌意。

5. 要是人们发生了争吵,争吵的双方肯定都不对。情况尽管千差万别,但争吵者必定是双方。显然,在一方的行为完全无可指责的情况下,争端是不可能挑起的,正像火柴碰到绝对平滑如镜的东西不可能点燃一样。

勃

6. 好好理解,常常牢记,人总是按他感到的最适合自己的方式行动的。要是于他确实最为合适,那么,他是对的,可是要是他弄错了,那么,他会更糟。因为紧跟在任何迷误之后的,必然是痛苦。

要是你对此常常牢记不忘,那么,你对无论什么人就既不会郁闷生气,也不会愤懑难平,对无论什么人,就既不会埋怨责备,也不会破口谩骂,也就不会与无论什么人为敌。

爱默生

要是和亲人一起生活,就该妥善地约定,当某一个人开始指责另一个人时,彼此都应立即打住。

4月28日 劳 动

幸福毋庸置疑的条件是劳动,首先,这是一种由衷欢喜的自由劳动;其次,这种体力劳动能使人食欲大开,酣然入梦。

1. 阿尔卡其牧人的生活和我们钟爱的宫廷生活是两种荒谬而不自然的生活,尽管它们很是令人陶醉。因为在快乐变成为一种工作的地方,快乐绝不能成为一种真实的快乐。只有工作带来的休息,虽然罕有、短暂而不可预见,却常常惬意而有益。

康德

2. 体力劳动不仅不排斥智力活动的可能性,不仅能提高智力活动的品质,而且会鼓励智力的活动。

3. 手工劳作是所有人的义务和幸福；才智和想象的活动是一种特殊的活动,这类活动只是对那些承认这类活动的人才是一种义务和幸福。使命只有通过牺牲才得以断定和证明,而学者和艺术家为了自己的宁静和福祉才自我牺牲地献身于自己的使命。

4. 应该把永恒的闲散归入地狱之苦里,有人却恰恰相反,竟把它当作了天堂的欢乐。

孟德斯鸠

5. 哪怕在最为卑下的劳动中,只要他一着手工作,人的灵魂就会马上平静下来。疑虑、忧郁、沮丧、愤怒、绝望——所有这些恶鬼就像窥伺所有人一样,也窥伺着所有穷人；但是,当他意气风发地着手工作,这些恶鬼就不敢靠近他,只能远远地对他狂吠。人这时才会称其为人。

卡莱尔

6. 劳动是一种失去就会痛苦的诉求,但是无论如何都算不上美德。把劳动提升为一个人的优点,犹如把人的吃喝提升为人的优点和美德一样,同样都是荒诞不经的。

想要一个好心情,那就干活干到疲劳为止吧。但不要过度。破坏好心情的永远是游手好闲,或只是有时候极偶然的劳动。

每周阅读

鸡蛋一般的种子

有一次,孩子们在菜园子里找到一个像鸡蛋一般的玩意儿,中间有一长条缝隙,宛如一颗种子。一个过路人见到了孩子的小玩意儿,花五戈比买了下来,带到城里,把它作为稀罕宝贝献给了沙皇。

沙皇召来一批饱学之士,吩咐他们弄清这小玩意儿是什么——是蛋还是种子？饱学之士们想啊,想啊,却百思不得其解,难以回话。这小玩意儿被放到窗台上,一只母鸡进来,开始啄食,并在上面啄出了一个小洞,大家这才发现,这是一粒种子。饱学之士走去报告沙皇:"这是一粒黑麦种子。"

沙皇很惊讶,吩咐饱学之士们去弄清楚这粒种子生长在何时何地。饱学之士们想啊,想啊,他们到书本里去寻找答案,可是一无发现。他们向沙皇报告说:"您提出的问题我们无法回答。我们的书对此一无记载。该向农民去讨教,看看他们中有没有人从老人那里听说过这样的种子何时何地播过。"

沙皇派他们去找老农并吩咐把他带到自己那里。他们找到一位年事甚高的老人，带他到了沙皇那里。一个面有菜色、满嘴没牙、吃力地拄着双拐的老人走了进来。

沙皇把种子给他看，可老人已经老眼昏花，他勉强看了看半粒种子，又用双手抚摩那半粒种子。

沙皇开始问他："老爹，你知道这种种子长在哪里吗？你在自己的田地里种过这种粮食吗？或者你这辈子有没有在哪里买卖过这种种子？"

老人耳背，听得极费劲，好歹总算听明白了。他开始回答说："这种种子，说起来，我在自己的田地没有播过，没有收过，连买卖也没有过。人们开始粮食买卖那时候，种子已像现在一样，颗粒同样是小的。看来，该当向我的老辈人去请教，也许他听说过这样的种子生长在哪里。"

沙皇派人把老人的父亲带到自己那里。这是一个年事已高、拄着一根拐杖的老人。沙皇开始把种子给他看。老人用双眼看了又看，看得很清。沙皇开始问他："老爹，你知道这种种子长在哪里吗？你在自己的田地里种过这种粮食吗？或者你这辈子有没有在哪里买卖过这种种子？"

虽然老人的耳朵不太管用，可是听觉还是比儿子强。"这种种子，我在自己的田地没有播过，没收割过，而且连买卖都没有过，因为我那时候还没有钱，连工厂都没有。那时大伙靠自己的粮食过活，而且根据各自的需要，大伙彼此共享。我不知道这些种子生长在哪里。尽管我们那时候的庄稼比现在的庄稼长得更壮实，打出的粮食更多，但是，这样的种子我见都没见过。我听我老爸讲，他生活的那年代，粮食长得比我们的要好，产量要高，庄稼壮实。该去问他。"

沙皇派人去找这位老人的父亲。老爷爷找到后，被送到沙皇那里。老人并没拄拐杖走到沙皇那里。他脚步轻松，两眼放光，听得清，说得明。沙皇把种子给老爷爷看。老爷爷左看右看看了一阵。他说："这种旧良种我很久没见到了。"老爷爷把种子咬下一点，在嘴里嚼了一嚼。

"对，就是这。"他说。

"好老头，告诉我，这种子长在哪里？你在你的田地种过这种粮食吗？你这一辈子有没有在哪里买过这种种子？"

老人说："我们生活的年代，到处都长这种庄稼。"老人说，"我一辈子都用这样的粮食养活自己，养活人。"

于是沙皇问："那你告诉我，好老头，你是在什么地方买过这样的谷物，还是你自己就在你的田地里种这种谷物呢？"

老人微微笑了一下。

"当时，"他说，"任何人都不会想到买卖粮食这种罪恶勾当。人连钱是什么都不知道。大家有粮食，人人都满足。这种粮食，我亲自动手播种、收割和脱粒。"

沙皇问:"那你告诉我,好老头,你是把这样的种子撒播在哪里呢?你有自己的田地吗?"

老爷爷说:"我有田地——上天的土地,翻耕开辟出来就是田地。土地供大家随意使用。大家都不认为土地是自己的。只有劳动才可算作是自己的。"

"那你告诉我,"沙皇说,"我还有两件事不明白:第一件事,为什么原先这种谷物可以生长而现在却不再生长?第二件事,为什么你的孙子用双拐走路,你的儿子拄一根拐杖走路,而你却就这样走来,脚步轻快自如,双眼炯炯有神,牙齿坚固牢靠,语言清晰有礼?老爷爷,请告诉我这两件事的原委。"

老人说:"这两件事发生的原委,是人们不再凭自己的劳动生活,而且对别人的东西眼红。古代生活并不这样:那时按照神的旨意生活:只管理支配好自己的一份,并不贪别人的财物。"

托尔斯泰

4月29日 疾 病

人在有病时还应像健康时一样去践行自己的使命。

1. 一个人如果不怀疑死后自己生命的不可毁灭性,那么,所有疾病于他似乎只是接近了由一种生活向另一种生活的转折——一种与其说是不合心意的毋宁说是合乎心意的转折。于是,他就会忍受病痛,就像我们忍受紧张劳动造成的疼痛一样,因为我们知道,它的结局是好事。在疼痛发作时,我们也许会对我们正在完成的事情做出解释,新的情况很可能即将到来。

2. 大家通常以为,能为上帝效劳,成为有益的人的,只是那些健康的人。错!恰恰相反。基督反倒是在他被钉在十字架上奄奄待毙而宽恕了那些杀害他的刽子手之时为上帝和民众做了最大的服务。所有病人都同样能做这类事情。因而不可说,健康还是有病,哪种身体状况更适于为上帝和民众去效劳。

3. 从人们开始思考起,他们就已承认,任何事物都比不上有关死亡的记忆能那样深刻地影响人的精神生活。有一种指向虚伪的有害艺术,本应关心减轻死亡的痛苦,却反而提出了这一目的:使人回避死亡,开导人寄希望于回避死亡,远离有关死亡的思想,从而使人们丧失促进精神生活的主要动机。

4. 只有为自己,为自己效劳才需要更好的体魄和更多的精力,为上帝效劳则不仅不需要这些条件,而且往往相反。

5. 在与病人打交道时,我们常常忘记病人最需要的是什么。他们最需要的不是要向他们隐瞒那日益逼近的死亡,而是相反,我们应当促使他想起自己的使命:意识自己那精神的日益成长的神圣天性,这一天性不应减弱或消亡。

疾病在削弱一个人的体力的同时,几乎永远使精神力量得以释放。而对一个把自己的意识转入精神领域的人来说,疾病并没有使他丧失幸福,而是相反,使他增加扩大了幸福。

4月30日 生活的意义

一个人不知为何而生,似乎是不能生存的。所以,人第一位的工作是,应当彻底弄明白自己生活的意义——何况知道这种生活意义的人过去和现在确实存在。然而,多数自诩为有教养的人,即使达到了他们自认为可能达到的人生顶点并以此傲人,他们却从这高处看到了生活的毫无意义。

1. 人对生活有两种完全不同、针锋相对的观点。

一种观点认为:我知道我是由自己双亲所生的,如同我周围其他所有的生灵一样,都生活在一定的我应当加以探索和研究的环境之中。我研究自己并研究另一些无论是有生命还是无生命的存在物,研究他们所处的那种环境,并与这些研究相适应,确立我自己的生活。对起源问题我通过观察和实验做了探索,积累起越来越丰富的知识。但是,对于这整个世界从何而来,它为何存在,我为何在其中生活这些问题,我仍无法回答,因为我发现,我不可能那样确切、明白和证据确凿地回答这些问题,有如完全像我回答世界上现存事物的环境一样。所以我由之而来的上帝是否存在的问题,这一上帝为了自己一定的目的而为我的生活规定法则的问题,其答案因为是不明白、缺乏确凿证据的答案,我不可能予以承认。而那些探求各种不同生活现象的原因和条件这类问题的答案则是明白而证据确凿的。

不信教的人如是说:他除了凭观察所得及据观察所做判断外,不允许有任何可能的另一种知识。他即使不正确,却也具有真正理性的一贯性。

承认上帝的基督教徒说:我意识到自己活着,只是因为我意识到自己是有理性的,由于意识到自己是有理性的,我不能不承认我的生命及一切现存事物的生命应当同样是有理性的。为了成为有理性的人,生命应当有目的。这种生命的目的应当在我之外——在那"人"中。我和所有存在物之所以存在,就是为了完成"他"的目的。这"人"是存在的。我理当毕生执行"他"的律令(意志)。至于诸如要求我们执行他的律令的那个"人"什么样,这种理性生活什么时候出现在我身上,它怎样出现在一切时空中的另一些人身上,换言之,上帝是什么,是个体人,还是非个体人,他怎样进行创造,世界是他创造的吗,我身上什么时候出现灵魂,在什么年龄出现,灵魂怎样出现在另一些生灵里面,它从何处来,又向何处去,它生活在身体的什么部位——所有这些问题都应搁置不议,因为我知道,再往前,在对其做观察和判断的范围里,我绝不可能获得最终的答案,因为一切都被掩盖在无穷的时空中。据此,我不承认由科学所提供的那些答案,如世界怎样发生的,灵魂怎样开始的,灵魂处于大脑的什么部位等。

第一种观点,不信教的因为只承认自己是动物性的人,所以承认的只是那些外在感觉必需的东西,而不承认精神的因素,并通过自己生存毫无意义的观点,而与破坏理性要求的现象妥协。

第二种观点,基督徒因为只承认自己是理性的人,并由此只承认与理性要求相对应的事物,所以并不承认那种外在经验的真实性,并由此认为所有这一切都是莫名其妙而错误的。

两者同是真实的。但两者之间是有区别的——而且是重要的区别——据前者的世界观来看,世界的一切都是严格科学的,合乎逻辑的,理性的,所以,除了人和整个世界的生活本身之外,其他事物没有任何意义。所以,尽管有相反的尝试,从这一世界观却仍能得出许多有趣而讨人喜欢的主张,虽然仍无法得出对指导生活任何有用的观点。至于第二种世界观,则可断定,人和整个世界的生活具有确定的理性的意义,将这种世界观应用于生活时具有最直接、最简单、人人都可接纳的特质,同时还不至破坏在这种情况下被置于其固有地位上的科学研究的可能性。

2. 生活通过意识而展开;它无处无时不在。我们的迷误在于,我们把不向我们公开的生活才称作生活。

3. 生活的真正目的,在于认清生活的无限性。

4. 人可能不知道他为什么活着,但是他不能不知道他应当怎样活着。
大工厂的劳动者不知道他为什么要做那些他所从事的工作,但是,如果他是一个出色的劳动者,他定会知道,他应当怎样去做他所从事的工作。

5. 人间存在两种生活观。一类人从个人的感性的角度看待生活,认为世界是为他们所构建,上帝被虚构出来是为了人的需要,他们为毫无意义的痛苦和死亡而愤怒。另一类人的生活观则与之相反,是精神性的。根据这种观点,人相反要为世人为上帝而活着,根据这一观点,事情十分明白:要是人受苦,走向死亡,那么,也许这对世界的生活是必要的,也是符合上帝心意的。根据这第二种观点,不管是我们的出生,我们的痛苦生活,还是我们痛苦的死亡都是有意义的。根据这一观点,世界的构建是理性的,合目的性的,然而根据前者的观点,一切都是无意义的,不合目的的。

和这两种生活观相适应,人们通过两条道路走向真理,走向一个目标。根据第一种感性的观点,一个人因为不愿被人打败,做着争斗,却在各方面遭到失败,伤心、厌倦、烦闷和疾病,生命中充满痛苦,但是,最终他还是屈从于事物的威力,换言之,屈从于上帝的法则和意志,他像一个被缚的奴隶一样,不由自主地、不自觉地接受支配,遭受极大的辛劳,获得极菲薄的幸福。根据第二种公道的观点,人自觉地迎着真理前进,作为天父、真理之父的理性的孩子,绕过了一切构成被缚的奴隶不自觉的命定的痛苦,生活的幸福、欢乐和福祉是真实、自然而非造作的,所以是最珍贵的。人人所得都是平等的,并不因观点而有差别。人因为第一种观点而拥有这种生活的欢乐,人并不因为这第二种观点而被剥夺了这种生活的欢乐。

布卡

每个生灵都有指明他在这一世界中的位置的机能。就人而言,这种机能就是理性。

要是理性没有向你指明你在这一世界中的位置和使命,那你得明白,这种错误并不在世界的错误制度,也不在你的理性,而在你赋予理性以虚假的指向。

五 月

5月1日 勇 敢

对一个认为自己的生活在于道德完善的人来说,面对外部世界的事故是不可能惶恐悚惧的。

1. 阿布·哈尼发赫因为拒绝承认卡特的学说,被哈利法阿里蒙卓尔投进巴格达的监狱,并死在那里。这位著名导师有一次受到沉重的打击之后,对那个重击他的人说:"我能以怨报怨,但我不这样做。我可以向哈利法控告你,但我不准备控告。我能在祈祷时向上帝诉说你对我的侮辱欺凌,但我断然不这样做。在审判日我将有机会希望向你做神圣的复仇,但是要是这一天现在就来临,你将会听到我的哀求,我只愿和你一起进入天堂。"

波斯智慧集(捷尔别洛)

2. 别以为人的勇敢只是勇气加力量,最高的勇敢乃在超越愤怒而爱那欺凌者。

波斯智慧集(捷尔别洛)

3. 指摘责备自己的事务吧。如果指摘责备,你就不会绝望。

爱比克泰德

4. 我在暗中告诉你们的,你们要在明处说出来,你们耳中所听到的,要在房上宣扬出来。

那杀死身体却不能杀死灵魂的,你们不用害怕,那能毁灭灵魂和身体的,你们才最要畏惧。

马太福音10章

5. 怯懦,在于知道这事当为而不为。

孔子

6. 任何痛苦都不会比恐惧痛苦更巨大。

恰科

7. 要是有人侮辱我,这是他的事,他的癖好就是如此。他的生性就是如此,我也有自己的脾性,是那种我认为是人的本性所固有的脾性,而我坚持在自己的行为中忠于自己的脾性。

马克·阿夫列里

8."不要把自己的心撕碎。"智者说,"不要为往事、为被遗忘的往事悲泣。"做那该做的事吧,像星星一样,既不懈怠,也不慌张。

盖齐

要是你对什么心存畏惧,那你得明白,你害怕的原因在你自身,并不在你身外。

5月2日 语 言

人们不认同真理,最常见的原因是他们感到,真理向他们建议的是一种处身其中有辱于他们的形式。

1. 萌动的争吵宛如穿过堤坝的急流:一当穿透,就难以阻遏。

塔木特

2. 人能轻而易举地开始争吵,但是,它却像那熊熊燃烧的火焰一样,常常难以扑灭。

3. 当我们在争执时感到气愤难平,我们已不是在为真理做论争,我们只是在为自己的意气而发难。

卡莱尔

4. 除非他能通过自己的思想加以证实,我任何时候都不能使别人对这思想深信不疑。这就意味着,我应当假设他有良好可靠的常识,而情况相反时,我想通过我的道理说服他支持我的那种愿望是徒劳无益的。与此同理,除了他本人动了感情,我不能打动别人的心灵。这也意味着,我也应假设他拥有一颗相当善良的心,在情况相反时,在我对恶习做描述、对美德做颂扬时他绝不会对恶习感到厌恶,由美德受到激励。

康德

5. 在争论中,力求语言柔和而证据确凿,应当使论敌信服,而非令其苦恼。

维里金斯

6. 任何方法都比不上为理性效力的人平和的态度那样能促进理性的胜利。真理的痛苦常源于其拥护者的狂热甚于其论敌的攻击。

培

7. 随那讲话人是疯子吧,听者,那你就变得聪明一点好了。

温和的回答远离仇恨;抱怨的话语则激起愤怒。

8.要是一个人理该获得赞美,你就尽力不要拒绝夸奖他;否则,你不仅可能因此而使他偏离正道,使他失去他需要得到的支持和赞赏,而且你也会失去因为他人的劳作而对他人加以赞美的那种快乐。

约翰·略斯金

如果你知道真理,哪怕只是想知道真理,那就尽可能把它转达得朴实一点,主要是要尽可能转达得委婉平和,对你向之转达真理的那个人充满爱意。

5月3日 知 识

人们认为自己的使命和幸福无论是什么,学术将成为这种使命和幸福的学说。

1.睿智之士学习是为了求知,渺小庸人学习是为了扬名。

东方智慧集

2.我们这里所谓的科学和艺术,乃是空虚的头脑和感情的产物,其目的正是愉悦同样空虚的头脑和感情。我们的科学和艺术是莫名其妙的东西,对民众毫无启迪,因为他们根本无视民众的福祉。

3.一个人活着,只是为了在其力量和环境允许的范围内促进自己及其亲人的幸福。在这种情况下,为了达到自己的终极目标,他必须利用前人的经验。他必须学习。

偏离了这一目标,学习简直有可能只是一种对其他人过去所做的一切的转述,这意味着他所从事的是学术中最次要的工作。这种人同样很少能被称为真正的学者,如同目录不被称作书一样。成为一个人意味着不仅仅要去求知,而且要像我们的前辈过去曾为我们所做过的那样,为我们的子孙后代做应做的一切。难道我耗费一生去研究学者的历史,不就是为了避免重复已经发现过的东西吗?同一思想有意重复两次,只要它从新的角度加以表达,这并无任何不妥。要是这是你独自思考所得,你发现的即使是原先已经发现的,也仍然是需要的。

里赫登别尔格

4.为了达到道德的完善,最需要的是关心灵魂的纯洁。而灵魂的纯洁,只有在心灵寻求真理、意志寻觅圣洁的前提下才能达到。这整个儿都有赖于真知灼见。

孔子

5.要是有人问,怎样认出先知?那你就答:那个给我提供我自己心灵知识的人就是。

台札季

6. 如果人们为自己研究学问，那么，这种学问对他们是大有裨益的；可是，如果只是为别人，为装出一副学者的架子而去做这一工作，那么，这种渊博知识不仅无益而且有害。

中国智慧集

7. 人们在自己的迷信中比在自己的学术中更贴近实际的真理。

托罗

任何人的生活目的都只有一个：使仁爱之心日臻完善。所以，人需要的只是那些引导人通向这一目的的知识。

5月4日 思想的力量

任何用语言表达出来的思想都是一种力量，其作用是无限的。

1. 我们的每一种思想，我们的每一种感情，在其私人的短暂的环境中可能是孤立的，但是，它们现在、过去和未来都能在人类中找到其余音回响。某些为大部分人类所承认的领袖和启蒙者的这种余音回响是巨大的，并且以一种特殊的力量传播扩散着。没有一个人，其思想会对另一些人不发生同样的影响，即使这影响已弱化了许多倍。灵魂的任何真诚呈现，个人信念的任何表白，都是为某些人或某些事物效力的——即使他并没意识到这一点，甚至被禁止讲话，或者脖子上套上了绞索。对一些人说的话葆有一种不可毁灭的影响，正像一切运动可转化成另一种形式却不会被消灭一样。

阿米埃尔

2. 源于人的心灵的善良规则，像良好的榜样一样，都是同样有益的。

塞内加

3. 你们具有并表达的思想最终会转化为行善或作恶的能力，在你们的发展和成长过程中，这种行善或作恶都将反馈于你自身而使你身受其祸福。

留西·马洛里

4. 表达得简练而有力的思想能大大促进生活的改善。

西塞罗

5. 天真和童稚是圣洁的。父母就像播种的农夫，他们把有益于孩子成长的语言撒播进孩子的心田，他们所做的是一宗神圣的事业，也许永远应当以一种宗教的虔敬、祝福和祈祷的态度去完成这一事业，因为他们是在为神国不懈劳动。任何播种都是一种神秘莫测的事业,不管是把种子撒播在田地里,还是人类的心田中。所有人都像庄稼汉:他的整个任务(要是他十分明白这一任务的话)在于使生活完善,并把这完美生活推广到各地;人类的使命就是如此;这使命是神圣的。语言则是完成这一使命的主要武器。

我们常常忘记,语言同时具备两种性能:既是播种,又是启示。适时说出的语言,其影响是不可估计的。噢,语言的意义是何等深邃,我们又是何等木讷迟钝,只因为我们是肉身凡胎!我们看到岩石、路两边的树木、我们村舍的环境,我们看到一切物质的现象,但是我们却难以发现鱼贯而过的隐形的思想,而它却正充盈弥漫在空中,以其双翅持续不断地在我们每个人的周遭拍击翱翔。

阿米埃尔

6.思想是理智生活的力量,它源自人自身,并视个人不同的品质做出抉择,或做出该受诅咒的坏事,或做出值得祝福的善事。

留西·马洛里

7.用语言表达出来的真理,乃是人们生活中最强大的力量。我们之所以没有意识到这一力量,只是因为它的结果并不是瞬间呈现的。

好好运用人的善良思想,若是不能创造出同样的思想,那么,至少不要去推广普及自己或别人的那种模棱两可的因而是虚假的思想。

5月5日 教　化

修养的基础是宗教学说,即阐明生活的意义和使命的学说。

1.人们认为对法庭撒谎是犯罪,和身份相同的人打交道说假话是卑劣行径,但是他们却又认为,和儿童胡诌,假话连篇,不仅仅不是错误,而且相反几乎是必要的。然而显而易见,事关儿童,大人们对他们说话似乎更应慎而又慎。

2.宗教学说,作为一种对生活意义和使命的阐释,也是对千百年前人们探索所做的一种回答,它已不能使当代人感到满意。孩子们首先受到的教育,是用以回答千百年前人们的要求的那种知识——这是一种骇人听闻的错误。

"如果只能这样教育培养孩子,那么,一切模糊不明的事物将只能弄得他们完全莫名其妙!"(里赫登别尔格)

这些主张表明,不该像通常那样对儿童暗示说,所有难以置信的迷信是有根据的。儿童因为接受了这种观点,就会习惯于这种模糊不明、难以全信的东西,把莫名其妙的东西视为可以理解的事物。

3. 童年时代过度而且超前获得的一切相关知识，在此后及至桑榆之年，大概都会被我们遗忘殆尽。一个爱刨根求底的人，最终会成为自己青少年时代迷误的诡辩论者。

康德

4. 教给孩子们的，只应当是即使在他们成年之后也不用在原有理解上添加其他意义的那一类知识。

5. 要永远说真话，和孩子们打交道尤其如此。答应他的一定要做到，不然，你将使他们对谎言习以为常。

塔木特

6. 在教育孩子方面过度雕琢是否有害？要是能对这一问题做一调查，那该多好。我们对人的了解没有充分到足以阻止人去干这种事情（如果可以这样说的话）。我相信要是我们的教育家如愿以偿，我想要说的是，要是他们能完全按照自己的设想来培养孩子的话，那么，我们可能不再会有任何一个真正的伟大人物。通常谁都不教我们生活中最必需的知识。

人以整个大自然为师，因此，千万不要让他变成一块蜂蜡，让某个教授在其上烙下自己崇高形象的印痕。

里赫登别尔格

不要对正接受教育的人讲你压根不相信的或心存怀疑的知识，特别不要把这些东西冒充为神圣的、毋庸置疑的真理。这样干，就是罪大恶极。

每周阅读

I 教育

每个人都拥有独特的才能，能完成特定的任务。必须尽力发现孩子们身上的这种独特的才能，并与此相应安排对他的教育。在共修了人人都必需的那些知识门类之后，还必须安排教育以促使在他身上发现的那些特殊才能的发展。教育意味着培育孩子的特长，而非造就他身上没有的那种新特长。后者是不必要的。

但是，有一种东西是对所有孩子都是必需的。就是必须赋予孩子以忠实可信的生活概念，以及这个世界所呈现的形态。而他们就是为了完成他们人类的任务而被差遣到这一世界的。

生命是一种义务，一种任务，一种使命。为了整个神圣的事业，不该向他们灌输有关个人或共同幸福的学说。个人幸福的信念使孩子们成为自私自利的人。共同幸福的信念迟早会使他们走上相同的结果。他将憧憬根本无法实现的东西,他们青年时代会为这不可能实现的幻想而奋斗,日后,当他发现自己心灵的幻想无法很快实现时,他就会全神贯注于自身,竭尽全力去争取个人的幸福。这样,他也就深陷利己的泥潭而不能自拔。

教导他,生活只有作为一种任务或义务时才有意义;幸福,照耀着行人的幸福的太阳会对他微笑,其时,他应该乐于和祈求上帝为他祝福;但是寻求幸福只能把人导向死亡,最大可能是使他在某一时刻失去享受幸福的机会。教导他,为了自己的同伴,那些他对其负有责任的人,他应使自己在道德和智力方面日臻完美,他应努力获取真理,并随即用言行为其服务,毫不畏惧、持续不断地使它体现于生活之中。为了确定真理,他要接受两个方面的指引:或是自己个人的意识,自己的良知和信赖,或是全人类的意识。

约瑟夫·马志尼

II 教育书简(摘录)

应当成为一切教育基础的,首先是已被我们学校抛弃的那种对生活的宗教性理解,当然,主要不在教授的形式方面,而在整个教育活动的指导原则上。根据我的理解,能够而且应当成为当代人生活基础的那种对生活的宗教性理解,用最简单的话说,就是这样:我们生活的意义在于执行无限始基的意志,因为我们已意识到我们只是这一始基的一部分,而这一意志就在于一切生灵首先是人的团结统一,在于他们的兄弟情谊,在于他们的互助合作。从另一角度说,对生活的这一宗教性理解则可做这样的表述:生活的事业乃是整个生灵的团结统一——首先是人的兄弟情谊、互助合作。之所以这样,是因为我们生活在这样一个范围之中,我们在其中清楚地意识到自己只是整个无限的一部分,而无限的规律正是这种统一。在任何情况下,宗教性理解下的生活表现,即通过爱达到所有的团结统一——首先是人的兄弟情谊,它是生活实践的主要规律,它应当成为教育的基础。所以,一切导向团结统一的主张在儿童身上应好好加以发扬光大,导向相反的一切则应予以制止。

孩子——与青年时代相比尤其如此——所处状况始终被医生称为启发诱导的第一阶段,只因为他们处于这一阶段,孩子才会去学习,接受教育(他们接受启发诱导的能力使他们完全受大人的支配,所以,对我们以什么和怎样诱导他们则并不能很加注意)。所以人们从事学习和接受教育始终只通过两种启发诱导的方法来进行:有意识的和无意识的。我们用以教导孩子的一切——从祈祷、寓言,到舞蹈、音乐——所有这一切都是自觉的教育,孩子们并不按照我们的意愿而进行的模仿,特别是模仿我们的生活,我们的行为——则都是无意识的。有意识的浸染诱导,这就是教导、训练和教育。无意识的浸染诱导,这就是榜样。狭义的教育,或如我所谓的启迪,在我们的社会里,前者指向强制,后者则是不由自主的,由于我们的生活愚蠢,它总是遭到忽视。作为教导者的人,或者用最普通的办法,即向被他们置于特殊环境(中等武备学校、专科学校、寄宿中学等)中的儿童掩饰隐瞒自己及一般成年人的生活,或者把应当无意识发生的行为转进有意识的领域之中:他们对道德生活早定有成规;在这种情况下,必须加上一句:fais ce que je dis, Mais ne fais pas ce que je fais(照我说的做,不要照我做的做)。

由此就出现这一现象,教育正在我们社会中极不相称地远去,因此不仅落后陈旧,而且完全缺失真正的培养或启蒙。要说它还存在于什么地方的话,那也只存在于贫困的工人家庭之中。事实上孩子受着两个方面的影响:无意识的方面和有意识的方面,但是不管是对个别人还是对群体,具有无可比拟的重要性的是前者。换句话说,是一种无意识的道德启迪。

某个银行家、地主、小官吏、艺术家、作家过着富足的生活,过着不酗酒、不淫乱的生活,也不骂人,也不羞辱人,他们想对孩子进行道德教育,但是这同样是不可能的,这就像想教会孩子们一种新的语言,却又不用这种新语言说话,又不给他们提供用这种新语写成的书籍一样的不可能。孩子会听到道德法则,听到尊敬人的教诲,但是他们会不知不觉中,对某些事情不仅加以仿效而且把它当作法则加以接受:一些人命令他人刷靴子和衣服,运送水和垃圾,准备膳食,而另一些人则把衣服、房间弄得脏乱不堪,享用美餐,等等。一个人只要严肃地接受生活的宗教基础——人的兄弟情谊,那么,他就不能不看到,有一些人靠剥夺其他人的金钱为生,并强迫人赚回这些金钱而为其服务。这些人过着不道德的生活,他们的任何说教都无法使他们的孩子摆脱这种不道德的诱导熏陶,潜移默化。这种启发诱导或将和他们伴随终生,并曲解他们有关生活现象的所有判断,或将在经历了许多痛苦和错误之后,通过巨大的努力和克服重重困难,才得以一一予以粉碎。

总之,教育,无意识的启发诱导浸润熏陶是最重要的。为了使教育是好的,合乎道德的,说得夸张一点,就是教育者的一生一世都必须是纯洁无瑕的。有人问,所谓好生活是什么?好生活的层次是无限多的,但是好生活共同的重要特点却只有一个:在仁爱中追求日臻完善。最重要的是教育者如能通过自身的榜样使孩子能由此受到熏陶,那么,这样的教育将不再是恶劣的。

为了孩子的教育能获得成功,育人者应当始终不断地教育自己,应当日益为实现这一追求的目的而相互帮助。为了这一目的,除了主要的——内在的方法之外、每个人对自己心灵的琢磨,可采用的方法是很多的,应当寻找它们,深思探索,加以应用,进行磋商。

所有这一切只指出了事情的一个方面——教养熏陶。我现在再说教育。我对教育有这样的考虑:科学、理论不是别的,只是最睿智的哲人深思熟虑过的主张的薪火相传。哲人们总是在思想的三个不同维度做着思考：其一，从哲学、宗教层面考虑自己生命的意义，这就是宗教和哲学；其二，从经验层面出发，从按特定方法所作安排的观察中得出结论，这就是自然科学——力学、物理学、化学、生理学；其三，从数学层面考虑，由自己思想的情况得出结论，这就是数学和数学科学。所有这三门学科门类，都是真正的科学，是不可冒充的，也不能是一知半解的：知即知，不知即不知。所有这三门科学具有世界性，不仅不会使人分崩离析，而且会把人团结成一体。这三门学科是人人都能理解的，能满足人的兄弟情谊的要求的。法学和专门的历史科学并不是科学，或是有害科学，应当予以废弃。然而，与存在这三门学科相一致的，还存在着传授这些知识的三种方法（请别以为我只是为了与这三门学科相匹配而提出三种方法；我以为，也可能有四种或十种方法，但它们都由这三种方法派生出来）。

传授知识的第一种方法，也是最普通的方法，就是语言。但是有各种不同的语言，所以随之出现了又一门科学——也和人的兄弟情谊要求有关的语言学（也许需要教授世界语，要是有时间而又有学生愿意学的话）。第二种方法是雕塑艺术，素描或雕塑术，这一学科通过视觉把你认识的东西转达给他人。第三种方法是音乐，歌唱，这一学科转达自己的心情和感受。

除了教授这六门学科，还应当引入第七种学科，即技艺教育，这也与兄弟情谊的要求有关，即教授人人必需的技能：钳工、细木工、木工、缝纫等。所以讲授内容可分解为七门课程。

每门课程时间的分配，除了为了自我服务的必要劳动以外，取决于每个学生的个人爱好。

我建议做如此安排：教师为自己安排好授课时间，学生们可根据自愿的原则，去或不去上课。我们对此无论觉得如何奇怪，提得那样荒唐怪诞，但这是一种学习完全自由的教育。换句话说，男女学生如果希望学，他们自己就会去学习，而这恰是任何富有成果的学习的必要条件，这如同吃喝者希望吃喝是吃喝的必要条件一样，两者的区别仅仅表现在这里：在吃喝一类的物质领域里，缺乏选择自由的害处会立即呈现，马上出现呕吐或肠胃不适；而在精神领域，有害后果并不会那么快出现，可能要经过若干年才产生。只有在完全自由的条件下，才能把优秀学生带到他们可能达到的极限，不致为了照顾略逊一筹的学生而阻挡他们前进，他们这些优秀学生才是最需要的人。只有在自由的条件下，才能摆脱习以为常的现象：避免引起对某些对象的厌恶，而这些对象要是做及时而自由的讲授是很招人欢喜的；只有在自由的条件下，才能了解某些学生喜欢什么专业；只有自由才不致破坏教育的影响。否则，我会对学生说："生活中不应当有强制，可我却对他做了最为沉重的事情——智力方面的强制。"

我知道，这是困难的，但是一旦理解任何自由的缺乏对教育事业本身都是有害的,该做还得做。一旦断然决定不干蠢事,实践起来也就不那么困难了。

托尔斯泰

5月6日 素 食

怜悯动物是我们的一种自然情感,只是因为习惯、传说和劝导,我们才会残忍地对待动物的痛苦和死亡。

1. 怜悯动物和人的善良品性紧密相连,可以断然肯定,残酷对待动物的人不能成为良善之辈。怜悯动物和善待人来自同一个源头。比如,一个人因为心情恶劣、怒火中烧,或者因为喝了酒难以自制而痛打自家的狗、马、猴子,打得毫无道理,完全没有必要,特别过分。当他回忆起这一幕,就会像回忆起凌辱他人一样,对自己深感不满。在这一场合,我们总把它称作良心惩罚的呼声。

叔本华

2. 敬畏上帝,别折磨动物。当它们乐于效劳时就让它们效劳,当它们疲惫不堪时就放开它们,让它们自由自在地默默吃喝。

穆罕默德

3. 得到肉食,不能不伤害动物。杀生有碍通达极乐之路。所以,但愿人放弃肉食。

选自 摩奴法典

4. 不能因为人高于别的动物,人就能毫无心肝地折磨它们。人要怜悯它们。

佛陀智慧集[达马巴达]

5. 不要允许自己的孩子杀死昆虫,因为他可由此为起点发展到杀人。

皮法戈尔

对动物的怜悯恻隐之心给予人的那种欢乐,许多倍地补偿了他因为拒绝肉食的享受而失去的满足。

5月7日 一切在自身

一个人不管在当今的现实生活中,还是在未来的生活中,想到身外去寻找幸福是错误的。

1. 我走遍整个世界,寻找指引之光。我日日夜夜不停不息地寻找,最后我听到一个传道者在讲话,他正在向我揭示真理。这位传道者就在我灵魂之中,我满世界寻找的那种指引之光也蕴含在我里面。

苏菲智慧集

2. 我们是自己的拯救者,也是自己的祸害人。外在于人的任何东西都不能成为他不幸的原因。如果他按照自己生存条件的规则去生活,那么,即使在实体破碎、世界灭寂的情况下,任何不幸也不致伤及他。

留西·马洛里

3. 基督力求改造内在的人,以与只注重表面的法利赛人的所作所为相抗衡。他谴责他们,因为他们用自己的传说毁坏了神诫。当生灵抛弃那些以诲人为己任的人们,当一些机构丧失了自己的原动力日益衰颓,他们就会致力于两件工作:强化外在的敬神习俗并予以复杂化,把它们列入想象的真实性,同时使人相信,外在的敬神行为可以取代真正的德行,不用执行真正的教义。于是,在陷入这种灾难性学说的社团中就形成了一种伪良知。所以,各个民族常常以巨大的热望恪守那些抽象信念,同时却又对藐视最神圣的义务的现象,对涉及他们一生的腐化堕落的现象漠然处之。他们在餐前洗净双手,擦洗干净铜盘,但是却毫不关心灵魂的净洁。心灵被抛弃,从心灵里涌出一团团耶稣历数过的可怕的罪恶。耶稣针对这些罪恶说:"进入自己的心中,以便从中把一切恶劣的东西连根拔掉。外表并不重要,善恶都在内心。"这就是基督的教诲。一个不像耶稣那样去教导另一个人的人,不是基督的门徒,他只是为了欺骗人而盗用了基督的名义,他是一个基督本人谈过的伪先知:"警惕那些披着羊皮、实质是凶残的狼一样的人向你们靠拢。"他还说:"那些呼告天啊天啊的人,那些用舌头祈祷心愿却始终在罪恶之中逗留的人进不了天国。"

拉门奈

4. 命运之中没有偶然性,人创造自己的命运,而非与其不期而遇。

维里门

5. 是自己在作孽犯罪,是自己在图谋作恶,是自己在规避犯罪,是自己在净化意愿,你是劣迹斑斑还是纯洁无瑕,都在你自己,别人帮不了你。

佛陀智慧集[达马巴达]

6. 你的躯体是一座善恶杂陈的城池。你是苏丹,理性则是辅佐你的宰相。

赛伊夫·穆鲁克

7. 人的幸与不幸,不在财产,不在金钱;幸与不幸在人的灵魂。

并非不做不公正的人就是善良之徒,对不公极其反感的人才是仁慈之辈。

智者在每一个国家都感到自己像在家里一样,对高尚的灵魂而言,整个世界都是其父母之邦。

德谟克利特

任何事物都不像指望不定什么时候有人来帮助自己那样能削弱人的力量;人

只有自己努力,才能得到救赎和幸福。

5月8日 温 顺

没有任何东西比温顺和善良更招人喜欢。但是应当去寻找,它不会自动显山露水。

1. 阿哈夫对跟随他、辱骂他的人说:"要是你还想说攻击我的话,那就在我们进城之前赶快说吧,不然,别的人听到你的骂街声,他们会群起而攻之的。"

埃及智慧集

2. 他们之间起了争执,他们中谁可算为大。于是耶稣对他们说:"沙皇们统治各族民众,掌权支配他们的人被称为恩主。而你们与此不同:你们里为大的,倒像是年幼的,当领导的,倒像是服侍人的。两者谁大呢,是坐席的,还是那些服侍人的呢?不是坐席的吗?而我在你们中间,就像是服侍人的。"

路加福音 22 章

3. 有一年冬天,弗兰西斯科和兄弟列夫从贝鲁扎到波里西昂克利去,天是那么冷,他们冻得瑟瑟发抖,弗兰西斯科招呼走在前面的兄弟列夫并对他说:"噢,列夫兄弟,上帝保佑,即使我们俩为全世界做出了神圣生活的榜样,可是你要记住,这不是十全十美的欢乐。"

走过一段不太远的路程后,弗兰西斯科又招呼兄弟列夫:"列夫兄弟,你再记住:即使我们兄弟俩把病人治好,赶走了恶魔,使盲人复明,使死了四日的死人复活,即使如此,你仍要记住:这还不是十全十美的欢乐。"

又走了一程,弗兰西斯科对列夫说:"你还该记住,列夫兄弟,即使我们兄弟俩掌握所有语言、所有科学和所有文籍,即使它们预告的不仅是未来命运,而且能了解所有的良知和灵魂的奥秘——可你要记住,这仍不是十全十美的欢乐。"

又走了一程,弗兰西斯科重又招呼列夫说:"列夫兄弟,再得记住,上帝的羔羊,即使我们学会说天使般的语言,了解星河,发现大地所有宝藏,也许还悟透所有动物、人、树、石头和水的所有生存奥秘——你要记住,这并不是十全十美的欢乐。"

又走了不长的一程路,弗兰西斯科重又招呼兄弟列夫说:"还得记住,哪怕我们是能使一切异教徒改宗信仰基督的传教士,你要记住,这仍可能不是十全十美的欢乐。"

于是,兄弟列夫就对弗兰西斯科说:"弗兰西斯科兄弟,究竟什么是十全十美的欢乐呢?"

弗兰西斯科回答说:"这就是我所说的十全十美的欢乐:当我们前往波里西昂克里,风尘仆仆,饥肠辘辘,又湿又冷,全身冻僵,求人收留我们,而看门人对我们说：'流浪汉，你们干吗满世界溜达魅惑百姓，窃取穷苦人的施舍？走，快离开！'他拒不给我们开门。而其时我们若并不感到委屈，并以一种温顺而爱怜的态度认为，看门人是对的，是上帝亲自提示让他这样对待我们的。我们浑身精湿，又冷又饿，对看门人毫无怨言，继续在雪中，在潮湿中赶路，直至天亮。到这时，列夫兄弟，只有这时才是十全十美的欢乐。"

4. 河流控制着流经的山谷，这事之所以发生，是因为它们比山谷低。

所以，圣人若想高于民众就应当变得比他们谦卑。圣人如果想引导民众，就应当处于他们身后。

所以，圣人即使已站得比民众高，民众也感觉不到这一点。即使已在民众之前，民众也看不到这一点，不会为此而痛苦。圣人不与任何人争，天下的任何人都不会和他争。世界由此不断赞美他。

老子

5. 有人对智者说，大家认为他是愚鲁之人。他回答说："好在他们不完全了解我，否则他们可能连这话也不会说。"

不要评判自己，不要把自己和别人做一般的比较。该让自己只和完善做比较。

5月9日 努 力

生活是一种永不停顿的变动：削弱肉体生活，加强、扩展道德生活。

1. 和自我做斗争，对自我施压，不能不是我们原先过错的结果；但是对自我的这种施压是一种出于怜爱和合法的行为。母亲从野兽嘴里夺下自己的孩子。孩子很痛，但是他当然应该把自己的痛苦归罪于咬住他不放的野兽，而不是救他的母亲。人应当以同样的态度对待善恶的斗争：善像母亲一样把我们的灵魂从恶那里夺下，尽管这种斗争对我们是痛苦的，但这种斗争是必要的，是能给我们幸福的。要是不做这种斗争，我们就会极其糟糕。不做斗争，我们就不可能成为善人。

帕斯卡尔

2. 随着我们内心之光越来越加强，我们就会发现我们比我们原先想的要坏；随着我们看到从我们心灵中溢出一连串可耻的感情，我们就会对我们自己原先的盲目性感到惊讶。我们任何时候都不能想象，我们身上竟会保存这么多卑鄙龌龊的东西，惊恐地看着它们的出现而面面相觑。但是，既不必惊讶，也不须绝望。我们倒不会变得比过去坏。

费涅龙

3. 活到老,学到老。不要坐等老年会随身带来智慧。

梭伦

4. 我们主要的是必须摆脱荒谬的想法,就像上天随着时间的推移来纠正我们的大错误一样。要是你马马虎虎地准备一种食物,那你就别打算上帝会把它变成一种美味。同样,要是你们在一系列狂妄胡闹的岁月中错误地打发自己的一生,那你们就不应该期待神的干预来纠正你们的恶习,帮助你们变得更好。

约翰·略斯金

5. 美德总是一往直前,但仍然总是重新开始。

康德

6. 鸽子的善良不是美德。鸽子不比狼更有德行。美德及其达到的水平只在暴力发生时才开始显露。

7. 要是上帝合意,他就能把我们大家变成一个民族,但他却要对我们考验一番。

你们无论在什么地方,都要尽一切力量向善,上帝把我们团结成一体的那一天总会到来。

古兰经

不可在自我完善的道路上驻足不前。你一旦感到对外部世界比对自己的灵魂具有更大的兴趣,那就意味你已伫立不动;世界在你身边前进,你却停步观望。

5月10日 灵 魂

真实存在的只是精神生活,所有肉体生活只是一种表象。

1. 任何人都不能为两个主人效劳,不是憎厌这个挚爱那个,就是看重这个看轻那个。任何人都不能既为上帝又为财神效劳。灵魂和肉体就是两个主人。

马太福音6章

2. 不可能同时既照顾自己的灵魂,又操心尘世的幸福。要是渴求尘世的幸福,那就摒弃灵魂;要是珍惜自己的灵魂,那就割舍尘世的幸福。否则,你将不断左右为难,进退维谷,既得不到前者,又得不到后者。

爱比克泰德

3. 要是人们以为,存在的只是那些他们能用双手触摸的事物,那么,这些人还很幼稚无知。

柏拉图

4. 人能有两种生活：真正的（内在的）生活和虚伪的、梦幻般的（外在的）生活。我所理解的内在生活是这样一种生活：人已不是生活在一些感官印象之中，而是通过这些感官印象发现了可以停泊的码头和河岸——上帝，为了上帝，人应当竭力、迫不及待地把上帝赋予他的才能应用到事业中去，而不是把它深埋土中，要知道，他的生命并不是为了他个人的愉悦才赋予他的。

果戈理

5. 感觉长久地使我们感到物质世界的现实性，使我们参与物质世界的生活，同时却又使我们与物质世界脱离，并向我们揭示物质世界的非现实性。

据 阿米埃尔

6. 确凿无疑的只是那些看不见的难以捉摸的东西，精神的东西，在我们自身并由我们自己体验到的东西。而所有可见的、可捉摸的东西都是我们感觉的产物，所以只是幻觉而已。

7. 有肉体的学说，也有灵魂的学说。谨防前者，因为它们将把人带向奴役。那个仅仅为肉体劳作的人为自己锻造了镣铐，而且将很快被它铐住。过着感性生活的人之所以痛苦，是因为忘掉了灵魂生活。如果一个人或整个民族那样深陷物质的兴趣之中而不能自拔，他们就会被这些兴趣喂饱养肥，这实际就是在为蛆虫准备盛宴。只有灵魂的学说才给人以自由、生命、救赎；凭借所有这一切，那些已死的东西将重新获得生命。听从灵魂的呼声吧，你们这些渴求再生、渴求从充满腐朽东西和尸骨的旧世界的坟墓里走出来的人。这呼声从哪里来，谁也无法确定，因为这不是某种特定的呼声。这呼声不是从讲坛上传来，也不是从发表无关痛痒学说的空洞无物言论的社会集会上传来。它是沙漠中的微风，任谁都无法对此明白说出这微风是在这里吹起还是在那里轻拂。这呼声将传到哪里，也无人知晓，它今天在这里，明天就可能在那里，在注意倾听的耳朵和准备就绪的心灵所在的一切地方。谁都无法知晓在什么样的范围里，它会传导到那些其时正对其呼呼说"请指引我吧"的人的耳朵里。

拉门奈

8. 就本质而言，研究对象只有一个：就是灵魂的不同形态和种种变化。所有其他的对象都可归结为这同一个对象，所有其他的研究都可归结为那同一种研究。

阿米埃尔

9. 我能把自己的思想传送给形形色色的人；要是它们蕴含着仁爱和睿智的神圣力量，它们就能跨越海洋，掌控全世界。我的思想是我的"我"所具的精神部分，因而，它们能同时分处于千百处，然而我的身体在规定的任何时刻却都只能停留在某一个地方。

留西·马洛里

10. 本性是不公正的。要是我们是本性的作品,那为什么我们会对本性的不公正感到不满呢?为什么"果"起而反对"因"呢?这是由空洞而幼稚的虚荣性产生的愤怒吗?不,这是我们人深处迸发出来的呐喊,我们认定自己独立于本性,无论如何都要求得公正!天地可以被毁灭,但善应当实现,不公应当加以歼灭。整个人类的意识就是这样。灵魂不依赖本性。

据　阿米埃尔

我们始终觉得,最分明、最易理解、最真实存在的,是可以被我们的感官感知的肉身,然而,正是它又是最不分明、最难理解、最矛盾、最不现实的事物。

5月11日　理　想

完美离我们是那样的遥远,以致我们的生活无论怎样的不同,完美与我们的距离对我们大家都是完全一样的。

1. 对完美没有认识的人,往往满足于现状,不与现实诘难争辩,对他来说,现实成了与公正、幸福和美混同一致的东西。对这样的人来说,既没有运动,也没有生命。

据　阿米埃尔

2. 不管是各个体,还是各民族,其追求完美的动力不是现存一切的知识,而是将来可能的观念。

马尔丁诺

3. "这人身单力薄,应当根据其体力给他分配任务。"这无异于说:我的双手缺乏力量,我连画出两点之间最短的那条线都无法做到。所以,为了使自己少遇麻烦,我即使想画一条直线我还是把弯曲、不连的线条做它的样本。

我的手越无力,我需要的样本越应完美。

4. "力求完美,有如天父一样!"

上帝的完美是所有最高等级之善的完美,是整个人类追求的目标。

5. 基督关于日臻完美的学说乃是指导人类的唯一学说。

不可也不应用外在的法则置换基督学说中有关日臻完美的这一概念,应当坚定不移地恪守这一概念的纯粹性,主要的是要信赖这一概念。

对乘船离岸不远的人可以说,他们正位于那高地、那海岬、那海岸等处。但是,当航海家已远离海岸,应该而且能够为其指引方向的只有那些可见而不可即的日月星辰,和给他指引方向的罗盘。给我们提供指导的就是这日月星辰和罗盘。

一个人无论怎样堕落,他总能发现他能向其靠近的那种完美境界。

5月12日 死 亡

生命不停地逼近死亡,所以,只有死亡不是恶时,生命才能成为幸福。

1. 我们一生的岁月是七十年,若是体格强壮可到八十岁。即使其中最值得夸耀的年月,也充满了辛劳和疾患。转眼成空,我们便如飞而去。

诗篇 89 首

2. 当我们的体力和智力都处于鼎盛时期,我们想到的是人事,是一些不足道的操劳,而不是上帝。正如通常的礼节和习俗所要求的那样,当我们残留的理性使我们承认,我们已无法支配理性的那种境况,我们才会想到上帝。

拉伯雷

3. 想象一下一群戴着脚镣手铐的人。他们个个都被判了死刑,每天其中一人在另一些人面前被处死;留下的那些人看着同伴被处死,等待轮到自己被处死。他们也就看到了自己个人的命运。

置身于这种境况,人应该怎样生活呢?难道就这样挨打、受折磨、彼此残杀?最凶恶的强盗在这种情况下也不至于彼此作恶。然而,所有正处于这一境地的人——他们究竟会怎么办呢?

据 帕斯卡尔

4. 我们发现,地位显赫的人,有的人一当失势很快就会死去,而另一些人则会明显逐渐消瘦,一天比一天衰弱,最后也命丧黄泉。这类惊人事件没有引起任何注意,也没触动任何人。人们给予的关注,并不比一朵枯萎的小花或一片凋落的叶子更多。人们不是艳羡留下的高位,就是打探这些高位由什么人来占有。

拉伯雷

5. "雨季我会在这里居住,夏天我将搬到别处。"聪明人想入非非,却没有想到死神,然而死神突然来临,把这个操劳的、自私自利而又漫不经心的人带走了。

当死神打败我们时,无论是儿子,是父亲,是亲人,还是朋友,谁都帮不了我们。一个睿智的好人,由于清楚认识这事的意义,就会清扫通向长眠的道路。

佛陀智慧集[达马巴达]

6. 一个人紧握着拳头走进世界,仿佛说:"整个世界都是我的。"而他离开这一世界却摊开空空的双手,似乎说:"瞧,我什么也没带走。"

塔木特

7. 耶稣说了一个寓言："一个财主田地丰收,他心里琢磨着:'我该怎么办?我没有地方可堆放我的粮食。'他说:'就这么办,把仓房拆了另盖一个大一点的,把我所有的粮食、所有的财富都堆放到那里。'然后他对自己的灵魂说:'灵魂啊!你有许多财宝贮存,可供多年的支出,只管安安逸逸地吃喝享乐吧!'但是,上帝却对他说:'你这无知之人,今夜你的灵魂必被取走,你所预备的竟归谁所有呢?'"

路加福音 12 章

8. "这些儿子是我的,这些财产也是我的。"这就是愚人的想法。如果他自己还不属于自己,这些儿子和财富又怎能属于他呢?

佛陀智慧集[达马巴达]

9. 我们漠不关心地奔向深渊,我们在眼前竖起一道屏障,以便看不见它。

帕斯卡尔

10. 像我们即将告别人世一样去生活,像留给你的时间仿佛是一件意外礼物一样地去生活。

马克·阿夫列里

11. 你的一生,是无限时间中微不足道的沧海一粟。要是这样看待人生,那就利用它把一切可能的事情都做成吧!

赛义德·本·哈米德

记住,你不是生活在世界上,而是在穿越这一世界。

每周阅读

死于医院

就在我写这札记的时刻,我分外鲜明地回想起一个垂死的肺痨病人。他叫米哈伊洛夫,过去差不多就躺在我的对面。然而,我对他本人却知之甚少。这是一个还很年轻、不超过二十五岁、又高又瘦、仪表极为优雅的人。他曾被关押在特别部,出奇的沉默,永远有点莫名的寂静,有点莫名的安详的忧伤。他像在监狱被熬"干"了。至少以后囚犯们提起他时都这样说。

他给囚犯们留下了极佳的印象。而我记得的只是他那双美丽的眼睛。他大约在一个晴朗而严寒的白天午后三点辞世。我记得,太阳以强烈的斜晖穿过我们囚室微微上冻的绿色窗户玻璃,像整整一道光的急流倾泻在这苦命人的身上。他在神志不清中死去,极其痛苦,弥留的时间很长,足足有几个小时。从早上起,他的双眼就已开始辨认不出靠近他的人。有人看他难过,就设法让他不那么难受,但是,他显然还是那么沉重。他呼吸困难,喘着粗气,声音嘶哑,他的胸膛高高鼓起,他像是空气不够用。他扯掉被子,扯掉身上所有外衣,最后开始扯掉衬衣。长长的躯体,瘦得只剩一把骨头的手脚,塌陷下去的肚子,鼓得高高的胸膛,根根凸出的肋骨,分明就是一副骨头架子,看起来煞是怕人。他周身只留下一个木十字架和护身符以及他那干枯的双腿似乎可以毫不费劲地脱出来的脚镣。他死前半小时,我们这里的一切人都安静下来,开始压低声音,开始几乎用悄声细语交谈。走动的脚步也都难以听到。人们彼此极少说话,即使说,也是一些无关紧要的话,只是偶尔打量一眼那临终的病人。他呼哧呼哧越来越直喘粗气。最后,一只游移不定、犹豫不决的手摸索他那胸前的护身符,开始把它从身上扯下,他仿佛觉得它是一个累赘,使他不安,压着他。人们帮他把护身符挪开。十分钟后,他死了。有人去敲看守室的门,通知了这件事。看守来了,面无表情地看了看死者,就去找医生。医生是个年轻、善良的小伙子,很快就来了。匆促的脚步声在寂静的囚室响起,他走近死者,以一种解脱了的特殊表情把了把他的脉搏,挥挥手就走了。医生马上派人去报告看守长,因为他是特别部的重要犯人,必须用一种特别烦琐的手续以确定死者就是他。

在等待看守长时,有一个犯人小声提议说,最好把死者的眼睛合上。另一个认真听了他的说话,一声不吭地走近死者,合上了他的眼睛。他一下就看到了枕头上的十字架,拿起它,看了看,默默地重又把它套到米哈伊洛夫的脖子上,挂好后,在胸前画了个十字。死者的脸这时已经僵硬,阳光在他脸上晃动,嘴半开半合,两排年轻人洁白的牙齿在紧贴牙床的薄嘴唇中闪光。士官看守长终于来了。他身佩长剑,头戴钢盔,后面跟着两个守卫。他走来,脚步越来越慢,有点茫然地看看死者,看看从四面八方严肃地打量着他的囚犯们。他走前一步靠近死者,心里发怵,一动不动地停在那里。看到完全裸露的戴着镣铐的枯槁的尸身,他吃了一惊,突然解开剑带、摘下钢盔那些根本不必要的东西,在胸前大大画了一个十字。这是一张军人的脸,神情严肃,头发灰白。我记得,就在这瞬间,同时站着头发也已灰白的老人契库诺夫,他一直没有说话,直直地凝视着士官看守长的脸,并以一种奇怪的表情看着后者的每一个动作。他们的目光相遇了,契库诺夫的下唇不知为什么突然抖动了一下,有点古怪地撇着下唇,龇着牙,飞快地出人意料地指着死者对看守长说:

"他不是也有老娘吗!"——他说过就离开了。

这具尸体这就开始被抬起,连铺板一块都抬了起来;铺在板上的干草沙沙作响,脚镣碰到地板,在一片寂静中发出清脆的响动声……这些东西被收拾干净,尸体被抬了出去。大家突然又扯开嗓门说起话来。走廊传来看守长的声音,他在吩咐人去找铁匠,应当给死者取下脚镣……

陀思妥耶夫斯基(选自《死屋手记》)

5月13日　一切在自身

每个人应当自己为自己解决生死意义的问题。

1. 智者只求己,小人只求人。

中国智慧集

2. 灵魂不受教诲;它只是回忆向来熟悉的事物。

伊尔·哈菲尔·达乌德

3. 智者始终为自己寻求众人的帮助,因为他的才能就在于汲取众人之长。

约翰·略斯金

4. 政治胜利,收入增加,病体康复,老友久别重逢,事事顺遂,都使你们精神焕发,你们认为你们的美好岁月已经降临。不要相信这一切。除了你们自己,任何事物都不能给你们带来平和宁静。

爱默生

5. 你们想在外部世界寻找有关生活意义问题的答案是徒劳的。你们所有问题的答案都在你们里面,然而,这答案只是一种渐显的端倪。你们应当通过良好的生活使你们的答案日益成熟。这是通向智慧的唯一道路。

留西·马洛里

6. 寻求同伴是痛苦的,因为忠实的同伴只是他自己,寻求者不可能成为自己的忠实的同伴。

托罗

7. 背熟的真理只是黏附在你身上而已,它就像是一种人工器官:安装的义齿,蜡制的鼻子——充其量最多是用别人的皮肤做成的鼻子。通过自己的思想获得的真理,与人体真正的器官相似,唯独它才真正属于我们。

叔本华

要是就人的生死问题,想接受你先辈中智者的答案,那么,这些答案的挑选和肯定还得依靠他本人。

5月14日　灵魂的神圣本质

意识到灵魂的神圣,人就能无畏地面对生活的一切苦难。

1. 我们知道灵魂是神圣的。我不能说,那些现在正活跃在我内心非同寻常的品质是否又重新汇聚在我那肉皮囊之中,同样我也不能说,这些非同寻常的品质在我这里呈现以前是否有着和我当前所面对的那个血肉之躯同样自然的发展历程,但是有一点是我确实知道的:这些品质还没有开始存在时,即使和我身体的疾病一起,它们也不可能有痛苦,也不可能被埋进任何棺椁之中,而它们还会如原先一样平和宁谧。这赋予我信念、勇气和希望。

灵魂通晓一切。任何消息都不能使它吃惊。任何东西都不能比它高远。听凭人们去担心谁在想什么吧。灵魂正生活在自己天生的王国之中,它比任何空间都更宽广,比任何时间都更久长。

爱默生

2. 天神生活在所有人里面,但是,并不是所有人都生活在天神里面。这就是人们痛苦的原因。

正如没有火,灯就不可能点燃,人没有天神,同样不能生活。

毗湿奴-布拉纳

3. 你担心因为你的温顺而遭人白眼,但是公正的人不可能对你白眼相加,至于别的人则跟你毫不相干,你不必顾及他们的意见。一个对细木工活一窍不通的人对细木工的精致工作不做好评,熟练细木工是不会伤心的。

不要以为恶人能使你蜕化变质。难道有人能败坏你的心灵?既然如此,你又干吗要难为情呢?

我对那些自以为能腐蚀败坏我的人暗暗付之一笑,因为他们既不知道我是什么人,也不知道我以善恶为何物,因为他们并不知道他们甚至不能触及真正的我和我以之为生命的唯一东西。

爱比克泰德

4. 世界的一切都属于我;创造和毁灭都凭我的意志进行;世界只是一层硬壳。我是它的核:我干吗担心由尘芥回到尘芥呢?我不是尘芥。臣服天神、活在世界中吧!

波斯智慧集

5. 理性问"怎样"和"为什么",爱只说:"我是爱。"虽然答非所问,但足以使问者满意。

不用担心任何人和任何物。你内心蕴含的珍贵之物无论何人何物都不能使之痛苦不堪。

5月15日 真 理

真实不虚并非美德,然而是没有恶习的标志。

1. 嘲笑绝不能败坏真理,但是真理的发展却会因嘲笑而停滞不前。

留西·马洛里

2. 谎言最常见、最为流传的原因,并非欺人而是自欺的那种愿望。而这类谎言是最有害的。

3. 通向谬误之路有千百条,通向真理之路却只有一条。

卢梭

4. 一个人如果因为害怕真理揭露他而开始害怕真理,那就没有比这更为不幸的。

5. 只有不言自明的真理,人们才应当加以践行。

孔子

6. 不要肯定任何假话,以免为这假话再去编造另一个假话。

莱辛

7. 讲真话看似很容易,但是为了做到这一点,必须在内在修养上下足功夫。人的真诚程度乃是其道德完善程度的指标。

8. 真诚是唯一可以到处流通的钱币。

中国谚言集

9. 让我们真诚相待。这是雄辩和美德的奥秘。这是道德的影响力。这是艺术和生活的最高法则。

阿米埃尔

以为有一些事情可以违背真理而存在,这是极普遍的错误。任何最小谎言内在的和外在的后果,较之因说真话而可能出现的那种尴尬和烦恼,其有害程度要大许多倍。

5月16日 信 仰

没有宗教,人类过去绝不能生存,将来也不可能生存。

1. 当代学者断言,宗教是不必要的,科学足以取而代之,甚或已经取而代之。然而,不管是过去,还是当下,任何一个人类社会,任何一个有理性的人(我这里之所以提到理性的人,是因为有与之相对的非理性的人,他们完全像动物一样,没有宗教也能度日),没有宗教,过去绝不能生活,未来也不可能生活。

有理性的人没有宗教之所以不能生活,是因为宗教使有理性的人明白他和他生活在其中的无限世界的关系,并从这种理解中引申出他的行为准则。

一只采集食物的蜜蜂,对于采集的食物是好是坏是不会有任何怀疑的。但是人在收割庄稼或采集果实时不能不考虑,他是否会损害未来果蔬粮食的生产,他这样聚集贮存是否会侵占他人口中之食物。他不能不考虑,他抚养的这些孩子将会怎样,以及许多诸如此类的问题。最重要的生活行为的问题,即使是有理性的人也不可能断然解决,正是因为他不能不看到结果的丰富多样性。一切有理性的人,要是不了解这一点,那么,他就会感到,在最重要的生活问题上,指导他推动他的既不是个人感觉,也不是其根据他的活动最新结果的主张,因为他看到的这些结果是五花八门、极其多样的,常常是矛盾乖违的,也就是说,不管是对他个人来说,还是对别人来说,这些结果大概同时既可是有益的,又可是极其有害的。

所以有理性的人不能满足于那些用以指导动物行为的理由。人能把自己看作是当今仍生存的众多动物的一种,也能把自己看作是家庭的一员,看作是世世代代传承着的社会、民族的一员;人能够甚至必须(因为他的理性势不可遏地渴望这一点)把自己看作是存在于无限时间中的无限世界的一部分。所以,有理性的人,除了对待最新的生活现象的态度外,应当确立、永远确立他与无限时空的整个世界的关系,把它理解为一个整体。这样确立起人对这整体的关系,即感到自己是这整体的一部分,并从这一关系中引申出自己行为的指导原则。人所确立的对这一整体的关系,就是所谓的宗教;它过去被这样命名,将来也将被这样命名。

所以,宗教始终存在,不能不成为理性的人和理性的人类必不可少的、不可须臾离开的生活条件。

2. 一个人内心的宗教感情越强烈,自己应当成为怎样的人这一想法就越分明,行为的指导原则就越确定。

相反,没有或很少有这种感情的人遵循的是过去的事物——往事、传说,群体所谓的宗教人士。然而,真正的宗教人士鄙视陈迹,遵循的只是"应当成为怎样的人"这种原则,常常使人觉得那些人似乎是不信神的人物。

3. 我们发现有一些人牺牲一切,甚至生命,常常是为了迷信而决斗、宣战、自杀,却很少看到有人能为真理而献身。这些事情之所以发生,是因为人缺乏信念,只要事情受人赞同,就能轻易接受这种暗示的影响而献出生命;但是要使人那样坚定不移地信仰真理到足以因与广大人群观点不合而准备为它献身,却是极其困难的事。

4. 为了想象自己身处疯人院的情景,只要把自己的耳朵紧贴正跳舞的大厅就够了。在一个失去宗教意识的人的内心，人类的一切宗教行为应当产生与其相同的印象。但是让自己置身于人类的法则之外，认为自己比其他所有的人更高明，则是极其危险的。

阿米埃尔

5. 人们常说宗教使自己失去了对人的支配。但这并不存在，也不可能存在。这事之所以发生，是因为那些如此思考的人观察的仅仅是那些失去宗教感情的特定人群。

———————

要是人生活得很不幸，那么，其原因永远只有一个：缺乏信念。人类群体也与此相同。

5月17日　癫　狂

真正的欢乐，用阿西兹的弗兰西斯科的话来说，在于遭到无辜的责难，忍受由此造成的肉体痛苦，却能对责难和痛苦的根源不含敌意；这种意识中真正信念和爱的欢乐，无论是人的恶意，无论是自己的痛苦都不能加以摧毁。

1."你们要小心，不可将善事行在人的面前，故意让他们看见。若是这样，就不能得到你们天父的赏赐了。所以，你们施舍时，不可在你前面吹号，像那假冒为善的人在会堂里和在街道上所行的，为了要得到人的赞美。我实在告诉你，他们已经得了他们的赏赐了。"

马太福音6章

2. 最高境界是当你因为做好事而受人指责时你并不伤心，反感高兴。

据　马克·阿夫列里

3. 成为一个不为人知者，或不为世人所理解，却并不因此而悲伤者，这才是真正合乎道德的人的特性。

中国智慧集

4. 有人辱骂、责备，你该高兴；有人赞美、夸奖，你该害怕、不快。

5. 污蔑，不实的恶评，即使难以辩白，却是善的最好学校。

6. 使自己习惯于这种事情多好：在和人相遇时（为了考验自己，为了消弭自己的傲气），并不期望他们的好评和赞美，反而等待他们的贬抑和污蔑，以及对你的曲解。

———————

所谓癫狂，即能引起人们非议和抨击的行为举止，从它由此而被称作人的蠢行这一意义上看是不公正的，但是作为他爱上帝和人的唯一尺度，是可以理解的，也是适当的。

5月18日　灵魂的神圣本质

不可说，感到自己灵魂神圣性的那种意识使他变得强大。这一意识已经把人提升到一个不分强弱因而也就没有强大的那种境地。

1. 对一个自己的灵魂已得到净化并摆脱了怀疑的人来说，天空比大地更近。

对一些人而言，要是他们不了解物的真正本质，即使掌握了由人的五官可能获得的一切知识，他们也难以从中获得益处。

有关一切事物的真知灼见乃是一种对这一事物的真正本质是什么的理解。

库拉尔

2. 但愿人们不要认为，除了认识真正本质之外，灵魂还会有其他功能。

走上这一道路的人已经无法回头。

库拉尔

3. 人是强大的生灵。一个意识到自己灵魂强大的人知道，他如果到自身以外去寻找力量，他将衰颓不堪。这样的人控制了肉身和灵魂之后，他就变成了真正的主宰者，径直就可创造出奇迹。他因为双脚挺立，自然比跌倒在大地上的人更加强壮有力。

爱默生

4. 有人问你，你怎么会知道上帝？那你就回答：因为上帝在我心中。要是这是假话，人就可能会变得完全无助。不要用你这样的肉眼，而要用你心灵的眼睛去端详自在者。那个连自己都不了解的人，难道能了解上帝？真正的自我意识乃是对上帝的了解。

波斯智慧集

5. 如果和上帝在一起，还有谁能把你变成恶物？还有谁能变得比你更强大？你确实能做到这一点。

6. 要是希望有一点是我们知道或能够知道的，这就是人的心灵和良知是神圣的。人通过善而非恶就化身为神，他寓于爱中的欢乐，他愤怒中的痛苦，他面对不公正时的愤怒，他自我牺牲中的荣耀，都是他和最高主宰完全同一的无可争辩的永恒证据。

约翰·略斯金

一个承认自己灵魂的神圣性并赖以生存的人,就拥有了他为了自己的幸福而可能设想的一切。

5月19日　律　法

所有信仰的基础都是相同的。

1. 神的毋庸置疑的具体体现只有一个,即善的法则,这一善的法则是人的内心可以感受到的;通过承认这一法则,人不只是团结一致,而且不由自主地渴求和其他人联结成一体。

2. 人类好像只是忙于交易、缔约、战争、科学和艺术,然而,只有唯一的一件事对他是重要的,也只有这唯一的事是他该做的——这就是他该向自己阐明他以之为生的那些道德法则。对道德法则的阐释,不仅是重要的,而且是整个人类唯一的事业。

3. 有人问圣人,有没有为了自己的幸福应当毕生加以践行的词?
圣人说:有,这就是"恕"。这个词的意思是说:自己不愿身受的,不应当强加于别人。

中国智慧集

4. "我今天所吩咐你的诫命,不是你难达到的,也不是遥不可及的。它不是在天上,以致使你能说,谁能为我们上天去给我们把它取下来,把它交给我们,以便我们加以践行?也不是在海外,以致使你说,谁能为我们漂洋过海去取来,把它交给我们,以便我们加以践行?这诫命离你极近,它就在你嘴里,就在你心里,使你可以践行。"

第二诫命(申命记30章)

远在距我们二千多年前,犹太经书就已这样写明。

5. 愿你这样行动——以使你能对每一个人说,像我那样行动吧!

据　康德

6. 我们义务的源头在上帝。我们义务的规定包含在他的教规里。越来越多地揭示和践行这一教规,这就是人类的任务。

约瑟夫·马志尼

7. 在大自然中可以观察到的、促使人做合理的事情并使其避免干蠢事的那种合理性之所以成为一种法则，并不是因为它被写进了书本里面，而是因为这一法则作为人的理性，是永恒而神圣的。所以，真正的、毋庸置喙的法则，不管是必须执行的，还是严加禁止的，都是最高存在的智慧。

每一次和人争论诘难时该记住相互关系的规则：你想别人怎样对待自己就该怎样去对待别人。这应当成为一种习惯。

每周阅读

暴虐的法则和仁爱的法则

基督徒不可施暴。有这样一句老话："要是有人打你右脸，就把左脸也转向他。"这句话的意思是，要是你挨了打，比起以牙还牙，更好的是将另一边脸靠近他，让他打。这就是上帝为基督徒所立的教规。无论谁施暴，无论为了什么目的施暴，反正都是恶，与杀人、淫乱的恶并无不同。不管是出于什么目的，不管是什么人，是一个人还是千百万人，全都一样。恶永远是恶，因为在上帝面前，人人平等，因为神的诫命不同于俗世那些因为时间地点不同而有许多例外、有许多曲意的说明和规避的人间法律。神的诫命对所有人都是相同的，因为寄寓在我们身上的灵魂与寄寓在所有人身上的灵魂是同一的。对基督徒来说，被杀至少比杀人好，受暴力压迫比以暴力压迫人好。要是人侮辱欺凌我，那么，作为基督徒，我应当这样推论譬解：我也曾侮辱欺凌过人，所以，上帝为了开导和清除我的罪过，让我经受考验是一件好事。要是我有理而受人凌辱，那对我就加倍地好，因为我通过这一事件成了为生命、光明和自由而战的先进斗士的同志。不可用自己的恶去拯救灵魂，不可通过恶之路走向善，正像不可通过先离家然后再回家一样。魔鬼不驱赶魔鬼，恶不能用恶去打败，以恶去恶只能是恶上加恶，恶反将加强。恶只有通过相反的精神——真诚和善——才能被打倒。善，而且只有善、忍耐和苦难才可能并应当扑灭恶。

但是，人现在并没按照基督徒的教规生活，没有按照这一理性、谦恭、自我牺牲、宽恕和兄弟友爱的教规生活。如今的人的生活，根据的是动物和野兽的法则，即"大鱼吃小鱼"的法则。可以容许人对热病病人、疯子、醉汉、不懂事的孩子使用暴力，目的不是对他作恶，而是预防灾难。我们可以忍受、宽容和允许这种暴力是一种不可避免的恶，但是我们不应加以夸大强化。因为当野兽生活的法则被当作所有人的共同法则，被提升为一种仿佛神圣的法则时，那么，对有理性的人，特别是对基督徒来说，它就变成了反自然、反基督的事情，成了对基督精神的一种诽谤——这是一种不可饶恕的罪恶。

基督和反基督作为两种相互抗衡的力量自古以来就存在。按基督的方式生活,就意味着人性地生活,爱人、行善,以善报恶。按反基督的方式生活,就意味着按野兽法则行事,爱的只是自己,无论善恶,均以恶报之。在我们平常的每时每刻的生活中,如果我们越来越多地按照基督的精神生活,那么,人间的仁爱和幸福就越来越多。如果我们越来越固守反基督的学说,那么,人们的生活将越来越不幸。

不抗恶的诫命显然揭示了完全不同的道路:一条是真理之路,基督之路,思想情感真诚之路,这是一条生命之路;另一条则是欺骗之路、恶魔之路、伪善之路,这是一条死亡之路。就算可怕,我们也应担当起不抗恶诫命的十字架;就算可怕,我们也该因恶棍而献上生命的祭品。然而,我们却知道哪里是善良之路、拯救之路。让我们努力循着这善良拯救之路行走吧,让我们用我们理性之光照亮这条道路吧,因为我们知道,我们并不是一头撞到了墙上,我们面前是康庄大道,光明普照。

不以暴力抗恶并不意味自己和其他人必须放弃保护、放弃生命、放弃劳动成果,而只是意味着必须通过另一些手段来保护这一切,就是这种保护不能与理性相悖。为了保护他人与自己的生命和劳动成果,必须竭尽全力激起正在肆虐为恶的人身上的善良感情。为了使人能做到这一点,他本身应当是善良而富有理性的。比如,要是我发现一个人想杀死另一个人,我能做的最好的办法,就是让自己处于被杀者的位子——这样自己就捍卫和掩护了另一个人;当然,要是可能,也可加以救援,拽开他,把他隐藏起来,这完全像我从火场救人、从水中救落水者一样,其结果也许是自己丢了性命,也许他人因此而获救。要是我在这种救援中显得软弱无力,因为我自己是误入歧途的罪人,那么,我的这种软弱无力并没赋予我权利去唤醒自己身上的兽性,通过暴力及为其辩护的恶,把混乱无序带进人世间。

布卡

5月20日 自 由

不要对作为动物之人的人谈自由。他的一生都被一系列的原因所牵制。但是,要是人意识到自己是精神的人,那么,就不要对他谈不自由。不自由的概念对理性、意识、仁爱的表现并不适用。

1. 记住你的理性,因为其中蕴含着生命的本质,如果你不使它屈从于为性效劳的话,它会使你成为自由人。人的灵魂因为理性而明澈,因为摆脱足以熄灭光的欲念而自由。它是人的堡垒,而不是避难所。避难所会变得更可靠,罪恶更难靠近。不了解这一点,是睁眼瞎,知道这一点而不进入理性的堡垒,是倒霉鬼。

马克·阿夫列里

2. "你们必知晓真理。真理必使你们获得自由。"

约翰福音8章

3. 恶并不存在于物质的自然界,然而,对每一个被赋予了善的意识并能对善恶做自由选择的人来说,恶却是确凿存在的。

马克·阿夫列里

4. 事物只有按照人设想的那样发生时,人才能是自由人。然而这是否意味着他发生的一切都必然是他所构想的呢?一点都不。例如,识文断字教会我们用字母和单词拼写我们想写的一切;但是为了哪怕只是写下自己的名字,我也不能按我自己想的那样一套字母来拼写,否则,我绝不可能拼写出自己的名字。我希望写出的应当还是那些应当采用的字母、在那种序列中必需的字母。其实,生活中事事都是如此。要是我们只是根据我们所想出的那一套去行事,那么,我们将绝不可能学会任何东西。这意味着,为了成为自由人,就不应当只希望拥有只是那些我们想到的事物,而是与此相反,自由人应当学会希望并同意他所发生的一切事情,因为人发生的一切,只是根据管理整个世界的那个神的意志才发生的。

爱比克泰德

5. 我们分明意识到,我们的意志之所以是自由的,是因为现在发生的一切应当都有其原因。对这种论证我们难道不可反转过来做这样的陈述:我们关于因果的概念应该是很不正确的,因为,要是它们是正确的话,那我们的意志也许就不可能成为自由的了。

里赫登别尔格

6. 成为道德高尚的人意味着成为一个自由的灵魂。一个经常对人生气、老是忧心忡忡、完全沉湎于欲望中的人,不可能成为自由的灵魂。

孔子

否定自由的人,就像否定光明的瞎子:他们不可能了解人们身处其中而感到自由的那样的环境。

5月21日 善

信善,就该开始行善。

1. 用件件善事,让匆匆逝去的每一天绚烂多彩。

2. 每天最好这样开始:醒来想到的是今天能不能给哪怕是一个人带来欢乐。

尼采

3. 善良是我们的天责。那个常常做善事并看到他的善良的愿望怎样实现的人,最终会开始真正爱上他行善的那个对象。有句话说:"爱人如己。"这话并不意味你一开始就应当爱他,随后因为你爱他才对他行善。不,你应当对人行善,你的这一活动在你心中点燃起对人类的爱,而这种爱将成为你以善良为指归的活动之成果。

康德

4.善良意愿之所以好,并不在它得到执行,也不在有利于达到某种预定的目的,而在它自身。就其自身加以考察的话,不用任何比较,比起有时为了无论什么人的利益甚或为了所有人的利益而借助它才得以完成的那些事情,它拥有更高的价值。如果因为特别的不幸或因为能力极端的欠缺,这种意愿因而会成为其真正不可能完成的愿望,即使通过不屈不挠的努力仍一事无成,留下的仍只是一种善良的意愿(当然,这里指的不单是一个单纯的愿望,而且还指运用了我们所掌握的所有手段),即使在这种情况下,这种意愿也仍像珍贵的金刚钻,仍像一种自身蕴藏价值连城的宝贝,仍能独自熠熠生辉。

据 康德

5.任何一个人,当他还没有开始行善,他就不能拥有善的概念。任何一个人,当他还没有经常地、自我牺牲地行善,他就不可能真正热爱善。任何一个人,当他还没有始终如一地行善,他就不可能在善中找到安宁。

马尔丁诺

6.你对人作过恶吗,即使不大,你也得把它看作大恶;你对他行了大善,你就把它看作区区小事吧;别人对你表示的小善,那就把它看作大善吧。

神祝福那施惠于穷人的人,加倍祝福那用温情迎送穷人的人。

塔木特

7.行善吧,并为此而心存感激。

8.愿你坚定认识和深刻感受:你们应当在你们生活的每一天都为他人的幸福贡献力量,并为他们做你所能做的一切。行动吧,不要唠叨个没完。

———————

如果不能使自己习惯像猎人寻找自己的野味那样去寻找机会行善,那么,至少不要放过可以行善的机会。

5月22日 成 长

整个自然界最伟大的变动,都是在不知不觉和缓慢积累中完成,它并不是爆发式生成。

精神生活同样如此。

1. 一切真实的思想,都是充满活力的思想,它们的生命表现在吸纳营养和变化成长的能力上。当然它们的发展变化像树木而不像浮云。

约翰·略斯金

2. 一切真正的大事,都是在缓慢的、难以察觉的成长中完成的。

3. 个体及社会的完善绝不是在所有时代都能达到的,因为每一个时代都有其完善的标准。

留西·马洛里

4. 生命应当成为灵魂的产儿。动物性的事物应当变得富有人性,肉体应当变成灵魂,肉体活动应当变为思想、意识、理性、正义、豁达、慷慨,就像蜡烛化为光和热。这种最高尚的炼金术证明,我们活在这人世间是有理的。我们的使命和价值就在于此。

阿米埃尔

5. 正像打破正在孵化小鸡的鸡蛋,不危及小鸡的生命是不可能的一样,一个人在使另一个人得到自由时,不危及另一个人的精神生活同样是不可能的。当灵魂达到了一定的成长阶段,他自己就会打破自己的枷锁。

留西·马洛里

6. 生命是永不停息的奇迹。因为我们知道这一成长过程,我们也就知道了大自然最深藏不露的奥秘。

留西·马洛里

任何事物都没有比意识到自己的巨大成就那样有害于道德的臻于完美。

幸好真正的道德改善的进程是那样的不易察觉,以致只有经历了长久的间隔以后人才能看到自己的成就。

要是你以为你正逐渐完美,那你就会发现,你显然迷失了道路或者止步不前,或者畏缩倒退。

5月23日 节 制

我们越习惯于贫困匮乏,艰难困苦对我们的威胁也就越小。

1. 节制并不意味着钳制精力,也不意味着在行善、表爱或信仰上做短暂中断,恰恰相反,它显示成为一种足以阻止人们去做公认的那种蠢事的精神力量。

约翰·略斯金

2. 就像烟雾能驱散蜂巢中的蜜蜂一样,贪嘴好吃也可以消耗掉精神才干和智力美质。

瓦西里·维里基

3.巨大的福祉是我们心之所愿;除了我们拥有的,对更加巨大的福祉则一无所求。

密涅杰姆

4.夜蛾扑向灯火,是因为不知道灼痛;鱼儿吞食钩上的鱼饵,是因为不知道危险,可是我们仍然不愿舍弃官能的享受,尽管我们极为了解,这种享受将使人被不幸的罗网紧紧纠缠。这就是不明智行为的无底深渊。

印度谚言

5.我们的愿望一如孩子;他们总是躁动不安,总是向母亲求这要那,任何时候都不能满足。越向他们让步,他们就变得越不耐烦。

选自 虔信者思想录

6.谁是明哲之士?那以众人为师的人。
谁是坚毅勇迈之辈?那能控制自己的人。
谁是富有者?那对自己命运感到满足的人。

塔木特

7.人曾予以拒绝的事物,不能成为他的痛苦的原因,一个消除了自身的傲气,不再说"我"和"我的"的人,就已转入最高尚的境界。

库拉尔

8.越赶越赶不上。

9.任何人在任何时候都不要后悔自己吃得太少。

10.天性索取不多,想象却诛求甚夥。

11.享受引发忧虑,享受生成恐惧;可是一个摆脱了享受的人他就既无忧虑,也无恐惧。

佛陀智慧集[达马巴达]

12.比君临大地更光荣,比登天更美妙,比统治世界更荣耀的,是获得彻底解放的神圣欢乐。

佛陀智慧集[达马巴达]

需求的增加并不是日益完美,然而,这却是许多人常常持有的想法。事实则完全相反:人对自己的需求限制越多,他内心意识到作为人的尊严就越多,他就更自由、更勇敢,主要的则是他就能更多地为上帝及人去效劳。

5月24日 爱

上帝不是爱。爱只是上帝在人内心的一种显示。

1. 我们如果爱上帝,又遵守他的诫命,也就知道我们爱上帝的儿女。因为我们遵守他的诫命,这就是爱他了。他的诫命并不难遵守。

约翰一书 5 章

2. 法利赛人听到了他们长时间的争辩,看到耶稣给他们极好的回答。其中有一个律法师就走近问他:"律法上的诫命,哪一条是最重要的呢?"

耶稣回答他说:"你听好了,以色列人!我们的上帝是唯一的上帝。你要尽心、尽性、尽意、坚定不移地爱主你的神;这就是诫命中最重要的一条。

其次一条也相仿,就是要爱人如己。这两条诫命以外,再没有其他更重要的诫命了。"

马可福音 12 章

3. 享乐至上导向绝望。天职哲学较少郁闷无聊。但是救赎在于天职和幸福的协调一致,在于个人意志和神的意志结为一体,在于最高意志受爱的支配的这一信念。

阿米埃尔

4. 博爱包含公正。

沃维纳克

5. 圣人说,我的学说很简单,它的意义也很容易了解。这就是爱人如己。

中国智慧集

6. 生命的目的是使爱贯串于所有的生活现象之中;是缓慢地、逐步地由罪恶的生活向良善的生活的转折,是真正的生活创造(因为真正的生活就只是一种仁爱的生活),是真正的即仁爱的生活的诞生。

7. 善良是一种天生有益的品性。人身上有多少善良,人身上就蕴蓄有多少生命。意识到这规律中的规律,就会在灵魂中唤起我们称之为宗教的感情,它构成了我们的最高幸福。

爱默生

8. 为了成为幸福者,只要做到一点,那就是爱,自我牺牲地爱,爱所有人和一切物,把爱之网撒向四面八方:落入网中的都紧抓不放。

9. 一个活生生的人,有谁未曾体验过那种愉悦的感觉?即使只有过一次,而且往往在婴幼儿时代。那一刻,他想爱一切——亲人、父亲、母亲、兄弟、恶人、敌人、狗、马、小草;希望的只是一件事:人人都好,个个都幸福;更想自己动手使大家都好,把自己和自己的一生贡献给人人永远都好和快乐的事业。这确实有过,这是唯一的人生所包容的那种爱。

10. 要是你身上蕴蓄着活动的充沛精力,那么,就让你的活动成为爱的活动;要是你精力不够,身体虚弱,那么,就让你的虚弱也成为一种爱的虚弱。

11. 博爱的美德离我们并不遥远,只要想拥有它,它自己就会迎你而来。

把弄脏灵魂的一切污秽从你的灵魂中清除,只留下爱。这种爱在为自己寻找目标时,并不仅仅以你为满足,它把一切生灵和赋予生灵以生命的上帝选作对象。

5月25日 语 言

人的道德水准在他对语言的态度中就可以看出。

1. 如果你们中有人以为自己是虔诚的,然而却不管好自己的舌头,反而欺骗自己的心,那么,他的虔诚是空的。

雅各书 1 章

2. 关注别人的缺点是因为放松自律才发生。在责备他人时,我们却常常陷入我们刚批评过他人的那种错误。一个不注意自己灵魂的救赎,不全力加以纠正的人,就会轻易受到诱惑,并乐于仿效那种坏榜样。

选自 虔信者思想录

3. 即使知道人家的缺点,也不要向别人宣扬。

4. 不要传播那些使人难堪的侮辱性的话,既不要对朋友也不要对仇人说人的缺点,不要揭你知道的人的丑行。即使听到对别人的责备,也要竭力不予理会。

选自 虔信者思想录

5. 对一个思想反应敏捷的人来说,没有比受对人的尖刻责备和嘲笑那种诱惑更明显的伤害。

6. 刻薄的责难,是用调料腌渍过的尸肉。没有调料腌渍,尸肉会变质臭烂,可是用了调料,人就不会发现尸肉是怎样难以下咽。

7. 千万不要听信说朋友坏话、说你好话的人。

不要预先设想你说什么,只有当你感到自己安详、善良而充满爱意时,才应该予以考虑。你越不安、越无好心肠、越气愤难平,这时你就越该小心,不要在语言上犯罪。

5月26日 死 亡

我们称死亡为生命的陨灭,为辞世的时刻。前者,是在我们掌控范围之外;后者,辞世,则是人生最后的最重要的大事。

1. 死能成为一种和谐,所以,也可成为一种道德的行为。动物只是倒毙,人则应当把自己的灵魂交给它的造物主。

阿米埃尔

2. 被认为是耶稣的伟大讲话的,就是他死前为那些他们不知道他们在干什么的人所做的祈祷文。

3. 临终者的言行对人们具有巨大的影响,所以好生无论怎样重要,未必比好死更为重要。恶劣、不甘的就死削弱美好生命的影响;顺从、坚定、美好的死补偿了令人不快的生命。

4. 当一个舞台布景场面转为另一个显然是我们认为是现实的场面时,这只不过是一场演出。人在弥留之际,才终于明白,什么是现实,什么是舞台布景。

5. 垂死者很难理解一切生灵,但此时,他又感到他之所以不理解这些生灵,并不是因为他失去了理解力,而是他懂得了某些别的事物,这些事物是其他生灵不理解、也不可能理解的,他已完全被其吸引。

6. 当撒手人寰之时,人用以读完充满着惊恐、欺骗、痛苦、罪恶之书的蜡烛突然光亮一闪,比曾在某一时间给他照亮原先笼罩在黑暗中事物的那种光芒灿烂辉煌得多;但蜡烛随后却噼啪作响、爆裂,逐渐暗淡,并最终永远熄灭消失。

7. 某物正在消亡,这多少总与永恒有关。死者似乎正从棺材里面与我们说话。他对我们所说的一切好像是对我们的命令。我们把他本人几乎当成了先知。很显然,对一个感到生命走到尽头、棺木已经打开的人来说,发表一些意味深长的讲话的时刻到来了。他天性的本质应当显现。他里面蕴含的神圣因素已不能隐匿。

阿米埃尔

准备死亡,这里"准备"的意义并非通常人们所理解的那种死前准备,如安排葬礼、处理尘世俗务那种准备,而是指为以一种最出色的方式撒手人寰做准备,也就是为利用人辞世的那一庄严时刻做准备。因为在这一时刻,人仿佛已经处于另一个世界,他的言行对一切活着的人具有了特殊的影响力。

每周阅读

对苏格拉底的审判及其辩护

对苏格拉底提起公诉的原因有二:其一,他不承认国教;其二,他败坏腐蚀年轻人,唆使他们不信国教。

苏格拉底身上发生的事,日后同样发生在耶稣和人类大多数的先知和导师身上。苏格拉底给人指出了在他意识里向他展示的那条理性的生活之路,因为指明这条道路,就不能不否定作为当时社会生活基础的那些虚伪学说。大多数雅典人,当他们无力走上他指引的那条道路时,他们即使承认他指引的是正路,还是不能忍受被他们认为的神圣事物受到的指责,为了摆脱现存制度的揭露者和破坏者,他们把苏格拉底送上法庭。法庭则应以判有罪者死刑结束。苏格拉底了解这一点,所以他并不申辩,而只是利用法庭向雅典人阐明,他过去为什么那样行动,要是他仍活着,为什么将来还会继续那样行动。

法官判苏格拉底有罪,判处死刑。苏格拉底平静地听完判决,转向法官,讲了下面一席话:

"人们现在可以说,你们,雅典的公民们,毫无根据地杀死了智者苏格拉底;人们说我是智者,尽管我压根不是智者,我只是指责过你们;人们说,你们毫无根据地杀死我,其实只要你们稍有耐心等待,死亡这种事情自己就会发生,因为到了我这把年纪,离死已不远了。我还想对你们——那些审判我的人——说,你们判我死罪是徒劳的。你们以为我不懂得我可以用什么方法规避死刑。我知道这方法,但是我不用,因为我认为这样做有损我自己的尊严。我知道,你们乐于听到看到我号啕大哭、痛苦呻吟以及种种其他言行方面的丑态。但是,无论是我,还是其他别的人,都不应通过不光彩的方法力求逃脱死亡。只要不顾及自己的体面,那么,在一切救赎中,有许多逃脱死亡的手段。逃脱死亡并不困难;摆脱罪恶则更加困难:罪恶比死亡更快,能更迅捷地攫住人。我是这样的迟钝衰老,能抓住我的是死神,而你们,我的控诉人,你们朝气蓬勃,行动矫健,能抓住你们的,是某种行动更快捷的东西——罪恶。结果是,这个受你们审判的我得到了死,而审判我的你们,得到了罪恶和耻辱,这是真理对你们的判决。我受到了我的惩罚,你们也受到了你们的惩罚。这一切都应当如此,这表明事情将更好。

"此外,我还想给你们这些判我有罪的人做出预言,因为人在死前能更分明地预见未来。这就是我给作为我的同胞的你们的预言:我死后,你们会马上受到惩罚——而这种惩罚将比你们对我的判决更为沉重。确凿无疑,你们身上发生的将与你们期待的相反。我被处死后,你们将引起一切谴责你们的人起而反对你们,而这些人我曾加以约束,尽管你们对此并没察觉。这些谴责者将成为你们的敌人,因为他们年轻,你们将体验到他们更为沉重的攻击。因此,我的死并不能使你们逃脱由你们恶劣生活引起的批评。这就是我想对你们这些判我有罪的人所宣示的预言。采用杀人的办法,是不可能摆脱谴责的。为了这一目的,最普通最有效的手段只有一个:让生活变得更美好。

"现在我还要对那些在法庭上不认为我有罪、为我辩护的人说话。在和你们最后一次对话时,我想对你们谈一件今天发生在我身上的令人惊奇的事,以及由这一奇遇中得出的结论。在我整个一生之中,在最重要和最无足轻重的环境里,我总能在我的灵魂深处听到一个神秘的声音,它警告我,不要采取能够给我带来不幸的行动。今天,你们都亲自见到,尽管我遇到了通常被认为是极大不幸的情况,但是,这个声音今天却没有警告我,无论是我离家出门的早晨,还是我到这里进法庭的时刻,或者我在讲话的那一瞬间。

"这意味着什么呢?我想今天我发生的一切,不仅不是恶,而且是一种幸福。确实,死亡或是意识的完全毁灭和完全消失,或是按传说所说那样,只是一种灵魂的转移,由一处转向另一处:显然两者必居其一。如果死亡只是意识的完全消失,宛如没有梦的沉睡,那么,死亡是一种毫无疑义的幸福,因为它让每个人记起了在这无梦的沉睡中他所度过的夜晚,并使他们把这种夜晚和另一些充满惊悚、惶恐、不安和难以满足的欲望的无数个日日夜夜做比较,而这一切都是他们在白天和梦境中真切体验过的。我相信,任何人都难找到几个比无梦的夜晚更幸福的白天黑夜。所以,如果死亡是这样的一种睡梦,那么,至少我认为它是一种幸福。要是死亡是由一个世界向另一个世界的转移,如果人们所说真实不虚,说那里似乎聚集着所有我们前辈中已经离世的哲人和圣人,那么,能与生活在那里的前辈在一起,难道还有比这更幸福的吗?只要能进入这一福地,我不仅愿死一次,而且愿死几百次。

"因此,我以为你们法官们和所有人都不应该害怕死亡,但是要牢记一点:对一个善良者来说,不管是活着,还是死去,都不存在任何的恶。

"所以,尽管那些审判我的人对我作恶符合他们的心意,但是我不管对审判我的人,还是对原告,却都并不生气。

"可是,已经是分手的时候了,我去赴死,你们去继续活。我们之中谁更幸福,只有天知道了。"

对苏格拉底的死刑判决,很快被执行了:他喝下一杯毒药,平静安详地死在自己的弟子中间。关于他的死的许多细节,都被他的弟子柏拉图在对话录《斐多篇》中做了描述。

据 柏拉图《对话录》

5月27日 诱 惑

人的才智的整个活动,其导向往往不是使人发现真理,而是掩盖真理。这样的才智活动是诱惑的重要原因。

1. 法院的目的只是保卫社会的现存秩序,为了这一目的,迫害和惩处的,既有那些超越共同水准、意欲提高社会的人,也有那些低于社会水准的人。

2. 在一切道德实践的指令中,由同一根源派生出来的另一个指令有可能是和这一指令矛盾的。

节食:不吃可不就是让它变成不能为人服务的东西? 不杀生:可不就是让它们自己吃掉自己? 不饮酒:难道连圣餐礼和医病也不用? 保持童贞:这难道不是希望人类从此灭绝? 不以暴力抗恶:这难道不是让人杀死自己和他人?

寻找出这些矛盾,仅仅因为那些正忙于干这些事情的人不想遵照执行这一道德法则而已。

其实,这一切都是老一套:因为一个人需要用酒治病,就不反对酗酒。因为担心人类灭绝,就放纵淫乱而不加约束。因为一个想象中的暴徒,那就虐杀、惩处、监禁。

3. 人不能做到一切。但是人不能做到一切这一点并不能证明他应当去做坏事。

托罗

4. 人作为一种理性动物,从他存在的那一刻起,他就会区别善恶,会采纳他们前辈通过这种区分所做的一切工作——与恶做斗争,寻找真正最好的道路,缓慢地不屈不挠地在这道路上前行。为了阻挡这一康庄大道,人们永远会面临形形色色的欺骗和谎言,而这些欺骗和谎言,其目的只是要向他们证明,他们需要的是安于现状,他们不必这样做。

5. 我爱农人:因为他们的知识不足以去做歪曲真相的推论。

孟德斯鸠

6. 你有时会惊诧莫名,人为什么会去捍卫最奇怪的不明智的那些原则:宗教、政治和科学方面的原则。如果你对它做一推绎,那么,你就会发现,他所捍卫的就是自己的原则。

———————

一当行动用复杂的推论去加以诠释,那你就会相信,这行动肯定是愚不可及的。良知的解决是率直而简单的。

5月28日 财 富

对异教世界来说,财富构成了声誉和显赫。对基督徒来说,财富则会揭示他的缺点或谎言。说他是富有的基督徒,就等于说他是一匹无腿的赛马。

1. 人们是那样深陷于物质利益的泥淖中不能自拔,以致他们也只从改善自己财富情况的观点去观察显现在人际关系中的人的灵魂。他们对人的尊重不是根据人的内在品质而是用此富、彼穷的财富标准去加以衡量的。但是,一个真正有教养的人,出于尊重自己理性的"我",会对自己的地产、自己的财富感到羞愧。

爱默生

2. 喂,你们这些富人听清了:为了你们即将降临你们头上的苦难哭泣号啕吧。你们的财富朽烂了,你们的衣服被虫蛀了。你们的金银长满了锈,金银的锈斑证明你们的不是,并要像火一样吞噬你们的肉体:因为你们在这末世只知道为自己聚敛财富。劳作者给你们割庄稼,你们却克扣他们应得的工钱,这工钱在高声呼叫,把这收割人的呼冤声上达到万军之主的耳朵里。

雅各书5章

3. 我看到处处都是富人的阴谋,他们假借公共福祉的名义谋求私利。

托马斯·莫尔

4. 贫困教会我们智慧和忍耐。拉撒尔显然生活窘困,可是他却成功地加冕为王;雅可夫希望拥有的只是面包;约瑟夫极度贫困,不仅是奴隶,而且是囚徒,可是正因如此,我们对他的成功更感惊奇。我们之所以赞美他,与其说是因为他给穷人分发小麦,还不如说因为他曾被关在狱中;与其说是因为他头戴皇冠,还不如说因为他曾被加上镣铐;不是因为他登上宝座,而是因为他曾遇到阴谋,遭人出卖。总之,想象一下这一切吧,想到与这些功绩交织在一起的皇冠时,我们要感到惊奇的仍然不是财富,不是荣耀,不是快乐,不是统治权,而是为了美德而经受的一切贫困、镣铐、压制和忍耐。

约翰·兹拉托乌斯特

5. 占有财富是高傲、残忍、扬扬自得的无知和淫逸奢侈的学校。

比尤西育

6. 富人的冷漠并不比他们的怜悯那样更残酷。

据 卢梭

对富人不该是尊敬,而应是远离他们的生活,怜悯他们。富人不该为自己的财富骄傲,而应因它而羞愧。

5月29日 灵魂的神圣本质

生命乃是意识到包含在其所有限制中的一切神圣本质。

1. 唯一直接的可信性乃是意识的可信性。

捷卡尔特

2. 贝克莱和费希特是对的,爱默生同样也是对的:世界只是某种事物的类似物;神话故事、传说与自然历史一样,同样是真实的,甚至更真实,因为它们是更易理解的类似物。真正存在的只是灵魂,那么其余的一切又是什么呢? 是影子、托词、形象、类似物和梦境。被我们意识到的事物都是精神性的。世界是某种游戏,其目是造就和加强灵魂。真正存在的只是意识及其太阳——仁爱。

据 阿米埃尔

3. 脚下是严寒、坚实的大地,周围是壮阔的树林,头上是阴暗的天空,我感到了自己的躯体充盈着的种种念头,同时,作为完整的生命体,我知道并感觉到了坚实严寒的大地、树林、天空、我的躯体、我的思想——然而这一切都是事出偶然,所有这一切只是我的五官的产物,我的表象、由我构建而成的世界。这一切之所以是这种样子,只是因为我构成了世界的这样的一部分而非那样的一部分;我从世界中分离出来就是这种样子。我知道连死也不值得惋惜——因为这一切都不是消失,而是像剧院中常有的变化一样,是一种变形;由灌木丛、石块变成了宫殿、城堡,等等。死亡在我身上发生的是这种变化,我并没完全毁灭,只是变成了另一种生命体,另一个从世界分离出来的生命体。如今我把自己、自己的躯体及其感觉认为是自己,于是,我就完全不同地从某些东西中分离出来。于是,整个世界对那些生活在其上的人来说依然如故,对我则变成了另一副面目。整个世界之所以如此而非如彼,显然是因为,我认为自己是从世界的这个部分而非那个部分分离出来的生命体。而从世界分离出来的生命体可能是数不胜数的。

4. 该在自己的心灵中寻找神灵！不要再到任何别的地方去寻觅。

阿尔曼卓尔·达尔·哈费特

5. 我们的生命,乃是我们意识到自己是一个永恒和无限的灵魂,既受时空条件的限制却又超越时空的灵魂。

———————

人的意识即神的意识。

5月30日　生活制度

土地和人身一样,很少有可能成为买卖的对象。土地买卖只是一种隐秘的人身买卖。

1. 奴隶制的本质在于使一个人有权攫取另一个人的劳动而不付给报酬。土地个人私有制所取得的那种支配权已与奴隶私有权一模一样、完全一致。奴隶主应当从奴隶的劳动所得中给他的奴隶留下维持其生命最必需的物资,在这个所谓的自由国度里,广大工人群众得到的难道比这多吗?

亨利·乔治

2. 土地是大自然赐予人的宏伟壮丽的礼物;每一人的降生都拥有掌握土地的权利。这种权利有如婴儿吮吸自己母亲的乳房那样自然。

马蒙杰尔

3. 因为我为土地而生,所以土地就应该赋予我,以便我能从中获得耕耘播种必需的土地。我有权要求获得我的份额。

爱默生

4. 在我们的社会中,如果不为他住的地方付租金,人就睡不了觉。空气、水、阳光只有在大马路上才属于他。法律承认属于他的唯一权利是在这条大马路上溜达,直到他累得难以站稳,因为他不能停留,必须来回走动。

格朗特·阿仑

5. 男女的身体,尤其是他们的灵魂不应当被买卖,而土地、水、空气同样如此,因为这些东西是维持人的身体和灵魂的必要条件。

约翰·略斯金

6. 参与买卖、巩固和支配土地私有权不能不是罪大恶极。

———————

人在生活中追求的并不是做他们认为的好事,而是力争把尽可能多的东西称作是自己的。

5月31日 欢　乐

作为一个不习惯于奢华,但是为了在他人眼里抬高自己身价而偶然落入其中的人来说,他会佯装对奢华早已习以为常,以致他对其不仅不感到惊奇,而且反而会对其嗤之以鼻。与此相同,一个缺乏理性的人,因为把藐视生命的欢乐认作是高尚世界观的标志,就装出一副模样,表示他厌恶生活,他能想象出某种更优秀的玩意。

1. 成为幸福的人,拥有永恒的生命,生活在神里面,成为得救者——这一切实际是同一件事:这是一种任务的解决,一种生活的目的。幸福增长,一如痛苦可能也会增长。始终不渝的和平和永久的成长,越来越深的穿透,越来越强、越来越深的为天堂幸福所掌握——这就是幸福。幸福无限,因为神里面深不可测,无际无涯;幸福乃是通过爱受上帝的支配。

阿米埃尔

2. 我们对生活不满,重要原因是没有任何根据的一种推测,即我们有权获得毫发无损的幸福,而我们正是为这幸福而生。

曾给我们提供过一种任何事物都无法比拟的生活的幸福及其整个欢乐,那时我们却说欢乐不够。将给我们提供的是一种生命的最大欢乐——同物质和精神世界联系在一起——我们却说:生命为什么这样短暂,生命为什么一下就结束了? 它应当继续。

只有当我们理解并珍视这整个生命的伟大幸福,因为这种幸福将使我们有可能通过爱将物质和精神世界联系为一体,我们也就绝不会想应该再要点什么。

3. 最虔诚的敬神是感恩的欢乐。

4. 灵魂的欢乐是其力量的标志。

5. 要想成为幸福的人,就得相信幸福是可能的。

6. 即使把那个破坏自己生活法则和神律的人所希望得到的最大幸福都给了他,他将仍然是一个不幸的人。而对那个以执行诫命为自己幸福的人来说,即使被剥夺了一切人所认为的幸福,他仍将是幸福的。

7. 人败坏了自己的胃却埋怨用过的午餐;不满生活的人的言行同样如此。

8. 我没有任何权利去不满这一生活。要是我们感觉我们对它牢骚满腹,那么,这仅仅意味我们有理由对自己不满。

六 月

6月1日 事 业

一无所为远胜所为有害。

1. 人常高傲地拒绝无害的娱乐，说他没有时间，因为他有事要干。其实不用说，好心而快乐的游戏比许多事情更需要，也更为重要，忙人所夸耀的那些事情往往是压根不做更好。

2. 当你从事某种事情——不是不好（不好的事无论怎样，任何时候都不能做），然而无关紧要乃至有益的事情，当你忘情于玩乐时，你应当记住什么才是比一切玩乐和所有事情更重要的灵魂（良知）的要求；当良知召唤执行其要求时，所有这一类事情都应该立即停止。然而，事情和玩乐具有一种使人入迷的特性，足使一个良善的道德君子居然也会对道德的要求做出如此的回答："我没有时间，我应当也体验一下被买公牛的感受，应当埋葬死去的父亲。"

应当记住这句话的意义：就让死者去埋葬死者吧。

3. 尖刻残忍的人总是竭尽全力忙于在自己的活动中为自己的尖刻残忍寻找辩护的理由。

4. 正如被套在车上的马匹不能不走一样，人也不能无所事事。人所从事的劳作有如人的呼吸一样，都具有重大意义；重要的是人干了什么。

5. 极普通的谬误是认为嬉戏娱乐是不重要甚至是不好的事情（伊斯兰教、旧东正教、清教）。嬉戏娱乐像劳动一样重要，它是劳动的奖赏。劳动不能连续不断地进行，必要的休息自然因嬉戏娱乐而变得更充实。

对嬉戏娱乐而言，只有在下列情况下才是不好的：首先，它需要他人的劳动（准备网球场、戏剧、赛马等）。其次，嬉戏娱乐变成一场残酷的比赛争斗，而这在灵巧的游戏中是常事。另外，嬉戏娱乐只为少数人而设。要是这三者均不存在，那么，嬉戏娱乐特别是为年轻人所设的嬉戏娱乐不仅不是有害的，而且是有益的。

6. 对心灵来说，没有一件事情比为增殖财富的操劳更空虚无聊，更无益有害的了；也没有一件事情能像这事情那样使人沉溺其中而不能自拔，能被人看得如此之重要。

———————

事情和玩乐，如果能正确地相互交替，就能使生命充满欢乐。当然，这不是指所有的事业，也不是指任何的娱乐。

6月2日 妇 女

男人和女人的使命是相同的：都是为上帝效劳。但是两性效劳的方式是不同的，应正确加以区分。因此，男性或女性都应用自己的、其特有的方式为上帝效劳。妇女的重要而独特的事情，是为了人类的生存和完善而只能由她独自承担的必然的事情——这就是生儿育女及对孩子做最初的教育。因此，妇女的所有力量和注意力都应集中在这一事情及与之相关的事情上。女人能做男人所做的一切事情，但是男人却做不了女人所做的事情（生儿育女，最初教育）。所以，女人应当把一切力量放在好好做好那只有她才能做的事情（生儿育女，最初教育）上。

1. 女人是一家之母，要是她都不善于获得家庭幸福，那么，她在任何地方都不会幸福。

2. 为人类服务可以自行分为两类：一类是增加现有人类的福祉，另一类是人类自身的繁衍延续。对前者负有使命的，主要是男人；对后者负有使命的，主要是女人。

3. 男人和女人是两个音符，少了这两个音符，人类心灵的琴弦就弹奏不出正确而饱满的和音。

约瑟夫·马志尼

4. 存在一种奇怪的、根深蒂固的谬误：做饭、缝纫、洗衣、照料孩子是妇女唯一的工作，男人做这些事情甚至被看作是一种耻辱。其实，可耻的倒是一种相反的情景：男子游手好闲，把时间浪费在一些鸡毛蒜皮的小事上，或者什么也不干，而与此同时，那疲惫不堪、虚弱无力的孕妇尽管体力不支却仍在做饭、洗衣或照料生病的孩子。

5. 整个世界和世上的一切都美；但世上最美的是道德高尚的妇女。

穆罕默德

6. 女人和男人的道德是相同的：节制、公正、善良。但是，同样的道德在妇女身上却变得特别迷人。

7. 生儿育女对妇女来说是一所忘我的学校。在自身培育了这种忘我能力之后，妇女在另一些生活环境中也极易表现出这种能力。

8. 力求变得像男人一样的女人，就像女性化的男人一样，都是反常的。

9. 男人和女人真正稳固的结合点，只存在于精神的交流沟通之中。缺乏精神的两性交往，对夫妇双方来说，都是痛苦的根源。

10. 妇女所从事的大事是生育孩子，而非孕育思想。孕育思想是男人的工作。妇女永远只是追随男子所创造、并已广为流传的思想，这些思想将因她而得到进一步的传扬。男子只是教育孩子，而不是生养孩子。

当你尚未出嫁，或者你已不再怀孕生子，而想从事男子所做的一切事情，那就去做吧，但是你们该知道，有一件事情是任何男人都无法替代你们妇女的，这就是养育孩子和对孩子最初的教育。

每周阅读

I 心肝宝贝

奥琳卡，一个八等退休文官普列缅尼可夫的女儿，正坐在自己院落的门廊前的台阶上想心事。天很热，苍蝇令人讨厌，挥之不去。想到黄昏即将降临，确是那样让人高兴。东方涌起一片黝黑的雨云，时不时地从那边吹来一丝湿润的凉意。

库金站在院落中间，打量着天空。他是剧院老板，管理着游艺场"季伏里"，租住在这一院落的厢房里。

"又要下雨了！"他绝望地说，"又要下雨了！天天下，天天下——准是老天存心捣乱！逼人上吊！让人破产！每天亏死人！"

他举双手"啪"的一击，对奥琳卡继续说道：

"你瞧,奥尔迦·谢苗诺夫娜,这就是我们过的生活。真想大哭一场!我们劳作、努力、痛苦、夜不成寐,老想怎样才能更好——可又怎样呢!可观众呢?完全是外行,粗鲁野蛮,给他们提供最出色的小歌剧、梦幻剧,请赫赫有名的幽默歌唱家,可他们难道需要这种戏,他们难道能看懂这种戏?他们要的只是滑稽草台戏!那就给他们粗俗玩意儿!天气呢,你瞧瞧,差不多天天晚上都下雨。从五月十日开头,随后是整个五月和六月,简直吓死人!没人来看戏,可剧院租金我不是还得照付,演员酬金不是还得照给?"

第二天傍晚,乌云重又集聚天边,库金神经质地哈哈大笑说:

"哼,下又能怎样?下吧,下吧,就把整个花园淹了罢,把我淹死罢!不管是今生,还是来世,我都是个倒霉蛋!让演员把我告上法庭好了!干吗上法庭?干脆流放到西伯利亚服苦役好了!干脆上断头台好了!哈——哈——哈!"

第三天还是这一套……

奥琳卡默默地、认真地听库金说话,听着听着,眼泪就夺眶而出。最后,库金的不幸打动了她,她爱上了他。库金个儿矮小、消瘦,鬓角梳得光洁整齐,说话又尖又细,脸上总是一副灰心丧气的神情,但是他还是唤醒了她内心一种真正深厚的感情。她总得爱一个人,而且不能不爱。最初她爱她亲爱的爸爸,如今他身罹疾患,坐在光线暗淡的房间中的安乐椅上,喘着粗气;后来爱她的姑妈,姑妈两年一次偶尔由布梁斯克来探望他们;早在她上初级中学时,她就爱过她的法语老师。奥琳卡是一个文静、心地善良、富有同情心的小姐,眼神温柔,体魄强健。看到她那丰腴的玫瑰色的脸颊,看到她那长着一颗黑痣的柔软白皙的脖子,看到她因听到愉快的事情而脸蛋常浮现的善良天真的微笑,男人们也会为之面露笑容,女客们则会情不自禁地在交谈时突然高兴地抓住她的手,说:

"心肝宝贝!"

她从呱呱坠地起就生活在其中的那幢住宅,父亲已立下遗嘱,归她所有。这房子坐落在城郊茨冈地段,离"季伏里"游艺场不远,每天傍晚和深夜,她都能听到游艺场乐队奏乐,鞭炮噼噼啪啪炸响,她就会觉得,这是库金正在和他的命运厮杀,向他的主要敌人——冷漠的观众发起进攻,她的心甜蜜得像要停止跳动,她连一点睡意都没有,凌晨,当他回到家里,她就在她的卧房里悄悄敲着小窗,透过窗帘,只对他露出脸蛋和一边肩膀,她温柔地微笑着……

他向她求婚,他们喜结良缘。

他感到幸福,但是因为结婚那天和随后的夜晚都在下雨,他的脸上仍是一副灰心丧气的样子。

婚后生活很美满,她掌管他的票房,照料游艺场的事务安排,记账,发工资。她那玫瑰色的脸颊,她那天真而亲切的、有如孩子般容光焕发的微笑,时而在票房的小窗里,时而在饮食部,时而在后台闪来闪去。她常常对她的朋友说,世界上最美妙、最重要而且必不可少的东西是剧院,只有在剧院里才能得到真正的享受,才能变得文明和人道。

"但是观众难道能明白这道理?"她说,"他们要的是那些滑稽草台戏。昨天我们演《反串浮士德》,包厢几乎都是空的,要是我和瓦涅奇卡安排一出粗俗玩意儿,你信不信?剧院肯定会爆满。明天我和瓦涅奇卡安排的是《地狱中的俄尔甫斯》,请来捧场。"

库金对剧院、对演员所说的一切话,她都会一一重复。她同他一样看不起观众,因为他们对艺术冷漠,因为他们外行。她干预彩排,纠正演员的动作,监督乐队演奏者的行为,如果地方报纸批评演出,她会伤心落泪,然后到编辑部去做解释。

演员们都很喜欢她,称她为"我和瓦涅奇卡"和"心肝宝贝";她也怜惜他们,借零钱给他们花,要是她被他们骗了,她也只是悄悄落泪,但从不告诉丈夫。

整个冬天,生活很如意。他们把市区剧院租下,整整演了一个冬季,只留下很短的档期让小俄罗斯剧团、魔术师、地方票友团体穿插演出。奥琳卡发福了,整个儿快活得光彩夺目;库金瘦了,脸色发黄,尽管整个冬季生意不坏,却仍在抱怨赔得太惨。他一到夜里就咳嗽,她给他喝覆盆子花汁,喷上花露水做按摩,并用她柔软的披巾把他裹起来。

"你让我多欢喜!"她一边抚弄他的头发,一边由衷地说,"你是我怎样的好人儿!"

他大斋时期去莫斯科请演出的剧团。他不在,她无法入睡,老是临窗坐着看星星。她这时会把自己比作老鸡婆,当雄鸡不着鸡窝时它们也是整宿不眠、惊恐不安的。库金因事耽搁滞留在莫斯科,他写信告诉她,他将在复活节周回家,在信里还对"季伏里"的事做了一些交代。但是,临近受难节前的星期一,快要入夜,突然传来不祥的敲门声:"嘭!嘭!嘭!"有人像敲木桶一样敲着围墙门。睡眼惺忪的厨娘光脚踩过水坑,跑去开门。

"麻烦,请开门!"门后一个人用重浊的低音说,"你们家的电报!"

奥琳卡以前也曾收到过丈夫的电报,但是不知什么缘故,她这时却愣住了。她用发抖的双手打开电报,读出一行文字:

"伊凡·彼得洛维奇今日突然去世,请吩咐,星期二怎羊安种。"

电报上,就是这样打着"安种",以及一个莫名其妙的词"怎羊";电文署名是歌剧团的导演。

"我的亲人哪!"奥琳卡号啕大哭,"我亲爱的瓦涅奇卡,我的亲人!我当初为什么会碰到你啊?为什么我会认识你爱上你啊?你要把你可怜的奥琳卡,我这可怜而不幸的人丢给谁啊?"

库金星期二被安葬在莫斯科的瓦朗科沃公墓。奥琳卡星期三回到家,一进卧室,就倒在床上失声痛哭,连街坊、邻里都能听到。

"心肝!"女邻居们在胸前画着十字说,"心肝奥尔迦·谢苗诺夫娜,我的天哪,你真过于伤心了!"

三个月后,奥琳卡有一次做完弥撒回家,仍深深沉浸在丧夫之痛中。这时碰巧她的一个邻居瓦西里·安得列伊奇·布斯托伐洛夫在她身边走。他是商人,巴巴卡耶夫木材场的经理,也由教堂回家。他头戴草帽,身穿白坎肩,缀着一条金表链,样子更像地主,不像商人。

"万事冥冥中都早已安排好,奥尔迦·谢苗诺夫娜,"他稳重地对她说,声音里充满了同情,"要是我们有亲人死了,那就是说,上帝想这样做,处在这种情况下,我们应当节哀顺变。"

他把奥琳卡送到栅栏门口,向她告别,继续往前。分手之后,她耳畔整天听到他那从容沉稳的讲话声,她一合眼,脑海里似乎马上浮出了他那黑胡子。她很欢喜他。显然,她也给他留下了很好的印象,因为有一位她并不熟悉的中年太太竟上她那里喝咖啡来了。那位太太一入座,就急不可待地谈起布斯托伐洛夫,说他是一个稳重可靠的好人,所有待嫁的姑娘都会高兴嫁给他。过了三天,布斯托伐洛夫亲自前来登门拜访,他待的时间不长,也只是十来分钟,话也不多,但奥琳卡爱上了他,爱得夜不成寐,像得了热病一样发烧。第二天早晨,她派人去找那位中年太太。很快,她答应了这宗婚事,随后结了婚。

布斯托伐洛夫和奥琳卡婚后生活幸福美满。午饭前,他通常在木材场忙活,以后则外出张罗各种业务,奥琳卡则代他在办公室值班,记账、发货,直到傍晚。

"如今木材每年都要涨两成。"她对顾客和熟人说,"老天发发慈悲吧,原先我们买卖的是本地木材,如今,瓦塞契卡为了采购木材每年得去莫吉列夫省。得多少运费啊!"她一边说,一边用双手捂住了脸颊,一副害怕的神情,"得多少运费啊!"

她仿佛觉得她做木材生意已经很久很久,觉得生活里最重要、必不可少的是木材,她连听到"梁木""圆木""薄板""铺板""箱板""板条""木块""厚板"这些词也会生出一种亲切动人的意味。

她和丈夫思想保持完全一致。要是他以为房间里闷热,认为如今生意清淡,她也就这样想。她的丈夫不喜欢任何娱乐,遇到节假日也待在家里,她也一一照办。

"您老待在家,待在办公室,"熟人们说,"您最好去看看戏,心肝,去看看杂技。"

"我和瓦塞契卡没工夫上剧院,"她稳重地说,"我们是劳碌命,我们顾不上这种小事。再说看戏有什么好处呢?"

每星期六,她和布斯托伐洛夫去做晚礼拜,每逢节日,则去做早弥撒。他们离开教堂,肩并肩回家,脸上一副悲天悯人的表情,两人身上散发出一股好闻的味道。她穿的绸衫沙沙作响,发出悦耳的声音。他们在家喝茶时配着奶油面包、各色果酱,随后才吃馅饼。每天中午,她家的院落里和栅栏门外的街道上,飘出甜菜根汤、烤羊肉、烤鸭的香味，斋日则是烤鱼的香味，令在门外走过的人馋涎欲滴。在办公室，茶炉总是热水沸滚，他们总用茶和面包圈招待顾客。夫妇俩每周上澡堂洗一次澡，从那里出来就并肩回家，两个人都脸色红润。

"还不错，我们过得很幸福，"奥琳卡对熟人说，"感谢上帝，愿上帝让所有人都像我和瓦塞契卡一样生活。"

当布斯托伐洛夫去莫吉列夫省采购木材时，她感到寂寞难耐，通宵不寐，流泪哭泣。有一个军队里的年轻兽医斯米尔宁，租住在她家的厢房，偶尔会在黄昏时分到她那里坐坐，聊聊天，有时也会打打牌，排遣她的思念之苦。他个人的家庭生活特别有趣；他已结婚，有一个儿子，他已和妻子分居，因为她背叛了他；他如今仍恼恨她，每个月给她寄儿子的抚养费四十卢布。听到这一切，奥琳卡叹了口气，摇一摇头，她很可怜他。

"唉，主啊，愿主保佑你，"她和他告别，手拿蜡烛，送他到楼梯口，"谢谢你来给我解闷儿，愿上帝赐给你健康，圣母……"

她学着丈夫的样，显得那么庄重、那么审慎；兽医已经消失在下面门后，可她还是喊住了他说：

"弗拉基米尔·普拉东内奇，您要明白，您最好还是和您的妻子和好，哪怕只是为了儿子也宽恕她……孩子大点会整个明白的。"

布斯托伐洛夫回家后，她就把兽医及其不幸的家庭生活悄声讲给他听，夫妇俩叹了口气，摇摇头，说起孩子大概很想念自己的父亲；以后孩子的话题触动了他们一种奇特的心绪，夫妇俩跪到圣像前，祈求上帝赐给他们孩子。

布斯托伐洛夫夫妇这样平静和谐地打发日子，彼此爱怜，心心相印地过了六年。但是，有一年冬天，瓦西里·安得列伊奇在木材场刚喝过热茶，没戴帽子就出去发货，受了凉，病了。请最好的医生给他看病，但病始终不好。病了四个月，他就死了。奥琳卡又守寡了。

"亲人哪，你究竟要把我扔给谁哪？"她安葬了丈夫，号啕痛哭起来，"没有你，我现在可怎么活啊，我这苦命人哪！好人啊，可怜可怜我这无依无靠的寡妇……"

她穿上黑色的丧服，不再戴帽子和手套。很少出门，只是上教堂和到丈夫的墓前才离家。她在家像修女一样生活。只过了六个月，她除了孝，开始打开百叶窗。人们有时在清晨看到她和厨娘上市场采购食品，但是她如今在家里怎样生活，她家变得怎样这类问题，则只能加以猜测了。大家也确在暗中揣摩。例如，人们发现她在自家花园里和兽医一起喝茶而他则给她大声读报；又如，她在邮局碰到了一位认识的太太，她对她说：

"我们城里没有正规的兽医监测站，许多病就是由此而来。常听人说，一个人喝了牛奶得了病，人被牛马传染上了病。家畜的健康从本质上看，应该与人的健康一样受到关注。"

她重复着兽医的说法，如今在一切问题上都和他的意见相同。显而易见，她要是心无所依，她连一年都难活，她在自己的厢房里找到了她新的幸福。换了别人，会为了这事受到责备，至于奥琳卡，则谁都不会往坏处想，在她的生活里，一切都是那样的清楚明白。她和兽医没有对任何人说起他们关系中所发生的变化。他们竭力掩饰，但并不成功，因为奥琳卡保守不了秘密。当他军队里的战友到他那里做客时，她给他们斟茶，或给他们准备晚饭，她会开始讨论牛瘟，谈论家畜的结核，谈论城市屠宰场，他十分难堪，客人一走，他就抓住她的手，气得压低声音嘶哑地埋怨起来：

"我不是请你不要谈论你不懂的事情吗？当我们兽医彼此交谈时，请不要掺和进来。这多没趣！"

她看着他，一副莫名惊恐的神情，她问：

"沃洛杰奇卡，可我该说什么好呢？"

她热泪盈眶，拥抱着他，求他不要生气，他俩才又开心起来。

可是，这种幸福时刻维持并不久。兽医随军队一起走了，永远走了，因为军队开拔到一个极其遥远的地方，好像是西伯利亚。奥琳卡又成了孤身一人。

如今，她真正成了孑然一身。父亲早已去世，他的安乐椅缺了一条腿，布满了灰尘，被扔在阁楼里。她瘦了，变难看了，在街上，碰到她的人已经不像从前一样打量她，不再对她微笑，很显然，她的锦绣年华已经过去，扔在后面了，如今她要开始某种新生活，一种未知的、怕去想的生活。每天黄昏，她会坐在院落里的台阶上，她听到"季伏里"的奏乐声，噼啪作响的鞭炮声，但是，这已不能触动她的任何思绪。她茫然四顾空荡荡的院落，什么也不想，什么也不求，她只是习惯成自然地吃喝。

主要的，最糟糕的是，她已经没有任何想法。她端详自己周围的事物，也能理解周围发生的一切，但是，她却无法对任何事物形成一种观点，也不知道她该怎样去表达。比如，她看到一个瓶子，看到下雨，看到一个赶车的农夫，但是她却说不出这瓶子、这雨、这农夫为什么存在，他们有什么意义。库金和布斯托伐洛夫活着的时候，以后与兽医在一起的时候，奥琳卡却能做出解释，能够说出仿佛是自己对某事的合宜的意见，可现在，在各种主张思想中间，她的心里却像那院落一样，空荡荡的。

城市慢慢地向四方扩展，茨冈地段现在已被称作街道，在"季伏里"游乐场和木材场所在的地方，建起了许多房子，形成了许多小巷。时间过得多快啊！奥琳卡的房子已经发黑，屋顶也生了锈，小板棚歪歪斜斜的，整个院落杂草丛生，长着荆棘。奥琳卡自己变得又老又丑。夏天，她坐在台阶上，冬天则坐在窗前看着皑皑白雪。当她闻到春天的气息、听到风吹来的教堂钟声时，她心中突然会涌出往事的回忆，她的心会甜蜜得收缩起来，她的双眼满是盈盈的泪水，但是，这情景瞬息即逝，以后又是一片茫然，不知道她为什么活着。黑猫布莱斯卡依偎在她身边，温柔地发出喵喵的叫声，但是，猫的柔情并不能使奥琳卡动心。这岂是她需要的？她需要爱,那攫住她全身心的、整个灵魂和理智的爱,会给她思想和生活方向、使她日益衰老的血液沸腾起来的爱。她把黑猫布莱斯卡从裙子上抖落下去,苦恼地对它说:

"走开,走开……待在这里干吗?"

日子就在这样日积月累、年复一年逝去,没有一丝欢乐,也没点滴意见。凡是厨娘玛芙拉所说,她都一一认可。

七月,一个炎热的白天,黄昏时分,当人们满街驱赶城市畜群时,整个院落尽是一团一团的尘雾,突然有人敲她家的栅栏门。奥琳卡亲自跑来开门,刚看了一眼就愣住了:门外站着兽医斯米尔宁,他头发花白,穿着便装。她突然忆起了一切,情不自禁地哭了。她把他的头抱在胸前,一句话也不说,因为万分激动,她连两个人随后怎么进的家门、怎么坐下喝茶都记不起来。

"亲爱的,"她嘟囔着,声音高兴得有点发抖,"弗拉基米尔·普拉东内奇,天哪,你从哪里来?"

"我想在这里定居了,"他说,"我退休了,我想到外面来碰碰运气,过一种安宁的生活。儿子也已到了上学的年龄。他长大了。你知道,我和妻子和好了。"

"那她在哪里呢?"奥琳卡问。

"她和儿子在旅馆里。我这是出来找房子的。"

"天哪!老爷子,就住我家吧!干吗还找房子!哎,天哪,我不会收你一分钱房租的。"奥琳卡又激动起来,又哭了。"你们就住正房,我搬到厢房,厢房足够我用的。天哪,我真高兴!"

第二天,房子的屋顶重新刷了漆,墙壁重新粉刷了一遍白灰,奥琳卡挺直身子,在院落里来回走动,吩咐安排。她的脸重又爽朗地绽开原有的笑容,她全身有了生气,有了朝气,仿佛沉睡之后醒来。兽医的妻子来了,她是一个消瘦的并不漂亮的女人,一头短发,表情变化无常。和她一起来的是小男孩萨沙,已经十岁,胖嘟嘟的,长着一对炯炯有神的蓝眼,脸颊上有一对小酒窝,却身材矮小,与年龄很不相称。小孩一进院落就去赶猫,他那欢快的笑声立即传了过来。

"婶婶,这是您家的猫吗?"他问奥琳卡,"它什么时候生小猫,请送给我们一只。妈妈特怕老鼠。"

奥琳卡和他说话,给他斟茶,她的心突然在胸中变得暖融融的,甜蜜蜜地收缩起来,仿佛这个孩子是她的亲生骨肉。每当傍晚,他坐在餐厅复习功课,她总是温存、怜爱地看着他,喃喃说:

"我的亲人,漂亮小伙子!我的乖孩子,你生得那么出奇的聪明,那么出奇的白皙!"

"岛者,"他读着课文,"四面围着水之陆地也。"

"岛者,陆地也……"她把这句话重复了一遍,这是她在多年沉默和思想空白之后颇有信心地说出的第一个想法。

她重又有了自己的想法,在吃晚饭时会和萨沙的父母议论,说现在的孩子功课太重,说古典教育还是比实科教育要好,因为毕业后发展的路子更宽,可以当医生,也可以当工程师,而且一定能心想事成。

萨沙开始读中学。她母亲到哈尔科夫探访妹妹,而且一去不回。他父亲每天出门给牲口看病,有时会一连两三天不着家。奥琳卡觉得,萨沙像被完全抛弃了,他在家里成了一个多余的人,他会饿死的。她让他搬到自己的厢房里,在那里给他隔出一个小房间。

萨沙住进她的厢房里已有半年。每天早晨,奥琳卡走进他的小房间,他仍睡得很沉,手放在脸颊下,没有一点声息。她不忍心叫醒他。

"萨申卡,"她喊他,有点惋惜,"该起床了,亲爱的,该上学了。"

他起床,穿衣,祷告,随后坐下喝茶,一连喝了三杯,吃了两个大面包圈,半个法式奶油面包。他还没有完全醒过来,没精打采的。

"萨申卡,你还没有背熟寓言,"奥琳卡说,打量着他,像是送他出远门似的,"我得给你操多少心啊,亲爱的,你得努力,好好学习,听老师话。"

"啊,请您别管我的事。"

他随后沿街道向学校走去,他个子矮小,却头戴一顶大制帽,身背一个大书包。奥琳卡不声不响地跟在他后面。

"萨申卡!"她喊他。

他回头望望,她就把枣或糖塞到他手里。他们拐进了学校所在的那条街巷,他收住脚,很不好意思自己后面跟着一个又高又胖的女人,他向四周瞅瞅,然后说道:

"婶婶,你回吧,现在我自己能走了。"

她停了下来,看着他的背影,眼睛一眨也不眨,直到他走进校门不见踪影。啊,她多爱他啊!和当前越来越炽热的母性感情相比,她先前对眷恋过的那些人所付出的任何一次爱,都从没有像现在这样的深沉,也从来没有像现在这样整个灵魂沉浸在忘我、无私、快乐之中,她愿意为这个别人的孩子,为他脸颊上的酒窝、为他头戴的大制帽献出自己的一生,而且是欢欢乐乐地带着温柔的眼泪献出她的一生。为什么呢?可是谁知道是为什么呢?

把萨沙送到学校后,她平静地往家走。她是那样心满意足,那样宁静安详,那样充满爱意;她的脸近半年变得年轻了,有了笑容,光彩焕然。遇到她的人看着她,感到很高兴,对她说:

"你好,心肝奥尔迦·谢苗诺夫娜,过得好吗,心肝宝贝?"

"如今学校里的功课很难,"她在市场上说,"这可不是闹着玩的,昨天老师让一年级的孩子背寓言,翻译一篇拉丁文,还有其他作业……唉,对这样小的孩子怎么能这样呢?"

她开始谈老师,谈功课,谈作业,她所说的,完全是萨沙所说的那一套。

下午三点,他们一起吃午饭,黄昏时分,他们一起预备功课,一起哭。她安排他上床,久久地在他胸前画十字,低声念着祈祷,然后她才睡下,幻想遥远而渺茫的未来,那时萨沙已大学毕业,当了医生,或工程师,拥有自己的大房子,有马,有车,结了婚,有了孩子……她昏昏入睡之际,还想着这些,眼泪从她闭着的双眼流过脸颊。黑猫躺在她身边喵喵叫:

"喵……喵……喵……"

突然传来了有力的敲门声,奥琳卡惊醒过来,吓得连大气都不敢出,她的心怦怦直跳。过了片刻,敲门声又响起来了。

"这定是哈尔科夫来的电报,"她想,开始浑身发抖,"萨沙的母亲要他到哈尔科夫去了,啊,天哪!"

她极度沮丧,脑袋、双手、双脚变得冰冷,她觉得全世界没有比她更不幸的人了。但是又过了一晌,传来了声音:这是兽医从俱乐部回来。

"唉,谢天谢地!"她想。

心上的一副重担慢慢卸下,她又变得轻松坦然了。她躺下身子,想着萨沙;他在旁边的房间里睡得正香,偶尔说着梦话:

"我要揍你!滚!别打!"

安东·契诃夫

Ⅱ 契诃夫短篇小说《心肝宝贝》跋

在《民数记》中,有一个含义深长的故事:摩押国国王巴勒邀请巴兰到自己那里,替他诅咒逼近他的边境的以色列人。巴勒答应巴兰,他将为此收到丰厚的礼物。因受丰厚礼物的诱惑,巴兰去见巴勒,但是,在半路上他被天使挡住了去路。巴兰的驴子看见了天使,可他却一无所见。尽管有这短暂的耽搁,巴兰还是来到了巴勒那里,和他一起上山,来到供着祭品(已宰杀的牛羊)做诅咒用的祭坛。巴勒等巴兰诅咒,但是,巴兰没有对以色列人诅咒,反而祝福了他们。

23章(11) "于是巴勒对巴兰说:'你对我做了什么事?我请你来诅咒我的仇敌,你却反而给他们祝福。'"

(12) "巴兰回答说:'难道我不应该通过我的口一字不差地传达神的意旨吗?'"

(13) "巴勒对他说:'和我一起到别处去……在那里诅咒他们。'"

他被带到了另一个地方,同样准备着牺牲。

但是巴兰又做了祝福,没有诅咒。

在第三处,情况还是那样。

24章(10) "巴勒向巴兰大发雷霆,双手拍得山响,他对巴兰说:'我召你来是

为了诅咒我的敌人,你却就这样一连三次为他们祝福。'

（11）"'既然如此,回你本地去吧,我本想给你大尊荣,但是神却不让你享有这尊荣。'"

于是,巴兰两手空空地走了,因为他没有诅咒却祝福了巴勒的仇敌。

巴兰身上发生的事情,更经常发生在真正的诗人-艺术家身上。受巴勒许诺的诱惑——或声誉,或流行的虚伪观点,诗人甚至连挡住他的去路的、他的驴子都已看到的天使都没看到,想诅咒,却反而做了祝福。

真正的诗人-艺术家契诃夫在写他那迷人的短篇小说《心肝宝贝》时,这相同的一幕也在他身上发生了。

作者显然是根据他的观点（但是并非感情）想嘲笑《心肝宝贝》里的毫无价值的生存本质,她时而为库金及其剧院操心,时而对木材生意充满兴趣,时而在兽医的影响下认为,与家畜的结核病做斗争是最重要的事业,最后,她醉心于文法教科书问题,兴趣完全集中在头戴大制帽的中学生身上。库金的姓氏可笑,甚至他的病和通知他病故的电报也可笑。故作庄重的木材商可笑,兽医可笑,孩子也可笑,但是,《心肝宝贝》那奇妙的灵魂及其把自己整个人献给她所钟爱的人的能力并不可笑,倒是相当神圣的。

我认为,作者在写《心肝宝贝》时,不是根据感情而是根据自己的推论来行文的。他此前已有一些模糊观念,如新女性,男女平等,如有教养、有学问、独立的女性在为社会谋福利方面,即使不比男子高明,至少也不会比男子差,再如提出并支持女性问题的那些妇女本身的有关情况。执笔写作《心肝宝贝》,他想证明妇女不该成为什么样子。社会舆论的巴勒,让契诃夫诅咒弱势一方的、温顺的、忠于男性的、不开化的妇女。契诃夫往山上爬,那里已摆放着献祭的牛羊,但是,当开口时,诗人却祝福了他想诅咒的人。尽管整个作品具有令人怪异的笑谑的滑稽性,至少我不能不含泪去阅读这一奇妙作品的某些章节。这一短篇打动我的,是她怎样完全忘我地爱库金及库金所爱的一切,以同样的态度对待木材商,对待兽医,更打动我的,则是她因为无人可爱变得孤苦伶仃时,如何经受痛苦煎熬,最后她怎样以女性、母性（她没有直接体验过）的全副力量,把无限的爱献给了未来的人,那头戴大制帽的中学生。

作者让她爱上了可笑的库金、卑微的木材商、不讨人喜欢的兽医,但是,以库金为爱的对象,还是以斯宾诺莎、帕斯卡尔、席勒为爱的对象,其爱情并不因此而少一点神圣性。爱的对象在《心肝宝贝》中那么快地更替,和终其一生只有一个爱的对象,其爱情同样并不因此而少一点神圣性。

很久以前,有一次在《新时代》上我读过亚塔君一篇论妇女的优美小品文。作者在这一小品文中谈到一个关于妇女的极其睿智而深刻的观点。"妇女们,"他说,"竭力向我们证明,她们能做我们男人能做的一切事情。对此,我不仅不会和她争辩,"作者说,"而且准备完全同意,妇女确能从事男人所从事的一切工作,甚至可能会干得更好,但是,不幸的是,男人却一点都做不了真正适合女人做的事情。"

是的,毫无疑问确是这样。这涉及的不仅仅是生育、哺乳和孩子最初的教育,而且男子做不了崇高、优秀、最能使人接近上帝的事业——爱的事业,完全献身于所爱的人的事业,而这一事业,许多优秀妇女过去曾那么出色而自然地做过,如今仍然在做着,未来将继续做下去。如果女人没有这种优异品性,或者她们没有显出这种优异品性,那么,世界会怎么样呢?我们男人会怎么样呢?没有女医生、女报务员、女律师、女学者、女作者,我们还能对付。但是,没有母亲、女助手、女朋友、女安慰者——她们总是爱男人现在身上拥有的优长之处,通过难以察觉的熏陶诱导激发并加强男人身上的优长之处——如果没有这些女人,人世生活就会很糟糕。你能想象耶稣身边没有玛利亚和马德琳娜,弗兰西斯科(阿西兹的)身边没有克拉拉,十二月党人在苦役中没有他们的妻子,否定正教仪式派信徒没有他们的妻子(她们不仅不劝阻丈夫,反而支持他们为真理而蒙难)吗?如果没有这些成千上万默默无闻的优秀而又最普通的女性会怎样呢?她们正是醉汉、弱者、腐化堕落者的安慰人,而对他们来说,更需要他人的爱的抚慰。有一种重要庄严伟大、任何事物都无可替代的女性魅力存在于这种无论是对库金,还是对耶稣的爱之中。

整个所谓的妇女问题,是一种莫名其妙的误解!但它居然像一切庸俗现象应有的那样,深深吸引了许多妇女,甚至男子。

"妇女希望尽善尽美。"——有什么能比这更合法更公正的呢?

但是,妇女的事业,就其本身的使命而言,显然与男子的事业不同。所以,妇女尽善尽美的理想不能与男子尽善尽美的理想同一。就算我们并不知道妇女的这一理想是什么,但是无论怎样,有一点是毋庸怀疑的,它不会是男子的尽善尽美的理想。然而,目前把妇女界搅得乌烟瘴气的时髦的妇女运动,其一切可笑而不良的活动指向却都是要赶上这种男性的理想。

我担心,契诃夫在写作《心肝宝贝》时正受到这一误解的干扰。

他像巴兰一样想要诅咒,但诗人之神阻止了他,要他进行祝福,他确实做了祝福,并且不由自主地赋予这亲切可爱的女人以这样一种奇妙的色彩,以致她永远成为那些本人想成为幸福的,并因受命运青睐而成为幸福的女人可能的典范。

这一短篇小说因为在无意识中问世而变得那样优美。

过去我曾在驯马场上学骑自行车。驯马场上正在举行师团的阅兵仪式,驯马场的另一角,一位太太也在学自行车。我老是想着,怎样才能不妨碍这位太太,我开始瞧着她。瞧啊瞧的,我却不由自主地越来越靠近她,尽管她发现了危险赶紧往别处躲,我还是碰上了她,摔倒了。这就是说,我的作为完全与我希望的相反,只是因为我把高度紧张的注意力集中到她身上的缘故。

契诃夫发生了同样的事情,只不过情况刚好相反:他想使心肝宝贝摔倒在地,他把诗人的高度紧张的注意力集中到她身上,结果却反而把她托起,抬高了她。

托尔斯泰

6月3日 团 结

  尽管他们彼此或相识或不相识,但所有人仍然都是彼此紧密地联系在一起的。

  1. 人之子,你骗过你的兄弟吗?没有,没有,因为你曾对他们说:"你们找我,我将安慰你们。"可是他们却不找你,在心灵和事业上不接受你的学说,不服从你的盼咐,不像一父所生的同胞兄弟彼此相爱。他们若能完全正确地来找你,那么,他们就能彼此相爱,大家就会变成一个人似的,他们若能像一个人一样,还有什么力量能妨碍他们确立正义和奠定神国呢?可如今,他们是软弱无力的,因为他们彼此分离,他们中的每一个都软弱无力,却又独自去反对误入歧途的压迫者。他们是软弱无力的,因为他们既没有足以战胜一切的信念,也没有比信念本身更强有力的爱。他们是软弱无力的,因为他们深陷自私自利而不能自拔,因为他们内心缺乏一种由之足以使人们做出自我牺牲、永不疲倦、永不失去希望地坚持长期而非一朝一夕的斗争的力量。他们是软弱无力的,因为他们害怕人,因为他们不理解你对他们所说的一切,即:珍惜自己生命的人丢掉生命,为了建立你的教义的王国而舍弃生命的人反而拯救了生命。

拉门奈

  2. 有一种人认为,自己才是真实存在的,别人只是一种幻影。他之所以承认这些幻影是某种相对的存在,是因为他的目的或能得到他们的支持,或会遭到他们的反对。这种人因为感到他与其他所有人之间存在一道深不可测的深渊,在承认自己只存在于自己的个性中时,他就不能不看到,和他的死亡一起毁灭的,不仅仅是那一存在物,即他本人,而且还有与他一起的整个世界。

  还有一种人,他们在所有其他人、在一切生灵中看到自身的本质,他通过自己的生活和所有生灵的生活汇融成一体。这样的人死亡时失去的只是自己生命的不大的部分;这样的人继续活在其他所有别的人身上,因为他在别的所有人身上始终能认出并热爱自己的本质和自己。对这种人来说,使自己的意识和其他人的意识分离的那种骗人把戏也就消失了。

  这里若没有例外,那么,特别善良和特别凶恶的人的区别主要植根于他们迎接他们的死亡时刻之中。

叔本华

3. 我绝不寻求,我也不会接受个别的、个人的救助,我不希望独自得到安慰,但是,我永远将随时随地生活和劳作,以求整个世界一切社会的共同拯救。在大家没有获得解放之前,我不会离开这罪恶、忧郁和纷争的世界。

中国 Кваи-Хци*

4. 一些召唤为同一工作共同劳动的理性之人,在共同的和平生活中履行着人类躯体各器官为之服务的那一使命。他们是为合理的协作创造出来的。在你是伟大精神兄弟的一员的这种意识中,包含着一种令人欢欣鼓舞的、令人快慰的东西。

马克·阿夫列里

5. 人类开始生动地意识到,大家应该荣枯与共。人越来越倾听我们内心不停诉说的那一声音。

留西·马洛里

不要以为,个体人的幸福是能够实现的,也不要以为,个体人的罪恶不会成为世界恶,可能也影响不了人。

6月4日　异端邪说

因为基督教的腐败,我们的生活变得比异教徒的生活还糟糕。

1. 人应当成为奴隶。对他而言,仅仅是选择当谁的奴隶而已。如果当自己欲望的奴隶,那么,他一定是人的奴隶;如果当自己精神本原的奴隶,那么,他只是上帝的奴隶。

任何人都能以高尚的主人为荣。

2. 残忍性在当代得以更大规模的发展,是因为一切所谓的恶仍能导向幸福的自私自利的学说得到了微妙的奖励。这一学说在事实上会导向这一结果:我们即使采用了严重的暴力,以摆脱一切令我们不快的事情,我们居然还能扬扬自得、安详平静地观察别人遭受这一恶行的受难体验。

约翰·略斯金

3. "你们将永远与贫困同在。"无论怎样的文字都不如这句话那样曲尽这魔鬼一般的目的。尽管我们取得了所有成果,但是,如果我们身边迄今仍有一些贫困之人,他们并非自己的错误却无法拥有健全而正常的生活条件,那么,这完全是我们的错,是我们的耻辱。环视周围,任何人都会发现,这只是一个剥夺劳动者合情合理的方

---

* 意义不明,不知为何古籍。

便的生活设施、剥夺他们劳动成果的谎言,正是这一谎言才妨碍我们成为富裕人。

亨利·乔治

4. 世界大部分罪行和祸害,都由怀疑理性造成。"信仰吧,否则受诅咒。"罪恶的主要原因就在于此。要是不经研讨就采纳本该由理智加以选择的对象,那么,人最终会抛弃研讨事物的习惯,本人真会落到可怕的地步,并把自己的亲人引向罪恶。人想得救,只在习惯于独立思考,以便正确指引自己的思想。

爱默生

5. 世界各民族行动所依据的制度系统,其基础乃是最粗野的欺骗、最深刻的无知,或是这两者的联结体。所以这个制度系统基于其上的基础无论发生什么样的变形,它都不可能为人们创造出幸福来,相反的倒是它的实际后果永远应该是罪恶。

罗伯特·欧文

6. 一些事物、习俗、常规越受到重重的尊敬,那么,对它们受尊敬的权利就越应当加以认真的推敲。

———

纠正生活中现存的罪恶,不能从其他途径入手,每个人不能不从揭露宗教的虚伪性并在自身独立地确立宗教的真理开始。

6月5日 灵 魂

整个外在世界,无论我们把它看成什么样子,它也只是对我们而言是如此。说这个世界确如我们所看到的那样,也就等于说,不可能存在与我们不一样的外在感觉。

1. 说一切物质的东西都只是我们的观念,人们觉得这是奇谈怪论。人们通常会说:"桌子仍然在……始终在……当我离开房间时它也在,对大家也像对我一样,是完全相同的。"然而,如果转动着两个手指去推同一个球,你难道不感到毫无疑问是推动了两个球吗?显然,若以与我完全相同的方法去推同一个球,每次都会感到推动了两个球,对玩这种球的任何人来说,也都会感到推动了两个球。然而,并不存在两个球。桌子对我感觉的转动着的手指也是完全一样的;这一桌子,它可能只是半张桌子,百分之一张桌子,也可能压根不是桌子,是某种完全不同的东西。

2. 我看到并把一些可见线条挤压进保存在我概念中的形式之中。我看到地平线上一个白色物体,就不由自主地以为这一白色形式是教堂。我们在这世界上看到的一切,难道不都是这样获得由过去生活中提取的且已在我们的概念中存在的那些形式吗？

3. 我以为，我们身外的对象是否独立存在的问题，确实没有丝毫合理的意义。根据我们的本性，我们就有关我们接受的特定对象不能不说：它们正处在我们身外；我们别无选择。提出我们承认存在的事物是否真正存在这样的问题，如同提出真正的蓝色是否是蓝的这样的问题一样，都是同样荒谬可笑的。我们摆脱不了这一类问题。我能说，我们身外确有一些事物存在，因为我们必须这样看它们；不过，我们身外的一切可能具有无论什么样的结构，我们对其是不能加以评判的。

里赫登别尔格

4. 生命的规律在于无形物生成有形物。原因深藏不露，结果一目了然。原因无限，结果有限。相信无形物意味着相信一切力量的原因；只承认有形物，则意味着无益、无果、转瞬即逝、定有死亡。

留西·马洛里

5. 我们通过两种方法想象事物是真实存在的：我们或在事物和特定时空的相互依存中观察它们；我们或认为它们包含在上帝里面，是源于神圣本质的必然性。我们承认一切精神的都是这类事物。

据 斯宾诺莎

现实中的外在世界自身并不如我们所认识的那样。所以，这一世界上一切物质性的东西都不重要。那么，究竟什么才是重要的呢？大概是那处处、时时对所有人都完全相同的我们生命的精神因素吧。

6月6日 恶

人所犯罪过，不仅使人丧失了其真实的福祉，贬低了他的灵魂，而且往往反过来使在这人世干这罪恶勾当的人身受其祸。

1. 尘世的罪恶并不马上结出苦果，而是像大地一样，慢慢等待那适合的时刻的到来。这些苦果则是骇人听闻的。

摩奴法典

2. 不要作恶，哪怕对敌人也是如此——这是主要的美德。
处心积虑置人于死地的人，自己必将毁灭。
别作恶。贫困不能为罪恶辩护服务。如果作恶，将更不幸。
人们能摆脱他的仇敌作恶所造成的恶果，但是绝不能摆脱自己罪过所造成的恶果。他们的这一罪恶阴影将紧跟他们一生，直到他们毁灭。

愿那不希望悲伤追逐自己的人,别对他人作恶。

如果人爱自己,愿他不要作恶,无论怎样的小恶也不作。

库拉尔

3.抛向天空的石块不会停在半空,它仍会回到地面,这真实可信!与这同样真实可信的是,根据你做的是善事或恶事,就能确定你无论进入什么样的领域,会采用什么形式去完成你的心愿。

僧伽罗佛教

4.恶人在他所作恶事尚未完全结出恶果时是幸福的;但是,当恶果充分表露时,恶人也就认清了这罪恶。罪恶一如迎风扬灰,会反过来使作恶者身受其害。

无论天空、海洋,还是群山深处,全世界没有一个地方足以使人摆脱恶事而自由。

佛陀智慧集[达马巴达]

5.处心积虑的复仇者不能使自己的伤口愈合。他若不这样做,伤口倒可能会长好。

培根

作恶如同戏弄野兽一样危险。

人世大部分最粗野的罪恶会反过来使作恶者自食其果。

6月7日 温 顺

谦逊给人的快乐,是那些自满傲慢者难以理解的。

1.人与人之间和睦相处是美好生活的必要条件;而和睦相处的主要障碍则是我们的傲慢不逊;只有谦虚,准备承受屈辱,遭受诽谤、误解,人只有预做准备才能把和睦带入与他人的相处及人们彼此之间的相处之中。

2.凡劳苦担重担的人,都可到我这里来,我将使你们得到安息。你们当负我的轭,学我的样子;因为我心里柔和谦卑,你们心里就必得安详。因为我的轭是容易的,我的担子是轻省的。

马太福音11章

3.如果上流社会责备我们、诋毁我们,我们不该怒火中烧,最好审视一下这些责备有没有什么根据。

休姆

4.当回想昔日你曾藐视智慧,没像智者那样生活,未必能享有智者的荣耀,你的自尊心由此受到伤害时,那就不要为此而感伤。要是你没有被众人视为智者,那就更好。如果能马上开始如你的良知要求你的那样去生活,那你就一定能心满意足了。

马克·阿夫列里

5. 人在顺利走上幸福之路之前,应当首先学会的是谦逊。傲慢不逊、盛气凌人、浮夸虚荣应让位给温和柔顺、亲切近人。傲慢将一无所获,因为完全可以假设,它已经应有尽有。

选自 世界进步思想杂志

6. 傲慢捍卫的不仅是傲慢本身,而且是人的其他一切罪过,因为它憎恨指责,拒绝治疗,它隐匿罪过,并为其开脱。即使是那使人屈服的罪恶意识,也比正激发傲慢自大的善事更有益。

巴克斯德

7. 如果你严于律己,宽以待人,那么,你将不会有敌人。

中国智慧集

不要害怕屈辱,要是你善于谦卑地接纳它的话,它将以那与其密不可分的精神幸福许多倍地补偿你。

6月8日 善 良

没有公正就没有善;没有善就不会有被传承的真。

1. 善和真是互为条件的。

2. 了解真理的人和热爱真理的人可以相提并论,而热爱真理的人和那挚爱地创造真理的人则不可同日而语。

孔子

3. 你们为什么称我"主啊!""主啊!"却不照我说的去做呢?

凡到我这里来听我说话并给以执行的人,我要告诉你们他像什么人。

他像一个盖房子的,深挖地基,把根基安在磐石之上。到发大水的时候,水冲那房子,房子总不能摇动,因为根基立在磐石上。

凡听我说话却不去执行的人则像这样的人:他们不挖地基直接在地上盖房子,房子受水一冲,立即就倒塌了;这房子破坏得很惨。

路加福音6章

4. 以仁慈报答仇恨吧。当困难尚易对付时就加以关注吧。当它尚弱小时就把它当作庞然大物吧。世界上最困难的事在它们尚易对付时就萌生了。最重大的事情在它们尚弱小时就产生了。

老子

5. 通向美德的道路有二:其一是成为公正之人,其二是不对有生之物作恶。

摩奴法典

6. 真理绝不会狂暴地攻击罪恶:它的直观、无可争议和内在毅力以压倒的力量足以把罪恶击溃。

托罗

7. 一切怨恨都由软弱产生。

卢梭

没有什么比假仁假义更坏的东西,假仁假义比公开的罪恶更使人反感。

6月9日 生活制度

基督社会的现存制度同真正意义上的基督诫条格格不入。

1. 几乎人类智慧的一切努力,其指向并不在减轻劳动者的劳动,而只是使无所事事者的闲散无聊变得轻松,容易打发。

2. 现代人为自己构建的生活是与人的精神、肉体的本质相悖的。其整个智力全用在使人相信这就是真正的现代生活。当代所谓的一切文化:我们的科学、艺术,都已十全十美,而所有这一切只是企图欺骗人的精神要求罢了。

3. 要是有人打量一下我们的世界,他会看到多少疯狂的行为,会流多少眼泪,会怎样去加以嘲弄,又会感到多少憎恨啊!我们的行为,确实使我们的事情可笑而愚蠢,可怜而又可恨。有些人,为了捕猎野兽而养狗,可他们自己却沉溺兽行而不知。还有些人,他们为了运送石头而蓄养牛、驴,他们却毫不理会饿得奄奄一息的人。为塑造石人像而靡费无数财富,可对那些因不幸而活得了无生趣的真正的人则不管不问。还有一些人收集宝石,以最大的努力用它们装饰墙面,可当看到穷人赤裸的肢体时,却漠然处之。有一些人,有了衣服还千方百计地置办衣服,可是另一些人,却连用以蔽体的衣服都没有。

有些人把一切都浪费在淫妇和寄生虫身上,另一些人则把一切靡费在演员和舞者身上,还有些人把一切销蚀在华丽的建筑上,购置房产、庄园上。一些人计算着利息,另一些人则以利生利,有些人,甚至通宵达旦,毫无睡意,精神健旺地撰写充斥着凶杀的书籍。天刚放亮,一些人为不义之财四处奔走,另一些人淫逸放荡,更有一些人则盗窃国库。一般来说,人们更多操心的是靡费挥霍和作奸犯科,对那些必需的事情却毫不考虑。

约翰·兹拉托乌斯特

4. 由成年人或愚蠢的聪明人去管理孩子是违背自然规律的,同样,少数人过度饱食而饥饿人群却缺乏必需的食物,也是违背自然规律的。

卢梭

5. 在食人时代,强者吃掉弱者,毫不客气享用他们的身体。然而,尽管有一切由人确立的法律,尽管取得了科学的进步,毫无心肝的强者迄今仍靠算计不幸、糊涂的弱者在继续生活。确实,他们并不吃后者的肉,喝后者的血,但是他们一样靠后者的贫困和匮乏生活。被工作折磨得身心疲惫、只为喂饱自己和一家人而操劳、打发一生的穷苦人,本质上是被自己的同伴吃掉的。当看到文明世界的没落、动荡不安和眼泪,被粉碎的愿望和悲惨的现实,饥馑和犯罪,屈辱和羞耻,人就会不由自主地得出这一结论:吃人现象并不比被外人算计的生存形式更残忍。

留西·马洛里

对人而言,现在、过去、将来永远只有一件事是值得托付一生的。这件事就是人们亲切地沟通,粉碎阻隔在人们彼此之间的障碍。

每周阅读

难道该这样?

一家铸铁厂矗立在田野上,四周围着围墙。它有不断冒烟的大烟囱,轰隆作响的铁链、炼铁炉、专用铁路,还有散布着的管理者和工人们的小屋。在这工厂及其矿井里,工人们像蚂蚁一样挖掘着。有一些人身处一百俄尺的地下,在黑暗、狭窄、窒闷、潮湿,常常受到死亡的威胁的工作巷道里,从早到晚或从晚到早敲碎矿石;另一些人则弯着腰,摸黑把矿石或黏土运送到小竖井那里,再把倒空了的小平车往回拉,重新装满,一天十二或十四个小时,一连干一个星期。矿井里的工作就是这样。一些人在炼铁的高炉旁冒着令人窒息的高温干活,另一些人则在斜槽处处理熔化的铁水和矿渣,还有一些司机、司炉、钳工、砖工、木工,他们在车间里同样每天干十二至十四个小时,连续不断地干一个星期。

星期天,所有这些人拿到工资会去洗个澡,可是,有时也会有例外,不洗澡的人星期天一早就到分布在工厂周围、对工人充满诱惑力的小饭店、小酒馆去胡吃海喝一通,星期一一早重又开始原先同样的工作。

工厂附近的农民使唤着筋疲力尽、瘦骨嶙峋的马匹翻耕着别人的田地；这些农民要是没有在夜牧场，即沼泽地旁那块唯一能喂马的地方过夜的话，他们总是黎明即起，回家，套上马匹，随手抓块面包，去耕别人的田地。

另一些同样离工厂不远的农民，则坐在公路上，为安全，用包装用的粗蒲包把自己隔开，坐着敲修公路用的碎石块。这些人的双腿已经扭曲变形，双手满是茧子，全身布满尘土，不仅粘在脸、头发、胡子上，而且他们的肺也饱含着粉尘。

这些人先要从未砸碎的石堆里取出一整块要砸碎的大石块，随后就把它放在穿着树皮鞋、裹着破布的双脚脚掌之间，用重锤一锤又一锤击打石块，直至分成几块。当石块裂成几块时，他们拿其中的一块石块再敲砸，直至砸成不能再砸的小块。然后从头再来……夏天，这些人从黎明干到深夜，一干就是十五六个小时，只在午饭后休息一两个钟点。他们一日只吃两餐：早饭和中饭，吃点面包喝点水，以增加体力。

矿工、工厂工人、农民、破石工，所有这些人的生活就是如此。始于青年时代，止于桑榆暮年。他们那些饱受妇女病折磨的妻子、母亲在力不胜任的劳作中过着同样的生活。他们那些吃得差、穿得坏的父亲和孩子在超强度的、有损健康的劳动中也过着同样的生活，一样从早干到晚，从青年干到老年。

而就在这工厂旁边，在碎石工旁边，在耕地农民的旁边，一辆四轮马车，铃铛叮当作响，超过了一群背着背包、穿着破衣烂衫、四处流浪、以乞讨为生的男女。马车套着四匹毛色一样、身长五俄尺的枣红马，其中最瘦的马匹也顶得上所有农户中最受农民赞赏的四套马车中的任何一匹马。马车上坐着两位小姐，色彩艳丽的阳伞、帽子上的饰带和羽毛闪闪发光，她们所戴的帽子，每一顶都比农民用以翻耕自己田地的马匹昂贵；坐在马车前座的是一位军官，穿着新洗的制服，金银边饰和扣子被太阳照耀得熠熠生辉。车夫座位上则是一个胖胖的车夫，穿着有两只丝绸兰袖的衬衣，天鹅绒的束腰外套。他差点轧着那些朝圣者，差点把坐在空车上的路过的农夫撞到沟里。这个农夫穿着被矿石弄得肮脏不堪的衬衣正赶着颠簸的大车。

"你眼瞎了吗？"车夫说，毫不留情地用鞭子指着避让不及的农夫，农夫一只手拉紧缰绳，另一只手惊恐地摘下了帽子。

四轮马车后面，静静地跟着几辆自行车，自行车镀镍部分在太阳中发着耀眼的白光，两名骑车的男子和一名骑车的女子高兴地笑闹着，相互追逐着，使这些正在胸前画着十字的朝圣者大为吃惊。

公路的另一边有两名骑手。男人骑着一匹英国公马，太太则骑着一匹小走马。遑论马匹和马鞍的价值，单单一顶带淡紫色面纱的黑色帽子，其价钱就顶得上碎石工两个月的工资。一根时髦的英国式马鞭，就值受雇于矿井的壮小伙井下工作一星期的工资，而那个对井下工作的报酬很满意的小伙子正躲在一旁观赏着马匹和骑手那优美的身影，观赏着套着角质狗项圈、伸着舌头、跟在他们后面奔跑的形体硕大、肥胖的外国狗。

离这群人不远，跟着一辆大车。车上坐着一个面露笑容、一头卷发、衔着雪茄的胖男人，他正和少女悄悄说着什么。大车上可以看到茶炊、用桌布包着的小包、做冰淇淋的冰桶。

很显然，这是四轮马车、骑马、骑自行车的那些人的仆从。对他们来说，今天并不是什么例外的日子。他们整个夏天都这样，几乎每天都在漫游闲逛。有时候，他们就像今天，带着茶、饮料、甜点等，不在老地方，而是另找一个新地方去吃喝。

这些老爷们，来自三个家庭，有的住在村子里，有的住在别墅里。一个是地主家庭，拥有二千俄亩土地，另一个是小官吏家庭，薪俸为三千卢布，第三个家庭最富有，他们是工厂主的孩子。

对他们周围的赤贫和苦役般劳动的景象，所有这些人都一无感触，漠然淡然。他们认为这一切就该如此。使他们感兴趣的完全是另一些事情。

"不，不该这样，"骑马的女士打量着狗说，"我不忍心看到这种事情。"她停在四轮马车旁，大家都说着法语，笑着把狗放到车上，车向远方驰去，卷起的石灰粉尘扑向路上的碎石工和路人。

四轮马车、骑手、骑自行车的人像另一世界的生物一闪而过，而工人、碎石工、耕田的农夫继续干着他们沉重、单调、为别人的工作，这些工作将和他们的生命一起结束。

"人们就是这样生活。"他们想，目送着那些离去的人。他们觉得他们的痛苦生活更加痛苦了。

生活难道就该这样？

托尔斯泰

6月10日　不　朽

在我们的灵魂中，有一种不属于死亡的东西。我们能意识到它，也可能意识不到它。

1. 知人者聪明，知己者练达通透。
胜人者有力，胜己者强大。
临终知道自己没有毁灭者则永恒。

老子

2. 人只是作为上帝的某一小部分降生和生存，所以他们不可能毁灭——他们可能会在我们眼前消失，但却没有被毁灭。

3.一个人远远穿过我开阔的视野,另一个人则快速通过这一视野,这绝不能使我误认为前者的实际活动时间长,后者的实际活动时间短。我毫不怀疑地知道,要是我看到有人在我的窗旁通过——快或慢都一样——我毫不怀疑地知道,这个人在我见到他之前就已存在,并将继续存在,且将从我眼前消失。

4.我不信仰现存的任何一种宗教,所以,我不可能被人怀疑说,我曾盲目地追随某些传统或教育的影响。但是,在我整个生命的历程中,我将尽我所能地深入思考我们生命的规律。我在人类的历史中,在我个人的意识中探寻着它,我得到了一个牢不可破的信念:死亡并不存在,生命不能不是永恒的,了无止境的完善是生命的规律。我身上蕴含的一切能力、一切思想、一切诉求应当具有其实际的发展过程,我们内在蕴含的思想、诉求远远超出了尘世生活的需要。正是我们身上蕴含着的这些诉求,以及我们不能彻底弄清它们怎样由我们的感情中产生,这就成了一种证明,证明这些诉求是从处于尘世之外的领域进入我们内心的,这些诉求只有在尘世之外才得以实现。尘世上什么都没有毁灭,有的只是不同的物质形式。"以为我们之所以会死,是因为我们的身体会死",与"以为工人之所以会死,是因为他的工具会用坏"毫无二致,如出一辙。

约瑟夫·马志尼

5.知道灵魂是人生命的基础,这个人就不再有任何危险。当他撒手人寰打开自己感情的大门时,他不会体验到一丝的不安。

据 老子

6.神是无限时空中的永恒和世界的生命。他是现存的一切,除了这一个上帝,不可能有另一个上帝。他包含一切,他之外不存在任何事物。所以,一切存在都是他生命的呈现,一切出生的生命并非由不存在中生成,而是由他而生,死时并非不再存在,而是回归于他。

安方登

7.真正的生命在时空之外,所以,死亡只能改变在这尘世的生命形态,而绝非生命本身的毁灭。

8.不可接受他人的不朽信仰,也不可使自己相信不朽。要信仰不朽,就该信仰它过去确实存在,而为了信仰它过去确实存在,就该理解自己的生命正处于生命不朽之中。

9.能相信未来生活的人,只有那些在自己的意识中确立起对世界新的关系的人,而这种新关系在当今生活中还没有落地生根。

照你意识到自己不朽、敢于直面死亡的那部分灵魂去生活吧。这部分灵魂就是仁爱。

6月11日 思想的力量

我们生命的一切外在变化,与我们思想中完成的那些变化相比,是微不足道的。

1. 为了能使人的感情和行为发生变化,应当首先使他的思想发生变化。为了使思想发生变化,人必须在意识中专注于自己的精神本质及其诉求。

2. 我们生活的时代决定着我们难以察觉的、按我们的意志完成的行为:结婚、升迁等,而且还规定着我们的思想。这些思想会在散步、夜阑、饭后涌上心头,特别当这些思想与我们过去的经历紧密相扣时,它们会对我们说:你这样行动吧,不会有比这更好的行动。我们所有更进一步的行动就像奴隶一样,都效力于这些思想,执行它们的意旨。

托罗

3. 人所关注的每一个思想,他说不说出都一样,必将对他的生活造成影响:或有害,或有益。

留西·马洛里

4. 为了摆脱罪恶、战胜罪恶,当务之急是承认每一罪恶之根都存在于恶劣的思想之中。

我们大家只是我们所企求的事物的结果。

佛陀

5. 一个人怎样理解自己,决定着他的命运。

托罗

6. 混乱的思想会把我们的头脑弄得一团糟,就像一个应我们之邀住在我们家的随便马虎的客人可能会把我们的屋子弄得一团糟一样。

留西·马洛里

7. 我们清楚看到发生在物质生活领域里的变化:过去人出行、运送货物用兽力,现在用蒸汽,过去烧劈柴、油脂,现在用煤气、电;但是,我们在人的精神世界却看不到同样的变化。而这类变化才是最重要的。

我们惋惜失去装有钱物的钱包;但是对一个我们想起、听来、读到的好主意,一个要是我们能记住、并付诸实践且能做出许多好事的好主意,我们一旦忘了,也就

常常不再记起。我们竟并不惋惜比百万卢布更珍贵的东西。

6月12日 成 长

苦难既是肉体又是精神成长的必要条件。

1. 我实实在在告诉你们,你们将要痛哭、哀号,世人倒要欢乐;你们将要忧愁,然而,你们的忧愁将会变成欢乐,妇人临盆的时间一到,她忍着疼痛,因为她的时候到了;但是,当她生下婴儿,就高兴得不再记得疼痛,因为一个人降生到了人世。

约翰福音 16 章

2. 我们抱怨苦难。可苦难而且是任何苦难却永远会赐福给我们。我们偶尔会发现肉体的磨难给我们带来的好处,诸如孩子生长发育或脓包熟透等所常有的那样。但是,有时候,我们并没看到肉体和精神磨难带来的好处,于是我们就会满腹牢骚。可我们并不知道一切苦难对我们是一种幸福;它帮助我们变得更优秀,使我们离上帝更近。

3. 别再因磨难而那么痛苦吧,首先,痛切地想象一下别人比你更糟糕的苦难,其次,你会意识到,遭受苦难有可能变坏——愤懑难平,也有可能变好——顺从听命。

4. 我们就是如此成长。在每个人每个思想里早已蕴含着高一级的思想,而在人而今显现的那一性格里早已准备着高一级的性格。少年抛弃童年时代的幻想,青壮年抛弃少年时代的无知和狂暴的激情,老人抛弃青壮年的自私心,胸襟越来越豁达。他攀登上更高更坚定的生命阶梯。外在的关系和条件都将隐退,他将越来越进入上帝里面,上帝则同样进入他里面,直到自私心这件最后的衣服从他身上脱下,他同上帝合而为一,他的意志和上帝的意志相连相融,他投进上帝的庄严伟大的怀抱。

爱默生

5. 随着明智的事情的完成,人将越来越具有生命的活力。

约翰·略斯金

6. 在心境沉重时,应当做的是不要灰心丧气,除了上帝,不要向任何人诉说。重要的是默默地忍受。苦难若转到别人身上会使他们痛苦,可转到你身上却会帮助你提高声望,会多少使你接近完善。

7. 美德和灵魂的力量在不幸中,在苦难中,在疾患中得以巩固和完善。所以,你不应害怕落到你身上的种种考验,而应坚定地予以承受。每一次考验都将使你越来越接近上帝。

选自　虔信者思想录

8. 灾难是人生的磨刀石。

弗列契尔

在磨难中寻找你精神成长的意义,消除磨难的痛苦。

6月13日　理　性

智慧是人区别动物的特性。

1. 佛陀说,在沉思时,在生活中,在讲话时,在研究时,我从不忘记主要的东西:理性的要求。

2. 理性和道德永远合若符契。

3. 一个自以为是的人,即使毕生与智者交往,他对真理仍知之甚少,就像汤匙并不知道送进口中食物的滋味一样。

东方智慧集

4. 我们承认"人"这一称号本身所具有的尊严,就使我们有义务去尊重人自身如何使用自己智慧的方式。一个人不该责备他人不合情理,不要称他们愚鲁糊涂,不要说他们荒谬可笑,而且相反,应当推定它们的基础中理应包含着某种合理性,并竭力寻觅这一合理性。与此相联结的,人还得加上进一步的义务:揭露使人上当受骗的虚假概念;因此,在把他们迷误的原因解释清楚之后,也就维护了他们对自己理性的信任。事实上,如果我们不承认人自身蕴含着理性,我们怎么能使人深信不疑呢?对恶习的谴责应持同样的态度。这些谴责绝不应使人蔑视这些有缺陷的人。不应否定人自身所具的道德尊严,不应认为不可能恢复他的道德品格,因为这种假设同人作为一种道德的、绝不会丧失善良意志能力的生灵是格格不入的。

康德

5. 只有以蕴含在人自身中残存的善为中介,否则,我不能使任何人变得更优秀,只有以蕴含在人自身中残存的理智为中介,否则,我不能使任何人变得更聪明。

康德

6. 一个要别人相信理性不能成为生活的指南的人,他们因为排斥理性而败坏了自己的生活,也不希望改变自己的这种生活。

理性在每一个人身上都是相同的。人们的交往是以理性为基础的,所以对每个人的要求必须是与所有理性一致的。

6月14日 谴 责

为了不责备人,只需稍作努力即可,而不责备他人的人,其生活会何等轻松自在。可是,仍然很少有人去做这种努力。

1. 在一部圣者传中有一个故事,说一位老者在梦中见到一位已去世的僧侣,一生籍籍无名,如今却站在天堂的最好的位置,之后,他便询问这位一无可取、满是缺点的僧侣为什么获得这样大的荣光,他得到的回答是:因为他毕生没有责备过任何人。

2. 你这论断人的,无论你是谁,也无可推诿,你在什么事上论断人,就在什么事上定自己的罪,因为你这论断人的,自己所行却与别人一样。

罗马书2章

3. 不要责备别人的行为,因为在责备他人时,我们也会毫无根据地担心落入巨大的错误之中。深入了解一下自己吧,你的劳动不会白费。

选自 虔信者思想录

4. 一个人责备自己越严格越无情,责备他人就会越公正越宽容。

孔子

5. 不要在他人的耻辱中寻找荣耀。
一个善良的人应当为他人讳饰耻辱,甚至对那些给他带来损害的人也不例外。不要向忏悔者提起他过去的罪过。

塔木特

6. 发现他人的谬误轻而易举,看出自己的纰漏则困难重重。喜欢挑自己朋友的毛病,却文饰自己的错误,一如小偷千方百计隐藏自己的开锁工具一样。
人喜欢责备他人,他只盯着别人的错误,而他的私欲却越来越膨胀,使他远离向善求好。

佛陀智慧集[达马巴达]

7. 你自己没犯罪,就不要对他人的罪恶妄加评论。

巴比特表

如果你不再在口头上对他人斥责,那你将感到你的灵魂由此增加了爱的能力,扩大了生命和幸福。

6月15日 上　帝

爱上帝,意味着爱我们只能加以想象的那种至高的善。

1. 常听人说,我不理解对上帝的爱。其实,更准确的说法应该是:没有对上帝的爱,我就不能理解任何的爱。

2. 对上帝真正的爱,是一种以对至善至美的清晰理解为基础的道德感情。所以,对上帝的爱同对美德、公正及仁慈的爱是合若符契的。

强宁格

3. 一个掌握了诫命然而却与爱上帝格格不入的人,有如一位没有门外钥匙、只拿着门内钥匙的司库员。

塔木特

4. 执行上帝的圣训应当出于对上帝的爱,而不是出于对他的畏惧。

塔木特

5. 就本质而言,一个人的灵魂深处感到自己什么样,他的上帝常常也就同样是什么样:或是具有爱心公正的善良人,或是充满愤怒恶意的复仇者。

留西·马洛里

6. 要是爱人,却不爱人里面的上帝,即善,那么,这个人以这样的爱为自己准备的是失望和痛苦。

7. 那个说爱上帝却不爱人的人,是在欺骗人;而那个说爱人却不爱上帝的人,是在自己欺骗自己。

———————

只有至善至美才完全无愧于爱。

为了体验这种至善的爱,我们或应当把我们所爱的那一不完善的对象归为至善,或应当爱至善至美即上帝。

6月16日 生活制度

能使社会生活制度完善的,只是人的道德的完善。

1. 要是说一个国家达到了自己的目标,那就是说,它确立了完全的公正在思想方式上处处都占据了统治地位这样的一种状态。但是,内在本质和这两种状态——公正的仿制品和完全的公正——的根源是直接矛盾的。在后一条件下,这种状态会使任何人都不想去制造不公正;而在前一条件下,这种状态会使任何人都不想忍受不公正。两者所选手段也会完全与这目标相适应。所以外在目标可以通过两种矛盾的手段达到。这样,套着嘴套的猛兽就像食草动物那样无害。而超出这一界限,国家就难以管理:所以,它无法在我们面前展现出在彼此友好、人人相爱情况下才能出现的前景。

叔本华

2. 我在窗边写作。对着窗户,有一头大公牛鼻孔穿着铁环,被拴了起来。它一边不时啃啮青草,一边不时把拴自己的绳子绕到柱子上,它而今像一个囚徒一样站着不能动弹。它因为丰茂的青草而受着饥饿的折磨,它为了赶走在它肩头叮咬的牛虻甚至连上下晃一晃头都不可能。它做了多次努力,想摆脱束缚,却每次都归于徒劳。它每一次可怜地哞哞叫后,沉寂下来,只得默默忍受那折磨。

这头公牛拥有强大的体力,却没有足够的想象力去弄明白,它该怎样才能摆脱束缚。它置身物资丰裕的环境却受饥饿的折磨,这一最孱弱的家畜成了无助的牺牲品。在我看来,这仿佛是工人阶级的象征。

在所有国家,尽管劳动者的劳动创造了巨大的财富,但是这些劳动者却在贫困中挣扎。与此同时,日益进步的文明扩展着思想的地平线,唤醒人们新的愿望,而这些劳动者却日见沦落,只是求满足自己动物式的要求、达到动物生存的水准而已。因为已经意识到那谎言的整个痛苦,因为灵魂深处隐隐感到他们根本不是为此不幸生活而被创造,这些人也时时做着斗争和抗议。但是在他们没有学会把因果联系起来以前,在他们没有掌握通过什么方法彼此才能接近、怎样才能获得自由以前,他们的努力和抗争完全是徒劳的,就同那拴绳纠结成一团的公牛的努力和可怜的哞哞声一样,甚至比它更加枉然。我走出房间驱赶公牛,以使它能从缠绕的绳子中解脱出来。其实,任何人都不能使人自由。在他们开始利用赋予他们的智慧之前,任何人都帮不了他们,任何人都无法使他们成为自由身。

在形形色色的各类管理支配权中,真正的权利事实上永远处于群众的掌握之中。在现实中,压根不是国王或贵族,根本不是地主或资本家在处处奴役百姓。奴役百姓的是百姓的无知。

亨利·乔治

3. 不仅不能通过暴力而且不能通过好团体去同坏团体做斗争。

为什么不把劳动组织起来呢?

这是可以做到的。但是,不应忘记,我们在组织劳动时,我们获得的并非人类的福祉,而只是提高了劳动本身的效力和生产率。

而人类的福祉只有通过独立的道德-宗教的道路才能达到。

很显然,让人苦恼、令人愤懑的,与其说是存在着恶劣的社会组织,还不如说是因为人创造了它,忍受了它,甚至为了一己之私的目的而利用了它。

越令人愤懑,就越应着手与其斗争。

费多尔·斯特拉霍夫

4.我们生活在一个秩序、文化、文明的时代,然而还远非道德的时代。对人当前的这一境况,可以说国家的幸福是与人们的不幸一起增长的。这里还有一个问题:我们若置身于我们尚没有这种文化的原始状态,比起我们目前的状态是否会更加不幸呢?

因为如果不把他们变成合乎道德和富有智慧的人,怎么能尽可能地使他们成为幸福的人呢?

康德

和生活中普遍的恶做斗争,只有一种方法可采用:使自己生命的道德日臻完善。

每周阅读

最初的痛苦

当格里沙走向阳台,只有眯起他那对蔚蓝色的大眼睛,他才能看清马厩敞开的门后的情景:系在单间马栏里的洛夫科叶那又圆又光的屁股,挂在小隔板上的一排笼头和穿着老式背心、口衔点燃着的烟斗的车夫伊格纳特。像平时一样,他难以抵抗进马厩的诱惑;所以,他就把双手塞进自己的短裤口袋,从阳台的小梯往下走,穿过长满杂草的大院落,径直向马厩走去。

"怎么样?"他问伊格纳特,同时环顾着他既熟悉又亲切的轿式马车车棚的环境。"柯罗尔卡的左腿还瘸着吗?"

"仍瘸着,真瘸了!"伊格纳特以一种成竹在胸的态度应声回答说。

"马项圈修好了吗?"

"我正修着呢。"

"记住:今天不要把我的柯罗尔卡给任何人骑!"

"可是,难道我能做主吗?!要是吩咐:'该上车站了,该回村子了,套上柯罗尔卡。'我就得照办。"

"这倒是!我的马,我的……"孩子抱怨地问,"你喂它燕麦了吗?"

"可我从哪里拿燕麦呢,要是我没有得到允许。"伊格纳特回答说,他那张长着大胡子常常阴沉的脸露出了一丝狡猾的表情,"老爸没吩咐啊!"

"连燕麦也没有!"格里沙绝望地大叫起来,气愤的眼泪夺眶而出。

伊格纳特笑了,又愉快,又温柔。

"瞧你,性子多急啊! 真的,性急。"他安慰孩子说,"你大可放心:我并没委屈您的柯罗尔卡,我减掉的是其他马的燕麦,柯罗尔卡在我这里总是过得舒舒服服的。"

他温柔的目光投向孩子,他那粗糙而多节的手抚摩着孩子的头。格里沙平静下来,他开始习惯地巡视。他依次坐进了所有的马车,爬上车夫的座位,顺便说出自己的观感。

"多——多好的四轮马车!"他用行家的口吻说道。

"它一点都不赖!"伊格纳特好意回应说。

"可结实不结实呢?"

"您要沾上柏油了,淘气鬼!"车夫警告说,"保姆要骂你了。"

伊格纳特在这庄园里干活还是第一年,可是很快就跟小少爷交了朋友。一种奇怪的、然而是真诚的友谊把他俩连在了一起。

"原先我在鲁霍夫斯基的老爷家干过,"伊格纳特开始说道,"他们有马……"

"你来我家以前一直在他们家干活吗?"

"不,来你们家前,我还在一个生意人那里干过。当然因为穷……不穷,我连一天都没法在他那里待……还要送我上法庭……可干吗送法庭审判我呢? 难道我拿了别人的东西?"

"难道商人想审判你?"

"他那里还有什么干不出来! 他确实递了诉状,仿佛说我赶走了他的马和四轮大车。整整一年没给一个子儿,走又不让人走。咋活! 我和婆娘想尽各种办法也没有用。不假,他就欺我们没有身份证件。还能怎么办呢? 我和我那婆娘玛特琳娜趁天黑给马套上大车,这就……回了家。我们步行是不行的,身边带着一个小娃娃,又有六十俄里路。老板突然发现我们不在了。我本想把马还给他的。难道我们贪图他的马? 可他却火冒三丈,因为一个白干活的工人走了。该送法庭,得呈状纸。就这样,他们说我们偷了他们的东西。"

"你受审了吗?"

"据说要审判我。"

"后来怎么样呢?"

"就这样!"伊格纳特回答得含糊其词,他的一双浓眉忧心忡忡地皱了起来,他的脸很长时间露出一副阴郁的、几乎是痛苦的表情。

"你可以说你没有罪啊。"格里沙一本正经地劝告他说。

"可是,难道会有人问我? 我们的法官都是些什么人! 我的好小伙子,真理,哪里有真理呢? 审啊,审啊,就把我看作了贼。就是这么一回事!"

"怎么能这样呢?"孩子不肯放开继续追问说。

"这就是这样!"伊格纳特皱着眉,苦笑着回答。

伊格纳特改变了话题。

"玛特琳娜真是你妻子?"格里沙问。

"那还会是谁的婆娘呢?"伊格纳特温和地回应道。

"可她为什么不和你在一起,而老在土屋里烤面包呢?"

伊格纳特笑了。

"可为什么她要和我在一起呢?为了让她给我讲童话?"

"干吗讲童话?"孩子热情地反驳说,"妈妈并不给爸爸讲童话,他们就那样一起生活……波尔卡是你女儿吧?"

"是的,是我女儿。"

"你还有其他孩子吗?"

"没有,就这一个。"

"你干吗不多生几个呢?"

伊格纳特笑着摇摇头。

"这不有孩子了吗?"

"你干吗笑呢?"格里沙继续说,有点委屈,并想解释自己的想法,"爸爸和妈妈有三个孩子……伊格纳特!"他打量着自己的朋友,温存地请求说,"如果我们回城,你要小心照顾好我的柯罗尔卡。"

"一定照顾好!一定照顾好!"伊格纳特回答,"只是,亲爱的,仿佛我不会比你们早离开这儿似的。"

"那你上哪里去呢?"孩子惊奇地问。

"那里,上那里!"伊格纳特以自己惯常的莫名神态回答说。

两个朋友之间少有的知心话被老保姆打断了。

"格里申卡,你在这里吗?"她一边环视马棚,一边问。"真在这里。"她不停地唠叨着,"一个少爷,却在马棚里玩儿。你妈妈又要埋怨我了!真没想到,到这里找朋友。马上离开,走!而你,不识好歹的家伙,"她转向伊格纳特,"你本该设法开导孩子不要胡闹,可你却反而更起劲地引诱他。"

"可我做了什么呢,安娜·盖拉西莫芙娜?我什么也没干。"伊格纳特羞怯地为自己辩解,"要是我叫他干坏事……"

"你还想当先生呐!"保姆不屑一顾地说,"走,淘气包,走!"

格里沙大多只有在吃饭时见到父母。父亲始终事务缠身,母亲则整天坐在自己的卧室说自己有病。不是头痛,就是别的什么地方痛,所以,她受不了几个孩子的喧哗吵闹,受不了白天刺眼的阳光。当她想起格里沙让他来见她时,她会温存地爱抚他,不断地无数次地吻他,然后很快就会让他离开,不要打扰她。

格里沙有时会赖着不走。

"妈妈,"他说,"我会静静地待在这里,非常安静。"

他坐在安乐椅里,双手搁在膝盖上。

"你身体没有不舒服吧?"妈妈担心地问他。

"没有。"他心不在焉地回答说,他原本想着一件不相干的事,如今又马上转到一个使他感兴趣的问题。

他压低声音悄悄讲话,以便保持总的宁静安谧的氛围。

"妈妈,"他悄声细语说,"为什么热天你一直会不停出汗呢?"

"你感到热吗?"妈妈问。

"热……你以为我穿着两件衣服吗?"

"难道你只穿一件?"

"当然,只一件!你瞧!"格里沙声音清脆地叫了起来,解开印花布斜领衬衫的领口,露出了裸露的胸膛。

妈妈难受地皱起眉头。

"你干吗喊哪?"她责备他。

"啊,我忘了!"孩子抱歉地说,不再说话。"妈妈,"过了一小会儿,他重又悄声细语地说,"告诉我,尾巴干什么用的?"

"什么尾巴?"

"马啊,狗啊……"

"怎么为什么?尾巴,就是尾巴,简简单单的。天生就这样。"

"可没那么简单。是赶苍蝇的。要不它用什么来赶苍蝇呢?"

孩子的饶舌开始使这位神经质的女人有点生气,但是她还是隐忍着,深信格里沙自己会对阴暗的房间感到厌烦而离开。但是格里沙从安乐椅背滑下,把自己的背靠着座位,抬起双腿,一条腿架在另一条腿上。

"妈妈!"他又开口说话,"你知道在什么地方可以找到跳蚤吗?"

母亲厌恶地皱起眉头,闭上双眼。

"行了,格里沙!这成什么话!"

"在车辄的皮套里。要想找跳蚤,得找皮套,而且新的……"

"这就是说,你老待在马厩里!从秋天起,我要为你找一个外国女人当家庭教师。我真为你害羞!"

"为什么害羞?"孩子问。

"行了,走吧!找保姆和姊妹去。你总不是一个人待着,总和农夫在一起。"

格里沙深深出了一口气,不乐意地从安乐椅上起来,又叹了一口气,他还不想离开这凉爽的房间,离开自己郁闷而有病的,但是仍然那样温柔而心爱的妈妈。

"亲亲我!"母亲轻轻地说。

他吻她,脸蛋紧贴着她的脸蛋,她却摸到了他衬衣下面瘦骨嶙峋的小肩头,抱怨起来:

"你怎么这样瘦啊!脸色也苍白!格里沙,你怎么会这样哪?"

"淘气淘的呗。"孩子习惯地回答,但是,母亲那怜惜的脉脉柔情影响了他的情性,任由她埋怨。

"你真不太好!你难过吗?你心里常常不快乐吗?我的孩子!"

被她的埋怨和他还难以明白的话所触动,格里沙竟突然伏在她的肩头上大哭起来。

"你怎么啦?什么事情让你这样?"母亲大吃一惊,问道,摸摸他的头,看是不是发烧。

但是格里沙很快平静下来离开了。他还没出门,就像已经忘掉自己毫无由来的眼泪似的,又被一个有趣的新主意吸引。虽然有一件事仍在他胸中哆嗦和啜泣,可他已高兴地在口袋里掏摸到一根已被遗忘的绳子,想着怎样才能最好地使用它。

然而,初始的剧烈痛苦已悬在他的头顶之上。

有一天早晨,父亲眼睛没有离开报纸,对坐在桌子对面的妈妈说:

"喂……你知道吗?来抓伊格纳特了!"

"来抓人?已经抓走了吗?"妈妈吃惊地重问了一遍,仿佛想起了什么,把还没喝完的茶杯放到桌子上。

"难道一点办法都没有了?他们还有孩子呀。"她轻声说。

"你能下命令吗?"父亲耸耸肩说,"千万别与这些坏蛋打交道……可能把他怎样呢?这些生意人,我不太了解他们。一群吝啬鬼、骗子手。"

"这你已看到,何况……"妈妈说。

"干吗说何况?牵走了马,而且还撬坏了锁。嘿,这就是撬锁入室盗窃……事情一清二楚。"

"但他们能怎么办呢?"妈妈反问,"很明显,这个人利用他们没有身份证明留住了他们,不付工钱,让人白干活……显然,伊格纳特只是逃避奴役……"

"可赶走马匹还是不应该!你看这事情,现在该怎样解释?"父亲遗憾地回答,重新深埋进报纸之中。

格里沙急切地听着,一点都不明白。

"妈妈,伊格纳特要被带到哪里?"他问,睁大了双眼。

母亲漫不经心地看了他一眼,但是突然记起孩子和车夫是好朋友,就微微皱起眉头,把目光移向别处。

"谁来抓伊格纳特,妈妈?"格里沙继续追问。

"为什么不告诉他?"父亲不满地说,"这真是一种永恒的恐惧!害怕让人伤心,害怕影响心情?结果造就的是一些可怜虫,懦夫,而不是真正的人。"

"天哪,你自己说吧,难道我不让你说!"妈妈双眼含泪,喊了一声,双手举到鬓边,离开桌子,走了。

"总是这样!总是这样!"父亲对她的背影吼了起来。

"你的伊格纳特因为撬锁盗窃要被送进监狱。你明白吗?"他生硬地告诉儿子,格里沙脸色变得苍白,"为了偷盗,他们来抓伊格纳特。他的妻子玛特琳娜是共犯,也被抓了起来。他将在狱中度过三年,她则要关一年半。"

"波尔卡呢?"格里沙问。

"波尔卡……波尔卡呀?她当然不会进监狱……我不知道该把她……波尔卡往哪儿送。"

格里沙紧盯着父亲,他的双眼发亮,凶狠。他的脸色越来越苍白,但是他害怕父亲,尽量克制自己。

"可这是为什么呢?"他激动地说。

"他偷东西,人家会告诉你说。或者说,同偷也没什么两样。"

"根本不一样!你自己说过,生意人都是骗子。"

"我是说过。"

"这算什么?怎么会这样?难道能这样?"

父亲突然火了。

"请吧,请吧,没有祸事!胡闹,一点用处也没有。"

格里沙尽量克制着,站起来走出房间。但是,当他一走到门口,对别人的愤怒和生气马上憋得他喉咙透不过气来。他跑过长廊,跳上阳台,他的第一个念头是要见到伊格纳特,但是马厩的门落了锁。这就是说,伊格纳特不在那里。格里沙跑进女仆住的房间。保姆坐在房里桌子旁喝茶,她对面坐着一个格里沙不认识的穿制服的男人。穿制服的男人装模作样地伸开胳膊,从罐子里取了果子酱就着茶吃。格里沙马上认出了保姆的罐子,知道这是保姆请警察客,但是,他满脑子都是伊格纳特被抓走的意外消息,根本没注意保姆客人在场。

"保姆,谁来抓伊格纳特?"他声音发抖问道。

保姆并没有马上回答。

"是的,你的好朋友马上要被带走了;你再也躲不开保姆了。"

"谁来抓人,保姆?"

"现在已经逃不了啦……谁来抓?这正是来抓人的人。"

格里沙没有一下子明白过来。在他的想象里,来抓伊格纳特和玛特琳娜进监狱的人应当是身材魁梧,样子可怕而令人厌恶的人;然而,保姆客人那张黝黑而温和的脸看着他,露出既不窘迫也不只是愚蠢的微笑。除了他和保姆,房间里再也没有其他人。格里沙总算明白过来。

"你来抓人?"他盯着警察,惊奇而怀疑地问。

"是小人!"他明显有点犹豫:他在这位小少爷面前站着好,还是继续坐着好?他满脸堆笑地回答。

"你? 你……你这下流坯! 我要揍你……我要打死你!"他尖叫一声,向前扑去。

但是,他的脸突然抽搐起来,嘴角颤动着,像一个被人欺侮而无助的孩子一样,放声悻悻大哭。警察难为情地笑着,打量四周,摊开双手……

格里沙跑进儿童室,躲进自己床铺的角落里,贴着墙,双手揪着胸口。无力的愤怒仍在他心中翻滚,想要发泄。他看到妹妹扔在地板上的娃娃,开始用脚踩它,最后把它扔到了房间的另一角落。墙上挂着他自己的像,他把它扯了下来,扔到地板上。这些吃力的活动使他的精神十分紧张,以致他一点力气都没了,不得不坐下来,额头贴在小床的铁栏杆上,安静下来开始幻想……他幻想自己变得力大无穷……

为了复仇,为了严惩那些残忍的罪人,他必须力大无穷,惩罚那些判伊格纳特有罪的法官,那个来押送他的警察;还有保姆,因为她用果酱招待警察,甚至还有父亲……格里沙对父亲生气,因为他对伊格纳特的命运露骨的漠不关心。他应当为伊格纳特辩护,应当把警察赶走,可他却平平静静地读他的报,甚至还说伊格纳特"与贼也没什么不同"。

格里沙想向所有这些如此残忍地冤枉他的朋友的人复仇。他想他该怎样惩罚父亲、保姆、警察;他一边思索惩罚的办法,一边用指甲去剔除铁栏杆上残剩的油漆。他突然凝神谛听起来:他听到父亲响亮的说话声,伊格纳特怯生生的回话声。他刹那间跳了起来,跑进了女仆的房间。房间中间,伊格纳特和玛特琳娜低垂着头站着,不断倒换着双脚。玛特琳娜旁边站着波尔卡,她的鼻子顶到妈妈衣服的褶皱,妈妈则低头看着她。她更多的是一脸深深的困惑,而不是恐惧和痛苦。仆人们从门后好奇地看着他们的背影。

"唔,好吧,"格里沙的父亲大声说,"现在后悔也晚了,一点办法都没有了。波尔卡你们不用担心。她不会不好的。其他的只好听天由命。我们答应你们保护她。愿上帝保佑,伊格纳特! 还能怎么样?!"

父亲手一挥,仿佛让人明白,告别结束了,但是没有人动。伊格纳特闷声不响,呆呆地看着自己的脚下。

"真的,我们答应你们,"妈妈声音发抖,加了一句,把手伸向波尔卡,但又马上放下转过身子。

"事情如今已无法挽回!"父亲又开口说话,很显然,这些人绝望的沉默场景使他感到沉重压抑,"怎么也得……时间好在还不算太长,你们能挺过去的。还能怎么办呢?"

玛特琳娜轻轻把波尔卡拉到一边,向前跨了一步,默默跪倒在太太面前,额头碰着地板。

"玛特琳娜！"女主人喊了一声，她的眼泪马上夺眶而出，"不用求我，玛特琳娜！相信我，我会照看保护好你的女儿的……不要跪……"

她弯腰用发抖的手碰了碰玛特琳娜的肩，自己也顺势坐到地板上，紧挨着玛特琳娜。

"该忍耐……大家都该忍耐！"她急促地絮絮地说道，"大家都该……"

"好，够了，够了！"父亲催促着，已经不太耐烦。"我很伤心。伊格纳特，我对你很满意。刑期一满，你再回来。我会用你的。不用担心女儿。现在，愿上帝保佑你！"

他抓住妻子的手，想把她带走；但是妻子抽回手，再一次紧紧抱着玛特琳娜。

"要忍耐！"她再次絮叨着。

玛特琳娜站着。她用一种莫名的眼光扫视房间，把目光停在格里沙身上。刹那间，女人和孩子对视了一眼，随后格里沙羞涩地低下眉头向前走了一步。

"再见！"他说得很轻，很温存。但是玛特琳娜仍默默地看着他，好像还有一件事情她还没有弄明白。于是，格里沙靠近伊格纳特，向他伸出一只手，伊格纳特抓住手，突然弯腰凑到孩子的脸旁：

"波尔卡……你会怜惜她吗？"他问。

"当然！"格里沙严肃而庄重地回答，对自己朋友的眼睛投去勇敢而明亮的一瞥。伊格纳特用手摸了摸孩子的头，向圣像恭敬地在胸口画了十字，向门口走去。

"玛特琳娜！"有一个仆人喊道，"玛特琳娜，伊格纳特走了！大伙都等着呢，走吧！车子就停在门廊台阶旁。"

年轻女人浑身一哆嗦，呆板莫名的表情一变而为一脸惊恐。站在她身旁的波尔卡，全身发抖，仍像原先一样脸顶着母亲衣服的皱褶。她慢慢转过身走了出去。

男孩强忍着不放声大哭。先是一步一步，随即飞也似的进了儿童室，又坐到床上，闷闷不乐地看着自己前面。走廊里传来父亲的脚步声。他进了儿童室，停在格里沙面前。

"你坐在这里干吗？找保姆去吧！"他说。

男孩一声不吭，坐在原地不动。

"格里沙！"父亲严厉地喊了一声，"你听到我说话了没有？"

孩子抬起头，用严肃的、不友好的眼光盯着他。

"听话！"父亲不由自主地变得温和起来，开口说道，"看样子，你生我的气了？这跟我有什么关系？难道我错了？我本该好好训斥你一顿：你怎么敢对警察大喊大叫？可我说你了没有！"他不耐烦地喝了一声，因为他感到儿子那倔强的目光令人生气，似乎使他窒息难受。

"让……"格里沙平静地说。

"让什么……？"

"你骂好了。我现在无所谓。"

父亲有点张皇失措。

"真是好样的！"他说，"我现在不想和你说话。"

他转过身，向门口走去。

"照你的想法，"格里沙对他背后吼了一声，"照你的意思，你该像保姆一样用果酱招待他？"

父亲收住脚步。

"人人都得干自己的事，"他指出，"执行自己的使命。警察受命来押解伊格纳特，他来了。他是好人，是善良的人，而你却欺负他。你欺负我，欺负保姆……为什么？"

格里沙慢慢低下眼睛，脸上明显表露出一种大惑不解和痛苦的神情。

"这不好，小弟弟！"父亲责备地总结说，走出了房间。

格里沙一动不动地坐着。

"这不好，小弟弟！"他回想起父亲那责备的、然而差不多是温柔的声音，"不好……欺负人？"孩子痛苦地拿不定主意，"我欺负人……可他们都……伊格纳特被抓……为什么？"

格里沙低下头，孩子似的皱起了眉头。

"人人都得干自己的事……可结果怎么会是这种不好的恶事呢……"

他抬起眼。他那凝神不动的眼光里冷冷盘踞着一团痛苦而沉重的疑雾。

Л·阿维洛娃

6月17日 战 争

战争和备战带来的灾难不仅不与人们为其辩护所提出的那些理由相适应，而且他们的大部分理由是那样的渺小，以至于不值得加以讨论，而所有死于战争中的人都是根本不知道的。

1.用以为当代战争的疯狂做辩护的，是王朝利益、民族、欧洲均势、荣誉。用荣誉为战争辩护是最奇怪的，因为没有任何一个民族为了荣誉而能够用罪行和令人不齿的行为来玷污自己的。没有任何一个民族为了荣誉而能够经受一切可能的屈辱。即使各民族间确实存在着荣誉，而用战争去维护荣誉该是多么奇怪的方法。战争完全是一种罪行，很多人因它而使自己名誉扫地，被称为纵火犯，贼强盗，杀人狂！

阿那托尔·法朗士

2. 你问,文明民族之间的战争还有必要吗? 我的回答是:不仅"业已"不必要,而且任何时候都不必要。它不是偶尔,而是始终在破坏人类正确的历史发展,在破坏公正,阻碍进步。

即使战争的后果有时会对一般文明化进程带来好处,但它的有害后果则更多。我们之所以看不到这些有害后果,是因为它只有一部分祸害是马上显现出来的。它的大部分祸害和最重要的祸害,我们是察觉不到的。所以我们不能容许"再次"这个词出现。容许这个词出现将使战争拥护者有权断言,我们之间的论争只是暂时的妥协一致和对战争的个人评价问题,于是,我们的分歧可以归结为:我们认为战争是无益的,然而他们却认为它还是有益的。他们甚至乐意和我们保持一致,并以这种提问题的方式说,战争确实可以变得无益,甚至有害,那只是在未来,而不是在现在。而当今,他们认为必须让一个民族遭到所谓的战争那令人恐怖的流血。其实,这类战争之所以发生,仅仅是为了满足一小撮人的个人功名心而已。

所以,过去和现在的战争的唯一原因就是这样:政权、荣耀地位、由损害群众而来的少数人的财富、群众天生的轻信和由少数人挑起并支持的偏见使战争成为可能。

马赫

3. 令人惊奇的是,一个毫不足道的分歧在多大程度上能变成一场神圣战争。当1855年英法两国向俄国宣战时,引发这一战事的情境是毫不足道的,以致为了弄明白其原委,得长时间地到外交档案中去发掘搜索。然而,这一莫名其妙的情境,其结果却造成了50万人的死亡,消耗了50亿至60亿的军费。

就本质而言,原因是存在的,但不是人们承认的那些原因。拿破仑三世想通过和英国的结盟及幸运的战争巩固自己那通过罪恶手段攫取的政权;俄国人想夺取君士坦丁堡;英国人想增加自己强大的商业实力,削弱俄国人在东方的影响。在任何一种情况下,征服和暴力的精神则都永远是一致的。

里舍

4. 有时候,一个君王出于对另一个君王可能袭击他的那种恐惧而袭击另一个君王。有时候,战争的起因是敌人很强大,有时候则是敌人过于弱小;有时候是我们的邻邦想要我们控制的东西,或者是因为他们拥有了我们所匮乏的物资。于是,战争开始并继续到他们攫取了他们需要的东西,或者是把我们需要的还给我们为止。

约纳丹·斯威夫特

5. 在人的无论怎样的行为中,都没有像在战争中那样不是诉诸理性而是诉诸狂热的煽动力鲜明可见。人,成百万人都精神振奋引以为豪地做着同一件事,尽管他们大家都承认这事是愚蠢的、卑劣的、有害的、危险的、毁灭性的、痛苦的、罪恶的。无论如何是不必要的,尽管他们了解并反复说着反对这一事情的一切理由,但是,他们还是继续干着这种事情。

政府就战争和部队给养提出的理由,永远是一种幌子,其背后隐藏着完全不同的动机。

6月18日　灵魂的神圣本质

天职的意识给我们提供灵魂神圣性的意识,而我们灵魂神圣性的意识反过来也给我们提供天职的意识。

1. 在我们的灵魂里,存在着一种东西,如果我们以应有的态度关注它的话,那么,我们将始终不渝带着万般惊愕对它进行观察(在惊愕有其合理性的地方,它也就会在那里意气风发地影响我们的灵魂),——这东西——就是我们内心蕴含的始初的道德倾向。

康德

2. 人的价值在那时而被称为理性、时而被称为良知的精神因素中。这一因素超越了时空的局限,蕴含着无可怀疑的真理和永恒的真实。它在不完善的环境中见到了完美。它总是在和人性的偏私和自爱的对抗中显示出它的普遍和公正。这一因素权威地向我们每个人指出,我们的亲人像我们同样珍贵,他的权利像我们的权利同样神圣。它嘱咐我们接纳真理,哪怕它与我们的傲慢自负那样格格不入;它嘱咐我们成为公正的人,哪怕这对我们那样一无好处。而它,这一因素,召唤我们寻求我们在任何人身上都能遇到的这种美、圣洁、幸福的特性。这一因素乃是人身蕴含的神光。

强宁格

3. 人们将获得天堂的快乐,也将获得尘世生活的幸福。这样的人是纯洁的,因为使他们醉心的只是善良生活的愿望。而当智慧和心灵纯洁无瑕,那么,神就会向他们显身。

毗湿奴-布拉纳

4. 当一个人向美德敞开心扉时,他想象中将浮现出一种新颖、神秘、欢乐而超自然的美。于是,他体验到了超越自身的那一瞬间。于是,他了解了他的本质的无限性,领会了他尽管现在无论怎样卑下,他却是为善、为完美而生。他景仰的必将属于他,尽管他还没感受体验到"它"。"它"该当如此——他如今懂得了这一伟大字眼的意义。

爱默生

良知的声音,就是上帝的声音。

6月19日 良 知

良知乃是对自己精神因素的一种认识。只有良知是这样的认识时，良知才是人们生活的忠实的指引人。

1. 人在自觉生活阶段时常能发现自身拥有两种泾渭分明的本质：一种是盲目的、感性的，另一种是清明的、精神的。盲目的，即动物式的本质，吃喝、休息、睡眠、传宗接代和像开动的机器一样运转。清明的、精神的本质，即使与动物式的有联系，但其本身却一无所为，只是用是否与它相合对动物式的本质的活动做着评判：当这些活动与清明精神的本质吻合一致时，就予以赞扬；当这些活动与清明精神的本质分道扬镳时，就加以否定。

这一清明的精神的本质（我们口头上把它的显现称为良知）可以比作罗盘的指针。它的一端始终会指向善，相反的另一端则指向恶。当我们没有偏离它提供的方向，即不由善转向恶时，我们是看不到的。但是，一当做出与良知相悖的行为，精神本质的意识就会出现，它会指明，动物性的活动已偏离了良知指明的方向。

2. 上帝既给你们提供了一个传统，或称作全人类的意识，也给你们提供了你们的个人意识，或称作你们的良知：两者就像你们的两个翅膀，凭借它们的帮助，你们就能接近和飞升到上帝那里，认清真理。为什么你们想割去其中的一个翅膀呢？为什么想离世独处或沉溺于红尘呢？为什么不是压低自己良知的呼声就是压低人类的呼声呢？它们双方都是神圣的。上帝对你们说的是两个方面。当两者吻合一致时，你们的意识或良知的呼声被人类意识确证无误时，你们每一次的呼声都是在上帝的参与下发出的，你们可以确信，你们找到了真理，至少弄清了上帝部分的诫条，因为一个呼声就成了另一呼声的查证检验。

约瑟夫·马志尼

3. 人们谈论着道德学说的传统，即宗教，谈论着良知，并把它们作为人的两个完全不同的指引者。其实，只有一位指引者——良知，因为只有良知才能或承认或否认道德学说的传统，即宗教。

4. 良知！你是圣洁、不朽、来自上天的呼声，你是愚昧、受局限，然而有理性而自由的人唯一忠诚可靠的指引人！你是不会出错的善良的法官，你独自使人变得与上帝相似。人的天性的优势，人的行为的德行都由你而来。没有你，我内心除了忧郁的优势之外，没有任何能使我超越动物性的东西，因为乱七八糟的常识和缺乏指引的理性,结果是一切都搅成谬误的一团。

卢梭

5. 你年轻,正是体验迷恋和激情的年代。在这种时刻,更多地听听自己良知的呼声吧,高于一切地景仰它吧。不要偏离良知,不管是因为欲望,因为激情,还是因为屈从于人间训导和习俗,即使这些训导习俗被称为金科玉律。应该永远扪心自问:这和我的良知一致吗?为了良知的要求,那就变得勇敢而忘我吧。不要害怕与别人的意见相左。

巴克尔

6. 人仿佛永远会听到身后有一个声音,但回顾时却无法看到讲话者。这个声音用各种语言讲述,针对所有的人,但是,无论什么人都从来没有见过说话人。只要人开始准确地听从这个声音,在内心接纳它,在思想中再也不能把它和自己分开,那么,他会感到他自己就是这个声音,他已经和它融而为一。他越凝神谛听这个声音,智慧就会越来越强烈地感染他,这声音将成长、壮大为一个宏伟、庄严、为其打开幸福生活的号召。但是,如果他俗事缠身,并非为真理工作(为真理工作应当成为一种付诸实践的事业),那么,这种声音就会变得微弱,听起来只是一种低沉的嘈杂声罢了。

爱默生

7. 我们的良知是否会熄灭,来自良知的光芒是否会熠熠生辉,都取决于我们如何倾听它的声音:如果它吩咐我们做某事而我们并没照办,如果它继续警告我们,我们仍然漠然处之,那么,良知的呼声就会开始渐渐微弱,到最后就完全沉寂熄灭。所以坚持不懈地倾听良知吧。因为不注意那些微不足道的过失,我们就会轻易地落入巨大的罪过之中。一些无关紧要的过错常常使我们养成危险的习惯。当罪恶还没有在我们身上扎下深根的时候,让我们务求根除这罪恶吧。善恶是视我们允许它们在我们心灵深处的程度而在我们身上增减消长的。

选自 虔信者思想录

对不赞赏你的良知的所有人,都要小心!

6月20日 素 食

曾经有过人们吃人肉而不以为非的时代。现在还有这样的野蛮人。人们不再吃人肉是逐渐实现的。如今同样有许多人逐渐不再吃动物的肉,很快,一个人们厌恶吃动物肉正如当今厌恶吃人肉一样的时代就要到来。

据 拉马丁

1. 抛弃孩子,组织角斗士决斗,虐待俘虏,以及干下的另一些兽行,这在过去谁都不会觉得它们是既可耻又违反正义的,可在当今,大家都认为它们是既卑劣,又可耻的。一个真正认为杀死动物、以它们的尸体为食物是不道德、不可容忍的时代已经临近了。

德尔·齐密尔曼

2. 要是你们见孩子为寻开心而折磨小猫小鸟,你们会予以制止,并告诫他们怜悯生灵,然而你们却亲自参加狩猎,射杀鸽子,骑马驰骋,入席大嚼那为之宰杀若干生灵的午餐盛宴,也就是说,你们所做的事情正是你们原先制止孩子做的事情。

难道这种引人注目的矛盾还不显而易见,还阻止不了人们的这种行为?

3. 不吃肉越来越流行。如今不见得有几个大城市不拥有一家到十几家不供应肉食的素食餐厅。

留西·马洛里

4. "对那些跟我们一样生活在陆地上、吃着一样的食物、呼吸着同样的空气、喝着同样的水的动物,我们不能宣告自己对它们拥有权利;在它们被宰杀时,它们以自己恐惧的呼叫使我们不安,使我们对自己的行为感到羞愧。"

普卢塔克如此思考时却排除了某些水生动物。我们也应按照对待陆生动物的态度一样开始远离它们。

5. 不要举手反对自己的兄弟,不要流生活在地球上的任何动物的血——无论是人,是家畜,是野兽,还是鸟;在你的灵魂深处,一个颇具预见性的呼声禁止你流血杀戮,因为,它们都有生命,而人是不能使它死而复生的。

拉马丁

在当代,在为了满足口腹之欲而杀戮动物的罪行彰明较著的时代,狩猎和肉食简直就是一种恶劣的行径,而并非是无足轻重的小事。就像任何自觉完成的恶行一样,紧跟在它后面的是许多更恶劣的行为。

6月21日 真知灼见

非理性生活的痛苦,使人意识到理性生活的必然性。

1. 我像强盗一样,我知道自己过去和现在生活得下流龌龊,我也看到我周围大多数人生活得同样糟糕。我完全像强盗一样知道我不幸而痛苦,我周围的人同样不幸而痛苦,可是我却发现,除了一死,没有任何可以摆脱这种困境的出路。我完全像那被钉在十字架上的强盗一样,被某种势力钉在这痛苦而罪恶的生活上。正像在生活的毫无意义的痛苦和罪恶之后,等待着强盗的是那令人悚惧的死的黑暗一样,等待我的自然也是同样的结局。

在这一切方面,我完全像强盗一样,我同强盗的区别只在于,他已经死去,而我还活着。强盗能够相信他的获救在那坟墓,而我对此并不能相信,因为除了属于坟墓的生命,我还面临着这尘世的生命。而我却理解不了这种生命。我感到这种生命是令人恐怖的。突然我听到基督的讲话,明白了讲话的内涵,我觉得,生死都不再是一种恶。取代这种绝望的,我体验到了死亡破坏不了的生的欢乐和幸福。

2. 大多数人都是浪荡儿女,他们为了毫无价值的东西而浪费自己的生命力和财富。他们离"家"越来越远,作为浪子,他们以勾引女人为生;精神的贫乏最终使他们回"家",于是他们不得不像小孩子一样从头开始学习真实生活的道路。

留西·马洛里

3. 我们通过三种途径掌握智慧:沉思——这是最高尚的途径;模仿——这是最轻松容易的途径;第三种则是通过实践活动——这是最困难的途径。

孔子

4. 在你所遭受到的一切痛苦中,你该思考的,与其说是你该怎样摆脱痛苦,还不如说它要求你为了道德完善做一些怎样的努力。

整个人类和个体人的所有不幸,并非无益,尽管道路曲折,它们却正在引导人类和个体人向着早已给人们确立的同一个目标前进:让上帝通过每一个人显现在人自身和全人类里面。

6月22日 事 业

真正的宗教为所有人所共有。

1. 人不了解上帝是坏事,然而把不是上帝的东西称作上帝则更坏。

拉克丹齐伊

2. 宗教的差别——这是怎样的奇谈怪论啊! 当然,对了为巩固宗教而代代相传的历史事件的信仰是能够存在差别的。与此相同,宗教经典(《阿吠陀经注》《吠陀》《古兰经》,等等)也是同样能够各不相同的。但是,对一切时代都有效的宗教却只能有一个。当然,一切蕴含在其自身中的不同信仰不可能是别的,只是一种宗教的次要手段——一种因时空不同而偶然出现并有所不同的手段。

康德

3.可以信仰的,只是那些我们熟知的、无可怀疑是存在的、然而我们却无法以理性领悟、用语言表达的东西。

4.当我们谈及大部分人,说到他们信奉的各式宗教时,我们总是给予他们极大的敬意,因为他们不知道也不寻求任何其他宗教,法定的教会信仰——这个词就意味着他们的一切。那些常使世界战栗、血流漂杵的所谓宗教战争,永远不能不是因为教会的信仰而引起的纷争;那些埋怨宗教压迫的人,从本质上说,他们埋怨的并不是阻止他们归属于他们的宗教,因为任何外力都无法做到这一点,他们埋怨的只是不允许他们公开信奉他们的教会的信仰而已。

康德

5.断言你非我是,是一个人对另一个人所能说的最为残忍的话,涉及世界上最重要的事情时尤其如此。事实上,为宗教争论不休的人彼此所说的,正是这种语言。

6.要是你是穆斯林,那就去和基督教徒一起生活吧;要是你是基督徒,那就和犹太教徒一起生活吧;要是你是天主教徒,那就和东正教徒一起生活吧。无论你信奉怎样的宗教,和不同信仰的人交往吧。如果他们的讲话并不使我们感到愤懑,你能和他们自由交往,你就获得了整个世界。哈菲兹说,一切宗教的对象都一样,所有的人都在寻找爱,整个世界是爱的殿堂,为什么还要提清真寺或基督教堂呢!

苏菲智慧集

7.真正的信徒,不是盲目信奉著名学说或圣经的人,而是那个认为自己的信仰在于纯洁的良心和明净的思想的人,他们才是上帝意旨最忠诚的表达者。

赫伯特·皮格洛夫

――――――――――

不要害怕疑虑,勇敢地通过理性去探究那向你们建议的信仰原则吧。

6月23日 自 由

只有以为自己生命的本质在于精神生活、而非肉体生活的人,才能成为自由人。

1.满足于自己的处境的人,是双料的奴隶,因为不单他的躯体,而且他的灵魂也受到了奴役。

布尔克

2.人们若作恶,他们也只是在对自己作恶,而他们对你是无法作恶的。你来到人世,是为了帮助他们行善并在其中寻找他们各自的幸福,而不是和他们沉瀣一气,作恶犯罪。

弄清并记住,人若不幸福,那是他本人的过错,因为上帝创造所有的人都是为了使他们幸福,而不是为了使他们不幸。

由此可见,上帝给我们提供了这种生活,他把一部分交给我们,完全由我们安排:它仿佛是我们自身的一部分;而另外一部分则不受我们控制,可以说不属于我们:因为一切别人能加以捆绑、强抢的东西那就不属于我们。而任何人、任何物都不能妨碍和加害的东西才是我们自身的一部分。上帝出于仁慈赐予我们、归我们所有的正是真正的福祉所在。这就是说,上帝不是我们的敌人,他像仁慈的父亲对待我们,他不给我们的,只是那些不能给我们的福祉。

所以,智者关心的只是执行上帝的意旨,在自己的灵魂深处如此思考:主啊,你若愿我还活着,那么,我将如你吩咐的那样去生活,我将处理好你凭借它才能给我提供属于我的一切的那种自由。

但是,你若不再需要我,那就按你的意旨办吧。

我迄今生活在人间的唯一目的是为你效力;你若打发我去死,那我将听从你的命令,告别人世,像一个明白自己主人的命令和禁令的仆人一样。但是,当我尚留在这人世,我想一如既往,成为一个如你所希望的那样的人。

爱比克泰德

3. 和平是伟大的福祉,但是,和平如果是通过奴役取得,那它就不称为福祉,而是灾难。和平是一种基于承认一切人权利之上的自由。奴役,则是对人的权利及其价值的否定。所以,应当为获得和平、更多是为了摆脱奴役而献出一切。

据 西塞罗

4. 牢记这点,改变自己的看法,按照足以纠正自己错误的意见行事,比固执自己的错误更合乎自由。

马克·阿夫列里

5. 只有那些根据为它独立自主接纳的不变起源的内在动机行动的灵魂,我才称为自由的灵魂。只有那些不屈服于习俗的奴役,不满足于旧有的道德,不固守成规,能忘掉过去,并能倾听良知的呼唤,乐于追求新的更高的任务的灵魂,我才称为自由的灵魂。

强宁格

6. 只有那目的不是我们的奴隶地位的义务才是真正的义务,只有那推动我们自由的知识才是真正的知识。

一切其他义务,都只是新的枷锁;一切其他知识,都只是空洞的杜撰。

婆罗门智慧集

没有折中:不是成为上帝的奴隶,就是成为人的奴隶。

每周阅读

I 自愿的奴隶

医生劝告不要造成不治的创伤;当我想向民众提出忠告时,我总担心这是蠢事,因为他们早已丧失了一切理解力,他们没有及时发现他们已经有病,等到他们察觉时,他们已病入膏肓,无法医治了。

首先,毫无疑义,如果我们按大自然赋予我们的那些法则和教诲去生活,那么,我们自然会孝顺双亲、服从理智而不会成为任何东西的奴隶。所有人或发自内心,或为了自己,都在证明他们对父母的孝心。至于理性呢,我以为它是灵魂的自然属性,要是人在自身葆有它,那么,它将灿若鲜花地成为美德。

然而,同样无可怀疑、明若观火、显而易见的是,大自然把我们大家塑成为同样的——仿佛把我们浇铸进同一模型——目的是为了使我们认为彼此是朋友,或者更正确地说,是兄弟;即使它在分配我们的能力方面赋予某些人以肉体和精神的优势,但是它仍然不希望在我们中间播种仇恨,不希望更强壮、更聪明的人像林中盗匪一样去攻击弱者;更正确地说应当考虑的是:它把多于别人的能力分给一些人后,它也同样创造了兄弟友爱的可能性,由于这种可能性,一些更健壮有力的人就会帮助那些需要他们帮助的人。

要是这位仁慈的大自然-母亲赋予我们以相同的外表,以使每个人都能看到并认清彼此的相似;赋予我们大家以伟大的语言才能,以使我们习惯于彼此交流思想和统一我们的意志,彼此了解并越来越亲近;要是它力求通过这一切手段使我们的社会团结一致,在人际交往的帮助下,把社会仿佛打造成一个牢牢的结合点,并且它这种团结一致的追求最终为世界一切事物的天性所肯定,那么,毋庸置疑,我们应当成为志同道合的朋友,并且任何人都不会这样想:大自然规定一些人成为奴隶,另一些人成为主子。

弄明白自由是否合乎自然完全是多余的,因为无论什么人处于受奴役地位都不能不感到痛苦,世界上也没有任何东西像屈辱如此让人难以忍受。所以必须承认,自由是合乎自然的,我们与生俱来合乎自然的不仅仅是自由,而且有捍卫自由的诉求。但是,假若发生了我们竟会对此发生怀疑,竟会那样无知到丧失认清自己的福祉和我们天生的追求的能力,那么,就这一方面,我们就可能会很荣幸地向野兽学习了。人若不很聋,动物它们就会对他们大喊:"自由万岁!"事实上,许多动物之所以死去,仅仅是因为它们失去了自由。另一些动物——不管大小——当它们受到追捕时,它们或用喙,或用蹄,或用角,拼尽全力,做着反抗,这表明,它们是何等珍惜它们即将丧失的东西啊；而它们一旦被逮住，它们会毫不含糊地表示，它们意识到它们是何等的不幸！它们虽继续活着，但是它们更多的是对已经失去的自由感到悲痛，而不是对自己的被奴役感到满足。我们几乎从马驹一出生就训练它服役，但是，我们无论怎样温和地待它，只要事情一涉及制服它，它就会马上开始咬紧马勒，拼命挣扎，似乎哪怕只是用这一方法，它也要表明，它之所以为人服役，并非出于它的自愿，而是因为受制于我们人类罢了。所以，一切有感觉的生物，都意识到屈从的可恶而力求获得自由。低于人的动物不能习惯于俯首听命，否则它就违背天性。只有我们人自己的天性改变得如此厉害；人本是为自由而生，如今却连自由的回忆以及重获自由的愿望都消失了。这岂非咄咄怪事！

　　有三类暴君（我指的是凶残的国王们）：一类由民众选举获得统治权，第二类靠武力上台，第三类则由继承而来。那些根据战争权利获得统治权的人，他们的行动表明，他们是据胜利权进行统治的。那些生来就是天潢贵胄的人，他们不可能比前类暴君更好，因为他们在暴君的传承中接受教育，他们从母亲乳汁中吮吸了暴君的本性，他们把向他们输诚效忠的民众，当作继承而来的奴隶；尽管他们处事的做派不同——他们是贪财吝啬还是挥霍浪费——但是他们处置国家事务却都像处置他们的遗产一样。至于那些由民众获得自己权利的人，我觉得，他们似乎应当更有才能，但是，我以为，要是他们感觉不到自己凌驾于他人之上，要是他们不被阿谀奉承、不被他们不愿舍弃的所谓的"伟大"包围，要是他们并不觊觎把自己拥有的政权转交给自己的子女，那么，他们也许能够成为这样的人，可是，令人奇怪的是，这些由民众选举而登上统治宝座的国王，就他们的恶德，甚至残暴而言，远远超过了其他所有的各式暴君。除了加强奴役外——还削减留给他的臣民本来就已少得可怜的自由——他们找不到另外的手段以巩固自己的政权。所以，说实话，尽管我看到我所指出的三类暴君间的若干区别，但是就本质而言，他们还是一丘之貉，尽管他们取得政权的方式不同，他们的统治方法却永远如出一辙。说到征服者，那么，他们认为，他们对被征服者具有类似猎人对猎物一样的权利。他们的继承人对待被压迫者有如对待他们天生的奴隶一样。

　　但是，假定当代出生的人是全新的人，既不习惯于屈服，也不习惯于自由——这是一些既不了解前者也不了解后者的人，要是有人向他们建议两者取其一：或被奴役，或自由地生活，那么，他们会选择什么呢？决定并不困难；他们大概会认定服从唯一的理性比效力于一个人更好。但是，这种情况只有在他们不像那些古犹太人时才适用，因为后者在既没有暴力又没有任何需要的情况下竟给自己创造了暴君。我在阅读这一民族的历史时始终会有一种懊丧的感情，这种感情竟使我变得残忍，对犹太人自己诅咒自己而遭到劫难表现出一种幸灾乐祸。说到所有人，为了使他们服从，就得视他们所处情况而必须采用两种手段之一：或强制，或欺骗。

　　令人惊奇的是，民众，当他们一旦被降伏，马上就会陷入这种自由的失忆状态，以致他们很难觉醒重获自由。他们乐于效力,看到他们,你会以为,他们失去的不是自由,而是奴役。确实,人们最初受到暴力的胁迫、被暴力制服;但是,他们那些从没见过自由、从不知道自由为何物的后代已毫无怨尤地服役,自愿从事他的先辈被强迫从事的工作。那些在枷锁下诞生、随后在奴役中受教育的人由此把其降生于其中的环境当作是一种自然状态而加以接纳,因为他们并不向前看,又满足于他们出生的环境生活,除了他们现在拥有的一切,既不想得到别的权利,也不想得到其他福祉。显然,继承人无论怎样马虎、不在意,他有时还是会检点一下自己遗产的证明文书,以便了解他是否拥有自己所有的权利,他或他的先辈有无权利被剥夺。但是,通常对我们具有巨大控制力的习惯,在任何方面都比不上它在教会我们成为奴隶,并使我们轻易吞咽忍受奴役的极大痛苦,且像米特里达特一样,使自己渐渐习惯于自戕方面拥有这样的力量。

在所有地区和任何天空,都讨厌奴役、喜爱自由,所以应当怜惜生来脖子上就被套上枷锁的人,而且应当原谅这些人。因为他们连自由的影子都没见过,所以发现不了奴役的整个罪恶。显然,从未拥有的东西谁都不会惋惜,只有失去快乐之后,惋惜才会产生。

对人而言,符合自然的才是自由,并愿意成为自由身,然而,与此同时,他对一切均可习惯,则又是他的天性。

所以,我们说(人所习惯的一切事物,对人都是自然的,因为)自愿被奴役的第一个原因是习惯——按这一习惯,最优秀的马匹最初会啃咬马勒,以后则会用它来嬉戏;马开始时也会想挣脱马鞍,最终却会套上挽具,矫健驰骋。人们说,他们始终是受人支配的,因为他们的父辈也是如此生活的,他们以为,应当忍受这种奴役,并使自己相信这一点,因为那些压迫他们的统治者的政权就是用古已有之的理由来做辩护的。但是,在这些顺民中,也会碰到一些高尚的人,他们因为感到枷锁的沉重,希望摆脱这一枷锁,而且始终不习惯于屈从。这些人——比如不管是在海上陆地,都希望看到自己故乡的炊烟的攸利西斯,他们记得自己的自然权利,以及自己的自由先辈——因为拥有清明的理解和敏锐的智慧,他们不会像野蛮人群一样仅仅满足于他们脚下的事物,更何况他们还拥有一颗由文明和科学培养出来的聪明头脑。这些人,即使自由完全抛弃了世界,即使人们永远丧失了自由,他们在自己的灵魂深处却仍然能感觉到它,仍然热爱它,因为奴役无论被装扮成什么样子,奴役与他们始终是格格不入的。

土耳其苏丹悟透了这一点。他断言,书本和学者是最能唤醒人身上的自我意识,以及憎恨暴力压迫的。据说,在他统治的地方,有的只是那些他所需要的学者。身上还保留着对自由的忠诚的人无论怎样多,他们在他们的整个意愿和勤勉中却没有显示出这方面的丝毫影响。这是因为,在完全没有议论自由甚至思考自由的情况下,他们无法彼此了解。

所以，人们自愿接受奴役的重要原因在于他们是在这样的环境中出生和接受教育的。由这一原因派生出第二个原因：在暴君的统治下，人们很容易变得怯懦和软弱。暴君无论什么时候都不会以为他们的江山会永存，所以，他们总会竭尽全力使他统治下没有任何一个可尊敬的人。

这一暴君凭借其愚弄自己臣民的狡计，没有一例像基尔在占领了吕底亚王的主要城市、俘获了其富有的君主克列兹并把他带走以后对吕底亚人的所作所为更加露骨的。当有人向他说吕底亚人很愤怒时，他很快把他们再次征服；然而，因为他不想摧毁这座极美的城市，又不想在那里常驻军队以确保它在自己手中，他想出了另一个办法：他在那里修建了一些娱乐场所、小饭馆、妓院、游艺场，并签署命令让所有居民利用这些设施。这方法是那样奏效，此后他再也不必同吕底亚人作战了。这些不幸的人就用想出的种种不同的新玩意儿寻欢作乐。所以罗马人从他们那里借用了一个词："ＬｕＤｉ"（吕底），这就是我们用以表示"打发时光"的词。

暴君们不敢坦然承认他们想使自己的臣民蜕化变质，但是基尔公然采用那种手段，并实实在在地做到了，因为城里普通民众的本性竟变成了这样：对爱他们的那些人，他们常常会疑虑重重，对欺骗他们的那些人，他们的态度却单纯而又顺从。我并不以为这比之鸟儿因诱饵而被抓，鱼儿因诱饵而上钩，那些民众因为受小恩小惠——如常言所说，只是些甜言蜜语的骗人玩意——的诱惑而陷入被奴役地位的情况更好（所以，应当惊奇的是，暴君刚给他们一点甜头，他们怎么就那么轻易地就范了呢）。剧院、游艺、演出、小丑逗乐、角斗士、古怪的动物、画儿以及另一些类似的愚蠢玩意儿成了古代奴役的诱饵，民众自由的代价，暴君的工具。古代暴君用以麻痹其臣民，使之身在枷锁而陶然自得的伎俩就是如此。这样一来，受这些娱乐愚弄的、为眼前建起的无聊游艺场逗得欢天喜地的民众也就对奴役地位习以为常了。这与那些学习阅读只是为了了解书中出色插图的小小孩们相比并不更糟。

亚述王及其后的米太王使民众觉得可能更为残忍粗野，以致民众以为，这些统治者天生是某种超常的庞然大物，他们深陷其中而那样执迷不悟，因为人的本性习惯于把他们看不见的东西在想象中加以夸大。这样，那些处于亚述统治下的民族，在这种神秘现象的帮助下也就习惯于被奴役了。他们对其主子的了解越少，就越乐意为其主子所奴役；有时候，根本不知道主子是否存在，人人却都因信仰而畏惧谁都没见过的那个人。埃及第一批国王在臣民面前露出的不是别的，正是脸戴面具，头上时而长树枝，时而有火花的模样，他们以此引发臣民对自己的尊崇和惊异。但是，照我看来，那些不很卑躬屈膝、不很糊涂的人很可能会把他们的行为仅仅看作是一种娱乐和玩笑。古代暴君为了巩固对民众（他们在受骗后是那样的顺从驯服）的统治所用诡计简直是微不足道，不值一晒。没有一个圈套是民众能够不落入的，暴君绝不会轻易放过欺骗民众、使之屈服的机会，同时却又时时对这些民众加以嘲笑。因此,暴君为了巩固自己的政权而不仅不去教民众习惯于服从和奴役,而且不求民众把他们奉若神明,这样的时代过去会存在吗?

我此前所谈暴君如何教人服从的一切内容,都牵涉到没文化的普通民众。

而现在,我将谈谈构成暴君的秘密和主要武器的问题。那些以为暴君利用卫兵和城堡是为保护暴君本人的人,是大错特错了。他们确实在使用这些手段,但是与其说他们真正信赖这些手段,还不如说这些手段更多的是为了摆出一副架势,吓唬吓唬民众而已。卫士不让进宫殿院落的,并非危险人物,而是不能对暴君造成任何伤害的卑微的小人物。

如果我们统计一下被杀罗马皇帝的数字,那么,我们就会发现,他们的卫士与其说是使他们脱离了危险,还不如说是杀害了他们。并非武器,并非武装起来的人——骑兵或步兵——在保卫暴君,事实上,这一点虽然无论怎样难以令人置信,支持暴君的却只是三四个人,他们支持暴君,他们为他而置整个国家于奴役之中。暴君的亲信小集团永远只有那么五六个人。这些人或者透过钻营取得了他的信任,或者是受暴君拉拢而成为其亲信。他们成了暴君残暴行为的共犯、娱乐的同伴、享受的帮闲、抢劫的同谋。这五六个人使其魁首成为凶神恶煞,不仅仅是出于他们的本性,而且因为他们的凶残。这五六个人也有受他们支配的五六百个人,这五六百人完全像他们对待暴君一样对待他们。这五六百人手下则有五六千人,他们提拔后者,让后者管理被占领地区,管理财务,让后者为他们的贪婪自私以及残暴行径效力,并让后者去干唯有依靠他们才能继续从事的罪恶勾当,借助后者以期摆脱罪有应得的惩罚。追随在后者身后的是一大群侍从随员。那些为解闷而乐意费心的人,在解开这一关系网时,看到不单这五六千人,而且有几十万、几百万人通过环环相扣和暴君紧密联结在一起。为此,要增加许多作为暴政支柱的职位,而所有担当这些职位的人,都有自己相应的好处,通过这些利益,他们把自己和暴君联结。这些暴政的得利者,数量是如此庞大,同那些乐意追求自由的人的人数几乎是旗鼓相当的。正如医生所说,要是我们的身体有某种损伤,那么,我们身体的一切坏体液都会向这一病灶汇集一样,当国王一变而为暴君,他的身边也会同样汇集起一切丑恶的东西——所有国家的渣滓、一群小偷和坏蛋,他们一无所能,却自私贪婪,麇集在一起,参与分赃,成为大暴君手下残暴的小喽啰。大强盗头和著名海盗的作为就是如此。一些人侦察,另一些人拦路;一些人窥伺,另一些人埋伏;一些人杀人,另一些人抢劫,尽管他们身份并不相同——一些人是仆从,另一些人则是头目——但是,他们所有的人却都是分赃的参与者。

所以,暴君通过一部分臣民迫使另一部分臣民向其输诚效忠,他由那些恶棍来保卫(否则,反而会成为一种危险)。但是,正像俗语所说,"劈木材的楔子,也是木材做",他的卫兵有如他本人。他们因他而痛苦是常事,但是,这些被上帝抛弃的堕落的人之所以准备忍受祸害,也许只是因为他们能加害的人是那些只能忍受祸害而别无选择的人，而非那些加害于他们的人。

拉·波埃狄*

Ⅱ 鹰

　　一只属于小型草原鹰一类的鹰（卡拉古什）也曾在我们的监区待过一段时间。有人把它带进监区，当时它已受伤，而且筋疲力尽。全监区的苦役犯围着它。它已经不会飞，它的右翅耷拉到地上，一只脚的关节也脱臼了。我还记得，它怎样凶鸷地环顾四周，盯着好奇的人群，张开它那弯钩一样的喙，准备拼死抵抗。

　　当大家看够热闹，开始各自散去时，它一边不时扇动那只没受伤的翅膀，一边用一条腿一蹦一跳向监区最远的角落走去，紧贴着木栅栏，躲在角落里。它在我们这里待了三个月光景，在这段时间里，它一次也没有离开过自己的角落。最初，大家常来看它，放狗去追它。沙里克凶猛地向它扑去，但是，狗显然害怕靠它太近。这使囚徒们乐不可支。

　　"它真野，"他们说，"谁也制服不了！"

　　以后，沙里克开始狠心地欺负它。狗不再害怕，在人们的挑唆下，狗会灵巧地咬住它的受伤的翅膀。鹰则用爪和喙竭尽全力做着自卫。它像一位受伤的国王，躲在角落里，桀骜不驯、充满野性地打量着好奇的来看热闹的人。最后，大家都厌倦了，不再理会它，把它抛在了脑后。可是，每天总可以看到在它的旁边放着几小块鲜肉和盛着水的破盆瓷片。仍有人照看着它。它起先并不想吃，一连几天都这样；最后，它开始接受食物，但从不从人手中取食，也不当着人面吃这些东西。

　　我曾不止一次地远远观察它。它因为没有发现人，就以为它是独自在那里，有时会决定稍稍走出角落，沿木栅栏一瘸一拐地走十二三步，然后返回原处，再走，再回，像在健身散步。

　　它一见到我，就马上使出全身力气，一瘸一蹦，赶回自己的巢穴。它转过头，张开喙，背上的羽毛怒竖着，准备马上投入战斗。我无论用什么方法安抚它都无法使它平静下来，它又是啄人，又是挣扎，连我给的牛肉也不吃，当我面对它站着时，它始终用它那凶狠、锐利的目光凝视着我。它孤独而充满敌意，期待着它的末日，既不信任任何人，也不和任何人妥协。

---

　　* 埃梯恩·杰·拉·波埃狄生于1530年，16岁写出了这里摘引的论述自愿的奴役问题的讲演稿。杰·拉·波埃狄是波尔多法庭的成员，是蒙田的亲密朋友。蒙田对作为作家和人的波埃狄做了高度评价，并撰文记述了他的病和死。波埃狄死于1563年。他的讲演稿的出版家提到这些出色的讲演稿时说，阅读这些讲演稿乃是以"狮子的精髓"为精神食粮。不幸的是，当代一辈人已经失去了这种营养。

最后,囚徒们似乎又想起了它,尽管两个多月以来,谁都对它不管不问,谁都没有把它放在心上。这时大家似乎又突然对它产生了同情。大家都说,应当把鹰放了。

"即使死,也不要让它死在监牢里。"有些人说。

"还用说,这是一种自由而凶猛的鸷鸟,它是不可能习惯监狱的。"另一些人支持说。

"看得出,它和我们不一样。"有人插嘴说。

"瞧你,尽说傻话。它是鸟,而我们是人。"

"老弟,鹰是林中之王……"多话大王斯库拉托夫开了口,可是这次大伙都没听他往下说。

有一天,午饭过后,敲过上工鼓,有人抓住了它,因为它开始拼命啄人,所以就用手捏住了它的喙,把它带出了监区。

大家向围墙边走去。一大群,一共有十二三个人,都好奇地想看它向哪里飞。这真是怪事:大家对此都满心喜欢,仿佛他们自己正多多少少分享着自由。

"这狗东西!大家给它做好事,它却老啄人!"抓住鹰的那个囚犯说,同时用几乎是怜爱的眼光端详着这只猛禽。

"米基特卡,把它放了!"

"看来,笼子是关不住这个鬼东西的。把它放走吧,让它得到真正的自由吧!"

鹰被从围墙上扔到了草原上。已是深秋时分,天气阴冷而灰暗,风在裸露的草原上呼啸,在发黄的干枯的野草上喧闹。鹰径直走了,扑扇着病翅,仿佛急于要离开我们目光所及的地方。

囚犯们好奇地注视着,看它那脑袋在草丛中忽隐忽现,时起时伏。

"你看,它跑得多快!"一个人若有所思地说。

"连头也不回!"另一个补充说。

"老弟,连一次都没有,只顾自己跑!"

"你想让它回来道谢?"第三个人抬杠说。

"事情明摆着,它自由了!它感到了自由!"

"是的,自有(由)自再(在)了!"

"老弟,已经看不见啦……"

"站着干吗?快走!"卫兵吆喝道,大家默默地磨蹭着去干活。

陀思妥耶夫斯基(选自《死屋手记》)

6月24日 死 亡

有关死亡的回忆教导人们从面临的许多事务中选择能及时完成的事务来做。

而这些事务才是最必需的事务。

1. 大家说,保存自己的生命是人身蕴含的特别强烈的愿望。这确凿无误。但是,这一愿望大多是由人培养出来的。人关注自己的生命的存续,就其天性而言,仅仅取决于人为此而必须具备的能力。一当他感到自己失去了这些能力,他就会平静下来,不再感到无益的痛苦。听天由命的能力是由天性本身提供给他们的。未开化的人如同动物一样,也不能摆脱死亡,也不能毫无怨言地忍受它。但是,要是这种能力完全丧失,那么,来自理智的另一种能力就会确立起来,但却只有不多的人才会加以利用。

卢梭

2. 你的死期迫在眉睫!可你还在装模作样,不能摆脱各种欲念,还不能放弃认为"外在的尘世生活只能毒害人"的成见,不能变得温和对待一切。

马克·阿夫列里

3. 一个理性的人对生命的思考远多于对死亡的思考。

斯宾诺莎

4. 对精神而言,死亡是不存在的,所以以精神生活为生的人就摆脱了死亡,获得了自由。

5. 一个人想习惯于无畏地对死亡做思考——那么,就不妨试试审视并积极深入那些竭尽全力保护自己生命的人的处境。他们以为死亡会提前降临到他们身上。事实上,即使是埋葬过许多人的长寿老人,他们最终还是会魂归西天的。这一生死两端间隔的时间是何等短暂,其间包含的痛苦和罪愆是何许之多,生命之器皿又何等的脆弱易碎!

这一生离死别的瞬间难道不值得一谈?!试想,你身后是永恒,而你前面也是永恒。在这两个对你来说是完全不同的深渊之间,你是过了三天,还是过了三世呢?

马克·阿夫列里

6. 堆放着的笨重物体妨碍自由,而这些堆放着的笨重物体是逐渐积存下来的。善于事先准备,也就善于使结局完满。任何事情不去做,也就不会有结果。我们留待以后去做的事情,结果仍会重新摆在我们面前,挡住我们的去路。让我们的每一天做完与之相关的一切工作,清理完自己的事情,让我们珍惜第二天,这样,我们就会始终有备无患。善于未雨绸缪,就本质而论,就是善于与人世告别。

阿米埃尔

7. 常有人说:"我快死了,这对我已无所谓。"所有因死期迫近而无所谓的事情,也是过去无所谓的事情,什么时候做都无所谓的事情。可是有一些事情是永远必不可少的,而且是死期越近,就越需要——这就是:发展、培育心灵的事业。

8. 在每一次解决问题时,你会这样或那样行动吗?你可问问自己:要是你知道你将在黄昏死去,而任何人都绝不可能知道你将怎样行动,那时,你会怎样做呢?

死亡教会人好好结束自己事务的能力。在所有的事务中,只有一类事永远是能功德圆满的——这就是不求奖赏的爱的事业。

6月25日　虚荣心

一个人越不受迎合人的喜好、虚荣心的支配,他就越容易为上帝服务;反之亦然。

1. 活着,不要让别人以某种方式来想你,你该自己好好想想自己。

留西·马洛里

2. 那些在别人身上显得沉重而不堪忍受的缺点,在我们自己身上似乎并不算什么,因为我们并没感到它们;有些人在说到别人并把他们说得很可怕时,他们却没有发现他们这是在为自我画像。

想要纠正我们的缺点,没有什么能比我们在别人身上看到自己的真相那样使我们改得更快。通过这种距离,我们看到我们的缺点及其真面目以后,我们就会用理该用以对待它们的方式去痛恨它们。

拉伯雷

3. 好人感到的安慰,是在他们自己的良心上,而不是在别人的口头上。

4. 人拥有一种不可战胜的奢望:相信要是他一无所见,人们也是看不见他的——就像孩子为了不让别人看见他们而闭上自己的眼睛一样。

就我们的生活、我们的行为对他人所产生的那种印象而言,这样去想象是大有好处的。

5. 我想要使自己被公认为是一个有德行的人的最快捷、最可靠的方法,就是进行自我修养,以期成为这样的人。考察一切美德,你们就会发现,它们都是通过努力和练习得以提高和加强。

苏格拉底谈话录

6. 三缄其口之人遭训斥;饶舌多话者遭训斥;少言寡语者也遭训斥。能不遭到训斥的人也许就不存在。

佛陀智慧集[达马巴达]

7. 人身上值得称赞的特点,就是羞恶之心。一个有羞恶之心的人轻易是不会犯罪的。

塔木特

8. 一个人永远不要为自己反复辩白。

9. 宁要热爱真理的陌路人,也不取自己那不尊重真理的朋友。

德谟菲尔

10. 一个把自己的幸福寄托在孩子、朋友,以及并不牢固、即将消逝的事物之上的人,你能称他是幸福者吗?他的一切幸福可能在刹那间就坍塌。除了你自己和神灵,不要承认你还有其他的依靠。

德谟菲尔

11. 虚荣心是一种和真正的自豪感最不协调的感情。然而,这种感情是那样牢固地盘踞在人的天性之中,甚至在人的最强烈的痛苦之中也很少见它被驱逐出去。

痛苦中的虚荣心表现在这一意愿上:或显出伤心,或显出不幸,或显出坚强;这些卑下的,我们不予承认的,然而是无时无刻不在的意愿——甚至在最强烈的悲伤中也是如此——也没有离开过我们,从而使我们失去了亲人的不幸通常会在人们心中激起的那种同情心。

―――――――

最善良的行为也会羼杂进一些虚荣心和获得推许的愿望。只有在人能够对自己说,他即使为自己的行为受到指摘而不是赞许,他也不改变他的行为时,这种愿望才是无害的。

6月26日 理　性

爱向人表明它是人生的目的,理智表明它是执行爱所需要的手段。

1. 太阳不停地向整个世界倾泻着它的光芒,但是它的光芒却并不因此而枯竭。与此完全一样,你的理性也应光芒四射,向四面八方发散。它取之不尽,用之不竭,处处泛滥,当遇到阻拦时,它理应表现得既不激动,也不愤懑,而是平静地照亮一切渴望接受它的对象,毫不气馁、不知疲倦地庇覆一切面向光芒的事物,只把背向它的东西留在阴影之中。

马克·阿夫列里

2. 人在同其周围世界的比较中,不过是一支脆弱的芦苇。然而,他是一支具有智慧的芦苇。

为了毁灭人,随便一桩小事就足够了。然而,人仍然高于一切有生之物,高于一切尘世之物,因为他即使将与世长辞,他也会通过自己的理性意识到他即将撒手人寰。人在大自然面前能够意识到自身的渺小。大自然却是什么意识都没有。

我们所有的优越性都包含在我们的理性上。单单这一理性就使我们凌驾于世界上所有其余的各界。让我们珍惜和保护我们的理性,它将照亮我们整个人生,向我们指明善为何物,恶为何物。

帕斯卡尔

3. 人区别于动物的,只是他的理性。有些人发展它,许多人则藐视它:仿佛他们想要放弃他们与牲畜得以区分的那些特点。

东方智慧集

4. 我们赞美基督教,因为它扩展、加强、提高了我的理性的天性。如果为了成为基督徒我却不能保留理性,那么,我在做这种选择时会毫不动摇吗?我感到自己有义务为了基督教而牺牲财产、荣誉和生命,但是我不会为了任何宗教而牺牲那使我高于动物、使我成为真正的人的那种理性。我不知道还有比这弃绝上帝所赐的最高尚的能力更大的渎神行为了。我们应该如斯行动:我们要使活在我们心中的神圣元素和我们肉体天性相对抗。理性是我们思考本性的最高反映。它有助于上帝和全世界结成一体,并力求使心灵成为最高统一的映像和镜子。

强宁格

如果人没有理性,他就不会判别好坏,就不能找到真正的幸福并拥有它。

6月27日　努　力

只有竭尽全力不断追求善良仁爱生活的人,善良仁爱的生活才属于他。

1. 为了获得善良仁爱的生活,应当不嫌弃任何善事。做这些小善事并不比干最宏伟壮丽的大好事所费力量小。

2. 天国要靠努力才得以进入,那些努力的人正赞美天国。

马太福音 11 章

3. 如果一个人知道美德为何物却拒不执行美德要求于他的事情,那么,他的这种作为同这样的路人毫无二致:尽管他知道为了继续前行,他也得寻找宿营地和食物,可他却驻足不前,等宿营地自己向他靠拢。

4. 为了不使注满水的盘子溢出,就必须认认真真端着它。
为了刀刃保持锋利,必须经常磨砺它。

7. 人身上值得称赞的特点,就是羞恶之心。一个有羞恶之心的人轻易是不会犯罪的。

塔木特

8. 一个人永远不要为自己反复辩白。

9. 宁要热爱真理的陌路人,也不取自己那不尊重真理的朋友。

德谟菲尔

10. 一个把自己的幸福寄托在孩子、朋友,以及并不牢固、即将消逝的事物之上的人,你能称他是幸福者吗?他的一切幸福可能在刹那间就坍塌。除了你自己和神灵,不要承认你还有其他的依靠。

德谟菲尔

11. 虚荣心是一种和真正的自豪感最不协调的感情。然而,这种感情是那样牢固地盘踞在人的天性之中,甚至在人的最强烈的痛苦之中也很少见它被驱逐出去。

痛苦中的虚荣心表现在这一意愿上:或显出伤心,或显出不幸,或显出坚强;这些卑下的,我们不予承认的,然而是无时无刻不在的意愿——甚至在最强烈的悲伤中也是如此——也没有离开过我们,从而使我们失去了亲人的不幸通常会在人们心中激起的那种同情心。

———————

最善良的行为也会羼杂进一些虚荣心和获得推许的愿望。只有在人能够对自己说,他即使为自己的行为受到指摘而不是赞许,他也不改变他的行为时,这种愿望才是无害的。

6月26日 理　性

爱向人表明它是人生的目的,理智表明它是执行爱所需要的手段。

1. 太阳不停地向整个世界倾泻着它的光芒,但是它的光芒却并不因此而枯竭。与此完全一样,你的理性也应光芒四射,向四面八方发散。它取之不尽,用之不竭,处处泛滥,当遇到阻拦时,它理应表现得既不激动,也不愤懑,而是平静地照亮一切渴望接受它的对象,毫不气馁、不知疲倦地庇覆一切面向光芒的事物,只把背向它的东西留在阴影之中。

马克·阿夫列里

2. 人在同其周围世界的比较中,不过是一支脆弱的芦苇。然而,他是一支具有智慧的芦苇。

为了毁灭人,随便一桩小事就足够了。然而,人仍然高于一切有生之物,高于一切尘世之物,因为他即使将与世长辞,他也会通过自己的理性意识到他即将撒手人寰。人在大自然面前能够意识到自身的渺小。大自然却是什么意识都没有。

我们所有的优越性都包含在我们的理性上。单单这一理性就使我们凌驾于世界上所有其余的各界。让我们珍惜和保护我们的理性,它将照亮我们整个人生,向我们指明善为何物,恶为何物。

帕斯卡尔

3.人区别于动物的,只是他的理性。有些人发展它,许多人则藐视它:仿佛他们想要放弃他们与牲畜得以区分的那些特点。

东方智慧集

4.我们赞美基督教,因为它扩展、加强、提高了我的理性的天性。如果为了成为基督徒我却不能保留理性,那么,我在做这种选择时会毫不动摇吗?我感到自己有义务为了基督教而牺牲财产、荣誉和生命,但是我不会为了任何宗教而牺牲那使我高于动物、使我成为真正的人的那种理性。我不知道还有比这弃绝上帝所赐的最高尚的能力更大的渎神行为了。我们应该如斯行动:我们要使活在我们心中的神圣元素和我们肉体天性相对抗。理性是我们思考本性的最高反映。它有助于上帝和全世界结成一体,并力求使心灵成为最高统一的映像和镜子。

强宁格

如果人没有理性,他就不会判别好坏,就不能找到真正的幸福并拥有它。

6月27日 努 力

只有竭尽全力不断追求善良仁爱生活的人,善良仁爱的生活才属于他。

1.为了获得善良仁爱的生活,应当不嫌弃任何善事。做这些小善事并不比干最宏伟壮丽的大好事所费力量小。

2.天国要靠努力才得以进入,那些努力的人正赞美天国。

马太福音11章

3.如果一个人知道美德为何物却拒不执行美德要求于他的事情,那么,他的这种作为同这样的路人毫无二致:尽管他知道为了继续前行,他也得寻找宿营地和食物,可他却驻足不前,等宿营地自己向他靠拢。

4.为了不使注满水的盘子溢出,就必须认认真真端着它。
为了刀刃保持锋利,必须经常磨砺它。

要是你想寻找真正的幸福,也必须以同样的态度对待灵魂。

老子

5. 要是有一件大好事等着你们,它不会随着一两声的呼唤就出现在你们面前,它也不会没有困难、不做努力就轻而易举地出现在你们面前。

爱默生

6. 你们请求,你们就得到;你们寻觅,东西就找到;你们敲门,门就会为你们开启。因为一切祈求者才能得到,寻觅者才能找到,敲门者人家才能为你把门开启。

马太福音7章

7. 庇法戈尔说,竭尽全力去过一种最合乎道德的生活吧。它可能是最为困难的,然而,随着对这种生活的习以为常,它将成为最令人愉悦的生活。

8. 上帝把动物必需的一切赐给了它们。但是,他并没给人提供这一些,人应该自己获取他必需的一切。人的最高智慧并不是与生俱来的;他为了获得智慧,应该做出种种努力,他越努力,获得的奖赏也就越多。如果他不付出巨大的努力,他就不能接近完美的智慧。

巴比特表

如果想获得幸福,那就执行上帝的诫命吧。而执行上帝的诫命,只有通过努力才有可能。努力不仅可以得到欢乐生活的犒劳,而且努力本身还能提供生活的最大幸福。

6月28日 家 庭

维系家庭纽带的,不仅是血缘,而且是宗教,是家庭的所有成员都信仰同一个上帝及其诫命,只有这时,这种家庭纽带才是稳固的,才能予人以幸福。

没有这一前提,家庭是痛苦之源,而非欢乐的泉。

1. 家庭的利己主义比个人的利己主义更残忍。一个羞于为自己个人而牺牲他人福祉的人,却会认为,为了家庭的福祉,利用人们的不幸和贫困乃是自己的义务。

2. 为自己的蠢行辩护的最普通最不公的理由就是家庭的幸福。
悭吝、贪墨、压迫工人、不正当的勾当——这一切都可用对家庭的爱进行申辩。

3. 家庭和祖国的联系不能也不应对心灵加以限止。人从呱呱坠地起就被为数不多的人所包围,目的是通过这些人的脉脉柔情,唤起他内心爱人的感情。但是,如果对家庭和民族的眷恋排除了这种感情,并由此而排斥人类共同的要求,那么,这种眷恋就不能成为心灵的培育者,反而成了心灵的坟墓。

强宁格

4. 对家庭的爱是一种自私的感情,所以能成为不公正、不善良的行为的原因,却不是对这些行为的辩护。

5. 有人告诉他说:"你母亲和兄弟就在外边,想见你。"耶稣回答他们说:"那些听从上帝之道而遵行之人,都是我的母亲,我的兄弟。"

路加福音 8 章

6. 爱父母胜过爱我的,不配做我的门徒;爱子女胜过爱我的,也不配做我的门徒。

马太福音 10 章

7. "一个人到我这里来,却不憎恨自己的父母、妻子、儿女、兄弟姐妹,以及自己的生命,就不能做我的门徒。"(路加福音 14 章)"憎恨"这个词在这一段落中并不意味着耶稣要推翻家庭,或教人憎恨家庭,而只是具有如 8 章 24 节中所说的那种意义。对基督及其门徒和其追随者来说,人们并不是根据家庭这一纽带,而是根据他们和上帝的联系及由此而来的彼此之间的联系来决定他们的亲密相爱的关系的。

这些章节通常会使一些人受到诱惑:他们注意到放荡不羁者的情况以及爱护家庭的人道德方面更佳的情况,但却没有注意到宗教信徒的情况。对这些宗教信徒来说,家庭情况并非最高级别的情况,而是相反,大多是为了达到这种最高级的情况所带来的奖赏。

8. 一些人在权力中寻求幸福,另一些人在求知中、在科学中寻求幸福,第三类人则是在享受中寻求幸福。这三类欲念形成了不同的三派。所有哲学家都信奉这三派中的某一派,而那些比其他人更接近于真正的哲学的人明白,公共幸福——这个所有人追求的对象——不应包含在任何一个个别事物之中,因为能够拥有这些事物的只是这部分人或那部分人,要是对这些事物进行分割,与其说会让分得这些东西的人因为得到那本已属于他的东西而高兴,还不如说会让他们因为没有到手的那些东西而伤心。他们明白,真正的幸福应当能为所有人全部一下拥有,不多不少,无人嫉妒,除了自己的意愿,任何人都无法加以剥夺。

帕斯卡尔

从道德层面讲,对家庭的爱,就像对自己个性的爱一样,其中是无所谓好坏的,

因为不管前者还是后者,都是自然现象。但是,对家庭的爱,如同对自己个性的爱,一旦超出了它所固有的界限,就能成为罪恶,而且任何时候都不能成为善行。

6月29日　沮　丧

沮丧这种情绪,人一当受其支配,就既看不到自己生存的意义,也看不到世界整个生活的意义。

1. 有一类人,尽管处于灰心丧气或气愤难平之中,却仍能欣赏自己的处境,甚至为之自豪。这就像给送人下山的马匹放松了缰绳之后,再给它加上一鞭。

2. 灰心丧气和恶劣心境不仅使周围的人感到难受,而且具有传染性。所以,一个循规蹈矩的人在独处时会做一些对他人不友好的事情,同样会在独处时陷入自己的沮丧和愤懑之中。

3. 外在原因会影响人的心情这一想法是有害的,是一种习见的谬误。说身体状况、疲倦、饥饿、疾病会影响一个意识到自己生命之精神基础的人的心情,只是指它们会削弱他的活动能力,然而并不会改变他的活动方向。只有那些过着单纯外在生活的人(孩子,非宗教人士)才以为外在原因会改变自己整个的生活态度:陷于沮丧或暴怒而不能自拔,责备和憎恨原先赞美和热爱过的事物。

4. 不要让自己相信,如果你把呈现在你面前的一切想象成漆黑一团的话,人人好像都有罪,大家都想说甚至做坏事。要是发现自己正处于醉汉一般的那种状态,那就什么都不做,待这一状态过去再说。处在这种状态时,做得越少,它过去得就越快:这种约束对于醉汉的白日梦同样是必要的。

5. 多数所谓的恶人之所以变成这种样子,只是因为他们把自己的恶劣情绪当成了他们自己合法的状态并屈从于这一状态。

6. 当世界显得不美,人们显得不友好、不善良,他们的一切事情显得愚蠢又可恶时,那就赶快利用这一机会,把注意力转向自己,你就会在自身看到原先没有看到的东西,而承认自身的卑劣于你是有好处的。

7. 毫无出路的不幸不常有;绝望比希望更具欺骗性。

沃维纳克

8. 永远不要灰心丧气。

9. 人应该成为幸福的。如果不幸,错在他自身。

10. 我以为,人应当给自己提出一条最重要的原则——成为幸福而满足的人。应当把自己的不知满足当作蠢行感到羞愧,知道我或我内心有事尚没准备就绪,我就不该对其他人谈起这一点,也不要满腹牢骚,而要力求尽快处理好那尚未准备就绪的事情。

11. 主啊,帮帮我,使我能不停地工作,以便在纯洁宁静和仁爱之中执行你的使命。

12. 身体的苦难和心灵消沉的时刻——是当代生活的宿命,应当等待这两者或这一生活本身消失。

―――――――

当体验到对周围的一切及自己的境遇有一种不满感时,那就像蜗牛钻进自己的甲壳一样,躲进自己人世使命的意识之中,等待造成你这种境遇的条件消失,那么,你将有能力重建自己的生活事业。

6月30日　生活制度

人值得放弃解决外在的问题,而给自己提出人所固有的唯一的真正的内在问题:一个人怎样才能更好地度过自己的一生?并由此而使外在问题得到最完美的解决。

1. 我们不知道,也不能知道共同幸福为何物,但是我们却能肯定地知道,获得这一共同幸福,可能只需要每个人,因而也包括我在内,都去执行那向每个人都敞开的"善"的法则。

2. 真正的生活并不产生于外部世界发生大变化的地方,不产生于彼此追逐、冲突、撕扯、残杀的地方,而只产生于发生几乎难以察觉的变化的地方:在人的精神意识里。

3. 玛尔法!玛尔法!你为许多事思虑奔走,但是只有一件事才是需要的,玛利亚已经选择好那极佳的、不能被夺走的福分。

路加福音 10 章

4. 世界各民族正在发抖,战栗。到处都可感觉到一种类似即将爆发的地震那样的力量在活动。从来还没有人担当起这么大的责任。每时每刻都带来越来越严重的忧虑。可以感到,一件大事终将发生。尘世在耶稣显现前等待着伟大事变,可是,当他降临人世时,尘世却不接纳他。所以,如今的尘世面对他的重新降临,可以感受到那分娩的阵痛,大家也不明白这正在发生的事件。

留西·马洛里

5. 有两类社会主义。两者都在探索所有人的最大的福祉。

一派力求达到共同幸福;另一派为所有人提供按各自的方式成为幸福者的机会。

一派承认国家政权;另一派则不承认任何权威。

一派要求国家拥有垄断权;另一派想消灭一切垄断。

一派想要被统治阶级成为统治阶级;另一派想要消灭阶级。

一派信仰社会战争;另一派只信仰和平事业。

只存在这两类社会主义。一派还在童年,另一派则已完全成熟。一派已成过去,另一派则是未来。一派应当给另一派让位。我们每个人都该在这两种社会主义中做选择,或者压根就不承认自己是社会主义者。

恩内斯特·列辛

6. "如果一百个人中由一人统治九十九人,这不公正,是专制;如果由十人统治九十人,这同样不公正,是寡头政治;要是由五十一人统治四十九人,(而这只是一种想象,事实上,仍然是五十一人中的十至十一人在统治),那么,这就是完全的公正,是自由!"

根据这种彰明较著的荒谬主张,这样的论断难道不有点滑稽可笑吗?然而,这一论断却成了所有国家体制改革活动的基础。

7. 在一些慷慨激昂的党派的叫喊声中,想区分出真理的声音是困难的。

席勒

8. 一个愿为真理和公正效力的人,对可能陷入孤立无援的境地得有所准备。

贝尔谢

9. 没有一种政治炼金术能借助它的反应从铅中变出金子。

赫伯特·斯宾塞

10. 人们如若希望拯救自己而非世界,解放自己而非人类,那他们会为拯救世界、解放人类做出多少贡献呀!

赫尔岑

有一种观点认为,人们凭借某种不顾他们的意愿自动产生作用的外在事物就

能改变和改善他们的生活。人们对此越深信不疑,那么,这种生活的改变和改善就越难实现。

> 每周阅读

浆　果

六月天,炎热而无风。林中枝繁叶茂,青翠欲滴,只有某些地方散落着一些白桦和菩提的黄叶。一簇簇野蔷薇花盛开,香气扑鼻,三叶草长满林中草地,散发出一阵阵蜂蜜的甜味,黑麦半数已经灌浆,稠密而高挺,黑乎乎的,掀起阵阵麦浪。秧鸡在麦丛中此呼彼应,鹌鹑在黑麦和燕麦田中时而低沉时而嘹亮地啼鸣,夜莺只是偶然在林中美妙啭吟一曲,随即归于沉寂。天气干燥灼热如蒸烤。路面上静静地积着一指深的干尘土,微风偶然忽左忽右地吹拂,地上就卷起一团团浓雾般的尘埃。

农民正盖的房子即将完工,有人在运送厩肥,牲口待在干旱的轮休地上挨饿,等待割过的野草长出新芭。母牛和小牛犊高高翘着弯弯的尾巴,哞哞叫唤,从牛栏里跑出来,离开了牧人。孩子们看管着路上和沟里的马匹。村妇们把一袋袋青草从林中拽出来。大姑娘、小女孩在已经砍伐过的林中的灌木丛里你追我赶,采摘浆果,准备带回去卖给来乡下别墅避暑的人。

住在装饰豪华、式样奇特的别墅中的避暑者,穿着轻透、洁净、贵重的衣衫,不是打着阳伞懒洋洋地在布着细沙的小路上漫步,就是在树荫下、凉亭里热得不想动弹,坐在油漆过的小桌旁喝茶或喝清凉饮料。

尼古拉·谢缅内奇的富丽堂皇的别墅有塔楼、外廊、凉台、回廊,样样都清凉新鲜干净。别墅前停着一辆三套四轮轻马车,据车夫说,他把这位彼得堡来的老爷从城里送到这里并送回城,"来回"一共十五个卢布。

这位老爷是位著名的自由派活动家,在各式委员会和代表会上致辞,辞令巧妙,表面似乎忠于君主制,而骨子里则是极端自由主义的。他永远是大忙人,他这是从刚待了一昼夜的城市下乡来拜访自己的发小,思想几乎完全一致的朋友。

他们只是在运用宪法原则的方法上有一点分歧。这位彼得堡来客更像西欧人,甚至对社会主义都会做一点小小的袒护,他占有很多职位,因而薪酬十分可观。而尼古拉·谢缅内奇则纯粹是俄罗斯人,正教徒,带有斯拉夫主义色彩,拥有好几千俄亩土地。

他们在花园里共进正餐,共有五道佳肴,但是,因为天气太热,他们几乎什么都没吃,因此,那个用四十卢布请来的厨师和帮手为这位客人特别热心所做的美味,差不多白忙活了。他们只吃了由新鲜白鲑鱼等食材做成的冰镇波特文牙汤,样式漂亮、饰有糖条和饼干的五色冰激凌。还有其他共进午餐的陪客,一个自由派医生,一个家庭教师——教孩子的大学生,他是一个毫不妥协的社会民主派革命家(尼古拉·谢缅内奇还能让他听命服从),在座的还有尼古拉·谢缅内奇的妻子玛丽,三个孩子,最小的孩子只是在上甜食时才来。

正餐有点别扭,因为玛丽是一个极为神经质的女人,在餐桌上老是为戈加(尼古拉按照上流社会的惯例这样叫小儿子)的肠胃失调忧心忡忡,还因为客人和尼古拉·谢缅内奇刚开始谈政治时,鲁莽冒失的大学生因为想要表明他不怕在任何人面前说出自己的信念,竟突然插进谈话之中,客人就不再说话,而尼古拉·谢缅内奇则让这位革命家闭嘴。

正餐吃到七点。餐后,两个朋友坐到外廊里,一边喝着掺有低度白酒的纳赞矿泉水,一边聊天。

他们首先在该怎样选举——是两级选举还是直接选举的问题上产生了分歧。他们刚开始热烈争辩,就被招呼到有防蝇纱门的餐厅去喝茶。喝茶时,他们和玛丽做着一般的闲聊,然而这种聊天也没法引起她的兴趣,因为她满脑子想的都是戈加肠胃不调的迹象。谈到绘画,玛丽证明说,颓废派绘画是 un je ne sais quoi,即不可否定的。她此刻压根没有想到颓废派绘画,她只是在重复她的老生常谈。客人早已听腻了。但是他听过别人对颓废派的批驳。他说话说得好像是为了要让人猜不透他跟颓废派还是非颓废派都毫无关系似的。而尼古拉·谢缅内奇则打量着妻子,他感到有什么事让她不满,大概还有点不快——此外,对她所说的一切,他早已听腻了,这些话他似乎已听过不下一百遍。

贵重的青铜台灯和院落里的照明灯都已点亮,在给病儿戈加治疗以后,孩子们都睡下了。

客人、尼古拉·谢缅内奇和医生来到外廊。仆人拿来了有罩子的蜡烛,还有纳赞矿泉水,十二点左右,一场早已期待的真正热烈的谈话开始了:国家应当采取怎样的措施以应对俄国目前面临的重大时期。两个人不停吸烟谈话。

外面,别墅大门外,拉车的马匹因为没有喂草料,站在那儿把铃铛晃得叮当作响,坐在马车里的老车夫同样没吃东西,先是打哈欠,一会儿就打起盹来。他在同一个主人家里已经干了二十年。所有工资,除了花三五个卢布喝点小酒以外,全部寄回家给了弟弟。周围的别墅传来了此起彼落的公鸡啼鸣声,附近一幢别墅的一声啼鸣则特别响亮、高亢。惊醒的车夫怀疑是不是把他给忘了,就爬下马车,进了别墅。他看到他的雇主坐着喝什么饮料,在停顿间歇,又大声嚷嚷。他有点害怕,就去找仆役。仆役穿着号服坐在前室睡着了。仆役原是家奴,如今靠伺候人养活一大家——五个小女孩,两个男孩。这份工作收益还不错,工钱十五卢布,老爷有时一年还会给一百卢布小费。车夫把他叫醒,他突然站起,整整衣服,拍拍灰尘,到老爷那里报告说,车夫急了,请让他走。

仆役进来时,争论正火爆。向他们走来的医生也加入了论战。

"我不能容忍,"客人说,"说俄国人似乎该走另一条发展道路。首先需要的是自由——政治自由——众所周知,这种自由在维护其他人的最大权利时是最大的自由。"

客人觉得,他讲得有点语无伦次,有些话不该那么说,但是,在激烈的争论中,他想不起来该怎么说。

"确实如此,"尼古拉·谢缅内奇回答说,他并不听客人说,只想说出他自己特别喜欢的想法,"确实如此,但是,这要通过另一途径才能达到,不是凭多数票办事,而是要一致同意。不妨看看农村公社的解决办法。"

"啊,连农村公社也扯上啦。"

"不可否认,"医生说,"斯拉夫民族有自己的特殊观点。例如,波兰的否决权。我并不肯定这是最好的。"

"请允许我把我的整个想法说完,"尼古拉·谢缅内奇开始说,"俄国人有自己的特性,这些特性……"

但是,睡眼惺忪、穿着带金银边饰号服的伊凡进来打断了他的话。

"车夫急了……"

"您告诉他,我很快就走。我会给他加钱的。"彼得堡来客对所有的仆役都称"您",并以此自豪。

"是,老爷!"

伊凡走了,尼古拉·谢缅内奇才能把自己的整个想法讲完。但是,不管是客人,还是医生听过这种老调已有二十次了(或至少他们感到这样),开始批驳它,特别是客人还举了许多历史事例,因为他通晓历史。

医生站在客人一边,很欣赏他的渊博,很高兴有这个机会与他结识。

交谈时间拖得很长,大路另一边森林后面都已开始发亮,夜莺都已醒来,对话双方老是吸烟交谈,交谈吸烟。

要不是女佣从门里出来,谈话可能还会继续。

这个女佣是个孤儿,为了糊口,就不得不去伺候人。最初她在商人家干活,一个伙计诱骗了她,她生了个孩子。孩子夭折了。她到了一个小官吏那里,小官吏的儿子是个中学生,也不让她安生,以后就到尼古拉·谢缅内奇处当了女仆的下手,她认为她很走运,因为她没有受到老爷的纠缠,而且工资如数照发。她进来报告说,太太请大夫和尼古拉·谢缅内奇进去。

"哟,"尼古拉·谢缅内奇想,"也许戈加又出了什么问题?"

"有什么事吗?"他问。

"尼古拉·尼古拉耶维奇有点不舒服,"尼古拉·尼古拉耶维奇指的是吃得过饱而泻肚的戈加。

"唔，我该走了。"客人说，"瞧，天都亮了，我们坐的时间真够长的!"他微笑着说，仿佛夸奖自己和自己的话伴似的：他们说得那么久，说得那么多。他起身向朋友道别。

客人来时把帽子和阳伞随随便便塞在一个难以想到的地方，害得伊凡拖着一双疲惫不堪的腿到处寻找，找了很久才找到。伊凡希望得到小费，但是，永远慷慨大方、绝不会舍不得给他一卢布的客人，完全沉浸在谈话中，压根就忘了这件事，只有到了路上，他才想起，他什么也没给仆役。"唉，一点办法都没有了!"

车夫爬上车座，抓起缰绳，侧身坐下，驱赶马车。铃铛叮当作响。这位彼得堡来客坐在柔软的弹簧车上，摇摇晃晃，边走边想自己朋友的观点的局限和偏颇。

尼古拉·谢缅内奇并没马上到妻子那里去，倒和客人想着同样的事。"这种彼得堡式的目光短浅的狭隘性真可怕。他们难以跳出这圈子。"他想。

他磨磨蹭蹭地向妻子那里走去，因为现在见她就别想会有什么好事。一切问题都出在浆果上。农家男孩昨日拿浆果来卖，尼古拉·谢缅内奇并不讨价还价，买下了两盘没有全熟的浆果。孩子们跑来向他讨要，直接从盘子取食这些浆果。好在玛丽还没出来。可她出来得知戈加也吃过，就大为生气，因为他的肠胃本来就不太好。她开始指责丈夫，丈夫反过来指责她。话说得很难听，几乎是吵架。傍晚，戈加果真不舒服了。尼古拉·谢缅内奇本来以为事情到此为止，但是，连医生都请来了，看来事情不妙。

他来到妻子那里，她穿着一件平时她特别喜欢的、如今却压根注意不到的杂色绸睡衣。她站在儿童室和医生一起看着便盆，用淌着蜡油的蜡烛给他照明。

医生戴着夹鼻眼镜，神态专注，看着便盆，用一根小棍搅动里面的粪便。

"行啦。"他意味深长地说。

"都是可恶的浆果惹的祸。"

"这跟浆果有什么关系？"尼古拉·谢缅内奇底气不足地说。

"什么关系？你把这玩意给他吃，害得我整夜都无法入睡，孩子要死了……"

"唔，那倒不至于这样，"医生微笑着说，"只要多少用点铋剂就会好的，注意点就行。现在就让他服药吧……"

"他正睡呢。"玛丽说。

"那就最好不要惊动他。我明天再来……"

"请吧。"

医生走了。尼古拉·谢缅内奇独自留下，他安抚了很长时间都无法使妻子平静下来。他睡下时，天光已经大亮。

这时，邻村的农夫和孩子们正从夜牧场往家走。他们有的骑马，有的牵马，一两岁的小马驹则跟在后面跑。

塔拉斯卡·列祖诺夫是一个十二岁上下的男孩子，穿着短皮袄，却光着脚，头戴便帽,骑着花斑母马,牵着一匹骟马和毛色与母马一样的一岁花斑小马驹,超过所有人,往山上的村落驰去。一条黑狗兴冲冲地跑在马匹前面,因为它很熟悉这些马匹。吃饱了的一岁花斑小马驹落在后面,时而向这里,时而向那里,用刚长出细毛的白蹄向后尥蹶子。塔拉斯卡到了农舍旁,下了马,把马拴在门旁,进了前室。

"喂,你们还睡哪!"他喊睡在前室粗麻布上的弟弟妹妹们。

和他们睡在一起的母亲早已起来挤奶。

奥尔古什卡突然惊起,用双手整理松乱的浅色长发,和她睡在一起的费奇卡赖着不起,把头钻进皮袄,只是用粗糙的脚后跟轻轻蹭擦露在长衣外面的小孩匀称的小腿。

孩子们昨天黄昏就准备今早去摘浆果,塔拉斯卡答应从夜牧场一回家就喊醒妹妹和弟弟。

他说到做到了。在夜牧场,他坐在灌木丛下,醒来有气无力,现在却来了劲,决定不再睡觉,同女孩子们一起去采摘浆果。母亲给了他一大杯牛奶,他自己切了一块面包,坐到桌边高凳上吃起来。

他只穿了一件衬衣和裤子,轻快地迈着脚步,在路上尘埃中留下了清晰可见的光脚印。路面上早已留有若干个同样忽大忽小的带有脚趾印痕的光脚印。女孩子们远远跑在前面,在深绿色树林的映衬下,看起来像是红色和白色的小斑点(她们昨晚就准备了小罐和小杯,没有吃早饭,也没有带面包,对着前室角落画了两次十字就跑出了门)。塔拉斯卡在大树林后追上她们时,她们刚从大路上拐过来。

草上、灌木丛、甚至在树木低矮的小枝小叶上都挂满了露水。女孩子们的光脚丫马上沾湿了,开始有点冷,随后因为时而在柔软的草地上,时而在高低不平的干地上行走,也就暖和过来了。长浆果的地方都在砍伐过的森林里。女孩子们先到了去年砍伐过的地方采摘。鲜嫩的枝丫刚刚长起,萌生不久的多汁的灌木丛中间分布着一些低矮的草地,这里面有一些未成熟的浅玫瑰色的浆果,有些地方还有一些红浆果已经成熟,隐藏在草叶中。

女孩子们弯着腰,用晒黑的小手一粒接一粒地采摘起来,不太好的放进嘴里,好一点的则放进杯子中。

"奥尔古什卡!到这里来。这里真多。"

"唔?骗人!噢!"她们向灌木丛后走去,相互打着招呼,离得并不太远。

塔拉斯卡已远离他们,往一条沟后、一年前刚砍伐过的林地走去。这里的幼林,特别是核桃林和枫树林已有一人多高。野草鲜嫩茂密,这里的浆果在野草的保护下长得更大,汁更多。

"格鲁什卡!"

"哎!"

"要是有狼怎么办?"

"哪来的狼?你干吗吓人。我不怕。"格鲁什卡说,她因为想着狼,竟一点都没注意到正把最好的浆果一粒一粒往嘴里送,而不是放进杯子里。

"塔拉斯卡到沟后面去了。塔拉斯卡——"

"噢!"塔拉斯卡在沟后回答,"到这里来!"

"我们到那里去吧,那里浆果更多。"

女孩们抓住灌木枝条,下到沟里,又沿着冲沟往沟的另一面爬。这里阳光充足,是一片长满浆果的林中丰草地。两人顾不上讲话,手和嘴一刻都没闲着。

突然,有一个什么东西在旁边窜过,她们觉得,在一片寂静中,它以一种可怕的撕裂声掠过草丛和灌木丛。

格鲁什卡吓得摔了一跤,采摘的半杯子浆果都撒掉了。

"妈妈!"她尖叫一声,哭了。

"兔子,是兔子。塔拉斯卡!兔子。瞧这兔子,"奥尔古什卡指着灌木丛中闪过的竖着双耳的灰褐色脊背,"你怎么啦?"兔子跑掉后,奥尔古什卡对格鲁什卡说。

"我以为是狼呢!"格鲁什卡回答,忽然在受惊之后竟破涕为笑,哈哈大笑。

"真是个小傻瓜。"

"我真吓得要命!"格鲁什卡说,又发出银铃般清脆的大笑声。

他们收拾起浆果,继续往前。太阳已经升起,绿荫泼洒着鲜艳明亮的斑点和阴影,露珠闪烁着光彩,现在,小姑娘们已被露水齐腰沾湿了。

小姑娘们几乎走到了林子的尽头。因为大家越走越远,希望远处浆果更多。这时从四面八方传来了女孩和农妇们清脆的招呼声;他们来得比较晚,也是来采摘浆果的。

吃早饭的时刻,女孩子们杯子罐子里的浆果都已装了一多半。这时,她们碰到了也是来采浆果的阿库琳娜大婶。她身后跟着一个小男孩,摇摇摆摆,迈着一双胖乎乎的弯腿,腆着个圆滚滚的小肚子,只穿了一件小衬衫,没戴帽子。

"他缠住我不放,"阿库琳娜大婶把小孩抱在手里,对女孩子们说,"留在家里又没人照顾。"

"我们刚才把一只大兔子吓跑了。发出窸窸窣窣的声音——真怕人!"

"你看你,真是的!"阿库琳娜边说边把小男孩放到地上。

交谈几句后,女孩们和阿库琳娜分了手,继续干自己的活。

"来,坐下歇歇吧!"奥尔古什卡坐到核桃树丛的浓阴下说,"唉,累得要命,又没带面包,现在要能吃点东西多好。"

"我也想吃。"格鲁什卡说。

"阿库琳娜大婶在使劲喊什么。你听到吗?喂,阿库琳娜大婶。"

"奥尔古什卡!"阿库琳娜应道。

"有事吗?"

"小家伙跟你们在一起吗?"阿库琳娜在冲沟后面大声说。

"没有!"

这时灌木丛中沙沙作响,阿库琳娜大婶把裙子提到膝盖之上,手里挎着篮子,从冲沟后面走过来。

"你们见到小家伙没有?"

"没有。"

"真糟糕!米什卡——卡——卡!"

"米什卡——卡——卡!"

没人答应。

"噢,麻烦了,他会迷路的,会摸到大森林里去。"

奥尔古什卡立即站起来,和格鲁什卡一起往一个方向寻找,阿库琳娜大婶到另一个方向寻找。她们用清脆的嗓音不停地呼喊米什卡,但是没人答应。

"累得要命!"格鲁什卡落在了后面,但奥尔古什卡仍然呼喊着,时而往左,时而往右走着,四面张望着。

阿库琳娜焦急的喊叫声远远传到大森林那边。奥尔古什卡不想再找,准备回家。这时,她听到从鲜嫩的灌木丛中长出新枝的菩提树桩附近传来一只鸟阵阵坚定的、愤怒的、拼命的尖叫声。大概是为了保护自己的宝宝而对什么特别不满。小鸟显然极端担心,对什么大为恼火。奥尔古什卡往灌木丛看去。灌木丛四周长着又高又密、开着白花的野草。她在灌木丛下看到一团与林中野草一点都不像的蓝色东西。她停下仔细看了看。这是米什卡。是他惹得母鸟担心和发火。

米什卡敞着胖胖的肚子,一双小手枕在头下,伸展着两条胖胖的弯腿,睡得正甜。

奥尔古什卡叫他母亲,然后把他叫醒,给了他一点浆果。

以后很长时间,奥尔古什卡总是向她碰到的所有人,家中的父母和邻居讲她怎样寻找、如何找到阿库琳娜的小孩。

太阳已从树林后面完全升起,烤炙着大地及大地上的一切东西。

"奥尔古什卡!游水去。"和她汇合在一起的女孩们喊她。大家边舞边唱来到河边。小姑娘们在河里乱扑腾,尖声大叫,双脚乱蹬,并没发现一块黑云正从西边低低压下来,太阳突然忽现忽隐,花儿和白桦树叶突然散发出一股香味,雷声开始响了起来。女孩们还没来得及穿好衣服,雨就倾盆而下。她们全都淋得精湿。

女孩们穿着紧贴身上、颜色变深的衬衣跑回家,吃过一点东西,就去给在田中为土豆松土的父亲送午饭。

她们回家吃午饭时,衬衣已经干了。她们把浆果挑拣了一番,放进茶缸,准备拿到别墅去卖给尼古拉·谢缅内奇,因为他能给个好价钱。但是,这次她们却遭到了拒绝。

坐在阳伞底下大安乐椅上热得懒洋洋的玛丽,看到来送浆果的女孩子,就对她们挥扇子。

"不买,不买!"

但是,十二岁的大儿子瓦里亚正在这里休假,以调整在古典中学学习积下的疲劳。他这时正和邻居玩槌球,看到浆果后就靠近并问奥尔古什卡:

"多少钱?"

她回答:

"三十戈比。"

"太贵。"他说。他之所以说贵,是因为大人们都常常这样说。"等着,到墙角边去等。"他边说边向保姆跑去。

奥尔古什卡和格鲁什卡观赏着光滑的圆球,球面上映出了小屋、森林和花园。这种球和其他许多什物,并不使她们感到惊奇,因为她们期待的是使她们感到神秘而莫名的贵人世界一切最为神奇的事物。

瓦里亚跑到保姆那里要三十戈比。保姆说二十戈比就够了,并从钱包里取出钱给了他。父亲经过昨天难过的夜晚刚起床,吸着烟,看着报。他绕过父亲,把二十戈比交给女孩子,把浆果倒进盘子,大吃起来。

奥尔古什卡回家后,用牙齿解开包着二十戈比的手帕的结,把钱给了妈妈。妈妈收起钱,然后把脏衣服聚在一起,拿到小河边去洗。

塔拉斯卡吃过早饭就和父亲一起给土豆松土,这时正睡在橡树的浓荫里,他的父亲也坐着,时不时看一眼卸了套、加了绊绳的马匹,因为它已到了与别人的田地交界之处吃草,随时都可能越界蹿到别人的燕麦地吃燕麦,到人家的草场吃草。

尼古拉·谢缅内奇家今天一如往常,平安无事。早餐有三道菜,已准备就绪,苍蝇早光顾过,但一个人都没来,因为人人都没胃口。

尼古拉·谢缅内奇心满意足,因为从今天读过的报纸可证实,他的意见是公正无私的。玛丽平静了下来,因为戈加大便正常。医生很满意,因为他的处方对症。瓦里亚同样心满意足,因为他吃完了整整一盘浆果。

托尔斯泰

七 月

7月1日 灵魂的神圣本质

人的灵魂是神圣的。

1. 任何真理都有其神的起因。如果它在人身上显露出来,这并不表明它源自人,而只是表明人具有一种能把真理显露出来的透视特性。

帕斯卡尔

2. 当雨水沿着沟渠流淌,我们会觉得,它是由沟渠流来的,然而事实上,它却是由天而降的。圣训的情况与它相似。圣训由神职人员向我们宣讲,我们会觉得,圣训源自他们,事实上,它却来自神。

拉马克利室那

3. 认为自己的精神力量独立于神力之外,根据老子的学说,这无异于相信风箱并非只是让空气通过自身的家什,而是一种能自生空气的独立源泉,仿佛在没有空气的空间里,风箱仍能送风似的。

4. 我特别强烈地体验到,一个人置身于他正从事或能从事美好伟大的善良事业的环境之中时,他只是某事或某一高于他的人的工具。这种感觉是一种信仰。信徒们正以一种神圣欢乐的激情参与着他身上发生的、通过他而非源自他的那些正在完成的奇迹。他让它们指挥自己的意志,并力求恭敬地抹掉自己的意志,以尽可能地不去歪曲高于他的人和事的力量的崇高事业。这种力量为了完成自己的事业目前正适时地在使用着他。他失去个性,不复存在;他感到,当说到圣灵,神的影响时,他的"我"应当销声匿迹。先知就这样听到号召,有如年轻母亲感到腹中胎儿的胎动一样。此前,我们一直感到自己的"我",我们受到限制,自私自利,是囚徒;可是当我们和世界生活和谐一致并对神的声音做出反应时,我们的"我"就消失了。

阿米埃尔

5. 哪怕我们只是在一瞬间放弃了我们小小的"我",我们就不会图谋作恶,我们将只是一面反映光线的明净的镜子——还有什么是我们不能反映的。整个宇宙在光芒照耀下就在我们四周灿烂展开。

托罗

6. 真正的智慧教会我们,任何人的思想的基本原则都活跃在其质朴谦逊的兄弟们身上。学者在最深刻的发现中所表现出来的那些特性,与普通人在日常生活的劳作中所采用的特性是完全相同的。

对伟人的真实理解是,他们只是我们共通天性的典范和显现;这种共通天性揭示了所有灵魂的固有特性,尽管它还只是在不多的人身上表现出来。来自他们的光并非他物,正是隐匿在每个人本质里的那种力量的微弱发露。它们并不奇怪,也非奇迹,而是人类心灵的自然发展。

选自 世界进步思想杂志

7. 人在大地上的真正事业,在使自己的本质与永恒保持和谐一致;只有那时仁爱和理智的万能力量才能通过他奔涌而出,就像穿过纯净的沟渠一样。

选自 世界进步思想杂志

8. 生命被赋予我们,就像孩子被托付给保姆以使他成长一样。这本身表达了有关一个天才的寓言。

马太福音 24 章

使自己远离罪恶,保持纯洁,以便神力能穿透你的内心。神力的这种穿透力蕴含着巨大的幸福。

7月2日 艺 术

语言被如此滥用,无论什么领域都没有像在作品评论——特别是虚构艺术的评论方面那样突出。

1. 当一个作品只有在身后留下虽经我们殚思竭虑却仍无法彻悟的某种内容时,只有其时,我们才常常会完全满意由艺术作品获得的印象。

叔本华

2. 艺术对人产生的是这样的一种影响,即凭借这种影响,在人们的心灵里,隐秘幽深一变而为一目了然,阴暗模糊一变而为彰明较著,复杂烦冗一变而为简朴单纯,偶然一变而为必然。真正的艺术家始终不渝追求简化。

据 阿米埃尔

3. 如果整个世界作为一种观念只是表象,那么,艺术就是对这种表象的解释,就是能把对象揭示得更清晰、并允许对其做更好的观察和把握的摄影暗箱。艺术是戏中戏,景中景,一如《哈姆雷特》中那样。

叔本华

4. 具有普通感情的人使思想牵合事物,艺术家则使事物符合自己的思想。普通人认为大自然牢不可破、坚不可摧;艺术家则认为它变动不居、恣肆漫溢,并把自己生命的印痕烙在大自然身上。对他而言,狂傲不逊的世界可以被驯服,变得柔软可塑;他赋予尘埃与石头以人的本性,把它们变成理智的表现。

爱默生

5. 应当牢记:竞争不能造成任何美好的事物,高傲无法做出任何高尚的东西。

约翰·略斯金

6. 生活在民众之中并作为民众一员的人,在并不宣称自己有任何权利的同时,却向民众建议他们愿为其在科学和艺术方面效劳,至于接不接受这种效劳则完全取决于民众的意愿,只有在这种情况下,科学与艺术才能成为民众需要的东西。

7. 真正的科学和真正的艺术有两个无可怀疑的标志:首先,内在标志,科学家和艺术家不是为了利益,而是以一种自我牺牲的精神履行自己的使命;其次,外在标志,他的作品为所有民众所理解。

8. 科学和艺术,有如心和肺,是彼此紧密联系的,所以,要是一个器官出了问题,另一个就不能正常地活动。

真正的科学,研究并引入人们的意识之中的,是那些为特定时代、特定社会的人认为是最重要的知识真理。艺术则是把这些真理由知识领域转入艺术领域。

艺术工作尽管并不像从事这一工作的艺术家通常所认为的是崇高的事业,但是,如果它能使人团结一致,激发他们内心的善良感情,那么,它还是一种不无裨益和美好的事业。而从事得到当代富裕阶层欣赏的艺术——一种使人瓦解、挑起人们内心不良感情的艺术,那么,这类工作不仅无益,而且有害。

7月3日 自 由

人不自由的程度,取决于他认为自己的生活在于肉欲的生活的程度。

1. 据说,人的最大幸福是他的自由。如果自由就是幸福,那么,一个自由的人就不可能成为不幸的人。这就是说,你若看到一个人不幸、痛苦、牢骚满腹,你就知道,这个人不自由:他正不断为某些人和事所奴役。

如果自由是幸福,那么,自由的人不可能成为心甘情愿的奴隶。所以,如果你看到一个人在别人面前卑躬屈膝,阿谀奉承,你就知道,这个人同样是不自由的。他是奴隶,他这样做只是为了得到一顿丰盛的午餐,只是谋得一个肥缺,或只是为了获得某个通常本不属于他的东西的支配权。

自由的人支配的,只是那些能够毫无困难地加以支配的东西;而能够完全毫无困难地加以支配的只是自己。所以,如果你看到人想支配别人,而不是自己,你就知道,他并不自由:他成了自己驾驭他人的那种愿望的奴隶。

爱比克泰德

2. 缺乏内在自由,外在自由就一钱不值。要是我没有遭到外力的压迫,对我多好啊,但是,由于无知、恶习、利己主义和恐惧,我却驾驭不了自己的灵魂。我只称不囿于一己之私,打破了小圈子,战胜了傲慢、愤怒、慵懒,并准备为人类福祉而献身的人为自由之人。

强宁格

3. 没有信仰,什么都做不成。怀疑会压垮人,压垮各民族。为什么各民族的解放是那样困难,那样沉重,那样漫长?因为他们对自己的权利,对自己权利的不可战胜的力量没有信仰。为什么到处都是被压迫阶级在要求改善处境而改善终究没有到来的期待中痛苦呻吟?因为他们不管是对自己还是对上帝都没有信心。上帝虽然时刻准备拯救他们,然而他们的参与也是不可缺少的。因为自由人的优势是成为他们希望成为的那样的人,要是他们驯顺地俯首听命于不公和压迫,那么,对他们的惩罚则在使他们成为压迫者所希望的那样的人。但是,即使在这时,上帝仍没有抛弃他们。为了唤醒他们,他派来了自己慈悲心肠的使徒,在他们心中撒布自己的"道",以自己的强大力量赋予他们——于是世界突然动摇不定,人群聚集四处打探;民众骚动不安,像已经发酵的面团一样膨胀,有关更加美好的未来的模糊概念成了他们的幻想。在他的视野中,他们心旌动摇,处处洋溢着充沛的生命情感。

但是,压迫者、伪善者和书抄手这时就出现了。他们为他们摇摇欲坠的政权感到惶恐、激动、战栗,他们或要扼杀天父的使徒,或在可能时,就诋毁使徒们的学说和事业,他们在使徒所作所为中寻找斥责使徒的借口。他们说:"确实,我们不能否定这一点——这些人在驱逐魔鬼,但是是凭借魔鬼公爵的力量在驱赶它们。"高高举起你们的头颅,在这些伪君子撒在你们周围的浓重黑暗之上,你们将会看到,东方那一轮冉冉升起的红日,将很快以满天的光明照亮你们,并以它的光芒温暖你们。

拉门奈

4. 为了变成真正的自由人,你应该时刻准备把取诸上帝的一切都献给上帝。你应当把自己的意志和上帝的意志联结成一体。只有违背上帝的意志,人才可能不自由。如果你的希望就是上帝的希望——是仁爱、真理,那么,你不可能成为不自由的人。那可能使你难以表现出真理和仁爱的处境是不存在的,所以,那可能使你失去自由的处境也是不存在的。要是你不想这样做,那么,你终其一生都将成为奴隶中的奴隶,即使你得到了五花八门各样可能的世俗荣耀,即使你变成了国王。

据 爱比克泰德

5. 没有自由的地方,那里的生活只能归为动物式的生活。

约瑟夫·马志尼

6. 不要让个别人或少数人成为奴隶。当所有人都变成奴隶时,你也就变成了所有人的同类。

据 西塞罗

7. 人的尊严和自由是我们所固有的。让我们好好葆有它们,否则就让我们尊严地死去。

西塞罗

要是你感到自己不自由,那就在自身寻找原因吧。

7月4日 惩 罚

惩罚是人类由之开始成长的一种观念。

1. 耶稣又打个比喻对他们说:"天国就像那个把良种撒在自己田里的人。当他沉沉睡去,他的仇敌过来在麦种中撒上杂草籽后就走了。当麦子生长成熟时,杂草也显露出来。家奴来报告他说:'主人啊,你不是在你的田地里播下良种的吗?田地里的杂草是从哪里来的呢?'他对家奴说:'这是敌人干的。'家奴说:'想不想让我们去把它们拔掉?'但是他却说:'不用,免得为了拔杂草,把麦子也一起拔出来。'"

马太福音 13 章

2. 孩子撞到地板上,就拍打那块地板——即使这很不理智;然而这也不难理解,就像一个人碰伤得极厉害时不停跳动一样。一个人挨了重重一击,痛得他对打人者给予同样的回击,这同样可以理解。但是,一个人现在冷酷无情地去对人作恶,借口是那个人原先某个时候也曾作过恶,而今他却把它作为合乎情理的理由去解释自己的恶行,即使他没有能力也不想对自己的蠢行做出合理的解释,他做出这样的解释还是让人完全难以理解的。

3. 人是那样相信他们为自己的复仇想出的那些辩护理由,以致把复仇心归咎于上帝,并把复仇心称作公义和惩罚。

4. 一个人作了恶。于是另一个人或另一些人为了对抗这一恶行,干下了被他们称为惩罚的另一种恶行,此外,他们找不到任何较之更好的手段。

5. 一切惩罚的基础,绝不在推论,也不在正义感,而是建立在一个可恶的愿望之上:对那个对你或其他人作恶之人作恶。

6. 用于教育、社会制度、宗教观念上的惩罚,不仅过去无助于,现在也无助于孩子、社会以及一切相信死后惩罚的人的迁恶从善,而且过去发生过、现在还发生着无数的不幸:虐待孩子、败坏社会、用进地狱的恐吓销蚀它主要基础的道德。

7. 许多年前,人们已开始明白惩罚的非理性,并开始构想形形色色的恐惧、强制和矫治的理论,但是这些理论一个接一个地破产了,因为所有这些理论的基础只是报复,一切理论都力求掩盖这一基础。人们设想极多,但却下不了决心做一件必需的工作,就是什么也不要做,也不用管谁犯罪,忏不忏悔,改过不改过,而对理论构想者及其应用者来说,这就是过一种善良生活了。

8. 惩罚和整个刑法制度将使我们未来的子孙感到是一种莫名其妙的东西,有如现在我们对吃人、人祭等事物的态度一样。我们的后人会说:"他们怎么能看不到他们所做的一切整个毫无意义、残忍而极端有害呢?"

9. 死刑是最鲜明的证据,证明我们的社会制度是与基督教格格不入的。

10. 加以惩处等于以火炙烤。一切罪行自身带来的,永远比人能采用的惩处更加严厉,更加理性,更加易于执行。

11. 大多数塞满我们的监狱和将在绞架上被绞死的人,都是些备受以为有权惩罚他们的法律迫害而不幸的人。

赫伯特·皮格洛夫

应当了解和记住,惩罚的愿望是卑劣的、动物式的感情,它要求的只是镇压,而不是把它提升为理性的活动。

7月5日 幸福

只有人自己能够作恶。而那不顾人的意愿完成的,则完全是幸福。

1. 所罗门和育夫都曾最出色地了解、最出色地谈及世俗生活的微不足道。他们俩,一个最幸福,另一个却最不幸;一个体验到了愉快的虚幻,另一个却领教了不幸的真实。

帕斯卡尔

2. 对一切人都有益的,不仅是他命中注定被派遣而来的事实,而且还有他受派遣而来的那一时刻。

马克·阿夫列里

3. 人生是对幸福的追求。人会得到他所追求的一切——得到那不会变成死亡的生命,不会变成罪恶的福祉。

4. 究竟何时你才会是人身上的头脑,而非肉体呢?你何时才能明白爱一切的至乐?你何时才能通过对生活的理解使自己从不幸和欲念中突围,并且为了自己的幸福不必让人以生死为代价给你效劳?你何时才能理解真正的幸福永远在你的掌握之中,并不需要依赖他人呢?

马克·阿夫列里

5. 相信吧,除了你的灵魂,你别无他物。果断选择最好的生活方式吧,习惯会把它变为你所乐意接受的生活方式。财富是靠不住的锚,名声就更糟。身体也一样,权力也一样,荣誉也一样,所有这一切无不卑微渺小,疲软无力。究竟什么才是生命可靠的锚?它只存在于美德之中。神圣的教规如是说:只有美德才坚不可破,毫不动摇;其他的一切则都卑不足道。

皮法戈尔(萨莫的)

6. 如果害怕不幸,你就已经不幸;一个遭遇过不幸的人就是一个对它永恒恐惧的人。

中国谚言集

7. 获得生命攸关的无穷无尽的精神财富是人的真正天性所固有的。而对外在物质财富的依赖则将使我们奴隶般地屈从于他人和偶然事件。

爱默生

8. 一些人说:回到自我,你就得到安宁。这还不是整个真实。

相反,另一些人说:走出自我,力求忘情于各种消遣,并在其中寻找幸福。这也不正确,只是因为通过这种方式甚至连诸如疾病等都不可能避免。

安宁和幸福,不在我们身外,而在我们身内;它们寄寓既在我们身外,又在我们身内的上帝身上。

帕斯卡尔

9. 外在的障碍对一个精神强健的人不能造成伤害,因为能受到伤害的是一切可以被弄得丑陋不堪软弱无力的东西,例如,因碰到障碍而变得凶狠狂暴的动物常是如此；而对那足以用他具有的强大精神力量去迎击它们的人来说，障碍只能增加精神的美和魅力。

马克·阿夫列里

10.一切都来自上帝，因此一切都是幸福——而罪恶也只是一种因我们目光短浅而不为我们所见的幸福。

一个明白他的罪过只能在他的行为之中的人可能遭遇到的一切外在的灾难与他体验到的那种平静和自由的幸福相比，也就显得微不足道了。

7月6日 战 争

任何战争恐怖的描写，任何战争恐怖的景象并不能阻止人们参战。原因之一，尽管看清了战争的恐怖，所有的人都会不由自主地得出一个难以表达的模糊不清的想法：要是如此可怕的事件能存在，并允许存在，那么，这些可怕的事件大概事出有因，该存在，只是他们不知道罢了。这一想法使一些往往并不凶恶的人去捍卫战争，并像探求自发现象的有益性一样去探求战争的好的一面，竟忘掉了他们本身正在从事的那场战争。

1.一个惶恐不安的想法常常挥之不去：一场世纪末的大灾难不可避免地在等着我们；应当未雨绸缪，早做准备。在漫长的二十年岁月（如今已超过五十年）中，知识把一切力量全部消耗在发明毁灭性武器之上，不久将有数量充足的炮弹以消灭整个军队。如今已不再像往日一样，只是几千个被雇佣的穷人以兵戎相见，而是许多民族全民以赴准备彼此厮杀。为了让他们准备去厮杀，就煽起他们的仇恨火焰，使他们相信别人对他们恨之入骨，天真的人相信了这一点，于是，和平的公民，天知道出于什么可笑的边境分配，什么商业、殖民利益等原因，在收到让他们彼此杀戮的荒谬命令后，成群结队地以野兽的残酷性相互拼搏。

他们像绵羊一样走向屠场，尽管他们知道去干什么，知道他们抛妻别子，他们的子女将会挨饿，但是他们仍一往直前，他们被响亮的谎言弄得心醉神迷到如此地步，被欺骗到如此地步，竟以为屠场是他们的义务，他们竟会祈求上帝为他们的血腥事业祝福。他们一往直前，他们狂热高歌，欢乐尖叫，奏响节日的音乐，踩踏他们播种的成熟庄稼，焚烧他们建起的城市，他们俯首听命，恭顺谦卑、毫无愤懑地继续一往直前，尽管他们有力量，要是能和解，他们就能建立健全的理性和兄弟情谊以取代外交家野蛮的狡计。

洛德

2.观察员说，他要看看日俄战争的实况。于是，他登上了瓦良格号军舰的甲板。场景触目惊心,到处都是鲜血,零星肉块,无头尸体,炸断的双臂,散发着连习以为常的人也会恶心的血腥味。军用塔楼损坏最为严重,榴弹炸毁了塔顶,杀死了正指挥瞄准的青年军官。这个不幸的人只留下了一条紧握仪器的手臂。和指挥员在一起的四个人,两个人血肉横飞,另两个人受了重伤(他们被炸断双腿,以后还得做截肢手术);指挥官只是被碎片击中太阳穴,受了点伤。

而这还不是全部。中立方还不能接受伤员上他们的舰船,因为坏疽病和热病会传染。

坏疽、化脓、医院传染同饥饿、战火、破产、疾病、伤寒、天花一起,同样构成了军事荣誉的一部分。战争就是如此。

然而,若瑟夫·密斯特却对战争那样大唱特唱颂歌:"当人类灵魂因为柔软而失去弹性,变得不信神,沾染上紧随过度文明而来的腐败恶习,它只有在鲜血中才能复原。"

可是,那些将变成炮灰的可怜人有权否定这种谬论。

不幸的是,他们不敢申述自己的观点,一切罪恶由此而起。自古以来习惯于为了他们难以理解的问题而允许自己杀人之后,他们继续这样做,还以为一切都进行得很好。

正由于此,如今这里躺着无数的尸体,它们将在海底被海虾吞噬。

当霰弹在他们周围爆炸的那一刻,他们未必会兴高采烈地想,这一切都是为了他们的幸福,是为了使他们被过度文明弄得失去弹性的同时代人的灵魂复原。

不幸的人大概没有读过若瑟夫·密斯特。我劝裹满绷带的伤兵们读读他的作品。他们被告知,战争像刽子手一样同样有必要,因为,就像他一样,它也是上帝正义性的表现。

当外科医生的锯子锯断他们的骨头的那一时刻,这伟大的思想将成为他们的慰藉。

哈尔丘恩

3. 战争比任何时候都更为可怕。干这勾当的老手、天才的杀人犯莫尔特克曾用这样的奇谈怪论回答世界代表说:

"战争是神圣的,是神的措施,是世界神圣法则之一。它支持人身上的一切伟大和高尚的感情:荣誉、无私、美德、勇敢,总之,能把人们从腐朽的物质主义中拯救出来。"

四十万人由此而被集结成一团,没日没夜毫无休息地行军,什么也不考虑,什么也不研究,什么也不学习,什么也不读,对任何人都一无益处。在污秽中朽烂,在泥泞中睡眠,像牲口一样生活,始终执迷不悟,抢劫城市,焚烧乡村,使许多民族破产。随后,在碰到另一些同样的人肉堆后,向他们扑去,血流成河,残体遍野,尸堆满地,自己也身负重伤,被炸成对任何人都一无用处的碎块,最终在异国的土地上断了气。然而,他们的双亲、妻子、孩子却也因饥饿在家中死去。这就是所谓的"把人们从腐朽的物质主义中拯救出来"。

居伊·德·莫泊桑

4.讨论战争祸害的时刻已经过去。这问题的方方面面都已谈够。如今只留下一个问题:每个人应当从何开始不做他认为不该做的事。

谎言说,战争的存在证明它的必要性。人类的良知告诉我们,这是谎言,战争不应存在。

7月7日　上　帝

否定上帝,就是否定自己是精神的、有理性的人。

1.我并非通过推定的方法,而是采用完全不同的途径去认识上帝和灵魂的。推定破坏我内在的认知。我毫不怀疑地知道,上帝是存在的,我的灵魂也是存在的。但是,这一认识之所以让我毫不怀疑,仅仅是因为我必然会得出这样的结论。对认识上帝的无可怀疑性我是通过"我从哪里来?"这一问题获得的,对灵魂的认识,我是通过"我是什么?"这一问题获得的。

我从哪里来?

我是母亲所生,她是姥姥所生,姥姥是太姥姥所生,而始外祖母自己又是谁生的呢?于是,我不可避免地通向上帝。

我是什么?

双腿,不是我;双手,不是我;脑袋,不是我;感情,不是我;甚至连思想也不是我。那我是什么呢?

我是"我",是我的灵魂。

我们无论从哪个方向走向上帝,结果都是相同的:我们的思想和理性的源头是上帝,我们爱的源头同样是他;实体性的源头也同样是他。

在理解灵魂方面同样如此。我是否开始追求真理,我知道对真理的追求乃在我非物质的基础——我的灵魂,我是否开始感到自己对善的挚爱,我同样在自己的灵魂中去寻找这爱的原因。

2.最不信教的人,不管他本人希望不希望,也都会承认上帝。他不能不承认那种作为他生命法则的东西——无论他对这法则是服从,还是规避。这就是承认崇高的、人难以达到的而又为他所熟悉的生命法则就是上帝,或至少是他的显现。

3. 上帝显现在优秀的思想里,语言的真理里,行为的真诚里,并凭借其灵魂予世界以幸福和永恒。

岑达维斯塔

4. 上帝是存在的。我们不应也不必对此加以证明。一切想证明他存在的企图已是一种亵渎;而一切对他的否定则是疯狂。上帝生活在我们的良知中,人类的意识中,我们周遭的宇宙中。我们的意识、我们的良知在一切痛苦和欢乐的最庄严时刻,都会向上帝吁求。在黑夜星空的穹顶下,在好人的棺椁旁,在蒙难者被处决时,只有不是极端卑劣的、就是罪孽深重的人才会否定上帝。

约瑟夫·马志尼

5. 世界生活正按一个人的意志在完成——这个人把自己的一种事业变成了全世界的这一生活,变成了我们的生活。做这件事的人就是我们称为上帝的人。

人们之所以不相信上帝,只是因为他们相信冒充上帝者所散布的谎言。

每周阅读

帕斯卡尔

任何一种激情,都没有像追逐人的声望(不管它以何种形式出现:浅薄的虚荣心、功名心、沽名钓誉之心)那种激情把人们那么长久控制,那么始终不放,有时那么彻底地向人们隐瞒世俗生活转瞬即逝的空幻虚妄,任何一种激情都没有像它那样能使人远离对人生意义及其真实幸福的理解。

一切淫逸放荡的欲念自身包含着惩罚,伴随他的佚乐而来的痛苦揭示了它的毫无意义。此外,一切淫逸放荡的欲念会随着岁月的推移而减弱,而沽名钓誉之心却像火一样,年复一年,越烧越旺。同样重要的是,对人的声望的关注总是和为人服务的想法联结在一起的,当一个人为了寻求他人的赞赏时会说他并不是为自己,而是为他想获得其赞赏的那些人的幸福活着。人因此是很容易受骗的。所以,这是一种诡谲而危险的激情,比其他所有癖好更难根除,只有那些具备强大的精神力量的人才能摆脱这种激情而自由。

巨大的精神力量使这些人有可能迅速获得巨大的声誉,而这些巨大的精神力量同样也使他们有可能看透这种声誉的微不足道。

帕斯卡尔就是这样的人。我们很熟悉的俄罗斯人果戈理(我以为,我是按果戈理的方式去理解帕斯卡尔的)也是这样的人。不管是前者还是后者,虽然他们的天性完全不同,他们智慧的气质和范围截然相异,但是他们的体验却完全一致:两个人都很快获得了人们渴望的声名;两个人在获得声名之后,就立即明白了他们以前觉得似乎是人间最崇高、最珍贵的幸福完全是一种虚幻诞妄,两人都被这种诱惑吓得心惊肉跳,因为他们已在这种诱惑的控制之下。他们刚从那迷误中走出来,立即就以全部心力集中向人们揭示那种迷误的整个可怕情景。失望越强烈,认为他们拥有那种任何东西都不能加以破坏的目的和生活使命的必要性就越坚定。

这就是无论是我们的果戈理,还是帕斯卡尔对信仰充满热情的态度的原因,这就是他们藐视他们原先做过的一切的原因。显然,这一切都受名誉的驱使。声名已成往事,除了幻觉,其中空无一物。所以,为了获得声名所做的一切都是不需要和毫无意义的。有一点而且只有一点是重要的:他们缺失的正是被获得声名的世俗愿望掩盖的东西。那重要而且必需的唯一的东西就是信仰;它才能赋予变动不居的生活以意义,给生命的整个活动以坚定的方向。必须有信仰、没有信仰就不可能活的这种意识使这些人受到强烈的震撼,他们不能不奇怪他们自己过去怎么能没有信仰地生活,人们通常怎么能没有信仰地生活。因为信仰是向他们阐明他们生命和他们必不可免的死亡的意义的。

帕斯卡尔就是这样的人。这正是他那伟大的、无可估量、远未得到正确评价的功绩。

帕斯卡尔1623年生于克勒蒙。其父是著名的数学家。像一切孩子一样,男孩从幼年起就模仿自己的父亲,他做数学运算,显示出他非凡的才能。父亲因不愿孩子过早发展这一才能,就不给他提供数学方面的书籍。孩子因为听了父亲及其数学家朋友的交谈,又重新开始构想几何学。父亲看到孩子这些非凡的工作之后,大吃一惊,不由十分赞叹,感动得哭了起来。从那时起,就开始亲自教儿子数学。很快,男孩不仅掌握了父亲教给他的一切知识,而且开始独自从事数学的发现。他的成功不仅引起了亲人,而且受到了一些学者的注意。帕斯卡尔很年轻时就拥有优秀数学家的声誉,他的工作获得了奖励,他虽然还年轻,却获得了那种卓有成效的学者的广泛声誉,尽管还处在青年时代,著名学者的荣耀鼓励他去工作,而巨大的才能使他有可能扩大这种荣耀,帕斯卡尔把自己所有的时间和精力贡献给了这些科学工作和研究。可是他从童年起就体弱多病,过度紧张的工作使他更加虚弱,青年时代他得了重病。病后,他根据父亲的要求,把自己每天的工作压缩到两个小时,空闲时间则用来阅读哲学著作。

他读过爱比克泰德、捷尔卡特和蒙田随笔。蒙田作品特别使他震惊——它以其怀疑论及对宗教的冷漠使他愤懑。帕斯卡尔始终是虔信宗教的,并孩子似的信仰他在其中接受教育的天主教学说。蒙田的作品激起他内心的怀疑,迫使他思考信仰问题,特别是信仰对人的理性生活有多少必要性。他开始更严格要求自己执行宗教义务,除了哲学著作,他开始阅读宗教书籍。他阅读过的作品中,包括他意外得到的荷兰神学家冉森的《内在人的改造》。

这本书的结论是,除了肉体的欲望以外,还有由满足人的求知欲构成的灵魂的欲望，而求知欲的基础是同一切欲望的基础完全一致的：利己主义和自私自利，并说到这种精致的欲望较之其他一切欲望更能使人远离上帝。这本书使帕斯卡尔大为震惊。他以伟大灵魂的真诚感到了这种论断对自己完全正确，尽管放弃所从事的科学工作及与之相关的荣耀对他来说是巨大的损失，或者可以这样说：正因为对他是巨大的损失，他才决定停止使他入迷的科学工作，把自己全部的精力用来为自己和他人阐释越来越使他关切的那种信仰问题。

帕斯卡尔对待妇女的态度以及女性爱的诱惑在其生活中有何影响，我们均一无所知。他的传记作家根据他的篇什不大的著作《论爱情的痛苦》——他在其中谈到，作为人能获得的最大幸福，爱是一种纯洁的、精神性的感情，应当成为一切崇高的高尚的事物的源泉——做出结论说，帕斯卡尔在青春年代曾经爱上一位社会地位比他高的女子，但他的爱并没得到回报。不管怎样，即使有过这种爱情，它却在帕斯卡尔的生活中并没有留下任何痕迹。他青年时代的主要兴趣在于他渴求科学工作及由此给他带来的荣耀同意识到这些工作的空虚无聊、微不足道之间的斗争，以及虚荣心诱惑的有害倾向同想把一切力量只贡献给上帝的愿望之间的斗争。

还在他决定放弃科学工作的这一生活阶段，他有机会读到了托里切利有关虚空的研究。因为感到这一问题没有得到正确的解决，并有可能得出更精确的测定，帕斯卡尔按捺不住想验证这些实验的愿望。通过对它们的验证，他做出了有关空气重量的著名发现。这一发现引来了整个学术界对他的关注。他收到了无数来信，接待许多学者来访，得到许多人的赞赏。这样，和人间荣耀的诱惑的斗争就变得更为困难。

为了这一斗争，帕斯卡尔在身上束了一条带钉的腰带，并使钉子顶着身体，当他感到因读到或听到对自己的夸奖而他内心升腾起一股好名心、骄傲心时，他每一次都会用双肘把腰带向两侧挤压，使钉子刺进他的肉体。他记得他摆脱荣耀诱惑的整个思想感情的历程。

1651年，帕斯卡尔发生了一件看似无关紧要，但却强烈地使他震惊、对他的精神状态具有巨大影响的事件。他在涅里伊桥上从马车里摔了出来，真的是命悬一线。恰在这时，他的父亲又辞世了。这死亡的双重记忆使帕斯卡尔比先前更多地去深入思考生死的问题。

帕斯卡尔的生活越来越被宗教情绪控制，所以在1655年，他完全远离尘世。他搬进冉森派波罗雅尔修道院，开始在那里过一种准修道士的生活，思考并准备大型文集，他想在其中揭示：首先，宗教对人的理智生活的必要性；其次，他本人信仰的那一宗教的真理性。但是，就在这儿，人的声望的诱惑却仍纠缠着帕斯卡尔。

帕斯卡尔生活于其中的冉森派波罗雅尔修道院引起了强大的耶稣会的仇视，耶稣会教士的阴谋是封闭附设的波罗雅尔男校和女校，波罗雅尔修道院本身也面临着被封的危险。

生活在冉森派信众之中,分享着他们的学说,帕斯卡尔不能对与自己信仰一致的教友的处境漠然处之,由于他们和耶稣会教士的争论吸引了他,他写了捍卫冉森派的作品,他称之为《致一位外省人的信札》。在这一作品里,帕斯卡尔与其说是在捍卫冉森派并为之声辩,还不如说在抨击他们的敌人耶稣会教士,揭露其学说的非道德性。作品取得了巨大的成功,但是,这一荣耀已不能诱惑帕斯卡尔。

他的整个生命成了为上帝永不止息的效劳。

他为自己制定了生活规则,并予以严格执行。无论是懒散,还是疾病,都没有使他对规则弃之不顾。他认为,贫困是美德的基础。"贫困而乞讨,"他说,"其间不仅没有罪恶而且包含着我们的幸福。基督贫困并乞讨,却从不低声下气。"帕斯卡尔由于把一切能赈济的东西都给了穷人,他只是靠最必需的物品维持生计。他不用女仆,亲自对付一切必要的事务,只有病得不能动弹时,才请女仆帮忙。他的住房极为简陋,一如他的衣食。他亲自收拾自己的卧室,为自己准备午餐。他的病越来越重,不断感到痛苦。但是,他不仅以忍耐(这使他的家人感到惊奇),甚至还以欢乐和感恩的态度忍受着病痛的折磨。"不用可怜我,"他对那些对他的境况深表同情的人说,"生病是基督徒的自然状态,因为在这种境况里才是基督徒的常态。病使人习惯抛弃一切幸福和感官满足,习惯克制一生使气激动的欲望,使人成为一个没有虚荣心没有贪婪心的人,永远等待死亡的到来。"

他那些挚爱他的亲人们企图把他周围的一切事宜安排得奢华妥帖,这使他心情沉重。他请姐姐把他转入为患有不治之症的穷人而设的医院,以便让他和他们一起度过自己一生中的最后日子。但是,姐姐没有满足他的这一愿望。他死在自己的家里。

他在弥留之际已经没有意识。只有临终那一刻,他从床上稍稍抬高一点身体,以一种爽朗而欢乐的表情说:"不要丢下我,老天!"这是他最后的一句话。

1662年8月19日,他与世长辞。

人为了自己的幸福,必须具有两个信念:首先,他得相信生命意义的诠释是存在的;其次,得寻找这种最优秀的生命诠释。

帕斯卡尔与其他任何人一样,只做了第一件事。命运、上帝没有让他做第二件事。

一个干渴得奄奄待毙的人,他会立即扑向放在他面前的水,对它的品质好坏是不会顾及的。帕斯卡尔就像这个人一样,并不顾及他在其中受教育的天主教的那种品质,认为它包蕴着真理和人的救赎;是水就可矣,是信仰即足矣。

自然,任何人都无权猜测可能存在的东西,也不可臆度信仰天主教的、天才而真实的、自己对面的帕斯卡尔。他还没来得及施展他用以证明信仰必然性的那种思维的力量,所以在他的心灵中,不容异议的天主教仍是完整的。他没有触碰它,反而依靠它。依靠过去和现在在它里面所具有的真实的东西。他从中汲取了自我完善的紧张工作,与诱惑做斗争,厌恶财富,坚信上帝的仁慈;他为上帝献身,死时连自己的灵魂都献给了他。

他死时只完成了著作的第一部分——确实,著作没有完成,第二部分的写作甚至还算不得开始。但是,这著作没有完成的第二部分留下的草稿,其可贵并不稍逊于第一部分:这就是他那惊人之作《思想录》。它是由散乱的小纸片汇集而成的,疾病缠身、奄奄待毙的帕斯卡尔在其中记下了自己的思想。

这部著作有着惊人的命运。

出现了一部先知式的书——一群人都困惑不解,为先知式的语言力量所惊倒,惶恐不安,想弄明白这一著作并加以阐释,了解该怎么办。于是,在如帕斯卡尔所说的一些自以为了解此书的人中的一位,这就到来了,这一世界由此也就被他搅浑了。这人走来说:"这里没有什么要弄明白和解释的,这里一切都很简单。正如你所见到的那样,这位帕斯卡尔(果戈理也一样)相信三位一体,相信圣餐礼,很显然,他病了,精神失常,所以根据自己的缺点和病情对一切做了相反的理解。这一点的最好证明是,他甚至否定并抛弃了他本人做过并为我们所喜爱(因为我们理解它)的那些好事,却把关于人的命运、关于未来生活的真正无益的(神秘主义)的论断说成具有重大意义的事情。所以,应当从中采信的不是他自认为重要的那些东西,而是我们能理解、我们喜爱的那些东西。"

这群人欢欣鼓舞。他们并没有明白,他们应当努力以使自己提高到帕斯卡尔所期望他们达到的那种高度,到那时,一切才会变得真正简单。帕斯卡尔以前曾发现过一条定律,人们据以做出了风泵。风泵很有用,这很好;可他如今却在那里谈上帝、谈不朽,所有这一切其实都是区区小事,因为他相信三位一体,相信圣经。我们并不需努力就能达到他的高度;相反,我们从自己常态的高度出发就能够大度宽容地承认他的功绩,尽管他是反常的。

帕斯卡尔向人指明,没有宗教的人,不是动物就是疯子,并指责他们不成体统,丧失理智;他还向他们指明,任何科学都不能取代宗教。然而,帕斯卡尔信仰上帝,信仰三位一体,信仰圣经,所以,对他们来说,问题早已解决:他对他们谈及的所谓他们生活的癫狂和科学的徒劳都是谎言。这科学本身,生活虚幻本身,癫狂本身,他曾那样不容反驳地向他们解释过,但是他们却认为虚幻本身、科学本身、癫狂本身才是真正的生活,才是真理,而帕斯卡尔的论断则是他的病态的反常的果实。他们不得不承认这个人的思想和语言的力量,他们把他归入古典作家之列,但是,他作品的内容却是他们不需要的。他们以为,与人可能达到的、帕斯卡尔所处的那种宗教意识的崇高的精神境界相比,他们高得无可比拟。所以,这部惊人之作的意义就毫不指望地躲过了他们。

确实,对人类的真正进步而言,没有任何东西比那些自以为了解这书的人,即帕斯卡尔所说的那些把"世界搅浑了"的人的论断那样恶毒,那样有害;他们的论断已经狡诈地、用形形色色的现代饰物装扮一新。

但是,光只有在黑暗中才闪闪发亮。有一些人,因为并不把帕斯卡尔的信仰归结为天主教,因为他们明白:尽管他有伟大的睿智,但他仍能信仰天主教(与其什么都不信,还不如就信它),他们理解这本惊人之作的整个意义,这部作品毋庸反驳地向人们证明了信仰的必然性,人生没有信仰的不可能性,换言之,人必须有对世界及其起源的明确而坚定的态度。

明白了这点之后,人们不能不寻找针对帕斯卡尔所提问题的,那些与他们道德、精神发展程度相匹配的信仰的答案。

他的伟大功绩正在于此。

托尔斯泰

7月8日 爱

能解决人生一切矛盾并予人以最大幸福的感情,为人们所熟知。这感情就是仁爱。

1. 怎样才能战胜恶劣的心情? 首先要谦虚平和。知道自己有缺点,当别人向你指出这一点时,你干吗要大发雷霆呢? 从他们一方来说,即使并非出于善意,但是,他们毕竟是对的。随后该做推想:归根结底,你仍然还是你;要是你十分看重自己,那就承担起改变有关自己的意见;他人的粗鲁无礼于我们并无损害,我们一如故我。更重要的,是要宽容大度。只有一种方法可以使你不去憎恨那些对你作恶和欺凌的人,这就是对他们行善,用善战胜自己的愤怒。战胜自己的感情即使并没有改变他们,却可以控制自己。

阿米埃尔

2. 双眼中没有仁慈善良,这双眼还有什么价值? 仁慈善良才是真正的财富。拥有私产的有善人,也有恶人。坚守真理之路,思考并做善事吧,尽管你研究过所有宗教学说的法规,但是,只有仁慈善良才能给你幸福。心灵中葆有仁慈善良的人绝不会进入阴郁忧伤的境地。一个善良并为全社会效力的人,不会有任何恶事临头。

库拉尔

3. 爱消灭死亡,并把死亡变成不足道的征兆。爱使生命由毫无意义变成意义深远,由不幸变成了幸福。

4. 由毒刺蜇出的伤口里掏不出任何东西,只是成了一味缄默不语、预做提防的好心的宽心丸而已。为什么要对人的恶意、忘恩负义、嫉妒心甚至狡诈大发雷霆呢？相互指责、埋怨、惩处永无尽头。最简单的办法就是抹掉一切。委屈、责备、发火使心灵愤懑不平。应该有治愈这些罪过的方法。火净化物质世界中的一切，爱则净化精神世界中的一切。

阿米埃尔

5. 要是你有意对一切都不抱好心，那么，你将常常在无意中对许多事情显出残忍。

约翰·略斯金

6. 爱使人忘我，超越自我；所以，一个人即使痛苦难受，爱也能使其从这种痛苦难受中摆脱。

7. 爱越少，人受痛苦折磨就越厉害；爱越多，人被痛苦折磨就越少。要是生活完全是一种理性的生活，其整个活动只在爱中显现，那么，任何痛苦的可能性都将被排除。痛苦的折磨，仅仅是一种人们企图打破爱的链条时所体验到的疼痛，而爱的链条是能把个人的生命和世界的生命联结在一起的。

当你心情沉重，当你害怕别人和自己，当你的思想和事业乱成一团，你该对自己说：我将爱那些生活使我与其邂逅的朋友，我会竭尽全力做到这一点，那你就会发现，一切都会过去，都会变得轻松容易，一切都会井然有序，你就会没有什么不满足，没有什么可害怕的。

7月9日 知 识

人们错误地认为，博学多知是优点。其实重要的不是知识的量，而是知识的质。

1. 苏格拉底虽然认为愚蠢和聪慧是不相容的，但并不把无知称作愚蠢。然而，他却把不了解自己、想当然地以不知为知的这种人称作丧失理智的人。

塞诺芬

2. 我们生活在一个哲学、科学和理性的时代。一切科学似乎正联合起来为人类生活的迷宫照亮道路。宏伟的图书馆为一切人开放，处处都有的大中小学校使我们从童年起就有可能去利用许多世纪积累下来的人类智慧。一切仿佛都在助成我们智慧的形成和理性的确立。然而我们由此变得更优秀更聪慧了吗？我们更出色地懂得了我们的使命的道路和意义了吗？我们更出色地了解了我们的义务，尤其是生活的幸福何在了吗？我们从这些虚幻的知识中，除了敌意、仇恨、疏离、疑惑之外，还获得了什么呢？所有宗教学说和教派都证明，唯有它找到了真理。一切作者都自以为了解我们的幸福何在。一个人向我们证明,肉体是不存在的,另一个人证明,灵魂是不存在的,第三个人说,肉体和灵魂之间没有联系,第四个人说,人是动物,第五个人则说,上帝只是一面镜子。

卢梭

3. 一个对事物一无所知的人,和一个知道对有关事物一无所知的人(这极罕见),同那些略知皮毛却自以为无所不知的人相比,具有何等巨大的优势啊!前者的优势是何等巨大啊!

托罗

4. 凭借独立思考,我们可能会避免多少不必要的阅读啊!

阅读和学识难道是同一的东西?有人不无根据地证实,印刷术即使有助于知识更广泛的传播,却也有损于它的品质和内容。对思考来说,过度的阅读是有害的。在我研究过的学者中间,我所遇到的最伟大的思想家恰恰是一些最少过度阅读的人。

如果教导别人,那就教他们应当怎样思考,而不单教他们应当思考什么——误会也许就能及时防止。

里赫登别尔格

5. 别怕无知,要怕的是伪知识。世界的一切不幸都由它而来。

6. 一个善于掩盖自己的愚蠢的人,比一个想要露才扬己的人更好。

7. 要达到道德完善,须先关注灵魂的纯洁。灵魂的纯洁则只有在心灵寻找真理、意志追求神圣的那种条件下才能达到。这都有赖于真正的知识。

孔子

8. 理性因阅读而加强或削弱,和身体因空气新鲜或污浊而好坏都是同样确定无疑的。

约翰·略斯金

──────────

引起争论的知识令人怀疑。

7月10日 异端邪说

在当今世界,真正的信仰大多已被社会舆论取代:人们信仰的不是神,而是人们学到的那些东西。

1. 否定上帝存在的重要而最习见的方法,是永远无条件地承认社会舆论是公正无误的,并否定自己的上帝意识有任何意义。

约翰·略斯金

2. 上帝使每个人都享有选择真理或安宁的权利。在两者中任选其一吧。既拥有真理又享受安宁是不可能的。像钟摆一样,人总是在这两者中间摇摆。那内心喜好安宁的人,接受的是他首先遇到的信仰、哲学和政党——经常是他父亲宣传的那一套,他获得了安宁、舒适和社会的敬重,但是却关上了真理的大门。

爱默生

3. 人的不幸和灾难之所以发生,与其说是因为人们不了解自己的义务,还不如说是因为他们把不是他们的义务错误地当作了自己的义务。

4. 教会、国家、社团都有造就青年思想特定的典型形式。当一个新一代人的特征本可在其中显现出来的时代到来时,却发现他的思想已在这些形式里僵化,自身已不能接受任何新的东西。

留西·马洛里

5. 信仰并不由多数确立。把多数看作是信仰真实性的标志的人,并不知道信仰为何物。

6. 每个源于"没有上帝"的环境的社会,必然导向某种意外的结局。因为世界秩序呈现在这种社会面前的,像是一系列的偶然事件和无穷的欺诈,而某些个别的偶然事件和欺诈自然已经不能使任何人感到惊奇。所以,当今生活中产生的种种惨祸,任何人都已不再吃惊,不再诧异。这一切都理所当然。

卡莱尔

7. 我们的社会陷入了一种悲惨的境地。其原因在于,上流社会人士的生活没有任何信仰,并想方设法填补这种信仰的缺失:一些人用伪善,因为他们伪装成他们仍然信仰外在的宗教,另一些人勇敢地宣布自己不信教,第三类人用的是精巧的怀疑主义,第四类人则承认利己主义的合法性,并把利己主义提升到宗教学说的高度。

病源是真正的即完全意义上的基督学说不为社会所接受。治愈这病的唯一办法就是承认这一完全意义上的学说。在当代,这种承认不仅是可能的,而且是必需的。

当前人们受其折磨的那种祸害,其基本原因在于当代大多数人没有任何信仰。

7月11日 仁 慈

真正的仁慈,只是那把自己的劳动和努力献给弱者的强者的仁慈。

1. 施舍物是劳动所得,施舍才是善事。

谚言说:"不劳而获者悭吝,辛勤劳作者慷慨。"《十二使徒教义》则说:"让你的施舍物出自你勤劳的双手。"

2. 人之所以被赋予强大力量,是为了使人去支持弱者,帮助弱者,而不是去压迫弱者。

约翰·略斯金

3. 任何善事都是仁慈。给干渴者水是仁慈。把挡路石从路上挪走是仁慈。使人相信他们是道德高尚的人是仁慈。给旅人指路也是仁慈。微笑着凝视亲人的脸同样是仁慈。

米什卡特(穆罕默德)传说

4. 凡求你的,就给他;从你那里拿走的,不用再拿回来。你们愿人怎么对待你们,你们也要怎样待人。

路加福音6章

5. 你献出的仍属于你,你据有的实则已丧失。

东方智慧集

6. 大家都夸奖那个曾把自己所有财产分发出去的人。"我因为一件事情而得到人家的夸奖,"这个人说,"可是我还什么都没做。我只是走近了河,我应当渡过这条河,我应当脱去衣服,以免衣服妨碍我的行动。问题在于我怎样才能游过去。"

要是富人真正心地仁慈,那他很快就会不再富有。

7月12日 团 结

爱的基础是每个人都意识到一切人身上都活跃着完全一致的精神元素。

1. 能促进人间团结的一切,都是幸福而美丽的;会瓦解人间团结的一切,都是罪过和丑陋的。人人知道这一真理。它早已铭刻在我们心中。

2. 何等可怕的痛苦! 一旦知道我痛苦、丧命并非因为山崩,并非因为细菌,而是因为人,因为弟兄们,而这些人本应爱我的,这些人如今却使我受苦,他们显然是恨我的! 这种感情真像自杀者应当体验的感情。

3. 没有一种坏事会只惩罚干这坏事的人。我们不能独善其身而不使我们身上蕴含的那种恶广泛传播。我们的问题就像我们的孩子：它们不顾我们的意志而生活和行动着。

乔治·艾略特

4. 我敢如此肯定地说，人做一切事情都出于个人利益（当然，必须用应有的方式去理解这个词），我相信这对世俗生活是如此的必要，就像灵敏性对保存躯体生命一样。我们的"始因"是那样明智地把一些人的利益和另一些人的利益联结在一起，以致除了通过我们为他人做善事的方式，就不能为自己做真正的善事。

里赫登别尔格

5. 任何人都不能独自获得真理；只有通过由始祖亚当至当代的所有几百代人的参与，一块砖石垒一块砖石，那无愧于伟大上帝居住的殿堂才得以建立。

6. 人生是一个自动扩展的圆环，它由无限小向四面八方发散，变成一个新的没有尽头的越来越大的圆环。

爱默生

7. 一切真诚的善行，也许因为注意到他人的极端需要而做的一切全心全意、真诚的帮助，严格说来，在追根求底探求其终极原因时，常表现为一种神秘的无法解释的行为，因为它源于现存一切事物统一的那种神秘意识，并不屈从于任何别的解释。事实上，即使只是施舍，在深远的考虑中，指的也无非只是一种减轻使他人窘迫的贫困而已，可能仅仅是因为施舍者看出当前在他想象中呈现的那个可怜的乞求者的样子正是他本人，因为在这一别样的、异己的现象里，他认出了自己独特的本质。

叔本华

我们和所有生物表面上是分离的，实质上是彼此相连的。

我们可以感到精神世界的某种波动，虽然还没有到达我们身边，但是它在前进，就像我们的肉眼还看不到的星光的波动在前进一样。

7月13日　生活制度

不可援引现存秩序来为自己的行为做辩护。现存秩序不是一成不变的东西；它必然不断变化，由坏向好转化。这种转化只是因为我们与现存体制乖违抵牾才能完成。

1. 有头脑的少数人，因为吞噬了几代人的生命，因而几乎悟透了他们为什么能那样舒适地生活，而多数人日夜劳作故而还没完全悟透他们整个的劳动成果都为他人所占有，不管前者还是后者，都认为现状理所当然——吃人的世界由此得以支撑。人们常把偏见、习惯当作真理,并且还不感到它对他们的钳制。但是,当他们有一天终于明白了他们的真理都是些无稽之谈,事情也就彻底结束了。于是,只有使用暴力才能迫使人们去做那种被人视为荒谬的事情。

赫尔岑

2. 我们所有的慈善机构,我们所有的惩治法律,我们所有力求以之预防、消除犯罪的那些限令和禁令,在最好的情况下,所有这一切难道不像下述那个傻瓜的蠢主意吗?这蠢货把所有要运走的货物放进驴子一侧的货筐,为了帮助这头不幸的家畜保持平衡,又在另一侧的货筐里放进了等重的石块。

亨利·乔治

3. 我们文明核心中集纳的令人厌恶的贫困,以及由其滋生的犯罪、腐化、劫掠,正是我们的土地法令所造成的恶果,因为这些土地法令蔑视那简单明了得连最粗野的野蛮人都予以承认的公正的普通法令。这法令就其本性而言是使我们与生俱来的那种权利变成了某些人的独有财产,那些据自然法本应成为并可借以满足我们社会的一切需要的共同财富,我们却给予了为数不多的人,目的是让他们能统治自己的同胞兄弟。这样,一些人吃得脑满肠肥,同时一些人却饥肠辘辘。浪费的资源远多于使所有人过富裕生活所需要的资源。

亨利·乔治

4. 理性的消费比理性的生产困难得多。二十个人辛苦生产所得,一个人就能轻易把它挥霍掉。无论对每个个人,还是对整个民族来说,生活问题并不在他生产了几何,而在这些产品为何而使用。

人们常常肯定说,对现代生产或产销方式这一庞大体系的保存或变动,个人的实践活动的影响是十分有限的。

对这众多聪明议论,世俗社会却左耳朵进,右耳朵出,脑海里没有留下点滴的痕迹,然而因为我对这些议论做过深思,我有时会体验到一种不可阻遏的意愿:尝试把我整个的余生用来默默干一件我认为是明智的事,而且再也不谈别的什么。

约翰·略斯金

5. 处在民众生活的理想之中,在这种情况下,优秀人物主要的将不是迷恋陶醉,而是恐惧敬畏那沿着社会阶梯步步高升的追求。我们难道不应该去追求这种理想吗?

约翰·略斯金

6. 近来我们大力研究和完善了文明的伟大发明——劳动分工,只是我们给了它一个虚假的名称。如果正确表达的话,就该这样说:不是工作被分割,而是工人们被分割成许多部分,分拆成条条块块,分拆成班组,结果是人身保留的很少一点智力,不足以制作出一根完整的大头针或一颗完整的钉子,耗尽心力也只能做成大头针的末端或钉子的帽盖。一天能做许多大头针确实很好,合人心愿;但是,只要我们能看到我们是用怎样的沙子——人类灵魂的沙子——在打磨它们,那么,我们就会想到,这也是有害无益的。

　　人能被加上脚镣手铐,被折磨,像牲口一样被压上沉甸甸的重载,像夏日苍蝇一样被打死,但是,这些人在某种意义上,在最好的意义上仍然是自由的。然而,要是遭受压迫的是他们身上不朽的灵魂,被窒息并被化成一堆朽败的粪壤的是人类智慧的幼芽,他们的皮和肉被制成驱动机器的传送带——这才是真正的奴役。正是这种屈辱及把人变为机器的行为才迫使工人们奋起为自由而做无情的殊死的然而是徒劳的斗争,至于自由的本质,他们自身尚不明白。使他们对财富、对财主切齿仇恨的原因并不是饥饿的压迫,也不是受到侮辱的自尊心的刺激(这两个原因永远会产生行动;但是社会基础从没有像现在那样摇摇欲坠)。问题并不在人们吃得粗劣,而在于他们从借以谋生的工作中没有体验到一丝愉悦快乐,所以他们把财富当作了愉悦快乐的唯一手段。

　　问题并不在人们遭到高等阶级蔑视而感到痛苦,而在于他们因为感觉到他们所签约的劳动是一种屈辱,使他们蜕化变质,使他们变成某种低人一等的东西,因而难以忍受自己对自己的蔑视。高等阶级从没像现在那样表现出对低等阶级的爱与同情,然而与此同时,他们也从没有像现在那样被后所仇恨。

约翰·略斯金

　　7. 要是国家用理性原则管理,那么,若有贫困和乞讨就该感到羞愧;要是国家并不用理性原则管理,那么应当为富有和荣耀感到羞愧。

中国智慧集

　　为了实现上帝的信条,根据他对我们所做的昭示,我们的努力是必要的;人只要做了这种努力,那么无论怎样缓慢,我们还是在日益接近实现这种信条。

7月14日　神国即将来临

神国是上帝的信条以上帝向人们揭示的那种规模在人间的实现。

　　1. 如果每个人都首先去寻觅神国及其真理,那么,哪里还会有贫穷? 也就是说,如果自愿服从上帝的信条,那么每个人怎能不力求心悦诚服地去完成这种信条所要求的那些义务呢?

　　贫穷是不公、贪婪、对人类神圣义务不能容忍的蔑视的女儿。对人类神圣义务的破坏是那样普遍而持续不断,因为我们的良知令人可怕的昏聩瞀乱,竟使我们习惯地认为贫穷是生活秩序的必要条件。所以,上帝啊,但愿你的王国降临,但愿你的信条成为使世界焕然一新的信条,但愿四分之三的人类不再一贫如洗,但愿世界不再是彼此残忍敌对的仇人的居所,而成为相互帮助的兄弟的宅院。它正日益扩大,上帝的儿女团结起来,消灭罪恶,拆毁魔鬼的宫室,在它的废墟上建起你的殿堂。

拉门奈

2. 只有公开承认教会信仰必将向普遍的理性宗教转化的时候,只有这时才能根据充足地说,神国已在向我们走来。即使这一神国的完全实现尚离我们无限遥远,但是这种替代教会信仰的普遍的理性宗教的确立,就像正在滋生、日后将大量繁衍的萌芽一样,其中已包含着应该启迪世界、掌握世界的一切因素。

在世俗生活中,千年如一日。我们应该为神国的实现坚忍不拔地工作,应当期待它的到来。

康德

3. 地上的神国是人类的终极目的和愿望(《愿你的王国降临》)。基督已在使这一王国向我们靠拢,但是人们理解不了它,反在我们这里建起了神父之家,而非上帝之国。

康德

4. 凭借诗意和肃穆庄严把人们引向程式化的空话连篇的礼拜,以及由暴力造成的被认为是生活不可避免的条件的社会制度——这两者将因人生的理解而被排挤出局的时代正在到来;当我们的生活本身在我们的事业中整个充溢着执行上帝信条的自觉意识时,天国即地上的神国的时代正在到来。

要求的唯一重点,就是要求弄明白其真正意义上的宗教:不是从巫术和哄蒙人的角度而是从科学、对人生的理解的角度去加以考察——那事情就变得那样的清楚明白:礼拜并不是某种神秘的、超自然的东西,并不是没有牧师、没有神赐就不能举行的仪式,应把礼拜理解为对上帝的爱,对人的爱,是为人效劳,是为了人的福祉,为了共同的福祉而从事的活动——这样礼拜也就被理解成了做善事。

布卡

神国在我们心里。所以在自己心里去寻找神国吧。其余的一切将只按我们可能的意愿那样发生。

> 每周阅读

Ⅰ 世界的制度

尘世社会,就本质而言,它当今的社会形态同耶稣时代完全一样,因为十八个世纪以来,基督教并没有改变它的基础,它们只是显得稍稍温和一点罢了。尽管外在形式有所改变,但是这一社会仍然处处凭借暴力和自私自利来支撑。

有的人之所以能统治,只是因为他们拥有政权。他们之所以能压迫和折磨人,是因为他们的统治只是为了一己之私。尘世就是如此。尘世和耶稣之间必有一场永恒的战斗,因为耶稣的愿望同尘世的愿望直接对立。耶稣希望人们自由,因为他们在共同之父面前是平等的,所以他们理当彼此平等;而兄弟之爱将把他们团结成一家。尘世则希望几乎所有的人都屈从于自己,希望人们不是兄弟姊妹,而是分成小人物和大人物——小人物失去一切权利,他们自以为所属的那些大人物则可以随心所欲地支配这些小人物。

耶稣希望权力是一种服务;尘世希望权力是一种统治。所以耶稣谴责尘世,尘世憎恨耶稣。这种憎恨波及耶稣的门徒,他们也遭到了尘世的迫害。如果尘世能容忍他们,甚或在它和他们之间可能存在某种无论什么样的联系,世俗人也可能成为耶稣的门徒,不过,他们将是他的学说的背叛者,是那个用亲吻出卖他的犹大的同伙。

因而,你们,作为想耶稣所想之人,作为被他选为自己事业赓续弘扬之人,就得准备好尘世将以什么等待你们,但是你们也应明白,尘世不会永远强大无比,它将被战而胜之,因为理当胜利的真理已开始在大家的眼前闪耀,一切良知已开始躁动战栗,尘世企图扼杀它,就像它杀死耶稣一样,然而这种努力是完全徒劳的。时代逼近了,低声的怨言预示着解放,可以听到四面八方挣断镣铐的咔嚓咔嚓声,强者惴惴不安,感到他们正日益变得衰弱,弱者则高高举起了头颅。最后的战斗必不可免。让所有人都坚定地加入这一战斗吧,因为这一战斗将解决的问题是:人类是按耶稣的许诺并借助耶稣而得到解放,还是将永远成为由杀人起家者的后代之奴隶?

拉门奈

Ⅱ 早期基督徒对战争的态度

"世界疯了,它正让人彼此流血!当人们单独行动时被认为是罪行的杀人,若由一大群人来完成时,却被称为美德。"3世纪著名的吉普里安谈及军队时如是说。

5世纪以前的最初几个世纪,整个基督教社团对战争的态度就是如此。基督教社团以自己的领导人为代表,明确认为,基督徒绝不允许做任何的杀戮,所以,战争中的杀戮也在禁止之列。

2世纪时,改宗基督教的哲学家塔吉安认为,对基督徒来说,战争中的杀戮同任何杀戮一样,同样都是不可容忍的,光荣的战争花环,被认为是基督徒的耻辱。同一世纪,雅典的阿菲纳戈尔说,基督徒不仅自身任何时候都不能杀人,而且要远离那杀人的场所。

3世纪,亚历山大的克里门特把异教的"好战"民族和"基督教的和平部落"相对立。但是,最鲜明地表达基督徒对战争的极端厌恶的是著名的奥利根。他用以赛亚的言语开导基督徒说,一个毁剑铸镰、化矛为犁的时代到来了,同时,他十分中肯地说："我们不会高举武器去反对任何民族,我们不学战斗的技艺,因为通过耶稣基督,我们成了和平的孩子。"泽里札曾责备基督徒,说他们逃避兵役,所以照他看来,罗马帝国即使成了基督徒国家,它也会毁于一旦。作为对泽里札责难的回答,奥利根说,基督徒会比别人更坚定地捍卫皇帝的福祉,他们正用做善事、祈祷、对人的好影响为他进行战斗。说到动用武器的斗争,哪怕是真正公正的斗争,奥利根说,基督徒不会与帝国军队并肩作战,即使皇帝强迫征召他们也是如此。

奥利根的同时代人特杜里安同样坚定地表达了基督徒不能成为战士的思想。"不该效力,"他说到军役时说,"不管是在基督的旗帜下,还是在魔鬼的旗帜下,不管是光明的城堡还是黑暗的城堡;一个灵魂不能为两个主人效劳。剑已被上帝亲自夺走,没有了剑还怎么战斗? 当上帝说,拿剑之人将死于剑下,此时难道还能去操练剑术? 和平之子怎能参加战斗?"

4世纪时,拉克坦齐伊所说同样如此。"圣训所说不应有任何例外,圣训说,'杀人永远是罪恶',"他说,"基督徒携带武器是不允许的,因为他们的武器只是真理。"4世纪的埃及教会守则和所谓《我们主耶稣基督的遗嘱》中,无条件地禁止任何基督徒服兵役,违者将被开除出教。

在《圣徒行传》中,有许多基督教初期殉难者的例子,他们因为拒绝继续在罗马军团服役而受尽折磨。

例如,马克西米里昂,他因为拒绝服兵役而被带进官府衙门,他对总督的第一个问题——你叫什么——的回答是:"我名叫基督徒,所以我不能参战。"尽管他这样宣布,他还是被编进战士队伍之中,但他却拒绝服役。他被告知,他应在逃避兵役和死亡之间做出选择。他说:"死更好,我不能参战。"他被交给了剑子手。

马尔采里是特洛扬兵团的百人长,在信仰基督和坚信战争非基督之事业以后,他面对整个兵团,卸下自己身上盔甲,并将其抛掷在地上宣告说:他成了基督徒,他再也不能服兵役。他被关进牢狱,但他在狱中仍坚持说:"基督徒不能佩带武器。"他最后被处决。

继马尔采里之后在同一兵团服役的卡西扬也拒绝服兵役,同样被处决。

在叛教者尤里安时代,马丁这个在军队环境中培育和成长的人,居然拒绝继续服兵役。在皇帝主持的对他的审判庭上,他说的仅仅是一句话:"我是基督徒,所以我不能参战。"

世界耶稣教会第一次代表大会(325年)给继续留在部队第二次服役的基督徒明确规定了严厉的宗教惩罚。这一决议的原文获得东正教会承认的译文如下:

"天惠于汝,负有信仰使命者,赦汝初次冲动入伍及退伍之热忱,然若重犯,有如不甘弃置自己令人厌恶的啰污物之猪狗……此类败类,得俯伏于教堂求宽宥十年,于教堂廊庑听讲经三年。"

留在部队的基督徒被责成不得在战争中杀死敌人。还在公元4世纪,瓦西里大公建议,那些破坏这一决议的军士三年内不得参加圣餐礼。

这样,不仅在基督教最初的三个世纪,即基督徒受迫害时期,而且在基督教战胜异教时代,即基督教已被承认为占统治地位的国家宗教的时代,基督教环境内仍保持着这种信念:战争与基督徒是不相容的。菲鲁齐伊谈及此意时是确凿而坚定的(他为此而被处死):

"不许基督徒流血杀人,即使是正义战争并由基督教皇帝下令。"

在4世纪,卡里亚尔主教留奇菲尔开导说,甚至连基督徒最珍视的福祉——自己的信仰——他们也应加以保护:"即使自己死,也不杀害他人。"死于431年的荷兰主教巴甫林还曾威胁说:手执武器为帝王服务的人将受永恒的痛苦。

最初四个世纪的基督徒就基督徒的军役所持态度,其观点就是如此。

(据达乌比男爵《基督教和国际和平》和鲁纳达《初期基督殉难者行传》编写)

编撰人:И.И.古谢夫
编辑:托尔斯泰

Ⅲ 农民奥里霍维克拒服兵役的一封信

1895年10月15日,我接到服兵役的指令,现在轮到我抽签,我说,我不抽签。官吏们对我注视了一阵,随后相互商量了一下,就问我为什么不抽签。

我回答说,这是因为我既不会宣誓效忠,也不会手执武器。

他们说,这是以后的事,现在得抽签。

我再一次拒绝。于是,村长被吩咐代我抽签。抽得号码674。他们把号码登录入册。

一个军队头目进来,把我叫进办公室问:"谁教你的,竟不想宣誓效忠?"

我回答:"我自己学会的,因为我读过新约。"

他说:"我并不认为你本人会这样理解新约,显而易见,那里完全是深奥难解的;为了弄明白,应当为此而多多学习。"

对此我说,基督用以教人的,并不是深奥难懂的东西,因为连最普通的文盲都懂得他的学说。

于是,他让一个士兵把我送到一个小队里。我和士兵向食堂走去,在那里吃了午饭。饭后,人们开始问我为什么不宣誓效忠。

我说:"因为新约说,根本不要宣誓。"

他们一脸惊奇,随后就问:"这真是新约说的?那就找出来吧!"

我找到读了出来,他们认真听着。

"虽然这是真的,可仍然不得不宣誓效忠,不然会让你吃苦头。"

对此我说:"尘世生命虽然毁了,他却获得了永生。"

20日,我和其他年轻士兵被编成一队,上级向我们宣布了士兵守则。我说,我绝不会遵照执行的。他们问:"为什么?"

我说:"因为我是基督徒,我不会手持武器去和敌人搏斗的,因为基督教导我们要爱敌人。"

他们说:"可是,难道只有你一个人是基督徒?我们也一样是基督徒哇。"

我说:"对别人我一无所知,我了解的只是我自己。基督吩咐做什么,我就做什么。"

他又说:"要是你不服从,我就把你关进监狱。"

对此我说:"随你便,想怎样办我就怎样办我好了,我是不会服役的。"

今天,委员会来视察。一位将军对军官们说:"这毛头小伙竟敢拒服兵役,倒要瞧瞧他什么样的信念!几百万人都在服役,他却独自拒绝。用树枝狠狠抽他一顿,他会放弃自己的信念的。"

奥里霍维克被逮捕并被流放至雅库特地区。

7月15日　自己的意志和上帝的意志融为一体

我的肉体生活必有痛苦和死亡,我的任何努力都无法使我免除无论是痛苦,还是死亡。而我的精神生活必定既没有痛苦,也没有死亡。所以能使我摆脱痛苦和死亡的救赎之路只有一条,即把我的意识转向精神的"我"。

1. 认知外在世界有两种方法。

其一——最粗糙而且不可避免的——是通过五官认知的方法。如果这一认知方法单独使用,那么,由这一认知方法就有可能难以在我们内心组成我们了解的那个世界,它有可能成为毫无意义的一片混沌。

第二种方法——通过爱认识自己以后,再以同样的爱去认识另一些存在物:人、动物、植物、石头、天体,再借助爱了解存在物彼此间的关系,并由这些关系重新形成一个如我们对它的了解那样的世界。

这一认知方法恢复了被第一种认知方法所破坏了的存在物之间的统一性。这一认知方法的基础是爱,即把自己和其他存在物及和上帝融合为一体。

2. ……不要成就我的意思,只要成就你的意思。

路加福音 22 章

……不要如我所想,只要如你所想。

马可福音 14 章

……不要照我想的做,只要照你想的做。

马太福音 26 章

3. 需要只有一个：认清上帝。一切感情，一切心灵和智慧的力量，一切理解的外在手段都只是通向神灵的一线光明，都只是把上帝视若神明的方法。应当善于割舍一切可能成为过眼烟云的东西，牢牢把握那唯一的永恒的基本的事物，并对其他的一切作为彼此都是暂存的东西加以充分的欣赏。热爱，理解，接纳，感受，给予，行动，这就是你的法则，你的义务，你的幸福，你的天堂——让该来的来吧，哪怕是死亡。确立内在的和谐一致吧，面对上帝生活，和他沟通交往，听任你无法与之斗争却支配着你的生活的那种永恒力量吧。如果死神对你还没有占上风，那很好。如果死神带走你，也很好。如果死神把你打得半死，仍然很好：因为它给你关上了追逐声望的舞台，以便打开舍生取义、自我舍弃、道德崇高的大门。任何生活都有自己的崇高一面，因为你不可能离开上帝而存在，所以自觉地把他选作自己的归宿更好。

阿米埃尔

4. 怎样的精神折磨啊——而这一切都只是为了还能活多久才死去这一内心纠结！操什么心呢？为了什么呢？

但是，时间显然是不足道的，如果你在这一天遇到上帝，你的生命就已完美圆满，这一天就顶得上千百年。

阿米埃尔

5. 生命的核心不在思想，不在感觉，不在意志，甚至不在意识，但它又一定程度上思考着、感受着和企盼着，因为合乎道德的真理通过所有这些手段才能被掌握，然而仍会从我们身边溜走。比我们的意识更深层的，是我们的实质：我们的本质，我们真正的根基。只有进入这一领域的那些真理，因为是由我们自己出乎意外地、不由自主地、本能地、无意识地所造成的，只有这些才构成了我们真实的生命，即我们真实的"我"。当我们发现我们和真理之间的某种距离时，我们已在真理之外。思想、感觉、意愿、生命意识，所有这一切，都还不是生命。就本质而言，我们只能在生命中，在永恒的生命中找到安宁及平静。而生命永恒，即生命神圣，也就是上帝。成为神圣的人，这也许就是生命的目的；只有这时，真理才不会因我们而丧失，因为真理已不在我们之外，甚至也不在我们之内，我们就构成了真理，真理即我们，于是我们成了上帝的真理、意志和事业。于是，自由变成了我们的天性，人和创造他的造物主同一，通过爱和他结成一体，人变成了他应有的模样。他的教育业已结束，他的终极快乐开始了。时代的太阳升起来，永恒极乐的光芒出现了。

阿米埃尔

6. 对上帝的爱，其本质在于灵魂的追求及灵魂对创造主的向往，以期通过最崇高的光和他融合成一体。

塔木特

7. 如果你想认清无所不包的"我"，你应当首先了解自己。为了认识自己，你应当为全世界的"我"牺牲自己的"我"。要是你想生活得心情舒畅，那就舍弃自己的生命吧。让自己的思想远离外物和一切肤浅的表象。力求让自己远离正出现的偶像吧,以免它们把其浓黑的阴影投射到你的灵魂之上。

你的影子存在然后消失。你内心里的永恒因素,可以理解的因素则属于永不消逝的生活。过去、现在、将来都存在并且永无泯灭时刻的生灵才是永恒的。

婆罗门智慧集

我们所谓的动物性的"我"之幸与不幸,都在我们的意志之外,它取决于最高意志;但是,精神的"我"之福祉和罪过却都取决于我们自己,取决于我们对于这一最高意志是恭顺还是违拗。

7月16日 语 言

任何事物,都不像连篇废话那样鼓励游手好闲。人们要是默不作声,不絮絮叨叨用以排遣自己空虚无聊的苦闷的琐事,他们也许就可能难以忍受这种苦闷。

1. 饶舌者很少把自己的语言付诸行动,而智者总担心他言过其实。

中国智慧集

2. 智者不说空话,因为担心他们言行不符。

中国智慧集

3. 该先思而后言。趁别人还没有对你说"够了"之前就打住。人高于动物的是语言的能力,但是,要是语言应用不当,他就不如动物。

萨迪

4. 对处在精神癫狂时刻的疯子,不要加以回应,以免自己也成为与他相像的疯子。

5. 人默然无语时很易精神高扬而接近上帝。慵懒散漫和废话连篇则招致无聊苦闷、动辄生气。

选自 虔信者思想录

6. 我们为说过的话而追悔千百次,却未必会因默不作声而懊恼一次。

7. 一言未发者,比所有人说得更多。

8. 你要是企图阻止人做某事,那就使他对这一题目大谈而特谈,因为人说得越多,他行动的愿望就越小。

卡莱尔

说得越少,就做得越多。

7月17日 暴 力

古代社会制度的基础是暴力;当代特具的社会制度的基础是理性的和谐一致和否定暴力。

1."你们听说过:'以眼还眼,以牙还牙。'但是我要告诉你们,不要与恶人作对。有人打你的右脸,那就连左脸也转过来由他打。"

马太福音5章

2.善于巧妙用人者往往平易和顺。这就是所谓的不对抗之美德。这就是所谓的与天合一。

老子

3.那些以为除了暴力不可能用别的方法去支配他人的人,居然不顾他们的理性,用对付马匹的办法对付他们;他们给那些马匹罩上眼罩,以使它们驯顺地围着圈子转。

4.所谓有教养的人,那些理该在理性社会固有的对待暴力的态度上做出榜样的人,即学者、自由主义者甚至革命者都在议论、谴责(暴力),鼓吹自由和人之价值,但是,这一切都只是他们还没有遭到狠狠的打击,还没有被迫在重轭下生活之前的空论。只要他所有议论,一切自由主义和关于自由的高论一结束,就会有人给他穿上各色制服,往他手里塞上枪支或马刀,向他发号施令,让他跑、跳、立正、转弯,戴上制帽、鞠躬、高呼"乌拉",最主要的,让他根据指令,随时准备杀死自己的生身父亲。果然,他——自由主义者、学者、革命者、自由鼓吹者浑身一哆嗦,就向发号施令者鞠躬,高呼"乌拉",准备枪杀受命杀死的人。

因此,这些人,虽然是一些有教养的最适合追求生活和意识协调一致的人,他们却不相信他们用以教导并加以鼓吹的主张。

5.要是只有暴力才能影响人,那人的理性又有何用呢?

———

在一切采用暴力的场合,坚守理性的信念吧!在世俗方面你会略有损失,但在宗教意识上则会体验到完全的满足。

7月18日 灵魂的神圣本质

人们因为相信永生,所以他们就只相信生命的起源是精神性的,从而是非时间的。

1. 一个违法的人以为,他的生命随着死亡就已完全结束;这种人能干一切罪恶。

佛陀智慧集[达马巴达]

2. 我们的灵魂蕴含着不朽真理的萌芽。这一萌芽存在于理性之中;因为这种理性看到了我们这个世界生存状况的不完满,为了达到自己的目的而由此要求继续努力。这一萌芽也存在于我们渴求幸福的愿望中;这种愿望是那样的强烈,以致它永不可能在人世得到满足。这一萌芽存在于对善的挚爱中;根据我们对其培育的程度,这种挚爱,正唤醒我们内心对无瑕的完美以及同"完美无缺者"合一的那种追求。

强宁格

3. 人们对彼岸世界一无所知,所以希望留在此岸世界。他们的最大愿望就是永远活在这一世界之上。但是,曾在鲜花盛开的花园之中生活过的小鸟并不愿意被关在笼中。要是它身陷笼中,它肯定想挣脱牢笼,重返花园。人同样如此;如果他已从肉身这个臭皮囊中解脱出来,就不会希望重返这个臭皮囊。难道有这样的孩子,尽管他已呱呱坠地,却想重返母腹?难道有这样的人,尽管已从狱中获释,却想重入囹圄?难道有这样的小鸟,飞出鸟笼之后却想重入鸟笼?所以,他若不迷恋肉欲生活,是不会害怕面临的脱离躯壳的那种解脱的。

巴比特表

4. 只有当人认清他压根就没有生,而过去、现在、将来始终存在,人才能认清他是不死的。

只有当人明白,他的生命并不是波浪,而是永远的运动,只是今生今世才呈现为前后推拥的波浪而已,只有此时,人才会相信人是不朽的。

5. 不用思考死亡,但是应当因为有死亡而好好生活。整个生命因为有死亡而变得庄严、隽永、卓有成效,一片欢乐。生命之所以变得如此,是因为它每时每刻都有可能被打断,是因为有死亡,它不能不做那唯一对不死的生命即上帝所必需的工作。人若如此生活,生命就变成了一片欢乐。那种对过着单纯的动物性生活的人的生命构成毒害的死亡纸老虎也就不复存在。死亡的恐惧与美好的生命形成反比。在神圣的生命中,这种恐惧就是"零"。

相信生命不自生始、不以死终的人,较之不明白这一点并不相信这一点的人,更易过一种善的生活。

7月19日 纯 朴

真正有益的、真正善良的;因而是真正伟大的东西,永远是质朴单纯的。

1. 真理的语言是单纯质朴的。

塞内加

2. 善良仁慈是人所固有的,所以一切善良仁慈的事物都是单纯而难以察觉的。

3. 人类生活的真正伟举几乎总是隐而不显的。很可能,我们面前一场最壮丽的舍生取义的行为、最慷慨的牺牲正无声无息、隐秘不露地完成,一个最宏伟的蓝图即将产生,然而我们却对此一无察觉。我相信,这一类伟举在我们连其名字都没听到过、我们不认识的许多人中间是很平常的。我相信在所谓的普通人中间会发现更多无畏忍受着的痛苦,会发现更多不加掩饰的真理,坚定不移的信念和那真正为那些匮乏者提供一切必需的慷慨大度,更主要的是,会比在富人中间更经常发现对生死意义的忠实可信的理解。

据 强宁格

4. 最普通的、识字不多、没有学问的人常能完全明白、自觉而轻松地接受真正合理的生活学说,但是最有学问的人恰恰因为自己的渊博知识而常常可能失去接受他和所有人都共同需要的生活学说。

5. 为了吃饱,穿暖,居有定所,所需并不太多;其他的需要只是为了迎合他人的趣味或想要压倒别人而产生。

东方智慧集

6. 生活、语言、习惯的单纯质朴都予人以力量,生活的奢华、语言的诡异、习惯的柔弱懈怠则会使人无力,趋于毁灭。

约翰·略斯金

7. 最清晰的概念常常因为复杂的议论而变得模糊不明。

西塞罗

要想寻找模仿的榜样,那就到谦逊的普通人中去找吧。只有在那里,才会有真正的、不仅不露才扬己而且并不意识到自己伟大的人。

7月20日 同情和素食

对生灵的怜悯唤起我们身上类似于肉体疼痛的感情。正如肉体的疼痛能变得麻木一样,怜悯的疼痛同样能变得麻木。

1. 对一切生灵的怜悯是道德操守的最可靠、最可信赖的保证。那些真有怜悯心的人,想必不会侮辱任何人,不会欺凌任何人,不会使任何人伤心难过,不会追查任何人,并会宽恕每一个人,因为他的所有行为都烙印着公正和仁慈。尽管有人说:"这个人合乎道德,然而却没有恻隐心。"或者说:"这虽然是一个不公正的恶人,然而却很有恻隐之心。"——你们定能感觉到其中的矛盾。

叔本华

2. 得啦,人们,不要食用未经许可的食品玷污自己!
你们拥有大片庄稼禾苗;鲜红而水灵多汁的
累累硕果把树枝压得弯下了腰,
一串串成熟的葡萄悬挂在葡萄藤上;柔嫩可口的块根和牧草
在田野里逐渐成熟;而另一些——
仍然生涩粗劣的果实——在骄阳炙烤下变得柔软而甘甜
纯净的汁液牛奶一般,散发着百里香草香味的甜蜜,
并未禁止你们去采集食用;
大地慷慨地向你们提供所有的财富;
没有残酷的杀戮和流血,
它给你们准备了丰盛美味的佳肴;
只有野兽才用鲜肉来解决自己的饥饿;
然而并非所有野兽皆如此:马、羊、牛显然温顺地吃着青草;
只有那类凶残的猛兽:凶猛的老虎
冷酷残忍的狮子,贪婪的狼、熊
才以流血为乐。
这是怎样的犯罪习惯啊,
这是何等可怖的卑鄙行为啊:肠胃被肠胃吞噬!
难道能用与我们相似的生物的肉食和鲜血来喂饱自己贪婪的躯体,用杀死别一个创造物——另一个之死——来维持生命!
我们难道不感到羞愧难容吗?
我们不是动物,我们是人
当富饶的大地——哺育我们的大地母亲那么慷慨地赠予无数的礼物时,
我们难道要像凶残的野兽一样用尖锐的牙齿
贪婪地、津津有味地一块一块撕嚼着伤痕累累的尸骸?
人们啊,难道不牺牲别的生命就不能满足
那么非常强烈的饥饿、贪得无厌、永难餍足的肚子?
往昔,传说说,有过黄金时代——它确实名副其实,人们随随便便就生活得幸福而温馨,单单大地所产果实,就足以使人心满意足饱食无忧,根本不用用鲜血玷污自己的口舌。
那时,小鸟安全地在天空中上下翻飞;胆小的野兔毫无戒惧地在田野上游逛;

那时候,鱼不会被鱼竿钓起,成为信仰牺牲的供品;没有诱捕鸟兽的套儿和陷阱,任谁都没有恐惧、背弃和罪恶。处处笼罩着祥和宁静。

可如今这祥和宁静在何处?你们,无罪的羔羊,毫无恶意而温顺的生物,干吗一生下来就为了人的福祉而用自己的死亡去效劳呢?你们慷慨地把甜美的乳汁给我们饮用,用柔软的毛使我们温暖,你们的好生比你们的恶死哪种对我们更有益?犍牛,你这农夫唯命是从而且温顺的伴侣和朋友,命中注定为人们服役,你有什么过错而被杀?当残忍的双手握着锐利的斧头砍向被重轭磨破的顺从而温驯的脖子,是怎样的忘恩负义,是何等的丧心病狂?干吗用那带给大地丰收的热情的劳动者的血染红哺育我们的大地母亲……

你们卑鄙龌龊的习俗是可怕的,你们滑向犯罪之路是轻而易举的。

人们啊!你们有的一边听着可怜的生灵死前的喘息声,一边切割它无辜的躯干;有的不顾羔羊死前宛如小孩哭泣的微弱哀号而仍把它杀死;

有的为玩儿而射杀天空中的飞鸟;

有的把它亲自喂大之后存心把它残害!这样的人要想杀人是会毫不犹豫的。

和你们这种习以为常的习惯相伴的则是吃人!

啊,住手吧,醒悟吧!我,恳求你们啦,兄弟!

不要让农夫的犍牛因被杀戮而离开犁铧;

让它为你们忠实服役;不要让它死于非命;

不要灭绝毫无自卫能力的畜群,让它们慷慨地为你们提供柔软的皮毛,做成衣服,使你们温暖,

用它们的奶供你们饮用,

让它们宁静地生活,安详地死在你们的畜栏之中。

扔掉套子和陷阱!不要触碰天空的小鸟,

让它们无忧无虑地飞舞,向我们歌唱幸福和自由。

丢掉吧!诡计多端的网罟,带有致命诱饵的钓钩。

不要用狡诈的欺骗去捕捉轻信的鱼,

不要用鲜活生灵的血玷污人类的嘴巴,

我们凡人要怜惜有生命之物!

享用许可的食物——

享用那为人的充满爱意而纯洁的心灵准备的食物吧。

奥维德(阿·巴·巴雷科娃译)

3. 把宗教引入生活的首要条件,是对一切生灵的爱和怜惜。

佛本行集经

4. 对动物的怜悯和人的性格的仁慈紧密相连,以致可以中肯地断定,残忍对待

动物的人不能成为良善之辈。

叔本华

5.一切杀戮都令人厌恶,以食用为目的的所有杀戮尤为人不齿。人想出的杀戮方式越多,把注意力和所有力量集中在以最大的满足吃掉被杀的动物,把被杀的动物做成最可口的美味就越多,那么,这种杀戮就越发令人恶心。

戈尔施坦因

当你看到另一种生灵的苦难而感到痛心时,不要沉浸在最初的动物式的感情之中而避开动物受苦的场景,也不要从受折磨的动物身边跑开,而是恰恰相反,要跑到受折磨的动物身边,寻找办法去帮助它。

7月21日 爱

爱是神的本质的显露,神的本质是没有时间的,所以,爱只显露在现在,此刻,当前的分分秒秒之中。

1.爱通常意味着做好事。我们大家对爱这样理解,而且不会有另外的理解。
爱不是仅仅停留在口头说说而已,它是一种为他人幸福而展开的活动。
如果一个人决定,为了未来另一大爱的出现,他最好放弃当前不足道的小爱,那么,他不是在自欺,就是在欺人,除了他自己一个人,他什么人都不爱。
未来的爱是不存在的;爱只是一种当前的活动。而一个在当前没有表露出爱的人没有爱。

2.让我们尽快成为一个对我们所爱之人满怀公平、怜悯、关心的人;不要拖到他们或我们身染沉疴、死神即将光顾之时才觉悟。生命短暂,在这短暂的生死转折中,不可能有太多时间使我们的旅伴心情愉悦。赶快成为仁慈善良之人吧!

阿米埃尔

3.躲开你曾给予帮助的不幸者:让他在不知道自己恩人姓名的情况下享用馈赠物吧。

选自 虔信者思想录

4.帮帮穷人吧,然而千万别探听他贫困的原因,以免发现那种能削弱你们同情心的情景。

选自 虔信者思想录

5.做一个好人,哪怕整个尘世都责备你。这远胜于你受吹捧而继续当坏蛋。

洛狄

6.新约的学说包含着简单的信仰,这就是对上帝的信仰和对他的景仰,这也可做另一种完全相同的表达:听从他的信条。而他的整个信条只有一条:爱人。爱人如己,这意味着服从信条,在执行信条中成为幸福之人,相反,如果轻视和憎恨自家人,那就意味着落入了愤懑和固执的陷阱。

斯宾诺莎

7. 爱有两类。

一类,我只是简简单单地爱一些人,却并不了解所有人共同的精神因素。

另一类,我只爱所有人身上的一种因素——所有人身上共同的精神因素。

两类爱的区别在于,在前一情况下,只有他们令我喜欢时我才会爱他们。

在后一情况下,我若爱人们身上的、我们大家共同的那种本质,那么,我将在他们尚未令我欢喜前就爱他们。

在前一情况下,我们往往会变换我们爱的对象,变换妻子、朋友、丈夫等,因为我们所爱之人经常在改变,我们对他们的感情也在改变。

在后一情况下,我们将根据自己道德成长的程度,越来越挚爱我们在所有人身上日益清明地看到的那种神圣的精神因素。

费多尔·斯特拉霍夫

想起有一件慈善之事你能做却没有做,想起有人对你有所期待而你自己又乐于帮助的机会却无可挽回地永远失去了,这种回忆沉重得令人痛心。

每周阅读

不信教的人

有两件事物以永远清新、持续增长的惊奇和虔敬充溢着我的心灵,我的沉思也越来越频繁、越来越经常被其所占据:这就是我头顶的星空和我内心的道德准则。

康德

1852年初,我住在布鲁塞尔。有一天,一个我不认识的年轻人到我家中探访。来者一脸愉悦,露出由衷的微笑,目光同样真诚而灵动,穿着相当文雅;他身穿天鹅绒坎肩,上面缀着刻有精致花纹的纽扣,钮孔插着一朵小花,手戴黄色手套,手执手杖,洁白的内衣露出很多,十分抢眼。对于他是谁这一问题,他回答我说:他是神父。

"也许,说得更准确点,过去是神父,"他说,"对真正的神父来说,我只是个冒牌货。如今,我和您一样:只是一个被放逐者。"

我请这位被放逐者坐下。

"我叫阿那托里·勒奥莱。"

我们交谈起来。他对我谈到他的生活。原来他受过良好的教育,连他自己也弄不明白,他怎样又为了什么目的竟在二十五岁时当了神父。这使他幡然醒悟:直到某一天,一堵不可翻越的黑暗之墙,即在他和天性之间出现的那个神父职位被察觉之时,他那一贯的神秘主义的教育才梦魇一般地消失。第一次弥撒有如生命的弥留时刻,对他是那样的沉重;当他离开祭坛的供桌时,他看起来就像是一个幽灵。

他惊恐地看到有一件什么东西在等他。他已经二十五岁。他感到整个生命力都在自己的血脉里沸腾,贯穿他全身的整个天性要求得到满足。然而,这些天性的要求在他的想象中只是一些炽热的罪恶。

简而言之,他并没这种志向,他为他这么晚才觉悟到这一点而惊恐战栗。

这个神父同他承担的义务之间的斗争越来越激烈,在他内心延续了若干年。在执行自己肩负的义务方面,他是严格、可信赖、忠实不渝的。

但是,这一斗争的结局是,经历了许多磨难痛苦之后,他终于取得战斗的胜利,成了胜利者。人战胜了神父。勒奥莱献身于青春、生命和神圣而不可战胜的天性。当他向我讲到这一点时,他自己就是这样表达的。他认为,与其成为自己良知的口是心非的伪善者,还不如成为罗马教廷的背叛者。他放弃了神父职位。而对脱离教会的人来说,只有一扇大门是敞开的:那就是民主。勒奥莱的所有意向志趣使他向它靠拢。在成为宗教人士之前,他本来就是民众的儿女。他出身于一个贫穷的布列塔尼亚家庭,所以,他回归民间是那样的自然,有如水滴回归海洋。他觉得一切都美好自在。

他对我说起的这一切,都很简单纯朴,而且具有天真而强大的雄辩力。回归民间使他成熟。他内心是一位政治思想者,他为好几份报纸撰写稿件。他是一位具有炽热而极端信念的革命家。

在讲过他的生平之后,他又谈起自己的思想。我凝神倾听他的叙述。

在叙事中间,他几次中断谈话。

"对,亲爱的先生,"他提高声音说道,"就算这是给我们的教训吧。民主应当采用合宜的手段。应当改造人,在儿童时期就该养育新人。只有通过教育,我们才能揭示革命的逻辑。"

"我赞同你的观点。"我说。

他更是神采飞扬。

"对我来说,"他说,"整个教育的唯一目的,就是使人的理性摆脱超自然因素的束缚。"

"你怎么理解超自然这个词呢?"我问。

"我指的是,人因这种宗教幻影而灭寂。迷信扼杀未来。在民众吸入的尚是流行的宗教迷狂之前,对人的理性是不可能抱有任何希望的。这是千真万确的!人原有的这种理性被压在层层叠叠覆盖层之下而灭寂,在不可能实现的神圣的空想中呻吟。水流从四面八方裹挟着它的小船。让我们牢牢把握住一个毋庸置疑的现实。二乘二等于四,除此之外,别无救赎。哲学只应当建立在事实的基础之上,不要放任任何不能用理性加以检验的事物。只是那些看得见、摸得着的东西才是实在的。一切信念应当像我的十指一样。是的,这是一场战争,不是对动物,而是对死亡和一切奇迹的一场战争。人应当只相信自己。他应当明白,摇篮里,除了我们所见的,别无他物——除了婴儿,什么也没有,而坟墓里,除了毁灭,同样一无所有。让一切幽灵走开!除了大地和生命,别无他物;除了我们生活在其下的天空,没有任何别的天空;我们的大地在其中转动。应该稳健而明白地做出判断,一切幻想统统离开!不要果子就截断树木:应当去掉宗教为其存在而设的一切借口。"

"您的宗教是什么呢?"我问。

"我显然说过——我是教会学校学生。"

"嗯。"

"我也许是一个无神论者。"

"我不能同意这样的结论。"我说,"一所培养耶稣会士的学校必定出不了伏尔泰这种人。不过,我还是听你说吧,请继续。"

"我所说的一切,"他回答说,"似乎只是为了摆脱假设,逃离幻想的牢笼,帮助人类躲避这些玩意儿,而这是必要的。"

"我并不比你更喜欢变成迷信的假设,也不比你更喜欢那些挡住人类理性之路的幻想,"我说,"所以可以认为我和您的想法一致,然而我们的意见未必相同。此外,我有一个愿望,您能否把您的意见说得更准确点。"

"好吧,"他说,"我的意见就是,完全根除唯灵论者称之为理想的东西。理想有一种超自然性,而超自然之物应当被逐出尘世,即把它从人里面逐出。尘世的超自然物——上帝——那就让我们消灭上帝;人内在的超自然物——心灵——不用说,也让我们来消灭心灵,无论永恒、无论不朽都并不存在。我们把这些真理作为教育的基础。我说完了。"

"不,你只是刚开了个头,"我回答说,"根据你的意见,尘世是什么呢?"

"是一种物质。"

"人呢?"

"也是一种物质。"

"但是你怎么把前一种物质和后一种物质分开呢?"

"要是我这样做,我准是个疯子。物质和物质永远是相同的。平等的主要基础正在于此。"

"唔,然而机体呢?"我说。

"这些机体,仅仅是外观而已。这些不可避免呈现的、自身盲目的外观产生了类似于阶梯一般的一系列幻影。它的第一级就是我们所谓的智慧;随之而来的,是良知;紧随其后的是灵魂;最后是上帝。这一阶梯由一切宗教构筑而成,应当予以消灭。应当粉碎它的所有梯级:上帝、灵魂、良知、智慧,甚至连机体也击成齑粉。要是机体变成了奇迹,要是认为由机体的差异推导出一种物质形式优于另一种物质形式的结论,那就让机体滚开!那就让机体的精英滚开:正在消失的外观并非别的,只是一种'乌有'的图像。一切都变成了原子,而原子是不可分割、没有意识的东西。那个可能高于其他原子的原子也许就是上帝。谁说物质,谁就是在说平等。因为物质本身永远是平等的。"

我凝神端详着他。

"因此,会飞的蚊子,会长的牛蒡和会滚动的石头,跟人也是平等的啰?"

他思索片刻,随即用一种足以显示他坚强意志力的诚实态度说:

"尽管您的三段论法是尖锐的,但它是对的。"

"坦诚的思想家很少,"我说,"而您却以始终如一的真诚真正合乎逻辑地做了推论。我不想恶意地利用这一点,所以我舍弃这一极端三段论法的尖锐倾向。让我们只谈论人,同时把它应用到你的定理之上:没有灵魂,没有上帝,没有超自然物,没有理想,物质本身是相同的。我将只谈问题的无数方面的一个方面。"

"我洗耳恭听。"他说。

"根据你的意见,"我说,"尘世人生有何目的?"

"幸福。"

"而我以为,人生目的是义务,责任,"我说,"然而,问题不在我的观点,而在您的观点。我回避一切感伤主义的议论。在物质平等的天平上,一个人的幸福在分量和价值上会超过另一个人的幸福多少呢?"

"应该是零,没有差别。"

"在我们进一步深入探讨以前,您是否同意,按照逻辑,每一个行为必须确凿无误地确定一个行为的动因?"

"毫无疑问。"

"那我就继续这个话题。要是碰到这样一种紧急情况:一个人必须为另一个人的幸福而牺牲自己的幸福,那么,当人们把这两个幸福置于天平上去称量时,相差几何才能确定一个人为另一个人做出牺牲的必要性和合法性呢?"

"应该是零,没有差别。"

"让我继续推论,"我说,"按照您的观点,让我来观察一下蕴含着唯一智慧的物质事实,人没有任何理由为了别人的幸福而牺牲自己和自己的福祉?"

他思想里似乎没有一丝动摇。他平静地回答我说:

"确实没有任何理由。"

"让我继续推论,"我反问说,"难道为人类的幸福而牺牲自己的幸福也没有任何理由？"

勒奥莱这时身子哆嗦了一下。

"如果涉及人类，那就另当别论了。"

"为什么？"我说，"把许多零加在一起，其结果总是零啊！"

他沉默片刻，最后，勉勉强强同意了我的观点。

"真理始终是真理。"他说，"你是尖锐的，但你的三段论法确是正确的。"

我继续往下说：

"我并不是责备您的原则；我只是要从您的那些原则里引申出应该引申出来的结论。而您本人已一步一步地做出了这种结论。您合乎逻辑合乎规则地做了思考，而这一切对我已足够。比如，人是物质，他由乌有中生成，也将重归乌有。他拥有的只是生命，只有这一生命才属于他。他的整个理性，他的整个合理看法，他的整个哲学都在于利用这一生命，并使它尽可能地延续得更为长久。唯一的道德是卫生措施；生命的目的是幸福。生命的目的在享用幸福；生命的目的在活着。由这一点可以做出许多结论，但是我现在不想做这种结论；我只是想问您：您难道真这样想吗？"

"是的，我确实这样想。"

"因此，要是一个健康的年轻人，为了同他自己一样的一个人或许多人，为了同他本人一样的同样的原子、同样的物质的亲人而献出自己的生命，那么，你将怎样称这种人呢？"

"木头人。"

我们冷淡地分了手。

阿那托里·勒奥莱离开布鲁塞尔后来到英国，以后又由海路去了澳大利亚。旅程持续了五个月。

当轮船驶进一个港湾时，海面起了风暴，轮船出事了。乘客和水手几乎全部获救，有些人爬上了救生艇，有些人游泳。阿那托里·勒奥莱是成功获救者之一。但在这海难的可怕混乱中，在人们的恐惧呼声应和着海浪的一片混沌中，在任何人都只想着自己的地方，他却看到了一条破损的救生艇在波涛汹涌中时隐时现。船上有三个女人。大海仍然刮着风暴，十分可怕。任何一个最勇敢的水手都犹豫不决，不敢跳进大海去援助这些有灭顶之灾的人。

但是，阿那托里·勒奥莱跳进水里，游到了小船边，以最大的努力救出了一个女人。然而，还有两个女人仍待在破船上。他第二次下水，救出了另一个女人。有人向他吆喝："行了，别再下水了！"但是，他尽管已经精疲力竭，吃尽苦头，还是第三次扑进水里——这一次，他再也没有露头。

维克多·雨果
托尔斯泰译

7月22日 事 业

信仰,如果生活不能与其协调一致,那就不是信仰。

1. 所以,凡听我话并予以执行的人,就像一个聪明的人:他们把自己的房屋建在磐石之上;风雨交加,河水泛滥,冲刷着那房子,房子并没坍塌,因为房子的根基是磐石。

凡听我话但并不予以执行的人,就像一个蠢货:他们把自己的房子建在沙土上。风雨交加,河水泛滥,冲刷着那房子,房子轰然倒塌,倒塌成一片瓦砾。

马太福音7章

2. 死亡是一切有生之物不可避免的,正像诞生是一切有死之物不可避免的。所以,不应当对必然的现象抱怨惋惜。人最早的阶段晦暗难明,出生后的中间阶段一目了然,未来阶段人不可能认清,究竟什么情况要操心和担忧呢?有些人把灵魂看作奇迹,另一些人则惊异地谈论和倾听它,其实,无论什么人对它都一无所知。

天堂之门是视你需要的程度而相应地为你打开的。摆脱一切操心和惊恐,把自己的灵魂引向精神领域。让你的一切行为在你的指引下而不是在形势的裹挟下做出。不要做以奖赏为行动目的的事情。注意完成你的义务,别考虑其后果,因为事件结局令你高兴还是不快,对你都是一样的。

婆哈瓦多

3. 我的弟兄们,若有人说自己有信念,却没有行动,这有什么益处呢?这信念能救他吗?若有弟兄和姐妹少衣缺食,你们中有人对他们说"平平安安地去吧,愿你们吃饱穿暖",却不给他们提供身体必需的生活用品,这有什么益处呢?所以,信念如果没有行动是死的。但是,若有人说,你有信念我有行动,那就把你没有行动的信念指给我看,而我将从我的行动中把我的信念指给你看。

你看到吗?人是用行动,而不单是信念为自己剖白的。因为没有灵魂的躯体是死的,正像没有行动的信念是死的一样。

雅各书2章

4. 一个了解信条而不付诸实践的人,就像一个只翻耕土地而不播种的人。

———————

如果一个人不急于执行他认可的上帝的诫条,那他就既不相信上帝,也不相信其诫条。

7月23日 努 力

努力是道德完善的必要条件。

1. 美德在于执行你认为是自己义务的事情,但是无论何时都不应把执行这一义务变成一种习惯;当执行你认为是自己义务的事情成了一种习惯,那么,对义务的新要求应当在人的心灵里油然而生。

据 康德

2. 有如巡逻队警惕地守卫城堡,守卫围墙周边地区及墙内各处,人也应该勇敢地保护自己,时时刻刻都不要忽略自己,在对人的关系上尤其如此。一个在生活的决定时刻忽略自己的人,将不可避免地走上那地狱之路。

佛陀智慧集[达马巴达]

3. 一个人把自己的苦难归咎于命运,而不是责备自身,他以此证明他内心的扬扬自得。这种人的情况无可救药。

"如果我不被激怒,我本可善良而温和的;如果我不是那样的忙碌,我本可虔信上帝的;如果我身体健康,我本可坚忍不拔的;如果我拥有知名度,我定会使世界大吃一惊的。"

如果我们不能使我们所处的环境变得友好而神圣,那么,我们就不能把任何环境变得友好而神圣。

我们的环境中的难题,是为了让我们通过我们的善和坚定去加以克服和消弭的;我们的环境阴郁而忧伤,是为了让我们通过我们内在的、精神磨炼的神圣之光去加以照亮的;痛苦环境,是为了让我们忍耐、信赖地忍受它们;危险环境,是为了让我们显示出我们的勇气;考验环境,则是为了让我们通过我们的信仰去战胜它们。

马尔丁诺

4. 一些人以为,当他们的肉体陷于无所事事,逸乐奢华而不能自拔之时,他们仍能过一种崇高的精神生活;这些人犯了何等严重的错误啊!肉体永远是灵魂的第一个学生。

托罗

5. 万物皆不属于人,唯有他的努力才为他所有。人只有在自己的努力中才显出他真正的智慧。

古兰经

我们对环境生气,为环境苦恼,意欲改变它;然而,所有可能的环境不是别的,只是一种在何种环境必须怎样行动的指南。你是健康人,那就努力利用你的一切力量为人们效劳;你身罹疾患,那就努力不让你的病患妨碍他人;你富有,那就努力抛弃你的财富;你贫穷,那就努力不向人们做任何请求;你受人欺负,那就努力去爱那欺侮你的人;你欺负人,那就努力消除你所造成的伤害吧。

7月24日　律　法

人对自己行为规律的感悟,乃是生活在人内心的上帝的体现。

1. 比起由追求幸福而来的、与幸福相关并顾及幸福的(这始终要求相当多的人为因素和精细的思考能力)那种概念,完全纯粹的义务概念,实际上对每个人来说,不仅无可比拟地简单、明白,易于理解,而且面对日常而健全的理性的审视,也更为强大,更加坚定,和一切来自自私自利的动机相比,也更容易获得成功——只要这一义务的概念被健全的理性掌握,完全独立于自私自利的动机之外。

我能做因为应该做这种意识打开了人自身内神圣才能的深厚底蕴,这种深厚底蕴使他感到他的真正的使命的宏伟壮丽和崇高伟大。如果一个人常常注意并习惯于把道德和因完成义务而获得的奖赏那众多好处真正分开,并把道德想象成一种纯洁无瑕的事物;如果把连续不断的道德训练(正是这一坚持完成义务的方法几乎总是被忽视)作为个人和社会教育的基础,那么,人的道德状况将会很快得到改善。迄今的历史尝试没有为道德学说提供良好的成果,应该归咎于这个错误的假设:源于义务观念的动机似乎微弱而疏远,而来自算计好处(这些好处是因为执行法则而在当今世界,同样在未来世界多多少少应当期待)的更为切身的动机,则对心灵的影响更为强劲有力。然而,人自身蕴含的神圣因素远比任何外在的奖赏更加强大的意识将促使他去执行善的规律。

据　康德

2. 道德就是以公共的全球的幸福为目的的意志指向。缺乏道德的,是那为私人目的而行动的人。而合乎道德——我和马克·阿夫列里、康德曾谈及这一点——则是其目的和动因以所有理性人为宗旨。我们可以肯定,这种庄严的理解或圣训正处于每个人的意识之中。正是这一点使每个亡灵身上也有了永恒的因素。

爱默生

3. 每个人,从君王到乞丐,首先应当关心的是道德的完善,因为只有道德完善才能给予所有人以幸福。

孔子

4. 归根结底,人们达到的不过是自己给自己提出的那个目标。所以,人给自己提出的目标只应当是最高尚的。

托罗

执行善的规律同世俗的物质利益没有任何共同之处。与执行规律相符的物质利益有害于人的心灵。精神的高度激昂提供了一种环境——而处于其中,精神之善同物质之善的对立现象将造成痛苦。

7月25日　苦难

即使我们的痛苦和我们的罪愆之间的联系不为我们所发觉,这种联系却依然存在。

1. "有人以恶回报我的善。"

但是,要是你爱你对其行善的那个人,那么,你在因为爱而得到的那种幸福中已经得到了回报。

因为你所做的善事是出于你的爱怜,所以你始终只是为你自己。

2. 对美德的奖赏就在善行的意识本身之中。

西塞罗

3. 在宣布未来救赎时,耶稣向民众说明,从他的立场看,人为此要准备怎样的必要条件,它将是爱、自我牺牲、仁慈、宽容的果实。

因而,如果自由解放还没有到来,目前仍是饥饿时代,哭泣时代,压迫时代,这只能归咎于自己。

你们执行基督的训令了吗?你们做了你们应当做的事情了吗?你们曾不止一次企图重新获得你们的权力,粉碎你们旧的枷锁,从你们被不法势力驱赶进去的黑暗而悲惨的居所走出,为自己建立一个更好的生活场所。你们的努力有什么结果呢?你们花了那么大的力气好不容易创造出来的东西,为什么总是那么快就坍塌了呢?假若不是因为你们像那个把房子建在砂子上的人一样,那又是为什么呢?河流冲刷房屋,房屋顶不住激流的冲击,垮了,而房屋的这种坍塌是大事件。

拉门奈

4. 如果一个人发现自身痛苦的原因就在自身的迷误之中,并致力于消除这一迷误的活动,他就不会对痛苦愤懑不平,就会轻松地而且常常是高兴地去忍受这一痛苦。但是,当这个人所遭受的痛苦超出了他能见的痛苦和迷误之间联系的界限,他会觉得,他遭到了不应遭到的痛苦,他会问自己:为什么会这样?这是为什么?他因为找不到他的活动可能的指向对象,他就对苦难感到愤怒,他的苦难就变成了可怕的折磨。

当一个人看不到他体验到的痛苦与自己生活间的联系时,他能做的,将是两者之一:或继续忍受这种痛苦,并把它看作是一种没有任何意义的折磨,或承认他的痛苦乃是他所做罪恶的指证,也是让自己和别人摆脱这些罪恶的手段。

据前者,痛苦没有任何解释,除了不断增长的、什么都解决不了的绝望和狂怒之外,不会引起任何别的活动。据后者,痛苦引起的那种活动,构成了真正的生活的运动:意识到罪恶,进而摆脱迷误,服从理性的规律。

5. 人的堕落的神话——关于罪恶和关于通过痛苦和死亡得到救赎的故事——只是形象地肯定了苦难和罪恶的联系。

6. 只有体验过苦难之后,我才懂得了人类心灵彼此之间是息息相通的。只要自身饱经忧患,一切受苦受难者对他来说就变得那样的容易理解,他就几乎知道该对他说些什么。此外,那智慧本身显得更加洞彻分明了:人迄今的隐蔽不明的生存状况和活动范围都为他一一掌握,谁需要什么就变得一目了然。伟大的主,使我们聪明的主啊!他用什么使我们变得聪明呢?他用的就是我们想要远离和躲避的那种痛苦。通过痛苦和不幸,我们定能得到书本之外的一丝智慧。

果戈理

7. 对一个过着精神生活的人来说,苦难总是对道德臻于完善、神志清明、靠近上帝的一种奖赏;对这样的人来说,苦难总能转化为一种生命的事业。

在自身寻找你的痛苦由之而来的那种罪恶的原因吧。这一罪恶有时是你活动的直接后果,有时是通过复杂的传动和你发生瓜葛,但是,这一罪恶的源头永远在你自身,因而摆脱罪恶的救赎,在于改变你的活动。

7月26日 信 仰

在一切信仰中,只有精神的信仰才是真实的。

1. 耶稣不会对萨玛良人说:为犹太人放弃你们的宗教信仰、你们的宗教传说吧;他也不会对犹太人说:你们和萨玛良人归并为一体吧;但是,他会对萨玛良人和犹太人说:你们同样都迷失了方向。上帝是灵,对他的信仰只是一种与任何地域、任何外在形式无关的内在活动。重要的不是神庙,不是神庙中的礼拜,不是哈里兹姆或耶路撒冷。有一个已经过去,未来将再次出现的时代,在这一时代,对天父的崇拜既不在哈里兹姆,也不在耶路撒冷,而真正的崇拜者将在灵魂和真理中崇祀天父,因为天父给自己寻找的正是这样的崇拜者。

他在耶路撒冷时代寻找他们。他直到如今仍在寻找他们。究竟何时他才能找到他们?当一切人都厌倦了从源泉汲水后却仍然干渴难耐时,他们对耶稣说:"主啊,赐给我甜水,使我不再干渴,也不必到这里汲水!"

拉门奈

2. 基督降临,是为了向人们指明,永恒并非未来,它只是一种无形之物。永恒不是人们曾通过时间之河汇入其中的那种海洋,但是,它现在就正在他们周围,人们只是依据他们所感受到的永恒参与度,他们的生命才在一定程度上显示出真实性。基督降临,是为了教导他们,上帝不是某种偶然的抽象物,在遥远的天空与他们保持着无限的距离;他是他们赖以生存、活动和存在的父,他喜欢的那种效劳并不在教堂庄严举行的仪式,而在仁慈、公正、谦逊和爱。

法拉尔

3. 神是灵,所以必须用心灵和诚实崇拜他。

约翰福音 4 章

4. 由身体的姿态和动作构成的宗教还不如战士的操练。

缺乏内心的诚意,对神的口头景仰不值得夸耀。

宣传抛弃当今的生活是有益的这种信仰是虚伪的:难道还不明显,永恒的生活就是在当今这种生活中开始的。

一个道德臻于完善的人,不会就灵魂和世界的本性之间,自己和他人之间细加区分。

在人类的子孙中,只有那意识到天帝就在自己心灵之中的人,才配得上圣者的称号。了解自我吧——你就会像神灵一样。

因为不了解生活的起因目前就存在于你的精神之中,你为什么寻找它时不先想象一下,你能在别的地方找到它吗?这种人的行为,就像一个人在太阳普照的白天点灯一样。

巴马那-布拉纳

5. 不该说为了拯救灵魂,承认基督的肉身有绝对的必要;但是,为了拯救灵魂,承认上帝之子即上帝永恒的智慧则有绝对的必要。这一智慧出现在一切事物中,主要在人的心灵中,尤其显现在耶稣·基督身上。没有这种智慧,任何人都不能达到极乐的境界,因为只有它向人指明何谓真,何谓假,何谓善,何谓恶。

斯宾诺莎

不要害怕从自己的信仰中抛弃一切有形、可见、可触摸的事物。你对你信仰的精神核心越加净化,你的这种精神核心就越坚不可摧。

7月27日 知 识

知识乃工具,而非目的。

1. 人知之甚少,因为他们力求掌握的,不是诸如上帝、永恒、灵魂这一类他们难以企及的、无法向其提供解释的对象,就是那些不值得加以探索思考的事物:如水如何结成冰,数的理论,什么样的细菌引起什么病,等等。

真正的知识之路只有一条:必须了解的只是怎样生活。

2. 为了取出扎进脚里的刺,就得另取一根刺,借助它的帮助把刺取出;但是一旦这事已这样结束,前者和后者则都会被扔掉。与此相同,智慧之所以需要,仅仅是为了摒弃把神圣的"我"的视力弄得昏暗不明的狂妄不智,然而智慧本身并不是一种优点。它只是工具。

婆罗门智慧集

3. "啊,我是何等的不幸!我正想阅读优美而极为有益的书籍,可是不成,一个令人讨厌的人此时却客气地请我帮助他。"

"可是,我要对你说,你的义务难道是在别人向你求助的那一时间读书?你应当了解和记住这一点:天神希望你现在做什么,不希望你做什么。他不久前做了这种安排,让你独处,心口相问,阅读,写作,为做好事做准备。可现在,他却派人去你那里,请你帮他们做事。通过这方式,天神仿佛在说:'从独处中出来,表明你真正学会了什么,因为让你和别人看到你阅读和思考的事物给你带来的益处的时间已经到了。'

"不要丢人现眼;不要抱怨人们打断了你的工作:不用说,如果没有人求你,那你阅读怎样更好为人们效劳的小书是为了什么目的,你又去为谁服务呢?"

爱比克泰德

4. 学术应当用来肯定宗教,而不是获得财富。

萨迪

5. 一个人获得知识而不加利用,犹如农夫翻耕土地而不播种。

萨迪

6. 一些以为生活中的主要问题在于知识的人,就像是一些扑向烛光的蛾子——毁灭了自己,也扑灭了灯。

7. 在人口中,学者这概念只是被理解为某人学的知识极多,然而这并不意味他已学会了某种知识。

里赫登别尔格

生活的目的是执行上帝的信条,而非获得知识。

7月28日 忏 悔

道德完善永远以忏悔为先导。如果一个人认为自己、自己的民族不需要忏悔,那就糟糕。

1. 在我们身外寻找罪恶的根源,是危险的。在这种情况下,忏悔是不可能的。

罗伯逊

2. 应该活得连最凶恶的敌人都能相信你心灵中的一切。

塞内加

3. 不能意识自己的过错,就意味着扩大这些过错。

4. 要是一个人不幸,他首先该做什么呢?是埋怨这个人或那个人,埋怨这一环境或那一环境?让牢骚和责备充满整个世界?当然不是。一切道德鼓吹者会劝告我们,除了自己一个人,不要责怪任何人。不幸者首先应该承认,他之所以不幸,就在他的不明智。他若相信大自然及其规律,那么,大自然及其不变的规律肯定会给他好处和幸福;但他却不按大自然的规律办,大自然忍无可忍,就毫不惋惜地抛弃了他,并对他说:不是通过这条路而是通过那条路,你才能事事顺利。这条路,正如你自己所见,只能通向灾难不幸。抛弃这条路吧!所有道德导师都劝告人说,在忏悔时要对自己说:"是的,我不够明智,我偏离了上帝的信条,却遵照一些虚假错误的法则——魔鬼的法则做。所以我才会落到这一地步。"

卡莱尔

5. 我的灵魂沉重。在我整个漫长的一生中,我没有使任何人变得幸福;不管是我的朋友,我的家庭,甚至我自己。但是我却干了许许多多坏事——我是三次大规模战争的罪魁祸首,因为我,八十多万人尸横战场,如今,他们的母亲、兄弟、寡妇正为他们哭泣——而这一切就阻隔在我和上帝中间。

比斯马克

人越优秀,他通向无限完善的行动就越迅捷,这与他所处的阶段无关。行动速度始终取决于他对自己满意还是不满意的程度。

每周阅读

I 忏 悔

不抗恶并不意味着不与恶做斗争,相反,它倒是意味着与恶做斗争,但不是与人做斗争,而是与人身上的恶和错误做斗争,在与恶做斗争时,仍然同情并爱怜那被恶控制的人。

人的言行取决于他采信的那种思想倾向。所以,和恶斗争,在于力求改变作恶者的信念，或善于促使作恶者改变信念。从这一意义说，就开启了和恶做圣徒式斗争的可能性。有一些人，感到自己心灵深处有一种舍生取义、自我牺牲的要求，他们就能单枪匹马地迎着恶人，走进他们的阵营，成为他们亲近的伙伴，和他们生活在一起，以个人的苦难和屈辱为代价，通过自己毕生的努力去唤醒这些堕落的兄弟身上的神之子的因素。方法是把自己献给上帝以后，把自己的生活和恶人的生活联结在一起，通过居民日常生活中的一切好事，兄弟般地与他分享生活的福祉，并通过自己的参与和自己的信念，阻止恶人作恶，这自然要冒生命的危险，他就以这种方式为上帝献身。对当代的伟大灵魂而言，这是一个最好的结局。因为当代是一个拥有那么多方便手段把真理传播进渴求真理的巨大人群的时代，是一个圣徒的特殊召唤在尘世兄弟中已失去立足之地的时代，是一个人与人和民族与民族的兄弟情谊即使还没有得到大力赞许，至少已被意识到的时代，而且是一个离所有人都将接受上帝教诲不远的时代，一个离可以希望恶人只是那些因为被抛弃而作恶的病态的不幸的人已不远的时代。在任何情况下，只有优秀力量挺身而出与敌人做斗争，敌人才可能被击败。和恶做斗争应该永远是人类卓越代表的天职，而不能像当今现存秩序中那样，行使这一权力的是警察，狱吏，小官吏，这都是些贪得无厌、沽名钓誉、志得意满、虚情假意、徇私枉法者。因为如果取消与恶斗争的当代斗士特权中的这些恶习，取消诸如高薪、不体面的进账、官阶、奖章、臣服和卑躬，那么，所有当今这些热诚的斗士和鼓吹者，都将因此而作鸟兽散。

为了约束人身上的恶，应当触发他内心思想的改变。欺骗，尽管不可信，但还是能引起思想的改变，而暴力则无论何时、无论什么情况都达不到目的。

一个不与恶对抗者的无可怀疑的主张，在它意欲通过不对抗和善意使人悔悟。我们甚至难以稍加想象，因忏悔而净化的灵魂能用什么给我们奖赏。我们对每一个恶人施暴和惩处，我们也许就因此而失去了可能的严守诫命者。新约说，"在天堂，在神的天使旁，说及一个忏悔的罪人比谈到九十九个不需忏悔的循规蹈矩的教徒拥有更多的欢乐"。假定并非全部，而只是百分之一的罪人（过去和现在，他们被毫无意义地虐杀，受折磨），通过服刑期满，被认为内心已做自赎；假定他们中的千分之一，在不对抗和善的影响下，可能会做彻底的忏悔，可能会亲自寻找自赎的方法，那我们怎样才能知道，这些忏悔的灵魂会给我们提供什么呢。如果神国早已荣耀地有效地降临在我们中间，也许我们可能早已看不到我们现在身陷其中而使我们见不到一线光明的灾难了。因此，通过与恶对抗，我们不仅破坏了我们生活的适应能力和规律性，戕害了自己的精神健康，而且蒙受了罕见的、无比巨大的损失：损失了本可如愿以偿的东西。

布卡

Ⅱ　石　块

两个女人为了听取教诲而来找一位长者。一个女人自以为是大罪人,她年轻时背叛了丈夫,因而使她不断感到苦恼。另一位则循规蹈矩地度过了一生,没有什么过错可以自责的,对自己挺满意。

长者详细询问两个女人的生活。一位泪眼婆娑地向他承认她的大过错,她认为自己的过错太大了,以致并不敢期待他的宽恕。另一个则说,她没有犯过任何特别的过错。长者对前者说:

"上帝的奴仆啊,那你就试着到围墙外给我找一块大石头,一块你能搬得起的大石头,然后搬来——而你,"他对那个不知道自己有大罪过的女人说,"你也去搬一些石块,尽你力所能及地去搬,只是全要小的。"

两个女人就照长者的吩咐去做。一个搬来一块大石头,另一个搬来满满一袋小石块。

长者端详石块,然后说:

"现在这样做:把石头搬回去,放在老地方,放好了,再到我这里来。"

两个女人按长者的吩咐去做。一个女人轻易地找到她取石块的地方,把石块放到了原地;但是另一个怎么也记不起来什么石块是从何处取得,所以,就难以完成长者的吩咐,只好还背着那一袋石块回到长者那里。

"事情就是这样,"长者说,"罪过的情况常常也是这样。你能轻而易举地把一块又大又沉的石块放到老地方,是因为你记得石头从何而来。"

"而你之所以不能把小石块放到老地方,是因为你记不清它们取自何处。"

"罪过的情况同样如此。"

"你记得自己的罪过,由此遭到人们和自己良心的责备,内心不再骚动不安,所以罪过的恶劣影响也就解脱了。"

"可是你呀,"长者转向身后带着小石块的女人,"因为犯的都是微不足道的小过失,你既记不得这些小过失,也不为这些小过失忏悔,对有罪生活习以为常,你在责备别人的罪过时,却在自己的罪过中越陷越深。"

我们大家都有罪过,如果不忏悔,我们大家都会毁灭。

7月29日　理　性

东西越必需,对它的滥用就越有害。人的大部分不幸都源于生活的最宝贵的工具——智慧被滥用。

1.上帝把他的灵魂——理性,赋予我们,是为了我们能理解他的意愿和执行他的意愿,可是,我们却用这一灵魂去执行我们自己的意愿。

2.理性要是成为恶习的奴婢,欲望的武器,谎言的卫士,它不仅会腐败变质,而且会病入膏肓,再也没有能力辨别真假、善恶、正邪。

强宁格

3.当一个人把自己的聪明才智用在解决诸如"世界何以存在","他本人何以生活在这一世界上"的问题时,人将变成糊涂蛋、懵懂人一类的东西。人的智慧不能找到这些问题的答案。这究竟意味着什么呢?这表明,人的聪明才智并不是为了让人解答这些问题的,提出这些问题的本身就是理性的迷误。理性要解决的只是这一问题:"怎样生活?"回答也是明确的:如此生活,我和所有人才能都好。这对我和所有生灵都是必需的。这种过美好生活的可能性赋予了我和所有生灵。这样的解决排除了"由于什么"和"为什么"这些问题。

4.那些把自己的理性用在不必要的对象上的人,一如夜间活动的飞禽。他们在黑暗里能看清事物,在太阳光照耀时却变成了瞎子。他们的智慧被他们用在微不足道的科学小事上时,它很敏锐透彻,但是,当这智慧遇到真正的光芒时,它就变得一无所见。

皮塔库斯

5.黑夜对不能安然入睡的人来说,是漫长的;路途对那些疲惫不堪的人来说,是遥远的;生活对那些丧失理智的人来说,是冗长的。

理性的使命是发现真理,所以,把理性用在掩盖或败坏真理上,是一种巨大而致命的迷误。

7月30日 温 顺

一个人,只有了解自己所有的弱点,才能公正地对待他人的弱点。

1.我的孩子!要是有人用语言触犯了你们,你们就别把它看得很重,就把它看作是不屑一顾的小事吧。然而如果你们用轻慢的语言冒犯了朋友,那你们就不要违背良知,说什么"我们说这话,显然是小意思,不值一哂"。不,不该那样推脱,而该把自己的行为看作是一件严重的事,通过自己的恳求或朋友的转圜取得受欺凌者的完全谅解之后,你们才可以安心。

塔木特

2. 如果我们能站在别人的立场上换位思考,那么,常常有可能摆脱我们对别人的那种满腔的仇恨;如果把别人置于自己的位置上,那么,也许我们就会收敛起我们的那股傲气。

3. 一个不善宽恕的人,也就毁坏了他本人不能不通过的那座桥梁,因为任何人都需要宽恕。

赫贝特

4. 对疯子的最好回答是沉默。每一个应对的词都会从疯子那里反弹到你身上。以欺凌回击欺凌,一如火上浇油,然而,那个用平静安详的心态对待责备者的人,他本人就已胜过责备者。

穆罕默德和阿里有一次碰到一个人,这人因为认为阿里欺侮了自己,就开始痛骂阿里。阿里忍了又忍,很长时间没有搭腔,但是最后再也忍不住,开始用谩骂回击谩骂。于是,穆罕默德向前走去,留下这两个人去结束争吵。当阿里重新赶上穆罕默德,他埋怨后者说:"为什么丢下我一个人,让我忍受这个鲁莽汉的辱骂?"穆罕默德回答说:"当这个人骂你而你默不作声时,我看到你周围有十个天使在回击他。但当你开始用谩骂还击他时,所有天使都丢下你走了,我也就离开了。"

穆斯林传说

5. 我们几乎总能在我们自身找到我们用以责备朋友的那些相同的过失。我们若不了解自己所犯正是这同样的过失,那么,只要寻找,我们就能找到更糟的东西。

6. 水深的河流不会因为石块投进其中而愤怒,一个受到侮辱而愤怒的教徒不是河流,而是池塘。如果遭到不幸,为了宽恕别人而忍受它,那么,你本人就得到了宽恕。让我们牢记,我们大家都将回归土地,我们终将安息,让我们在变成尘土之前,把土撒在头上。

萨迪

只要稍加思考,我们总能发现我们自己在人类面前犯有某些过失(我们姑且只把它看作是一种过失:由于人们公权的不平等,我们会利用某种特权,而对另一些人来说,则会由此遭受更大的损失),这阻止我们借用自己的功劳这个自私自利的概念排挤掉义务这种思想。

康德

7月31日 财 富

要是基督徒遵守自己的信条,也许他们就既成不了富人,也成不了穷人。

1. 有一个人来对耶稣说："善良的导师！我该做什么善事才能得永生呢？"耶稣对他说："你若愿意做尽善尽美的人，就去变卖你的财产，分给穷人；你将在天堂拥有财宝，你还要来追随我。"

马太福音 19 章

2. 富人对他人的痛苦麻木不仁，漠然处之。

塔木特

3. 富豪和贫民似乎是彼此互补的。富人阶级必须以有穷人阶级为前提，疯狂的奢华不能不和令人悚惧的贫困相联系，正是这令人悚惧的贫困迫使一贫如洗的穷人为疯狂的奢华去效力。富豪是劫匪，穷人则被洗劫一空。正由于此，基督总是同情穷人，厌恶富人。根据他的学说，成为被劫掠者总比成为强盗好。在他宣传的真理王国里，贫民富豪似乎都同样不可能存在。

亨利·乔治

4. 贪财可怕，真正可怕。它使我们闭目塞听，使我们成为凶残的野兽，不容我们想一想良心、友谊、交往，想一想自己灵魂的救赎，但是当我们失去这一切之后，它立即把人变成自己的奴隶。而在这种痛苦的奴役地位中最糟糕的是，它反使人以自己的奴隶地位为荣，其结果是，人们越来越贪婪，人们也就越来越愉快。这种痼疾由此而压倒一切，不可救药，这头野兽由此而变得不可战胜。

约翰·兹拉托乌斯特

5. 由极富和极穷的人组成的社会，很容易就变成手握政权者的虏获物。太穷的人没有足够的勇气做反抗，太富的人则拥有足够的赌注使他们去冒险。

亨利·乔治

6. 财富有如厩肥，堆成一堆时臭气熏天，可是，当它被撒向四面八方时，它就能改良田地。

———

在基督教社会中，一个处于成千上万的穷人之间却以自己的财富为骄傲的人，其道德感该是何等的无知昏聩啊！

八 月

8月1日 自 由

唯有理性才能使人自由。人生越缺乏理性,它就越不自由。

1. 你问,通过什么方法才能获得自由?应当为此学会自己区别善恶,而不是人云亦云。

塞内加

2. 要是你内心对虚荣毫无厌恶之心,那么,你就没有善行可言,善行也许不是你力所能及的。

中国智慧集

3. 战胜自我,是不被他人战胜的最佳方法。控制自我,是不受他人控制的最好手段。

东方智慧集

4. 紧靠某种思想不放,几乎与紧靠深埋土中的支柱不放相同。一个人拥有自由的程度,完全取决于他追随自由的程度,一个醉心于人人幸福的理想的人,将拥有最大的自由。

留西·马洛里

5. 一个在执行自己的义务时找到快乐的人,一个对其一生该经历的那条道路做过深思的人,一个不是出于恐惧而服从道德法则的人(他之所以敬重和听信这一道德法则,是因为他认为应当如此),一个除了自己的意愿和判断不受任何权威支配的人,这种人,生活才能自由。

塞内加

6. 只有谈及一个按照自己愿望生活的人时,才能说他是自由的。理性的人总是按照自己的愿望生活,因为他想要得到的,只是那些他能得到的东西。所以,只有理性的人才是自由的。

任何人都不愿犯过错;任何人都不想迷失生活方向,过一种罪恶的生活;任何人都不会有意为自己选择使他忧愁和痛苦的生活;任何人都不会说他要过一种卑鄙龌龊的生活。这就是说,一切过着罪恶生活的人,他们的生活并不符合他们的意愿,而是违背他们的意志的。他们既不希望忧伤,也不想要恐惧,然而他们却经常处于痛苦和害怕之中。他们所作并非他们所想。所以他们并不自由。

智者狄奥根说:"只有随时准备赴死的人,才是真正自由的人。"他写给波斯国王说:"你不能把真正自由的人变成奴隶,就像你不能役使鱼儿一样。即使你能俘获他们,但是,他们却仍不会向你奴颜婢膝。他们若将在被俘中死去,你俘虏他们对你有什么好处呢?"

这才是自由人的语言:这样的人知道什么才是真正的自由。

爱比克泰德

7. 我们给自己安排的生活,是一种有悖于人的道德和肉体本性的生活,让我们过我们渴求成为自由人的那种生活吧。

8. 如果信从善和真理,那么,这种信从是高尚而必要的;但是,如果信从的是丑恶与虚伪,那么,这反而是人类顶级的卑劣和屈辱。

卡莱尔

9. 一个被欲念之火吞噬之人,一个被享乐的渴望控制之人,他的欲念总是越烧越旺,他也就自己给自己钉上了脚镣手铐。

一个只期盼平静的快乐的人,一个在沉思中以把人们不认为是幸福之物视为幸福的人,他们就能打破这些致命的枷锁,永远扔掉这些枷锁。

佛陀智慧集[达马巴达]

10. 自由不是通过寻找自由而达到,自由只有通过求索真理而获得。自由不应成为目的,只能成为一种结果。

———————

自由不能由人赋予人。人人只能自己解放自己。

8月2日 死 亡

如果人只是肉身,那么,死亡就是一切的终结。如果人是精神的生命体,而肉体只是限止精神生命体的躯壳,那么,死亡只是一种变化而已。

1. 我们的躯体限止我们称之为灵魂的神圣的精神本原。有如容器赋予充满其中的液体或气体以形体一样,这种限止同样赋予我们的这种神圣本原以形式。如果容器被打破,那么,充满其中之物质就不再具有它以往具有的那种形式,它会分崩离析。它会和另一些物质发生关联吗?它会具有新的形式吗?我们对此一无所知,但是,我们会大体明白,它失去了它受限时所固有的形式,因为曾有的限止形式已遭破坏,然而,我们对昔日被限事物如今发生了什么情况却一无所知。死后的灵魂成了另一种我们判断不了的事物。

2. 有人问肯定自己不朽的爱默生:"如果世界都完了,那你怎能不朽呢?"他回答说:"为了不死,我不需要置身世界。"

3. 谦逊不仅活时需要,而且死时也需要。为了进入上帝之宫,面对众人,面对自己,你该变成卑微的小人物。割舍自己,你就会和上帝融为一体。割舍越多,离上帝就越近,死也就越轻松。

4. 死亡只是我们不断发展过程中的一步。我们的生也是同样的一步,只是略有不同而已:因为生是死的一种存在形式,而死则是生的另一种存在形式。

死是垂危者的幸福。因为死了,你就不会再有死亡。我不能像某些人一样用恐惧的态度对待这种变化。依我看来,死亡是一种转向更好状态的转化。要是我们谈论为死亡做准备,我们难道不是疯了?我们的问题是生。善于生也就能善于死。我希望活,我们的灵魂绝不会对我们说,我们会死。感情会死,正是这一感情创造了死亡。那么,一个理性的人还值得为死亡胆战心惊吗?

德奥多·帕克尔

5. 末日给我们带来的,不是毁灭,只是变化。

西塞罗

6. 生命是灵魂(精神的天生的生存本质)从它置身其中的那一肉身环境中获得解放。

――――――――

对一个以精神生活为生命的人来说,死亡是不存在的。

8月3日 报 复

我们寻求我们所作善恶的适时的报应,报应往往不见踪影。然而,精神领域中完成的善恶是处于时间之外的,在这一领域,尽管我们看不到这种报应的种种明显迹象,但是毫无疑问我们会在我们的良知上意识到它。

1. 无耻之徒、吹牛大王、滑头、诽谤者、粗鲁无礼之辈、游手好闲之人生活得似乎很轻松,而那些平凡、始终追求清白无罪生活、永远温和、理智而无私之人生活得似乎很沉重;但是,这只是"似乎"而已。其实,前者总是惊恐不安的,后者则是一贯安详平静的。

佛陀智慧集[达马巴达]

2. 急急做善事,即使不是什么大善事;快快远离一切罪恶。因为一件善事会有另一件善事紧随,一件罪恶则会产生另一件罪恶:美德的奖赏是美德,罪恶的惩罚是罪恶。

塔木特

3. 惩罚只在你意识到你本可获得但你却没能拥有的那种巨大的幸福之中。不用再等待更大的惩罚:不可能再有任何惩罚比这更沉重的了。

4. 你寻找罪因,可它只在你心中。

卢梭

5. 你们对他人的所作所为,也就是你们对自己的所作所为。一切慈悲为怀的事情由此使你们感到自己内心的善意,一切残忍刻薄的事情也因之而使你们感到自己内心的恶毒。

留西·马洛里

6. 行善不应还区分对象。你做过的善事不会消失得无影无踪,即使你对此早已忘却。

7. 行善是唯一能可靠地给我们提供福祉的行动。

8. 种瓜得瓜,种豆得豆。如若打人,你就会感到难受。如若为人效劳,你就会得到人家的服务。要是你在你的生活中为人们效劳,那么,你无论用怎样的巧妙办法都不可能躲开人们的嘉奖。

爱默生

9. 你若对人行善并结出了善果,你干吗还要为自己的善举是否得到赞扬和奖赏纠缠不休呢?

马克·阿夫列里

不要寻求善事立竿见影的善报,它已经与你的行动同步提供给了你。不要以为你没有看到你所作之恶的报应,报应就不存在。报应已深藏你的灵魂。如果把你心灵的痛苦归结为别的原因,那你就大错而特错了。

8月4日 自我舍弃

自我舍弃并非把自己舍弃,而只是把自己动物性的一面舍弃。

1. 每个人自身都蕴含着全人类的生命意识。这意识就在人的灵魂深处,它确实存在。人应当或早或迟地向这一更加宽广的生命意识靠拢。

一个人内心一旦完成了抛弃他的个人目标的行动,他将立即得到奖赏:他将进入一种更健全的生活。

只有舍弃自己特别的个性,人才能具有真正充满活力的个性,因为承认他人的生命即自己的生命,他内心就会意识到生命是无际无涯、无始无终的。

卡尔宾德

2. 只想到自己并寻求自身所有好处的人,不可能成为幸福之人。想为自己活,那就为他人活吧。

塞内加

3. 人仅能体验到的最大福祉,即最完满的自由和幸福的状态,是一种自我牺牲和爱的状态。理性给人开启了通向这种幸福唯一可能的道路,感情则推动人顺着这条道路飞奔。

4. 许多人认为,如果从生命中摒弃个性及对个性的眷恋,那生命也就一无所有了。他们觉得没有个性,就没有生命。但只有那没有体验过自我牺牲带来的快乐的人才会有这种感觉。从生命中剔除这种个性吧,舍弃这种个性吧,唯有如此,你才会认识生命的最佳幸福——爱。

5. 只有自我舍弃肇始之日,才是真正生命启动之时。

卡莱尔

6. 当你的心灵之光熄灭,黑暗就将淹没你的道路。谨防这种令人悚惧的黑暗吧!在你把一切自私自利的思想从心灵中驱散以前,你的任何理性之光都不能消灭那源自你心灵的黑暗。

婆罗门智慧集

7. 追求个人幸福只是我们身上的动物性的延续;人生只是从舍弃它时才开始。

阿米埃尔

8. 人给予他人越多,自奉越菲薄,他就越出色;给予他人越少,自奉越丰腴,他就越糟。但是,现代人并不这样看。他们构想出五花八门、欺诈机巧的说辞,只是这些玩意儿并非一切普通人的自然想法。根据他们的说法,舍弃奢侈品完全没有必要。能对工人的处境表示同情的,是为了他们的利益而进行的演讲、写作,但与此同时,则应继续利用我们认为对工人有害的那些劳作。

我们所谓的自我舍弃,只是意识由自己的动物性的"我"向精神性的"我"转移的成果。如果这种意识的转变业已完成,那么,之前感觉似乎是一种舍弃的行为,

如今在想象中已不再是舍弃,而只是一种对不需之物的自然疏离。

> 每周阅读

Ⅰ 大熊星座(小罐)

　　很久很久以前,大地久旱成灾,大小河流、所有水井都完全干涸了,树林、灌木丛、草地都枯萎了,人畜都要渴死了。

　　一天深夜,一个手拿带把的小罐的小姑娘为生病的母亲离家去找水。哪儿都没水,她累极了,躺倒在田间的枯草上睡着了。她醒来就去拿小罐,却差点把罐里的水泼洒出来。是满满一罐干净新鲜的水。小姑娘很高兴,本想好好喝一口,但继而一想,连妈妈喝都还不够,就拿着小罐匆匆向家里跑去。她是那样的匆忙,连脚下的小狗都没有注意,竟被小狗绊了一下,把小罐都摔了。小狗可怜兮兮地号叫着。小姑娘赶紧抓住小罐。

　　她以为小罐翻了,但是没有,它口朝上底朝下搁着,罐里的水一滴都没有洒。小姑娘往手上倒了点水,让小狗把水舔尽,小狗很是高兴。于是,小姑娘重新拿起小罐,这时木罐却变成了银罐。小姑娘把银罐带回家,交给母亲。母亲却说:"我反正要死了,你自己喝了更好。"她又把小罐交给小姑娘。这时,小罐由银罐变成了金罐。小姑娘已经再也忍不住了,刚想拿起小罐,这时一个香客突然走进门来,求他们给点水喝。小姑娘咽了口吐沫,把小罐递给了香客。这时,小罐里突然跳出七颗大钻石,一大股干净新鲜的水就从小罐里涌出。

　　七颗钻石开始升向天空,越升越高,成了大熊星座。

译自英文

Ⅱ 麻雀

　　我打猎归来,走在花园的小径上。狗在我前面走。

　　突然,它放慢了脚步,悄悄向前,似乎嗅到它前面有野兽。我向小径远方打量了一眼,看到一只嘴边发黄,头长细毛的小麻雀,它从鸟窝中掉了下来(大风剧烈地晃动白桦树),一动不动地蹲伏在那里,无助地张着刚长成的一对小翅膀。

　　我的狗慢慢逼近它,突然,一只胸膛乌黑的老麻雀从近旁的一棵树上俯冲而下,像一块石头一样,直落到狗的嘴脸边,它全身的毛都竖了起来,模样完全变了,叽叽急叫,绝望而可怜,两三次直对满口尖牙的狗嘴跳过去。

　　它拼命救护雏鸟,用身子挡住自己的宝宝,它的小小躯体因为恐惧而浑身哆嗦,声音变得粗野而嘶哑。它一动不动待在那里,准备自己被杀死!狗能把它看作是一个什么样的庞然大怪物呢？可它还是不能躲在一无危险的高枝上坐视不救……力量，比它的意志更强大的力量，使它从那里直扑而下。

狗停止脚步，向后倒退……显然，它承认这种力量。

我赶紧把惶恐不安的狗吆喝回来，它恭恭敬敬地远离而去。

是的，我对这只慷慨献身的小鸟，对它因爱而迸发的激情怀着深深的敬意。

我想，爱比死、比死的恐惧更强大。只有坚守它，只有坚守爱，生活才得以前行。

屠格涅夫

8月5日　教　诲

大部分虚假而有害的意见通过劝导暗示而广为传播，得到支持。

1. 我们倾向于掌握那些与我们共同生活者所共享的思想观点，却并不尽力使它们得到进一步的发展和深化。我们的性格和生命由此变得微不足道，毫无价值。

2. 一个灵魂会对另一个灵魂施加影响。人只有独处时才完全自由。

3. 在世俗生活中遵循社会共识，闭门独居时只信守自己的原则，生活才能轻松自在。一个在群体中保持温顺、独处时独立自守的人，是力量强大的人。

爱默生

4. 一个不听渎神者的劝说、不踏有罪者的道路、不坐亵慢者的座位（诗篇，第1篇）的男人，是幸福的。没有任何东西比范例更能使人仿效的。范例会把那些如果没有其影响推动我们绝不会想加以完成的行为带进我们的生活之中。

5. 不要受欺凌你的人的心情的支配，不要踏到他想诱引你走的那条道路上去。

马克·阿夫列里

6. 人能对最恶劣的生活习以为常，特别在他发现他周围所有人的生活也都一样时更是如此。

7. 想到我常常畏葸地牺牲我的信念，轻易地屈从于死气沉沉的机构和习俗，我感到羞惭愧疚。

爱默生

8. 因耳濡目染、劝导暗示而广为流传的虚假观念和有害情绪，可以根据环绕着它们的那种光环和庄严加以识别。真理并不需要外在的涂饰。

劝导暗示是社会生活的必要条件,然而人未必能够谨慎地有意使用它。劝导暗示的能力促使有道德的人对能影响其他人的言行倍加严格。

8月6日 理 性

无论是个体人,还是集群人,其理性都是人生的唯一指针。

1. 眼睛乃躯体之灯。所以,如果你的眼睛清澈明净,那么,你的全身都会通透明亮;如果眼睛暗淡昏花,你的身体就将幽暗无光。所以你要省察,你身体里面是否只有光而没有黑暗呢?

路加福音 11 章

2. 如果我们对多数人的生活加以考察,那么我们就会发现,人被创造成如植物一般的生物,他吸收各色营养,发育生长,在尘世延续自己的种属,最后变老,死亡。在这种情况下,人比之其他生物,其所达到的生存目的是最少的,因为他把自己的卓越才能用在了那些其他生物能够更可靠更出色地达到的目标之上。如果他没有部分实现甚至不愿完全实现那不唯动物式的而是只有人所特有的、他已意识到可能实现的那种理性生活的话,那么,比起所有生物,人是最该受到藐视的,至少在真正的智慧看来是如此。

据 康 德

3. 所有的生活都既是共同的,又是独立的:人独自生活,虫子也独自生活。每一个体生灵都认为自己是唯一的活物,要求所有其他个体都为自己一个效劳,而事实上任何一个个体生命都在不停地逼近个体生命的死亡和毁灭。

如果人间没有理性,那么,这一矛盾就可能无法解决。但是,人身蕴含理性,而理性将消除这一矛盾。

4. 理性生活像一个在自己前面远远举着灯笼为自己照亮道路的人。这样的人绝不会走到亮处的尽头,因为亮处始终在他的前面延伸。理性生活就是如此。只有在这种生活里才没有死亡,因为灯不停地照耀,直至生命的最后一息。这种人即使走进灯光背面同样是安详的,因为他仿佛进入了整个生命的延续期。

巴克尔

5. 人人都部分按照自己的思想,部分按照他人的思想在生活和行动。人彼此之间的一个重要区别是:这个人在多大程度上按自己思想生活,而在多大程度上按他人思想生活。在多数情况下,一些人运用自己的思想就像是一种智力游戏,对待自己的理性就像对待去掉了传送带的飞轮,而在行为上则屈从于习俗、传说、法律;

另一些人则认为自己的思想是自己一切活动的主要动力,他们倾听自己理性的要求,服从理性的要求,只是偶尔在遭到批评之后,他们会采用他人用以解决问题的那一方法。

每个人能够而且应该利用人类共同智慧创造的所有思想财富,但是同时,他们能够而且也应该用自己的思想去检验他们的前辈创造的真理。

8月7日 虚荣心

虚荣心重的人渴望得到夸奖。为了得到夸奖,他必须成为人们认为的好人。而人们所认为的好人,则是他们所喜欢的人。他们喜欢的人,则是他们认为其也是好人的人。所以,没有比满足虚荣心更加空虚无聊的工作。

1. 为无可羞愧的人感到害臊,而又不为无耻之徒感到可耻,这种人因为信奉错误的意见而走上了凶险的死亡之路。

佛陀智慧集[达马巴达]

2. 虚荣心重的人是那样地自我膨胀,以致他内心没有为任何其他东西留下一席之地。

培

3. 就算累死自己,也不要让人们惊奇。

谚言

4. "别人怎样干,你也该怎样干"这条规则几乎永远意味着你该愚蠢地行动。

拉伯雷

5. 一个人问另一个人,他为什么要做他并不赞成的事情。

"因为大家都那样做。"后者答。

"未必吧,不会人人都那样吧,"前者说,"因为我就没有这样做,而且我还能给你指出另一些别的人也没这样做。"

"即使不是所有人,人还是很多的,大部分人都这样。"

"那么,请告诉我,"前者重又发问,"世界上什么人多呢,是聪明人还是笨蛋?"

"当然笨蛋多!"

"要是这样,你模仿多数所以也就是模仿笨蛋啰。"

开

6. 使聪明人以为我们并不是我们真实呈现出来的样子,在多数情况下,比起我们真正变成我们希望的那种样子更为困难。

里赫登别尔格

7. 一个人过于自信的程度取决于他理解方面受限制的程度。

普波

8. 不管是当今还是往昔，受到嘲笑的是沉默不语的人，是喋喋不休的人，是寡言少语的人——在尘世，似乎没有人可以逃过人们的指摘。

过去，未来，绝不会有人一直受到责备，正像不会有人会永远得到夸奖一样。

佛陀智慧集 [达马巴达]

9. 没有比社会舆论更错误的生活指南。

10. 不承认我们的自尊心，不在称赞我们的人中找友情，是极困难的。

阿米埃尔

11. 人的傲慢具有一种不轻易服输的奇怪属性。刚补好一个窟窿，还没来得及左右打量一番，同样的傲慢却已经以另一种形式从另一个窟窿探出了头，你赶快补缀这个窟窿，它却又从第三个窟窿看着你，如此等等，不一而足。

里赫登别尔格

12. 我们在多大程度上赞赏别人，取决于他们和我们有多大相似之处；因此，敬重一个人常常只是以此表明他和我们自己势均力敌，旗鼓相当而已。

拉伯雷

13. 真正的美德绝不回顾其影子——声望。

歌德

关注人的声望、人的赞赏之所以是不明智的，是因为人间不是人人都把那同一个人认为是好人，而且同一个人常常会被一些人认为是坏人，而被另一些人认为是最好的人。

8月8日 异端邪说

认为获得广泛认可的伟大作家具有独特非凡的意义和重要性，是认识真理的最大障碍。神圣的真理能出现在孩子模糊不清的嘟囔中，傻瓜喋喋不休的闲话中，疯子荒诞不经的呓语中，更不用说那些普通人的谈话和书信中了。而一些极为差劲的、虚假的思想则常常可以在所谓的伟大或神圣的书籍中找到。

1. 我们之所以觉得许多传统真理真实可信，只是因为我们从没对它们做过认真严肃的思考。

洛德

2.新约之所以应该被认为是一部圣书,是因为书中蕴含着真理,而不是因为它出自使徒之手。佛陀、穆罕默德、所有人讲述的真理,与新约的真理同样重要。

3.坚持采用我们风尚中的那些古老、陈腐的法规,与让当代人困守家中并使用我们之前若干代的先人们所使用的工具毫无二致。

留西·马洛里

4.对大部分人来说,宗教是一种习俗,或者更正确地说,习俗是一种宗教。这看起来无论怎样奇怪,但我坚信,道德完善的第一步是让自己从我们在其中成长的宗教中解放出来。除了沿着这条道路前进,任何一个人都不能趋于完善。

托罗

5.新约、圣经、古兰经、奥义书中所表述的思想,之所以不能成为真理,是因为它是在所谓圣书中表述出来的。认为得到公认的圣书中所说一切都是真理,乃是一种典籍的偶像崇拜,这种崇拜比起其他的一切偶像崇拜更有害。

任何思想,不管由何人提出,都应加以探讨;任何思想,不管由何人提出,都应引起关注。

8月9日 恶

人们犯下的大部分罪恶勾当,并非出于邪恶的意志,而是由广泛流传的、被当作信仰的虚假观念造成的。

1.具体的结局,只是一些看不见的力量的滞后显现。炮声传到我们耳边时,炮弹早已飞出。决定性的事件是在思想里完成的。

阿米埃尔

2.源自心灵的,有恶念、凶杀、奸淫、通奸、偷盗、伪证、诽谤。

马太福音15章

3.行动并不会如我们的愿望那样或善或恶。

沃维纳克

4.一切恶行由之而生的那些思想,比恶行坏得多。恶行能不再重犯,也可对此恶行忏悔;然而恶念却会衍生恶行。恶行则为恶行拓展道路,而恶念会不可阻拦地把人拖上这条道路。

5.一些无形的意愿远远而来,悄悄溜过,深藏不露。一个使意愿屈从自己并能对其加以控制的人,才能不受它们的诱惑而自由。

佛陀智慧集[达马巴达]

6. 好好思考吧,思想才能成熟为善举。

7. 一切问题都在思想。思想是万物之源。思想能够被掌控。所以,臻于完善的主要问题是加强思想修养。

如果你身罹不幸,主要不应在自己的行为中而应在促使自己做出这种行为的思想中去寻找根源。同理,如果正完成的外部事件使你痛心,使你愤怒,那就不要到此前人们的行为中,而应到此前引起这些行为的思想中去寻找根源。

8月10日 当 今

据说,人之所以不自由,是因为他们所做的一切事情都有其时间的前因。但是,人永远只在"现在"行动,而"现在"是在时间之外的,它只是两个时间——过去和未来——的联结点,所以,在"现在"那一刻,人永远是自由的。

1. 有人问智者,一生中什么时间最重要,什么人最重要,什么事最重要。

智者回答说:"只有现在最重要,因为只有置身其中,人才能支配自己。

那个你此刻正和其打交道的人最重要,因为任何人都无法知道,还会和别的什么人打交道。

和这人相亲相爱最重要,因为人是为了和所有人相亲相爱才来到人世的。"

2. 失去的时间绝不可能返回,业已干下的罪恶绝不可能纠正。

约翰·略斯金

3. 当我们确信我们永恒不朽时,只有其时我们才会去利用每分每秒。

只要我们把我们精神高远的意识带进永恒之中,最不足道的义务也不会使我们感到卑微。

马尔丁诺

4. 人难以摆脱的第一个也是最普遍的诱惑,是用生活的准备替代生活本身的诱惑。

"我目前可能暂时不合我的道德本性理应要求于我的行为规范,因为我还没有准备,"人对自己说,"这不?我正准备,时间一到,我就开始过一种完全符合自己良知的生活。"

这种诱惑的虚伪性,在于人放弃了目前唯一真实的生活,并把它转入未来,然而,未来并不属于人。

为了不落入这种诱惑,人应当明白并牢记:没有时间让他准备,他现在就应当以最好的方式生活，他如今拥有的那种为他所需的完善，只是一种唯有通过爱才能达到的完善，而这种完善只有在"现在"中才能完成。所以，为了上帝，即为了所有向他的生命提出要求的人，应该通过现在全力以赴的努力不耽误生活的一分一秒，因为他知道，他时刻都能够丧失这种效力的机会，而他是为了这一时时刻刻的效力才来到人间的。

现在是我们的神圣本质唯一能在其中显现的状态。让我们崇拜现在——上帝就在其中。

8月11日 一切在自身

正像人将独自死去，人也会凭借自己内在的精神生活永远独自活着。

1. 最幸福的国家，是那很少甚至完全不须靠进口物资维持的国家；最幸福的人，同样是那些满足于自己的内在财富，为维持自己生存而需要不多的，甚或完全不需要任何外来物品的人。舶来品价值昂贵，会养成依赖心理，带来危害，引起苦恼，总之，它成了本土产品的不好的替代品。无论在什么情况下，对别人的，通常是外来的东西是不可期待太多的。一个能够为别人存在的物品，其使用范围被限得极为狭窄：每个人最终都只是保留了适于自用的东西。于是，整个问题是，既然他留下的物品，都是适合自己用的，那么，对其他人而言，他留下的物品谁能适合呢？

叔本华

2. 如果我们发生了某种不愉快的事情，或者我们陷入了某种困境，我们大家常喜欢归咎于他人或自己的命运，我们却没有想一想，如果是不取决于我们的外部条件造成了我们的不愉快，使我们陷入困境，那么，这就意味着，我们自身有某些事情也有不妥之处。

爱比克泰德

3. 人将做的一切，都是他能控制的。让任何人都不要认为，除了处于他自身的、他出生前就应当在其自身加以发展的东西以外，就没有任何经久不变的善。

爱默生

4. 作恶造孽是自己，策划罪恶是自己，远离罪过是自己，净化意愿是自己，你恶毒还是清白都在你自己，别人都救不了你。

佛陀智慧集[达马巴达]

5. 人最常见最有害的迷误，是以为有什么东西能妨碍他们的自由和幸福。

6. 人吁求他人或上帝帮助自己；可是，除了他自己，任何人都帮不了他，因为能帮助他的,只有他的善良生活。而能做到这一点的,只有他自己。

每个人都有其本质是不可能向别人透露的内在的深层生活。有时候人也会希望把这一点向别人转达。但是,他马上感到,把这转达给别人完全是不可能的。

这种要求乃是一种与上帝沟通的要求。确立起这种沟通吧,不要另找他途。

| 每周阅读 |

孤 独

一群单身汉高高兴兴吃了一顿正餐之后,我的一个老朋友对我说:
"你想不想顺着香榭丽舍大道回去?"
于是,我们慢慢悠悠,迈步走在长长的林荫道上。道路两边的树木刚长出稀疏的嫩叶。除了巴黎传出的连续不断永远低沉模糊的市声之外,没有一丝喧嚣。清新的微风吹拂着我们的脸庞,繁星把金尘撒向黑暗的天穹。

我的同伴开始说话:
"不知道为什么,在这深夜,在这里,比在任何其他地方,我呼吸得更为畅快。我的思想仿佛在涌动。我的脑海被闪烁的亮光瞬息照亮,在这一顷刻,我觉得神奇的生活秘密似乎就要被我们参透。但是,窗户'啪'的一声关上了……一切结束了。"

两个人影在树木间忽隐忽现,我们在一条长凳旁走过,长凳上并排坐着的一对合成了一个黑点。

我的朋友说道:
"可怜的人,我对他们感到的不是厌恶,而是无限的怜悯。在人生的所有奥秘中,我只弄懂了一点:我们生存的最大痛苦在于我们永恒的孤独,我们所做的一切,都只是为了摆脱孤独。你看那里,坐在露天长椅上的一对情侣,像我们,像一切生灵,在寻找机会去摆脱自己的孤独,哪怕只是短暂的瞬息也好,但是,他们仍然孤独,并将永远的孤独。就像我们一样。

"一些人对此感受强一点,另一些人则感受弱一点。区别不过如此。

"不久以前,我体验了一种难以忍受的巨大痛苦:我明白,我遭到了可怕的孤独,我知道,任何东西——明白吗——世界上任何东西都不能使它弭平。我们的一切尝试,努力,心灵的热情迸发,我们的一切口头召唤,我们的一切拥抱都无济于事,都无济于事——我们始终形只影单。

"我之所以拉你到此散步,为的就是不回家。家中的孤独寂寞现在使我感到难以忍受的痛苦。但是这又有何用?我说,你听我说,我们结伴而行,肩并肩,一起走,然而,我们每个人都还是独自一人。你明白我的意思吗?

"圣经说,'谦卑者有福'。这些人不会放过幸福的一点影踪。他们感觉不到我孤独的痛苦。他们并不像我一样在生活道路上彳亍而行。我与人交臂而过,却除了因为懂得、看到、猜到那来自意识到自己永恒孤独的无尽痛苦而生的自私满足感外,没有一丝快乐。

"你以为我疯了?是不是?

"但是,请听我说。从我感到我生活的孤独的那一刻起,我觉得我与日俱增越来越深陷一个黑暗的地穴,我看不到它的周边,它的四角,也许连走出地穴的洞口都没有。我在它里面踯躅,但是,但是没有任何一个生灵和我在一起,和我并肩而行,地穴——这就是我的生活。偶尔,我听到喧嚣、话声、呼喊……我摸索着向它们走去,但是,我从没确切了解它们来自何方,在包围我的黑暗之中,我从没碰到过任何人,连别人的手都没有触碰到。你懂吗?

"确实有人曾偶尔猜透了这可怕的痛苦。缪塞曾高声呼唤:

<blockquote>
谁在那里走动?谁在叫我?——没人。
始终如一,我只是孤零零一个——钟在咔嚓咔嚓响,
　噢,孤独!噢,贫穷!
</blockquote>

"但是,在缪塞那里,并不像在我这里一样。他只是一种转瞬即逝的怀疑,并没有充分的可信性。他是诗人,他用幻影妄想补充生活。他从没有像我一样,是一个完全孤独的人。

"古斯塔夫·福楼拜是一位人间伟大的不幸者,因为他是为数不多的伟大的远见卓识者之一。他曾给女友写过一段悲观绝望的话:'我们都在沙漠里,谁都不了解谁。'

"是的,谁都不了解谁。我们无论想什么,无论说什么,无论做什么,我们还是谁都不了解谁。地球是否知道,那些散布在广袤宇宙的众多星球上正发生什么呢?它们是那么遥远,以致我们看到的只是它们极微不足道的一部分,而其他数不胜数的星星则隐没在无边无际的太空之中。这些星星也许彼此相距并不太远,以致可以组成一个完整体,像同一躯干上的一部分。

"正像地球不知道这些星球上发生了什么一样,人同样不知道其他人身上发生了什么。我们彼此比起星球间的距离更加遥远,重要的是更多分隔,没有关联,因为思想是深不可测的深渊。

"在人们彼此不可能融为一体的情况下,还有什么比人们经常联系接触更为可怕的呢?我们相亲相爱,仿佛我们彼此紧密相连,可是伸出双手,我们却不能连成一体。令人难受的连成一体的要求折磨着我们,但是我们的一切努力徒劳无功,激情无果而终,倾诉有害无益,拥抱屡弱无力,温存空虚无聊。我们想融为一体,尽管我们全力追求,但彼此也只是偶然碰撞了一下。当我向别人敞开心扉,我却反而感到自己最为孤独,因为这种人联成一体的不可能性使我更加一目了然。就说他,他这个人正用他的明亮的双眼端详我,但是我对他藏在双眸后面的灵魂却一无所知。他听我讲话,可他在想什么呢?他真的在想什么呢?你不明白这种痛苦吗?他也许正恨我,蔑视我,嘲笑我?他正掂量我的所有的话,评判我,嘲弄我,指斥我,以我为庸才或笨伯?怎么知道他在想什么呢?怎么知道他爱我一如我爱他,他那小小的圆脑瓜中什么思想在来回晃动呢?多么可怕的秘密,别人不可知的思想!这种思想隐匿无形,自由自在,我们既不能了解,又不能引导,既不能掌控,又不能战而胜之。

"而我自己呢?我无论怎样努力去开启我所有的灵魂之门,但我却办不到。内心深处,正是内心深处,始终保留着我的'我'那谁都钻不进去的隐秘的一角。任何人都无法打开它,进入其中,因为谁都不像我,谁都理解不了谁。

"至少这一刻你理解我吗?不!你会以为我是疯子!你打量着我,你提防着我!你问自己:他怎么啦?不过,要是有一天你居然明白了我这微妙的可怕痛苦,啊,于是跑来只对我说了一句:'我理解你。'我将感到幸福,哪怕只是一刹那间。

"女人们特别使我更强烈地感到我的孤独。

"啊,倒霉,倒霉!她们使我遭到怎样的痛苦啊,因为她们比男人更多地唤起我内心那虚假的愿望:我不孤独。

"当你沉浸在爱情之中,你似乎觉得自己整个心儿都宽了,你沉浸在一种非人间的幸福之中。你知道为什么吗?你知道这种巨大的幸福感触是从哪里来的吗?唯一的原因是以为自己已不再孤独。孤独,人类的疏离看似结束了。何等可怜的谬误!

"妇女因为受那种啃啮着我们孤独的心灵的爱的永恒要求,所以比我们男人痛苦得更为强烈。这类女性构成了梦想最主要的假象。

"和长发披肩、魅力无穷、顾盼美目的足以使我们销魂的女人面对面共度良辰美景,你是熟悉的。疯狂的热情模糊了我们的心智!我们沉湎在奇异的幻象中!她和我似乎合而为一了。但是,这只是'似乎'而已,在数星期的等待、期盼和假欢喜之后,我感到自己的孤独感比原先更加强烈了。

"孤独感在每次亲吻、每次拥抱之后有增无减。这是何等可怕!何等折磨人啊!诗人苏里·布吕多姆说:

> 一切温存,只是一次次疯狂的迸发,
> 可怜情爱的尝试毫无结果,
> 通过身体的结合不可能达到灵魂的融合。

"随后是告别。一切结束！对我们刚认识的那个刹那间成为我们一切的女人，以及她内心当然庸俗的想法我们甚至无论什么时候都并不了解。

　　"甚至在我们觉得通过我们两人的神秘契合、通过愿望和所有追求的完全交融我们已钻进了她灵魂的深处的那一顷刻，只要她偶尔说出一个字，只要一个单独的字，就能揭出我们不过是在自欺欺人，它像黑夜中的闪电，照亮了我们中间横亘的鸿沟。

　　"你若因为只要她在场就感到自己差不多是幸福的，那么和心爱的女人度过的一个个黄昏——即使是沉默寡言的黄昏，仍然是无可比拟的美妙！我们不要过于贪心，因为两个人永远不可能汇成一体。

　　"说到我，我如今已把自己的灵魂对一切人都封闭起来。我不对任何人说我信仰什么，思考什么，爱什么。既然知道我注定要忍受可怕的孤独，我也就对一切看得很淡，不再说三道四。别人的意见、争吵、信仰、快乐和我有何相干？既然什么都不能和别人分享，我也就远离一切。我的隐蔽的思想自然不为人知。我对日常的问题的回答都是一些老生常谈，在无意作答时则只是莞尔一笑。

　　"你明白我的话吗？"

　　我们走过了漫长的林荫道，到了凯旋门，又沿着下坡，到了协和广场；他说得很慢，他还说了许多我已经记不起来的话。

　　最后，他在矗立于巴黎街道上的花岗岩方尖碑之前站住，在星光熹微之下，这块流放中的纪念碑依稀可辨地勾勒出埃及式的长长的轮廓，它的双侧用奇怪的文字镌刻着它的祖国的历史。突然，我的朋友双手一挥指着这方尖碑高声感叹道：

　　"我们大家，就像这块石头！"

　　他没有再说一句话，走了。

　　他是否醉了，是一时癫狂还是突发哲思，我至今并不明白。有时我觉得他是对的，有时又觉得他疯了。

居伊·德·莫泊桑

8月12日　自己的意志和上帝的意志融为一体

　　人佩戴的十字架，是由代表上帝意志的长直条和代表人的意志的短横条相交构成的。如果把自己的意志和上帝的意志换成同一个方向，那么，十字架就不存在了。

　　1. 在外在的事事如意中寻找幸福的人，就像把自己的房子建于沙滩之上；只有内心生活和上帝意志和谐一致才能提供耐久牢固的幸福。

留西·马洛里

2. 不和我在一起,就是反对我;不和我聚集在一起,就是离我而去。

路加福音 11 章

3. 人性中善恶相连,但是人的追求不存在这种糅杂交集。执行上帝意志的追求,全是善,执行自己意志的追求,因为有悖上帝的意志,所以全是恶。

4. 我实实在在地告诉你们,你们若以我的名义向父祈求什么,他必将赐给你们。

约翰福音 16 章

5. 命运将以双重的方式击垮我们:一方面拒绝我们的愿望,另一方面又使这些愿望完成。但是那个只想上帝所想的人,却躲过了这两重不幸。一切都转化成了他的幸福。

阿米埃尔

6. 如果你对他人一无所求,并不想要什么,那么,人就不会害怕你,正像蜜蜂不怕别的蜜蜂,马不怕别的马一样。但是,你的幸福若是建立在支配他人的基础之上的话,你就必然会害怕人。

应当以此为起点:应当割舍一切不属于我们的东西,彻底割舍到它不再成为我们的主宰;割舍自己对躯体的眷恋以及躯体必需的一切,割舍所爱的财富、荣誉、职务和敬重,就这意义讲,也应该割舍自己的孩子、妻子、兄弟。应当对自己说,这一切都不是我的私产。

我们不应用暴力消灭人间暴力。这是一座牢狱。它矗立在那里对我、对我的灵魂有什么害处呢?我为什么必须毁坏它、为什么必须攻击使用暴力的人并杀死他们呢?他们的牢狱、镣铐、武器征服不了我的灵魂。即使我的身体可能被抓住,但是,我的灵魂却仍然是自由的,任何人无论怎样都妨碍不了它,所以,我仍能随心所愿地生活。

我怎样做到这一点?我使我的意志顺从上帝的意志:他希望我得热病吗?我要的正是这。他希望我做这件事而不是做那件事吗?我要的正是这。他希望我发生某件事吗?我要的正是这。他若不希望,我也就不要。他想我死,让我受刑吗?我正想死,正想受刑。

爱比克泰德

7. 献给上帝的灵魂是伟大的。那起而反对上帝、谴责管理世界的信条,以及纠正上帝比纠正自己更好的人则是渺小的、有害的。

塞内加

8. 一个人若立志遵照他的旨意行事,就一定知道这教训或是出于神,或是我凭着自己所说。

约翰福音 7 章

9. 凡辛勤劳苦、担重担的人可以到我这里来,我就使你们得安息;我心里柔和谦卑,你们当负我的轭,学我的样子,这样,你们心里就必得享安息,因为我的轭是容易的,我的担子是轻省的。

马太福音

通过自己的意志和上帝的意志的融汇合一,不仅能摆脱不幸,不仅能坐享安宁,而且只有通过这一途径才能与上帝交往和获得不朽的信念。

8月13日 真知灼见

生活的智慧,在于生活和理性一致,哪怕这种生活受到众人的责备。

1. 当真理被其敌人认为无可辩驳时,他们会施展他们最后的伎俩:抹黑表现这一真理的人。但是,把垃圾撒向表现真理的人身上时,他们只是用泥土盖住了真理的种子,真理的种子将更快茁壮成长。

留西·马洛里

2. 天堂因了我们的罪愆而对我们生气,尘世则为了我们的美德而对我们愤怒。

塔木特

3. 不要注意你的崇拜者的数量,应当关心你的景仰者的质量:蠢货不喜欢,就是对人最好的奖赏。

塞内加

4. 人的理性是神灯,它的光芒会穿透事物的底蕴。

东方智慧集

5. 我若被驱逐,你们也会被驱逐;我的话如被遵行,你们的话也会被遵行。

约翰福音15章

6. 要是我们坐在正航行的游艇上,注视着游艇里的某一事物,那么,我们就不会觉得我们在移动;但是,要是我们看着旁边并不和我们一起移动的对象,如河岸,那么我们立刻就会发觉我们在移动。生活中常有相同的现象。如果所有的人都不按照应有的方式生活,这种反常现象是发现不了的,但是,只要有一个人醒悟过来,开始按神的要求生活,他马上就会明白,其他人的行为是何等的卑鄙龌龊啊!其他人却因此而把他驱逐。

帕斯卡尔

7. 基督说,如果人人都说你们好,你们定会很痛苦。

这句话的意思是,我们不应给自己提出外在目标:迎合人,迁就和适应许多人有缺陷的、相互矛盾的趣味、希望和任性要求,而应给自己提出内在目标:敬神、倾听和适应其唯一完美的意旨。

　　石匠只有在先把石块砍削成标准的长方形条石以和另一些同样的石块堆砌咬合，而不是把它们打凿成高低不平、样式特殊的石块时才会着手修建房屋。与此相同，人只有根据在良知和理性帮助下所了解的人人共同的真、善法则进行自我完善，而不是根据人间传说那彼此矛盾、变化无常的要求教育自己及子女时才能开始顺利地建立地上神国。

费多尔·斯特拉霍夫

　　为智慧受到摧残、攻击、迫害感到痛心是错误的。要是智慧不去揭露恶劣生活的癫狂，智慧也就不成其为智慧了。要是人不去改变自己的生活却心安理得地忍受这种已被揭发的现象，那么，人也就不称其为人了。

8月14日　暴　力

　　人那样习惯于通过暴力维持外在的生活秩序，以致在他看来，人生没有暴力是不可能的。事实上，既然人能通过暴力来确立公正（表面的）生活，那么，那些从事确立这种生活的人应当了解公正为何物并使自己成为公正之人。如果一部分人能懂得公正，自己变得公正，那么，其他所有人为什么不能懂得这一点，不能变成公正之人呢？

　　1.强力是一种武器，无知者凭借它可以强使自己的追随者做其本性不喜欢的事情，但是，类似于尝试着使水向高处流的那一刻，这种武器就不再起作用，它也就无果而终了。信念则完全相反，它就像在河里挖成的斜坡，只须把斜坡挖成，河水不需我们的关心和照管，自己能流淌前行。只有两种方法可以指导人的活动。其一，使人违背他的爱好和见解而行动；其二，控制爱好，折服推论。前一方法为无知者采用，其结果是失望；后一种方法得到经验的支持，永远以成功告终。孩子哭闹要叮当作响的玩具，他想用威胁得到它。父母殴打自己的孩子，目的是用暴力使他们的行为举止良好。一个醉酒的丈夫对妻子施暴，妄想以暴力改变妻子。罪犯受到惩处，为了用暴力改善世界。一个人审判另一个人，目的是借助暴力获得公正。神父谈到地狱的可怕惩罚时，这种说辞目的是强迫自己的听众走向天堂。一个民族向另一个民族开战，目的是用暴力使它具有更理想的环境。令人惊讶的是：无知者迄今用以引导人类的那种暴力手段，是一种总是导向失望的手段。

康勃

　　2.强者的法律不是法律，然而只要它暂时没有遭到抗议和对抗，这一简单的事实尚可算合法。这似乎就像寒冷、黑暗、重负，当人们还没找到取暖、照明及起重工具以前人们不得不忍受它们一样。所有人类的工业都是一种摆脱粗野的大自然控制的解放;公正性的进步不是别的,正是对强者暴虐统治所做的一系列限止。正如医学是对疾病的胜利,幸福也是对人-兽的盲目兽性和狂放不羁的情欲的胜利。所以,我看到的永远是一个相同的法则:个性解放日益增长,人就日益接近幸福、公正和智慧。

阿米埃尔

3. 没有上帝,就有可能强制,而非劝说,就有可能成为暴君,而非教育者。

约瑟夫·马志尼

4. 暴力在制造公正的赝品时,只可能使人们不用暴力而能公正地生活的希望变得更加渺茫。

人是理性的生物,所以只能在理性指导下生活,应该用自由的和谐一致替代暴力的必不可免。一切正施行的暴力推迟了这一时间的到来。

8月15日 欢 乐

生命的欢乐是动物、孩子、圣人所固有:之所以为动物所固有,是因为它们没有理性,如果指向错误,理性就可能使它们丧失这种欢乐;之所以为孩子所固有,是因为他们的理性还没有被扭曲;之所以为圣人所固有,是因为生命赋予他们的,正是他们心仪的:臻于完善的可能性,与上帝接近的可能性。

1. 昔日的悲伤在记忆之中和过去、未来与当今的欢愉都成了令人高兴的东西。所以,只有将来和目前的悲伤使我们感到痛苦——从欢愉的立场看,这是当今世界令人注目的重负,还因为我们始终力求使自己得到欢愉,并且在许多情况下,我们能够以一种充分的信心预见到由之而来的巨大满足,这种重负将被大大放大——因此,我们面对的悲伤可以预言是极端强烈的。

里赫登别尔格

2. 想到上帝创造了远多于人的目光所能及的无限美好的事物时,你们应当高兴;但是,想到人做了远比人的灵魂能够理解且轻易就能加以纠正的罪恶时,你们也该痛苦。

约翰·略斯金

3. 幸福是没有后悔的快乐。

4. 啊,我们若不憎恨那些憎恨我们的人,我们是何等幸福!即使生活在憎恨者中间,我们仍然会是何等幸福!

啊,我们若在贪婪者中间摆脱了贪婪心,我们是何等幸福!即使生活在备受贪婪心煎熬的人们中间,我们仍能毫无贪婪之心地生活!

啊,如果我们不把任何东西称作是我们自己的,我们是何等幸福!我们就会像光明神一样,充溢着神圣的光芒!

佛陀智慧集[达马巴达]

5. 请倾听另一个寓言故事。有一个一家之主种了一个葡萄园,四周围了篱笆,里面装了一套榨葡萄汁的机器,修了一个塔楼,在把它交给了种葡萄的人之后,就等待好的收益。采摘葡萄的季节到了,他派仆人到葡萄种植者那里收取自己的果实;葡萄种植者抓住了他的仆人,他们一个被痛打了一顿,一个被打成重伤,一个挨了一阵乱石。他又派出另一批仆人,人数比第一批还多;但是他们的遭遇与第一批仆人完全一样。最后,他打发自己的儿子到葡萄种植者那里去,他说:"他们面对我的儿子总会感到羞耻吧。"但是,葡萄种植者们见到他的儿子后,彼此商量说:他是继承人,我们把他杀了,他的遗产就归我们所有了。他们就抓住他,把他拖出葡萄园,杀了。最后,主人来到葡萄园,他怎样处置这些葡萄种植者呢?有人对他说:"用毒手歼灭那些恶人,将葡萄园另租给别的按时交葡萄的葡萄种植者。"(马太福音21章)

人们取得并非他们自己种植的园子,为了他们的快乐生活,他们必须执行园子转让所约定的条件。但是他们不执行条件,反说有错的是园子主人,而非他们。

6. 你寻找天堂,渴望待在那没有痛苦、没有仇恨的地方——那就让你的心灵自由,让它变得玉洁冰清,光明磊落,对你来说,这里就是你向往的那个天堂。

————————

要是生活并不如你想象的是不劳而获的大欢乐,那只是因为你的理性的导向出了错误。

8月16日 团 结

我们通过精神的交往不仅与一切人,而且与一切生灵牢不可分地联结成一体。

1. 某人有一次对我说,人人身上都蕴含着一种极好的仁爱精神,但同时也蕴含着一种极坏的恶意倾向,尽管他对其顺序做了安排,宣布了其一、其二。但这完全正确。

别人受苦的模样不仅在不同的人内心而且在同一个人的内心引起,第一次是无限的同情,第二次则是某种可能加强为残忍的幸灾乐祸的满足感。

我自己就察觉到,我在打量所有人时,有时带着一种内心的同情,有时则伴有一种完全漠然的态度,偶尔还出现一种仇视甚至幸灾乐祸的心情。

这一切都清晰地表明,我们拥有两种不同,甚至完全抵牾的认识方法：

其一,根据孤独、隔绝、疏离的原则,当我们感到所有人都彼此格格不入,感到他们绝不是我时,我们对待他们,除了冷漠、嫉妒、仇恨、幸灾乐祸之外,就不可能有其他感情。

其二,这种认识方法我拟称之为我们和一切事物团结一致的认识方法。在这一认识方法的指引下,我们觉得所有人都和我们的"我"完全相合,所以,他们的模样在我们心中激起的是同情和爱。

一类是用一座不可逾越的墙把我们彼此分开,另一类则是拆掉墙,我们由此汇合成一体。一种方法教会我们对每个人都感到他即我,另一种方法则教我们他非我。

叔本华

2. 每个人都有相同的出身,都应拥有相同的规则,而且命定会有同一个目标。

所以我们应该有共同的信念,共同的行动目标,共同的旗帜,我们应当在这旗帜下共同战斗。

约瑟夫·马志尼

3. 我们应当始终不懈地寻找我们和他人的共同点,而非我们和他人的分歧处。

约翰·略斯金

4. 如果你希望的正是这一点,那你就不能把你的生活与人类分开。你就生活在他们中间,依靠他们并为他们而生活。你的灵魂不能脱离它活动于其中的环境,因为我们大家生来就是为了相互合作的,有如手、足、眼一样。相互掣肘,彼此生气,不相往来,这类行为是有违天性的。

马克·阿夫列里

不能说,猴子、狗、马、鸟可能不是我们的兄弟。如果说它们与我们不同,那为什么不说非洲黑人不是我们的兄弟？如果黑人不是我们的兄弟,那么,那些肤色跟我们不同的人也就不是我们的兄弟。那么,究竟谁才是我们的亲人呢？对此有一个关于萨马梁人寓言的唯一答案：不要问谁是我们的亲人,而要认清自己和所有生灵是一个统一体,该同情一切生灵并为其效劳。

8月17日 善 良

善良对一切人都是何等必不可少的调料啊！最好的品质一旦缺少了善良,那就一钱不值；而最坏的恶习因为有了它就能轻松地得到宽恕。

1. 有一种仁慈善良是天生的,它取决于外在的身体的条件——取决于遗传、好胃口、成功。这种仁慈善良对体验过它的人,对其他人都很惬意。有一种仁慈善良,则是源自精神的内在的修养。这种仁慈善良不那么吸引人。可是,第一类仁慈善良不仅会消失,而且能转化为恶;而第二类仁慈善良,不仅永不会消失,而且会持续不断地扩大。

2. 你若正做一件自认为是好事的事,却体验到一种恶意,或者使他人体验到一种对自己的恶意,那就立即停下,这说明你还不善于做你正着手的那件事情。如果正做的事情使你肉体感到疼痛,那你就停下,去学会不使你觉得疼痛的那种方式从事这一工作。对一切引起你不快感情的事情,都该做相同的处理。这是一个可靠的信号:你还不善于做你着手的工作,你得学习。

3. 我们应当珍惜别人身上哪怕只是一丝善意的假象,因为即使是他们借以获得——也许不该获得——对自己尊重的这种假把戏,但最终却有可能出现某种严肃的事物。

如果我们身上出现的只是一种善的假象,我们应该无情地加以铲除——把自私自利用以掩盖我们缺点的那张麒麟皮撕掉。

康德

4. 为已经做成的善举高兴,但不要满足,要永远觉得该做得更多。

5. 一个人无论做了多少善事,他该永远想做得更多。

孔子

6. 对道德方面的恶劣行为的直接爱好是不存在的,但是毫无疑义,对美好行为的这种直接爱好却是存在的。

康德

7. 为了在为人及一般生灵的效劳之中寻找快乐,首先应当使自己习惯于不要对人和生灵作恶,不要把自己的生活建立在别人的痛苦和生活之上。

善良是灵魂的基本特性。如果人不良善,那也只是因为他遭遇到某种欺骗、诱惑、苦难,毁坏了他的这种自然本性。

8月18日 信　仰

基督教之所以正确,是因为它回答了最抽象的问题,并通过这些回答解决了最具体的生活问题。它在每个人的精神世界和人的社会生活中确立起神国。

1.您向自称为基督徒的千百万人请教,什么是基督教,他们回答您说,成为基督徒,表明你归附了这一派的教义。然而,他们所信奉的这一教义,彼此看法并不一致。一些人说应当如此信仰,另一些人说并非如此。由于这些意见分歧,谴责、仇恨,甚至流血迫害就出现了。如果这就是真正的基督教,基督怎么可能成为民众的解放者、拯救者,成为人类期盼的那种人呢?但是,他本人就他自己的事业,给我们提供了完全不同的蓝图。他之所以被派到人间,目的是给穷人带来福音;医治被痛苦、磨难、压迫折磨得破碎的心灵;向盲人宣布他们将看到,他们再也不会失去光明,而统治者之所以不让他们见到光,目的就是让他们陷入形同禽兽般的无知,使他们甘心忍受统治者的枷锁;解放一切受枷锁束缚的人,用自由取代全世界的奴役。耶稣的事业就是如此。但是,谁曾以他的名义做这样的开导呢?又有谁执行了符合民意的应该予以执行的任务呢?穷人听到福音了吗?破碎的心灵得到医治了吗?盲人复明了吗?枷锁从被束缚者的身上打开了吗?囚徒得到自由了吗?没有,耶稣仍在十字架上等待自己的门徒。让他们来吧,让他们快点来吧,因为苦难沉重,面对东方,望眼欲穿,盼望着上帝时代的曙光。

拉门奈

2.宗教不是因为圣人宣传它而成为真理,圣人之所以宣传它,是因为它是真理。

莱辛

3.人的所有不幸,都源于缺乏宗教。没有宗教就不能生活。只有宗教才能对好坏做出规定,所以人只有根据宗教才能从他可能想做的所有事项中做出选择。只有宗教才能消除利己精神,只有遵循宗教要求,人才能不为自己而生活,只有宗教才能救平死的恐惧;只有宗教才能为人提供生命的意义;只有宗教才能确立人的平等;只有宗教才能使人从一切外在束缚中解放出来。

———

这样的道德学说人不能不信,因为实施这一学说就能实现所有人最单纯最实际的幸福。

没有比这更大的检验学说真理性的标尺。

基督教学说就是如此。

> 每周阅读

天主教和基督教

不应把基督教作为一种历史事实同它由之产生的源头混为一谈。只是由于无可比拟的欺诈性,当今所谓的"天主教信仰"才能披上神圣的外衣。基督否定什么?恰恰就是当今所谓的天主教会。

天主教会与成为基督教学说基础的观念完全相悖：就天主教会所说的基督的，从其根本来说，是非基督的。因为在它那里，教堂的陈设和人物取代了象征，故事取代了永恒的事件，天主教教规、仪式、教条取代了生活实践。就本质而言，基督教对宗教仪式、神父、教堂礼拜都是很冷淡的。

基督教的实践，没有丝毫荒诞不经的因素，它是成为幸福的一种工具：

"不可在别人和自己人之间妄加区别，不可怒不可遏，不该侮辱任何人。施舍不应声张。不该赌咒发誓。不该责备他人。该和解和宽恕。该在隐蔽处祈祷。"

耶稣直接诉诸事物本质：诉诸人心灵中的"神国"，指明通向"神国"之路不是遵守他并不承认的那些犹太教堂的表面教规，而是一种内在的因素。他考虑的并不是表面的现象，而是内在本质。

他以同样的态度对待一切与上帝沟通的粗野方法；他教导人应该怎样生活，以便使自己感到"如神明一样"；他教导人说，通过自我折磨的苦修是不可能达到这样的境地的。为了被人视若神明，主要是要舍弃自我。

天主教骨子里与基督的所为所思完全不同。基督教可以看作是一次伟大的反偶像崇拜运动，但是，这一学说，基督的生平和言论却遭到了完全随意的曲解，通过这种曲解，达到了与基督教完全背道而驰的目的，随后，这一切又被转化为现存宗教所使用的语言而合法化。

尽管耶稣教人以和平和幸福，天主教却表现出阴暗的生活态度，并且对弱者、病人、被压迫者、饱受苦难者的态度也是如此。

新约郑重宣告，幸福之门将为被侮辱者、为穷人打开，为此该做的只是从一切高等阶级已确立的监管中摆脱出来。私有制、所有权、祖国、同业协会和规章制度、法庭、警察、教会、文明、艺术、军队，所有这一切都是获得幸福的障碍，都是一种魔鬼的迷误和幻象。新约则以可怕的审判对魔鬼加以威胁。

天主教由基督教炮制出一种最终和国家妥协的学说：从事战争、审判、刑讯、诅咒和仇恨。

天主教必然把过错、罪孽这种概念提到首位，它需要的不是根据基督学说形成的新生活，而是新的崇拜，对神奇的变形（通过信仰的"救赎"）的新信仰。

它，天主教，把基督的生活史和死亡做了随意的选择，一切都按自己的需要加以强调，处处把重心重做安排，一言以蔽之，它消灭了原始基督教。

同异教的和犹太教神父及其教会的斗争，由于天主教创立了新神父和新神学——创立了新的统治阶级——这一斗争使天主教重归于教会。

整个滑稽可笑、悲剧性的幽默正在于此：天主教大体上恢复了过去被基督消灭的一切。最后，当天主教会重建之时，它甚至把国家都置于自己的卵翼之下。

天主教正是基督宣布要加以反对并号召自己的门徒与之斗争的那个对象。

当钉在十字架上忍受沉重的死刑的那个强盗、罪人议论说："让我像耶稣一样，没有怨恨和愤怒,而是以一种善意和顺从,正直地接受苦难和死亡。"他信服新约,并将进入天堂。

基督教随时都可实现,既不需要任何形而上学,也不需禁欲主义,也不需要"自然科学"。基督教就是生活。它教导我们怎样行动。

"我不想成为军人""审判与我无关""我不需要警察局""我不想干任何可能破坏我内心世界的事情""如果我由此而受苦,那么,任何事物都不如这种痛苦能那样使我得到抚慰",一个说出这种话的人,他将成为真正的基督徒。

尼采

8月19日 幸 福

生活是一种运动,所以生活的幸福不是一定的状况,而是一定的运动导向。这导向就是为上帝服务,而非为自己效劳。

1. 对于福祉或幸福,一些人在权力中寻求,另一些人在科学中探觅,还有一些人则在赏心乐事中索取。正是这些人,当他们的福祉真正与他们近在咫尺时,他们才明白,福祉不能只是为某些人所掌握而不为所有人所拥有;他们才明白,人的真正福祉是所有的不加区别没有嫉妒的人立即可以拥有的东西,是他本人若不希望失去,那任何人都不能加以剥夺的东西。

帕斯卡尔

2. 幸福是人企求为自己获得的东西;福祉是人希望为自己和大家共同获得的东西。幸福要通过斗争获得,福祉则相反,要靠顺从获得。

3. 真正的福祉不多。真正的福祉只是那人人共享的福祉和善。
所以,如果你想成为有益而无害的人,那就只做和公共福祉一致的事情吧。如此行动的人,也就为自己获得了福祉。

马克·阿夫列里

4. 真正的善是为上帝效劳。这一效劳永远要通过消除自己的动物式生活才能达到,正像只有消耗油脂才能产生光一样。

5. 通过对他人行善,我们往往在不知不觉中为自己比为别人做了更多的好事。

选自 虔信者思想录

6. 行善应一视同仁,不分彼此。所做善事,即使你已完全忘却,它也不会消失得无影无踪。

行善,是成为幸福者的唯一可靠手段。

人所为或所体验的事物离真正的福祉越近,和他人分享这一福祉的愿望就越自然。

8月20日 纯 朴

一切从事真正重要事业的人总是朴实无华的,因为他们无暇顾及其他。

1. 一切需求都会消失,而一切恶习却会因如愿而膨胀。

阿米埃尔

2. 任何新的愿望都是新的贫困的开端,新的不幸的萌芽。

伏尔泰

3. 成为自己欲望的奴隶是最卑劣下贱的奴隶。

塔木特

4. 你被越来越多的需求包围,你遭到的奴役也就越来越多,因为你的需求越多,你的自由就被削减得越多。真正的自由在于一无所需,紧随其后的是所需不多。

约翰·兹拉托乌斯特

5. 享乐,奢华,这就是你们所谓的幸福,而我认为,一无所愿才是神的极乐,所以只有需求不多才能接近这一最高幸福。

苏格拉底

6. 我们不应为我们的身体而活,但是我们却似乎总是不由自主地关注它。埃斯库罗斯说:"如果你开始合乎自然地生活,那么,你绝不会贫困;如果你迎合普遍遵循的社会习俗生活,那么,你绝不会富裕。自然要求不多;占统治地位的习俗则要求毫无节制。"

塞内加

7. 要想吃饱吃好,那就吃植物产品吧。

约翰·兹拉托乌斯特

适度是一种伟大的美德,只有在适度的生活中所有的人才能生活得既没匮乏,也无嫉妒。

8月21日 祈 祷

富有成效的祈祷,是在你的意识里恢复你在最佳时刻达到的对自己生活意义的那种最高理解。

1. 把祈祷理解为一种内在形式的礼拜,从而把它作为一种为自己强求恩惠的手段,是一种迷信的误解。因为祈祷不是别的,只是一个不须做任何声明的人所声明的意愿而已。就本质而言,通过这种祈祷,我们实则一无所为,并没完成作为上帝圣训责成我们的任何一项义务,因而也就没有真正为上帝效劳。

用我们整个行为表达的心愿则是上帝所乐意的,换言之,我们的一切行动总伴随着这样一种心情:我们在完成它们时仿佛就是通过这种方式在为上帝效劳。祈祷的精神正在于此。这种精神能够而且应该无条件地保留在我们身上。而使这一愿望体现为语言和仪礼形式(即使是内心的)——这也许是最重要的价值——然而只有在作为激活我们内心这种心情的手段时才有的价值。

康德

2. 所以,你在祭坛上献礼时想起你的弟兄对你心存芥蒂,那就把礼物留在坛前,先去和你的弟兄和好,然后来献上你的礼物。

马太福音5章

3. 人有时会像孩子一样埋怨人(上帝),并请求帮忙。这感情好不好? 不好。这是软弱,缺乏信念。那最像信仰的恳求祈祷,恰恰是缺乏信念。之所以缺乏信念,在于不存在不幸,在于你的恳求不合式,如果你觉得处境困难,这只是向你表明你应当自己纠正自己,在于那发生的正是应该发生的,你在这种情况下应该做你应该做的事情。

4. 如果祈祷,不要像异教徒一样说那么多废话,因为他们以为话多必蒙垂听,你们不可效法,因为你们祈求之前,你们所需,你们的父早已知道。

马太福音6章

5. 一小时正直严肃的思索比一星期没有以行为表现的狂热崇拜更宝贵。

哈里生

6. 忠于神意是基督徒生活的必要条件——它排除掉特定愿望的可能性,所以也就排除了吁请和祈祷发生某事某事的可能性。

随时祈祷吧。最必需、最困难的祈祷是回忆生活进程中自己对上帝及其教规所承担的责任。害怕过,愤怒过,窘迫过,迷恋过——可是要记住:你是什么人,你该做什么。祈祷就在于此。这事开头很难,但应养成这种习惯。

8月22日 知 识

"我们的生活是物质力量的产物,我们的生活有赖于这些力量",在人间传播这类观点是有害的。但是,当这些虚假的观点自称是科学并被当作神圣的智慧献给人类时，那么，这样的学说产生的灾难是骇人听闻的。

1. 就生活意义、善恶等概念来说，没有人比当代科学工作者更为混乱的。这一现象由之而生的根源是：一方面，现代科学在物质世界环境的研究领域取得了巨大成就；另一方面，在人的生活中却显示，它不仅对任何东西都是不需要的，而且是特别有害的。

2. 比其他一切更妨碍当代基督世界人类真正进步的重大谬误，是如今坐在摩西宝座上的现代科学工作者，他们以复苏的文艺复兴时期的异教世界观为指导，断言基督教是人们已经经历过的状况，相反，异教的、社会的、古代的人类真实体验过的、他们现在持有的那种生活观念是最出色的生活观念——这种观念是人类现在应当加以掌握的。

3. 伪科学和伪宗教总是以矫饰的语言来表达自己的教义，外行们觉得这种语言是一种神秘莫测、重要而颇为诱人的东西。有学问的人的议论，作为职业的信仰导师的语言，不仅对外人，而且对他们自己，常常同样是那样的晦涩难明。学究们通过采用拉丁文和古怪词语，往往把最普通的东西变成某种莫名其妙的对象，就像天主教神父对一些文盲教民所做的拉丁语祈祷一样。神秘并非智慧的特征。人越聪明，他用以表达其思想的那一语言就越单纯。

留西·马洛里

4. 以无足轻重的个人努力获得的、快速扩大的知识，往往不会结出丰硕的果实。

知识渊博同样可能只长叶，不结果。

我们常会遇到一些极端肤浅却又知识丰富得惊人的人。人也可独立求得同样的知识，他的智力就会在其身后留下痕迹，在另一些情势下，其他人就会顺着这痕迹前行。

里赫登别尔格

5. 力求把我们时代的罪恶连根拔除，比起当着后代的面赞美先人们的许多蠢事更好！赞美大自然的伟业，比起赞美某菲利普、某亚历山大或其他人的毁灭性攻击更好！这些人由于民族的灾难而变得声名显赫，他们成了人类的大鞭子，其祸害程度不亚于把整个国家化为一片白地的洪水，或吞噬无数生灵的火灾。

塞内加

6. 不要把渊博知识看作是借以炫耀的王冠，也不要把它看作是赖以谋生的斧斤。

塔木特

7. 如把身外利益当作求知的目的，那么，知识将永远是虚假的。只有那种由内心要求唤起的学习，于人于己才常常是有益的。

8. 科学如今成了给空虚无聊颁奖的颁奖人。

科学的合法目的是认识造福于人的真理。它的虚假目的是为把罪恶带进人的生活之中的欺骗做辩护。法学、政治经济学尤其是神学，无不如此。

8月23日 真 理

如果人完全合乎道德，他们永不会在真理面前却步。

1. 光来到世间，世人因为自己的行为是恶的，不爱光，倒更爱黑暗。凡作恶的都恨光，不靠近光，以免他的行为被揭露，因为他们恶。但按真理行动的必定靠近光，以显示他的所作所为都是通过神而完成。

约翰福音 3 章

2. 不用怕人，不管他是高等人还是低等人，富人还是穷人，学富五车者还是不学无术者。尊重所有人，爱所有人，但是不要怕任何人，信奉你的理性为你开启的这一真理，无论怎样都坚守自己的信念。不用期待别人的反应。真理方面的声音越小，那就把这声音提得越高。该相信真理比谬误、偏见、癖好更强大，应为蒙难做好准备。应该认识，真理不是一时一地的现象，而是始终不变、永恒、全世界相同、和上帝一致并拥有其全能的现象。

强宁格

3. 不要在烂书堆里，而要在思想里去寻找真理。如果想观赏月亮，那就仰望天空，绝不要俯视一汪水塘。

波斯格言集

4. 只要你在真理面前畏葸退缩，你有生之日起所做的一切善果都将毁于一旦。那个活在你里面、为你所熟知和你为一体的最高尚的灵魂是对你所做善恶无所不知的观察者。

摩奴法典

5. 真理只有通过劳动和观察才能获得，通过谈话这一途径则无法认清。如果你们要掌握一个真理，大概就会有这两种不同的方法挡在你们面前。

约翰·略斯金

真理只是对作恶者有害。行善者则热爱真理。

8月24日 成 长

人类正缓慢地但始终不懈地推动由爱的和谐一致达到的神国成为现实。

1. 不管是作为个体的一切个人,还是完全作为整个集合体的人类,都应不断改变自己的面貌,由低级状态转向高级状态,不要固守自己已有的成长,因为其极限在上帝自身。一切现有的状态都是先前状态的结果。个人或人类的成长就像萌芽的成长,其完成是连续不断的,不知不觉的——任何事物都破坏不了这一成长进程中连续发展前后相接状态中的任何一环。但是如果个人和整个人类注定要不断改变,那么,对于人和人类来说,这种改变就应在艰难和痛苦中完成。

在走向辉煌之前,在进入光明之前,应在黑暗中摸索前进;忍受迫害,献出肉身,以救赎灵魂。该死——就死在十字架上,以期再生,使生命变得更强大,更完美。这就是耶稣通过自己的学说和榜样对我们所做的教导。十八个世纪之后,人类完成了自身发展的一个循环之后,人类重又做出努力,以求自己得到改造。旧体系、旧社会,构成旧世界的一切正趋毁灭,或已经毁灭。各族人民目前正生活在废墟之中,受苦受难,恐惧万端。面对这些废墟,面对这些已经或正在实现的死亡,鼓起勇气来吧!那些已经消逝的东西,是那不朽者的破衣烂衫,那些陨落的事物,有如秋之落叶。太阳低垂,寒冬将临;但是,冬天之后,春天也就来了,生机盎然的气息即将微微吹拂。一个时代就将这样降临。

拉门奈

2. 不,全能上帝之学说还没有完全显现,他的思想还没有彻底全面得到昭示。他正创造和将创造人类智慧无力把握的一种永恒世纪的潮流。已经过去的世纪向我们揭示的只是他的创造物的几个片断。我们的事业永无尽头。我们只能勉强了解它的源头,完全不能知晓它的终极目标:知识和发现的时代只是拓宽了它的疆域。它代代相续地攀升到我们难以臆测的天命,以寻找其规律,而这规律我们能看清的只是不多的几行。

约瑟夫·马志尼

3. 永远加速,始终前进;绝不停留,永不后退,更不转向。停留者驻足不前;不继续前进者正在倒退;义愤填膺者就会转向。

如果想成为与目前判然有别的人,那就永远不要满足于现有的一切,因为你伫立之处,就是你滞留之地。一旦说出我满意,那就一切都毁了。

奥古斯丁

4. 爱你们的事业,但不要爱你们业已做成的事情。

马科夫斯基

5. 我来把火丢在地上,倘它已经熊熊燃烧,这不正是我所愿望的吗?你们以为我来是叫地上太平的吗?我告诉你们,不是,我来是叫人分争。

路加福音 12 章

6. 无论是个别人,还是整个人类的生命都有肉与灵毫不间断的争斗。在这一争斗中,灵永远是胜利者,但是这种胜利决非一劳永逸,这种斗争是漫无止境的。而正是这一点构成了生命的本质。

7. 生命的目的是以爱贯穿所有的生命现象,是把恶的生命缓慢地逐步地改造成善的生命,是真正的生命创造(因为真正的生命只是一种爱的生命),是真正的即爱的生命的诞育。

8. 人身上进行着理性和热情之间的内部争斗。一个人如果只有理性而没有热情,或者相反,只有热情而没有理性,那么,人也许就能获得些许平静。但是,因为人身上两者兼备,所以他就不能摆脱争斗,和一方厮杀,自然就不能和另一方和平相处。他永远处于自我分裂和矛盾之中。

帕斯卡尔

人类世界不断完善,这种日益完善的意识是人类最美好的欢乐之一,这种欢乐大大增加了每个人再参与这种完善的可能性。

8月25日 劳 动

劳动是现实生活的必要条件。如果鲁滨孙不干活,他就可能冻饿而死。任何人都能了解这一点。但是,劳动是精神生活的必要条件,这一观点却并非人人都能理解,尽管这一观点和劳动对身体是必要的那一主张是同样无可怀疑。

1. 使自己远离体力劳动,甚至对先知来说,也不能不由此而丧失力量,丧失真理。我毫不怀疑,当代文学和哲学的错误和缺陷——过度的雕琢、纤弱和忧郁——应该是文学同行们的衰弱和病态的习惯的附加物。即使书写得不很成功,但是只要写书的人稍有才能、稍为优秀,也不致如我们现在所见的那样,会与他所写的作品成为可笑的对照。

爱默生

2. 体力劳作是对外部世界的一种探究。
创造财富者,而非财富的不劳而获者才享有财富的好处。
我带着铲子走进我的园子,挖掘沟畦,我感到如此欢欣,身心健旺,以致我一直在想：我干吗在这段时间不能亲自享受这种幸福,竟把我双手能干的工作允许别人为我代干呢？但是,这不仅仅是快乐、健康的问题,而且是一个教养的问题。

我总是愧对为我工作的劈柴人、耕地者、厨师,因为他们有自我满足的能力,没有我的帮助完全能打发岁月；可我却依赖他们,失去了支配自己双手、双腿的权利。

爱默生

3. 不想劳动者,不得食。

费萨龙第 2 书 3 章

4. 无所事事者,干坏事。

5. 无所事事者总有许多帮手,懒汉的脑瓜是魔鬼最爱造访的地方。

6. 大自然在其运行中决不停顿,任何不尽责任的行为都应加以惩处。

歌德

应该羞愧的,并不是某种最肮脏的活计,而是那来自不洁的道德状态的最为不洁的勾当——四体不勤,无所事事；与此相连的是不可避免地利用他人劳动的成果。

每周阅读

论土地的解放
（据亨利·乔治学说）

"土地是上帝的",民众说,因为大家开始越来越明白,他们几乎所有的不幸都源于土地能够成为私有财产。众多不幸,是因为一些人拥有大量土地,而又不用操心精耕细作,因为他们不必如此。他们知道,不用耕作,土地就会给他们带来进益,因为土地年复一年,日益金贵。另一些人则土地极为匮乏,少得可怜,以致无法加以有效利用。人们因此进城,进工厂,进办公室,劳动价值处处被压低。人们的主要不幸由此而来。

那么,为了铲除这种现象,让所有人都能平等地利用土地,究竟应该怎么办呢？通过权力剥夺大量占有土地者的土地,在从事耕耘的民众中平均分配,如同把农民的公社土地分配给农民一样？但是,单单在一个村子里把公社土地在全体村民中平均分割就已有困难,保证这种平均的份额就更加困难,还不用极端夸大那田块的犬牙交错,大大增加了经营管理的难度。如今已有一些村民,把每块田地划分成二三十块长方形的地块,由于这种分割,他们在自己的土地上不能按照自己所有的愿望做出任何好的结果。究竟怎样把所有土地在那些想拥有它的人群中做人人相等的分配呢？就全世界来看，土地显然比一个村子的要多得多，但其价值却大有不同。有的是沙地，一俄亩只值十五至二十卢布；有的是黑土地，值三百至四百卢布；有的是春季水淹草地，值一千多卢布；还有些土地，拥有矿产、石油、优质煤炭，这样的土地一俄亩就值一万卢布；城市中的土地，那里一俄丈就值一千多卢布。此外，土地价格也是会不断变动的。铁路通过，人口增加之处，地价也会攀升。

　　此外，有一些人并不需要土地，他们住在城里，有一些是工匠、铁匠、钳工、裁缝、细木工，有一些经营作坊，有一些在工厂劳动，有的是教师，有的是文书。所有这些人都不需要供耕作的土地，但是他们都想和另一些人平等地分享土地所提供的收益。

　　这时该怎么办？怎样才能做到让所有人都能平等地分享土地所提供的收益呢？

　　为了这一目的，不必剥夺如今拥有土地者的土地，也不必把土地分给所有人。就让那些如今拥有什么样的土地的人拥有什么样的土地，就让他们去开辟菜圃，培灌花园，养牲口，种粮食。就让拥有矿产地的人开采矿石、黄金、石油、优质煤炭。就让所有那些拥有土地的人和现在一样，然而，必须让这些占有土地的人为了公共利益每年交纳这些土地的年租金。怎样的土地价值几何？若指的是可耕地，那年租就在三、五、十卢布，若指的是水淹草地，那年租在五十、八十、一百卢布，若是有矿藏的土地和城中土地，年租则为一千卢布，让他们每年支付这笔钱供公共福利之用。如果有人既没增加建筑设施，又没有改良土壤，就把土地出租，而获得了成百上千卢布，那就让这人把这些卢布交出供公共福利使用；有些土地若只值那么五六个卢布，那就让那个人把这五六卢布交出。让所有的人把占有的土地本年度能给他带来多少租金（利息）全都交出。所以，比如要是他今年支付的土地租金是十至十五卢布，明年却有一些人愿意为这地支付十五至三十卢布，而非十至十五卢布，那么，如果他还想拥有这块土地，那就让他按大家对地块的估价支付地块的租金吧。

　　要是如此规定，那么，土地就会满足所有人的要求——它之所以可以满足所有人的要求，是因为如今那些握有土地而又不亲自工作的人就会积极地清退自己的土地，因为如果不在土地上工作，他们就没有能力偿付土地的租金。那些在土地上工作的人就有可能取得这些土地。

　　这些从土地取得的资金应该成为公共福利。这种进益是那样可观，以致它足以取代其他的税种及收费。在俄国，土地租金比现在各种税收的总和还要多一两倍或三倍。单莫斯科一地，土地年租金在二千万卢布左右。如果实施这一制度，那么，不仅会对农村劳作者有好处，因为土地会十分充裕，不必支付任何人头税和其他的税，而且对城市居民、工匠、工人的生活也会大有好处，民众就可能分散在乡村各处，工厂工人和其他人员就不会像现在那样过剩，以致把工资压低；于是，工资就有可能由工人而非老板来提出，食品也会便宜很多，因为商品中既不包含人头税，也不包含关税。

在这种制度中，人们就会从土地得益，他们将从土地获得上帝规定、人人平等的收益。这就消除了封建特权和奴隶制度下一些人占有一切，另一些人一无所有的现象；这一现象目前之所以仍然存在，是因为一些人能把土地据为己有，作为私有财产占有它，同时又剥夺了那些想在土地上劳作者的土地。

尼古拉耶夫据亨利·乔治作品改写
托尔斯泰编辑

8月26日 公 正

公正不是由追求公正取得，而是通过爱来实现的。

1. 正如为了命中鹄的就必须打得比鹄的更远一样，为了成为公正之人，就该成为不惮自我牺牲的人，即对自己不公正的人。如果你想做的只是一个公正之人，那么，你将偏袒自己而对人不公。

2. 任何一个人不可能在自己所有事情上都完全公正。但是公正之人与不公之人的区别在于他力求成为公正的人，就像老实人和说谎者的区别在于他力求只说真话一样。

3. 有些东西比不公更恶劣：诸如伪善、假仁假义、假装为上帝效劳。在伪基督世界里，这是习见不鲜的。这类人只是通过想象和伪装，使人以为他们在执行爱的信条，其实他们正使自己摆脱公正的诉求，把他们的不公引向自满自得的恶行。这类人为教会、为穷人做牺牲，做善事，然而，他们所献出的，却是他们兄弟的血泪。

4. 法官因为只从问题的一个方面做考察，他就能遵守公正原则；但在生活中，任何问题都有许多种不同的、然而同样是公正的解决，这取决于从什么角度观察问题。

5. 生活中唯一值得珍重的：坚持不懈地与人的虚伪及不公做斗争，不知疲倦地使自己变得谦恭谨慎。

马克·阿夫列里

6. 你因不公而难受，那就自宽自解吧：真正的不幸者并非遭受不公的人，而是那行为不公的人。

做一个完全公正的人是不可能的。公正不能一下做到或重做。为了不犯反对公正的过错,只有一种方法可行,即一再反复地予以改正。

8月27日 一切在自身

每个人最必需最重要的研究对象,就是他本人及其精神本质。

1. 了解整个科学却不了解自己的人,是可怜的无知者。除了了解自己和自己精神的"我",对其他事物一无所知者,则是一个完全文明的人。

2. 大多数人想了解上帝,却不想了解自己。但愿他们能承认并发展自己内心的善吧,这样,他们就认清了上帝,因为认识上帝没有其他方法可行。

留西·马洛里

3. 要是有人问天性是什么,他是得不到回答的,因为只有他自身才是这一问题的答案;所以,他应该去认清自己。

留西·马洛里

4. 如果感到有一种权力的欲求,就赶快离群独居吧。

托罗

5. 荣誉之路穿越宫廷,幸福之路穿越市场,美德之路则穿越荒漠。

中国谚言集

6. 对绝大多数人来说,他们的内心仿佛是一片那么浩瀚的海洋,以致他们不敢去研究它;但是他们迟早会进入这一世界,并在其中探寻他们在外部世界徒劳地探寻的那一神圣的避难所。

留西·马洛里

7. 人始终具有摆脱一切不幸的庇护所,这一庇护所就是他的心灵。

只要人懂得他是什么人,他就会觉得他的伤心不快是何等的微不足道。

8月28日 信 仰

信仰决定生活。

1. 宗教意识乃是可在其上创造其他任何事物的基础。因此,它先于其他一切意识。

2. 为了明白人人平等、一个人为他人效劳远比他人为自己效劳更好这些道理，人就必须确定自己对世界的态度，而能提供这种人对世界的确定态度的，是宗教。

3. 不顾及宗教而想确立道德的意图，就像这样一个孩子的做派：他想移栽他喜欢的植物，却扯掉了他不喜欢的、觉得是多余的植枝的根，并把无根的植枝插进了土中。没有宗教做基础，就不能拥有任何真正的、朴实无华的道德，如同没有根就不可能有真正的植物一样。

4. 神父在忏悔时向一个心地善良、生活富裕的农民提出了一个常提的问题：他信不信上帝？

"我真是个罪人，我不信。"农夫回答。

"怎么，你不信上帝？"

"我不信，老爹！要是我相信，难道我以前会那样生活？那时我只想到自己：吃啊，喝啊，可上帝和兄弟却都被抛在脑后。"

要是所有人都像这个农民那样理解信仰，事情会怎样呢？还会有人信仰基督的诫命吗？

5. 有两种信仰：一种信仰是信赖人们所说的一切，这是对人和人间的信仰，这类信仰有众多的不同。另一种信仰是依赖于那个派遣我来到人世的主。这是对上帝的信仰，这样的信仰人人都是相同的。

6. 信仰是灵魂必不可免的本质。

人必不可免地会相信某些事物。人之所以必不可免地会相信，是因为除了他了解的那些对象以外，还同他不能了解然而又知道它确实存在的事物有关。对这尚不了解的事物的态度就是信仰。

7. 所有人总是感到一切了然于心的事物微不足道，而同时又感到某些不可理解而又极其重要的事物却那么宏伟壮丽。

8. 人无论处于什么环境，为了获得哪些行为该做哪些不该做的最可靠的指导，耶稣在其学说中提供的范例总是最充分的。应当完全相信这一学说，这一唯一的学说，不再相信一切其他的学说，就如同航海家应当相信罗盘，而不再观察，不再以四面八方的所见来做指导一样。

9. 有一些人肯定自己没有任何信仰。这不真实。他们只是不了解自己的信仰罢了,他们有些是没有能力了解,有些是不想说出而已,但是,他们是有信仰的。而他们之所以抛弃自己的信仰,是因为他们感到他们的信仰不好。

10. 人的"宗教"并非由许多他狐疑不决而又力求相信的事物组成,而是由他深信不疑的、对其信任没有任何困难的不多的对象所确立的。

卡莱尔

力求认清你们自己以其名义生活的信仰。这将帮助你们纠正错误的信仰,坚定真正的信仰。

8月29日 灵魂的神圣本质

如果一个人意识到、感受到上帝就在自己的灵魂之中,那么,他就会意识并感受到他和世界所有人都是不可分离的。

1. 所有的灵魂都属于同一个家庭,都有相同的出身,相同的天性,大家都被同一束光照射得生气勃勃,大家都追求着同一个中心,同样的福祉。这是寓于我们身中的作为一切宗教基础的最伟大的真理,这真理不仅为理性所证明,而且在我的想象中,这是我们天性毫无疑义的本质。

强宁格

2. 热爱至高无上者,其傲气就会从心灵中消失,正像在太阳光芒的辉耀下,篝火之光黯然失色一样。一个温顺、一贯而纯朴的人,一个把一切生灵看作是自己的朋友,爱每一个灵魂有如自己的灵魂的人,一个能以温存和仁爱一视同仁对待每一个人的人,一个愿意行善而又抛弃虚荣心的人,是一个心地纯洁没有傲气的人。在这人的心灵中生活着生命的主宰者。

就像大地被其上生长的五彩斑斓的植物装点得美不胜收一样,其灵魂中生活着生命主宰者的那个人,也因美德而变得风采动人。

毗湿奴·布拉纳

3. 生命之天神待在你我心中,也待在其他所有人的心中。你对我生气是徒劳的,你推迟不了我的降临:要知道,我们大家都是平等的,所以不要傲气逼人,无论你地位多高。

穆罕默德·哈桑

4. 不可能找到灵魂的世俗来源的蛛丝马迹。灵魂里没有任何一点杂凑拼合之物,没有任何一点能在尘世出现、形成之物;甚至没有一点由水、空气、火的生成之物。事实上,无论水、空气,还是火,都没有任何一点记忆、理解、思考的能力,没有任何一点回顾过去,瞻望未来,理解和领会现在的能力。所有这些都只是精神本质即上帝所固有。除了神的来源,你们绝不能指出这事的另一来源。所以,任何本质,如果它能感受,思索,生活,行动,它应当拥有上天和神圣的来源,所以,它应当是永恒的。神不能不被想象成摆脱了某种非永存的对象而成为精神的自由的元素。人的灵魂则与之相同。

西塞罗

5. 一个伟大的思想控制着我们的灵魂。这个思想就是我们意识到我们的灵魂伟大壮阔。灵魂和上帝交融合一并非因为盲从他,而是因为灵魂有能力接纳他,是因为灵魂有能力日臻完善,是因为灵魂被命定为非语言所能形容的伟大壮阔,是因为灵魂不朽。

阿米埃尔

所有人都是同一父亲的孩子。所以不爱兄弟是反常的。

8月30日　神国即将来临

人们都知道全人类的好生活是什么,这一好生活怎样才能达到;如果他们知道了这一点,那么,这种生活是迟早会得到的。

1. 耶稣已预见到其道德基础已经动摇不稳的旧社会的末日。他对门徒预言说,宫殿,是人们确立的生活制度的物质标志,应当被摧毁,而代之以更完善的制度。对这一有义务应当尽快实现的预言,他补充了一个预言,它类似于当代才完成的一些事变。这些事变表现出的那些熟悉的情景,正是他的同时代人想象中的世界末日。

我们现在都正生活在他所预言的那个时代。从地球的一端到另一端,一切都摇摇欲坠。在一切无论怎样的机构中,在一切各族人民以之为社会生活基础的完全不同的制度中,没有任何东西是坚牢的。大家感到这一切应当很快就被毁坏,这殿堂也不会留下片砖块瓦。但是,耶路撒冷及其殿堂刚被毁灭,由之离开的生气勃勃的上帝修建新城池、新殿堂的工作也就准备就绪了,而各民族、各族裔的人也将按照上帝的意愿向该处汇集——就这样,由当今宫殿、城市的废墟中将矗立起新的城池和新的殿堂,而且注定要成为全世界的殿堂,人类共同的祖国,尽管人类目前因为使兄弟成为陌路,并在他们中间播种无神论的仇恨、挑起令人厌恶的战争的那一学说而分崩离析、彼此仇视。当只有上帝才知道的各族人民被团结在同一殿堂、同一城池的时刻到来时,基督真正执掌权柄最终完成其神圣事业的时刻也就真正降临了。他来显然只是为了教导民众,他们应当在爱的信条上团结起来。即使这种神圣社会的诞生是痛苦的,这又怎样呢?你们不应害怕善恶的最后斗争,这斗争是复活的准备:斗争正是你们的义务。你们每一个人都是上帝的战士。但是,在现代,失去理智和狂妄骄矜保护了伪基督和伪先知。基督并不在旷野,也不在隐秘的处所,当然更不在那些脱离他人却自以为他是唯一注定得救者的人群之中;一些人正是以此来否定基督的。基督则粉碎了人间的一切障碍,答应赋予一切人以永恒的和平和欢乐,因为他们爱上帝甚于一切,爱人有如爱己,在自己的事业中体现出这种双重的仁爱。这种仁爱所在之处,就是基督驻身之地。不要在别处去寻找他,你们找到的只是不足信的幻影。

拉门奈

2. 站在山顶上的人比平原地带的居民早看到日出。与此相同,处于精神峰巅的人比那些过着肉欲生活的人同样更早看到天堂的日出。但是太阳高悬,以致万众瞩目的那一时刻总会到来。

选自 世界进步思想杂志

3. 像人们常常发现为他人而死并不难一样,他们发现为其他人而生同样很容易,这样的日子到来时,难道不合他们的心愿吗?上帝把他和兄弟们联结成一体,为了把人生变成一种为这样的兄弟高尚而美好的效劳,需要的只是人们的灵魂意气昂扬和乐观开朗。

布拉恩

4. 我的想象不想刻画那些温顺平和的人继承土地时的幸福时光。但是这一天不可避免地总要到来,贫苦人的愿望不会落空。他不是通过暴力,通过权力而是通过自己的灵魂召唤温顺平和的人到自己的法庭上来,教他们按自己指引的道路前进。

约翰·略斯金

5. 一股强大的力量在人间工作。谁也无法使它停顿。这一现象的征兆是:对基督教的新理解,尊重人,新的兄弟情谊,所有人对所有人之父的同样的态度。我们见到了这点,我们感觉到了这点。面对这一切,一切压迫都将土崩瓦解。默默贯穿着这些精神的社会把其永恒的战争变成了和平。紧抓一切、似乎不可战胜的自私自利的威力让位给了神力。"和平降临大地,人间布满善意"不会永远只是一种理想。

强宁格

当比往日更崇高的理想提到人类面前时,过去的一切理想像太阳辉耀下的星星一样,黯然失色了。人不能不承认更崇高的理想,有如不能不看到太阳一样。

8月31日 艺 术

批评界推许的伪艺术的任何作品,都是艺术伪君子立即由之钻入艺术殿堂之门户。

1. 无论怎样可怕,这点还不得不说,我们当代环境中艺术所发生的,同这样的妇女身上发生的完全一样;为了满足沉湎于这些玩乐者的玩乐,她们竟出卖自己天生为母性而特具的女性迷人的本质。

我们当代环境中的艺术成了荡妇。这一比拟真实可信,毫发不爽。这一艺术总是那样大肆涂饰,总是那样待价而沽,总是那样富有魅惑力和毁灭性,而且总是有备而动。

真正的艺术品,作为先前生活的果实,在艺术家灵魂里只能偶然灵光一现,完全像母亲十月怀胎。

伪艺术由匠人、手艺人不断炮制出来,也许只有过去才会有其买主。

真正的艺术就像热爱丈夫的妻子,不须涂饰;伪艺术像青楼女子,理当打扮妆饰一番。

表现久已蓄积的感情的内心需要,是真正艺术产生的原因,有如爱情是母亲妊娠的原因一样。

伪艺术的根源,是贪婪,这与青楼女子如出一辙。

真正艺术的成果是带进日常生活中的新感情,就像妻子爱情的成果是新人降临人间。伪艺术的后果是人的败坏,玩乐的难以餍足,人的道德力量的削弱。

我们当代环境的人应当明白这一点,以免被这蜕化变质、荒淫无耻的艺术浊流淹没。

2. 一切想把艺术当作自己谋生手段的企图是人们选择的最坏最有害的方法之一。在每一代人中,那种其言论值得倾听、其作品值得关注的人,是不多的,是极少的。这少数人会不顾现有的诉求宣传、歌唱、绘画。他们如寓言中的蜻蜓,宁愿挨饿,也不愿停止歌唱。即使你们不想听他们唱,出于好心,也应当给他们几文小钱以使他们能维持生计。但是有一些从事写作和画画并以此为谋生手段的人却自以为比普通乞丐更高尚、较少受鄙视,其实就本质而言,他们只是一帮嘈杂喧嚣、有害无益的乞求人。我乐意为在小作坊里的可怜流浪汉支付生活费用,但不是为了他们用拙劣可笑的模仿和手摇风琴在我耳边聒噪,用卑鄙下流的小说引诱年轻姑娘,或者用数不胜数肮脏不堪的印刷成书的谎言把整个民族引向死亡;而人们正陶醉于这些印刷成书的连篇谎言。如果人无力通过诚实劳动挣得自己的面包,那就不要在街头巷尾大喊大叫，而是闲话少说，老老实实伸出自己空空的双手，请人对他们发发慈悲。

约翰·略斯金

3.自己的才能不可出卖。如果出卖它，你们就成了出卖圣职和出卖皮肉的双料罪人。自己的劳动你们可以出卖，自己的灵魂则不能出卖。

约翰·略斯金

商人在没有被清理出艺术殿堂之前，艺术殿堂就不成为艺术殿堂。未来的艺术将把他们驱逐。

九 月

9月1日　麻　醉

　　理性向人们指明，他们脱离了生活法则。但是人们对此早已习以为常，觉得那样舒适惬意，以致人们力求要压倒理性，以不妨碍他们按习惯生活。

　　1. 人的救赎和惩处在于，当他生活不正常时，他能把自己弄得混沌昏聩，以使自己看不清处境的可怕。

　　2. 如果不能按照良知去生活，那么，良知将因生活而被昏聩糊涂压垮。

　　3. 当士兵们站在枪林弹雨下的掩体里一无可为时，他们总是尽可能地找点事情做做，以便更容易打发那危险时刻。所有的人偶尔也同样会扮演这种求生士兵的角色：有些凭借虚荣心，有些赌博，有些写作法律条文，有些玩弄女人，有些从事竞技活动，有些参加赛马，有些打猎，有些酗酒，有些则参加国务活动。

　　4. 要是一个人不再昏聩糊涂，同时却又用伏特加、红酒、烟草、鸦片来麻醉自己，很难想象这种人在整个一生中会发生良好的转变。

　　5. 人们在谈及一个教派的信徒时说，他们在集会结束时把灯熄灭，然后群体纵情淫乱。
　　现代社会，为了纵情于群体持续不断的淫乱，人们不用再去熄灭理性之光，因为令人昏聩糊涂的物质正发挥着作用。

　　6. 改善当代人生活的重要条件之一，是使自己摆脱身处其中的种种耳濡目染的污泥浊水，然而他们却用烟草、红酒、伏特加始终拼命把自己囚禁在这种状态之中。

7. 政府为了自己的利益,居然担起给人们提供戕害人身心健康的酒精这一义务。即使再没有其他证据,这一事实足以显而易见地证明:政府不仅不关心如何去确立民众的道德情操和福祉,而且相反,为了政府当权者的利益,竟明目张胆地毒害民众。

8. 麻醉自己即使无论如何还算不了犯罪,但却已是在为各类犯罪做准备。

9. 当代人生活的丑恶,尤其是生活的无意义,大多是在他们放纵自己、长醉不醒的状态中发生的。一些头脑清醒的人是丝毫不可能参与当代世界目前正发生的那些事情的。

你们以为,喝不喝酒,吸不吸烟,都无关宏旨。即使无关宏旨,那当你们知道你们这种榜样对人对己都有害时,就值得你们去戒绝了。

每周阅读

人为什么会被蒙蔽?

在人的自觉生活阶段,他常能发现自身包含着两个分离的人:一个是盲目的、感性的,一个是清明的、精神的。盲目的动物式的人,像一架已经发动的机器,吃喝、休息、睡眠、繁衍、行动;一个清明、精神的人,虽然与动物性的人连接着,自身却一无所为,只是对动物性的人的活动不时做出评判:与他意见一致时赞成其活动,与他意见分歧时反对其活动。

清明的人可以用罗盘指针来比拟:这指针的一端指向北,另一端则指向相反的南,指针因其引力而被一片小薄板覆盖。指针在罗盘自身里按指针的方向摆动时,指针在小薄板覆盖下并不显露,但是只要搬动罗盘,偏离指针所指方向,指针就会立刻从小薄板后面露出,变得清晰可见。

与其相同,一个清明而精神的人,在俗语里我们把他的显现称为良心。良心的一端永远指向善,另一端则相反地指向恶,在我们没有偏离它提出的方向,即没有由善向恶时,我们是看不到它的,但是只要一干出有悖良心的行为,精神的人的意识将指明那种动物式的活动已经背离了良心所指出的方向。正像航海家知道了他走的不是他应当走的方向,如果不调整航行的方向,使它与罗盘指针的指向一致,或者没有向自己隐瞒指针的偏差,他就不可能用桨、机器、船帆去继续航行。完全相同,任何人在感到自己的良心与动物性活动南辕北辙之后,在他没有把活动调整到与良心吻合一致或者并不向自己隐瞒良心所指明的动物性生活的错误之前,他就不能继续这一活动。

整个人生可以说只是由这两种活动构成：其一，使自己的活动与良心同步；其二，向自己隐瞒良心的诉求，以便能继续生活。

一些人采用第一种活动方式，另一些人则采用第二种活动方式。为了达到第一种活动方式，就只有一种办法：道德启蒙教育——扩大自身的理性之光，关注它所照亮的一切。至于第二种活动方式——向自己隐瞒良心的诉求——则有两种方法可以采用，即外在的方法和内在的方法。外在的方法是通过忙碌的操持使注意力不再顾及良心的诉求；内在的方法则是使良心本身变得混沌昏乱。

要使人对他面对的事物熟视无睹，有两种方法可用：其一，视线被外物诱引而转向另一更令人惊讶的对象；其二，眼睛被弄得昏瞆不明。与此相同，人的良心诉求一样能通过两种方法被屏蔽：外在方法——用一系列事务、操心、游戏、比赛把注意力转移，内在方法——使注意机制本身变得污浊混沌。对一个迟钝、道德感有局限的人来说，外在的引诱常常就足以使他们无视良心有关生活不正常的劝谏。但是对一个道德敏锐的人来说，这是不够的。

外在方法不能完全使注意摆脱生活与良心诉求错位的这种意识，而这种意识足以妨碍生活；人们为了能够生存，就定会采用无可怀疑的内在方法，即采用使人麻醉的物质来毒害头脑从而使良心本身昏聩糊涂。

生活并没有照良心诉求所应有的那种样子出现，而按这些诉求去改变生活又没有力量。

不是能转移这种错位意识的娱乐消遣不足，就是这些娱乐消遣令人厌倦。尽管良心指明了生活的错误，但是为了能使生活继续下去，人们通过败坏良心诉求由之显现的那一机制，暂时中断了它的活动。这如同一个人为了排斥他不想看到的事物而蓄意使眼睛迷乱昏花一样。

托尔斯泰

9月2日 异端邪说

人们离真理越近，他们对别人的迷误就越能容忍。反之亦然。

1. 只有不信教，也就是不相信生活的精神基础，并把他们掌握的那些外在方法当作信仰的人才能成为不容异见的偏执者。他们之所以不容异见，是因为他们不明白真正的信仰是不以人的意志为转移的。从虐杀基督的法利赛人到今日世俗的魁首，这些最不信教的人过去和现在总是在驱逐信教者，其原因就在于此。这种驱逐不仅没有削弱反而增强了信教者的信仰，而且一贯如此，始终如此，其原因就在于此。

2.上帝借助良知和理性在人的心灵中确立信仰。想通过暴力和胁迫确立信仰是不可能的,暴力和胁迫确立的不是信仰,而是恐惧。不应抨击和谴责不信教的人和迷误的人:他们因为自己的迷误而缺失了信仰就已够不幸的。要是谴责能给他们带来好处,那么,在这种情况下,责备他们也许是应该的,但是,恰恰相反,责备只能更使他们心存反感,并因此而给他们带来祸害。

帕斯卡尔

3.有一条我们应该始终牢记不忘的、无可怀疑的法则:一件善事在并不缺乏善意的情况下却没能实现,那么,这件事情或者不是善事,或者做这善事的时间还没到来。

4.发现我们的父辈所谓的真理原来只是一个弥天大谎并为此哭泣的人,没有什么比他更不配理性人这一称号了。

寻找新的团结基石,足以取代过去的那一套,难道不是更好吗?

马尔丁诺

5.信仰一如爱情,不可强求。所以用国家措施把它引入或力求加以确立,是一件冒险的事,因为正像强制爱情的图谋引起憎恨一样,强制信仰的图谋同样会引起不信。

叔本华

6.宗教被否定是宗教界不宽容、贪图权势的自然结果。

瓦比尔顿

7.不信教者常如虔信狂人,同样不宽容。

裘克洛

真正的信仰,不需外在的支持,既不用暴力,也不需庄严肃穆的光环。它不必操心它的广泛流传(上帝的时间十分充裕。千年有如一年)。想用暴力或表面庄严肃穆的手段支持自己的信仰并企图使这一信仰更快传播的人,对它很少甚至压根就不相信。

9月3日　上　帝

上帝是人类智慧难以企及的。我们只知道他是存在的;不管我们想还是不想,我们知道这是毫无疑义的。

1.我原先见到许多生活现象,但并不深思这些现象从何处来,为什么我会见到这些现象。

可是当我开始深思这一切的基本原因时,我深信,这一切的源泉是智力之光。我被这想法深深吸引,以致把一切都归结为这一点,承认这种智力是万物之始,使我完全心满意足。

但是其后我发现,智力是一种通过某种浑浊的玻璃才照到我的光。我看到了光,但是我并不知道这光提供给我的东西,尽管我知道,它是存在的。

同样我不知道那照耀我的光源是什么,但是我毫不怀疑它是存在的,这就是上帝。

2. 不要企图洞悉神圣自然的本质;想要了解上帝尚未公开的奥秘,是一种无神的行为。

米南德

3. 信仰上帝,为他效劳,但不要试图了解他的本质;除了失望和疲劳,你从你徒劳的努力中必将一无所获。

甚至连了解他存不存在的问题都不必操心,为他效劳吧,就像他存在着,事事参与着,其他想法都是不必要的。

菲里蒙

4. 还没有人洞察伟大创始的奥秘。人都不能越出自我向前迈出一步,噢,你,在对其的探寻中,发现整个世界一片混乱!圣人如同恶人,乞儿如同富翁,这种混同使人远不可能找到你:你的名字虽然正和一切人的生活一起轰响,但却人人都听而不闻,虽然你就在众人瞻望之下,但却个个都视而不见。

海亚姆

5. 我们知道上帝的存在,与其说是凭借理性,还不如说是凭借那种完全依赖他的意识。在这种意识中,我们感觉自己类似于吃奶孩子在母亲怀抱中所体验到的感觉。

孩子并不知道谁在抱他,谁在使他暖和,谁在给他喂奶,但是他知道,他爱那个他正处于其呵护之中的人。

6. 人力求变得像上帝一样,祭司则使上帝变得与人相似,人类的轻浮则以这样的有关上帝的概念为满足。

达古

不要因为你说不清楚上帝的概念而羞愧。因为概念说得越明白,就离真理越远,论据就越不可靠。

9月4日 努 力

真正的幸福并非一下就能获得,它必须通过坚持不懈的努力去实现,因为真正的幸福只存在于越来越完美之中。

1. 当我们学习认字时,我们也就学会了读写。但是,认字并没教会我们需不需要给我们的朋友写信。与此相同,音乐教会我们唱歌和弹奏乐器,但是它并没教会我们应当何时歌唱和弹奏。

唯有理性才给我们指明:什么该做,什么不该做。

上帝在赋予我们理性之后,就让我们自行安排我们最需要什么,我们能胜任什么。

在使我意识到我目前的样子之后,上帝仿佛在对我这样说:"爱比克泰德!我本能够给你微不足道的躯体和你渺小的命运提供更多的礼物。但是不要责备我没有这样做。我不想赠予你随心所欲的充分自由。但是,我却让你拥有我自己的神圣的一小部分。我赠予你趋善避恶的能力;我让你分享独立应对的理解力。如果你把自己的理性运用到你发生的一切事情上,世界上的任何事物都不可能成为你的障碍,或者在我指定你走的道路上举步维艰;你绝不会抱怨自己命苦,也不会怪罪人,你不会指摘他们,也不用博取他们的欢心。不要认为这对你是小事一桩。难道理性、平静、欢乐地度过一生对你还是小事一桩吗?对此就该满足了!"

爱比克泰德

2. 在成汤王的浴盆上镌刻着下列铭文:

"每日真正使自己完全复原,焕然一新,一次又一次,再二再三地如此做吧。"

中国智慧集

3. 智者之美德有如远游他国和登高望远:他国远行始于第一步,峰顶攀登则起于山脚。

孔子

4. 为了正确而圆满地做某件事情,就必须学会做这件事情。人人都懂得这道理。同样,为了生活得正确而完美,就必须学会正确而完美地生活。

爱比克泰德

5. 一个手把着犁而向后观望的人,不配进神之国。

路加福音9章

6. 当一个人能说他完成了自己的工作,对自己的劳动投入了心血,把工作进行到底,并竭尽所能地把工作做好,只有这时,这个人才是幸福的。如果他的行动与此相左,那么,劳动结束之后,他既体验不到快乐,也体验不到轻松。

爱默生

不要期待你的向善努力得到快速甚至你能亲见的那种成功。你看不到你努力的成果,因为你会根据你面对的完美所提高的程度,相应地提高你所追求的完美的程度。努力不是达到幸福的手段,然而努力本身就在提供幸福。

9月5日 惩 罚

惩罚——按俄国的说法,意味着训诫。训诫只有通过实例才是可能的。以恶报恶不是训诫,而是使人腐化堕落。

1. 那时彼得进前来,对耶稣说:"主啊,我弟弟得罪我,我当饶恕他几次呢? 到七次可以吗?"耶稣说:"我对你说,不是七次,而是七十个七次。"

马太福音 18 章

2. 犯了不应犯的过错,人有权对其进行惩罚,但是人群中究竟由谁来行使这一权利呢?

只有那卑鄙堕落到既不记得也不了解自己罪恶的人才敢这样干。

3. 文士和法利赛人带着一个与人通奸的妇人来,让她站在中间,就对耶稣说:"导师,这个女人与人通奸;摩西在诫命里吩咐我们,用石块把这些人砸死。你说该怎么办?"他们说这话,是试探耶稣,为了找到定罪的把柄。可是耶稣深深弯着腰,用指头在地上画着,并没理睬他们。他们还是不停地问他。耶稣就直起腰来,对他们说:"你们中间谁是没有罪的,就可以先拿石头砸她。"于是重又深深弯着腰,在地上画着。他们听了之后,受到良心的揭露,开始老老少少,一个一个地都离开了,只剩下耶稣一个人和站在中间的妇人。耶稣直起腰,除了女人,再不见任何人,耶稣对她说:"妇人! 那些说你有罪的人在哪里呢? 没有人定你罪吧?"她说:"主啊! 没有。"耶稣对她说:"我也不定你罪,去吧,以后不要再犯了!"

约翰福音 8 章

4. 人们大部分不幸之所以发生,是因为那些有罪之人却认为自己有惩罚之权。这是对我的报应,是我把惩罚权给了他。

5. 即使觉得有人得罪了你,你还是忘掉它,宽恕他吧。假若你先前并没体验到这种感情,那你就了解了一种新的欢乐——宽恕。

6. 对每件坏事所做的真实有效的惩处,是在这个罪犯本人的灵魂深处完成的,是在削弱他利用生活福祉的能力。外在的惩罚只能使罪犯愤恨难平。

7.惩罚永远是残忍而令人痛苦的。假若不是这样,它也就不可能被用作惩处的手段。当代人的牢狱之灾,与百年前的鞭刑一样,同样残忍而令人痛苦。

8.美洲印第安人从没屈从于任何政权、任何法律、任何统治的荫庇。他们唯一的领导者是习俗和善恶的道德意识。这一道德意识,有如味觉和触觉,成为每个人内在天性的一部分。破坏被认为是他们之间应有的关系的那一行为,将遭到鄙视和被逐出社团的惩罚。抢劫、杀人等更为严重的事件,其惩罚则由那些受害人来执行。无论这些惩罚手段显得如何不完善,但是在他们中间犯罪现象确实极为罕见。

要是有人问,什么情况更使人倾向作恶——是像野蛮的美洲人那样没有法律呢,还是像欧洲人那样法律过多过滥呢?那么,那个曾见识过这两种生活环境的人大概会回答说,当然是法律过滥使人倾向作恶,如果没有狼照管而能自行其是,羊当然更为幸福。

杰斐逊

就"科学"这个词来说,常常指的不仅是最不足道的,而且是最有害的学说。成为最鲜明的证据的,就是惩罚科学也就是实行最粗鲁无知的行为的科学的存在。而这种粗鲁无知的行为是那些处在发展的最低阶段的人——孩子和野蛮人所固有的。

9月6日 迷 误

迷误是人的常态。在某一时段,在某一社会阶层中,它常广为流传。在当代,在我们基督社会,它就是如此;因为在不了解任何高尚的生活法则,或虽然了解却执行不了这种高尚的生活法则的人中间,它不能不如此。

1."无论什么人都可能犯罪,如果犯这种罪的是有学问的人,那么,这种罪最为可怕。无知无识而荒唐胡闹的平民百姓比肆意妄为而颇有学问的人要好,因为前者是由于失明而误入歧途,后者则是睁大双眼往陷阱里跳。"

萨迪

那些受过基督教教化、由过去未曾有过的通信手段连成一体的现代人,其过错就是如此。

2.人失去了灵魂;多少时间过去了,他如今开始为它而苦恼。这种灵魂的丧失确是我们的致命之处,是一种世界范围内的以令人恐怖的死亡威胁着一切当代现象的社会坏疽病的核心部位。我们既没有宗教,也没有上帝;人失去了灵魂,徒劳地寻找着治疗的手段；但是腐烂的麻风病，即使瞬间稍有起色，卷土重来时却更强烈、更凶猛。

卡莱尔

3. 我们充斥着描写犯罪和各色恐怖事件的报纸仿佛是一种对肉食早餐的补充。人在灵魂和肉体接受了前者和后者的有害影响之后，随即更喜欢争吵、战争和自杀，这有什么可奇怪的呢？他们每天这样开始之后以为他们会变得幸福，岂非咄咄怪事？受他们日益恶化的精神食粮和物质食粮的影响，他们理当不可避免地处于经常的担心、痛苦和绝望之中。

留西·马洛里

4. 人们寻找愉悦，所以就朝三暮四，或此或彼，之所以这样，只是因为他们感到自己的生活空虚无聊，然而对吸引他们的那些新玩意儿眼下他们暂时还没感到憎恨厌烦。

帕斯卡尔

5. 我们为我们的生活保障所做的一切事情，完全是一种鸵鸟行为：为了避免看到它怎样被杀死，就把头藏了起来。我们甚至做得比鸵鸟还糟糕：为了我们可疑未来的可疑生活的可疑保证，我们竟确凿无误地扼杀了我们真实可靠的当前的真实可靠的生活。

6. 值得从旁观的立场对我们的富有阶级的生活做一窥探，看看他们为了他们臆造的生活保障所做的一切，事实上，他们所做压根就不是为了这一目的，他们这样做，仅仅是为了忘却生活永远做不了保障，而且也不可能有保障。

7. 当代人力求相信，我们的生活毫无意义，残酷无情，因为一些人极端富有，大多数人却极度的令人痛苦的贫困，因为暴力、军备和战争，但是任何人都看不到有什么东西能阻止他们继续过这种生活。

————————

迷误并不因为为多数所接受而不再成为迷误。

9月7日 死 亡

生命若是幸福，那么构成生命必要条件的死亡也是一种幸福。

1. 死亡使人身摆脱了片面性。很显然多数死者脸部安详及宁静的表情赖此而产生。每个善人通常都死得平静而轻松；但是死得心甘情愿死得欢快愉悦，这才是那些拒绝生命意愿、否定生命、舍弃自我者的优势。因为只有这种人才真正希望死亡,而不是表面上看起来想死,所以这种人不需也不求自己人身的久远存在。

叔本华

2.已死者在哪里?在那未生者的国度里。

塞内加

3.死亡若令人恐惧,其原因不在死亡本身,而在我们内心。人越优秀,他就越不害怕死亡。

圣人无死亡。

4.肉体的死亡消灭了把躯体结成一体的能力,消灭了短暂不居的生命意识。然而,很显然,这情景每天在我们酣睡时在我们身上不断重演着。问题在于,肉体的死亡是否消灭了那种能把所有连续不断的意识结合为一体的能力,即我们对世界的特殊关系的能力?而为了确定这一点,就应当首先证明,这种能把所有连续不断的意识结合为一体的对世界的特殊关系和我们的肉体生存是否一起产生,以后是否又和它一起消亡。可是,这是办不到的。

在论及自己意识的根基时,我发现,那把我所有意识结合为一体的能力,对一种事物具有某种敏感性,而对另一事物则持冷漠态度,结果是其一在我内心留了下来,另一个则消失了。我爱善恨恶的等级出现了。而这正是我对待世界的独特关系,这种关系造就的正是我,独特的我,我并不是某种外因的产物,而是我生命的一切其他现象的基本原因。

在论及观察的依据时,可以想象,我的"我"的特殊性的原因就在我双亲以及影响我和他们的环境的特殊性中;但是按这一方法做进一步的推断时,我不能不发现,如果我的这种独特的"我"是确立在我的双亲及影响他们的环境的特殊性上的,那么,它也是确立在我的所有先辈及他们生存环境的特殊性上的——依次推导,直至无穷,也就是说在时空之外。因而,我的这一独特的"我"是在时空之外产生的,换言之,我本身就是我创造的。

5.在我进入垂暮之年前,我要尽力好好地活,在我的垂暮之年,我要尽力好好地死。而好好地死,就是死得甘心乐意。

塞内加

6.一个不明白生命就里的人,就不能不害怕死亡。

你害怕死;那你就想一想,过去有没有具有跟你完全相同的肉身而注定能永生的?

9月8日 童 年

孩子身上蕴含着一切最大的可能性。

1. 耶稣说:"我实在告诉你们,你们若不回转,不像小孩子那样子,你们断然进不了天国。所以,那个谦卑如这小孩子的人,他在天国就是最大的。对那个诱惑信奉我的小孩子的人,最好把大磨石拴在他的脖子上,把他沉到深海里。"

马太福音 18 章

2. 父啊,天地之主,我赞美你!因为你将这些事向聪明通达之人隐匿起来,而向婴孩显露出来!父啊,是的,因为你的美意本身如此。

马太福音 11 章

3. 孩子为什么精神高于大多数成人呢?因为他们的理性既没有被迷信诱惑,也没有被罪恶败坏。在通向完善的道路上,他们一无负担,而成人则有罪恶、诱惑和迷信。

孩子需要的只是生活,成人需要的,则是争斗。

4. 如果没有孩子不断降临人间,世界将会怎样令人毛骨悚然!因为他们才随身带来了天真无邪和一切变得完美的可能性。

约翰·略斯金

5. 童年是极为美好的,即使残酷的尘世给它提供的只是天堂的一角。据统计,每天有八万个孩子诞生,它仿佛是一股天真无邪,朝气蓬勃的大潮扑来,不仅对抗民族的毁灭,而且对抗人类的腐败和全面扩散的罪恶。所有的善良感情,都是在摇篮旁和童年时代被唤醒的,这是伟大天意的奥秘之一;要是你们把这清凉的朝露消灭,那么,狂暴的利己欲念就会像烈焰一样把人类社会烤干。

假设人类可能是由十亿个不死的人构成,其数量也不能再增减,哦,我的天哪!我们会在哪里呢?我们会变得怎样呢?毫无疑问,我们也许会变得千百倍聪明,但是也会变得千百倍糟糕。知识会蓄积起来,但是由苦难和忠贞中诞生的一切道德,即家庭和社会却会灭寂。而这绝不会有补偿。

为了童年本身提供的幸福,为了童年生成的那种善,即使对此并不了解,也不企求,只是让自己、允许自己去爱,童年就已极为美好。只是由于童年,我们在尘世才看到天堂小小的一角。连死亡也变得是美好的了。天使为了生存,既不需诞生,也不需死亡;但是对凡人来说,不管是生,还是死,两者都是必要的,不可避免的。

阿米埃尔

6. 耶和华,我们的主啊!……你因敌人的缘故,你由幼儿和吃奶婴儿口中建立起赞美的能力,使敌人和复仇者哑口无言。

诗篇第 8 歌

7. 童年常常用其稚嫩柔弱的手指把握住真理,这一真理是成年人用其强有力的双手都难以把握的,它的发现则是迟暮之年才有的骄傲。

约翰·略斯金

8. 儿童爱护自己的心灵,有如眼睑爱护眼珠,没有爱的钥匙,任何人都难进入其中。

9. 孩子了解真理,常常与人们了解外国语一样,即使他们不善用它来说话。他们不会对你们说善为何物,但却总能正确无误地回避一切恶。无论怎样作假,都只能欺骗那最聪明和能看穿一切的成人,而不是最受局限的孩子;伪装无论怎样隐秘巧妙,孩子都会识破它,讨厌它。

10. 刚刚跨进这一尘世却马上谈论起彼岸世界,还能有比这更反常的事情吗?

康德

11. 当两种最好的美德——无罪的欢乐和爱的渴求——成为唯一的生活动机时,还有什么时光比童年时代更为美好的呢?

尊重一切人,但要百倍尊重孩子,保护他心灵童稚的纯洁不遭破坏。

每周阅读

I 出 逃

这故事漫长而连贯。最初,巴什卡和母亲冒雨赶路,时而走在倾斜的田野上,时而走在林间小道上,他的两只长筒靴沾满了黄叶,就这样一直走到天亮。接着,他在幽暗的前室,站了大约两个小时,等开门。前室虽然没有户外那样阴冷潮湿,但雨珠却仍能借着风势扑到这里。前室渐渐挤满了人。被挤在中间的巴什卡,脸贴到一件散发着强烈的咸鱼味的光板皮袄上,竟迷迷糊糊打起盹来。但是,这时门闩啪啦一声,门开了。巴什卡和母亲进了候诊室,又不得不在这里重新开始漫长的等待。所有病人都坐在长椅上,不动也不吭,巴什卡端详他们,同样默不作声,尽管看到许多稀奇古怪滑稽可笑的事情。只有一次,当一个年轻人用一条腿一蹦一跳蹦进候诊室来,引得巴什卡自己也想那样蹦跳起来,他碰碰母亲的胳膊肘,用袖子蒙着,噗的一声笑了出来,说道:

"妈妈,瞧:一只麻雀!"

"闭嘴,小孩子家,闭嘴!"妈妈说。

一个睡眼惺忪的医士在小窗后出现。

"都来登记。"他用低沉的声音说。

所有的人,包括那个可笑的一蹦一跳的年轻人,都向小窗口挤去。医士问每个人的名字、父名、年龄、住址,病了多久,等等。从母亲的回答中,巴什卡才知道他不叫巴什卡,而是叫巴维尔·哈拉克季昂诺夫,今年七岁,不识字,从复活节起就病了。

登记很快就结束了,随后还得稍稍等一会儿。一个身穿白大褂、腰系毛巾的大夫穿过候诊室,他走过一蹦一跳的年轻人身边,耸了耸肩,用抑扬顿挫的语调说道:

"嘿,你这傻瓜!怎么?难道不是傻瓜?我吩咐你星期一来,你却星期五才来。我说,你干脆不来好了,明摆着嘛,你这傻瓜,你的腿算完了。"

年轻人露出一脸可怜相,像请人发发慈悲似的,眨着眼睛说:

"您行行好吧,伊凡·米科拉伊奇!"

"这时喊'伊凡·米科拉伊奇'还有什么用?"大夫滑稽地模仿年轻人说,"让你星期一来,你就该准时来,你这傻瓜,你这不就糟了……"

开始看病。大夫坐在诊室,依次喊着病人。于是,小诊室里传来了刺耳的叫声,孩子的哭声,大夫生气的呵斥声。

"喂,干吗大喊大叫,我宰了你了吗?老老实实坐好。"

轮到了巴什卡。

"巴维尔·哈拉克季昂诺夫!"大夫喊了一声。

母亲一愣,好像号叫得有点突然,她拉着巴什卡的手,带他进了小诊室。大夫坐在桌子旁,无心地用叩诊槌敲着一本厚书。

"哪里不好?"他对进门的人连看都没看一眼,就这样问。

"小家伙胳膊肘上长了一个小疮,大夫。"母亲回答说,她好像真为巴什卡的小疮担心,一脸忧愁。

"把衣服脱了!"

巴什卡吃力地解开脖子上的围巾,接着用衣袖擦擦鼻子,随后不慌不忙地开始脱小皮袄。

"大妈,你是来做客的吗?"大夫生气地说,"干吗这样慢慢吞吞的?要知道,我这里不只你一个啊。"

巴什卡赶紧把小皮袄扔到地上,由母亲帮着,脱下了衬衣……大夫懒洋洋看着他,拍了拍他的光肚子。

"好哇,巴什卡老弟,你长成一个大肚汉啦。"他叹了口气说,"把胳膊肘露出来吧。"

巴什卡忱斜着眼瞧着一盆血水，盯着医生的白大褂，哭了起来。

"米——米！"大夫滑稽地模仿着他说，"淘气包已经到了该讨老婆的年纪，却还在这里大哭大叫，太不好了！"

巴什卡忍住不哭，打量着妈妈，流露出恳求的眼神："千万别回家说我在医院哭过。"

大夫查看他的胳膊肘，捏一捏，叹了口气，嘴巴啧啧有声，又捏了捏胳膊肘。

"你真该挨揍，大妈，可惜没有人，"他说，"你干吗不把他早点送来呢？手看来是要完蛋了！你看，傻瓜，这明明是关节的毛病！"

"大夫，你要是知道……"大妈叹了口气。

"大夫……你让小伙子的手快烂掉了，这时才来喊大夫！没手他怎么干活？你得一辈子侍候他。要是你鼻子上长一个小疮，你多半会马上往医院跑，可是你却让孩子烂了半年。你们这帮人就是这样。"

大夫点上烟开始吸烟。当烟卷冒着烟，他就开始训斥大妈，应着若有所思哼着的曲子的节奏，摇晃着脑袋，一直在想着什么。脱光衣服的巴什卡站在他面前，听他哼哼着，瞅着冒出的烟。烟卷一熄灭，大夫来了精神，用低沉的声音说：

"喂，你听着，大妈，药膏和药水已对他一点用处也没有。该让他住院。"

"如果一定要这样，大夫，干吗不留下呢？"

"我要给他动个手术。巴什卡，你得住院。"大夫说，拍拍巴什卡的肩。"让母亲回去，你和我得留在这里。老弟，我们这里好极了，痛快极了！巴什卡，你的病一好，我就和你一起去抓黄雀，我还要把狐狸指给你看！还一起去做客！怎么样？想不想？妈妈明天就会来看你。怎么样？"

巴什卡用探问的眼光看着母亲。

"你留下吧，好孩子。"她说。

"留下留下！"大夫高兴地叫了起来，"不用再商量。我会给他看活狐狸！我们将一起到集市买糖果！玛丽娅·德尼索芙娜，把他带到楼上去。"

大夫显然是一个快乐、随和的小个子，喜欢和人交往。巴什卡很乐意答应他的要求，特别是他还从来没有到过集市，他很想看看活狐狸，但是，没有妈妈怎么行呢？他想了想，决定请大夫让母亲也留在医院。但是，他还没来得及张嘴，女护士就带着他顺着楼梯上楼了。他走着，吃惊地张着嘴，打量着四方。楼梯、地板、门框，又大又直又亮，都刷上了漂亮的黄漆，发出素油的好闻的气味。到处都挂着灯，铺着地毯，墙上安着铜质水龙头。但是巴什卡最喜欢的却是那张安排他坐着的床和灰色粗呢被褥。他用手摸摸枕头和被褥，看看病房，认为大夫生活得很不赖。

病房不大，只放了三张床。一张空着，一张是巴什卡的，第三张床上则坐着一个老头，眼色很忧郁，老是咳嗽，向杯中吐痰。从巴什卡的床往门外瞧，可以看到另外一个病房的一部分和两张床。一张床上躺着一个非常苍白、消瘦的人，头上顶着一个圆滚滚的橡胶气囊,另一张床上坐着一个庄稼汉,双手分开,头上缠着绷带,活像一个婆娘。

女护士安顿好巴什卡,转身走了,时间不长,她又回来了,手里抱了一摞衣服。

"这是你的,"她说,"把它穿上。"

巴什卡脱掉自己的衣服,高高兴兴换上新的衣服,他穿上衬衣、裤子、灰色小罩袍,得意地打量自己,想到要是穿着这身行头,能在村子里溜达溜达,真不孬。在他的想象中出现了这一场景:母亲派他顺着河边到菜园给猪摘一些白菜叶,他一路走来,许多男孩和女孩围着他,眼热地瞅着他的病人罩袍。

一个勤杂女工手里拿着两只大锡碗、两把勺子和两块面包进了病房,把一只碗放在老人面前,另一只碗放在巴什卡面前。

"吃吧!"她说。

巴什卡往碗里瞧了一眼,见是一碗油油的浓汤,而且还有一块肉,他又认为大夫的生活很不赖,看来大夫一点都不像当初让人感到的那种怒气冲冲的样子。他用了很长的时间来喝汤,喝一小口汤,然后就把勺子舔干净,到最后,除了那块肉,碗里什么也不剩了。他乜斜着眼瞅着老人,眼红起来,因为老人还在一个劲地用勺子大口地喝着汤。他叹了口气,捞起肉块,尽可能慢慢地享用它,但是,他的努力一无用处,肉还是很快吃完了。如今只剩了一块面包。单吃没有搭配菜肴的面包,一点味道都没有,但是一点办法都没有。巴什卡想了想,吃掉了面包。这时勤杂女工拿着新大碗走了进来。这次碗里盛的是烤牛肉和土豆。

"你的面包呢?"勤杂女工问。

巴什卡没有回答,鼓起腮帮子,深深叹了口气。

"唉,怎么那么贪嘴?"勤杂女工责备说,"你用什么来配烤牛肉呢?"

她出去重又拿来一块面包。巴什卡从没吃过烤牛肉,当下尝了尝,觉得味道好极了,烤肉很快没有了。留下的那块面包,比原来喝汤后剩下的那块还大。老人吃过饭,把吃剩的面包收进小桌子的抽屉里,巴什卡本想照办,但是想了想,把自己的那块面包又吃了。

饭后,他出来溜达。邻室除了他通过门看到的以外,还有四个人。只有其中的一个人引起了他的注意。这是一个个子高大却非常消瘦的农民,满脸胡子,脸色阴沉。他坐在床上,不断晃动着脑袋,挥舞着右手,像钟摆一样。巴什卡死死盯着他,看了很久。刚开始,他觉得农民像钟摆一样有节奏的摇晃很可笑,像是为了和大家逗乐子才做出来的,可是,当他瞧见农夫的脸竟害怕起来,他明白了,这个农民痛得难以忍受。他走过第三病房,他看到两个农民脸色深红,像抹了一层黏土。他们坐在床上,一动也不动,脸容怪异,很难辨别出他们有什么不同,就像那些异教神的小偶像。

"大婶,他们为什么是这种样子?"巴什卡问勤杂女工。

"小家伙,他们得了天花。"

回到自己病房以后,巴什卡坐到床上,开始等大夫带他抓黄雀,去集市。但是,大夫并没来。不久,一个男助理医生闪进邻室的门里。他弯腰对头上放着氧气袋的那个病人叫了一声。

"米哈伊洛!"

躺着的米哈伊洛一动也不动。男助理医生挥挥手走了。巴什卡等大夫时观察着身边的老头。老头不停地咳嗽,向杯中吐痰。他咳得声嘶力竭,声音拉得很长。巴什卡对老头的一个特点很感兴趣:他在咳嗽吸入空气时,胸中就会发出一种咝咝声,并夹杂着各色不同的声音。

"老爷爷,你干吗这样发出咝咝声呢?"巴什卡问。

老头什么也不回答。过了一小会儿,巴什卡又问:

"老爷爷,狐狸在什么地方呢?"

"什么狐狸?"

"活的狐狸。"

"它会在哪里? 在森林里呗。"

过了很长时间,大夫还是没来。勤杂女工拿来了茶,责备巴什卡没有留下面包喝茶时吃;男助理医生又来喊米哈伊洛。窗外天空变成一片湛蓝,室内点上了灯,看大夫还没有出现,到集市、抓黄雀都已晚了,巴什卡直挺挺地躺在床上,开始想心事。他记起了大夫答应给的糖果,妈妈的脸蛋和声音,自己家小屋一片漆黑,炉子,喜欢唠叨的老奶奶叶果洛夫娜……他突然感到冷清和伤心。他记起母亲明天会来看他,就露出一丝微笑,闭上了双眼。

他被一阵窸窣声弄醒。邻室有人在走动,悄悄说着话。借着小灯和神灯微弱的灯光,三个人影在米哈伊洛床边走动。

"连床一起抬,还是只抬人?"其中一人问。

"单抬人吧。连床一起出不了门。唉,死得真不是时候,愿他的灵魂升天。"

一个人托起他的肩膀,一个人抓起他的双脚,把他抬了起来,他的双手和衣服下摆无力地悬空垂着。第三个人,是一个像老女人一样的庄稼汉,在胸上画着十字,一共三个人,脚步不齐地踏着米哈伊洛的衣摆,出了病室。

睡着的老头胸中发出咝咝的哨声和乱七八糟的杂音。巴什卡支起耳朵倾听,往黑黢黢的窗外瞅了一眼,害怕得从床上跳了起来。

"妈——妈!"他低声哼哼。

因为没有回应,他向邻室冲去。在这里,神灯和床头灯的灯光勉强照亮了黑暗,被米哈伊洛的死弄得六神不安的病人们,各自坐在自己的床上,和影子混成一团,披头散发的,他们显得更宽更高大,而且好像变得越来越大;角落里最靠边的床那里,黑得更厉害,那个农民坐着,脑袋和胳膊不断晃动着。

巴什卡连门都没看清就冲进了天花病人的病房,又从那里冲到走廊,由走廊冲进一个大房间。这里床上躺着坐着一些大妖怪,都披着长长的头发,长着布满皱纹的老太婆的脸。飞快穿过女病房之后,不知不觉,他又转到了走廊,看到了他熟悉的楼梯栏杆,跑了下去。他认出这是候诊室,他早晨曾在这里待过,他开始寻找出口。

门闩噼啪一响,一股寒风刮来,巴什卡磕磕绊绊地跑到院子里。他只有一个念头:跑,赶快跑!他不认路,但是他相信,只要跑,他就一定能回到家,回到母亲身边。夜色沉沉,月光正从云层后面投射下来。巴什卡径直从台阶上跑下,绕过木棚,突然碰到一丛稀稀拉拉的灌木丛,他迟疑了一下,想了想,然后他又退到医院边,绕过医院,他又犹犹豫豫地停了下来:他到了医院的后面,墓地的十字架闪着白光。

"妈——姆啊!"他惊叫一声,飞速往后退。

当他跑过黝黑而高峻的房子时,他看到一个亮着的窗户。

黑暗中耀眼的红点有点怕人,但是吓得灵魂出窍的巴什卡,不知往哪里跑的巴什卡,却反而向这红点跑过去。窗户旁边是一个可以拾级而上的台阶,正门钉着白色的标牌;巴什卡跑上了台阶,往窗户里一瞧,他为一种突然的强烈的涌上全身的欢乐所控制。他看到窗户里那个快活而随和的大夫坐在桌子边读书。巴什卡高兴得笑了出来,他向那张熟悉的脸伸出了双手,他想喊,但是一股神秘莫测的力量卡住了他的呼吸,撞击着他的双腿,他摇摇晃晃,失去知觉,倒在了台阶上。

当他恢复知觉时,天已大亮,一个很熟悉的声音,那个昨天曾答应带他到集市、抓黄雀和看狐狸的声音在他身边说:

"你啊,你这傻瓜,巴什卡!你难道不是傻瓜?真该揍你一顿,可惜没人来揍你。"

安东·契诃夫

II 童年的力量

"杀!……枪毙!……马上枪毙这孬种!……杀!割断这杀人犯的喉咙!……杀,杀!……"男男女女都高声吆喝。

庞大的人群拉着一个被捆住的人通过街道。这人个儿很高,身板笔挺,步伐坚定,高昂着头颅。在他英俊而刚毅的脸上,露出一脸对他周围人群的轻蔑和恶意。

这人站在政府方面顽抗民众反当局的起义。他现在被人逮住了,正被拉去处死。

"还能怎样!我们并不永远强大。还能怎么办?如今是他们的天下。死就死吧,显然只能这样了。"这个人思忖着,耸耸肩,对人群里发出的叫嚣冷冷一笑。

"他是警察,早晨还向我们开枪!"人群中有人叫嚷。

但是,人群并没停下,他被带向更远的地方。当大伙转到那条躺着昨天被士兵打死的、还没来得及运走的尸体的街道时,人群中突然怒气爆发了。

"还耽搁什么!马上在这里把这混蛋毙了,还要把他带到哪里?"人群吆喝着。

被捕者紧皱眉头,只是头抬得更高了,比起人群恨他,他看起来更恨人群。

"杀死所有坏蛋!杀死奸细!杀死皇帝!杀死神父!杀死所有这些坏蛋!杀,马上杀!"女人们尖声大叫。

但是这群人的头头决定把他带到广场,在那里和他算账。

离广场已不远,在嘈杂声暂时平静的瞬间,人群后排传来了一个孩子的哭喊声。

"爸爸,爸爸!"一个六岁男孩一边挤进人群,想挤到被抓的人身边,一边抽泣着哭喊。

"爸爸!他们会把你怎么样?等一等,等一等,带着我,带着我!"

靠着孩子一边的人群的叫喊声停了,人群面对孩子,像遇到一股强大的力量一样让开了,让孩子越来越靠近父亲。

"多可爱的孩子!"一个女人说。

"你要找谁啊?"另一个女人俯下身子问孩子。

"我爸爸!让我见爸爸!"孩子尖声叫着。

"你多大,孩子?"

"你们想把爸爸怎么样?"孩子问。

"回家去,孩子,找妈妈去!"一个男人对孩子说。

被捕的人已听到孩子的声音,也听到了人们对孩子说的话,他的脸变得更阴沉。

"他没有母亲!"他听了打发孩子找母亲的那个人的话,大喝了一声。

孩子在人群里越挤越近,挤到了父亲身边,用手攀住了父亲。

人群喊着相同的口号:"杀死他!吊死他!枪毙坏蛋!"

"你为什么从家里跑出来?"父亲问孩子。

"他们想把你怎么样?"孩子问。

"就这样。"父亲说。

"怎样?"

"你认识卡丘莎吗?"

"邻居家阿姨?怎么不认识?"

"那就这样:你先去找她,在那里待着。我……我随后再去。"

"不跟你一块儿,我不去。"孩子说,哭了起来。

"干吗不去呢?"

"他们会打死你的。"

"不会,他们什么也不会干,他们就这样。"

被捕的人放下孩子的手,走近在人群中发号施令的那个人。

"听着,"他说,"在哪里杀,怎么杀,都随你的便,只是不要当着他的面,"他指指孩子,"给我松绑两分钟,抓住我胳膊,而我会对他说,我和你们一起去逛逛,你们是我朋友,他就会离去。那时……那时就随你杀好了。"

头头同意了。

于是,被捕的人重新拉着孩子的手说:

"听话,去找卡佳!"

"那你怎么办?"

"你不是看到了,我这正与这些朋友逛一逛,我们还要走一段路,你走吧,我会去的,走吧,做一个懂事的孩子。"

孩子死死地盯着父亲,小脑瓜先是低向一边又低向另一边,考虑起来。

"走吧,亲爱的,我会去的。"

"你来吗?"

孩子听从了父亲的劝说。一个女人把他从人群中引开。

当孩子已看不见,被捕的人说:

"现在一切都准备好了,你们动手吧。"

这时出现了一件匪夷所思、极其意外的事情。不知是谁,一个完全相同的灵魂在这些残酷无情、怒气冲天的人中刹那间苏醒了。一个女人说:

"这你也知道,最好放了他。"

"好吧,愿上帝保佑他。"还有人应和说,"放了他。"

"放了他,放了他!"呼叫声从人群中轰轰响起。

这个高傲而残忍、刚才还痛恨人群的人号啕大哭,双手捂着脸,像罪人一样穿过人群,跑了出来,没有任何人拦他。

托尔斯泰据维克多·雨果故事改写

9月9日 知 识

那些当代认为是科学的知识,对人生幸福而言,阻碍多于促进。

1. 天文学、力学、物理学、化学和其他所有科学,整体或各别地各自对其所属的那种生活面做着精心的加工,但就总体来说,对生活并不会有任何结果。只有在它的萌芽时期,即在那混沌不明、不确定的时期,某些科学才会企图以自己把握整个生活现象的观点把它们混合在一起,自行其是虚构出一些新概念、新语言。过去,天文学还是占星术,化学还是炼金术的时候就是如此。如今,那些尽管只是观察生活的一个方面或几个方面的实验进化科学竟也发生了同样的现象,竟企图研究整个生活。

2. 不是解释了太阳黑斑的成因,而是揭示了我们自身的生活规律及其遭破坏的后果,科学才完成了自己的任务。

约翰·略斯金

3. 对于大自然,经验给我们提供了规则,成为真理的源泉;但是,对于精神规则,很可惜,经验则常常成为迷误之母。所以希望有"我应该怎么办,对大自然正在完成或历史已经完成的事件应该从中脱身还是加以限止"的规律,也许是最不恰当的。

康德

4. 知识使伟人服从,使普通人惊奇,使渺小者头脑膨胀。

5. 科学是智慧的食粮。但是,如果过度,这种食粮就同样对智慧有害,如同过度食用果腹的食粮对身体有害一样。智慧的食粮诚能因过度饱食而致病。为了避免这种危害,应当完全像用以果腹的食粮一样,只有在必需时才食用。

据 约翰·略斯金

6. 为了使知识具有重要性,就必须使它们为幸福——为人们的团结一致效劳。人们通过承认人人相同的真理彼此才能团结成一体。这一真理的表达应该是明确的,明白易懂的。而在当代科学中,表达却模糊而难以理解。

7. 苏格拉底说,对一个除了变成好人不再企求其他的人来说,任何科学都是不难的,因为他们在每门科学中只希望了解人人必需的内容。

8. 苏格拉底的聪明之处,在于对他知道不是他所了解的对象,他就不加思考。

西塞罗

知识无论怎样渊博,它都无助于完成主要的生活目标——精神的日臻完美。

9月10日 良 知

当良心的指令要我们否定自己的动物性,抛弃它时,它是一无错误的。

1. 不知道"圣灵从哪里来,往何处去"(约翰福音 3 章 8 行)的基督徒,那个使他极为活跃的"神没有限量地赐给他圣灵"(约翰福音3章34行)的基督徒,是不可能给自己提出生命的外在目的的。

目的这一个概念由巡视世俗事务和世界开创的惯例中借用而来。而整个宇宙的目的是人难以企及的,所以他在自己的生活中必须由内心感受到的神意来指引,而不是由外在目的做向导。

船员为了给自己的船只寻找正确的航向,只有在他的目力所及的时候,他才凭借岸的外在形态来引领——如穿越河道,可是在穿越海洋时,他应该注意的是罗盘的指向。与此相同,基督徒为了选择正确的生活道路,只有在日常事务中才可用外在目的做指引,而在探索生活的普遍意义时,则应当注意良心内在声音的指示;这种内在声音在一个人正在,甚或打算放弃真理之路时就永远会清晰而明白地事先对人做出警告。

费多尔·斯拉特霍夫

2. 我们发觉紧随每个无私行为而来的满足感,是取决于这一行为本身的,因为它源于一种直接的认同,即我们自己的本质存在于别人的现象之中,这本身也确证了我们是正确无误的,因为我们承认真实的"我"不仅存在于我们的个体中,不仅存在于个别现象中,而且存在于一切生灵之中。正如利己欲排挤心灵一样,这种意识则赋予他广阔的空间。确实,利己欲使我们整个兴趣集中在我们个别的人身上,同时这种认识经常给我们勾勒出不断威胁着这一个体的无穷危险,恐惧和忧虑由此成为我们心情的基调。与此相同,一切生灵和我们自己个人完全一致的认识则是我们自己的本质,它会主动把兴趣拓展到一切生灵之上。而这会给心灵提供广阔的空间。由于减少了对自身的关注,也就从根本上切断和限止了令人恐惧的忧虑,由此出现了高尚心境和纯洁良心提供的安详平静和可靠的欢愉,由此,每一个善举带来的欢乐获得了更加生动的体验,这一体验则使我们更加看清了这一心情的基础。利己主义者在异己的敌对的现象中感到了自己的孤独,然而他的一切初衷却是他自己能事事顺利。善人则生活在友好者的世界中;他们每个人的福祉也就是他本人的福祉。

叔本华

3. 我们和目标之间有多少障碍!心情,健康,整个眼结构,我们房间中的玻璃窗,雾,烟,雨,灰尘,甚至光线,所有这一切都在无止境地变动。赫拉克利特说:"人不可能在同一河道里洗两次澡。"我似乎可以说,同一个风景也不可能被看到两次,因为欣赏风景的人和被欣赏的风景始终无穷尽地变动着。

智慧在于尽管屈从于普遍幻觉却不被它欺骗。

我以为,理性不可避免地将使我们意识到:所有物质的东西,都只是一枕黄粱。能使我们摆脱神秘梦魇氛围的,只有义务感、道德要求。只有良心才能使我们摈弃"曼"的诱惑力;她正到处散布闲散逸乐、鸦片带来的幻觉,以及旁观者冷淡的平静。而她,良心,则正推动我们意识到人类的义务。

这是警钟,这是雄鸡驱散幽灵的啼声,这是用剑武装起来的天使长,他正把人从心造的虚假天堂中驱赶出来。

据 阿米埃尔

4. 一个为身体而活的人,在冷漠旁观或官能生活的混乱迷宫中难免迷路,但是,灵魂永远能正确无误地了解真相。

留西·马洛里

5. 欲念可能比良心更强劲有力,它们的喧嚣可能更响亮,但是它们的叫嚣与良心的诉求压根是两码事。它们并不拥有良心的呼声所拥有的那种力量。在它们的扬扬得意中,面对那安谧、深沉而威严的呼声,它们仍会畏葸心寒。

强宁格

良心的呼声总是能和所有其他的内心动机相区别,因为良心呼声要求的总是某种没有利益计较的、虽然不可捉摸却是非常美的、通过我们一起努力就能达到的东西。

良心的呼声由此就能与那种常常与其混为一谈的虚荣心的呼声区分开来。

9月11日 信 仰

真正的信仰吸引人的,与其说是给信徒以幸福的许诺,还不如说它是人们获救的唯一的避难所。不仅规避今生的一切苦难,而且超脱死亡的恐惧。

1. 如果你意识到你没有信仰,你要知道,你已身陷只有当今世界的人才能身陷其中的那种最危险的境地。

2. 如果一个人没有任何一点他准备为之牺牲的事物,那就很糟糕。

3. 利益崇拜者,除了利益的道德,就没有任何其他道德,除了物质利益的宗教,就没有任何其他宗教。他们发现人体因为贫困而变得丑陋和羸弱,就以极其轻率的热心对自己说:"让我们来把这身体治好吧,要是它得到充足、丰富而良好的营养,那么,灵魂就会回归体内。"可是我要说的是,只有医好灵魂,医好这一身体才有可能。病根在灵魂之中,肉体的疾患只是这种病的外在显现。当代人类因为缺乏使尘世和天堂、宇宙和上帝联结起来的那种共同信仰而逐渐消亡;由于缺乏这种灵魂的宗教,宗教如今只剩下空洞的语言和死气沉沉的形式;由于完全缺失义务的意识和自我牺牲的能力,人而今像野兽一般,完全垮了,完了,只在空空如也的祭坛上建起了"利益"的偶像。尘世的暴君和王公们成了他的教皇。一个令人极端厌恶的利益学说在这些人中出现,这个学说宣称:"人人都只为自家人,人人都只为自己。"

约瑟夫·马志尼

4. 当考察人类备受其折磨的那些不幸的原因时,如果由最直接的原因上升到更基本的层面,那么,人总是把所有不幸和一切不幸的基本原因归结为信仰的缺失或信仰的淡漠。换句话说,人在确立对世界及其始基的态度方面不是模糊不明,就是虚假错误。

5. 一个宣传外在法则的人,是一个站在灯柱旁灯光下的人。他站在这一灯光之下,感到了灯的光亮,但是他却没有地方可以走得更远。

一个信教的人把灯举在自己的前方,映出一道或大或小的长条形的光带:光始终在他前面,永远催促他跟随自己,并一再在前面给他展开新的道路,吸引他跟着自己照亮的空间前进。

救赎不在仪式,不在圣礼,不在信奉这一或那一信仰,而在于对自己生活意义的鲜明理解。

9月12日 财 富

既为上帝又为财神效力是不可能的。处心积虑扩大财富同真正的精神生活的要求是水火不相容的。

1. 有一个人来见耶稣说:"导师!我该做什么善事才能得永生?"耶稣对他说:"如果你想做一个完人,你最好去变卖你的所有财产,分给穷人,你就必有财富在天堂。你还要来跟从我。"

马太福音 19 章

2. 耶稣对门徒说:"我确切告诉你们,财主进天国是难的。我还要告诉你们,骆驼穿过针眼比财主进神国还容易呢。"

马太福音 19 章

3. 我觉得,财富能提供幸福的古老迷信开始坍塌了。

4. 保罗称贪婪为偶像崇拜,因为许多人即使拥有财富却不敢动用它,而且认为它是圣物,连碰都不敢碰,全部用以传给他们的子孙后代。要是有时不得不动用它,他们就会心情纠结,仿佛干了一件被禁之事。从另一角度讲,像异教徒保护偶像一样,人同样用门和门栓保护着金子,代替圣殿,人为它修建了可以保存它的约柜,把它置于银箱之中。异教徒宁可献出自己的双眼和灵魂,也不会献出偶像;金子爱好者则与此完全相同。人若不崇拜黄金,就会崇拜魔鬼,它会因为人对黄金的一瞥和对黄金的欲念而钻进人的灵魂。贪婪比魔鬼更坏。它能比别的偶像更使许多人屈服。偶像在许多方面并不能使人听从,但是贪婪却使人事事臣服,执行一切它可能下达的无论什么命令。贪婪究竟下达了什么指令?它说,人应与一切人为敌,忘掉天性,蔑视上帝,为我牺牲自己。人对它则唯命是从。人们只是把牛羊给偶像做牺牲,可是贪婪却说:把你的灵魂给我做牺牲吧——人们也就遵命照办。

约翰·兹拉托乌斯特

5. 过分臃肿的衣服妨碍身体的活动,财富则束缚灵魂的行动。

德谟菲尔

6. 对财富的强烈渴望绝不可能缓解和满足。拥有财富之人不仅为拥有更多财富的愿望而苦恼,而且为失去现有财富而恐惧。

西塞罗

7. 要担心的不是贫困,而是财富。

———

人们寻求财富。可是,他们只要能清楚地看明白通过财富他们所丧失的一切,他们就会用现在聚敛财富的同样的努力,去使自己从财富中解脱出来。

9月13日 真知灼见

聪明人并不寻求改变自己的处境,因为他知道执行上帝的信条——爱的信条——在任何处境中都是可能的。

1. 智者在自身寻求一切,愚人在他人身上寻求一切。

孔子

2. 我不埋怨命运,也不牢骚满腹。可是有一次,我没鞋子穿,而且没钱买,就抱怨起来。我这时心情沉重,走进库法的一座大清真寺。就在这清真寺里,我看到了一个缺腿的人。于是我就感谢起上帝来,因为我还有双腿,只是没有鞋穿而已。

马地

3. 一个聪明人,即使不出门,不看窗外,一样能了解他所必须了解的事物,因为他意识到自己内心里上天的智慧。走得越远,了解得越少。所以,一个聪明人,即使没有远行,也能拥有知识,即使没有看到事物,也能判定它们,即使没有动手,也能使大事完成。

老子

4.人绝不应当为两类事情烦恼:一类是他能给予帮助的;一类是他帮不了忙的。

谚语引语人人必备手册

5.人若对自己的处境感到不满,他可以通过两种方法加以改变:或改善自己的生活环境,或改善自己的心态。前者并不永远在他的掌握之中,后者则始终在他的支配之下。

6.对待自己的思想得像对待客人一样,对待自己的愿望,则得像对待孩子一样。

中国谚言集

7.人常常不幸,因为在他内心活跃着无穷的连岁月都难以使其湮灭的事物,尽管他做过一切努力想加以忘却。

卡莱尔

8.当我们不再被不成熟的思想和追逐名望的虚荣想法占据,那就力求保持我们内心的宁静和心口一致的完全沉默吧,但是当上帝亲自在我们内心说话时,我们则应以纯洁的心灵去倾听他所表达的意志,为了在我们沉默时我们仍能执行他唯一的意志。

朗费罗

一个人对他人、对环境越不满,对自己越满意,那他就离智慧越远。

9月14日 暴 力

暴行总是装出一副庄严伟大的样子,并借此寻求民众对那些本应引起厌恶的东西的敬佩,因而,它就特别有害。

1.以暴力强制我们的人就像在剥夺我们的权利,我们所以憎恨他。我们喜欢那些善于使我们信服的人,把他们看作是我们的恩人。缺乏理性而粗鲁的没有修养的人才诉诸暴力。为了使用暴力,得有为数众多的同谋者;为了使人信服,就不需要任何帮手。那个感到自身有足够力量控制理性的人不会采用暴力:他会在观点不同的人感兴趣时,用友好的劝说把那个人吸引到自己一边,从而使其脱离原先的立场。

苏格拉底谈话录

2.执掌权柄的人深信,只有暴力才能指挥人们行动,所以为了支持现存秩序就该大胆地使用暴力。事实上,支撑现存秩序的并非暴力,而是社会舆论,它的影响则因暴力而遭到破坏。所以,被暴力活动削弱、破坏的,恰恰是暴力活动想加以支持的那一对象。

3. 强迫一如服从,人都同样由此而难有创造。人们因为这两种习气而交互败坏:这里是昏聩糊涂,那里是骄横无礼;任何地方都没有人的真正尊严。

康西杰朗

4. 只有我们看到整个生活的卑劣,我们的生活也许才会变得美好。

托罗

5. 通过暴力可能使人服从正义。从这一现象绝不应该得出以下结论:通过暴力使人服从是正义的。

帕斯卡尔

6. 通过暴力从事某事的人,是不义之徒;能区分真假两条道路的人,不用暴力而是用正义开导指引他人的人,相信真理和理性的人——只有这样的人,才称得上是真正公正之人。

掌握善意而美好的言辞的人,并不是智者,而那些能忍耐而且摆脱了仇恨、摆脱了恐惧的人——只有这样的人,才称得上是真正的智者。

佛陀智慧集[达马巴达]

任何暴力都与理性和爱相悖。千万不要参与其间。

9月15日 真 理

认识真理的主要障碍,并不是谎言,而是真理的赝品。

1. 要是在现实生活中,幻想只是瞬息间歪曲了现实,那么,在抽象的领域,谬误则能统治整整几个世纪,能给整整几个民族套上它的铁轭,扼杀人类最高尚的热潮,凭借受其欺骗的奴隶们给那些不受它欺骗的人钉上脚镣手铐。它是一切时代最贤明的哲人与之较力量悬殊斗争的敌手。单单哲人们与它做着长期搏斗这一事实已变成了人类的宝贵财富。如果有人说,真理应当到甚至预见不到它能带来什么好处的地方去寻找,因为在意想不到的地方好处往往会现身露面,那么,我们还应当给它补充一句:我们应该以同样的热情在甚至预见不到它能带来任何害处的地方把一切谬误找出来并加以根除,因为在意想不到的地方,谬误的危害就会轻易显现,并且总有一天会暴露无遗——原因就在每一个谬误都在自身藏匿着毒药。真理和知识若使人变成大地的主人,那么,无害的尤其是光荣和神圣的谬误是不存在的。

在抚慰那些把生命和精力献给了和无论什么样的谬误做艰难而高尚斗争的人时,我们可以大胆地说,在真理出现之前,即使谬误成了这样的人的事业,他们仍像是处于黑暗中的猫头鹰和蝙蝠;哪怕猫头鹰和蝙蝠开始恐吓和驱赶太阳回到它升起的地方,也远比让原先的谬误排挤掉已知的并且做过明晰而彻底表达的真理要好,让它毫无阻拦地占有真理的自由领地要好。真理的力量就是如此;它的胜利艰难而沉重,但是,一当它站稳脚跟,它就再也不会倒退。

叔本华

2. 对人类的幸福而言,被揭穿的谎言和明晰表达的真理一样,是同等重要的收获。

3. 使人摆脱谬误,意味着赋予他某种事物而不是加以剥夺。摆脱谎言,就是宣传真理;识透冒充真理即谎言的这种知识也是真理。谬误永远有害。谬误迟早会对那些把它看作是真理的人造成祸害。

叔本华

人类在认识领域的进程,在于揭掉掩盖真理的那些老虎皮。

每周阅读

彼得·赫尔切茨基

赫尔切茨村没有上过学的村民彼得写于450多年以前的一本书,几乎完全不为人知。

我们在这本名为《信仰之网》的书中找到的,不仅仅是对人们过去和当今生活在其中的可怕的谎言所做的质朴、鲜明、强烈而真实的揭露,因为他们信仰的是与真正的基督教完全格格不入的东西,可在想象中,他们却还以为他信奉的是基督学说;我们在这本书里,而且还能找到由基督给人们打开的那种使生活获得幸福的唯一道路的明确指示。

一切必须成为人们行为准则的生活真理,即使圣人是由顿悟获得了全面的了解,但对大多数人而言,它的出现是缓慢的、渐进的、不知不觉的、断断续续的;它有时似乎完全消失,通过新的努力,却又重新出现,跟分娩的宫缩很相似。

不管是过去,还是现在,基督教都曾发生过这种情景。基督教真理最初是通过其完整的使命被为数不多的、不重要、不富裕的普通人接受。但是,随着它在大多数人中间广泛流传,在富人、名人中间广泛流传,它越来越被曲解,而随着教会机构(据赫尔切茨基说,是从康士坦丁时代开始的)设立时代开始,它是那样的腐败,以致对人们彻底隐瞒了基督真实生活的主要使命,并代之以与基督教本质相悖的外在形式。

但是已经深入人们意识的真理是不可能消亡的。在教堂之外,在教会人士所谓的异端中,总有真正的基督教学说的忠实理解者和执行者存在。它的再生是由分娩的一次又一次新的宫缩完成的。每一次宫缩,越来越多的人变成了基督教真理的真正使命的拥护践行者。

赫尔切茨基成了这种基督教真理的忠实的理解者和复兴者。赫尔切茨基的主要作品——《信仰之网》指明,基督社会,根据基督社会奠基人的观点本来应该成为什么样子的,但是在被败坏了的学说的影响下,它又成了什么样子。

书的前言是这样说的:

"这本名为《信仰之网》的书,出自生活在洛基赞骑士团团长时代赫尔切茨村村民彼得之手。我对他极为熟识,常常和他交谈。他写了许多论述上帝教义的好书,以期在同反基督及其诱惑的斗争中使教会发扬光大。如果说此书迄今甚少为世人所知,那么,其原因在僧侣。他们过去和现在一直不断向民众灌输,说彼得·赫尔切茨基的书是淫荡的,是异端邪说;这一切的起因是他谴责僧侣们的生活方式。尽管如此,尽管他是俗家人,且对拉丁文一窍不通,但各阶层中的许多人还是乐意阅读彼得·赫尔切茨基的这本书及其另一些作品,因为即使他并非这一艺术的行家里手,但却真正成了九福和上帝一切圣谕的执行人,因此,也就成了真正的捷克博士。在本书中,赫尔切茨基触及一切社会阶层,从皇帝、国王、公爵、地主、骑士、小市民、手工艺人始,至农村各阶层止,但是他特别注意的是僧侣阶层:教皇、红衣主教、主教、大主教、修道院院长、一切僧团的修道士、教长、低级教区主持、助理教务主教。本书第一部分,叙述可怕的腐败通过怎样的途径和方法侵入神圣的教会,证明只有远离教会的一切人世谰言,才能到达基督教真理的真正基石——耶稣基督;第二部分则谈到,教会中不同阶层出现和增加,而这些阶层只会阻碍对基督的真正的认识,因为他们傲气十足,全力反对谦逊温和的基督。"

确实,赫尔切茨基无论在本书中还是在他的另一些著作中,都没有像他的前辈古慈,后于他生活和活动的路德、密兰赫顿、加尔文一样,对教皇宗教法令和教条做驳难,他只是证明那些自以为基督徒的人的生活,是非基督徒的,证明基督徒不能利用权力,不能支配土地和奴隶,不能穷奢极欲,不能过淫逸放荡的生活,不能处死人,主要的,是不能杀人和作战。

赫尔切茨基并没有通过事业或信念对救赎,对命定,对一般教条做驳难;他只是要求教会的一切决议都能使民众理解。他并不否定它们,但说到基督徒的生活时,证明土地所有者、军人、法官、贵族与基督徒的生活毫无共同之处(他甚至认为市民阶层和基督徒的生活也毫无共同之处)。最主要的是,他证明了死刑和战争对基督徒毫无意义。他证明基督教和国家政权的结合——它如今已实现——将扼杀和消灭基督教,但是事情应该相反,基督教通过和国家联合,应当消灭国家。

他证明,可能国家政权的缺失不仅不会消灭人们的生活秩序,反而会消灭人们深受其害的混乱和罪恶。

赫尔切茨基的著作和活动不为人知的原因就在于此。赫尔切茨基的著作和活动在基督人类领域中所占地位同基督教在整个人类领域中所占地位完全相同。它非常超前于他的时代。然而,它结出硕果的时代还没到来。由路德完成的消灭教皇权威、免罪符,以及许多别的改革是路德同时代人力所能及的,但是,赫尔切茨基所说的一切在过去之所以不可能被接受,并不是因为它含混不清或不公正,相反,他说的一切倒都是非常明晰而公正的,其不被接受的原因在于他所说的一切都非常超前于他的时代。

赫尔切茨基不能为当今所接受的那些要求,并不比他那时代不能接受的要求更少。推翻赫尔切茨基所申述的观点是不可能的,至少那时的人还有足够的诚实,认为不可能否定他所传授的基督的教导,即人们不仅要爱热爱他们的人,而且要爱敌人,忍受委屈,以善报恶;认为人人都是兄弟;认为这种学说与现存生活制度毫无共同之处。所以,不可避免地出现了一个问题:支持什么——支持基督教还是现存制度?

如果支持基督教,那就很显然,拥有权力的人应当拒绝权力,富人应当拒绝财富,普通人应当拒绝用暴力取得生活保障,穷人和被压迫者则应拒绝服从有悖基督教信条的事情(而国家的一切社会活动都是有悖于基督教信条的),他们由此会遭到迫害。这都令人惊悚。

如果了解现存制度的反基督性质而仍支持它,那么,这就意味着否定基督教。这同样令人惊悚。那么究竟应该怎么办呢?有一种办法是忘却,忘掉基督所说,忘掉赫尔切茨基所说和良心所说,对此不想也不说。

赫尔切茨基及其作品湮没无闻的原因就在于此。

书被人们封杀和遗忘。即使还有寥寥十数学者了解它,他们也只是把它当作历史文献来看待。

但是,人类的精神财富绝不会毁灭,它只是被弄得像坚果一样罢了。它们等待自己的时代越久,它们也就越珍贵。赫尔切茨基及其著作就是如此。

他的作品不久前由俄国科学院首次刊印,自然,这一作品过去不仅没有人读过,而且连听都没听说过,不像科学院出版社斥巨资、郑重地刊印的那些作品声名显赫。尼采、左拉、维兰的文集已印了十版,印数有几十万。大家都知道这些人生平的许多细枝末节,但是赫尔切茨基的著作迄今连在捷克和德国都没刊印,更不用说在英国和法国了。

说到赫尔切茨基本人,人们几乎是一无所知。据说,他生于1390年左右,死于1450年前后。一些人认为他是贵族,另一些人则认为他是农民、鞋匠或庄稼汉。

我认为他是庄稼汉。

我认定他是庄稼汉、农夫,根据如下:首先是此书劲遒、质朴而明净的语言;其次是此书的智慧,因为这一智慧,作者始终知道什么重要,什么不太重要,而且总是把重要的东西放在首位;其三,在谈及令他痛心的事情时的那种恳切和天真,他有时会以农民的方式粗犷而遒劲地表现为难平的愤懑,有时会表现为一种辛辣的嘲讽。

《信仰之网》就时间而论是一本老书,但就其意义和内容而言却是一本地道的新书。内容新颖到为了能够理解这一作品,当代人还远没有通过真正的教育为此做好准备。但是,它的时代正在到来,将要到来。

基督教显然不是人类的臆想,不是人类社会在其中形成的临时形式,而是一种真理——即使不出现在西奈山的石碑上,它也会镌刻在比石头更加坚牢的所有人的心灵上。真理一旦说出,就再也不可能从人的意识中抹去。这一真理如今在期待着,而且还会期待着,只是由此变得更鲜明,只是要求其实现将更迫切。

不可能从基督教中删除如赫尔切茨基申述的那些教义,如基督教徒"不该参与俗世的斗智斗勇",不该成为官吏、法官、军士,应该心平气和地、忍耐地忍受一切不公正,并且不以恶抗恶,不抱怨,不报复。过去和现在无论怎样热心对这些真理议论纷纷,说三道四,这些真理依然是真理;为了封杀这些真理,通过好几个世纪虚构出来的那些诡辩却透过一切公开的方式直接地继续揪住人们的心灵不放。

究竟该怎么办?迄今解决的办法,只能在两者中间做非此即彼的选择:或者对基督教保持沉默,或者对它粗鲁地撒谎并支持国家政权。

但是人们不妨尝试另一相反的解决办法:拒绝国家政权,献身基督教。

这种解决办法尤具合理性,因为迄今一切拥有暴力机制的国家政权,不仅没有给予许诺的幸福,而且相反,带给人们的灾难却越来越多,人们对它们则越来越不信任。

促成这种新的美好的解决办法的,是赫尔切茨基这本睿智的、发自内心的必不可少的作品。

《阅读天地》的每周阅读,选用了是书的若干片断。

托尔斯泰

9月16日 知 识

疑惑虽未破除,信仰却要坚定。

1. 我没有在上帝和我们之间设一条鸿沟。意志的决定无疑是在我们自己,但是,在最高领域,在思想感情的自由领域,却不能不承认上帝的参与。我们内心最最深层的东西,只是他的反映。

只要我们答应,愿意做他希望做的事情,他就会始终不渝地鼓舞我们,绝不会停止借助我们而行动。他推动我们做精神上的努力,支持我们坚守真理,接受我们在和恶斗争中的友情支援,向我们披露许多语言所能形容的极端美好的事物。

但是,对他的最小不忠,他就会抛弃我们。

马尔丁诺

2. 不信教并非指一个人信奉上帝或不信奉上帝,而是指一个人宣传的是他不信仰的东西。

马尔丁诺

3. 常有不再相信精神生活的那一时刻。

这——并非不信,这——是信仰肉欲生活的一个阶段。

一个人如今了解了他的生活是精神性的,他会突然开始担心死亡。他因受一些事情的蒙蔽而重新开始相信肉欲生活才是生活,这永远是常事,这完全像在剧院中看得出神而相信舞台上看到的情景都是在现实中发生的,并对舞台上看到的情景大吃一惊。

这在生活里同样会发生。

然而,在这些幻觉瞬间,信教的人知道,他的肉欲生活中发生的事情并不能剥夺他真理生活的幸福。

在意气消沉的阶段,应当把自己当病人对待——就不会骚动不安。

4. 智者会在自己最美好的时刻产生怀疑。让怀疑畅行无阻是他信心坚定的基础。真正的信仰总是伴随着怀疑。如果我不能怀疑,那我就不可能信仰。

托罗

远离上帝的人,是那口头相信上帝存在或不存在且对他人所说一无怀疑的人,而非怀疑上帝存在且为这种怀疑而痛苦之人。

9月17日 生活制度

把土地作为私有物占有,与把人作为私有物占有的奴隶制相比,同样不公正,甚至更加不公正。

1. 一个人圈了一块地,第一个断然宣布:"这地是我的。"而他遇到的又都是那样纯朴的人,竟连这种话也信以为真。这个人就是现存公民社会的第一个奠基人。如果有一个人拔掉界桩,填平壕沟之后说:"小心,不要相信这个骗子;要是忘了'土地不能属于任何人,其果实属于所有人',那你们就完了。"那么,这个人将会使人类摆脱多少罪恶、战争、凶杀、不幸和恐惧啊!

卢梭

2. 简单易懂的公正性不允许有土地私有权。因为要是一部分地面能合法地成为一个人的私产,能为了他的个人利益而为他所掌握,并且能像他拥有独享权的东西那样去加以利用,那么,另一部分地面也能变成同样的私产,整个地面就有可能全都变成这样,因此地球也就可能变成个别人的私产。

赫伯特·斯宾塞

3. 不用说,某长官或某地主购得或从父辈继承了某特许权这一事实,并没为他提供这一特许权的任何道德根据。问题在于,他的要求本身合法吗?合理吗?他们取得这些权利是因为谎言和罪恶;而它们存续的时间越久,谎言和罪恶就越多。

格朗特·阿仑

4. 不要断言,现存的土地权都是合法的。让那些做如是想的人去浏览一下编年史吧。暴力、欺诈、权力、狡计,正是这些权利由之而来的源泉。

赫伯特·斯宾塞

5. 拥有地产的人在讲话中在法庭上谴责那些侵占他人私产的人。

难道他们不明白,因为不断剥夺民众最不可剥夺的财产,只要一提起"盗窃"这个词,他们理该立刻羞得面红耳赤,而不是为此去谴责和惩处人,他们本身从未停止过盗窃,全有罪。

6. 用自然观察者的观点来看一看无地的人吧,这些人有需要也有能力利用土地,他们却为自己利用土地的渴望所苦,并且失去了土地权。这是那样的反常,如同鸟失去了天空,鱼失去了水。

亨利·乔治

7. 土地私有权绝非由人的自然关系中产生,它永远随历史上侵占和抢劫的结果而出现。它是那样的荒谬绝伦,那样的粗野不公,那样的显而易见的浪费生产力,那样阻碍最有效地利用自然财富,那样违悖健康的社会策略,那样阻挠人类生活的真正改善。它之所以被容忍,只是因为大多数人从没思考过这一现象,也没听到他们对此做过是非的评判。

亨利·乔治

8. 在两种处于同一道德水平的奴役体系中,那个把人变成私人财产的体系,毫无疑义比那个把土地变成私人财产的体系更加人道。在承认土地为私人财产的情况下,人被劳动和饥饿弄得屠羸不堪,丧失了一切生活乐趣和魅力,命定过一种粗鲁无知的牲口般的生活,弄到犯罪和自杀的地步,而这一切,似乎没有人的意志的参与,仿佛是由命运的必然性造成的,而对这种命运必然性是任何人都不必担责的。

亨利·乔治

占有地产的不公,同一切不公一样,必不可免地同为了保卫它而必需的一系列不公和恶事相连。

9月18日　灵魂的神圣本质

生命的本质不在肉体,而在意识。

1. 要是我没有四肢、肌肉和其他类似的东西,那我就可能做不成我认为是公正的事情,这无疑是正确的,但是如果我由此肯定说,促成我做这件事的原因是我的四肢、肌肉,而不是我对善的爱,那千真万确是错误的。那样表达说明他不善于区分原因和同原因密不可分的事物。而大多数像在黑暗中摸索着行走的人正在这样做,他们正把只是与原因伴随而生的事情称作原因。

苏格拉底

2. 不用精神力量,而是用物质力量或用这两种力量的协同影响来解释人的生命,只是因为精神生命没有(以食品、饮料和空气为中介的)身体的物质支撑就不能表现出来,然而,这种解释是那样的不正确,完全像不用蒸气的压力而用按时把蒸气送进气缸的活塞运动来解释火车运动一样。

诚然,如果活塞不这样做,蒸气是不可能适时地由锅炉进入气缸的。但是不用说,如果传动轴不给它传送的动力的话,活塞也是不可能工作的,传动轴的转动同样也是蒸气推动的结果。

那些皮相地断定灵魂对身体的关系的人,就常常落入了这种虚假的循环论法的陷阱之中。人们多半或完全看不到摆脱这种虚假循环论法的出路而陷入二元论,或者在承认物质是生命的唯一基础中寻找出路。

费多尔·斯特拉霍夫

3. 神性在我们身上生活着,并坚持不懈地力求回到它的出发点。

塞内加

4. 真正的理性生活,在于承认自己行为的根据是没有原因的那种精神因素,用以指导生活的也正是那种精神因素。

那些不承认精神因素的人,就用复杂得我们永远了解不了的那种物理的因果联系来指导各种行为,因为每一个结果都是另一个结果的结果。

所以,这类人永远不可能使自己的行为具有坚实的基础。

5. 我把自身拥有独立生活并激励人去过一种自觉生活的因素称为人的灵魂。

马克·阿夫列里

6. 懂得了创造物的毁灭之后,你将看到永恒不变的事物。

佛陀智慧集[达马巴达]

7. 灵魂是无形的;然而,灵魂,只有灵魂才能看见。

塔木特

8. 人凭借理解而生存。永远不要把生命的本性归于身体,它只是在自身蕴含着这种内力的容器罢了。人的整个皮囊仅仅依靠这一知性才有生气;没有这种知性的皮囊,无异于没有织工的梭子,没有握笔为文者的笔。

马克·阿夫列里

精神引导肉体,而不是与其相反。所以,为了改变自己的境况,人就应该在精神领域,而不是在肉体范围提高自己的修养。

9月19日 异端邪说

虚假信仰在过去和现在所产生的那种祸害是无法计算也不可衡量的。

信仰是确立人对上帝及世界的关系,并由此确定人的使命和活动。如果这一关系及由之确定的使命都是虚假的,那么,人的生命究竟应该成为怎么样的呢?

1. 缺乏宗教信仰、蔑视神是一种大恶,这话无论怎样公正,迷信却仍然比它更坏。

普卢塔克

2. 当问及大多数基督徒,基督要人类摆脱的主要罪恶是什么,他们会回答说:地狱、永恒的火焰、未来的惩罚。与此相应,他们以为救赎这种事情是可由别人代他们完成的。当人们逃避外在的地狱时,实际上就把他们最应害怕的那一地狱带进了自己的内心。人最需要的那种救赎,是能使人释然解脱的那种救赎。这就是在自己灵魂中摆脱罪恶的救赎。有些事物比外在惩处坏得多。这就是愤恨上帝的心情,赋有神的力量却让自己受动物式的欲望支配的心情——在这种心情中,灵魂即使生活在上帝的期待中却害怕人的威胁和愤怒,认为人的荣耀比自己道德的安宁意识更好。没有比这更坏的毁灭。

这就是不知悔改的人带进坟墓的心情,应当害怕的就是这一点。

救赎,就这个词的真正意义说,意味着使消沉的心情鼓起勇气,医治有病的灵魂,使灵魂恢复思想、良心、爱的自由。只有在这心境中,才会有基督教导的那种救赎。

整个真正的基督教学说都导向这种救赎。

强宁格

3."丧失灵魂"并不意味注定要落入无边的宗教地狱,但却意味着迷失于频频现身的欲望中,因为误入歧途而在狭窄的自私自利的思想里兜圈子,有如误入森林而在一个地方转圈子一样。

选自 世界进步思想杂志

4.感谢上帝,为教会确立起一整套明确的准则。在它同哲学之间建起一堵隔离墙,教会与哲学因此可以各行其是而互不掣肘。可是,当今一些人在做什么呢?他们正在拆除它们之间的隔离墙,在使我们成为明智的基督徒的幌子下,把我们变成最不明智的哲学家。

莱辛

5.人们活得糟糕,仅仅因为他们相信谎言而不相信真理。

6.用教阶制度管理教会,可能是君主式的、贵族式的,也可能是民主式的;这涉及的只是教会内部的体制。教会本身在任何形式下永远都是独断专行的。在那里,信仰的命令被认为是最基本的教规,在那里,统治的是僧侣,而他们自认为有权既不需要理性,也不需要科学,因为他们是唯一有权捍卫和阐释那无形的立法者意志的人,因为有权,所以可以对人不加劝导而下命令。

康德

抛弃虚假的信仰即对世界的虚假态度是不够的。还必须确立真实的关系。

9月20日 努 力

一切善只有通过努力才能获得。

1.要是有人不做研究,或虽然研究却没有获得成功,那就让他们不要垂头丧气,停步不前;要是有人有了不了解的疑难事物而不去向行家请教,或虽然请教了却仍没有得到要领,那就让他们不要垂头丧气;要是有人没做认真思考,或虽然认真思考过却仍没能获得生活意义的明确理解,那就让他们不要垂头丧气;要是有人分辨不了善恶,或虽然做了分辨却对这一分辨没有明确的认知,那就让他们不要垂头丧气;要是有人没有行善,或虽然做了善事却没有全力以赴,那就让他们不要垂头丧气。别人要是只做一次,那他们就做十次吧;别人要是做一百次,那他们就做一千次吧。

一个真正遵循这永恒法则的人,无论怎样无知,也定会变得博学多识;无论怎样卑弱,也定会变得强大无比。

中国智慧集

2.你们要进窄门,因为通向灭亡的,门宽而路广,许多人都往那里走;而通向永生的,门窄而路狭,为数不多的人才找到。

马太福音 7 章

3. 做坏事轻而易举——而这些事情将给我们带来最大的不幸;而那些对我们有益而美好的事情,做起来总是困难重重,需要倍加努力。

佛陀智慧集[达马巴达]

4. 通向有益的知识之路任何时候都不会铺设在布满百合花的柔滑如丝的萋萋芳草边;人们不得不永远在裸露的峭壁上攀登。

约翰·略斯金

5. 与探索真理的实现相伴的总是激动而不安,而非愉悦快乐;但是,仍然应当去寻找真理,因为如果不去探寻真理,不爱它,你将招致毁灭。然而你会说,要是真理希望我去找它,爱它,那它最好自己就向我坦陈。它确实向你坦陈着,但你并没有注意到这一点。去寻找真理吧——这确是它所希望的。

帕斯卡尔

6. 只有始终不懈关心那仁慈生活的人,才能过那种仁慈的生活。

———————

一个人若在工作时体验到肌肉疼痛,他并不会很介意,但在不工作时感到这种肌肉疼痛,他定会痛得叫起来。与此完全相同,一个认为生活的要义在于道德的日臻完善的人在忍受那些不幸时,他并不会很介意,可在他放松对自己的内心世界做道德修养的磨炼时却会由这些不幸体验到钻心的疼痛。

9月21日　思想的力量

人之自由的最简易最微小的表现,是从几个不同行为中做出选择:或向右走,或向左走,或原地不动。最困难最崇高的表现,则是在追随感情的诱导同拒绝这一诱导之间做出抉择。自由的最重要最必需的表现,是为自己的思想指明这种或那种走向。

1. 致力于你的思想纯洁吧。如果没有坏的主张,就不会有坏的行为。

孔子

2. 尽力不想你所认定的蠢行。

爱比克泰德

3. 除了我们为上帝或自己效劳的意愿,一切都受天意的支配。

我们不可能干涉鸟在我们头顶上飞翔,但是我们有权不让它在我们头上筑巢。与此完全相同,我们不可能阻止愚蠢的念头在我们头脑闪过,但是我们有权不让它在那里盘踞逗留,以免生发出许多恶行。

路德

4. 为了学问,为了宁静的生活,为了一切事业的成功,未必还有一种能力比一个人善于支配自己的思想这种能力更必需的。

洛克

5. 思想有如客人;我们不必为它们的初次造访负责。但是,它们若重新频频光顾我们,只是因为我们接待它们。你今日之所思,正是你明天之所为。

6. "他抱怨我,他压制我,他奴役我,他侮辱我",被这些思想搅得惊恐不安的内心,任何时候都难以压灭那仇恨。

"他抱怨我,他压制我,他奴役我",一个在自己内心不为这些思想提供庇护所的人,内心的仇恨永远会被压灭。

因为,一个源自仇恨的感情不是仇恨可以战胜的,它只有用爱才能扑灭——这是一条永恒的规律。

佛陀智慧集[达马巴达]

7. 对事物的看法一经确立,知识就会获得;知识一旦获得,意志就会追求真理;意志的追求得到满足,心灵就会变得善良。

孔子

8. 维护自己的观点,关注自己的语言,捍卫自己的行动不受蠢行的影响。如果不折不扣恪守这三个原则,那么,你就会走上真理之路。

佛陀智慧集[达马巴达]

9. 罪恶不仅仅在做坏事,而且在想坏事。

琐罗亚斯德

感情的产生并不以人的意志为转移,但是对感情好坏的评价则受人的思想支配,所以感情就会或受鼓励,或遭阻拦。

9月22日 不 朽

信仰不朽是人所固有。

1. 每个人都感到,他并不是微不足道的,在特定时刻他会受生命的召唤变成另一个人。他由此坚信,死可能结束的是他的生命,但绝非他生命的存在。

叔本华

2. 灵魂并不像住在家里一样寓于身体之中,而只是像寄居在临时避难所里一样生活在其中。

库拉尔

3. 有多少领域不为我们所知！这些广袤无垠的空间的永恒沉默使我不寒而栗。当我沉思我处于我之前和之后两个永恒之间的生命的短暂性,沉思我所占有、甚至我所见到的空间——这一空间正隐没在我所不了解的、我也不为其所了解的那个无涯无际、难以测量的另一些空间之中——的微不足道时,我不由得惊骇万分,我惊讶为什么我在这里而不在另一个地方,因为没有任何理由我非在此而不是在彼,也惊讶为什么我处于这一刻,而不是出现在或先或后的时间,因为这同样是没有任何根据的。谁把我安排到这里？根据谁的吩咐和安排,我必须恰恰在此时恰恰待在此地？

一生,只是一个在客中度过的瞬息即逝的一天的回忆。

帕斯卡尔

4. 我们是凡人,我们活不长久,赐予我们的只是几个瞬间。但是我们的灵魂感受不到迟暮,它将永生。

法西克里特

5. 我们凭经验发现,有许多人虽然深信有死后生活,却仍沉溺于恶习之中,干下许多卑劣的勾当,他们虚构出一些手段,似乎能巧妙地逃脱威胁他们的由那些恶行造成的未来苦果。同时,我们发现,一切真正的道德君子在灵魂深处永远知道,他的生活不会随着他的死亡而终结。所以我觉得,把对未来生活的信仰建立在高尚灵魂和美好生活的感情之上,比相反的,把美好的道德生活建立在未来生活回报的愿望之上,是更加符合人的本性的。现实中真实的道德信仰就是如此。道德信仰的纯朴性能够凌驾于各种不同的阴谋诡计和自作聪明的做派之上,它只要独自一个就足以契合人的每种心情,因为它不是通过迂回的道路而是通过直路引导他达到他真正的目的。

康德

6. 对死亡的畏惧之所以产生,是因为他们把受他们的错误概念限制的生命的一小部分当作了生命。

7. 死亡是肉体组织的毁灭;借助这一肉体组织我才能认识这一世界,才能使我想象这一世界在这种生活里的样子。死亡乃是我借以观察世界的那种玻璃片的毁灭。但是玻璃片的毁灭无论如何其自身不可能包含着眼睛的消灭。

我们不朽的意识,是活在我们内心的上帝的声音。

> 每周阅读

I 墨西哥国王的遗嘱（选）

　　万物在大地上都有自己的极限，最强大、最欢乐的也将因其伟大、欢乐而跌落，招致毁灭。整个地球只是一个大坟墓，地面上没有任何东西能不被掩埋在地下的坟墓中。水、河道、激流力求完成自己的使命，不再返回自己幸福的源头。一切都匆匆向前，以便让自己埋葬在广袤无垠的海洋深处。

　　昨天存在的，今天已不复存在；今天存在的，明天也将不再存在。墓地布满了从前曾过着生机勃勃生活的人的骨灰；他们曾是国王。他们治理众多的民族，主持集会，指挥军队，征服许多新国家，他们要求别人崇拜自己，虚荣、奢华和权欲极度膨胀。

　　但是，荣耀像火山冒出的黑烟消散了，除了编年史家简单提及的一笔，没有留下一丝痕迹。

　　伟大、睿智、勇敢、英明——唉！他们如今安在哉？他们都已和泥土混而为一；落到他们头上的命运也将落到我们的头上，也将落到我们后辈的头上。

　　但是，鼓起勇气来吧，你们大伙儿——无论是卓越的领袖，抑或真诚的朋友，还是忠实的臣民——竭尽全力去追寻那万古永存，既不会朽烂又不会湮灭的天堂吧！

　　黑暗是太阳的摇篮，星星的辉耀需要夜空的昏黑。

德茨库戈·赫扎古亚尔·科波特尔
（基督纪元前1460年左右）

II 苏格拉底之死

　　苏格拉底死后不久，他的一个学生艾赫克拉特遇到他的另一个学生斐东。后者在老师逝世时就陪伺在他身边。前者请后者对自己详细谈谈那天发生的一切事情：苏格拉底周围的人说了什么，他本人说了什么，做了什么，他怎样告别人世。

　　斐东讲了下面一番话：

　　这天，我们像往常一样，走向监狱旁的审判大厦。平时都放我们入监探视的门卫，却走到我们那里对我们说稍待，因为法官现在正在苏格拉底那里，他们正卸掉他的镣铐，并向他宣布今日就服毒自尽的命令。过了不多一会儿，门卫过来对我们说，我们可以进去了。我们进去时，苏格拉底身边是他手抱孩子的妻子克萨季帕。她坐在他的床上，他的身边。

　　克萨季帕一见我们就哭起来，像处在这种场合中一般妇女通常那样，同样说着令人怜悯而哀戚的话——"这将是你的朋友和你、你和他的最后一次谈话",等等。

苏格拉底竭力安抚她,请她让我们和他单独待一会儿。克萨季帕离开后,苏格拉底曲起腿,用手搓揉起来。他对我们说:"这真是怪事,我的朋友!和痛苦相连多么令人愉快!我因为被镣铐铐着而感到疼痛,可如今镣铐被卸掉了,我体验到了特别的快乐。大概诸神愿意让两个矛盾体——痛苦和愉快——调和起来,并用链环把它们连接在一起,因此缺一不可,少一个就不能获得这种体验。"苏格拉底还想说点什么,但是发现克里同在门后和人悄悄说话之后,就问他在说什么。

"我们正说什么时候给你服毒,"克里同回答,"他说,你该尽量少说话;他说,那些在服毒前交谈的人,会兴奋不安,药效就会减少,服药的量就不得不增加一倍或两倍多。"

"这有什么!"苏格拉底说,"必要的话,就让我喝两倍三倍的药好了。我认为,正是当前,我不应该放弃与你们谈话的机会,这表示一个尽其一生追求智慧的人对死神的光临不仅不会伤心不快,反而会满怀喜悦。"

"对你要离开我们这件事,你怎么能高兴得起来呢?"我们中一个人说。

"是的,"苏格拉底说,"从我这方面说,这似乎是件坏事,但是,如果你深究一下我的情况,那么,你大概就会明白,一个一辈子都在竭力驯服自己强烈欲念而他的肉体却对此横加阻拦的人,就不能不为自己能从肉体里解脱出来而高兴。死亡显然只是一种解脱。显然,我们不止一次谈及的那种日臻完善,在于尽可能地把灵魂和肉体分开,教灵魂积聚和集中在肉体之外的自身之中,而死亡提供的正是这种最彻底的解脱。要是一个人一生都准备按照尽可能接近死亡的生活那种方式去生活,而当这种有准备的结局逼近时,他却又心存不满,这岂非咄咄怪事!所以,我无论怎样惋惜与你们分别,使你们伤心,我不能不把死亡当作实现我在生命存续时期我愿达到的目的加以欢迎。朋友们,我对我在离开你们时不伤心的辩护,就是如此。我的申辩若比法庭上的发言更有说服力,我将感到高兴。"他微笑着说。

"但是,为了事情确实如此,"凯比斯对此说道,"应当坚信,灵魂虽然脱离躯体,却不会毁坏,不会消亡,不会像水汽、烟雾一样消失;要是能相信或知道事实确实如此,那多美妙!糟糕的是,这是不可能那样信心十足的。"

"这倒是真的,"苏格拉底说,"不可能那样信心十足的,然而这有极大的可能性,事实就是这样。传说说,死人的灵魂将进地狱,在那里继续生存下去,直到重返人间,由死而重生。信或不信这一传说都可以,但是人由死而生是有极大可能的,因为不仅人,而且所有的动植物,都是由死而复生的。如果事情确实如此,生命不可能害怕死亡,死亡只是一种通向新生命的复活。可以肯定这一点的,还有这一证据:我们大家虽然活在人世,自身却似乎带有一种灵魂往昔生活的回忆。要是灵魂没有在此生之前生活过,回忆就不可能存在。因此,尽管人的肉身已经灭绝,但是具有认识、回忆特性的灵魂就不会和肉身一起澌灭。况且,我们所有的认识只是灵魂往昔生活的回忆,只是独立于肉身的不死的灵魂存在于我们自身之中的主要证明,美、善、公正、真这些永恒的理念不仅是我们灵魂所固有的,而且这些理念构成了我们灵魂的本质特征。由于这些理念不应死灭,所以我们的灵魂同样不应死灭。"

苏格拉底结束了讲话,我们大家鸦雀无声,只有凯比斯和西姆莱彼此说着悄悄话。

"你们在这说什么呢?"苏格拉底问,"如果说的是当前大家说的话题,那就说说你们的想法。要是你们不同意我的观点,或知道有更好的解释,那就直说吧。"

"说实话,"西姆莱说,"我不完全同意你所说的观点,我愿意向你请教,但在你的这种处境下,怕我的问题会使你不快。"

"可是,"苏格拉底微笑着说,"要向人们证实我并不认为我遭遇的事情是一种不幸,这是何等困难!如果我连你们都说服不了,那我怎么去说服其他的人呢?你毫无根据地以为我现在正处于另一种异常的心情之中。说吧,你怀疑什么?"

"那好吧,"西姆莱说,"那我就直说我怀疑什么。苏格拉底,我觉得你说到灵魂,却没完全予以证明。"

"在哪方面呢?"苏格拉底问。

"你说及灵魂的那些话,"西姆莱说,"也可用来说七弦琴的音律。可以说,尽管七弦琴自身及其琴弦是某种实体的尘世的暂时的东西,但是七弦琴的音律及其奏出的声音都是非实体的,是不会消亡的,所以,即使七弦琴损坏了,琴弦也断了,但那音律及琴声仍然是不会灭寂的,七弦琴毁灭后也一定会停留在某个地方。同时我们知道,正如七弦琴的和声是那些被调成松紧不一的琴弦按一定安排的方式组合的结果,我们的灵魂也同样是身体不同元素处于特定关系之中的联结和互动,所以,正如七弦琴的和声是因七弦琴的各个组成部分遭破坏而消失的,我们的灵魂同样也是由于我们肉体的各种关系遭到破坏而陨灭;由于各种不同的疾病,由于身体各个组成部分极度衰弱或过于紧张,这些破坏由此而完成。"

西姆莱一席话使我们大家都感到不快,事后彼此说起都有这种感觉。我们刚相信苏格拉底灵魂不朽的谈话,突然,问难者强有力的理由搅扰得我们惴惴不安,使我们生出一种不信任感,不仅对刚过去的那些谈话,而且如我们所感到的那样,也对就这一论题可能说过的一切话都失去了信任。

苏格拉底常常使我感到惊异,但从没比这一次更加强烈。他毫无困难地做了回答,回答倒并无什么令人惊奇的,令我最感惊奇的,是他倾听西姆莱说话时温厚安详的态度,以及他后来发现了西姆莱这一讲话给我们留下的印象之后,很巧妙地帮我们摆脱了怀疑。

其时我正坐在他的右侧,他床边的一张矮椅子上,他因为坐在床上,高出我许多。他有摆弄我头发的习惯。当时就是这样,他用手抚我的头,把我的头发推到后脑勺,并说:

"斐东,明天你要把这些美丽的头发剪了。"

"是的。"我说。

"但是等一等再剪,要像我一样去做。"

"怎样做呢?"我问。

"就这样。只要我们不善于捍卫自己的观点,那我们就允许你的头发明天剪,而我的头发今天就剪。"

我开玩笑地说我同意,于是苏格拉底转向西姆莱:

"好吧,西姆莱,"他说,"灵魂就像和声。正像和声是七弦琴和琴弦处于正确关系中才出现一样,灵魂也是由身体的许多元素处于一定关系之中才出现。要是事情确是如此,那你怎样把这一点和我们刚才所谈的观点协调一致,和你曾同意的我们的一切知识都是我们前生所了解的事物的回忆协调一致呢?如果灵魂确实先于其当前所处的身体而存在,它又怎样能够成为身体各部分一定的相互关系的结果呢?所以,如果我们承认我们的一切知识都是前生的回忆,那我们就应当承认,我们的灵魂是独立于身体所处的环境而存在的。此外,和声和灵魂之间的区别还在于,和声意识不到自身,灵魂则意识到自己的生命,不但意识到这一生命,而且支配着这一生命。同和声不能改变七弦琴的情况并有赖于琴的这一情况不同,灵魂则独立于身体之外,并能彻底改变它的状况。例如,当前我的身体的所有元素和昨天一样,正处于合理的互动之中,然而同时,我的灵魂却决定要很快打破元素的这种正确关系,因为正如你所知道的,要是我同意克里同的越狱建议,那么我早已远离此地,我现在也就不可能坐在这里和你们交谈,等待被处死。我之所以不同意克里同的建议,是因为考虑到屈从于城邦的决定比逃避这一决定更加公正。

"所以,结论就是和声判决了七弦琴的毁灭,换句话说,我身上蕴含着一种东西,它能意识到自己不朽的起源。

"所以,即使我不能完全清晰地证明这一点,却仍能意识到自身内蕴含的睿智、自由足以超越我所处的肉皮囊的起源。我不能不相信,我的灵魂是不朽的。"

"如果灵魂是不朽的,"苏格拉底继续说,"那我们就必定会关心它,不仅关心它的今生,而且关心它身体死亡后轮回迁移的彼生。"

"因为,如果灵魂不朽,并会携带着今生在这里拥有的东西转入彼生,那么,怎么会不竭尽全力尽可能使它变得更美好、更睿智呢!"

他沉默片刻,又补充说:

"可是,我的朋友们,我觉得已经到了把自己收拾干净的时候了,因为最好干干净净服毒,免得让妇女为净尸而为难。"

当他说完这话,克里同就问他,他要不要委托我们为他的孩子做点什么。

"就是那些我常说的老话,克里同,"他说,"没有新要求。关心自己、关心自己的灵魂,就算你们没有答应我做这件事,你们也已为我、为我的儿子、为你们自己做了一件最好的事。"

"我们尽力而为，"克里同说，"但是，该怎样殡葬你呢？"

"随你们的便吧，"他回答，微微一笑后补充说，"我的朋友，我还是不能使克里同相信，苏格拉底只是目前正同你们谈话的那个我，而不是若干时间之后他所见到的那个僵硬冰冷的人。"

说完这话，他站起来，向准备在那里洗濯的房间走去。克里同跟在他后面，他让我们在原地等候。就这样，我们一边等候，一边彼此议论着刚才的话题，议论着我们遭受的不幸，因为我们将要失去我们的朋友、导师和领袖！

苏格拉底洗刷完毕之后，他的孩子——两个幼小的儿子和一个成年的儿子——被带到他那里，在他家里的女眷进来后，他和他们谈了一阵，之后，就让女人和孩子重新回到我们那里。太阳快落山时，苏格拉底才回到我们身边。之后很快来了行刑典狱官，他靠近苏格拉底说：

"苏格拉底，你自然不会责备我，不会像一些被判刑的人在我照政府命令要求他们服毒时一样对我生气、咒骂。我在这段时间了解了你，认为你是被关在这里的所有人中最高尚、最谦恭、最优秀的人，所以我希望你不要对我生气，因为你知道此事的罪魁祸首，你要把愤怒撒向他们。我来是向你宣布，服毒的时刻已到，再见吧，请力求尽可能轻松地承受这必不可免的事情。"

说完这话，典狱官哭了，然后转过身走了出去。

"再见！"苏格拉底说，"我们这就把这事了结。"随即对我们补充说，"多好的人哪！这段时间，他一直在安慰我，和我交谈，我知道他内心确是一个很好的人。如今，他十分动感情，怜惜我！好吧，克里同，让我们来执行他的要求吧；要是他已把毒药准备好，那就把它送来吧。"

"我以为，苏格拉底，"克里同表示异议说，"太阳还高悬着哪，此外，许多人只在很晚才肯服毒，而在整个傍晚则拼命吃喝，有些人甚至还要享受情爱的欢娱。没有理由匆忙。有的是时间。"

"亲爱的克里同，你所说的那些人，"苏格拉底说，"有理由像他们所做的那样去行动，因为他们以为这样做对他们有好处。可是，我的想法与他们不同。我以为，如果推后服毒，对我一无好处，反而使我在自己眼中变得可笑。去，去吩咐把毒药拿来。"

克里同听到这吩咐，对站在门后的仆人做了一个手势，仆人出去并很快返回，带来了一个应该给苏格拉底服毒的人。

"你对这些东西很熟悉，"苏格拉底说，"说吧，该怎么做！"

"只需这样，"那个人说，"服毒后应该来回走动，一直到双腿沉甸甸提不起来为止。当双腿重得提不起来，那就躺下，毒药就会在全身发作。"

说完这话,他递给苏格拉底一只杯子,苏格拉底接过杯子,表情愉悦,毫无恐惧,脸不改色,目光依旧,只是按他的习惯专注地端量着狱吏,问:

"为了对神表示敬意而用这酒做祭奠,可以不可以?"

"苏格拉底,"狱吏说,"我们只是按人们认为的必要量为你做了准备。"

"好吧,"苏格拉底说,"但还是应该向天神祈祷让我顺利地由这里搬到那里,我这就做祈祷。"

说完这话,他把杯子举到了嘴边,毫不畏惧、毫不犹豫,把毒药一饮而尽。此前我们都忍住不哭,但是当看到他端杯仰药时,我们再也忍不住了:我不由自主地泪如泉涌;我把头埋进大衣里,我为自己恸哭,不是为他而是为自己个人的不幸悲泣,因为我失去了他这样的朋友。克里同比我还早就忍不住泪眼婆娑,离开了。阿波罗多原先只不停地哭泣,现在却号啕大哭起来。

"你们怎么啦?你们这些人真叫人奇怪。"苏格拉底说,"我让女人走,就是不让她们这样。应当在虔敬的沉默中死去。安静点,鼓起勇气来!"

我们努力克制自己,不再哭泣。他默默地来回走动了一阵,靠近床边,说他的双腿沉重得抬不起来之后,就按送来毒药的狱吏吩咐的那样,仰面躺了下去。他一动不动地躺着,狱吏则时不时地摸摸他的双腿和膝盖,狱吏紧按他的一条腿后问:有感觉没有?苏格拉底回答"没有"。随后他又一边用双手按压一下膝盖和大腿,一边向我们示意,苏格拉底开始变冷发硬了。

"只要寒气一到心脏,"他说,"他就完了。"

当寒气已逼近他的下腹部,苏格拉底突然露出脸来——因为他的脸已被盖上——说了他的最后的遗言:

"不要忘了祭祀时献给阿斯克勒皮俄斯一只公鸡。"

很显然,他想以此表明,他感谢医神以他选择的方法使他摆脱生命。

"一定照办。"克里同答,"你还有没有其他要交代的?"

对这一问题,苏格拉底一无回答。稍后,身体抽搐了一下,随后,狱吏揭去他脸上覆盖的东西。他的目光已经呆滞不动。克里同靠近他,为他张开的凝滞的双眼合上眼皮。

选自 柏拉图《谈话录》

9月23日 知 识

人的知识在与原先的无知的对比中,无论显得怎样精深博大,却始终只是可能获得的所有知识中极有限的一小部分。

1.苏格拉底没有许多学者那么习见的弱点,即企图阐释现存的一切事物,探索哲学家所谓的自然之起源,并进而上升到寻求天体由之产生的基本原因。"人们对那很少与人相关的事物做了那么多的研究,"他说,"难道是因为他们认为,人们遇到的对人的认知都是重要的,也可能他们以为,对我们的研究必需的那些对象可以忽略不顾,而对研究并不是必需的那些奥秘则应深入?"

有些伪学者不懂得人的智慧是不能参透这些奥秘的。他对这些人的愚鲁无知感到特别吃惊。"所以,"他说,"所有这些自以为敢阐释这些奥秘的人,他们的基本观点往往是歧义百出大相径庭的。如果听他们一起讲话,就会感到好像在一群疯子中间。真的,被疯狂控制的不幸者有着怎样的特征呢?他们害怕一点不用害怕的对象,却不畏惧真正危险的事物。"

塞诺芬

2. 以为科学在某一时刻会与宗教为敌,这是很令人奇怪的。科学,要是它徒务虚名,它不仅会与宗教,而且会与真理为敌;而真正的科学,不仅不会与宗教为敌,而且永远会推动它。

约翰·略斯金

3. 那些希望对高于或低于我们、早于或后于我们的人一探究竟的人,最好不要出生。

塔木特

4. 知识无限。公认的饱学之士,跟目不识丁的农民一样,同样离真正的知识颇远。

约翰·略斯金

5. 我们不借助科学,就难以想象我们的粗疏无知,正像盲人没有复明就不能想象黑暗一样。

康德

掌握的知识比可能掌握的少,远胜于掌握的知识超过必需的知识。不要担心无知,要担心的是过剩的、成为累赘的、只是为了虚荣心而拥有的知识。

9月24日 素 食

如果肉食是必不可少的,可以用无论怎样的主张加以辩护的,那么,不放弃肉食似是可以原谅的。然而,事实并非如此。肉食实在是一件蠢事,当代已没有任何理由为其辩护。

1. 是怎样的生存斗争或怎样不可阻遏的疯狂迫使你们用鲜血染红你们的双手,用动物的肉喂饱你们的肚子呢?你们正利用一切必要的与生存相宜的事物,为什么还要做这种事情呢？你们为什么要诽谤大地,似乎没有动物的肉它就不能养活你们呢？

普卢塔克

2. 如果我们不那样愚蠢地屈从于奴役我们的习俗,只要多少有点同情心,任何人都不会容忍这一观点：为了我们的温饱,不得不每天屠宰如此之多的牲畜,尽管仁慈的大地给了我们一座丰富多样的植物宝库。

布尔纳德·蒙德维尔

3. 你问我,皮法戈尔因为什么原因不吃动物的肉？可我这方面也还没有弄明白,是怎样一类思想情感或原因指引人第一次断然用鲜血弄脏自己的嘴,允许自己的双唇去触碰被宰杀的生灵的肉。使我感到吃惊的是有些人居然在自己的餐桌上摆上分割得不成样子的动物尸体,而且要求自己每日的饮食中都配有不久前还能运动、理解和发声的生灵的肉。

普卢塔克

4. 对那些可怜人是可以原谅的,因为他们最先采用肉食,可能是由于生存的手段完全的匮乏和不足,所以他们(初民们)具有茹毛饮血的习惯,并不是因为放纵他们的怪想,也不是沉溺于必需食物过剩后的反常恶癖,仅仅是出于需要。但是,在当代,怎样才能为我们辩护呢？

据 普卢塔克

5. 作为食用肉类食品并非人的天性的证据之一,是儿童对肉食的冷淡,他们总是偏爱蔬菜、奶制品、烤面包和水果等。

卢梭

6. 绵羊被人吃,比起人被老虎吃,其命定的概率更小,因为老虎是肉食动物,而人生来就不是。

里顿

有或者除了肉就没有其他食物,或者他们对肉食的罪过一无所闻,天真地相信允许肉食的圣经这样的人；也有像当代一切生活在有蔬菜有奶的地方的,而且了解一切人类的导师反对肉食的有文化的人。这两类人中间存在着巨大的差别。后面这类人正在做大孽,因为他们继续干的事情,已不能不被称为坏事。

9月25日 劳　动

劳动不是美德,然而却是道德生活的必要条件。

1. 永远记住这一伟大的不刊之论：你们拥有的,其他任何人就不再能拥有,你们使用或消耗的任何物质的每个极小部分,都是人生的一个极小部分。

约翰·略斯金

2. 有些劳动是不必要的、瞎忙乎的、急不可待的、激动亢奋的、有碍其他而只是为了引人注目的。这种劳动比无所事事更坏。真正的劳动永远是安静的、不快不慢的、难以察觉的。

3. 自己能做的,就不要推给别人。但愿每个人都把自己门前打扫干净。如果人人如此,整条街道就会整洁干净。

4. 人能用以获得财富的只有三种方法:劳动方法、乞求方法、窃攘方法。如果劳动者的收益那么少,那仅仅是因为乞丐和盗贼所占份额太多。

亨利·乔治

5. 人若因独自生活而免除了自己和天性斗争的义务,他立即会因他的身体毁灭而引咎自责;人若免除自己的这一义务,而让其他人代为完成,那么,他立即会因人固有的完善进程的停顿而悔恨不已。

6. 爱劳动还不够!问题在你干了什么劳动?

托罗

7. 如果一个人无所事事,那另一个人必然要干得筋疲力尽。要是一个人饕餮饱餐,那另一个人一定会饥肠辘辘。

被无所事事者认定为劳动的大部分工作,都是一些游戏;它不仅没减轻他人的劳动,而且在他人身上加上了新的劳动。一切奢华的游戏都是如此。

9月26日 律 法

道德规则在真正的智慧方面和在真正的信仰方面同时鲜明地反映出来。

1. 为了弄明白有了善良的意愿该怎么办,并不需要非凡的深思远虑。即使在理解世界完整性方面毫无经验,也不擅长分析、解释人内心完成的一切事件,我只要问自己一个问题:我是否同意我用以指导我的行为的动机成为所有人的必然规则? 如果不是,那我的动机是无益有害的,之所以无益有害,不仅因为这些动机能给我或他人带来有害的后果,而且因为它们不适合成为人人必需的基本规则;然而,理性却促使我直截了当地尊重这样的规则;尽管我甚至还没弄明白这种尊重的根据是什么,但是我明白,我在这些规则中尊重的是其价值远超过一切爱好所暗示于我的因素,仅仅出于对道德规则的尊重的行为乃是一种天职,任何别的动机在它面前都应退避三舍。

康德

2.(法利赛人中)有一个人是律法师,想试探耶稣,就问他说:"导师,律法中的诫命,哪一条最为重要?"耶稣对他说:"你要尽心尽意、以整个灵魂爱主,你的神。这是诫命中首要的、最重要的诫命。其次与上条相仿,就是要爱人如己。这两条诫命是律法和一切先知所确认的。"

马太福音 22 章

3. 全世界都服从一个法则,一切智者身上具有的智慧都是相同的。所以,对智者来说,有关完美的概念都是相同的。

马克·阿夫列里

4. 记住,神是存在的,他寄希望于由他按照自己的样子创造出来的人的,既不是赞美,也不是荣耀,他希望他们在他赋予的智慧指引下,做出与他相似的行为。不用说,无花果是忠于他的职守的,狗和蜜蜂亦然。人难道可以不执行自己的使命? 但是,这些伟大的神圣真理在你的记忆里已黯然失色;日常生活的冗杂忙乱、非理性的恐惧惊悚、灵魂和习惯的孱弱无力都成为奴隶把人压倒。

马克·阿夫列里

5. 有两件事物正以永远新奇、持续增长的惊讶和景仰充盈着我的灵魂,并且越来越经常、越来越一贯地占据着我的沉思:这就是我头上的星空和我内心的道德规则。

康德

6. 所以,在一切事情上,你们愿意人们怎样对待你们,那你们也该怎样对待他们。因为这就是律法和先知的道理。

马太福音 7 章

道德规则是那样一目了然,以致人们不可能用不知道规则来加以搪塞。对他们来说,只有一种方法可采用:放弃理性,他们果真这样做了。

9月27日 谴 责

斥责人是一种消遣,不懂得这种消遣的整个危害的人很难舍弃这种消遣。在弄明白斥责人的所有危害之后,仅仅出于消遣而仍不舍弃它,那就太不应该了。

1. 根据一个人的那些言论,是不可能断定在实际事务中他会怎样行动的。反之亦然,根据一个人所做的事情,是很难断定他那样行动的目的何在,他头脑中有何想法,心灵深处有何动机的。我若看到一个人不知疲倦地忙碌着,读写着,从早到晚工作着,甚至彻夜不眠,专注于工作,但是,我若并不知道他为什么做这一切,我还不能说这个人热爱劳动,或者说他是为了人们的利益而劳作。不用说,任何人都不会把整夜整夜和荡妇胡闹的那类人看作是有益的,或者看作是热爱劳动的。人们怀着卑劣的目的,比如为了金钱和荣耀,常常做着不但是卑劣的而且是貌似美好的事。对于如此行动的人,他无论怎样不知疲倦地工作,完成了无论怎样重大的事业,都不可以说他的行为是热爱劳动有益无害的行为。只有我了解他是为自己的灵魂——为上帝劳作时,我才会说这个人热爱劳动,于人有益。

但是,别人的心灵是幽暗莫测的。我怎样才能了解人的只有他本人才知道的内心动机呢?

结论只有一个:人不能评判人,即不能责备他或为他辩护,既不赞美,也不否定。

爱比克泰德

2. 想要评判我,那就不要看我的表面,而要看我的内心。

密兹凯维支

3. 善人很难推测别人身上的恶,同样,恶人也难推测别人身上的善。

4. 真理在纷繁的论争中被丢在脑后。最明智的则是打断论争。

5. 在我们内省时,我们的主要不足是:为了看清别人身上的坏毛病,我们的目光会变得极犀利,而我们对自己身上的坏毛病则总是视而不见。

布拉恩

6. 轻松随和地宽恕他人的所有迷误,同时又老是担心做出某种蠢事来,仿佛他从没宽恕过任何人似的;这种人才是真正高尚的人。

普林尼

一当你开始议论人,你就得记住:即使你确实了解这个人的坏事也不要说这人的坏话,尤其在并非你亲知而只是重复别人的话时更应如此。

9月28日 教 诲

人的大多数行为并不是根据判断,甚至不是根据感情产生的,而是根据无意识的仿效、耳濡目染而出现的。

1. 根据暗示完成的行为,可能是好的,也可能是坏的。只有按照良知的要求自觉完成的行为才不可能成为坏事。然而在我们因暗示而做出的千百种行为中,几乎找不出一个是自觉完成的。

2.教育可以使人摆脱他自己坚持不放的幼稚病。幼稚病是指没有他人指导,他就没有能力利用他自己的理性。但是,当幼稚病的根源不在缺乏理性,而在没有他人指导就缺乏果断和勇气去利用它时,这种幼稚病就因人自身的原因而得以保持不变。

康德

3.要有利用自己理性的勇气!这是教育的主导法则。

康德

4.人若能从在自己灵魂深处倾诉的所有声音中毫无错误地了解自己真实的、永恒的"我"的声音,他就可能永不犯错误,永不作恶。为此他必须认识自己。

5.当关注民众无知的原因时,你们就会发现,主要原因绝不是我们习惯以为的缺乏学校和图书馆,而是他们由濡染熏陶而来的那些迷信;这些迷信由那些得益于这些迷信的人通过濡染熏陶的手段持续不断地得到支持。

6.真正的教育只是靠道德生活的范例来推广普及。学校、书籍、报刊、剧院等一切虚假的教育活动不仅和教育没有任何共通之处,而且大部分和教育直接乖违。

当感到不是按照推断,不是按照自己内在动机,而是按照异己的外在影响准备行动时,每一次都该停下想一想:吸引你们的那种暗示好还是不好。

9月29日 战 争

除了一切战争苦难和恐惧之外,战争最大的罪恶之一是扭曲理性。既然有军队,有军费,就得对此做出说明。说得合理是不可能的,所以就只能扭曲理性。

1.伏尔泰的一篇童话中,有一个他虚构的外星人密克罗墨哈斯,这个人物在与人们交谈时说了这么一番话:

"啊,你们聪明的原子,你们的艺术和强盛表明了你们蕴含的永恒本质,你们大概在你们地球上享用着纯洁的欢乐,因为如果物质因素如此之少而精神因素又那么发达,你们当在爱和思想中度过你们的一生,因为这正是精神人的真正生活。"

所有的哲学家都对此摇头,其中一位最坦诚地说,除了少数不太受尊敬的活动家,所有其他居民则由三类人组成:疯子、恶棍和不幸者。

"要是恶由物质生成,那么,我们这里的物质远远超过了需要;要是恶由精神产生,那么,我们这里的精神也已太多。"他说,"例如,就在这一刻,千百个头戴呢帽的疯子正在杀戮千百个缠着头巾的野兽,或者相反,反被后者宰杀,这个世界自古以来就已这样。"

"小野兽们为了什么争吵不休呢？"

"为了和你脚后跟差不多大小的一小块烂泥地，"哲学家回答说，"而这块小小的烂泥地与厮杀双方的任何一个人都没有一点点关系。对他们来说，问题仅仅在于这块小小的烂泥地会属于谁——属于所谓的苏丹抑或所谓的恺撒，虽然不管前者还是后者，他们都从没见过这块烂泥地。而那些正在彼此厮杀的野兽们，几乎谁都没有见过他们为之厮杀的那只野兽。"

"苦命人哪，"西里乌斯星球的居民大叫一声，"能想象这样失去理智的疯狂吗？真的，我真想走三步，把这些蚂蚁般的可笑的杀人犯踩烂。"

"这不难做到，"大家回答他说，"这事他们自己都操着心。话说回来，该惩罚的不是他们，而是那些野蛮人，他们坐在自己的宫殿里，签发杀人的指令，并且吩咐要为此而庄严隆重地感谢上帝。"

伏尔泰

2. 一个人生活在河彼岸，而他的国王和我的国王正吵得不亦乐乎；尽管我并没和那个人争吵，那个人竟有权杀死我。还有什么事情比这更荒谬的吗？

帕斯卡尔

3. 是时候了，各族人民该明白战争的疯狂了！

四个世纪以前，比萨和卢卡的居民被如此残酷的仇恨所分隔，以致仇恨似乎永远难以消解，连比萨最卑微的暴徒也以接受卢卡最重要公民的东西为可耻的背叛。然而，这一仇恨如今留下了什么呢？普鲁士人对法国人的荒谬仇恨留下了什么呢？可以大胆地相信，我们这些后辈会觉得，这些感情有如雅典人对斯巴达人的仇恨，或像比萨居民对卢卡居民的仇恨。人们都懂得，他们有比相互攻击更为重要的事情；他们的共同敌人是贫困、无知和疾病，他们应竭力反对这些可怕的灾难，而不是反对自己那些已身陷不幸的同伴。

里舍

4. 欧洲各国的债务，累计高达一千三百亿；其中一千一百亿是在长达一个世纪里蓄积起来的。这一巨额债务，整个只是由军费支出造成的。欧洲各国和平时期的军队保持在四百万人左右，战争年代，这个数字则能达到一千九百万。欧洲各国预算按比例说，三分之二为陆军和海军的债务和给养所占用。

莫里纳里

5. 要是一位旅行家在某个远离人烟的岛屿上看到岛民的房舍周围布置着上膛的火炮，并有哨兵在这屋宇周围日夜来回巡逻，他就不能不以为岛上住着一帮强盗。欧洲国家的情况难道不正是这样？

这表明宗教对人的影响是何等的渺小，或者说我们离真正的宗教还何等遥远！

里赫登别尔格

既不要试图为战争和战争阶层的存在做辩护,也不要对此加以否定,因为任何采用理性的理由去解释明摆的坏事,可能只会败坏智慧和心灵。

> 每周阅读

为什么?

1

1830年春,雅契夫斯基先生亡友之独子,年轻的约瑟·米古尔斯基到他祖传的庄园罗扎卡来拜访他。雅契夫斯基是一位65岁的老人,宽前额,宽肩膀,宽胸脯,砖红色的脸膛长着长长的白髭须。他是波兰第二次遭瓜分时代的爱国者。他青年时代和老米古尔斯基一起在科斯秋什科麾下服役,以他强烈的爱国情怀憎恨那个如他所称呼的启示录式的荡妇叶卡杰琳娜二世和她的卑鄙无耻的情夫——叛徒波涅托夫斯基,同时相信波兰立陶宛王国必定复兴,就像在深夜相信清晨太阳重又升起一样。1812年,他在他爱戴的拿破仑的军队中指挥一个团。拿破仑的覆灭使他极为伤心,但是他对即使是满目疮痍但仍是波兰王国的复兴并不绝望。亚历山大一世在华沙召开的议会使他的希望复苏,但是神圣同盟、全欧反动、康士坦丁的刚愎自用使萦回心头的愿望的实现变得更加遥远。雅契夫斯基从二十五岁回农村定居,一直住在自己的罗扎卡。用家务、狩猎、阅读书报打发时间,通过书报阅读,他仍热烈关注着自己父母之邦的众多政治事件。他续弦娶了一位贫困而美丽的小贵族。这是一次不幸的婚姻。他不爱也不尊重这位续弦夫人,认为是一个累赘,恶劣而粗暴地对待她,似乎是为了错误地缔结这第二次婚约而迁怒于她。这位续弦夫人没有生育,前妻则留下两个女儿:大女儿瓦达是位端庄的美人,珍惜自己的美貌,因守在农村而苦闷烦恼;小女儿阿尔宾娜是父亲的掌上明珠,是一个活泼清瘦的小姑娘,长着一头淡黄色卷发,有一双像父亲一样眼距颇宽又大又亮的蔚蓝色眼睛。

约瑟·米古尔斯基来访时,阿尔宾娜十五岁。米古尔斯基还是大学生时常去雅契夫斯基冬天居住的维尔诺的家,对瓦达大献殷勤,如今,他作为完全的成年人,独立自主的人第一次来农村拜访老人。年轻的米古尔斯基的光临使罗扎卡所有的人都很高兴。老人对他的到来之所以很高兴,是因为想起了自己的朋友,米古尔斯基的父亲,他俩当时都还年轻;还因为他以无比的热情和最美妙的愿望谈到不仅在波兰,而且他由之返回的国外的那种革命风潮。雅契夫斯卡娅太太之所以高兴,是因为有客人时雅契夫斯基会收敛一些,不会像平时一样为所有事情责骂她。瓦达之所以见到他高兴,是因为她相信米古尔斯基是为她而来,有意向她求婚;她准备答应,但有意如她暗中思忖的那样,"lui tenir la dragée haute"*。阿尔宾娜之所以高兴,是因为大家都高兴。不单瓦达一个人相信米古尔斯基是有意向她求婚而来,家中所有人——从老人雅契夫斯基到保姆卢德维卡——都这样想,尽管没有人点破这一点。

确实如此。米古尔斯基是来求婚的,但是,过了一个星期,他并没求婚,而是有点难以为情、心灰意懒地走了。大家对这一出人意外的离去都感到莫名其妙,除了阿尔宾娜,任何人都不明白个中原因。阿尔宾娜知道,这一奇怪的离去原因在她。在他造访罗扎卡的这一时段里,她发现米古尔斯基只有和她在一起时才特别激动而快乐。他把她当小女孩对待,和她闹着玩儿,逗弄她,但是她以女性的敏感觉察到在他对她的这种关注中,表现出的并不是一个成年男人对一个小女孩的态度,而是一种男性对女人的态度。她走出房间时,他用以迎接、送别的是一种爱怜的目光和温存的微笑,她从这目光和微笑中看穿了这一点。她尽管并不十分清楚这是什么,但是他对她的这种态度还是使她高兴,她不由自主地力求做一些讨他欢喜的事情。可她无论做什么,一切都使他高兴。所以,他在场时,她在做她所做的一切事情时总是特别激动。他喜欢她和光鲜的猎狗(灵獒)你追我赶,相互追逐,狗狗则蹿到她身上舔她光彩照人的红脸蛋,喜欢她为了一点点小因由而放声大笑,发出悠扬清脆的铃声,喜欢她双眼仍充盈着欢乐的笑意,却像在听天主教士枯燥乏味的说教而佯装出一副严肃的模样,喜欢她惟妙惟肖地滑稽地模仿别人的神情,时而是老保姆,时而是醉醺醺的邻居,时而是他本人,米古尔斯基,而且她能飞快地由模仿这个人转为模仿另一个人,主要喜欢她欢天喜地生机勃勃的天性,她仿佛刚刚才完全了解生命的迷人而急着享用这迷人的生命。他喜欢她这种特别的生机勃勃的天性,而这一生机勃勃的天性之所以得以激发和加强,则正是因为她知道这种勃勃生机的天性令他心醉。所以,只有阿尔宾娜一个人知道为什么来向瓦达求婚的米古尔斯基没有求婚就走了。尽管没敢对任何人说出这一原因,甚至没有对自己明白说出这一原因,但她内心深处却清楚:他本想爱姐姐,结果却爱上了她,阿尔宾娜。阿尔宾娜对此莫名其妙,因为她认为,自己和聪慧、有教养的美人儿瓦达相比,完全是一个不足道的人。但是她不能不知道,事情就是这样,她也不能不为此而高兴,因为她自己已倾心爱着米古尔斯基,而且爱得那样深沉真挚,只有一生中第一次而且是唯一一次的爱才可能那样。

2

夏末,报纸传出了巴黎革命的消息。此后,紧跟着传出了意料中的华沙骚动。雅契夫斯基又害怕又盼望,随着每次邮车的到来而等待着康士坦丁被杀和革命开

---

* 法文,意为"要难为他一阵,让他珍惜自己"。

始的消息。最后,到了十一月,罗扎卡那里先是得到华沙观景殿陷落、康士坦丁·巴甫洛维奇逃亡的消息,后是议会宣布罗曼诺夫王朝丧失了波兰的御座,赫洛皮茨基被宣布为独裁君王,波兰人民重获自由。起义还没有推进到罗扎卡,但是它的全体成员都关注着它的进程,期待它出现在自己身边,准备与它会合。老雅契夫斯基和起义首领之一的老熟人保持着通信联络,接待不是洽谈经济事务而是交涉革命事宜的神秘犹太人,一旦时间到来,就准备投入起义的大军。雅契夫斯卡娅太太不仅像往常,而且比往常更谨慎地关心丈夫日常起居的舒适,这反而像往常一样越来越多地使他火冒三丈。瓦达把自己的钻石首饰寄给华沙的女友,让她把变卖所得捐给革命委员会。阿尔宾娜感兴趣的只是米古尔斯基的一切行动。她通过父亲知道,他参加了德维尔尼茨基的部队,她竭尽可能地打听有关这支部队的一切情况。米古尔斯基写过两封信,第一封谈到他在部队中的活动,第二封写于二月中旬,写波兰人在斯托契卡大捷的动人信函,他们在这一战役缴获了六门大炮,俘虏了一些俄国人,他在信末以下列文字作结:"Zwycięstwo Polakòw i klęska Moskali! Wiwat!"*阿尔宾娜欣喜若狂。她查阅地图,预测俄国佬应当在何地何时最终被打垮。当父亲慢条斯理地拆阅来信时,她会脸色煞白,浑身哆嗦。有一次继母走进她的房间,刚好看到她身穿裤子、头戴四角帽站在镜子前。阿尔宾娜正准备女扮男装离家出走,去投奔波兰军队。继母告诉了父亲。父亲把女儿叫到身边,一边掩饰着对她的同情,甚至钦佩,一边和她做了一次严肃的谈话,要她抛开参战的愚蠢念头。他对她说:"女人有另一些事情要做:爱和安慰那些为国牺牲的人。"他现在需要她,她是他的快乐和安慰;总将有一天到来,她的丈夫同样需要她。他知道用什么打动她。他暗示她,他很孤独,也很不幸,他吻她。她用脸紧贴着他,忍着眼泪,但是泪水还是打湿了他长袍的衣袖。她答应他,没有他的同意,她什么也不会干。

3

波兰被瓜分后,它的一部分受制于可恨的德国人,另一部分则为更加可恨的俄国佬所统治。只有体验过波兰被瓜分后波兰人所体验过的感情的人,当1830年—1831年在原先不幸的解放尝试后又一次新的解放的希望有可能实现时,他们才可能理解当时波兰人所体验到的那种欢欣鼓舞、大喜若狂的心情。但是,这一希望为时不长。各派势力悬殊,革命再次遭到镇压。几万盲从的俄罗斯人时而在季比奇,时而在巴斯凯维奇和最高司令官尼古拉一世的指挥下重被驱向波兰,连他们自己也不知道他们为什么这样干:他们用自己的血和自己波兰兄弟的血染红了大地之后,蹂躏波兰兄弟,重新让波兰兄弟受孱弱而不足道的人支配。这些人既不愿意波兰人自由,也不想弹压波兰人,只企求满足自己的自私自利和幼稚的虚荣心。

---

* 波兰文,意为:"波兰人胜利,俄国佬败退,万岁!"

华沙被占领，一支支部队被击垮。成千上百的人被枪杀，被乱棍打死，遭流放。年轻的米古尔斯基就在这流放之列。他的财产被抄没。他本人作为士兵被发配到乌拉尔斯克的边防营。

1831年，老人雅契夫斯基心脏病发作。为了老人的健康，雅契夫斯基一家于1832年冬住到了维尔诺。米古尔斯基从军事要塞发出的信函送到了他们这里。他在信中写道，他经受和面对的无论怎样沉重，他都为他能为祖国蒙难而高兴，他在他曾为之献出部分生命的那一神圣事业中并不绝望，他准备献出其他剩余的生命，要是明天有了新的机会，他仍将同样行动。老人大声读信，读到这儿却号啕大哭起来，久久不能继续往下读。瓦达接着大声读完了其他部分。米古尔斯基写道，不管原先的计划和期望怎样，最后一次登门拜访仍是他一生中的永恒的亮点，但是，眼下他既不能也不想提及这种话题。

瓦达和阿尔宾娜按各自的想法去理解这些文字的意义，但她们谁都没有向对方说明自己是怎样理解的。信末，米古尔斯基向大家问候致意，顺便用他登门造访时对阿尔宾娜那种固有的戏谑方式问她，她是否还像过去一样飞奔，是否还与猎狗追逐，是否还那么惟妙惟肖滑稽地模仿大家。他祝老人健康，母亲持家顺利，瓦达嫁一个称心如意的郎君，阿尔宾娜一如既往地葆有同样的生趣盎然的天性。

4

雅契夫斯基老人的健康越来越糟。1833年全家来到国外。瓦达在巴登遇到了富有的波兰侨民，嫁给了他。老人的病迅速恶化，1833年初，他在国外死于阿尔宾娜的怀抱中。他不让妻子照顾自己，临终都没对他所犯娶她为妻的这种错误释怀。雅契夫斯卡娅太太带着阿尔宾娜回到了乡村。阿尔宾娜生活中全神贯注的是米古尔斯基。在她眼中，他是一位最伟大的英雄，受难者，她决定献出自己的一生为其效劳。在回国之前，她先是受父亲的嘱托，后是按自己的心愿开始和他通信。父亲死后，她回到了俄罗斯，仍和他保持着通信联系，满18岁，她向继母宣布，她决定去乌拉尔斯克找米古尔斯基，在那里嫁给他。继母开始责备米古尔斯基，说他自私，想让一个迷恋于他的富家姑娘分担他的痛苦，以期改善自己沉重的处境。阿尔宾娜大为生气，对继母说，只有她一个人才能把这种卑劣思想横加在一个为自己的民族而牺牲一切的人身上，她说相反，米古尔斯基拒绝她向他提出的那种帮助，她说她义无反顾地决定找他，要是他肯给她这一幸福的话，就嫁给他。阿尔宾娜已是成年人，她有三十万兹罗提，是她已去世的叔叔留给两个侄女的。所以，任何理由都无法挡住她。

1833年11月，阿尔宾娜告别了送行的家人。他们送她去俄国佬那神秘莫测、蛮荒边鄙之地时都泪眼婆娑，就像是送她去赴死一样。她带着她忠实的保姆卢德维卡，坐在父亲留下的为走远路而重加整修的带篷马车里，踏上了遥远的征程。

5

　　米古尔斯基并不住在兵营里,他有他自己单独的住处。尼古拉·巴甫洛维奇要求被贬的波兰人不仅要背负严峻的军士生活的一切重担,而且要忍受当时列兵所遭到的所有屈辱;但是,那些该执行其命令的普通人,大多都理解这些被贬之人处境的艰难困顿,尽管不执行沙皇的意志很危险,但只要有可能就会不执行它。米古尔斯基所属营的中校,出身士兵,识字不多,因功得到擢拔。他理解这位有教养的往日富有如今已失去一切的年轻人的处境,怜惜并尊敬他,用种种方法使他好过一些。米古尔斯基对这位长着络腮胡子、战士式的脸略显浮肿的中校的好心不能不表示赞赏,作为回报,他答应教他正准备考中等武备学校的儿子数学和法语。

　　米古尔斯基在乌拉尔斯克已经过了七个多月,生活不仅单调、沮丧、忧郁,而且沉重难耐。除了他竭尽可能与之保持距离的营长外,他的熟人只有一个遭流放的波兰人。这是一个教养不足、善于钻营、令人讨厌的人,他在这里从事水产买卖。米古尔斯基最主要的生活重压是他难以习惯贫困匮乏。他的庄园被没收之后,就没有了任何财产,只能靠变卖他尚存的黄金饰物勉强度日。

　　他流放生活中唯一且是最大的快乐是与阿尔宾娜的通信。他造访罗扎卡时留下的她那富于诗意、亲切可爱的印象烙印在他的心灵深处,如今在流放中变得越来越鲜活靓丽。在她最初的一批信件中,她在一封信中问道:他往日信中的这句话——"不管原先的计划和期望怎样"——是什么意思?他回答说,他现在可以向她坦白,他幻想能把她称作自己的妻子,她回答他说她爱他。他回信说,她最好不要提这一点,因为他一想到原先倒有可能现如今却已不可能,心中就十分害怕。她回答说,这不仅是可能的,而且是必定无疑的。他回答说,他不能接受她的牺牲,在他目前的境况中他俩结婚是不可能的。此信之后,他收到两千兹罗提的汇款通知单,根据信封上的邮戳和笔迹,他知道这是阿尔宾娜寄来的。他想起在最初一批通信中,他曾在一封信中开玩笑地对她描写了他当前所体验到的快乐:通过授课他挣得了自己所需的一切——钱足以买茶、香烟,甚至书籍。他把钱放进另一个信封后,与信一起退了回去,并在信中求她不要用金钱玷污他们圣洁的关系。他写道,他很知足,在得知有像她这样的朋友后,幸福涌满了他全身。他们的通信到此中断。

　　十一月,米古尔斯基坐在中校旁边给孩子们上课。这时传来了越来越近的邮车铃铛声,雪橇滑木在严寒的冰雪上发出的轧轧声,雪橇停在房子的入口处。孩子们一下跳起来,想知道谁来了。米古尔斯基留在室内,看着门口,等孩子们回来,但是进门的是中校太太本人。

　　"有一位小姐找你,先生,打听你,"她说,"大概是从你们那边过来,是波兰人。"

　　如果有人问米古尔斯基,他认为阿尔宾娜有可能来找他吗,他一定会说,这不可思议;然而在灵魂深处,他期盼着她。血涌进他的心脏,他气喘吁吁地跑进门厅。门厅里一个麻脸胖女人正解头上的头巾。另一个女人正进中校家的门。听到后面的脚步声,她向周围打量了一下。风帽下,一双眼距颇宽、生机勃勃、亮晶晶的蓝眼睛闪闪发光,眉毛上挂着浓霜。这是阿尔宾娜。他一下愣住了,竟不知道怎样迎接她,怎样向她问安。"夏泽!"她高叫一声,就像她父亲过去称呼他和她独自一人时暗中称呼的那样,双手紧抱他的脖子,用冻得通红的冰冷脸蛋贴近他的脸,开始又是哭又是笑。

了解了这个阿尔宾娜及其此来的目的之后,好心的中校太太接待了她,并在她婚前把她安排在自己那里。

6

好心的中校为获得上级的许可而为他四处张罗。从奥伦堡来了一位波兰天主教教士为米古尔斯基夫妇举行婚礼,营长的妻子成了代替母亲的主婚人,他的一个学生捧着圣像,而那个流放来的波兰人勃尔淑佐夫斯基则成了男傧相。

无论会觉得怎样奇怪,事实上阿尔宾娜虽然痴心地爱着自己的丈夫,但还完全不了解他。她现在才只是刚和他认识。自然,她在这个血肉之躯、生机勃勃的男人身上发现了许多平凡而非诗意的东西,这是她想象中孕育的那一形象所没有的;可是,正是因为这是一个有血有肉的人,她在其身上找到了一些质朴而美好的事物,而这也是她那抽象虚幻的形象中不存在的。她听熟人和朋友谈及他在战争中的勇敢,了解了他失去财产和自由时的男子汉气概,她把他想象成一个永远意气风发、英勇豪迈的英雄。事实上,他尽管具有非凡的体力和勇气,却柔顺平和得像一只羔羊,一个最质朴的人。他有时会开开善意的玩笑,那被淡黄色的胡子和口髭包围的感性十足的嘴角就会露出天真的微笑;他的微笑在罗扎卡时就把她迷住了。他口衔一只永不熄灭的烟斗,这在她怀孕的时候使她特别难受。

米古尔斯基同样只有现在才了解了阿尔宾娜,从她那里才第一次了解了女人。就他婚前所认识的那些妇女,他是了解不了女人的。他了解到阿尔宾娜身上也有一般妇女通常具有的特性,这使他大为惊奇,要是他没感到应以特别的温柔的知恩图报的感情把阿尔宾娜当作阿尔宾娜来对待的话,那么,一般妇女通常具有的特性可能早已使他失望。当他把阿尔宾娜当作一般女人来看待时,他感到了一种脉脉柔情,多少夹杂着一点讽刺揶揄的味道;当他把阿尔宾娜当作阿尔宾娜来看待,他不仅感到了温存的爱,而且感到了一种激赏,意识到为了她为他所做的牺牲,为了那给了他天上掉下的幸福,他承担着无法回报的义务。

米古尔斯基夫妇之所以幸福,是因为他们相亲相爱,感情强烈深厚,他们在异国人中间,仿佛是两个在冬天迷路而冻僵的人彼此靠近来取暖一样。促成米古尔斯基夫妇这种欢乐生活的,是那位和他们一起生活的保姆卢德维卡。她忠于自己的女主人,卑顺而忘我,善意地唠叨埋怨,滑稽可笑地钟情于一切男人。米古尔斯基夫妇以有孩子为幸福。一年后,他们生了个男孩。一年半后,又生了个小姑娘。男孩像妈妈的翻版:一样的眼睛,一样的活泼机灵和优雅。小女孩像健康、美丽的小兽仔。

米古尔斯基夫妇之所以感到不幸,是因为他们远离祖国,尤其因为沉重得难以习惯的屈辱地位。阿尔宾娜因为这种屈辱特别难受。他,她的夏泽,是英雄,是人的标杆,却要在一切军官面前立正,持枪敬礼,放哨执勤,毫无怨言地服从。

此外,从波兰传来的消息是最为凄惨的。几乎所有的亲人、朋友不是被流放,就是丧失了全部财产跑到了国外。对米古尔斯基夫妇本身而言,这一境况看不到任何尽头。一切申请宽恕以及哪怕只是改善一下境遇的企图,提升为军官的企图都宣告失败。尼古拉·巴甫洛维奇视察、检阅、操练、参加假面舞会,戴着面具演戏,从丘古耶伏到诺伏罗西斯克,从彼得堡到莫斯科,毫无必要地在全俄巡视,吓唬百姓,马匹被赶得筋疲力尽。如果有某个冒失鬼起来为因爱祖国而受苦的被流放的十二月党人和波兰人求情,尽管爱国情怀为他所嘉许,但是,他仍会胸膛一挺,锡一般的灰白眼睛一瞪,说:"由他们服役。还早着呢。"似乎他知道什么时候才不算早,什么时候才合适。在他身边靠他供养的一切亲信——将军们,宫廷高级侍从及其妻子们,则对这位大人物的非凡的远见卓识和英明伟大深为感动。

一般说来,米古尔斯基一家的生活仍然幸福多于灾难。

他们就那样过了五年。但是,一个意外的可怕痛苦突然落到他们的头上。最初,小姑娘病了,两天之后,男孩又病倒了。男孩连烧了三天,又没有医生(找不到任何医生)的帮助,到了第四天,夭折了。他死后两天,小姑娘也夭折了。

阿尔宾娜之所以没有投乌拉尔河自杀,仅仅是因为她不能不恐怖地想象丈夫得到她自杀的消息时的处境。但是,生活对她是太沉重了。她一反常态,不再忙碌与操劳,把原本需要自己张罗的一切事情都交付给了卢德维卡,自己则一连几个小时坐着发呆,什么事也不干,一声不吭,双眼盯着随便碰到的地方。有时则会突然跳起来,跑进自己的小房间,轻轻抽泣,她不顾丈夫和卢德维卡的劝慰,只是摇着脑袋,请他们离去,让她独自待着。夏天,她来到孩子的墓地坐下,她肝肠寸断,回忆起有过的、可能有过的往事。有一个想法——"他们要是在城市能由医师用药,两个孩子可能仍然活着"——特别使她难过。"为什么?为什么?"她想,"无论夏泽,无论我,都不想要别人的一丝一毫东西,我们只是想过一种他生下来就过的,他的祖祖辈辈曾过的那种生活,而我只是想和他共同生活,爱他,爱我的小娃娃,培养他们。""可是,他突然受折磨遭流放,我则被剥夺了比光更为珍贵的东西。由于什么?为什么?"她对人对上帝提出来这一问题。这自然是不可能得到任何的回答。

可是没有答案就没有生活。她的生活停滞不动了。原先善于用女性的趣味和优雅加以美化的不幸的放逐生活,如今变得难以忍受,不仅对她,而且对米古尔斯基都是如此,因为米古尔斯基为她痛苦却不知用什么办法来帮助她。

7

正当米古尔斯基一家处于最为艰难的时刻,一个波兰人罗索洛夫斯基来到了乌拉尔斯克。他被卷进一桩暴动和逃跑的宏大计划之中,这一计划由被流放的波兰天主教教士西罗津斯基在当时的西伯利亚制订推行。

罗索洛夫斯基,如同米古尔斯基,如同成百上千想做他们生来就是的波兰人而被流放到西伯利亚的波兰人一样,卷进了这一事件,遭到了鞭刑,被贬为士兵,来到了米古尔斯基所在的营。罗索洛夫斯基过去是数学教师,他高挑个儿,瘦骨嶙峋,身体极虚弱,双颊塌陷,紧锁着眉头。

罗索洛夫斯基到来的第一个傍晚,在米古尔斯基家喝茶,自然而然地开始用他缓慢安详的男低音谈及那件使他招致那么残酷折磨的事件。问题在于西罗津斯基在西伯利亚组织了一个秘密社团,其目标是借助被编进哥萨克和边防团队的波兰人鼓动士兵和苦役犯暴动,鼓动移民流刑犯揭竿而起,抢夺奥姆斯克的大炮,解放所有人。

"然而,这难道有可能吗?"米古尔斯基诘问。

"很有可能,一切都准备就绪。"罗索洛夫斯基阴沉地紧皱眉头,缓慢平静地谈着整个解放计划,谈及事情成功情况下采取的一切措施,或失利情况下拯救领导人的种种应对措施。如果没有两个恶棍的反水,成功是有把握的。照罗索洛夫斯基的说法,西罗津斯基是一位内心坚毅的天才人物。他就像一位英雄,一位受难者而死去。罗索洛夫斯基用平稳安详的男低音谈到行刑的一切细枝末节。根据上司的命令,他和所有因这事件而受审的人都应当在场。

"两队士兵站成两排,像一条长长的街道,士兵手里都拿着柔韧的棍子——它的长短粗细是由上面核准的,三根这样的棍子合起来就有枪口那么粗。第一个被带上来的是沙卡尔斯基医生。他由两个士兵押着,那些手持棍棒的人,在他走到他们面前时就抽打他的裸露的背。只有他走近我站的地方时我才看清这鞭打的情景。起先我只听到咚咚的鼓声,随后传来了挥舞棍棒的呼呼声和抽打身体的棒击声,这时我知道他走近了。我看见士兵用枪推着他,他走着,哆嗦着,脑袋时而转向这边,时而转向那边。有一次,他被带过我们身边,我听到医生对士兵说:'请不要狠打,可怜可怜吧!'但他们照样抽打;他第二次被带过我身边时,自己已不能行走,被拖着。看到他的背真是吓人。我双眉紧锁。他倒下,被运走了。随后又带来第二个,接着是第三个,接着是第四个。所有的人都倒下被运走了——他们中有些已经死去,有些则一息尚存。我们大家都得站着,看行刑。鞭刑进行了六个小时——从清早到午后两点。最后一名被带上来的,就是西罗津斯基。我已经很久没见到他,他老得那么厉害,我几乎认不出他来。他满是皱纹的光脸呈灰青色,裸露的身体瘦弱而枯黄,肋骨突出在塌陷的肚子上。他像大家一样穿过人墙,随着每一次抽打,人哆嗦着,脑袋摇晃着,但是他没有呻吟,而是大声念着祈祷文:"Miserere mei Deus secundam magnam misericordiam tuma!"*

"我亲耳听到的。"罗索洛夫斯基说得极快,声音嘶哑,闭上嘴巴,鼻子开始喘起大气。

坐在窗边的卢德维卡号啕大哭,用头巾盖住了脸。

"你竟这样津津乐道!野兽——都是野兽!"米古尔斯基大喝一声,扔掉烟斗,从椅子上跳起来,快步进了没点灯的卧室。阿尔宾娜有如石头,一动不动地坐着,双眼凝视着黑暗的角落。

8

第二天,米古尔斯基上完课回家,妻子的神态让他大吃一惊,她像昔日一样,步履轻快,光彩照人,迎着他,把他引进卧室。

"喂,夏泽,你听好。"

"我听着哩。什么事?"

"我整夜都在琢磨罗索洛夫斯基的话。我决心已定:我不能那样生活,也不能在这里生活下去。不能!即使死,我也不留在这里。"

"可你究竟想怎么办呢?"

"逃跑。"

"逃跑?怎么逃?"

"我统统考虑过。你听好。"

她对他谈了她当晚想好的计划。计划是这样的:他,米古尔斯基,傍晚时离家出走,把外套留在乌拉尔河的河岸上,外套里留一封信,写明自己不想活了。大家以为他淹死了,到处寻找尸身,并发布文告。实际上他躲了起来。她把他藏得那么严密,任何人都找不到,那样拖着,哪怕能这样拖上一个月。事件平息了,他们就跑掉。

她的这种胡思乱想,米古尔斯基乍听觉得是不可能实现的,但是,这天行将结束,她热情洋溢,信心十足地说服他时,他就开始支持她的想法。此外,他愿意支持她的计划还有原因:那种对失败逃亡的惩罚,如罗索洛夫斯基所说的那种惩罚,将会落到他米古尔斯基的头上,这样就能顺利地使她得到解脱;因为他看到,孩子夭折以后,她在这里的生活无比沉重。

罗索洛夫斯基和卢德维卡也得知了这个意图。他们经过长时间的商量、变动、修正之后,逃跑计划终于拟订完成。他们最初想这样行动:在米古尔斯基被认为已

---

* 拉丁文,意为:"上帝保佑,您大慈大悲!"

淹死之后,他应独自步行逃跑。阿尔宾娜则坐轻便马车离去,在约定地方与他会合。第一个计划就是这样。但是,以后,当罗索洛夫斯基谈到西伯利亚最近五年内所有失败的逃跑企图(这一时段只有一个幸运儿逃跑并获救)时,阿尔宾娜提出了另一个行动计划。这一计划想让夏泽躲在轻便马车里,和她、和卢德维卡一起到萨拉托夫。在萨拉托夫,他经过一番乔装改扮后,沿伏尔加河河岸向下游走去,并在约定地点坐上她在萨拉托夫雇用的小船,和阿尔宾娜、卢德维卡一起乘船沿伏尔加河下行到阿斯特拉罕,穿过黑海,直达波斯。这一计划得到所有人和主要倡导者罗索洛夫斯基的赞同。但是,困难的是在轻便马车里怎样安排这样一个地方,既要不引起上司注意,又能让人藏于其中。有一次,阿尔宾娜从孩子的墓地回来,对罗索洛夫斯基说,把孩子的尸骨留在异国他乡,她是何等的痛心。他想了想说:

"您去求长官准许把孩子的棺木带走,您会得到允准的。"

"不,我不想,我不想这样。"阿尔宾娜说。

"去求他。一切都有赖于此。我们不带棺木,我们为他们做一只大箱子,而夏泽则可躲进这箱子里。"

阿尔宾娜最初拒绝了这个建议,因为她讨厌把欺骗和对孩子的回忆连在一起,但是,当米古尔斯基快乐地赞同这一方案时,她也就同意了。

因此,最后确定的逃跑计划是这样的:米古尔斯基所做的一切行为应当使上司相信,他已投河自尽了。当他死亡的信息已被确认后,阿尔宾娜就提出申请:在丈夫去世后她决定返回祖国,并随身带走孩子的尸骨。当申请得到批准,她应假装挖开坟墓,取出棺木,但是棺木仍留在原处,取代孩子棺木的,则是为此早已准备的、米古尔斯基藏身其中的大箱子。大箱子被搬上四轮马车,就那样一直走到萨拉托夫。在萨拉托夫再改乘小船。在船上,夏泽从箱中出来。他们坐船一直到黑海。然后,或到波斯,或到土耳其,他们就自由了。

9

米古尔斯基家以让卢德维卡回国为借口,先期买了一辆四轮马车。随后开始在四轮马车里量身打造这样的一只木箱:人躲在里面不至于憋闷难受,能躺下,虽然得蜷曲着身子,却能快捷而隐蔽地进出。阿尔宾娜、罗索洛夫斯基和米古尔斯基三个人一起商量并动手打造这一木箱。罗索洛夫斯基的帮助尤为重要,因为他是一位出色的细木工。做好的箱子成了这种样子:它被固定在车身后部的梁木上,和车身紧密相合,贴近车身的一块小箱板则是活动的,人取下这块小箱板,部分身体就可以躺进木箱,另一部分则可以伸到四轮马车的底部。此外,木箱上钻了一些气孔,在木箱上面和侧面,都用蒲席盖住,用绳子捆着。穿过其中配有座位的四轮马车就可以从木箱中出入。

当四轮马车和木箱准备就绪,阿尔宾娜在丈夫躲匿起来之前,为了使长官不觉意外，她到中校那里说，她的丈夫心情忧郁，企图自杀，她很为他担心，请中校暂时不要让他给孩子补课。她演戏的天分帮了她的大忙。她为丈夫担心、害怕的表情那么自然，以致中校极为同情，答应为她做他能做的一切。随后，米古尔斯基写好了信，这信将在他掷在乌拉尔河河岸上外套翻口处被找到，在约定那天的晚上，他到了乌拉尔河的河边，等到天黑，把衣服、夹着信的外套放在河岸上，偷偷回到家中。在上锁的顶棚里给他准备了藏身之地。深夜时分，阿尔宾娜派卢德维卡到中校那里报告说，她的丈夫晚上八点前出了家门，至今还没回来。早上，有人把她丈夫的信送给她，她表现出极度的绝望，泪流满面，把它交给了中校。一星期后，阿尔宾娜递交了回国的申请。米古尔斯卡娅痛不欲生，使所有见过她的人大为震惊。大家都可怜这位不幸的母亲和妻子。她的申请得到批准之后，她递交了另一份呈文，请求允许她挖出孩子的骨殖并由她带回故国。上司对这种感伤心理很为惊诧，但还是批准了这一要求。

第二天傍晚收到这一回复后，罗索洛夫斯基和阿尔宾娜、卢德维卡坐着雇来的运货大车来到坟场的孩子墓边，车上放着应当安置孩子棺木的木箱。阿尔宾娜跪在墓边祈祷，并迅速站起，紧皱双眉，对罗索洛夫斯基说：

"该做什么，你来吧，我做不了。"她退到了一边。

罗索洛夫斯基和卢德维卡搬掉墓上的石块，用锹挖开坟墓的顶部，表面看来，它已经被人挖开。当一切都已完成，他们招呼阿尔宾娜，就带着塞满泥土的木箱转回家门。

指定离开的日子到了。罗索洛夫斯基为事情进展顺利而高兴。卢德维卡一边烤供路上食用的烤饼和小馅饼，一边说着她喜欢的俗语"Iak mame kocham"*，她说她的心因为恐惧和欢乐都快要碎了。米古尔斯基因为自己能从躲了一个多月的顶棚里出来而高兴，最让他高兴的，是阿尔宾娜又变得生机勃勃，充满了生的欢乐。她仿佛忘掉了过去的一切痛苦，一切危险，回到了少女时代，她跑到顶棚找他，兴高采烈、欢欣鼓舞、神采奕奕。

凌晨三点，一个哥萨克来押送起身，哥萨克车夫赶来三匹马。阿尔宾娜、卢德维卡携带一只小狗坐在四轮马车覆盖着高加索地毯的坐垫上，哥萨克和车夫坐在赶车的座位上。米古尔斯基穿着农民的外衣躺在四轮马车的车身里。

一行人离开城市，三匹骏马拉着四轮马车在光滑得像石块一般的瓷实道路上飞奔，周围是大草原，广袤无垠，没有翻耕过，生长着去年的银灰色的羽茅草。

10

阿尔宾娜因为期盼和狂喜，心都要停止跳动了。阿尔宾娜因为想让人分享她

---

* 波兰语，意义不明。

的感情,偶尔略带笑意用头向卢德维卡示意,时而指指坐在赶车位上那哥萨克宽宽的后背,时而指指四轮大车的底部。卢德维卡以一种意味深长的目光凝视前方,只是难以察觉地撇了撇嘴唇。天气晴朗,草原从四面展开,广袤无垠,渺无人烟,银灰色的羽茅草在朝阳的斜照下闪闪发光。只有巴什基尔马没钉掌的矫健的四腿沿着坚硬如沥青的道路前行,时而从路的这一侧,时而从路的另一侧发出响亮的马蹄声。黄鼠拨拉起来的小土堆随处可见,土堆后面有警惕的小野兽,一旦预见到危险,就发出刺耳的吱吱声,躲进洞穴。偶尔也会碰到过路人:哥萨克运送麦子的大车,或者骑马的巴什基尔人,哥萨克会和他们流利地讲鞑靼语。在所有驿站,换到的马匹都是精力充沛、喂足草料的,阿尔宾娜给车夫用以买伏特加的五十戈比使车夫把车赶得如他们自己所说:一路捷驰,就像递送机密文件的信使那样急速。

在第一站,原先的车夫已把马牵走,新换的车夫还没把所换的马牵来,而哥萨克又进了院子,阿尔宾娜抓住这一机会弯腰问丈夫,他感觉怎么样,需不需要什么。

"很好,很舒服。什么也不要。哪怕再躺两天两夜也不会累。"

傍晚,他们进了一个大村落捷尔哈奇。为了丈夫能舒展一下四肢,恢复一下精神,阿尔宾娜没有留在驿站,而是待在停放车辆马匹的客店院子里,她给哥萨克一点钱之后,立即派他去给她买鸡蛋和牛奶。四轮马车停在敞篷下,院子里已一片漆黑。吩咐卢德维卡监视着哥萨克之后,阿尔宾娜把丈夫放出来吃了点东西,在哥萨克回来之前,他又钻进他自己躲藏的地方。重又换了驿马,车子向更远的地方驶去。阿尔宾娜感到越来越精神焕发,难以克制她的狂喜和欢愉。她不再和人说话,不再和卢德维卡、哥萨克、特列卓尔卡说话,而是和他们打趣逗乐。

卢德维卡尽管自己长得并不漂亮,但在和男人的任何交往中,她马上会疑心男人的神态表明对她有意。她现在怀疑这位健壮好心的乌拉尔哥萨克的正是这一点。他长着一双炯炯有神、地道蔚蓝色的眼睛,一路伴送她们,以他的质朴和善意的温情赢得了这两个女人特别的好感。阿尔宾娜除了吓唬小狗特列卓尔卡,不让它嗅闻座位下以外,她现在正拿卢德维卡及其对哥萨克所做的可笑的打情骂俏大开玩笑。哥萨克对强加在他身上的想法并不疑心,对别人对他所说的一切都报以好心的微笑。阿尔宾娜被危险、开始顺利实施的事情、奇妙的天气、草原的空气刺激得十分兴奋,正体验着她那久违的孩子般的狂喜和欢愉。米古尔斯基听到她那快乐的说话声,竟不管他处境带来的身体不适(他感到特别热,渴得难受),忘我地为她的欢乐而感到欢乐。

第二天傍晚,雾霭中有些东西影影绰绰地显现出来。这是萨拉托夫和伏尔加河。哥萨克以他草原人特有的目光看着伏尔加河,看着桅杆,把它们指点给卢德维卡看。卢德维卡说,她也已看到了。阿尔宾娜却什么都没分辨出来,她只是故意大声——为了使丈夫听见——说着:

"萨拉托夫,伏尔加河。"像是在和特列卓尔卡说话,阿尔宾娜把她看见的一切全告诉给了丈夫。

11

进萨拉托夫之前,阿尔宾娜先留在城市对面伏尔加河左岸的大村庄波克洛夫斯卡。她指望深夜这段时间在这里和丈夫说说话,甚至让他从木箱里出来。但是,在这整个短暂的春夜里,哥萨克坐在敞篷下四轮马车旁边的空货车上,没有离开四轮马车。卢德维卡照阿尔宾娜的吩咐坐在四轮马车里,因为完全相信哥萨克是为了她才不离开四轮马车的,她就使着眼色微笑着,用头巾裹住她有麻点的脸。但是,阿尔宾娜对此已感受不到任何逗趣的成分,而且越来越惊恐失措,因为她不明白:哥萨克为什么寸步不离地待在四轮马车附近。

在晚霞与曙光融汇为一的短暂的五月之夜,阿尔宾娜几次从旅店客房里出来,路过臭烘烘的走廊,来到后面的台阶。哥萨克还没有睡,坐在停靠在四轮马车旁的空货车上,双腿垂在下面。只在黎明之前,当公鸡醒来从一个院子到一个院子彼此呼应着啼鸣时,她才走下台阶,找机会和丈夫交谈。哥萨克手脚分开,懒洋洋地倒在货车里,发出了打鼾声。她小心翼翼地靠近四轮马车,碰了碰箱子。

"夏泽!"没有回答。

"夏泽!夏泽!"她惊恐地把声音提高一些。

"你怎么了,亲爱的,"米古尔斯基睡意惺忪的声音在箱子里回答说。

"你怎么没有回答?"

"睡着了。"他说,她根据他说话的声调知道,他笑了笑。"怎么,可以出来?"他问。

"不行,哥萨克在这里。"说过这话,她打量了睡在货车里的哥萨克一眼。

唉,真是怪事,哥萨克打着呼噜,但他那对眼睛,善良而蔚蓝的眼睛却张着。他看她,只是眼光扫了她一下,然后又闭上了眼。

"是我觉得这样呢,还是他真没有睡着?"阿尔宾娜思忖,"大概是我觉得是这样。"她想了想,重又转向丈夫。

"还得稍稍忍一忍,"她说,"想吃东西吗?"

"不想,倒想抽烟。"

阿尔宾娜又打量了哥萨克一眼。他睡着。"是的,这只是我觉得这样罢了。"她稍作思考说。

"我马上去求见省长。"

"唔,祝一切顺利……"

阿尔宾娜从手提箱取出连衣裙,到房间去换。

阿尔宾娜换上她最好的适合寡妇穿着的连衣裙,过了伏尔加河。她在河边叫了一辆马车,到了省长那里。省长接待了她。波兰寡妇漂亮、温柔地微笑,说着一口流利的法语,很使显得年轻的老省长高兴。他答应她的请求,并请她明天再来取他给市长让她去察里津的手谕。阿尔宾娜一方面为自己的请求取得成功,另一方面为她的讨人喜欢的魅力——这是她从省长的举止可以看出的——而高兴。她感到幸福,满怀希望,坐着敞篷马车沿着没铺砌的街道向山下的码头驰去。太阳已升到森林的上空,斜晖在宽广的水面上嬉戏。香气四溢、花儿盛开的苹果树宛如团团白云沿山峦忽右忽左地飘过。岸边桅樯如林,船帆在阳光下微风吹皱的水面上泛出一片白光。阿尔宾娜在码头上问马车夫,能不能雇到小船前往阿斯特拉罕,十几个船夫吵吵闹闹快快乐乐建议她雇用他的船只为她效劳。她和其中一个、比另一些更使她欢喜的船夫达成了协议,就去看他停靠在码头边和其他一些小船紧挤在一起的小船。船上立着一根挂着风帆的不大的桅杆,可以借风力行船。无风时则用桨。两名快乐而健壮的桨手兼纤夫正坐在阳光下的小船上。快乐而好心的领港员劝她不要扔下四轮马车,而是卸掉四个车轮,把车放到小船上。"这样安排最合适,您会坐得更稳,要是老天帮忙,天气好,五天时间你们就到阿斯特拉罕了。"

阿尔宾娜和船主谈好了价钱,吩咐他到波克洛夫斯卡村洛根旅店看看四轮马车,并取定金。一切顺利,比她预期的好。阿尔宾娜满怀兴奋幸福的心情,过了伏尔加河,和车夫结清了账,就向旅店走去。

12

哥萨克达尼洛·里法诺夫是公共高地弓箭手村人,今年三十四岁,正服哥萨克法定服役期的最后一个月的兵役。他家中有一个还记得普加乔夫的九十岁的老爷爷,两个兄弟,因信仰旧教而被流放到西伯利亚服苦役的大哥的妻子,他的妻子,两个女儿,两个儿子。他的父亲死于对法战争。他是一家之主。他家有十六匹马,两头牛,一千五百俄丈可自主的土地,已翻耕并种上了小麦。达尼洛曾在奥伦堡和喀山服役,现在服役期即将结束。他笃信旧教,不吸烟,不喝酒,也不和世俗人共用碗碟吃喝,严格遵守誓言。他自己所有的事情,他都认真对待,缓慢但却坚定。对上司委派的事情,他总是全神贯注,时刻不忘,直到完成自己的如他所理解的那种使命。如今,他受命把两个波兰女人和棺木送到萨拉托夫,一路上不得对她们使坏,让她们安安稳稳地行路,也不得开任何玩笑,到萨拉托夫,规规矩矩把她们移交给上司。他就是这样把她们连同她们的小狗和棺木送到了萨拉托夫。女人们,即使是波兰人,却都安静而温柔,没做任何出格的事情。但是,在这里,在波克洛夫斯卡村,傍晚时分,当他在四轮马车旁经过时,他看到小狗纵身一跳,上了四轮马车,在那里开始嚎叫,摇晃尾巴,他觉得四轮马车的车座下面仿佛有声音。那个波兰老女人看到小狗在四轮马车上,不知为什么竟大吃一惊,抓住小狗就走了。

"这里面定有什么名堂。"哥萨克想,开始留意起来。当年轻的波兰女人深夜走近四轮马车时,他佯装睡着了,他清清楚楚听到了木箱里传出的男人声音。清晨,他到警察局去报告,说他受命护送的两名波兰女人行事不端,木箱里运的不是死孩子,而是一个活男人。

阿尔宾娜心情激动而喜悦,确信如今一切都圆满,再过几天,他们就自由了。当她怀着这种心情走向旅店院子,她惊奇地发现门旁停着一辆漂亮的双套马车并站着两个哥萨克。门里聚着一群人,瞧着院子。

她是那样满怀希望,精力弥漫,以致她压根就想不到这辆双套马车和麇集的人群会同她有关。她走进院子,同时向停着她的四轮马车的敞篷投去一瞥,发现人群正簇拥在她的四轮马车周围,这时她听到了特列卓尔卡绝望的吠声。一件只是可能发生的最可怕的祸事发生了。四轮马车前,站着一个威风凛凛的人。干净的警服很是光鲜,上面缀着在阳光下闪闪发光的纽扣和肩章,配着漆皮靴,生着络腮胡子。他用响亮而嘶哑的、一本正经的声音说着什么。他面前,有两个身穿农民服装、乱蓬蓬的头发中夹着干草的士兵,他们俩中间站着她的夏泽。他似乎没有弄明白他周围发生的事情,他那健壮的双肩耸了耸,又耷拉下来。特列卓尔卡,并不知道这灾难都因它而起,愤怒得背毛直竖,徒劳而凶狠地对警察局长狂吠。见到阿尔宾娜后,米古尔斯基叹了口气,想靠近她,然而士兵却挡住了他。

"没什么,阿尔宾娜,没什么!"米古尔斯基说,对她温柔地微微一笑。

"这就是太太本人!"警察局长说,"请到这里来。您两个孩子的棺木呢?啊?"他一边说,一边对米古尔斯基眨了眨眼。

阿尔宾娜没有回答,只是抓住胸膛,张着嘴,惊恐地看着丈夫。

就像临终前和生死攸关的重要时刻常有的一样,她在这一瞬间真是百感交集,思虑万千,然而与此同时,她还没有弄明白,而且也不相信自己的不幸。她的第一感觉是她早已熟悉的感觉——丈夫现在已落入那些粗鲁的野蛮人的手中备受凌辱,但是在她的英雄的神态中有一股被欺凌的傲气。"他们怎么敢把他这人中的精英控制在手中呢?"和这一想法同时控制她的另一个感觉是大祸临头。大祸临头的意识勾起了她对自己一生主要的不幸、孩子夭折的回忆。问题马上出来了:为什么?为什么两个孩子被夺去了生命?而为什么两个孩子被夺去了生命这一问题又引起了另一问题:她珍爱的丈夫,人中的精英为什么如今又遭到毁灭,受到折磨?她又马上想到一种怎样可耻的惩罚在等着他,然而在这件事上,她,只是她一个人有罪。

"他是您的什么人?丈夫吗?"警察局长一再问她。

"为什么?为什么?"她大叫一声,发出一阵歇斯底里的哈哈大笑声,一下扑倒在已从支架上卸下、放在四轮马车旁边的木箱上。哭得浑身战栗、泪流满面的卢德维卡走到她身边。

"太太,亲爱的太太,求上帝保佑,不会有事的,不会有事的。"她说,用双手毫无意义地抚摸着女主人。

米古尔斯基被铐上手铐,从院子里带走了。看到这情景,阿尔宾娜跑着去追他。

"宽恕吧,宽恕我!"她说,"都是我,是我一个人的错!"

"到那里自然会弄清谁有罪,这事也牵扯到您!"警察局长说,用手把她推到一边。

米古尔斯基被带向渡口,阿尔宾娜自己也不知道为什么这样做,一直跟着他,不听一直劝她的卢德维卡。

哥萨克达尼洛·里法诺夫在这一时段里,一直站在四轮马车的车轮旁,脸色阴沉,时而瞅着警察局长,时而看看阿尔宾娜,时而看看自己的脚。

米古尔斯基被带走后,单独留下的特列卓尔卡摇着尾巴,开始和他亲近。一路上他已和它混熟。他突然离开四轮马车,摘下头上的帽子,狠命把它摔在地上,一脚把特列卓尔卡踢开,就进了一家小饭馆,在那里要了伏特加,喝了一日一夜,喝光了他带的钱和身上的一切,直到第二天深夜,他在一条沟渠里醒来,才不再想那恼人的问题:他向上司告发木箱里的波兰女人的丈夫,这样做好不好?

米古尔斯基受到了审判,为了逃跑他被判穿过千人受笞刑。他的亲人和同彼得堡有关系的瓦达为他四处求情以减轻惩罚,他被永远流放到西伯利亚。阿尔宾娜则和他一起前往。

令尼古拉·巴甫洛维奇高兴的是,不仅在波兰,而且在整个欧洲镇压了革命这一心腹大患,而他引以为傲的是,他没有破坏俄罗斯君主专制的遗训,为了俄罗斯民族的福祉而把波兰控制在俄罗斯的手中。那些佩戴星形勋章、穿着镀金礼服的人们为此而对他大唱赞歌,他真诚相信,他是伟人,他的一生就是人类、特别是俄罗斯人的大福分,事实上,他全力以赴的指向,是不知不觉中败坏和愚弄俄罗斯人。

托尔斯泰

9月30日　真知灼见

一个人越是离群索居,就越能听到上帝始终不渝地召唤他的声音。

1.

沉默

沉默,潜藏,隐匿,

何必显露自己的幻想和感情?

让它们在灵魂深处,

起起伏伏,降落升腾,

一如黑夜中灿灿的星群,

欣赏它们,但要噤声。

心怎样向自己倾诉?
别人又如何懂得你本人?
他理解你为何而生?
郑重道来的思想乃是荒谬绝伦。
因为爆炸,泉水被搅成一团混沌,
取用它们,但要哑静。
要善于只生活在自身,
你隐秘玄妙思想的魂灵,
就拥有了一个完整的世界。
浮华的喧嚣会压倒它们,
白日的光线将使人目眩失明,
倾听它们的吟唱,但要噤声。

丘特切夫

2. 美好的心愿一旦说出,实现心愿的愿望就已被削弱。然而怎能阻挡说出少年时代高贵而扬扬自得的磅礴喷发的豪情呢? 只有在很晚的年代想起它们,才会惋惜它们像是没能长成的花朵——没有开放就被折断,随后在地上枯萎,遭到践踏。

3. 我们在一些重大的生活问题上,始终是孤独的,我们当前的经历几乎任何时候都不能为其他人所理解。我们灵魂中所发生的戏剧,其最出色的部分乃是独白,或者说得更正确点,乃是上帝、我们的良心和我们三者之间的内心议论。

阿米埃尔

4. 帕斯卡尔说,人应当孤独死去。人其实也应当那样活着。人在人生大事上总是孤独的,或者说,他不是与人为伍,却和上帝同在。

5. 一个为别人所需、然而却不需伙伴的人,多好!

6. 一个恶劣的人虽然在生活中总是和人们相连的,但是他在自己的意识中却感到自己分外的孤独,那他就更其可恶;一个善良而有理性的人则相反,虽然常常感到自己在人间的形只影单,但在他独自一人时,他却意识到他同人类有着不可分割的统一性。

暂时舍弃一切尘世的俗虑,观照自身的神圣本质乃是生命必需的精神食粮,与维持身体健康的食物完全一样。

十 月

10月1日　真知灼见

　　智慧不怕无知,不怕怀疑,也不怕辛苦、检验,唯一要害怕的是以不知为知并加以肯定。

　　1. 应当多多学习,才会明白一个人其实知之甚少。

蒙田

　　2. 任何时候都不以"不懂就问"为耻。
　　永远要说真话,即使知道它令人不快。
　　学问渊博而不付诸实践的人,有如只会翻耕田地而不知播种的人。

阿尔比季斯

　　3. 哲学史和自然科学史的研究者发现,做出最伟大发现的人,是那些把公认为无可怀疑的事物只看作是有可能的人。

里赫登别尔格

　　4. 体验一切,把握美好。

费萨龙第1书

　　5. 精神食粮不存在不足,不足的仅仅是自身拥有选择这种精神食粮的能力。垂死之人之所以呼吸困难,并不是因为空气不足,而是因为缺乏吸入空气的能力。一切因素——不管是过去曾有的,还是今后某一时间将出现于人世的——肉体的、智力的、精神的因素,如今正处于他自身。智慧的职责是弄明白怎样才能掌握它们。

留西·马洛里

　　6. 真正的智慧并不在认识什么是好,该做什么,而在了解什么最好,什么略逊,所以什么当先做,什么当后做。

智慧的内容,否定多于肯定:应当了解什么不明智,什么不合法,什么不应当。

10月2日 信 仰

宗教向人表明,人是什么,人生活其中的世界又是什么。道德学说则是源于宗教生活观念的那种活动指南。

1. 所以,我对你们说,不要为了你们的灵魂而操心吃什么,喝什么,也不要为你们的身体操心穿什么。难道灵魂不胜于食物吗?身体不胜于衣服吗?

看看天上的飞鸟吧:它们不种不收,也不贮藏在粮仓,你们的天父尚且养活它们。你们不是比飞鸟优秀得多吗?

你们哪一个能通过操心使叫寿命延长一点呢?

所以,不要操心,也不要讲:我们吃什么,喝什么,穿什么?

你们先要寻找神国和神的真理,这些东西都将随之加给你们。

因此,不要为明天操心,因为明天自有明天的操心。为每天操心就够了。

马太福音6章

2. 那个即使盘子已装有面包的人还在问:我明天会有什么吃呢?这种人只能归进小信者之列。

塔木特

3. 最好的敬神行为是一种没有企求达到某种目的的行为;最坏的敬神行为则是怀有某种特定目的的行为。

那崇拜最高者的人,应该在一切造物中静观他。

阿格尼·布拉纳

4. 毫无疑问,宗教教育是一种强制力量,如基督谈及的,是那种引诱孩子的诱惑物。我们有什么权利去传授大多数尚有争议的东西,诸如三位一体、佛陀、穆罕默德、基督的奇迹呢?我们能够并应该传授给儿童的唯一知识,是所有宗教共同的、人人都能理解的爱和团结一致的道德学说。

5. 佛说:人世有很多难事——即使贫穷却有慈悲心;即使富有而显贵,却仍有菩萨心肠;克制淫欲和物质奢望,见到令人愉快的好事而不想占有;忍受侮辱而没有愤懑不平;研究事物的底蕴;不责备粗人;远离争论;真正摆脱自私心,在生活中由衷地对一切人都一视同仁。

中国佛教徒

6. 人们通常是崇拜而非听从上帝,其实,最好的不是崇拜,而是听从。

7. 像永生一样活着,像辞世前夜一样活着。似乎你将永生,故劳作不休;仿佛你将立即辞世,故善待人们。

8. 宗教,就其自身加以考察的话,就是承认上帝的诫命乃是我们大家的义务。

康德

道德学说,如果不是宗教性的,就不是必然的,那它是不完善的;宗教,如果不是道德的,不能引导人们过善良的生活,那它也是非必需的。

10月3日 财 富

财富无论何时都不能使人满足,需求永远随着财富而增长,并以这种方式发展着:财富越多,他获得用以满足需求的财富就越少。

1. 找出我们希望获得财产的合理界限,即使不是不可能,至少也是困难的。事实上,这个人或那个人在这方面的满足感依赖的并不是他占有的绝对数量,而是取决于他占有的某种相对数量,即他的要求与其个人财产之间的那种关系,因此,财产本身就像没有分母的分子一样,没有多大意义。一个人即使不拥有他根本没想到要的,从而对他来说是多余的东西,他也会感到完全的满足;而另一个人虽然比前者拥有百倍财富,却因他没能拥有他想要的东西而自感不幸。

叔本华

2. 一个人拥有的即使少于他希望的,他也应当知足,他所拥有的已多于他应得的。

里赫登别尔格

3. 贫困的并不是那财富不多的人,而是那渴望财富更多的人。

塞内加

4. 没有任何事物能像"欲求少并以其为满足"那样使一切成为"稳妥而合理",因为这样他就能付出,而不必利用任何机会去攫取。

满足自己最基本的需要,比迎合奢华的欲求更为"稳妥";这对当今少数人说,也许觉得"不合心意",但对多数人来说则永远是唯一"稳妥合理"的。

爱默生

5. 不要为自己积攒财宝在地上,地上有虫子咬,能锈蚀坏,也有贼挖洞来偷;把财宝积攒在天上吧,天上既没有虫子咬,也不会被锈蚀,更没有贼来挖洞偷盗。因为你的财宝所在之处,也是你的心所在之处。

马太福音6章

6. 为自己积攒那贼偷不了、强者不敢觊觎、身后仍能存留的财富吧,这财富永不会减少,也不会成灰烬。这财富就是你的灵魂。

印度俗语

为了不受贫困的折磨,有两种方法可行,即增加自己的财富和减少自己的欲求。前者不是我们所能掌控的,后者则永远受我们支配。

10月4日 爱

爱不仅给正体验到爱的人以一种内在的精神愉悦,而且还是欢乐的世俗生活的重要条件。

1. 真正的爱——不是对某一个特定个人的爱,而是一种愿爱所有人的心态——是一种我们可以在其中感悟到我们灵魂的神圣因素的状态。

2. 不要以为你对人的善意是一件你送给人的礼物,这件礼物其实也是送给你自己的。

3. 不要一味寻求别人的爱:应当爱人,也被人爱。

选自 虔信者思想录

4. 把生活体验的痛苦转化为宽厚大度,把忘恩负义变为感恩戴德,把侮辱变为宽恕——这就是高尚魂灵的神圣炼金术。这种转化应当变得那样平常,那样轻松,以致人们看来,这种转化是那么自然,使我们不必为此而去赞美他人。

阿米埃尔

5. 爱——就是以所爱者的生活为生活。

6. 圣人无情。他以人之情为己情。他以善待善人,也以善待恶人。他以信念与信众交往;也以同样之信念与不信者交往。

圣人因处身尘世,所以时时关注自己对人的态度。他感到自己属于所有人,所有人则全神注视着他。

老子

7. 爱向我们揭开了一个有益的奥秘:和自己、和一切人和谐共处。

选自 虔信者思想录

8. 没有爱,任何事情都不会带来好处,由爱引发的一切事情,尽管看似渺小、微不足道,却能带来丰硕的成果。

选自　虔信者思想录

9. 宗教是爱的最高形式。

巴克尔

———————

一个人表现出来的爱越多,人们就越爱他。他越被人爱,他就越容易爱他人,爱由此变得无穷无尽。

10月5日　努　力

道德的努力之所以必不可少,是因为肉欲力量会不停地转化为现实。只要道德的自我修养一停顿,肉欲立即会支配他。

1. 掌握真理,对一些满腹谬误的人来说,并不是一件轻松的事,因为各类有害的影响会以一种非凡的力量力求继续支配他们。所以,应当以一种特别的、坚毅的精神去探索真理,坚守真理。

留西·马洛里

2. 不明白的事一定要弄清楚,难做的事一定要以巨大的毅力去完成。

孔子

3. 当你尚未彻底消除自己对女人不舍的欲念时,你仍像吃奶的牛犊依恋自己的母亲一样,你的灵魂仍然被捆在世俗的大地上。

一个沉湎于性欲的人,就像一只掉进陷阱的兔子,因为束缚在欲念的罗网之中,他们在漫长的时段里,一再饱受痛苦。

佛陀智慧集[达马巴达]

4. 矫正自己的道路确实困难,但是困难并不在这道路本身,它之所以困难,是因为我们受恶习的浸染熏陶时间太久。正是这些恶习使我们改过之路变得更加复杂。我们由这种斗争所感受到的痛苦,其程度与我们的恶习在我们身上扎根的程度是一致的。我们不能以为上帝在这斗争的不可避免性上是有过错的,因为我们身上若没有恶习,斗争也就不会发生。这就是说,斗争的原因在于我们自己的不完美。同时,我们在这一斗争中却获得了拯救,如果上帝使我们免除这一斗争,我们这些不幸的人,将永远和我们的恶习同在。

帕斯卡尔

5. 通常同我们所有的能力联结在一起的,同我们高度发展的感觉联结在一起的,是同一的东西。如果我们对它们不加锻炼,我们就再也不能察觉到我们拥有这些能力。那些从来没有对自己的能力加以锻炼的人,就会对这些能力的存在变得麻木不仁。

留西·马洛里

6.一件好事总是通过努力才得以完成,但是,如果这种努力重复多次,同样的好事就会成为习惯。

———————————

不要藐视能使你习惯行善之任何事情,尤其不要藐视那些能使你戒除作恶之任何事情。

10月6日 疾 病

疾病是一种自然现象,应当学会把它看作是一种自然的、人所固有的生存条件。

1.忽视身体健康会失去为人效劳的可能性。对自己的身体过度关切也会导致同样的后果。为了寻找到介乎两者之间的适中尺度,有一种方法可以采用:关心自己的身体的程度,以不妨碍为人效力、与效力相悖为限。

2.当一个病人不再过日常生活、整个生活都集中到治病上来时,不管是不治之症,还是可医之病,要是他不再关注于疾病而过一种平常的生活,这对他会大有裨益。这种生活即使可能因此而缩短(这点始终值得怀疑),它毕竟是一种生活,而不是一种对自己身体持续不断的恐惧和忧虑。

3.没有疾病能妨碍人去完成他应该完成的事情。如果不能通过劳作为人效劳,那么就用爱的耐心的榜样为人服务吧!

4.心病比身病更有害、更常见。

西塞罗

5."治疗的基本条件是治疗不造成伤害。"希波克拉特的这一格言,就对身体的关系而言,通常并不适用,就对心灵的关系而言,则永远是不适用的。

不伤害身体的原则在过去的放血术中并没得到遵循,在现代手术、服用有毒药品及其他情况时,也没有得到遵循。说到永远伴随着一切治疗而来的心灵伤害,任何人都没有做过思考,也没有弄明白过。然而,这种伤害在于为最粗野的利己主义辩护:用要求为自己效劳取代自己为他人效劳。

———————————

不要怕疾病,不要怕治疗,这里所说的治疗,并不是指用有害药品所做的治疗,主要是指承认自己因病而摆脱精神诉求所做的治疗。

> 每周阅读

生命力

你坚忍不拔的故乡,俄国人之极限……
费·丘特切夫

  第二天,我醒得很早。太阳刚刚升起,天空没有一丝云彩;周围的一切闪耀着强烈的双重光华:清新的晨曦和晚上的流霞。我被安排在两轮轻便马车上,开始顺着一个不大的原是果园现已荒芜的园子溜达,园子里有一座厢房,被芳香馥郁、青翠欲滴的丛生草木从四面八方包围着。啊!在自由自在的空气中,在明朗的天空下,在百灵鸟隐现出没、洒落它们那一串串银铃般清脆歌声的地方,是多么令人惬意啊!它们的双翅大概带来了滴滴清露,它们的歌声也像那晶莹灵动的露珠。我甚至从头上摘下了帽子,用整个胸腔——欢快地呼吸着……紧挨着篱笆,一条浅沟的斜坡上,可以看到一个小养蜂场;一条狭窄的小道,在高高的杂草和荨麻构成的不透风的墙中间,像蛇一样蜿蜒曲折地通向那里。杂草和荨麻的上方挂着一些天知道从哪里来的挺起尖顶的深绿色大麻杆。

  我顺着这条羊肠小径走到养蜂场。养蜂场旁边是一座搭建起来的板棚,即所谓的冬季蜂房,到冬天用以摆放蜂箱的地方。我往半开的门里张望了一眼:幽暗、哑静、干燥,散发出一种被揉碎的滇荆芥的味道。就着屋角,搭着一个小木台,上面有一个盖着被子的小小的身影……我正准备退回……

  "老爷!啊,老爷!彼得·彼得洛维奇!"一个微弱、缓慢而嘶哑的声音,有如沼苔的沙沙声传到我耳边。

  我停住了脚步。

  "彼得·彼得洛维奇!请走近点!"声音又响起来。它从我发现的小木台的一角传来。

  我更靠近一点,大吃一惊,呆住了。我面前躺着的竟是一个活人,可怎么成了这副模样?

  脑袋完全干瘪,纯青铜色,和老派画风的圣像丝毫不差;鼻子狭窄,有如刀刃,嘴唇几乎难以看清;只有牙齿闪着白光;双眼发亮,头巾下额头上露着稀稀拉拉几绺黄发。在被子的褶皱上,两只也是青铜色的小手在下巴附近动弹着,并缓缓地逐一抚摩着小木棍似的手指。我定睛细看,她的脸蛋不仅不是难看得不成样子,甚至可以说是漂亮的——然而可怕,非同寻常。当我看到她脸上,她金属般的面颊上拼命挤啊挤的,却挤不出一丝笑容来时,我觉得这张脸更加吓人了。

"您不认识我了,老爷?"一个声音又低低地响起,它宛如从勉强颤动的嘴唇里溜出来的,"可又怎样能认出呢!我是——鲁凯丽娅……还记得在斯巴斯科,您妈妈家跳舞吗,想想……想想,我还领唱呢!"

"鲁凯丽娅!"我一下叫了起来,"是你吗?这可能吗?"

"老爷,是我,是我,我是——鲁凯丽娅!"

我不知道说什么好,就像一般大吃一惊的人一样,只是打量着那张一动不动的黝黑的脸,她正用那双发亮的、定定的眼睛盯着我瞧。这可能吗?这个木乃伊竟然是鲁凯丽娅,我们村里的第一美人——颀长、丰满、白皙、红润,好扬声大笑、能歌善舞的漂亮姑娘!鲁凯丽娅,聪明的鲁凯丽娅,我们村所有男青年追求的对象,虽然我当时只是个十六岁的毛孩子,连我自己也暗恋着她哩!

"好了,鲁凯丽娅,"最后我开口说,"你这出了什么事呢?"

"飞来一场横祸!对我的不幸,老爷,您不要讨厌,也不必同情——您坐在那木桶上吧——靠近一点,不然您就听不到我说话了,您瞧,我的嗓门变得多大……嗯,看到您,甫提多高兴了!您怎么到阿历克塞叶夫卡的?"

鲁凯丽娅说得很轻,声音很细,但并不停顿。

"猎人叶尔莫莱把我带到这里的。说说你的事吧……"

"说说我的飞来横祸?好吧,老爷——我这事发生已经很久,大概有六七年了,当时家里刚给我和瓦西里·波里亚科夫订了婚,还记得吗,一个身材匀称的人,一头卷发,还曾在您妈妈那里当食堂总管?您当时已不在村里,去莫斯科上学了。我和瓦西里非常相爱;我满脑子都是他;事情发生在春天。有一次深夜,天差不多快亮了……我怎么也睡不着:夜莺在花园里甜蜜地歌唱,唱得那么奇妙……我忍不住就起床到台阶上听夜莺的鸣啭,它响亮流畅,委婉动听……突然,我好像觉得有人,一个像瓦西里的声音在呼唤我,很轻,鲁莎!我向一边看去,哪知昏暗朦胧之中,一脚踩空,我径直就从平台上掉了下去,'噗'的一声,摔到地上!跌得似乎不太狠,所以,我就很快站起来回到自己的房间。只是我感觉好像内部的什么——在肚子部位——破了……让我稍稍……喘口气,老爷……"

鲁凯丽娅沉默起来,我则非常吃惊地看着她。我之所以那么吃惊,是因为她在讲自己的不幸时几乎是快乐的,既不惊悚,也无叹息,一点都没有埋怨命运,乞求同情。

"出了这事后,"鲁凯丽娅接着往下说,"我开始干枯、憔悴;苦难缠住了我;我的行动变得那么困难,现如今,双腿完全不听使唤;既不能站,也不能坐;大概就要这样一直躺着,不想喝,不想吃:情况越来越糟。您妈心肠好,给我找来医生,送我进医院。可病情没有一丝好转。哪个医生都说,我的这种病,他们一无办法。他们还有什么办法没用来给我治病呀:用烧红的铁块灼我的背,把我浸在碎冰里,可一无用处,到最后,我完全瘫了……于是主人决定,不再给我治了,可一个残废人是不能留在老爷家里的……所以我被送到了这里——因为这里有我的亲人。我就像您看到的这样活着。"

鲁凯丽娅又沉默起来,又勉强挤出一丝笑容。

"你的境况可真怕人!"我叫了起来,无意间加问了一句:"瓦西里·波里亚科夫怎么样?"

问这种问题,真是太愚蠢了。

鲁凯丽娅把眼睛稍稍避到一边。

"波里亚科夫怎么样?伤心了一阵,于是娶了另一个人,一个格林诺伊村的姑娘。你知道格林诺伊村吗?离我们这里不远。她叫阿格拉菲娜。他很爱她……要知道他还年轻,不可能让他单身的。我怎么还能成为他的妻子呢?他要找的是一个健全健康的妻子……他们现在已有了孩子,他在邻居那里当管家。您妈妈根据他的身份证明让他离开了,上帝慈悲,他很好。"

"那你就这样一直躺着?"我又问。

"就这样躺着,老爷,这就七年了。夏天我就躺在这里,在这张床上,当天气变冷,我就被转到澡堂的更衣室,躺在那里。"

"可谁来看护你?谁来照料你呢?"

"好心人这里同样是有的,并没有丢下我不管。照顾我的事情其实并不多。吃嘛,我差不多已经不吃任何东西,水呢,就在那儿,小小的一杯;总是一些准备好的纯净的泉水。我自己够得着那小杯子,我的一只手还能动。唔,这里有一个小姑娘,是个孤儿;不,不,她刚来看过我,真得谢谢她。现在仍在这里……您没有碰到她?这样漂亮,白白的。她给我带来一些花;我非常喜欢——那些花。我们这里没有人工栽培的——过去有,现在已经没有了。其实野花也很漂亮,比人养的还香。即使是铃兰,看着也那么惬意啊。"

"我可怜的鲁凯丽娅,你不烦恼,不惶恐不安吗?"

"还能怎么呢?我不想撒谎——最初是很难过的,以后就习惯了,忍忍也就习以为常了——不再介意,碰上别的会更糟。"

"别的什么?"

"有的人连栖身之处都没有!有的人或聋或瞎!而我,感谢上帝,看得清,听得明,都行。田鼠在地下乱刨,我连这都能听得到。我能闻到一切气味,不管这气味有多淡!田里的荞麦或园中的椴树开始开花——不用人对我说——我立马第一个就能听到花朵绽开的声音。只是要有微风从那边刮来。不,我为什么生上帝的气?许多人比我的情况更糟。能中肯地说'有一些健康人轻易就能犯罪,而罪恶本身已离我他去'这种话,心里也是一种慰藉。前两天,神父阿历克塞开始给我举行圣餐礼,他说,'你,大概没什么可忏悔的——你这种情况难道还会犯罪?'可我说,那思想犯罪呢,神父老爷!'啊,说一说,也只是自己在开玩笑,这种罪过是不大的。'可我连这思想罪过也可能是不大的。"鲁凯丽娅接着说,"所以,我就这样开导自己:不要想它,更重要的,是不要回忆。时间很快就过去了。"

我得承认,我大吃一惊。

"你老是一个人单独待着,鲁凯丽娅,你又怎么阻止你脑子不想呢?或者你老是在睡觉?"

"唉,老爷,并不老是睡!说到睡,我并不总是能安然入睡的。尽管痛得不算厉害,然而是在那里,在身体里面痛;骨头也痛;痛得不让人好好睡觉。不……就这样,我睡我的,睡啊睡的,也就不再胡思乱想。我感到我仍活着,呼吸着——我就是这样。我端详、倾听。蜜蜂在养蜂场上嗡嗡飞舞;鸽子在屋檐上低声吟唱起来;抱过窝的老母鸡带着雏鸡开始啄食碎谷粒;麻雀或蝴蝶飞起来了。我很高兴。前年燕子甚至在那角落里筑巢,孵出了小鸟。燕窝变得多有意思啊!一只燕子飞近小小的窝,喂它的宝宝——又飞走了。瞧,另一只燕子来换班了。有时它并不进窝,只是在敞开的门口飞掠而过,而孩子们则立刻开始吱吱地急叫起来,张开了嘴……我去年等待它们归来,可据说,它们被本地的一个猎人用枪射杀了。这个人贪图什么呢?燕子,它整个儿还没甲虫大……狩猎的老爷,你们多么狠心哪!"

"燕子我是不打的。"我赶忙说。

"有一次,"鲁凯丽娅又开口讲起来,"真让人发笑。一只兔子撒腿奔跑,确是这样!几只狗呢,紧追不舍,在后面追它——它却突然径直溜进了我的门——靠我很近——待了这样久——鼻子抽搐着,胡子抖动着——简直是个真军官!它打量着我。这就是说,它明白它用不着怕我。它终于站起来,一蹦一蹦跳到门口,在门槛那里回顾了一下——整个过程就是这样。真是这样的可笑!"

鲁凯丽娅打量了我一眼……她说,这也许不可笑?我为了让她开心,就笑了笑。她咬住了干瘪的双唇。

"哎,冬天我自然更难过,因为——黑黢黢的,点蜡烛毫无意义,即使点上又有什么用呢?我虽然也认几个字,一向也喜欢看书,可是读什么呢?这里什么书都没有,即使有,我怎么拿它,拿这书呢?阿历克赛神父为了让我解闷,给我带来了一本日历,可走来一看,一无用处,于是就又收回去了。周围虽然黑,我仍能听到一切,蟋蟀嚯嚯地叫着,老鼠在什么地方开始抓爬——这样就好:不用想!"

"可我读祈祷文来着,"鲁凯丽娅稍作休息后继续说,"只是对这些祈祷文,我了解得并不多。再说我为什么要使上帝我的主厌烦呢?我能求他做什么呢?他比我更了解我需要什么。他给了我十字架——这就是说,他爱我。我们就是这样被教导做这样的理解的。我们天上的父啊,我为一切悲恸的人给圣母吟诵颂歌——于是我又让自己一无思虑地躺着。这没什么!"

过了两分钟左右。我没有打破这寂静,一动不动地坐在作为我坐具的狭窄小木桶上。这个躺在我面前的生气勃勃的不幸的人,她那残忍的石头般无法动弹的境况传染给了我:我好像也不能活动了。

"听我说,鲁凯丽娅!"最后我开始说,"你听好,我要给你什么建议。你想不想我安排你转到医院去,一家城市的好医院?谁知道呢,也许你还能康复?但在任何情况下,你都不会一个人……"

鲁凯丽娅眉梢稍稍动了动。

"啊,不,老爷,"她忧心忡忡地低声恳求说,"不要送我进医院,不要再把我搬来搬去。我在那里只会更痛苦。还有哪里能医我的病!有一次,一个大夫来到这里,想给我检查一下。我请他看在基督的份儿上不要来打扰我。可哪里行呢?他开始把我翻过来翻过去,揉捏双手、双腿,他说,我这是在为学术效力,我是为此献身的人,说得多有学问呀!拉啊扯啊的打扰我,对我指明我的病——那么难懂——于是就一走了之。随后一个星期,我的骨头一直痛得难受。你说我独自一人,始终一个人,不,并不始终这样,有人到我这里来。我是温和的,不会妨碍别人。村姑们来聊天;女香客也偶然进来,谈耶路撒冷、基辅、圣城什么的。我也并不害怕一个人待着,甚至感到那样更好,哎……老爷,不用管我,不要送我进医院……谢谢,您是好人,只是不要管我,好人儿。"

"那好吧,随你便吧,鲁凯丽娅。我这是为了你好……"

"我知道,老爷,您这是为了我好。可是,老爷,亲爱的,有谁能帮助另一个人呢?谁能进入他的灵魂呢?只有人自己才能帮助自己!您对这话也许并不相信,可我躺着,有时就我独自一个……整个世界,除了我,好像一个人都没有,只有我独自一人——活着!我觉得我好像被一片东西笼罩住了……带我进入沉思——竟那么令人惊异!"

"那时你究竟深思什么呢,鲁凯丽娅?"

"老爷,这好像无论如何都说不了,人是说不明白的,以后,它也就被遗忘了。仿佛飘来一片乌云,洒落下来,那样清新,变得那样美妙,然而它是什么——人是理解不了的!我只是想,如果我的身边有人,那除了我的不幸,就什么东西都不会有,什么东西我都不会感到。"

鲁凯丽娅深深叹了口气。她的胸肺也不怎么管用——就如同她的其他器官一样。

"老爷,当我看着您,"她又开始说话,"您很可怜我。然而您不必太可怜我——真的!例如,我想对您说,我有时,甚至现在……您自然不知道我健康时是怎样快活,简直是个疯丫头!您知道吗?我连现在都想唱歌。"

"唱?你!"

"是的,一些歌,一些老歌,环舞舞曲啦,圣诞占卜歌啦,圣歌啦,所有的歌;这些歌,我本来就会唱很多,现在也没忘。只有那些轻快的舞曲我不唱——以我现在的处境,这类歌是不合适的。"

"可你怎么唱呢……默唱?"

"也默唱,也出声。声音不大,但大家都能听明白。我这就给您来一段——小姑娘到我这里来了。这是个没爹没娘的小可爱,聪明伶俐。我曾教她唱过歌;她已学会我教的四首歌。您不信?您等等,我马上向您证明……"

鲁凯丽娅调整气息……一个垂死的人准备唱歌这一思想激起我内心不由自主的恐惧。但在我说话之前,我耳边已响起一个曼长、勉强可听到的、然而纯净而真实的声音……紧跟这一乐声,是第二个音,第三个音。鲁凯丽娅像一面"四面洞穿的风箱"一般歌唱起来。她唱时并没改变她脸上刻板的表情,甚至连眼睛都一眨也不眨。但是这个可怜的、竭尽全力的、像烟柱一般摇曳不定的声音唱得那样动人,她那样想袒露灵魂、尽情倾诉,我感到的已经不是惊悚,一种难以述说的怜悯心紧紧钳制我的心脏。

"啊,我不行了!"她突然说,"我没有足够的力气……您来我非常高兴。"

她闭上了双眼。

我握着她那冰凉纤细的手指,她瞧了我一眼——接着她像古代塑像一样的覆盖着淡淡的金黄眉毛的黝黑眼睑重又合上了。转瞬间它们在半暗半明中又发出亮光来。泪珠儿已把它们沾湿。

我像原先一样,一动不动。

"嗨,真恼人,我竟这样!"鲁凯丽娅突然以一种出人意外的力量说,又睁大双眼,使劲眨了眨,把泪珠洒落,"不难为情吗?我这是怎么啦?我很久已没有这样动感情了……自打去年春天瓦西里·波里亚科夫到我那里以后起。当时他和我一起坐着,交谈着——唔,一点都没什么,可当他离开后——我独自一个就哭开了!不知从哪里来这么多眼泪!看起来我们女人的眼泪不值钱,老爷!"鲁凯丽娅加了一句:"唉,老爷,您的小手巾……如果不嫌脏的话,给我擦擦眼睛吧。"

我赶紧照办,并把小手巾给了她。她最初拒绝了,说干吗给她这礼物?小手巾极普通,但干净,雪白。随后她用她那衰弱的手指抓住了它,不再放松。习惯了我俩所处的黑暗环境后,我已能清晰地分辨出她的脸庞,能够看出透过她脸上的青铜色露出的薄薄的红晕,能够发现——至少我这样感觉——她昔日美丽的痕迹。

"老爷,您问我,"鲁凯丽娅又开口说话,"我是不是能睡着?我能睡着,确实不多,但每一次都会做梦——都是好梦!我从没梦到自己是病人:在梦里我永远是这样健康而年轻……只有一种苦恼:当我醒来时——我想一直这样活在好梦中——呀,我整个儿都像被捆绑住了一样。有一次我竟做了一个怎样神奇的梦啊!您想不想让我告诉您?——噢,您听着——我感到我好像坐在大路旁的爆竹柳树下,手里拿着一根刨得光光的小木棍,背着一个背囊,头上扎着围巾——活像一个女香客!我要到一个遥远的地方去朝圣。所有香客都在我身边走过。他们似乎不很乐意,静静地朝着一个方向走去;他们一脸沮丧,彼此都很相象。他们中间有一个比其他人高出整整一个头的女人,边走边打探,她的衣服不像我们俄国人穿的,脸也很特别,瘦瘦的,很严肃。所有别的人好像都在躲开她。她却突然转过身,径直向我走来,停下来看了看。她的眼睛像鹰眼,黄黄的,又大又亮。我问她:'你是谁?'她回答道:'我是你的死神。'如果她想以此吓唬我的话,那么刚好相反,我非常乐意她的到来。那个女人,我的死神却对我说:'我可怜你,鲁凯丽娅——但我不能带你和我一起走,再见!'天爷啊!我这时变得多伤心!我说,带着我,大妈,亲爱的,带上……我的死神转过身开始对我说话……我明白,她是在决定我的死期,然而话是那样含混,难以理解……她还这样说,彼得节斋戒日之后……在这当儿,我醒了……我的这些梦多奇怪啊!"

鲁凯丽娅眼睛向上抬了抬,沉思起来……

"我还做过梦,"她又说起来,"这也许是我的幻觉——我已难以弄清。我好像觉得,我仿佛正躺在这床上,我已去世的双亲——老爸和老妈——走到我身边,低低俯身向我鞠躬,然而却一句话也没有说。我问两老:爸、妈你们干吗对我鞠躬?他们说:'因为你在这人世遭了很多罪,不单使自己的灵魂不再那么沉重,而且为我们解除了重负。我们在另一个世界里轻松了许多。你已经消除了你自己的罪过,如今你又为我们赎了罪。'说完这番话之后,两老又向我鞠了一躬——他们就消失了。我见到的只是一堵墙。所以我一直怀疑:我发生过这样的事吗?我甚至在忏悔时对神父也说了这种话。只有他那样认为,这不是幻觉,因为幻觉往往是一种精神上的礼仪。我的苦恼只有一点:这事发生后过去了整整一个星期,可我再也没有睡着过一次。去年,太太独自坐车来看我,而且给了我一瓶安眠药水,吩咐我每次吃十滴,这真帮了我大忙,我真能睡了。只是现在那个药瓶早已空了……您知道这是什么药水,怎样才能弄到吗?"

太太来时,显然给了鲁凯丽娅鸦片酊。我答应给她找一瓶,我仍然不能不对她的忍耐力高声表示惊叹。

"啊,老爷!"她反驳说,"您怎么啦?这算我的什么忍耐力啊?真的,柱头苦行僧西蒙的忍耐力才真正算得上大呢,他在柱子上竟待了三十年!另一个神的侍者把自己埋进齐胸深的土里,许多蚂蚁啃食他的脸……"

沉默了一小会儿,我问鲁凯丽娅她多大了。

"二十八,或者二十九,不会到三十岁——可干吗要算它们呢,算年岁呢?我还有一件事要告诉您……"

鲁凯丽娅不知怎么突然咳得透不过气来,叹了一声……

"你讲多了,"我对她指出,"这可能对你有害。"

"是的,"她说,声音小得勉强可以听到,"我的话完了;只好这样了。您一走,我马上会闭上嘴巴的。至少我已痛快地倾诉了一番。"

我开始和她告别,再次提起我会送药水给她,并请她再好好想想还需要什么,然后告诉我。

"我什么也不需要;什么都有,感谢上帝!"她竭尽全力、大为感动地说,"上帝保佑大家健康!老爷,您能不能劝劝您母亲——这里的农民都很穷——哪怕她能减掉他们一点租赋!他们的土地不够,没有可用之地……他们会为您向上帝祈福的,而我什么都不需要,什么都有。"

我向鲁凯丽娅保证满足她的要求,已向门口走去……她又把我叫到跟前。

"老爷,您记得吗,"她说,一种奇妙的神情在她双眼和双唇上闪过,"我过去有过什么样的发辫吗?您记得——它长到齐我的膝盖。对这些头发,我好久下不了决心!但是我哪里还能梳理它们呢!尤其我这境况!所以我早已把它们剪掉……唔,好吧,再见吧,老爷,我再不能……"

在出猎前的一天,我和村长专门谈到鲁凯丽娅。我从他那里得知,村里都叫她"生命力"。在她那里其实是看不到一丝烦恼的:既听不到任何抱怨声,也听不到任何诉苦声。"她本人一无所求,反而对一切心怀感激。应当这样说,她就像那些不爱说话的人一样不爱说话。"

几个星期之后,我得知鲁凯丽娅死了。死神真的降临到她身上……确实是在彼得节斋戒日之后。传说她死的那一天,老是听到铃铛声,虽然从阿历克塞叶夫卡到教堂有五俄里多路,而且还是平常日子。可是,鲁凯丽娅说,声音并不是从教堂传来,而是从"上面"传来。她大概不敢说"从天上"传来。

伊·谢·屠格涅夫

10月7日 上　帝

可以不叫上帝,可以不用这个词,但是不承认他的存在是不可能的。要是没有他,也就没有一切。

1. 我之所以了解我所了解的一切,是因为有上帝,我了解他。

不管对人,对己,还是对超尘世、超时间的生活,只有在这一点上才能建立起牢固的基础。我不仅没有发现这是神秘主义,反倒发现与此矛盾的观点才是一种神秘主义。它是最易理解、人人都能接受的事实。对上帝是什么的问题,我的回答是,上帝是无限,是我意识到我只是其一部分的一切。

对我来说,上帝就是我力求追寻的对象;我的生命正在我对其的追寻之中。对我来说,他才因此而存在,但他必定是我所理解的然而又是我叫不出名字的对象。我既然能理解他,那我就一定能接近他,如果无处可追寻,那生命也就完了。

我不能理解也不能说出他的名字,然而,我却了解他,也了解追寻他的方向,甚至可以说,我所有的知识中,这是最为真实可信的。我若没有他,我永远会感到恐惧；我只有和他在一起，才不会感到惊惶不安。

2. 一个源于自私目的的宗教行为，如同一场求雨的祈祷，或者如同为获得通向未来世界的奖赏而献上的牺牲，永远都是自私贪婪的，只有因对天帝的认识而完成的行动才是无愧于他的行动。

因为承认在一切生灵和万物中的最高智慧，真正的信徒就会牺牲自己的理智，让它去找天帝的灵魂，接近那闪耀着其独特光芒的天帝的天性。

但愿每个人都凝视那存在于神圣智慧中的或隐或显的天性，因为透过神圣智慧观照无限世界时，他就已不可能屈从于坏的企图。

摩奴法典

3. 当我对你谈起上帝，那你不要以为我是在对你谈某种由金银铸成的偶像。我对你所说的这个上帝，你会在自己的心灵中感觉到他。你要把他放在你心中，而你不纯的图谋和卑劣的行径会败坏他在你心灵中的形象。面对你尊为上帝的金偶像，你尚要谨防做出某种下流行为，可面对你自己心中，总是可见可闻的那个上帝，你却深陷于卑下的思想行为之中，竟丝毫不为之脸红。

只要我们经常记得，上帝在我们心中，是我们所有的思想行为的见证人，那么，我们就不会犯罪，上帝就会常驻我们心中，与我们形影不离。让我们记住上帝，尽可能多地思考和讨论上帝。

爱比克泰德

4. 上帝不是需要祈祷和奉承的偶像，上帝是人应当体现在自己日常生活中的理想。

留西·马洛里

5. 不是在我迎面向他走去的时候，而是在我转身离他而去的时候，我仍然没有忘掉他——只有在这时我才承认上帝是存在的。我说"上帝"，但我并不知道我那样称呼是否忠实可靠。您能懂我说的意思。

托罗

6. 走向上帝永远不应当是有意而为的："让我走向上帝，开始按上帝的方式生活。我过去过的是魔鬼式的生活，如今让我按上帝的方式度日，我要试试也许不坏。"这真糟糕，太糟糕。走向上帝就像结婚，应当只有在他若不乐意接受，不乐意结婚就不能活时才结婚……所以任何人都并非如我所说的都是在"有意接受诱惑"，而是那种这样提出问题的人："如果我不是走向魔鬼，而是接近上帝，我吃不吃亏？"我则会对其提高嗓门大声呵斥："走吧，上魔鬼那里去，一定去魔鬼那里！"在魔鬼那里狠狠碰一碰钉子，比站在十字路口彷徨或者虚情假意地走向上帝好百倍。

7. 人也许不知道他呼吸空气,然而他知道,当他喘不过气来,定是失去了什么。一个失去上帝的人,感觉与此相同,即使他并不承认上帝。

记住上帝是一件大事。并不是在口头上记住他,而是在生活中时时记住他仿佛注视着我们的每一行为,或批评,或赞赏。俄国农民常说:你难道把上帝忘了?

10月8日 科 学

只有从来没有思考过生活主要和本质的问题的那些人,才能思考和说出一切人类理性可以接近的对象。

1. 人常可分为三类:一类人对不能用清晰的语言加以表达的任何事物都不相信;另一类人只相信他们受其教导的那些教义;第三类人则相信他们心中意识到的那些法则。第三类人是最明智、最坚定的。那些相信他们生来就受其熏陶的教义的人就不那么明智,不那么坚定,但他们还没有丧失人的主要特征:承认存在一种最高的、难以企及的、要求我们过善良生活的对象。一个承认上帝,甚至承认有灵者尼古拉是最高的、精神的、要求自我牺牲和行善的村妇,与第一类不承认不能用语言加以表达难以企及的任何对象的人相比,更加接近真理。

2. 一切开端都是奥秘;任何个体或集体生命的原因也都是奥秘,也就是说,是一种不受理性支配的无法理解的不确定的东西。总而言之,任何个体都是一个不解之谜,无论怎样的开端都不可能得到解释。事实上,所有出现过的事物都可用以前的事物来说明,但是无论怎样都不是开端。开端永远是创造的始初奇迹,因为它不是另一事物的结果,它只是以前构成其介质的许多事物间的一件意外,一种情势。这一意外和情势是伴随着开端的出现而出现的,而它的出现则仍然是不可理解的。

阿米埃尔

3. 由于你的良好教育,你能测量方圆,测量星星间的所有距离。因为你拥有的几何学知识,这一切都可做到。假如你是这样出色的机械工程师,那就试试去测定人类的才智吧,请告诉我才智有多大或多小。你知道什么是直线,可是你不知道生活中的直路,这知识对你有何好处呢? 一切自然科学对研究道德是无能为力的。即便这些科学对别的东西有用,但对道德一无用处。它们不能把才智引入道德,它们只是为道德清除了障碍。

塞内加

4. 植物生命的奥秘,同我们生命的奥秘完全一样,生理学家徒劳地想用他解释他本人所制造的机器的完全相同的机械原理去解释这一奥秘。我们不应用手指探摸动植物神圣不可侵犯的生命,即使做了,我们将一无发现,所见也只是一些表面的皮毛而已。

托罗

5. 我们通过望远镜和显微镜看到的事物,变得无足轻重。

托罗

6. 大图书馆比给读者以教导更重要的任务是撒播知识的种子。与其不假思索地广泛阅读,还不如只限于阅读某些作者。

塞内加

———————

不了解许多可以了解的事物,比意欲了解那些不可能被了解的事物的企图更胜一筹。

任何事物,都不像沉溺于不可被了解的领域之中那样腐蚀和削弱智力,并那样激发自负的倾向。最糟糕的是不懂装懂。

10月9日 灵魂的神圣本质

把自己的生命意识转化为精神"我"的那个人,无论活着,还是死去,都不可能体验到不幸。

1. 那凭之能促使我们产生今世真实生命意识的物质形式,宛如一座限制我们精神本质的囚牢。

物质是精神的囚牢。真正的生命则是这一囚牢逐渐遭毁坏的过程,并以彻底毁坏和彻底解脱——死亡为结束。不管是活着,还是死去,对生命的这种理解给人以一种完全的宁静。

2. 当命运无论把你抛向何方,如果你相信自己日常生活的法则,那么你的本质,你的灵魂,生命、自由和力量的集中点处处都会与你同在。世界上还没有一种外在的幸福或伟大,值得人为之去破坏自己和灵魂的和谐一致,割断自己和灵魂的联系,通过自相矛盾的方式损害自己心灵的完整性。

不妨指明,以这样的牺牲为代价,人会得到什么?

马克·阿夫列里

3. 人在自身中意识到的某种无限伟大和全能同他同样在自身中感觉到的某种偏狭和无力存在着可怕的矛盾。他生动地意识到的这一矛盾,有时使他又难受,又高兴。

4. 从肉生的就是肉,从灵生的就是灵。

我说:"你们应当由神赐而生。"你们不要惊奇。

风随意吹刮。你听到它的声响,却不知道它从哪里来,到哪里去,凡从灵生的,都是这样。

约翰福音3章

5. 根据许多人的看法,我想象善人的灵魂是神圣而永恒的,但是,主要因为最优秀、最智慧的人的灵魂会那么迅速地转入未来状态,以致让人觉得,灵魂的整个的思想仿佛都集中在永恒上。

西塞罗

6. 只有积极的、道德的、精神的、深刻的和宗教性的意识,才赋予生命以其全部的尊严和力量。这种意识变得无法伤害,不可战胜。只有以天堂的名义才能战胜大地。此外,所有幸福只属于寻找智慧的人。只有在毫无利己心时,尘世在其诱引不了的人的脚下时,人才变得最为强大。为什么?因为灵魂支配着物质,尘世从属于上帝。"鼓起勇气,"天上的声音说,"我定战胜尘世。"

上帝啊,给向善的弱者以力量吧!

阿米埃尔

7. 有一种超越一切人类才智的最高智慧。它既遥远又贴近。它凌驾于一切领域,同时又贯穿于所有现存的事物之中。

看到一切事物都包蕴在最高神之中,最高神沉潜于一切生灵之中的那个人,是不可能用蔑视的态度对待无论什么生灵的。

对把整个宗教本质看作与最高智慧同一的那个人说,不可能有犹豫、忧伤的一席之地。

那些正在完成宗教仪式的人困在浓重的黑暗之中,而那些深陷在对最高智慧无益的狂想之中的人则更是困在漆黑一团之中了。

奥义书

8. 上帝把那些想提升到他的高度的人拉到自己身边,所以人追随上帝毫不足怪。上帝走向人群,深入人群。没有上帝,没有任何一个灵魂会是美好的。

塞内加

解救一切,是他精神纯洁的意识。一个意识到自己精神纯洁的人无论发生什么事情,罪恶都不可能触及他。

10月10日 死 亡

人像动物一样,不能不同死亡做对抗。可是,作为精神的人,他不会经受死亡,所以,他既不会对抗死亡,也不愿意死亡。

1. 为什么死亡观念没有显示出它本可显示的那种影响,其原因在于,按我们的天性,作为一个精力充沛的人,我们确实还不用思考有关死亡的情况。

康德

2. 生和死没有任何共同之处。所以,我们大概从未放弃过这样一个模糊不清的愿望:使理智糊涂,从而对我们有关死亡不可避免的知识的可靠性产生怀疑,在日常生活中力求固守生命。它就像寓言中的鹦鹉一样,甚至在其被扼杀的那瞬间,仍然一再反复说:"这,这没什么!"

阿米埃尔

3. 临终时刻,精神元素抛弃了肉体,然而在抛弃肉体时,它是否与超时空的元素汇成一体,还是变成另一个仍然有限的形式,我们不得而知,知道的只有这一点:因为死亡,身体抛弃了那使它生机盎然的元素,成了只是供人观察的对象。

4. 死亡是意识对象的转换或消失。意识本身却很少能因死亡而消失,如同场景的转换能使观众消失一样。

5. 你获得了生命,连你自己也不知道怎么获得的,但是你知道,你如今拥有了那个独一无二的"我",随后走啊,走啊,走到中途,突然不知是高兴,还是吃惊,就僵住了,不想往前移动一步,因为看不到那里是什么地方。但是,显然你同样看不到你由之而来的地方,可你还是来了。你进了门,却不想出门。

你整个人生是一场穿越肉体生活的漫步。你走,匆匆赶路,突然你却抱怨起来,你所完成的事情正是你不停从事的那件事情。你对你肉体死亡时你的情况所发生的巨大转变感到恐惧,但显然,你在你诞生时就已在开始完成这种巨大的转变,不仅不会由此对你有什么不好,而且相反,你遇到了你甚至不愿和它分开的好事。

如果相信,我们在今生今世发生的一切事情,都是为了我们的幸福才发生——而一个相信生活中的幸福元素的人,是不能不相信这一点的——那么我们就不能不相信,我们告别人间时所完成的事情,也是为了我们的幸福才完成的。

10月11日 骄 傲

大部分人引以为骄傲的,不是得到当之无愧的尊敬,而是那对他是不必要的甚至是有害的东西:权势与财富。

1. 没有一个恶棍在寻觅之后会找不到某些方面比自己更坏的恶棍,所以,他也就不可能找不到理由对自己感到满意。

2. 一个连自己都不善读写的人,就不能教别人读写。一个连他自己都不知道该做什么的人,怎能指点人们该做什么呢?

马克·阿夫列里

3. 一些人只是刚听到一些明哲的教诲,自己就会迫不及待去教导别人。他们的所作所为与病胃如出一辙:把刚吃的食物马上吐出。不要仿效这样的人。首先你得把你听来的东西好好加以消化,而不是过早地把它吐出,否则,吐出的只是一堆污秽,不能成为任何人的食物。

爱比克泰德

4. 傲慢根本不是人类的尊严意识。傲慢会随外在成就而膨胀,而人类的尊严意识则相反,会随内在谦卑而增加。

5. 傲慢者尊重的不是自己,而是人们对他的看法;而一个具有尊严意识的人尊重的只是自己,并不顾及人们的看法。

6. 一个意识到自己蠢笨的蠢人尚有头脑;相反,一个坚信自己聪明才智的人则一点头脑都没有。

佛陀智慧集[达马巴达]

7. 蠢人在聪明人身边度过了一生,但对真理仍然一窍不通,犹如匙子任何时候都了解不了食物的味道一样。

佛陀智慧集[达马巴达]

8. 一个孤芳自赏的人具有一种优势:他少有竞争对手。

里赫登别尔格

9. 过于自信的人永远有局限。自信与局限两者互为因果。他永远有局限,因为他过于自信。他过于自信,因为他有局限。他意识到自己不可能做得更好,所以就使自己相信他所做的一切都是好的。

傲慢最初会弄得人不知所措,以致人们不得不屈从于风传暗示,并开始把傲慢者自我标榜的重大影响附会于傲慢者身上;但是,这种风传暗示一旦消失,傲慢者很快就会成为笑柄。

10月12日 勇 敢

一切要求放弃已被接受的习俗,需要巨大的努力。然而,向自我完善跨出的第一步却永远与这放弃相关。

1. 我应当如我所想的那样去行动,而不应根据人们的想法那样去作为。无论在实践活动中,还是在精神生活中,这一法则是同样必需的。遵循这一法则是困难的,因为你们总能碰到这样的人——他们以为他们比你们自己更了解你们的义务。在尘世,和世俗意见和光同尘生活会很轻松,而在闭门独处时按本人的想法行动也很容易,但是一个在稠人广众之中仍保持他独处时的独立性的人,才是伟大的。

爱默生

2. 适应本质上跟你们无关的习俗,就是消耗你们的精力,剥夺你们的余暇,抹杀你们天性的独立精神。在做这种事情时,要断定你们事实上是何许人是何等的困难,更不要说你们最出色的能力已浪费在那些毫无意义的琐事上了。这样的生活毁灭灵魂和肉体。

爱默生

3. 社会对人说:"像我们怎样思索一样思索;像我们怎样信仰一样信仰;像我们怎样吃喝一样吃喝,像我们怎样穿着一样穿着——否则,就该死。"如果有人不屈从于它,那么它就会用嘲弄、谣诼、谩骂、绝交和斥逐把他的生活变成地狱。但是,鼓起勇气来吧!

留西·马洛里

4. 一个人按照自己良知的要求,疏离他生活在其中的那个环境已经确立的习俗;这种人对自己应当极其严格和谨慎:他的任何错误任何弱点都会被利用来给他定罪,在他放弃既已为他接受的决定时尤其会如此。

5. 我们因为过着道德生活而遭到恶人的迫害,因为热爱美德而忍受他们的挖苦,我们不必为此忧伤和悲痛。美德的本质本来就是如此,它通常会在恶人中引起对它的憎恨。因为嫉妒那希望过正直生活的人,也想能为自己准备好辩护词,恶人若要中伤他人的声誉,总把善人看作是与他们背道而驰的人,千方百计力求玷污他们的一生。但是我们不必伤心,因为恶人的憎恨恰恰成了美德的证据。

约翰·兹拉托乌斯特

因为拒绝为他们所接受的习俗而迁怒于人是愚蠢的,但是拒绝良知和理性的要求而姑息人们的习俗,则是更为糟糕的。

10月13日 暴 力

国家制度——无论什么样的——和基督教的最基本的情况是那样相悖,以致可以理由充足地宣称,以国家为生的那些人,过的是与基督教义完全相悖的生活。

1. 在大智者掌权的地方,臣民觉察不到他们的存在;在智力稍次一点的智者统治的地方,民众常追随他们,赞美他们;在智力更次一点的智者当权的地方,民众害怕他们;而在一个更加渺小的人统治的地方,民众则鄙视他们。

老子

2. 对尚未觉醒的人来说,国家政权是神圣不可侵犯的机关,是具有生命力的机体组织,构成了人们生活的必要条件。对觉醒的人来说,信奉国家政权的这类人误入了歧途,给自己加上没有任何理性依据的空幻意义,并通过暴力把自己的愿望付诸实践。所有这些误入歧途、大多被贿买的人,这些压制他人的人,对觉醒的人来说,他们与那些断路抢劫的盗匪们毫无二致。这种暴力的古老性、暴力的规模及其组织——都改变不了事情的本质。对觉醒的人来说,不存在所谓的国家;所以对以国家的名义完成的所有暴力没有为之辩护的理由,他也因此不可能参与其间。国家暴力不能用外在的手段,而只能用觉悟到真理的人的意识去加以消灭。

3. 力量在于互爱,孱弱在于敌对。要是在爱中团结一致,我们就能坚挺不倒;如果制造纷争,我们就会轰然倒塌。

留西·马洛里

4. 对人们先前的境况而言,国家暴力也许是必要的,在当前,它也许还是必要的,但是人们不能不看到、不能不预见到暴力在其中只能妨碍人们平静的生活。既然看到并预见到这一点,人们就不能不力求实现平静生活这一秩序。实现这一秩序的方法则是内心的日臻完善和不参与暴力。

———

力求过一种你无须暴力的生活。

> 每周阅读

神律和俗规

只有一种信念能使世人摆脱迷误和魔鬼的诡计;只有它能教导我们辨别善恶;我们只是通过它才与神圣的精神对象为伍。

在当代,人们信仰许多不该信仰的事物;基督教的真正信仰被视为迷误和邪说,而那些死气沉沉的习俗却被当作了信仰,人间发生了分裂:一方攻讦另一方为邪教、战争、动乱、杀人、火刑和许多其他罪恶由此发生,因此,信仰在当今是不容易了解的,因为它整个被诬指为异端和仇敌。在这种情况下,理性的人应该保卫使徒讲述的、上帝有一次曾通过耶稣基督提出的真信仰。理性人不应被如今正使人骚动不安的那些新信念吸引。

使徒们在初期基督徒中确立了平等：任何人都无须彼此承担什么义务，但是所有人都必须彼此相爱，出于爱心而相互效劳，组成以基督为首的、由许多成员构成的统一团体。他们中间没有类似异教职务的行政长官：法官、市长。尽管基督徒生活在异教徒的统治之下，得给异教徒缴纳贡赋，但是他们本人并不担任异教的职务。就这样一直延续了三百多年，直到康士坦丁：他首次把异教统治，对异教徒才相宜的官吏引进到基督徒的环境中。使徒们以之引导基督徒的目的比异教政权追逐的目的要高尚和完美得多，因为组成一体并为宗教和道德目的而受同一圣灵的指导远高于借助种种不同的强制手段而使人遵守异教政权支持的世俗正义。

法庭审判尽管能帮助返还被剥夺的财产，却陷入了罪恶，而基督教一定能用拒绝审判摆脱这种罪恶。基督徒不应使任何人遭受不公，也不应欺骗任何人，但自己在遭到不公时则应当忍耐，不应以恶报恶。

使徒们在初期基督徒间确立的相互关系，是建立在基督诫命上的。这一诫命规定应当怎样对待信仰的敌人、引诱者和邪教徒：首先是面对面地加以规劝，予以揭露，如不奏效，那就在证人在场的情况下向教团报告有关他们的情况；如果他们还不听从教团，那么，就可对他们采取行动，如对异教徒和税吏一样，即不和他们交往。使徒正是在这一意义上禁止和卖身求荣者之类的人交往。这种社团的福音安排，比异教徒在世俗皇帝和市法官的帮助下，更容易矫正被败坏的人类：前一种情况，罪人重新获得免除其罪过的上帝的恩赐；后一种情况，所有罪人都注定死亡。

因此，为了建立早期基督徒社团，单单基督的诫命就足够了，在这单一的诫命的指导下，他们取得了道德方面的重大成功；但是此后，当公民的和罗马教皇的两种法规混杂进基督的诫命后，道德就开始堕落了。这是那些写编年史的作者所承认的。我们目睹了这两类法规怎样毁灭和扼杀上帝的信仰和诫命。所以我们后辈好像处于这些法规的阴影之下，犹豫不决地说着神律和神的治理，因为这两种法规的阴影挡住了我们的双眼。所以，可以这样说，我通过摸索和测度提出这一问题：为了在这尘世的旅途中打下基础并建设成完全的基督徒的宗教，只凭基督的诫命，而并不在其中添加人的法规是否就足以成功呢？即使有点忐忑不安，我还是要这样回答：是的，在当今，这已足够，因为这在过去为了建立基督社团就足够了。基督诫命既不为它所经受的对抗所削弱，也不因许多人改信它而衰退，相反，它却因此而具有了更大的力量，所以单单有它永远就足够了。再说，要是它已足以让不信教的人转变信仰，那么，它也足以确立起生活的风尚，因为确立风尚是更为容易的。因为基督教义帮助下的治理优于借助杂糅不纯的人为观念的管控，那么，还有谁会怀疑人在神律指引下较之用毒药般的大杂烩喂灌自己的人更加完美？

民法或异教专制君王的法律，其目的是在人间确立人身和物质财富的公正；相反,新约的律令,其目的是人们道德的完善。因为异教徒认为他们的幸福仅在人身和财产的安全,所以他们拥护民法管理。与此一致,那些已变为异教徒的基督徒,抛弃了上帝及其诫命之后,追求的只是尘世愉悦、尘世的自由和平静以及物质的富足,他们同样支持能满足他们意愿的世俗政权,一当有事危及他们的人身及财产,他们就诉诸武力或通过法庭尽可能取回丧失的财产。世俗政权力求确立的公正是执政者本身必不可少的:如果一个人找另一个人且常对另一个人行凶作恶,那么,王国就可能垮台。至于另一些道德,世俗政权则并不关心,所以,除了不公,他们放纵其他一切恶行。

基督的管理则把人类安置在宗教的美德中,把他引向质朴无罪的境地,从而使上帝满意,并赢得永恒的奖赏。在这种管理下,人对有形物的丧失态度完全不同:不因它们而寻衅报复,不找法庭审判的快意泄愤,而是忍受这些损失。

平等已在基督徒中确立,任何人都不应让自己凌驾于他人头上;所以真正的基督徒绝对不敢成为基督徒的君王。此外,基督徒必须遵循使徒诫命:相互分担重负;善良的基督徒怎敢成为他人的重负去当君王呢?

君王政权是被压迫者的重轭,这从下列事例可明白看出:所罗门死后,犹太人请求所罗门之子减轻他残忍的父亲加于他们身上的劳役,以及其父所加的重轭;而罗波安在同那些与他一样的疯子商量之后,严厉地回答说:"我父亲使你们负重轭,我必使你们负更重的轭。"这话表明,最高智慧的所罗门通过自己的政权成了民众的重轭。

耶稣基督本人禁止其门徒彼此欺凌:"君王统治百姓,统治者自诩为恩人。你们并非如此:你们中有谁为大,那就像最小吧,领导者即服务者。"旧约中基甸拒绝犹太人提议做他们的君王,他回答说:"我不管理你们,我的儿子也不管理你们:唯有耶和华管理你们。"

激发人内心对上帝的爱,绝不可用强制的手段:这种爱是以人的自由意志为基础的,是通过上帝的道产生的。如果君王通过宣扬上帝的道去矫正恶人,那他就变成了教士,不再动用只是用绞死人去矫正人的那种政权。

有些人攫取异教政权,为了以他人的痛苦为代价,构筑自己的奢华生活。对这些人来说,旧约中一则树林寓言也许正好适用。寓言说,树林向橄榄树、无花果树、葡萄藤请求统御它们;前者、后者、第三者都不同意,因为它们得失去构成它们魅力的一切,只有刺梨花回答说:"要是你们选我当国王,你们就能接受我的庇护,如果不想选我,那就让我喷出火焰,把黎巴嫩雪松都烧光!"

那些享有上帝天惠礼品的人,不会舍此而求取身体和俗世的福祉,求取统治权和声望,因为他们知道,这一切都会招来残忍、冷酷、暴力和抢劫自己兄弟;然而那又尖又锐的刺梨花勇气十足地宣称:"因为你们选我做主人,你们就应知道,我是你们的主子,我将控制你们,使你们体无完肤,我将割去你们的翅膀,把农夫像椴树一样剥皮。"另一枝刺梨花则对此还补充说:"没关系!去剥农夫的皮好了,他会像水边柳树那样恢复原样。"过着奢华生活的人们,腆着个油腻腻的大肚子,却为这种对普通人的态度做辩护。

任何一个俗法都不可能像神律那样以其展开的那种程度推动人的道德完善。摩西诫命是好诫命,但是基督教的执政者不能用这种诫命来做指导,因为它已被另一种诫命——基督的诫命所取代,而基督的诫命是完全建立在对上帝和人的爱之上的。

两类统治者——世俗的和精神的——对基督教会的干预破坏了它的纯洁和无邪状态,这一纯洁无邪的状态是教会通过众多使徒逐渐确立的,且有了三百二十年的历史。尽管许多人认为这一干预对信仰有益,但是,这种毒药过去从来没有、未来也不会成为信仰,而且永远只会是毒害民众、置信仰于死地的毒药。所以,基督徒应该记住,为了遵照真正的信仰行事,他们就不能根据异教的习俗统治另一些人。然而,反基督的使徒们却认为世俗政权是教会的第三部分。

根据罗马教会的教理,世俗政权是以圣经为基础的,首先是以下列文本为基础的:"兵丁们还问他:我们该怎么办?约翰对他们说:不要以强暴待人,不要讹诈任何人,自己有钱粮就当知足。"(路加福音3章)

这些话本身不足以给基督徒磨快用以流人类鲜血的利剑,但罗马教会的台柱子(奥古斯丁)全力支持教会,使其不致倒塌,并在基督徒间赋予这一地方以利剑的含义。他这样说:"如果基督的教义真正谴责战争,那么我们最好尽快对约翰军团提出拯救的忠告:解除武装,抛弃战士的称号;如果他吩咐他们充当他们充分的代役租,那么,战士的称号不必推翻,战争也不必否定。"

罗马教会摘引的第二个地方如下:"人人都当臣服于最高权力,因为没有权力不是来自于神;现存的众多权力都由神确立。"(罗马书13章)这就是学者认为世俗政权赖以确立的主要依据,布拉格大学一位宗教骑士团团长对我说,我应当承认这一点,要是我不承认,我就是邪教徒。

宗教骑士团团长还用以证明,为了人们的某些行动而处以死刑的俗法,其若干理由并不与神律相抵牾:其一,"不杀"的诫命并不禁止处死罪人,因为在这种情况下,并非法官要杀人,而是他的法律必然要求这样做。其二,神复制着生死循环,所以他可以杀戮:我杀也创生,君主是由神确立的,所以他们能够采取同样的行动。其三,使徒保罗说:"那应有的死就是如此;天堂只有智慧缺失才携带刀剑。"其四,《福音》中:"把那些不希望我统辖他们的我的敌人带到这里,在我面前把他们杀死。"其五,吉普里安据旧约杀死偶像崇拜者的诫命指出,如果这一诫命在基督降临前就存在,在他降临之时它尤其应该得到遵循,有如使徒保罗所肯定的那样:"那应有的死就是如此。"

奥古斯丁和叶洛尼姆就"不杀"这一诫命说过这类相同的话。

圣格里高利就这一点说了相同的话,圣奥古斯丁又重复了一次。从所有这些论据可以得出结论:人们希望上帝施行双重标准——通过一张嘴说不可杀人,通过另一张嘴则说可以杀人。

耶稣如今十分可怜:人群不再跟着,也许只有某些遭到排斥、愚鲁无知的人像污水中的苍蝇可怜巴巴跟在他后面蹒跚而行。可是有学问的人在尘世富有而且声誉卓著,带剑的神仆大量繁衍,所有世人都注视着他们。俗世的聪明人向耶稣投去一瞥,发现他被众人抛弃,被贫困包围,忍受着种种不幸,于是就离开他,去投靠有学问的人,并根据自己的法规,整个群体在教会里,在战场上,在刑讯中,在国家机关里,在耻辱柱旁,在绞架下为上帝效力。尘世的聪明人紧抓这种为上帝广泛效力的机会,跟随耶稣的只是无知愚鲁者,但是光亮却照耀着他们。

用剑效力完全违背基督教义,因为这种效力整体上是以恶抗恶。尽管预先声明拔刀而起不是为了自己,而是为了上帝;但是上帝知道这种声明有多少诚意。如果确是那样,人们就不会为自己遭受的屈辱和不公进行报复;事实表明,他们对口头上最轻微的侮辱都没放弃报复,却容忍轻慢辱骂上帝。基督则相反,教人爱自己的敌人,对他们以善报恶。尽管不为撒玛利亚人接受,他却不准使徒从天降下大火。基督更多关注的是自己敌人的心灵,而不是自己暂时的苦难。如果人们信仰基督的思想并以他为榜样,那么人间就可能不会有好勇斗狠的人。不管是战场,还是另一些杀人场合,一切蓄意加害他人的图谋,一切以恶报恶的报复行动之所以发生,只是因为我们不爱自己的敌人,不愿忍受我们遭到的凌辱。

利剑及其行动,即战斗和流血事件,是与基督徒应有的使命和美德格格不入的。它们与圣经中指明的真正基督徒社团和体制没有任何共同之处。基督徒通过基督的共同信仰而团结一致,彼此祈祷:把我们的债务留给我们,我们仿佛是通过爱和和平的联合彼此结合在一起,因而我们成了自己的债务人;在这之后,那些受圣人赞扬的古代修道士,还有谁能够证明基督徒应该参加战斗和杀人是信仰的基础呢?发动战争和干出另一些流血事件的基督徒,不过是挂着基督徒的旗帜,干着异教徒的勾当;他们与异教徒的区别只是异教徒不知道上帝,也没有分享基督徒奢求的精神利益。不应把基督徒间的争战和犹太人的争战做比较,因为后者是律法所允许的。

在争战中彼此残杀的基督徒无论怎样都失去了基督许诺的分享精神福祉的机会。他们若辩解说,他们不得不在许多事情上与尘世打交道,所以无暇顾及最高的精神对象并靠近理解它们,在这种情况下应该简短地回答他们:他们信仰基督是徒劳的,祈祷也是徒劳的。如果基督徒认为自己是基督受难的参与者,希望获得救赎,同时却由于彼此厮杀,而在心中把基督钉在十字架上,那么,等待他们的是比异教徒更重的惩罚和诅咒。

基督徒间的争战是与基督之爱的诫命格格不入的;基督之爱的诫命禁止通过

言行对人及其身心、财富、声誉的蓄意加害,教导我们毫无怨言地忍受别人强加于我们的不公。

使徒确定的基督徒间的相互关系如下:"除了互爱,不要亏欠任何人的任何东西。"(罗马书 13 章)这些主张表明信仰的事业和异教统治者的事业之间的差别:一方不能成为另一方。所以,异教和基督徒就本质而言是不可能团结一致的。开初,一派在喝基督的血中寻求慰藉,另一派则杀戮,流人的血;可如今两者在为上帝共同服务中团结一致:喝基督的血和流人的血。

有两个极端:或彻底抛弃上帝,避他唯恐不及;或全心全意挚爱上帝。但是无论前者还是后者,对人都不轻松,因为人还没有恶劣到全部抛弃上帝,另一方面,想全心全意挚爱上帝的人还为数不多。以教皇法规为基础的信仰乃是两者折中之物,在这点上大部分人都得到安慰。它下令去做反映在各种不同的外在仪式中的各式各样好的、虚假的、臆造的行为,而人们以为他们执行了真正的信仰,因为他们众口一词向上帝忏悔,通过同一的外在符号表达了自己对上帝的景仰之情。

彼得·赫尔切茨基(15 世纪)

10 月 14 日 艺 术

艺术是人的活动,它使人在同一感情上团结一致。如果这种感情是美好的,那么,艺术活动就是高尚的;不然则相反。

1. 任何时候,任何人类社会,永远存在"什么是好,什么是坏"这一社会所有人共同的宗教意识;而这种宗教意识正规定了由艺术转达出来的那种感情的价值。

2. 基督教的艺术应当使如今只有社会精英才能理解的兄弟情谊和爱众人的感情变成人人习以为常的感情,变成所有人的本能。通过在所有人的想象中激发兄弟情谊和爱,基督教艺术使人习惯于在现实中体验到相同感情。它在人心中铺设了一条轨道;受这一艺术熏陶的人,其行为自然会顺着这轨道向前滑行。

3. 如新约(约翰福音 17~21 章)所说,基督教意识的本质在于承认每个人都是上帝的孩子,并由此生发出人和上帝、人们彼此间团结一致的观念,所以,基督教艺术的内容就是推动人与上帝、人们彼此间团结一致的这种感情。

4. 能成为基督艺术作品的,只有那些把所有人一无例外地团结起来的作品;它们或是在人内心激发起他们对上帝、对人的关系的情势一致性的意识;它们或是在人们内心激发起某种共同感情,虽然这是最为简单的,但却并不违背基督教,且毫无例外为所有人所固有。

5. 基督教教义那样地改变了人的理想,以致如新约所说,那些在人前是伟大的,在上帝面前却成了卑微的。成为理想的,已经不是法老、罗马皇帝的威严,不是希腊的美或腓尼基的财富,而是谦恭、纯洁、怜悯、爱。

民众心目中的英雄豪杰,不是富豪,而是乞丐拉撒路以及埃及的玛利亚,她并不以美貌著称,而是以忏悔闻名;也不是腰缠万贯的人,而是那些拒绝财富,不住豪宅而住地下室和茅屋的人。

6. 当代艺术的使命是把人们彼此间团结一致是他们的幸福、在如今暴力仍肆虐的地方建立起神国即爱之国这一真理由理性领域转入感性领域。这一神国对我们所有人来说乃人生之最高目标。

7. 源于宗教意识的感情的多样性是无穷尽的,它们都是新颖的,因为宗教意识不是别的,只是人对世界的新态度的指南;而源于享乐愿望的那些感情不仅狭隘,而且早为人所熟知和表达,所以欧洲高等阶层之缺乏宗教信仰早已把它们引入内容最为贫乏的艺术之中。

―――――――

在未来的艺术中,也许能发现较今日更高的新理想,艺术也将使其实现;但在当今,艺术的使命明晰而确定。

基督教艺术的任务——激发人内心兄弟团结一致的情谊。

10月15日 成 长

人的使命是遵照自己心灵而行动。遵照自己心灵行动就是使心灵成长,使心灵开阔豁达。这种心灵的豁达是由爱造就的。

1. "因为我从天上降下来,不是按照自己的意思行事,而是要按照那差我来者的意思工作。差我来者的意思,就是他赐给我的,叫我一个也不失落。"约翰福音(6章)如此说。这就是说,他要把精神生活的那一火花保存在自身并加以发展,提升至神性的最高可能的程度,像把孩子交给保姆一样,转交和委托给我。为了完成这一目标,需要些什么呢? 不是心满意足,淫逸无度,不是人世声誉,而是劳作,斗争,丧失,苦难,屈辱,遭迫害,是新约中多次提及的那些不幸。而这些不幸正是我们需要的,我们会在或大或小的范围内以种种不同的形式碰到。但愿我们能善于把它们作为我们需要的因而是令人高兴的工作好好地接纳它们,不要把它们当作令人苦恼的、破坏我们自以为是生活的那种动物性生存的东西而加以排斥。

2. 虔信者的事业,是种子,它有时会在历史的土壤里长时间地躺着,一动也不动。但是,当它获得暖湿环境,在自身中吸收了健康的新汁液和清新的力量之后,这些种子就会开始生长、开花、结果;暴力和不公播下的种子则会腐烂、凋谢,了无痕迹地消失。

塔木特

3. 人之所以诞生,是为了成为前人所做往事的改造者,欺骗的揭露者,真和善的重建者,因为他仿效那大自然——这大自然拥抱我们所有的人,一刻都没有在往日的旧事中昏昏欲睡,而且每一时刻都在修正自己,每天早晨给我们新的一天,每时每刻给我们提供新的生活。

爱默生

4. 人生的使命是个人的自我完善,并为由整个尘世生活才能完成的那种事业服务。

人活着,他就能自我完善和为尘世效劳。然而只有通过自我完善,他才能为尘世效劳,只有通过为尘世效劳,他才能自我完善。

5. 自我完善意味着使自己的"我"越来越从肉体生活转入精神生活,而对精神生活而言,既没时间,也没死亡,而是一切皆善。

6. 从五岁幼童到我,仅仅是一步之遥。从新生儿到五岁却距离吓人。从胎儿到新生儿是不可测的深渊。而从乌有到胎儿,相隔何止深渊,简直难以达到。

从童年到不知何时降临的死亡,人的灵魂一直在发展成长,它越来越意识到自己的精神本性,越来越接近上帝、臻于完美。不管你知不知道,希望不希望这样,变化就这样完成了。但是,如果你知道并希望按上帝所希望的那样,那么,生活就会变得自由而欢乐。

10月16日 灵魂的神圣本质

在自己内心意识到上帝,对每个人都是可能的。这种意识的觉醒,新约中称之为复活。

1. 果实开始生长时,花瓣就凋谢了。你内心的天帝意识开始成长时,你的毛病也就从你身上坠落了。

尽管空间笼罩在漫长的千年黑暗中,但当光芒穿透这空间,它就马上会变得清澈明亮。你的心灵同样如此:它被黑暗吞噬的时间无论怎样久长,只要天帝的双眸向它张望,它就立即会沐浴在光明之中。

婆罗门智慧集[拉马克利室那]

2. 自尊源于我们在自己心灵中对神的观照。自尊的基础在宗教。谦卑恭顺中的庄严肃穆就是这种主张的最出色的例证。无论什么贵族,什么天潢贵胄的公爵,都不能就自尊方面与圣人相比。圣人之所以谦卑恭顺,是因为他以其内心感受到的神的庄严肃穆为根据,愿意成为一个谦卑恭顺的人。

爱默生

3. 了解人的人是机灵敏睿者;而了解自己的人才是真正洞达通透者。

了解自己的人才了解神。

东方智慧集

4. 上帝离你很近,他和你在一起,他在你心中。神灵就在我们身上,永远是我们所做好事、坏事的见证人,我们怎样对待他,他也就怎样对待我们。人没有上帝就不能成为好人。

塞内加

5. 如果你心情沉重,那就深入自己的内心吧,在心灵的某一隐秘处,你会发现上帝。一当认识他在你心中,一切沉重的心情就会一变而为轻松,感到爱和愉悦。

如果一个人在自身感受不到神力,这并不能证明神力不在他们内心,而只是证明人还没学会在自己内心认识它。

10月17日 上　帝

如果有人,有上帝,那么,上帝和人的关系就不能不存在。古代已存在的那种关系和当今正存在的这种关系相比,并不更重要,更必要。当今的关系对我们来说更容易了解,更接近,所以不应用古代的关系检验现代的关系,而是应当相反,用后者检验前者。

1. 世界从真理的最高启示中容忍和接纳的,只是那些最古老的如今已经不合时宜的东西,而一切毫无疑问的新发现,一切别具一格的思想则被认为是微不足道的,大部分被尽力抛弃。这岂非咄咄怪事!

托罗

2. 人类的宗教意识不是停滞不动的,而是不断变化的,因为它越来越得到阐明和纯化。

3. 当一个人过于迷恋某一哪怕是真实可信的思想,就本质说,他已落到了一个人为了不迷路而把自己捆绑在一根柱子上的相同境地。在精神成长特定阶段可能成为所希望的真理,在另一个更高阶段上,它很可能成为这种成长的障碍,成为一种迷误。

留西·马洛里

4. 最有害的一种迷信是迷信世界是被创造出来的,它是由子虚乌有中生成的,有创造一切的上帝。

就本质而言,我们没有任何理由、没有任何需要要假设一个上帝-创造者(中国、印度没有这种概念),然而,上帝-创造者和庇护万物的大神同基督教的圣父、圣灵和圣爱(上帝-爱)并不相符。圣灵的一小部分就在我心中,它构成了我的生命,显示和召唤它们就成了我生命的意义。

上帝-创造者是冷漠的,他放任苦难和罪恶。圣灵则摆脱了苦难和罪恶,永远是完美的幸福。

我通过赋予我的感觉工具认识世界,了解自己内在的天父,但我不了解也不能了解上帝-创造者。

在古兰经,佛教、儒教经典,斯多葛派典籍,圣经,奥义书,福音书里,有许多精华,但是在我们同时代的宗教思想家的作品里,有最必需、最易理解的东西。

10月18日 灵魂的神圣本质

过去已不复存在,未来尚未到来,存在的只是现在。只有在现在里面,人心灵的神圣而自由的本质才能显现。

1. 于是耶稣对他们说:"光在你们中间还有不多的时间,当应趁着有光行走,免得黑暗临到你们;那在黑暗里行走的,不知道往何处去。"

约翰福音 12 章

2. 每个人都知道,一切习惯都因练习而得到加强和巩固。例如,为了成为善走之人,就得经常而且多多地行走;为了成为优秀的奔跑者,就得多多奔跑;为了惯于出色地阅读,就得多多阅读,等等。相反,如果不再做习惯的事情,那么,习惯本身就会逐渐消失。例如,你一连十天不起床,而后开始行走,那你就会发现,你的双腿变得何等衰弱无力。这意味着,你想习惯某事,你就必须经常并且多多做某事;相反,你想改掉某种习惯,你就不要做这事情。我们心灵的能力往往也是这样:当你生气时,你得知道,你不单单做了坏事,而且同时加强了你内心对愤怒的习惯——

你这在火上加油。当你屈从肉欲的诱惑,你不要以为你的错误仅此而已,确实还有比这更糟的:你还同时加强了淫逸的习惯。一切智者都会对你说,我们心灵的疾患,我们罪恶的图谋和意愿正是这样加强的。所以,如果你不想让自己的愤怒习以为常,那就千方百计克制自己的愤怒,不让习惯得以加强。但是,在与自己的意图做斗争的过程中,通过什么方法,才能具有这样的力量呢?

在与诱惑的企图做斗争时,寻找比自己更有道德心的人群、回忆或者阅读你的先辈哲人的教诲是大有裨益的。真正的斗士是那些和自己卑劣的企图做斗争的人。这种斗争是神圣的,能使你接近上帝。斗争的成功则取决于你生活的镇定和幸福。永远记住两个时间:第一是现在,如果你在这一时间向恶劣的意图让步,你享有的将是物欲;而在另一时间,当你餍足了物欲之后,你将忏悔而谴责自己。你若能控制而不这样行事,你同样会注意到你将体验到的那些愉悦欢欣。一旦有一次逾越了界限再想收心是困难的。如果你向自己恶劣的企图让步并相信自己能在明天战而胜之,而明天又重复同样的一套,那么,你将由此养成自己这一毛病:将来你对自己的错误甚至不再有自知之明;即使发现了错误,你总会为自己所有的恶劣行径找到现成的辩解。

爱比克泰德

3. 记住,要是你能做好事,那就应当马上去做,因为机会一失不复来。

所有懊悔都有益,因为它总是在惋惜,它没有像当前出现的那一力量所固有的方式去利用现在。懊悔是目前应当怎样行动的征兆。

10月19日 生活的意义

人生的意义,对向他公开就准备服从的人会立即公开,有人却认为那不破坏他喜爱和习惯的生活的这类生活意义才是真实可信的,它对于这种早已决定只承认这一观点的人则隐匿躲藏。

1. "我是什么?我该做什么?我能相信什么和期待什么?哲学中的一切都可归结为这一点。"哲学家里赫登别尔格说。这些问题中最重要的是中间那个问题。如果一个人了解他该做什么,那么他就了解了他需要知道的一切事物。

2. 谈到怎样使衣服不被虫蛀,怎样使铁避免锈蚀,马铃薯不腐烂等,我的意见是可改变的,但是谈到怎样保卫心灵避免朽坏,我没什么可学的,我只应执行我所知道的主张。

托罗

3.那找到属于自己的事业的人是非常幸福的,但愿他不再寻觅另一种幸福。他已拥有事业和人生目的。

卡莱尔

4.那些观看而不明白他面对的对象、不明白为了什么的人,是痛苦的。

塔木特

5.那些不明白自己人生的意义而又坚信不必了解的人是不幸的,然而这种顽固观念在人间流传得那么广泛,以致他们甚至把不愿了解它作为真知灼见而自豪!

帕斯卡尔

6.一个人坐在牢里,不知道他被判了什么刑。为了了解这一点,总共只给他剩下一个小时的时间;如果他被判了死刑,为了让他张罗求托改变判决,这一个小时就足够了。难道这一小时他还会不用在了解如何判决上而去打牌?打牌自然是一无道理。然而一些不想上帝和永恒的人,他们竟然就那么干了。

帕斯卡尔

7.所有小鸟都知道把自己的窝筑在何处。因为知道自己的窝在何处,小鸟由此表明它了解自己的使命。一切生灵中最聪明的人,难道连小鸟都了解的道理他却不能了解:他人生的使命何在?

中国智慧集

要是探求尘世的生活意义,那就难以了解或接近真实的生活意义,若是寻找我的生活意义——我该怎么办,那么事情就变得那么简单,连头脑愚鲁的人和小孩都能弄明白。

10月20日 服 务

当生活被当作是一种执行义务和效劳的过程时,人生才是明智合理的。

1.我们知道,只有一件事情是毋庸置疑的,这就是死神在等待我们。"人生有如穿越房间的燕子。"我们来,却不知道从何而来;我们去,也不知道去向何方。后面是不可穿越的黑暗,前面是浓重无间的阴影。当我们的大限一到,我们是否吃过玉食,是否穿过锦衣,是否留下巨额财产或身无长物,享有盛誉或遭人蔑视,被视为学识渊博或不学无术,在与我们怎样利用老天赐给我们的天赋相比时,这一切对我们还有什么意义呢?

亨利·乔治

2.那承认人世最卑微渺小之物中也有神力闪光的人,是高度明理和具有崇高意向的人。这种人尊重自己,也尊重别人,并不轻慢微不足道的事情,而是把它们看作老天力量的显现。

日拉列杰·鲁米

3. 美德是人必须为自己完成的一种服务。如果既没有天堂,也没有管控尘世的上帝,美德仍然会是必不可少的生活法则。了解何为公正并予以执行——人的义务和优越性就在于此。

罗摩衍那

4. 和人交往,就想想你能在什么方面为他效劳,而不是他在哪些方面能对你有用。

5. 提供给我们的是指导我们所有行动无可怀疑的信条。按这一信条采取的行动任何政权都无法阻挡,也不能排挤。执行这一信条在监狱中、在酷刑和死亡的威胁下都是可能的。

6. 显然,我在这神的世界的生活中并不具有独立自主的意义,而只有一种辅助的责任。显然在物质层面上我们会被战胜,会死亡,这是我们的肉眼可以看到的,我们的理智提及的,并为整个大自然证实的。神的世界的生命法则就是如此,神乐意这样。然而,一个明白了这种道理的人,慢慢地并根据对这一质朴真理理解的程度,会越来越讨厌为了自己的物质生活好处,为了原是异己的、暂时的残忍的统治者的好处而与人争斗,与人为敌。

布卡

只为自己寻找那善良的、和神的意志一致的生活——那你将实现你命定的服务。

每周阅读

拉门奈

那些拥有巨大才智和火热心肠并在身后留下深刻影响的人,总会在自己的一生中特别鲜明地展现出所有普通人或多或少都经历过的那些发展阶段。

这些发展阶段如下:童年由耳濡目染而来的信念,对权威的完全屈从,和所有周围环境保持平静而信赖的一致;深入这种由濡染而来的因信任而接受的信念的本质,对信仰的合理性持一种尚未表达出来的怀疑,对它的确立和传播持一种特殊的追根求底的态度,来自周围的好评和赞赏;企图从所接受的信仰的教理中清除一切虚假的、多余的迷信成分,提高它,并使生活建立在其基础之上;和先前的赞同者分道扬镳,他们的不满;最后,完全摆脱因信赖而接受的教义,承认的只是和理性及良知一致的思想,意识到自己在人间的孤独及同上帝的紧密一致,少数人崇高而强烈的爱,多数人的恐惧和仇恨——终结。

所有人,不管希望不希望,都在多多少少、自觉地穿越这些阶段。先是完全的信赖;接着有时几乎发现了问题,但仍然疑虑重重;随后有时已感到自己的生活理解不堪一击,但仍企图勉为其难地予以肯定;随后确立和上帝亲密一致的态度,对真理完全透彻的认识,孤独——终结。

所有人都在通过这一过程的各个阶段,但在拉门奈那里,这些阶段却都显得特别强劲有力、富有成果。

菲里西特·拉门奈,1782年生于布列塔尼。1816年,献身教会成为神父。尽管他从童年起就始终信教,但当神父却并非他本人的志愿。从拉门奈的书信可以看到,他当神父仅仅是因为他的亲人们坚持这一主张。他的亲人们看到他的宗教倾向后,想为教会利益而利用这一宗教倾向。拉门奈在成为神父以后,确实鞠躬尽瘁,为天主教会服务,并不怀疑其真实合理性。拉门奈看到了信仰在社会和人群中的没落,竭尽全力抬高它,多半以天主教是获得大多数人承认的、流播最为广泛的宗教来证明它的真实合理性。据他那时代的舆论,真实合理性是不可能被个别人所掌握的,真实合理性只有通过人的集群才能获得。最大多数的人都承认天主教,天主教的真实合理性所以就无可怀疑。因为天主教被想象为一种最高真理,所以国家也应臣服于这一真理。国家不能没有宗教而存在,宗教不能没有教会而存在,而教会也不能没有神父而存在。

那时拉门奈的信念就是如此。他以此精神写出了他的早期著作之一——《论信仰事业中冷漠的体验》。这是拉门奈精神发展的第一阶段——毫无怀疑的信仰。因为拉门奈指望国家政权成为天主教的保卫者,所以,这些想法使他向君主政权的极端保卫者靠拢,他开始在报纸《保守分子》上撰稿。他在该报占有特殊地位。在他的同人撰文捍卫君主制度的利益时,拉门奈却总是首先关注宗教,君主制政权使他感兴趣的程度,是视它能协助天主教获胜的程度而定。但是拉门奈很快发现,政权和宗教的利益不仅不是同一的,而且大多是矛盾的,所以,政权有时因为压制宗教而得益。发现了这一现象后,拉门奈改变了自己的观点,并加盟进入另一报纸,开始不再要求政权帮助宗教,并与其结成同盟,而是要求政权给予宗教以完全的自由和不干预宗教事务。拉门奈不可能停步不前,在这方面很快就走得更远,开始要求政教分离。在批评政权时,拉门奈不由自主地开始站在革命者一边,为1830年革命辩护。这是拉门奈精神发展的第二阶段。

在1830年革命时期,拉门奈开始和蒙塔郎别尔、拉科杰尔合作出版杂志《未来》,并在其上宣传:教会与国家分离;个人的保障;取消贵族院和极端的权力集中;取消必要资格,确立普遍选举。在这报刊上他表达了这样的观点:国家政权不应干预宗教事务,教会也不应参与国家事务,所以教皇应当拒绝世俗政权,宗教界则应拒绝国家的薪俸。这些观点不可能得到罗马的支持。因为预见到这一点,拉门奈前往罗马,想向教会政权证明,为了得到民众对教会政权的支持,这样的让步是必要的。但是,拉门奈在罗马没有得到教皇的接见,他的建议没有得到任何回复。拉门奈革新天主教的愿望受到极大挫折,回到巴黎,在一段时间内仍继续出版自己的杂志,在其上宣传自己的主张:为了天主教能继续支配民众,天主教的形式必须加以改造。这是他精神发展的第三阶段。

1832年,教皇通告发表,拉门奈发表的所有观点都遭到了谴责。无论怎样困难,拉门奈还是抛弃了他过去信仰并为之效劳的一切,承认了天主教已病入膏肓,无可救药。从此时起他中断了和罗马的一切联系,写出了他的名作《一个信教者的话》。拉门奈在这一作品中用圣经赞美诗和福音寓言的形式抨击了和宗教要求乖违的现存经济、政治制度。此书立即遭到教皇的谴责。拉门奈此时完全脱离了教会,把其暮年献给了服务民众的事业。这是他精神发展的第四个也是最后的阶段。

拉门奈献身于特殊的文献事业,在远离政治活动,在几乎是孤独和贫困的境地中度过了他生命的最后岁月。顺便提一句,他结束了《哲学》概述,写出了四卷《福音》最出色的注解之一。

拉门奈在其所有著作、论文和演说(他当国会议员时)中表达的基本观点是,民众自己应当成为自己命运的决定者,自己生活的安排者。就同在捍卫天主教会时一样,指导他的原则依然如故:能体现真理和道德完善的人不是个别的人,而是人的集合体——人群、民众及其范围内的人类。可是拉门奈在赋予民众以全权时,仍在不停地证明,如果民众不能坚持不懈地追求道德的日臻完善,那么国家机构领域中的任何外在的改革和变化都不能改善民众的地位。"如果想要的只是公正,"他对民众说,"公正始终占着上风,那就连那些压制你们权利的人的权利也加以尊重吧。让所有人的安全一无例外地对你们都是神圣的。每个人的义务永远是必不可免的。你们若有一次破坏了义务,那你们在何处立足呢?无序混乱无助于无序混乱。你们的对手把什么归咎于你们呢?他们责备你们想用你们的统治替代他们的统治,想像他们一样滥用政权——责备你们满脑子复仇、残暴的图谋。由此,你们面对着一种莫名的、你们的对手为了继续奴役你们而巧妙地加以利用的恐惧。"

"在社会领域中,没有社会深处的精神修养,做任何事都一无可能。"他说。

对社会主义和共产主义体系,拉门奈始终持一种否定的态度。根据他的意见,这些学说没有注意到人性法则,用政权的强制力量取代了生活的自然进程。他之所以不看好这些学说,主要是因为它们关心的都只是物质目的而不承认宗教的必要性。他认为在一切社会改造中,必需的不是物质目的,而是通过理性和义务对欲望的胜利而达到的精神目的。

(十九世纪)五十年代初,拉门奈病了,在感到自己已病入膏肓后,拉门奈邀来他的朋友巴尔贝，指定其为他生病期间他家中的生活管理人，死后遗嘱的执行人。此外，他还留下书面遗言：希望能像穷人一样埋在穷人中间，坟上不立任何墓碑，尸骸不入教堂，应直接进墓地。虽然宗教界多方试图让他回归教会，但拉门奈一如既往地委婉而又坚定地拒绝接受神父的称号，以此回答了这一类的企图。他带着自己整个自觉生活时期内所怀抱的对上帝的那种积极信念，平静而坚定地死去。他的遗言是："我感到我的大限来了，应当服从上帝的意志，当我和他在一起时，我会感到很好。"在弥留之际，他几次重复说："这是幸福的时刻。"他死于1854年2月27日。

拉门奈的事业，如法国人所说的是"l'oeuvre"*，重大却远没得到正确评价。他像一切拥有巨大才智和火热心肠的人一样，铺设了一条人类不可避免将走和正走的道路，一条摆脱外在的、脱离生活的、伪基督教信仰的道路，一条确立基督教的基本教理的道路。这一基本教理既能改变个别人的生活，也能改变整个人类社会的生活。

托尔斯泰

10月21日 宁　静

正像风暴在水面掀起波涛，水面不再清澈一样，激情、惊慌、恐惧，因为使人方寸大乱，也就妨碍人认清自己的本质。

1. 一个心灵伟大美好的人，始终安详而满足，一个灵魂卑微猥琐的人，总是胸存不足，忧心忡忡。

中国满族成语

2. 一些人，只有在从事并不取决于他们的外在事务时，才会感到困难、不安和骚动。在这情景中，他们会惊慌失措地自问："我将怎么办？会出什么事吗？结果又会如何呢？最好不要出什么事情。"那些老是操心跟他们无关的事情的人常常如此。

相反，一个从事取决于他自己的工作、认为自己的生活在于努力自我完善的人，就不会把自己弄得惊慌失措。如果他开始担心他能否顺利坚守真理、远离谎言，那么我会说：别担心，把你弄得惊慌失措的就掌握在你自己手中；只要当心你自己的言行，千方百计全力以赴去矫正自己就行。不要一个劲地说："会出什么事吗？"无论发生什么，你要把这些都看作是一种有益于自己的教训。

---

* 法文，意为作品。

"可要是我在与灾难的斗争中死了呢?"

"那又如何呢?在这种情况下,你是作为一个正直的人死去的,因为你做了该做的事情。人总有一死,可人应当在从事某件大事后才死去。要是我能赶上一件值得人为之牺牲的、对一切人都好而且有益的事情而死,我会心满意足的;或在我竭力矫正自己的瞬间遭遇死神,我也会十分满足的。其时我就可以高举双手对上帝说:'上帝啊,你自己知道,我利用你为了理解你的律令而赋予我的才能到了何等程度。我怎能指责你呢?怎能为我发生的事情怒火中烧呢?怎能逃避完成自己的义务呢?谢谢你,为了我来到这人世,为了你所给予的一切天赋。我充分利用了这些天赋,心满意足;如今把它们拿回去吧,按你的意志处理它们吧——显然它们是属于你的!'"

能否善终?为了能善终,你不须失去很多,即使这类东西你拥有很多。可是如果你想保留那不属于你的东西,那么你必将失去你所拥有的东西。

想在世俗事务中获得成功的人,得整夜整夜地通宵不寐,不停地张罗忙碌,总是仿效权势炙手者的模样,总像卑劣小人一样行动。他由此最终得到了什么呢?他被荣耀所包围,有人怕他,他在成为头头后主宰别人。为了使自己摆脱所有这些忧虑,睡得安稳,一无畏惧,一无痛苦,他岂能连困难都不希望遇到?他得明白:这种宁静的心境是不可能白得的。

爱比克泰德

3.一个理智地安排自己生活并使其不致陷入生活的绝境的人,不会受良心的折磨,既不害怕孤独,也不寻找喧哗的社交场——这样的人拥有高层次的生活,既不规避人,也不追逐人。他的灵魂存在血肉之躯中能否久长,这些想法并不会使他惶恐不安,这样的人即使迫近死亡,他们的行为也总是相同的。对他而言,唯一需要操心的是在与人和平共处中理智地生活。

马克·阿夫列里

4.只有一个人清晰地了解自己在尘世的地位,才能确定他的情绪。情绪一当确定,任何心灵波动都会中止。心灵的波动一经中止,心灵的完全宁静也就降临了。一个心灵宁静毫无干扰的人,就具备了思想修为的能力。而思想修为使人惯于接纳一切真理。

中国智慧集

5.人的真实力量不在激情迸发,而在牢不可破的宁静。

心境永远宁静是不可能的,但是,一当宁静的时刻到来,定要加以珍惜,竭力使它们停留得更长久。思想在其中产生、阐明和巩固的那些时刻,就成了生活的指引。

10月22日　谴　责

以为不该责备兄弟的坚定信念，也许是对不得不无数次地为过去和当前责备兄弟，却从未不责备兄弟而感到懊悔的缘故。

1. 当你看到有人迷失了方向，请不要对他生气，你要明白，人是不可能有意迷失方向的。谁都不能以为他的理智昏聩了。迷失者是那真诚地以假当真的人。

但也常有这种情况：人并不迷误，但是甚至在真理已完全清晰地呈现在他们面前时，他们却仍故意不予接纳。他们不接受，并非因为理解不了，而是因为它揭露了他们的坏事，剥夺了他们为自己的罪恶做辩护的可能。对这些同样迷失的人，也不要生气，而应予以怜悯，因为他们不是身体而是灵魂有病了。

爱比克泰德

2. 时间会消逝，但说过的话会留下。

3. 如果一群人痛恨某人，应当在评判之前先仔细研究为什么这样。要是一群人偏袒某人，同样应当在评判之前对此做一番认真的研究。

中国智慧集

4. 给自己的舌头套上笼头，管住自己的嘴巴，是伟大美德的标志。

选自　虔信者思想录

5. 我们惊恐不安，大多是因为我们竭力去矫正别人却忘了做自我矫正。

留西·马洛里

6. 人的心灵并非出于自愿，而是受暴力胁迫才会放弃真和善；一个人越是明白这一点，那么他对人将越加体贴温和。

马克·阿夫列里

如果认为必须责备人，那就当面责备他。责备也应注意方式，不要引起他对自己的恶意。

10月23日　良　知

良知是意识到活在我们内心的神圣因素的一种觉悟。

1. "良知！童年的迷误，教育的偏见，"我听到了伪智者的友好言论，"在人脑里，除了经验提供的一切，什么也没有。"他们说。

更有甚者,他们正推翻各族民众毫无疑义的共同一致意见。针对所有人惊人一致的何为善、何为恶的论断,他们搜罗一些只有他们自己才知道的例证(仿佛一切人的本性都会因一个旅行家描写过的某个黑人族群的反常行为而毁灭似的),认为人的丑陋畸形一旦得到证实,那么,整个人类的共同本性就没有了任何意义。他们说:"即使是促进共同幸福,大家所做也只是为了一己私利。"可是为什么竟会有这样的人:他们为共同利益效力,显然自己却无任何利益可图?为了自己的利益,人怎么会舍生趋死呢?

当然,每个人都在为自己的幸福行动,但是如果这种幸福不是道德的、精神的幸福,那么恶人的行为也能用利益加以说明。如果为了解释道德行为竟不得不为其寻找一些卑劣的动机,那么这种哲学是多么可怕啊!

良知!良知确是善恶忠实的法官,良知使人变得和上帝相似,只有良知才构成人天性的优越性。人如果没有良知,那就没有任何东西足以使他高于动物,只可能因为缺乏指导而造成由迷误走向迷误的可悲的迷误渊薮。

卢梭

2. 不要做受你良知责备的事情,不要说与真情不符的话。如果这样行动,那你就履行了自己生命的整个任务。

任何人都不能强迫你的意志;意志之上既没有贼,也没有强盗;不要像大部分人那样希冀不合理之物,但愿得到共同的福祉,而非个人的好处。

生活的任务并不在站到多数人的一边,而是同内在的、你意识到的信条和谐共处。

马克·阿夫列里

3. 千百种外在声音召唤我们向某方去,但是,唯有良知微弱的内在声音才能成为合乎我们心愿的指路人。

留西·马洛里

4. 犯错误人人难免。人与人之间的区别在于有了过错后受良知谴责的程度。

阿尔菲耶里

不能和良知的要求做斗争——这种要求就是上帝的要求,所以最好立即顺从它。

10月24日 团　结

如果我们大家的生活基础不是相同的,那么,我们体验到的怜悯感情是用任何理由都解释不通的。

1. 任何方式,都不能像对怒火中烧者说"瞧他——多不幸!"这种办法那样快地缓和我们甚至公正的愤怒。因为正像雨能扑灭火焰一样,怜悯也可平息怒火。愿所有想对他人大发脾气、想让他人吃点苦头的人切实想象一下他大发雷霆之后的情景:如今他正看着那挨剋的人精神上、肉体上以及在贫困中挣扎的痛苦样子,他能对自己说,这是我一手造成的。那么即使没有别的,它也足能扑灭他的怒火。

叔本华

2. 应当遵循的正当途径或行动法则离人们不远。那远离人,即与他们的本性不合的法则,不应当当作行动法则加以接受。一个木匠,想削一把斧柄,面前正摆着一件他想制作的样品。他手持用以加工的斧头的木柄,从各个方向端详着,随后做出了新的斧柄。他仔细查看两把斧柄,看它们有多少相似之处;把用以滋养自己的相同的思想感情用来滋养其他人的智者也是这样,他也这样找到了可靠的行为法则。他不希望别人加诸他身上的事情,他也不用以加诸他人。

孔子

3. 当你辱骂他人并与之反目为仇时,你大概忘了他人是你的兄弟,你把他们变成了敌人,也就不再是他们的朋友。你这是自己残害自己,因为当你不再是上帝创造成的那种善良、随和的人,反而成了悄悄逼近、撕咬、毁灭自己的牺牲的野兽时,你也就失去了自己最可宝贵的财富。你感到丢了鼓鼓的钱包是一种损失,可当你失去了自己最好的财富——心灵的善良时,为什么你反倒不感到是自己的损失呢?

爱比克泰德

4. 有许多人比你更不幸。这格言确实不能成为生活的庇护所,可却足以让人在其下躲避倾盆大雨。

里赫登别尔格

5. 你因自己的不幸而呻吟。你若记得别人体验过的不幸,你对自己的痛苦就可能会没有那么多的抱怨了。

梭伦

真正的怜悯只有在设身处地站在受苦者的立场体验了真实的痛苦之后才开始。

10月25日 人的价值

一个意识到自己使命的人,就会由此而会意识到自身的价值。而能意识到自己使命的,只是那些笃信宗教的人。

1. 国王问圣人:你对于我有什么想法吗? 圣人答:我在想我什么时候忘了上

帝了？

萨迪

2.每当感到我们亲人的生命和自己的生命完全一样,我们每次都会对上帝心怀敬重。

约瑟夫·马志尼

3.任何行为都不如他对愚蠢之人的态度那样凸显出他的性格。

阿米埃尔

4.以他坏、愚蠢、不可救药为理由,而使自己不再有义务尊敬一个人,我们如此放纵自己,也就不再有对人不恭的底线。

5.人了解自己的价值的时刻也许最后到来了。他真曾是一个非婚生子那又如何？他该躲起来小心翼翼地左顾右盼吗？不,让我们把头颅高高举起。生命赋予我并不是为了摆摆样子,而是为了使我因它而变得生龙活虎。我意识到我的责任是说真话,处处说诚实的真话。我应当关心的不是人们对我的议论,而是我真正的使命。

爱默生

6.个人的自由是最伟大的事业。通过它,而且只有通过它,民众的自由才能茁壮成长。人自身应当敬重自己的自由,对它的敬重既不逊于他人,也不逊于整个民族。

赫尔岑

只有意识到自己是精神的人,这样的人才能够意识到自己和他人的人的价值；只有这种人才不会用行动或有失人体面的地位去贬低自己或贬低别人。

10月26日 事 业

对道德生活而言,事情的重要性并不能以事情的物质功用及其可能的结果来衡量,而只能用为努力为善的力度来测定。

1.大多数人,在希望矫正自己的生活时,更多地愿意去完成某种困难而非凡的事情,却很少想到要去净化自己的意愿,要去抛弃自我满足于自己处境所担当的普通责任。然而后者比前者却更为重要。

据 费涅龙

2.那个感到事情应该完成却又觉得事情微不足道而不去完成的人,是自我欺骗。他不做这件事,并不是因为它微不足道,而是对他来说,它反而是过于重大了。

邦泽

3. 即使你并没义务把工作做完,你也不应丢下工作。

那个把工作交给你的人会觉得你是很可靠的。

塔木特

4. 如果一个人不认为自己是被召来完成委托的合适人选,那他就不能成为有教养之人。

中国智慧集

5. 人是通过行动而非思索才得以认清自己。只有在努力完成应做的工作中,他才能了解自己的价值。

歌德

6. 把自己的"我"由物质转入精神——表明他自觉自愿地只想成为精神的人。我的身体可能愿为物质的,但灵魂却不愿也不希望成为任何物质的东西,但又离不开这身体。这一点如同我不愿我被拽向大地但我无论做什么无论在哪里都离不开大地一样。然而,尽管我的身体不停地把我拽向大地,但我和大地却仍然判然而分,我前进,来回走动,蹦蹦跳跳,我的肉体生活就是这样;灵魂和肉体发生的是这同样的情况。身体不停地把我拽向它一边,我却仍然和它分离,甚至还利用它过精神生活。我的真实生活就在这里。

没有比藐视世俗意义上被认为是无足轻重的东西的这种态度对道德的日臻完善更加有害。

10月27日 理 性

真正的宗教不可能与理性相抵触。

1. 不要以为在宗教事务中可以不信理性。信仰因为理性而成为其他一切信仰的基础。如果我们贬低我们借以了解上帝的那种能力的意义,那就不可能信仰上帝。如果在善意而公正地利用了我们最出色的能力之后,我们觉得某一教义同我们并不怀疑的主要真理是矛盾的,是不协调的,我们应该毫无疑义地放弃对这一教义的信仰。我更坚定相信的是我的理性本性来自上帝,而不是某书是他意志的表现。

强宁格

2. 上帝是我们信仰的对象。如果上帝超过了我们的理解力,我们用理性拥抱不了他,但是,我们还不能由此得出结论说,我们应当藐视理性的活动,并认为它有害。

尽管无可怀疑的信仰对象处在我们理解力之外,高于我们的理解力,可是理性就其对他的关系而论仍然具有那么重要的意义,以致我们无论如何都不能没有它而能应付裕如。

费多尔·斯特拉霍夫

3. 以前某一时间某些非凡的人曾向我们人类阐明他们及整个世界的生活和目的,那个真诚相信这种神话的人像一个老小孩,还很天真。除了哲人的思想,并不存在另外的启示,尽管他们的思想遭到误解——由于整个人类的命运,它们常常采用令人惊奇的寓言和神话的形式,并名之为启示。所以,是信赖自己或是信赖别人,似乎都是一样的,因为作为启示转达给我们的那些思想依然只是人的思想。可人们通常仍然更倾向于信赖别人那似乎拥有超人的思想源泉的头脑,而不是自己本人的头脑。此外,考虑到人所有智力方面的不平等,一个人的思想大概真能被另一个人看作是超自然的启示。

叔本华

4. 不仅说出和转达真理变得十分困难,而且连思考和发现真理这类事情都变得更加不可能,因为从童年起头脑就遭到僧侣们的改造,由此留下了深刻的辙痕,而一生多数场合构成和确立的基本思想则都是顺着这辙痕向前移动的。

叔本华

5. 尽管盲人看不见光,光却仍然是光。

6. 应当趁着光照临你们的时候,相信光,并成为光之子。

约翰福音 12 章

不要像假导师所教导的那样,压制自己的理性,为了了解真理,它是必不可少的;我们要反其道而行之,要净化它,加强它,用它检验一切议论。

每周阅读

启示和理性

用以冒充上帝启示的东西只能贬低上帝,因为它把人的欲望强加到他的身上。它不去阐释有关伟人的完整概念,却只用个别的教条把他弄得混乱难明;它不去使我们将有关上帝的概念变得更高尚,却反而贬低他;它在围绕他的许多难以理解的奥秘上添加了许多毫无意义的矛盾,从而使他变得高傲、残忍而无耐心;它不去确立尘世的和平,反而带来纷争。我问自己,这是为什么,我不知以何回答。我在其中看到的只是人的罪过和人类的不幸。

人们告诉我,为了教人为上帝效劳,启示是必要的,用以为这一观点证明的,则是世界上创立的宗教观念的差别；然而他们却不希望看到这种差别正是从启示中产生的。只要各民族想要使上帝说话，那么每个民族都会让他按本民族那样说话，使他说自己想说的那些话。如果我们听到的只是上帝在人心中所说的话，那么尘世很可能就只有一种宗教了。

据说，敬重上帝，方法必须是相同的，但是，上帝所要求的敬重是出自内心的敬重；如果这种敬重是真诚的，那它永远总是相同的。神父的衣饰，其所讲话语的连贯性，其祭坛前的举止及跪拜，把这一切想象得对上帝那么重要是不合情理的。不，我的朋友，即使你挺直身子站着，你仍切实紧贴着地面。上帝希望人在精神上在真理中对他顶礼膜拜。一切宗教、一切国家、一切人的义务就在于此。

考察那些主宰尘世并彼此相互指责对方虚伪、谬误的众多教派的发展，我常会发问：他们中间究竟哪一个是真的？他们都会回答我说：我是真的。每一教派都会说："只有我和我的拥护者想得正确无误，所有其他教派都已误入歧途。""可你怎么知道你的教派是正确的呢？"——"因为上帝说过这一点。"——"可谁告诉你上帝说过这一点呢？"——"我的神父，他很了解。我的神父说，我应按照这就是他说的那样去相信——我就这样相信了；他使我相信，一切和他不一致的说法都是谎言，我绝不会听信它们。"

怎么！——我想：难道真理不是唯一的，在我们这里是真理，到了你们那里就会成为非真理？既然求证谁走在正道、谁误入歧途的方法是同一个方法，那么，究竟用什么来区分前者和后者呢？选择很可能是一种偶然的事；为了这一点而责备人就等于为了他们生于斯而非生于彼就对他们横加指责。

或者是所有宗教都被上帝看作是好的、令他欢喜的，或者是只有一个他亲自为人指定、对不承认者予以惩处的宗教。在这种情况下，他大概会提出一些确凿无疑、鲜明并可据以了解这一真宗教的标志。这些标志应当对所有人——大人物小人物、学者文盲、欧洲人印度人野蛮的非洲人——一样都能理解的。

如果尘世的宗教就是这样，会为了不信奉它而就对人处以永恒的痛苦；如果无论何处哪怕还有一个真诚寻找真理的凡人却似乎还没为宗教的无可辩驳所折服，那么，这一宗教的上帝就是最残忍、最不公正的暴君。

人们告诉我："服从自己的理性。"但是那欺骗我的人才会这样对我说。我需要的是使我的理性服从的证据。

因为大家和我都是同根同源，所以人通过自然方法达到的我也能达到；任何人能犯的错误，我同样也会犯。假定我相信人对我说的话，那我之所以相信，并不是因为这话是由这个人或那个人说出，而是他向我证明了他所说的话。所以人们的证明本质上讲只是我的理性的证明，对上帝为了让我认识真理而赋予我的自然手段是一无增加的。真理的使徒们，你们为什么能对我说这样的话，我却不能对此加以审视呢？——"这话是神亲口说的：该听他的启示。神就是这样说的。"——"这是金玉良言。可是这话他是对谁说的呢?"——"这话是他对人说的。"——"可我为什么对此却一无所闻呢?"——"他的话是他委托别人向你转达的。"——"好吧,人们也许会对我转达上帝说过的话,可是上帝若直接对我说岂非更好?对他来说,这并不困难,而我却可能由此会不受欺骗。"——"但他是通过确认自己使徒的传道来证明自己观点的真实可信的。"——"用什么办法呢?"——"奇迹。"——"这些奇迹在哪里呢?"——"在书本里。"——"可是这些书是谁写的呢?"——"是人。"——"可什么人见过这些奇迹呢?"——"是那些证实奇迹的人。"——"怎么搞的,又是人证!所有人对我说的都是别人说过的!上帝和我之间隔着多少人啊!可这还得审核、查实。啊,如果上帝能使我摆脱所有这些重负,我难道会不太尽心地为他效力?"

注意,我们如今被怎样骇人听闻的议论所吸引啊,为了分辨所有这些古老传说,对预言、启示、事件、记载世界各国一切信仰的文献做考查、计量、对比,为了确定时间、地点、作者和环境,需要多少渊博知识啊!为了剖析文献的真伪,为了比较、质疑和答辩译本和原稿,为了判定见证人的公正立场,他们的合理想法,他们的教育,为了解决是否有所增删,有无不断调整序列,为了删除留下的矛盾,为了判定对反对者反对他们所说的观点保持沉默的意义,了解他们是否了解他人反对他们的意见,等等、等等,这需要何等精准的批评啊!

最后,在承认这些文献无可怀疑之后,我们必须转入证明它们的作者传道的真实性。应当了解没有奇迹干预的情况下实现这些预言可能性的概率,应当了解语言的精神,以便善于分剖这些语言中的预言及其中只是演说家的雄辩术,什么事件是自然的,什么事件是超自然的,应当解决一个灵巧的人在多大程度上才能欺骗过普通人的眼睛,甚至使有教养的人也感到惊诧,寻找真奇迹的征兆及据之可以得到承认、否认则将遭到惩处的那一功效程度,比较真假奇迹的证据,寻找区分真假奇迹的可靠法则,最后上帝为此而采用尚须证明的手段以证实自己的观点,这似乎像是他有意为人解闷而蓄意不用完全可能使他们信服的手段一样。

假定上帝的伟大容许一个人变成其神圣意志的工具,然而在要求整个人类服从这个上帝的选民的声音却又并没有使他的使命变得显而易见时,这合理吗?这公平吗?作为对他的使命的肯定,在不多的神秘人物面前表露若干个特殊表记,然而其余的人只是根据传闻才知道这些事,这公平吗?如果承认民众和神秘人物把所见的现象都说成奇迹是公平的,那么,任何教派都可能是唯一真的,奇迹就可能多于自然事件。事物不可变易的秩序最使我深信应该承认上帝的智慧。如果这一秩序容许有那么多的例外,我可就真不知道对它作何种设想了。我坚定不移地相信,上帝相信这么多奇迹将有损于他的身份。我们所说的那些奇迹只能在阴暗的角落和穷乡僻壤的小修道院里完成。在那里,愿意随时随地相信一切的观众轻易就会大惊小怪。谁能对我说,为了使奇迹变得真实可信,需要多少目击者呢?如果你们为了证明你们的教义而制造出来的奇迹还需要证明,那它们还有何用?应当完全不炮制这些奇迹。

如今还留下已被大肆吹嘘的教义中的一个最重要的问题须加考察,这一问题就是,如果那些说上帝创造奇迹的人也常常说魔鬼经常模仿他,那么得到出色证实的奇迹也就无补于事;因为法老的魔法师当着摩西本人的面做出了同摩西据上帝之意做出的完全一样的奇迹,那么,在摩西不在场时,任何力量都无法阻止魔法师证明他的奇迹也是为了上帝变出来的。所以,通过奇迹证明了教义以后,为了不把魔鬼的把戏和上帝的事迹混淆,又必须通过教义对这奇迹加以确证。

源于上帝的教义应当具有神圣的神性。它不仅应当解释清我们关于神的模糊概念,而且应当向我们提出建议,该采用什么道德学说和法则,而这些学说和法则则需要和我们加诸神身的本性相适应。

所以,如果我们觉得教义只是毫无意义的原则,如果它在我们心中激起的是对人的戒备心,如果它使我们觉得上帝愤怒、好嫉妒、复仇心重、不公、憎恨人,是一个好勇斗狠、好战的上帝,时刻想着消灭和压迫,始终说着痛苦、惩罚,并因惩处无辜者而吹嘘炫耀,那么,我的心就绝不会被这残酷的上帝所吸引。你们的上帝不是我的上帝,我会用这样的话对一些教派信徒说。一个始于为自己选择一个民族而排斥其他人类的上帝,不能成为人类的共同之父;一个注定使自己大多数的创造物——人——陷入永恒的痛苦之中的上帝,我的理性对我指明这个上帝不是仁慈善良的上帝。

关于教条,理性告诉我们,它们应当凭借其无可争议的特点成为明晰、清澈而令人惊异的。信仰依靠理解而确立;一切宗教中最出色的宗教最为明晰;而那使它大肆宣扬的敬神仪式充斥神秘和矛盾的宗教使我因此而对它保持着戒备心。受我爱戴崇拜的上帝不是黑暗之神。他赐给我理性并不是为了禁止我使用它。当人们对我说我该服从自己的理性,我认为这一点恰恰是对理性创造者的侮辱。

(选自卢梭《萨优伊副司铎的忏悔》)

10月28日 苦难

有如疼痛感是保护我们身体的必要条件,苦难忧患也是我们从生到死的一生的必要条件。

1. 如果没有大气压的挤压,我们的身体就会爆裂;与此相同,如果我们的人生没有匮乏、不堪忍受的劳作、形形色色的命运的无常的逼迫,人的傲慢天性就会发展,即使不致危险到爆炸,那也至少会是控制不了的胡闹甚至是精神错乱的现象。

叔本华

2. 医生给一个病人开一个处方,给另一个病人另一个处方,天命则还是注定我们生病、成残废或遭受痛苦的损失。

医生的处方意欲恢复病人的健康,与此相同,天命使人遭遇到的意外事故意在他的精神康复,恢复他个人生活和整个人类的共同生活之间已被切断的联系。

那就接受落到你身上的一切命运吧,就像病人服用医生的药品一样。恢复身体的健康——就是这些苦药的目的;但显然,每个人保卫自己的使命对共同的理性本质来说就如同保持身体健康对病人来说一样,具有同样的重要性。

所以,你应当欢迎你所遭遇到的一切,哪怕是最痛苦的。这些意外事故的目的就在于宇宙的健康和严整性。大自然,因为以它的理性为生,所以能理性地行动,源于自然的一切都将一无错误地促进保卫团结一致的事业。

马克·阿夫列里

3. 苦难是行动的动机;只有在苦难中,我们才能感受到我们的生命。

康德

4. 忍受这尘世生活的不幸对人来说是幸福的,因为这会引导他们进入他们心灵神圣的幽居独处的胜地,使他们发现自己是故国的放逐者,必须不再期望尘世的任何欢乐。对他来说,幸福也会遇到矛盾和责难,当有人恶劣地想它时,他们都会说,但愿他的愿望是纯洁的,行为是合乎规矩的,因为这样的行动方式才能使他保持恭顺谦卑,成为虚名的解毒剂。幸福正在这里,主要因为在我们遭到尘世的蔑视,失去人们的敬重、失去爱的时刻,我们仍然能和活在我们心中的上帝对话。

肯培斯

5. 如果上帝给我们派来的指导者确是我们深信是受他委派而来,那么,我们显然会痛痛快快、高高兴兴地服从他们。

我们倒确有一些这样的指导者:这就是贫困和一般生活中常有的不幸事件。

帕斯卡尔

6. 只有在暴风雨中才能显示出航海者的本领,只有在战场上才能感受到战士的勇气,一个人的男子汉气概只有在他出现在困难而危险的生活场合中才能认清。

达尼埃尔

7. 我们所谓的幸福和我们所谓的不幸,要是我们把这两者都看作是一种人生体验的话,那就对我们同样有益。

8. 不要只习惯于好运——它往往转瞬即逝。大权在握者该学习忍受丧失;幸运儿该学习经受苦难。

席勒

9. 只是那些与世隔绝又看不到自己的罪过的人才会感到磨难和痛苦。事实上,正是他通过自己这些罪过把痛苦带到了尘世。然而他们却自认为无罪,所以,他对为尘世的罪过而忍受苦难就愤懑难平。

就思想而论,正像永生的犹太人以不死的永生作为命定的惩罚的神话传说是公正的一样,人以没有苦难的生命作为命定的惩罚的神话传说同样也应该是公正的。

10月29日 教 诲

对每一进入人们的意识、取代更早的谬误的真理而言,常是这样一个时段:谬误显而易见,而应当取代它的真理也一目了然,但谬误凭借惯性继续控制着人们。在这一时段中,最需要的并不是对真理的透彻诠释,而是与真理相一致的生活榜样。

1. 我始终惊诧莫名,国王怎么能那么轻率地相信他们就是一切,而民众则暗中相信自己微不足道。

蒙田

2. 没有任何事物比榜样更有感染力。它使我们完成要是没有它的推动我们就永不会去完成的那些行为。所以和淫荡、好色、残忍的人沉瀣一气将毁灭心灵。相反也然。

3. 一个不能独立思考的人,正处于另一代其思考的人的熏陶之下;让他人占有自己的思想,比让他人占有自己的身躯是更加低贱的奴役。

4. 如果你想模仿你周围的人的作为,一定要停下想一想,这是否明智,不从众跟风是否明智。个人和社会的大罪过和大灾难只是因为不假思索地追随他人的暗示而产生。

5. 不该害怕的他却害怕,面对真正令人惊悚的他却又不战栗,这种人因为追随错误舆论,跨上了一条不幸的死亡之路。

佛陀智慧集[达马巴达]

6. 我们作为社会的一员,主要的、最困难的义务在于:善于使用社会的财富,但又不屈从于它的羁绊;随时准备接受他人的思想信念,但又坚定不移地坚持自己做判断的神圣权利;接受他人的召唤,但又按自己灵魂的要求行动;和他人一起行动,但又遵循自己的良知从事;善于把尊重他人意见和自行裁决统一起来。

强宁格

只有通过善意的暗示诱导,才能消除恶意的暗示诱导。善意暗示诱导的最强大手段乃是善良的生活。

10月30日　自我舍弃

自私心一旦超过了应有的界线,乃是一种精神疾患。当它被推向极端时,就表现为所谓的夸大狂精神病。

1. 人们以为,割舍私利将破坏自由。这种人不知道,只有割舍私利才给我们以真正的自由,使我们得以从自身中解放出来,使我们不再受荒淫堕落生活的奴役。我们的欲望是最为残忍的暴君,只要向其让步,它就会在最残忍的奴役中使我们无力自由呼吸。只有割舍私利才能摆脱这种奴役。

费涅龙

2. 自私心只有在保存个体生命时才是必需的。当它在这一范围里出现时,它是自然而合法的。可当本质上注定要破坏任何分离现象的理性却被利用来确立这种分离现象时,自私心这时就变得有害而令人痛苦。

3. 完全舍弃自我是一种神圣的生命,一无损坏的自私心是一种比动物还低下的生命。人的理性生命是由动物性生命逐渐向神圣生命的转变。

4. 毫不偏袒有如公正,都同样罕见。个人的兴趣是为自我辩护而采取的自我欺骗取之不尽的源头。想要看到真相的人为数极少。只要这一真理对他并无好处,那么,支配人的将是面对真理的恐惧。持混世哲学的人认为,真理是生活中某种可以被容许,也可以不被容许的事物。自私心的偏见就这样捍卫了源于这种利己主义诡计的思想偏见。唯一符合人类愿望的进步——就是满足的扩大。而自我牺牲——伟大心灵的快乐——则任何时候都不是社会的法则。

阿米埃尔

5. 完全满足,意得志满的思想家和艺术家并不存在。使命所在的毋庸置疑的唯一标志是自我牺牲,是为了人内心为他人利益积蓄之力量的发挥所做的自我牺牲。没有痛苦结不了精神之果。

要是开导说,世上有多少卑微之人,一边观察着太阳上的黑点,一边写作着长篇小说和歌剧——所以抱着个人目的是可以的;然而若要开导人说,他们的幸福不仅在割舍自我和为他人服务,那么要鲜明有力地表现这种学说就不能没有自我牺牲。

难怪基督会死在十字架上,难怪苦难的牺牲将战胜一切。

使自己必须从自私心中解脱出来的困难在于,自私心是生命的必要条件。它在童年是必要而自然的,但是随着理性的阐明,特别是爱的彰显,它应当被削弱和消除。儿童并不为自己的自私心感到良心的责备,但随着理性的阐明和爱的彰显,自私心越来越被削弱,而在临终时刻则应当完全消失。

10月31日 异端邪说

没有任何东西比墨守被时间神圣化的旧传说那么强有力地妨碍真理的传播。

1. 据说,上帝按照自己的形象创造了人,这大概就意味着,人按照自己的形象创造了上帝。

里赫登别尔格

2. 大家都诚如人们对我们所说的那样倾向于相信善恶共存。正是这一倾向使社会前进运动成为可能,然而也正是这一倾向使得这一前进运动变得那么缓慢而痛苦。由于它,每一代人不用努力就能继承给他作为遗产的知识,而这是过去通过艰苦的劳动才获得的,由于它,每一代人在自己的先辈的错误和迷惘前变得奴性十足。

亨利·乔治

3. 人类缓慢然而并没停顿不前地向前运动,正越来越广泛地阐明着人类生活意义和使命的真谛,并确立与已阐明的意识相一致的生活。所以人们对自己生活的理解以及人类生活本身是变动不居的。那些对真理更为敏感的人,对生活的理解总是与他见到的最高境界相适应的,并与这境界相适应地来确定自己的生活;稍稍迟钝的人则坚守着原先的生活概念和过去的生活制度,并竭力捍卫它。

所以,世界上总会有一些人指明真理的最新进展的表现,并力求按照这种表现去生活;而在他旁边也总会有一些人坚持原先的——垂死的,过时的生活概念和陈旧的生活制度。

4. 在一切信仰欺骗中,最为残忍的是用伪信仰诱导孩子。这种欺骗性在于,当孩子探问比他早生且有可能了解前人智慧的大人这个世界及其生活怎么样,世界和生活这两者之间有何关系,他们得到的回答,并不是这些大人本人的所思和所知,而是生活在几千年以前的古人的所思,大部分人对此早已不再相信,也不可能相信了。他们并不是给孩子以他们所探求的必需的精神生活,反而给他们提供毁灭他们精神健康的毒药。他们只有通过最大的努力和痛苦才能从这毒药的伤害中得以治愈。

不敬重传说所造成的那种罪过,比起因敬重当今已没有任何理性可为之辩白的习俗、律法、机构所产生的那种罪过,可能连千分之一都不到。

十一月

11月1日 温 顺

　　认为自己是自己生活的主人,这种人每每不谦虚,因为他以为他对他人没有任何义务;而认为自己的使命在为上帝服务的人,则不能不谦恭逊让,因为他常常感到他没有完成自己的义务。

　　1. 使徒对主说:"求主加增我们的信心。"
　　主说:"有仆人耕地或放羊从田野归来,你们谁会对他说:'你快坐下吃饭吧。'
　　"相反,你们会对他说:'给我准备晚饭,束上带子侍候我,等我吃喝完了,你才可以吃喝。'
　　"仆人照所吩咐的去做,主人会因此而感谢这个仆人吗?
　　"这样,你们做完了一切吩咐你们做的事情,你们只当说:'我们是无用的仆人,因为我们所做的只是我们应该做的。'"

路加福音 17 章

　　2. 真善人的谦虚表现在健忘上:他们沉醉于当前所做的工作,不再注意已经做过的事情。

中国谚言集

　　3. 一个踮着脚站立的人,不能长久站立。一个扬才露己的人,不能破愚明理。一个自满自足的人,不能获得声誉。一个自吹自擂的人,不能拥有劳绩。一个骄傲自大的人,不能提升人望。在理性的评判前,这些人有如残羹剩渣,使人人厌恶,所以拥有理性之人不会唯我是信。

老子

　　4. 一个沉潜于自身越深、把自身想象得越渺小的人,就越能高扬腾举,更接近上帝。

肯培斯

　　5. 对奉行基督教义的人来说,达到完美的任何一个阶段都将引起进入更高阶段的要求,由此展现出更多更高的阶段,直至无穷。一个信奉基督诚命的人会永远感到自己不够完善,因为他不看身后已走过的路却总是注视着自己前面他尚未踏上的那条路。

6. 人活着柔软而灵活,死后却变得僵硬而干枯。

一切事物,青草,同样还有树木,活着都柔软而灵巧,死后都变得枯槁而干瘪。僵硬和坚实是死亡的同路人。柔软和细嫩则是生命的旅伴。所以身强力壮者不胜。树木一旦变硬就注定要死亡,强大处下,柔弱处上。

老子

7. 对博识孜孜以求的人会与日俱进地成长,在人心目中声望会越来越高。

对美德孜孜以求的人会一天比一天变得谦卑,在人心目中会变得越来越低下。

他越来越谦微,直至完全谦让,一当他达到完全谦让,他其时也就会变得无拘无束自由自在,而且会不顾自己的意愿而成为人们的导师。

老子

记住,你对任何事物都不拥有权利,你是赋予你生命的那一元素的奴仆,所以你拥有的只是义务。

11月2日 诱 惑

仅仅为了人的荣誉而采取的行动,其结果无论怎样,这种行动永远是愚蠢的。善良的愿望与人的声誉的追求在其中平分秋色的行动是无关紧要的,只有其主要动机是执行上帝的意志的行动,才是好的。

1. 空闲放任的人把自己献给自己,他们因此而把自己交给了魔鬼;精神世界不存在没有主人的疆域,模糊含混的领域属于魔鬼。

阿米埃尔

2. 如果你看到人的主张和利益从何而来,那你可能会不再强求人的赞美和夸奖。

马克·阿夫列里

3. 如果为人的赞美而操心,那你就不可能在任何事情上拿定主意。人的评价是无限多样的。你说:"我寻求的是好人的赞赏。"——但是,不用说,你所谓的好人,就是那些你知道对你准备采取的行动会加以赞美的人。

4. 我们不满足于我们真实的内心生活,我们想过另一种我们思想中的想象生活,我们常使自己觉得,我们的现实生活与这一目标相左。我们不停地加工、美化这一想象的社会,却藐视现实。我们若拥有宁静、忠实、豁达的品性,我们就会竭力尽快地郑重宣布这一点,以便把这些美德赋予这一想象的社会。

为了把这些品质赋予想象的社会,我们就会失去我们自己的这些品质。只要能被认为是勇士,我们准备当胆小鬼。

帕斯卡尔

5.每一美好的行动都有愿意获得好口碑的成分。如果行动仅仅是为了人的荣誉,那就很不幸,如果在为善的愿望中掺杂进获得好口碑的成分,善行仍然是善行;然而,他若只为上帝而做事,他会变得何等的出色!

让人的赞赏成为你的行为的结果,而非目的。

为了使自己习惯于只为上帝而活着,那就好好从事那些任何人任何时间都探听不到的事情吧。如果做这些事情,你将体验到一种特别的欢乐。

11月3日 律　法

只存在一种毋庸置喙的信条——人人共同的神的诫命。人的法律只有在与神的诫命不相矛盾的前提下才称其为法律。

1.耶稣回答他们说:我的训诲不是我自己的,而是那差我来的人的。人若立志遵守他的意志,就必知道,这教训或是出于神,或是我凭着自己说的。

约翰福音7章

2.如果不是神的暗示,那么天职的呼声又是什么呢?

这也许是你们想象力的指令?你们心口相问的要求服从的意向?

这也许只是人间舆论的回响,一种顺从社会舆论的要求?

然而,事实并非如此。如果这是我们自己虚构出来的信条,我们即使破坏它也可能会原谅自己,我们甚至可能会废除它。但是我们感觉到,这一信条的力量并不在我们的掌控之中,我们不能小觑它。

我们不能容忍这是一种社会舆论的影响,因为这种呼声常常使我们凌驾于社会舆论之上,并给我们以力量,使我们与群体的不公做斗争,为了善,独自一人做即使毫无希望获胜的斗争。你们宁可使我相信日光是我们的双眼或社会舆论的产物,也不要使我相信善的意识不是上帝的本真的意识。

正如感觉教我们明白我们身外的一切事物一样,神的意识教我们明白我们精神个体以外的一切事物,教导我们公正、善良、真理并不是我们个体的产物,而是由神安置在我们内心的。

马尔丁诺

3. 为了实现上帝的诫命,当前面对的主要困难,在于人的现存法律直接与它矛盾。

4. 人的众多法律因为只有与上帝的诫命相合时才是好的,有价值的,那就根据这个诫命进行适应和发扬吧。如果与这一诫命相矛盾,它们永远是坏的;在这一情况下,我们不仅有权,而且有责任去消灭它们。

约瑟夫·马志尼

5. 任何人,为了着手研究最重要的生活问题,在解决它们之前,还必须推倒每个最重要的生活问题方面的一大堆谎言。这一堆谎言是由世世代代层层堆积起来并由智慧的创造力全力加以支持的。

6. 政府机构本质上是一个明显的标志,表明人在社会生活中丧失了其神圣性的意识,所以不得不动用外在的政权力量。丧失了这一意识之后,人只得依靠外在的法规。然而外在法规永远是错误的。如果每个人都坚守和自己人的意识保持一致的意识,那么这种人间纷争也就不可能产生,但是,当这一意识日趋淡薄,为了支持这一意识,人为的手段就成了必不可少的东西。这样,随着其团结一致意识的淡薄,政府形式就应时而生了。它并不是整个民众生活的真实反映,而只是一种统治阶级的外在的强制性权力。

据 卡尔宾德

神律与俗法矛盾:那该怎么办?隐瞒上帝的诫命,大肆宣扬俗法?这样做已经有1900年了,但是神律变得越来越鲜明,内在矛盾越来越强烈,越来越使人痛苦。唯一的出路,是用神律取代俗法。

> 每周阅读

神性与人性

1

这事发生在俄国70年代,革命者和政府的斗争正处于白热化阶段。

南方边疆区总督是一个壮实的德国人,口髭下垂,目光冷淡,面无表情,身穿军礼服,脖子上挂着白十字架,黄昏时分正坐在办公室的桌子后,桌子上枝形烛台罩着绿色灯罩,点着四支蜡烛,他正审查和签发办公室主任送来的文件。"某某总参谋",他画了长长一道花笔道,把文件搁到另一边。

文件中有一份判决书:诺沃罗斯大学候补博士阿那托利·斯威特洛古勃因参

与旨在推翻现政权的密谋而被判绞刑。总督特别皱起眉头,签了这文件。他用他那因年老和常用肥皂洗涤而布满皱纹的、保养得很好的白皙手指仔细地把纸边弄整齐,放到了一边。下一个文件是有关转运军粮总价的决算。他认真阅读文件,考虑计算的总价准不准,却突然想起和自己的助手谈到的斯威特洛古勃的案件。总督认为,斯威特洛古勃处找到的甘油炸药还证明不了他的犯罪意图。他的助手却坚持认为,除了甘油炸药,还有许多罪证足以证明斯威特洛古勃是这伙人中的主犯。想到这点之后,总督沉思起来。他的心在他那有着纸板一样坚硬的大翻领军礼服下的胸口不稳地怦怦乱跳起来。他的呼吸开始变得那么沉重,连那白色的大十字架——他的欢乐和引以为骄傲之物都在他的胸前晃动起来。还可以把办公室主任叫回来,即使不撤销,也还可以把这份判决书搁置起来。

"叫回来?不叫回来?"

他的心跳得更不稳。他打铃叫人,办事员迈着急速而无声的脚步进来。

"伊凡·马特维耶维奇走了吗?"

"没有,阁下,要吩咐他回办公厅吗?"

总督的心时而停顿,时而急跳。他记起了近日对其心脏做过听诊的医生的警告。

"主要的,"医生说,"只要刚感到心脏有问题,就马上放下工作,出去散散心。情绪激动最不好。千万别让自己激动。"

"要叫他吗?"

"不,不必了。"总督说,"确实,"他对自己说,"犹豫不决最坏事,让人无法平静。签上字,就完事。Ein Jeder macht sich sein Bett und muss drauf schlafen."[*]他自言自语说了句喜欢的谚语。"这和我又有什么关系?我只是最高意志的执行人,我应当超脱,不用管这些想法。"他补充说,皱起眉头,以唤起过去自己内心并不存在的残忍心。

这时他想起他和皇上最近一次的会面。皇上脸色严峻,用呆板无神的眼光盯着他说:"愿你像在战场上奋不顾身一样,在与赤色分子做斗争中同样坚定不移——既不受欺骗,也不被吓倒。再见!"皇上拥抱他之后,让他吻自己的肩。总督回忆到这儿,仿佛在回答国王陛下:"我唯一的愿望是:为陛下和祖国效劳而献出一生。"

他曾体验过因为意识到对国王陛下那种自我牺牲般的忠诚所造成的不能免俗的深深感动。当他回忆起这一感情之后,他便使自己摆脱了瞬间搅乱他头脑的那些思绪,签发了其余的文件,再次打铃叫人。

"茶准备好了吗?"他问。

---

[*] 德文,意为:"自己铺好床,自己在上睡"。

"已准备就绪,大人。"

"好,走吧。"

总督深深吸了一口气,用手抚摩胸口,迈着沉重的脚步,走向空荡荡的大厅,又顺着大厅刚打磨过的镶木地板向客厅走去,那里传来了人声。

总督夫人正招待客人:省长及夫人、爱国大佬老郡主,以及一位近卫军军官——总督待字闺中的小女儿的未婚夫。

总督夫人身体干瘪,面容淡漠,嘴唇细薄,坐在低矮的小桌旁。桌上摆着一套茶具,银壶放在托盘里。她用佯装愁闷的声调向省长夫人——一位显得年轻的胖太太诉说她为丈夫的健康担心不安。

"每天都有大批新的呈文送来,发现了阴谋和一切可怕的事件……这都一股脑儿压到巴齐尔肩上——他得把一切解决。"

"啊,别说了!"老郡主说,"Je deriens féroce quand je pense à cette maudite engeance."*

"是啊,是啊,真可怕! 您信不? 他拖着一颗衰弱不堪的心,一昼夜却要工作十二个小时。我真担心……"

她看到进来的丈夫就住了嘴。

"对,你们一定要去听他唱歌。巴比尼——真是奇妙的男高音。"她边说边亲切地向省长夫人浅浅一笑,那么自然地转到重新来到本地的歌唱家身上,仿佛他们谈的就是这件事。

总督女儿是一位面目姣好、身材丰满的姑娘,正和未婚夫坐在客厅远处的角落里的中国屏风后。她起身和未婚夫一起走到父亲身边。

"怎么样,我们好久没见了!"总督边吻女儿边说,还握着她的未婚夫的手。

总督和客人打招呼,坐到小桌旁,和省长交谈最近的新闻。

"不,不,不说那些事——不准说!"总督夫人打断了省长的话。"瞧,科皮耶夫凑巧来了。他总会给我们说点逗乐的段子。您好,科皮耶夫。"

科皮耶夫是地道的乐天派,说俏皮话的行家。他真说起近来的奇闻轶事,逗得大家哈哈大笑。

2

"不,这不可能,不能! 不能! 放开我!"斯威特洛古勃的母亲尖声大叫,一边从儿子的同事——一名中学教师和医生手中挣脱出来,他们则拼命制止她。

斯威特洛古勃的母亲是一个并不算老、面目慈祥的妇女,披着一头灰白的卷发,眼角已有鱼尾皱纹。她儿子的同事,那位中学教师得知了对斯威特洛古勃的死

---

* 法文,意为:"想到这种该死的家伙,我肺都要炸了。"

刑判决,小心翼翼地想让她对这可怕的消息有所准备,但他刚一开始提到她的儿子,她却立即由他讲话的声调、游移畏避的目光中猜出:她最担心的事情发生了。

这件事发生在城里最好的旅馆中一个不大的房间。

"你们干吗阻拦我,放开我!"她吆喝着,一边想挣脱医生——她家的老朋友的手;他一只手拉着她瘦削的胳膊肘,另一只手把一瓶药水放在沙发前的椭圆形桌子上,她为被阻拦高兴,因为她虽然感到该做点什么,但该做什么,她还不清楚,她为自己担心。

"您安静点,把这缬草药水喝了。"医生说,递给她一小杯浑浊的药水。

她突然平静下来,头低垂到她塌陷的胸部,几乎蜷缩成一团,双目紧闭,身子落到长沙发之上。

她想起三个月前,她的儿子和她告别时一脸神秘而忧郁,随后脑海浮起一个身穿丝绒短上衣、光着小脚丫的八岁小男孩,淡黄色的头发一绺绺卷曲着。

"他,他,正是这个小男孩……他们竟这样对他!"

她跳起来,推开桌子,挣脱了医生的手。她走到门边,随后便倒进了一把圈椅里。

"他们说——有上帝。他居然允许这样干,他算什么上帝!见鬼去吧,这个上帝!"她大声吆喝,时而号啕大哭,时而歇斯底里哈哈大笑。"绞吧,他们要绞死的这个人,抛弃了一切,抛弃了前程,全部财产给了他人,给了民众,献出了一切,"她说,她原先总是因此而责备儿子,可如今展现在她面前的,是儿子自我舍弃的功勋。"他,他,他们竟这样对他!可你们却说,有上帝!"她大喝一声。

"可我什么都没说,我只是请您喝药水。"

"我什么也不要。哈——哈——哈!"她时而哈哈大笑,时而号啕大哭,她已完全绝望。

入夜,她痛苦到了极点,已经说不出话,哭不出声,只是目光呆滞而疯狂地盯着前面。医生给她打了一针吗啡,她睡着了。

梦中并没幻影,醒来则尤为可怕。最可怕的是,人居然能那样残酷无情,不仅是那些令人毛骨悚然、脸颊刮得光光的将军和宪兵们,而且连所有的女服务员和邻室客人都是如此。女服务员脸色安详地收拾房间,邻室的客人们则在房中快乐地聚会,嘲弄着什么,仿佛什么事情都没有发生。

3

斯威特洛古勃被单独囚禁已是第二个月。这一时段,他的体验颇多。

从童年起,斯威特洛古勃无意识地感受到自己作为富人的特殊地位的不公正。尽管他竭尽全力想把这一意识深埋在自己心中,但是一当他碰到民众的赤贫境况,即使有时在他特别痛快舒畅、欣悦快乐时,他也常会感到良心不安——农民、老人、妇女、儿童，从出生、长大成人，直至死亡，不仅没有享受过他享受过然而他并不珍惜的那些欢乐，而且没有摆脱紧张的劳作和匮乏贫困。大学毕业后，为了从自己不公正的意识中解脱出来，他在自己的村子里办了一所学校——一所模范学校，一家消费合作商店，一家收容无家可归的老人的养老院。但是，奇怪的是，在他从事这些事情时，竟比他与朋友共进晚餐或养一匹名贵的赛马更使他在民众面前感到问心有愧。他感到一切都不对头，而最糟糕的不对头：这也许是一种道德不洁的坏事。

有一次，抱着对农村活动失望的这种心态，他到了基辅，遇到了大学时期一个最亲密的同伴。这次会见之后三年，这个同伴在基辅要塞的壕沟里被枪决。

这同伴是位热情洋溢、全神贯注、才能卓著的人，他被吸引加入了一个社团。该社团的宗旨是启迪民众，唤醒他们内心对自身权益的主张并在其中组建联合小组，力争使其摆脱地主和政府的支配。和此人及其朋友的讨论似乎把斯威特洛古勃此前的模糊感受变成了自觉的清晰主张。他马上明白了他该干什么。他没有中断和新朋友的交往，他返回农村，在那里开始全新的活动。他本人也成了学校教师，开设了成人班，给他们朗读一些书籍和小册子，向农民解释他们的处境，此外，他还出版了地下的民间书刊和小册子，他并没有向母亲伸手要钱，而是拿出了他所能拿出的一切财产，用以在另一些农村建立完全一样的中心。

从这新活动的起步阶段开始，斯威特洛古勃碰到了两个意外障碍：其一，大多数民众不仅对他的宣传反应冷淡，而且几乎是用鄙夷不屑的目光看他（理解他并同情他的只是那些怪人和道德有疑点的人）。其二，则来自政府方面。他的学校被查封，他和他的朋友遭搜查，书报被查扣。

斯威特洛古勃很少注意第一个障碍——民众的冷漠，所以第二个障碍——政府毫无意义和侮辱性的压迫使他极为气愤。他事业上的同志在另一些地方也有相同的体验。反政府的愤怒感情相互推波助澜，终使这一小组的大部分人决定以暴力与政府斗争。

这小组的头是某个叫密任涅茨基的人，被公认是一个有着毫不动摇的意志力、不可战胜的逻辑力量和献身革命事业忠贞不二的人。

斯威特洛古勃接受了这个人的影响，便以他原先在民众中展开工作时同样的充沛精力从事恐怖活动。

这种活动是危险的，但这种危险性最使斯威特洛古勃入迷。

他对自己说："不是胜利，就是苦难，即使是苦难，这苦难也同样是胜利，然而只是一种未来的胜利。"他内心燃起的烈焰在长达七年的革命活动里不仅没有熄灭，而且因为得到他扎根其间的人们的爱戴和尊敬而越烧越旺。

他为这一事业献出了他几乎所有的财产——由他父亲那里继承得来的财产。他并不认为这有什么了不起，也不认为他在这一活动中常常遭遇到的种种艰难困苦有什么了不起。只有一件事使他痛心：他的这一活动给他的母亲及其养女带来了苦恼。母亲的养女是一个和母亲生活在一起并爱着他的姑娘。

最近，有一个他不喜欢、令人讨厌的伙伴，一个受警察追踪的恐怖分子请他把其拥有的甘油炸药藏匿在他那里。斯威特洛古勃毫不犹豫地答应了，原因正是他不喜欢这一伙伴。第二天，斯威特洛古勃的住宅遭到搜查，甘油炸药被搜了出来。他怎么会有甘油炸药？它从哪里弄来？对所有这些问题，斯威特洛古勃拒绝回答。

他所期待的那种苦难就这样开始了。最近，他有那么多的朋友被处死、被囚禁、被流放，那么多的女人在受苦受难。斯威特洛古勃几乎甘愿受这磨难。在被逮捕和审讯的最初时段，他感到特别兴奋，差不多是欢欣鼓舞的。

他被脱掉衣服搜查，被带进监狱，铁门在身后锁上时，他体验到了这一感情。但是，他被单独囚禁在肮脏、潮湿、满是小虫的囚室中，在被逼迫的空闲中，这样一天，又一天，再一天地过去，这样一周，又一周，再一周地过去。这种单调乏味的情景只有在两种情况下才被打破：和被关押的同志相互敲击墙壁，用暗号转达所有令人不快的坏消息时，还有那些冷漠敌对的人竭力企图从他那里弄到同志的罪证偶尔进行的审讯时。他的精力和体力日益衰弱。他只是发愁，诚如他对自己所说的那样，这种令人痛苦的处境什么时候才是尽头。他的苦闷心情不断增强，还因为他开始怀疑自己的力量。在被捕的第二个月，只是为了自己能被释放，他竟开始出现说出实情的想法。他虽然为自己的懦弱大为吃惊，但是在他身上却已经找不到原先的力量，他憎恨、蔑视自己，变得更加苦闷。

最为可怕的是，他在囚禁期间开始惋惜自由时被他轻率地糟蹋掉的青春活力和欢乐，他而今感到，它们是那么令人神往，他后悔过去所谓的好事，偶尔也后悔自己整个的活动。一个个思想涌上心头：他要是能自由地——在乡村，在监外，在国外，在为他所爱和爱他的朋友中间生活；娶她为妻，也许娶另一个姑娘，与她共度质朴欢乐而幸福的生活，这该是多么幸福、多么美好啊！

4

在斯威特洛古勃痛苦而单调的囚禁生活中，看守长在第二个月的某一天，在普通的巡视时递给他一本小书，褐色的硬封面上烫着金色十字架，看守长说，省长夫人访问过监狱，留下一些新约，并允许把它们分发给囚徒。他表示感谢，微笑着把小书放到固定在墙边的小桌子上。

看守长离开后，斯威特洛古勃敲击毗邻的墙壁，用暗号与邻室的狱友交谈，说看守长来过，所说没有一点新意，只是送来了一本新约，邻室狱友回答，他那边也一样。

午饭以后，斯威特洛古勃揭开小书因潮湿而黏在一起的书页，开始阅读。他还从没有把新约当作一般的书来阅读。他所了解的新约的一切知识，都得自中学时代的神学教师,得自教堂中神父和助祭拖着腔调吟唱的阅读。

"第一章,亚伯拉罕的后裔,大卫的子孙,耶稣基督的家谱,以撒生雅各,雅各生犹大……"他念道,"罗波安生亚比亚。"他继续念。这一切都是他意料得到的:杂乱无章,一无所用,毫无意义。要不是在狱中,他连一页都不会读完,可这时他仍继续往下读,以使阅读有始有终。他暗自思忖:"真像果戈理笔下的彼得鲁什卡。"他读完了第一章童女"圣灵感孕"生子,先知预言孩子将被命名为以马内利,意为"神与我们同在"。"可这哪是预言?"他想,继续往下读。他读了第二章耶稣降生时伯利恒上空运行的星星,第三章约翰吃蝗虫,第四章魔鬼要耶稣从殿顶跳下等相关内容。他觉得这一切均味同嚼蜡,尽管监狱中无聊之极,他还是想合上书,开始自己晚间的习常工作——在脱下的短上衣上捉跳蚤,他突然想起,在中学五年级的一次考试中,他忘记了幸福诫命中的一条,脸色红润,一头卷发的神父勃然大怒,给他打了"2分"。他无法记起这是条什么诫命,他读起幸福诫命来。"为真理而受迫害的人幸福了,因为天国是他们的。"他读完这条。"这大概指我们了。"他稍稍想了想。"如你们遭到辱骂被驱赶,你们是幸福的。应该高兴而快乐:在你们之前,先知们也是被这样驱赶的。""你们是大地之盐。如果盐失去了精华,那么,凭什么还把它称作盐呢?除了把它扔掉,供人踩踏,它已一无用处。"

"这已完全指我们了。"他稍作思考,继续往下读。读完了整个第五章,他沉思起来。"不要生气,不可奸淫,忍受恶,爱敌人。"

"是的,要是大家都这样生活,"他想,"革命也就没必要了。"他又往下读,越来越深刻领会了书中有关章节,这些章节是完全可以理解的。他越往下读,就越来越得出这一想法:这书说到了一种特别重要的东西,重要、质朴而又令人感动,这在此前是他从没听说过,然而仿佛又早为他所熟知的。

"耶稣对门徒说,若有人要跟从我,就该舍弃自己,背起他的十字架,来追随我,因为凡要救自己灵魂的,必将失去灵魂,凡为我失去灵魂的,必得灵魂。人若获得世界,却毁灭或害了自己,有什么好处呢?"

"是的,是的,就是这道理!"他突然热泪盈眶,喊了起来。"这正是我想做的事情。是的,我想做的正是这件事:真正献出自己的灵魂,不是葆有它,而是献出来。欢乐就在于此,生命就在于此。""我做过许多事情,为了人,为了人的赞誉,"他想,"不是为了群体的荣誉,而是为了博得我敬重和热爱的人——娜塔莎、德米特里、舍洛摩夫的善意的赞誉,其时我却疑虑重重,惊恐不安。只有在我应灵魂的要求去做的时候,只有想献身、献出一切的时候,我才觉得美好无比。"

从这天起,斯威特洛古勃把大部分时间用在阅读和思考此书所说的一切上。这种阅读在他内心唤起的不仅仅是一种使他超越处境的令人感动的悲悯情怀,而且是一种自身前所未有的思想磨砺。他想,为什么人,所有的人都不像这本书说的那样去生活呢?"不用说,这样地生活,不止一个人,而是所有人都会感到美满的。

如果只照此生活,那就不会有痛苦、贫困,有的只是幸福。但愿当前的处境早日结束,但愿我能重获自由,"他有时想,"他们迟早或者会放我出去的,或者把我流放做苦工。这我无所谓,到哪里都能照这样生活。我将照此生活。人能够而且应当照此生活,不照此生活那是疯了。"

5

有几天,他一直处于这种欢乐振奋的心情中,这时看守长并不在通常时间走进关押他的号房问他好不好,想不想要什么。斯威特洛古勃很奇怪,弄不明白这个改变意味着什么,就请他给包香烟,他估计会被拒绝。但是,看守长说,他马上让送来,守卫真的给他拿来了一盒香烟和火柴。

"也许是有人为我说情了。"斯威特洛古勃想,抽过香烟,开始在号内前后踱步,思考着这种变化的含义。

第二天,他被带去法院。在他多次去过的法庭里,并不开始审他,一个法官并不看他,从自己坐的圈椅中站起,其他法官也跟着站起,他手拿文件,开始大声地、做作地、干巴巴地读了起来。

斯威特洛古勃边听边打量着法官的脸。他们都没有瞧他,而是意味深长、一脸沮丧地倾听着。

文件说,阿那托利·斯威特洛古勃因为参加旨在在近期或遥远的未来推翻现存政府的革命活动,证据确凿,判决剥夺他的一切权利并处以绞刑。

斯威特洛古勃听着,想弄明白法官宣读的那些话的含义。他发觉这些话荒谬绝伦——"近期或遥遥的未来,剥夺被判绞刑者的一切权利"——但是他完全弄不明白,宣读的判词对他有什么意义。

他被告知他可以走了,他和宪兵向街道走去,只有在此后好久,他开始明白了对他宣读的文件的意思。

"这不对头,不对头……这多荒谬,这不可能这样。"当他坐在回监狱的马车上,他对自己说。

他感到自身充沛的生命力,他不能想象死亡:他在意识上不能把自己的"我"和死亡、和乌有的"我"联结在一起。

回到监狱后,斯威特洛古勃坐在铺位上,紧闭双目,竭力想清晰地想象等待他的情景,可怎么也无法办到。他一点都不能想象他不复存在,也无法想象人会想杀死他。

"我,年轻,善良,幸福,为那么多的人所爱,"他想——他回忆起母亲、娜塔莎、朋友对自己的爱,"而我却要被杀,被绞死!是谁,又是为了什么要这样干?以后我不在人世了会怎么样呢?不可能这样。"他对自己说。

看守长进来。斯威特洛古勃连他进门的声音都没听到。

"谁？您要干吗？"斯威特洛古勃因为没认出看守长说。"啊,是的,是您！什么时候我该上路？"他问。

"不知道,"看守长说,他站了片刻,突然用一种委婉而柔和的声音说:"我们的神父想……给您送行,想要见您……"

"我不要,不要,什么也不要！走开！"斯威特洛古勃大喝一声。

"您要不要给什么人留言？这是允许的。"看守长说。

"好吧,好吧,给我纸笔。我写。"

看守长走了。

"也许早晨就该上路了,"斯威特洛古勃想,"他们总是那样干的。明天早晨我就没有了……不,不能这样,这只是梦。"

但是守卫来了,一个真正熟识的守卫带来了两支笔,一瓶墨水,一叠信纸和一个浅蓝色的信封,把这一切放在小桌子旁的凳子上。这都是真的,不是梦。

"不要胡思乱想了。写吧,写吧,该写了。给妈妈写。"斯威特洛古勃坐到小木凳上,立即写起来。

"亲爱的！"他写着,不禁哭了起来,"原谅我,原谅我给你带来的一切痛苦,我也许误入了歧途,也许不是,然而我不能不这样。我只求你一件事:原谅我。""我这就这样写吧,"他想了想,"就这样吧,反正现在已没有时间重写。""不要为我悲伤,"他继续往下写,"早一点死,晚一点死……难道还不是一样？我不怕,也不为做过的事后悔。我不能不这样。只求你原谅我。不要生他们的气,无论是那些和我一起行动的人,还是那些处死我的人。不管前者,还是后者,他们都不能不这样。原谅他们,他们并不知道他们在干什么。说到我自己,我不敢重复这些话,但是在我心中,这些话使我振奋,得到安慰。原谅我,吻您老人家亲切多皱的双手。"两滴眼泪,一滴跟着一滴落到信纸上化了开来。"我哭,并不是因为痛苦或害怕,而是出于我生命经历的最庄严的时刻的悲悯情怀,还因为我爱你。不要责备我的朋友,而要爱他们,特别是普罗霍罗夫,正是他使我走上了不归路。爱一个不是有过错而是可以责备和憎恨的人是那样令人高兴。爱这种人——敌人——是这样的幸福。告诉娜塔莎,她对我的爱是我的一种慰藉和欢乐。我还不能明白地理解这一点,但在我的灵魂深处却意识到了这一点。因为知道世上有一个人爱着我,我会活得更轻松一点。好吧,到此为止。再见！"

他把信从头到尾读了一遍,信末读到普罗霍罗夫的名字,突然想起,这信可能会受审查,想必是要审查的,这可能会害死普罗霍罗夫。

"天哪,我干了什么啊！"他突然叫起来,把信撕成了条条,尽力把它们在灯上烧掉。

他懊丧地坐下重写,现在他感到自己内心平静下来了,几乎有点高兴。

他拿起另一张纸,马上动手写起来。他脑海中思绪万千,鱼贯而来。

"我最亲爱的妈妈!"他写道,重又泪眼婆娑,模糊了视线,他得用衣袖把它抹去,以便看清所写的文字,"正如我过去不了解我自己一样,我过去也不了解我对你的爱和永远活跃在我心头的感激之情是那样的强劲有力!如今我了解了,也感受到了。每当想起我们的不和,我对你说的伤人的话,我既痛心,又羞愧,几乎难以理解。原谅我,只记住我的好吧,如果我曾有这种好的话。"

"死我并不怕。说真话,我不理解死,也不相信死。不用说,真要有死,有毁灭,那么三十岁上死或早一点晚一点死,岂非完全一样?要真不存在死,那么迟早都完全一样。"

"但是我说那么一套大道理干吗?"他寻思,"应当说说那已销毁的信里的意思——结尾很不错。是的,不要责备我的朋友,而要爱他们,特别是那个无意中成为我死因的人。为我吻吻娜塔莎,告诉她,我永远爱她。"

他折叠好信,封好口,坐到床上,手支膝盖,吞声饮泣。

他老是不相信他应当死。他一再给自己重提这个问题:他是否睡着了?他正徒劳地竭力使自己苏醒过来。这一思想又把他引向另一个思想:人世的整个生命是否是一个梦,而梦中醒来就是死。如果确实如此,那么,人世的生命意识不就是从先前的生命之梦中苏醒过来吗?尽管先前生命的细枝末节我已难以记清。所以这里的生命并非是开端,而只是一种新的生命形式。死,然后变成新的形式。他很喜欢这种新想法。但是当他想依靠这一想法时,他感到这一想法,而且所有的无论什么想法,都不能使他无畏面对死亡。最后他想累了,脑子一点都不管用了。他紧闭双眼,一无所思地呆坐了很久。

"怎么了?究竟会怎样?"他重又回忆,"什么也没有?不,不是什么也没有。可又是什么呢?"

他突然完全明白了,这些问题对生者来说,没有也不可能有答案。

"可我为什么会问自己这一问题呢?为什么?是的,为什么?不应当问这个问题,应当像我目前写这封信时那样生活。显然,我们都早已被判决,被永远判决,可我们仍活着,当……我们被爱时,我们仍活得美好而欢乐。是的,在我们被爱的时刻就是如此。我写信,我爱,我感到美好。应当如此生活。自由时,囚禁中,今日明天,直至撒手人寰,处处时时都能生活。"

他很想马上就和人亲切、爱怜地说一说。他敲门,哨兵对他投来一瞥,他问哨兵,现在几点钟,是否快换班,但哨兵压根没做任何回答。于是,他请求喊看守长来。看守长来了,问他需要什么。

"我给母亲写了封信,请转给她。"他说,一想起母亲,他的眼泪就夺眶而出。

看守长取了信,答应把它转交,想要离开,但斯威特洛古勃叫住了他。

"听我说,你是好人。你干吗在这做那令人心情沉重的工作呢?"他说,亲切地碰碰他的衣袖。

看守长不自然地可怜兮兮地微微一笑,低垂双目说:
"人总得活啊。"
"您不要再干这了。总能安排妥当的。您人那么好。我也许能……"
看守长突然嗓子哽咽,飞快转过身子,"乓"的一声关上了门,走了。

看守长的激动更使斯威特洛古勃深受感动。他饱含欢乐的眼泪,在囚室四壁间来回踱步,他如今不复感到任何恐惧,唯有那深受感动的心情使他凌驾于俗世之上。

对他身后会怎样的这一问题,他曾竭力寻觅却不能回答,如今他觉得似乎已经解决了,然而用的并不是某种真正的理智的回答,而是那种他过去内心有过的真正生活的意识。

他记起了新约的一段话:"我实实在在告诉你们,一粒种子落在地里不死仍旧是一粒,若是死了,就结出许多子粒来。""我就这样落到了地里。确实如此。真是这样,真是这样。"他寻思。

"最好睡一会儿,"他突然想,"免得后来一点气力都没有。"他睡到床上,闭上双眼,立即睡着了。

早晨六点醒来,他做了一个快乐的美梦,醒来时仍印象深刻。他梦中看到,他和一个长着一头浅黄色头发的小姑娘爬上一棵枝繁叶茂的树,上面挂满成熟的黑樱桃。他采摘樱桃,往一个大铜盆扔去,但没有命中,樱桃往地上掉。有一只猫一样的怪物接住樱桃,把它往上抛,又把它接住。看到这场景,小姑娘放声哈哈大笑,笑得那么有感染力,以致斯威特洛古勃在梦中也高兴地笑了起来,可他自己并不清楚为了什么笑。铜盆突然从小姑娘手中滑落,他想抓住它,可为时已晚,盆碰到树枝,发出铜器的当当声,就落到了地上。他醒过来,微笑着倾听铜盆当当的余音。这当当声其实是打开走廊上铁门栓的声音。走廊传来了脚步声和枪支碰撞声。他突然想起了一切。"啊,要能再睡一会儿多好!"斯威特洛古勃想,但睡已不可能。脚步声已走近他的门口。他听到钥匙怎样在摸索锁孔,门开时怎样嘎嘎作响。

宪兵军官、看守长和押送队进了囚室。

"处死?好吧,是这吧?我去。是的,这很好。一切都好。"斯威特洛古勃寻思,同时感到他昨天深为感动的激昂庄严心境又回到他身上。

6

关押斯威特洛古勃的那个监狱还关押着一个老人。他是分离派教徒,反教堂派教徒,他对自己的教派领袖心存疑虑,正在寻找真正的信仰。他否定的不仅仅是尼康教派的教会,而且反对从彼得时代起的政府。他认为彼得是反基督者,沙皇政权则被他称作"烟草强国"。他勇敢地说出了他思考过的想法,揭穿神父和小官吏,他因此遭到审判,身陷囹圄,从一座监狱转押到另一座监狱。他失去自由,被关进监狱,看守长们斥骂他,给他加上脚镣手铐,难友讥笑他,他们全和那些长官一样,背弃上帝,相互辱骂,千方百计在自己心中亵渎上帝的形象。所有这一切并不使他记恨,他自由时所有这一切在尘世随处可见。他知道所有这一切之所以发生,是因为人失去了真正的信仰,一切就像尚未开眼的狗崽离开了母狗乱了套。然而他知道真正的信仰是存在的。他之所以知道,是因为他在自己的心灵中感到了这种信仰。他到处寻觅这种信仰。他终于在约翰启示录中如愿以偿地找到了它。

"不义的叫他仍旧不义,污秽的叫他仍旧污秽,为义的叫他仍旧为义,圣洁的叫他仍旧圣洁。看哪,我必快来,赏罚由我,按各人行事各得其报。"他常读这本奥秘书,时时刻刻等待"未来"。它不仅将根据各人所作所为予以奖惩,而且将向人揭示神圣的真理。

在处死斯威特洛古勃的早晨,他听到了嘚嘚的鼓声。他爬到窗户上,通过栅栏看到来了一辆马车,从监狱走出一个年轻人,一头卷发,双眼炯炯有神,微笑着上了马车。他那白皙、不太长的手拿着一本书。年轻人把书紧贴在自己的心口。分离派教徒知道这是新约。他向窗里的囚徒点点头,微微一笑,和囚徒彼此对视了一眼。马车起动了。马车里坐着天使般光彩照人的年轻人,守卫们则围着他。马车在石子路上颠簸,向着院外驶去。

分离派教徒从窗户上爬下,坐到自己床上,深思起来。"这个人认清了真理,"他思忖,"反基督的仆从们随后会用绳子绞死他,免得他向别人宣扬这一真理。"

7

这是一个秋日阴沉的早晨。看不见太阳。海面吹来湿润而温暖的风。

清新的空气,房屋的侧影,城市,马匹,打量他的人,这一切都吸引着斯威特洛古勃。他坐在囚车里,背对马车夫,不由自主地端详那些押解他的士兵和擦身而过的路人的脸。

还是清晨,囚车驶过的街道几乎空无一人,碰到的只是些工人。围着围裙、溅满灰浆的石匠行色匆匆,迎面而来,他们收住脚步,转过身,刚好与马车齐平。其中一人说了点什么,挥挥手,然后他们大伙又转过身赶去干自己的活计。马车夫们赶着货车,上面装有轰轰作响的长铁条。为了给囚车让路,他们让健硕的马匹转身,停下,并以一种莫名其妙的好奇心打量着他。其中一个货车车夫摘下帽子,在胸前画了一个十字。戴着压发帽、穿着白围裙的厨娘手提篮子走出栅栏门,看到囚车后,又飞快地回到院子里,和另一个女人一起从那里跑出来,两个女人不停地喘气,圆睁双眼,目送着囚车,一直到看不见。一个穿得破破烂烂、没刮胡子、头发灰白的男人用一个有力的动作对扫院子的人指着斯威特洛古勃,暗示准有一种明显的坏事。两个孩子大步追赶囚车。他们不看前面,扭转头在囚车旁的人行道上奔跑。一个稍大的孩子跑得快,另一个稍小,没戴帽子,抓住大孩子,惊恐不安地看着囚车,吃力地迈着两条小短腿,磕磕绊绊地跟着大孩子。斯威特洛古勃看到了他,对他点点头。囚车押送的这个可怕人物的这一举止,使小孩惊恐不安,以致他瞪大眼、张大嘴,要哭起来一样。于是,斯威特洛古勃吻吻自己的手,对他温柔地微微一笑。孩子突然意外地报以一个亲切善意的微笑。

在押送去行刑的这段时间,什么在等待他的意识并未破坏斯威特洛古勃平静而庄严的心情。

只在囚车驶近绞架,他被拉下车,看到柱子和架着的横木及上面随风轻轻晃动的绞索时,他感到心头好像受到了重重的一击。他突然感到难受。但这为时并不长。在绞台周围,他看到黑压压几排荷枪实弹的士兵。士兵前面有几个军官在来回走动。他刚被带下囚车时,嘭嘭嘭突然传来一阵鼓声,使他心头一震。斯威特洛古勃看到几排士兵身后老爷和太太们的马车,显然是来看热闹的。最初所有的一切场面都使斯威特洛古勃觉得奇怪,但是他立刻回想起他入狱前的情景,他惋惜这些人不了解他如今所了解的那些真理。"但是他们会了解的。我将死去,但是真理不会灭亡。他们将会了解。所有人——当然不包括我,他们都会活着成为幸福的人。"

他被带上行刑台,他后面跟着一个军官。鼓声停了,军官用一种不自然的声音——在广袤的田野间,在鼓声的轰鸣后,这声音显得特别小——宣读那愚蠢的死刑判决书,就是那份在法庭上向他宣读的剥夺被处死者权利的判决书,"近期和遥远的未来"这种蠢话连篇的判决书。"为什么,为什么他们总是这样干呢?"斯威特洛古勃想,"多可惜,他们还不了解真理,而我已不可能向他们转达所有真理,但是他们会了解的,大家都会了解的。"

一个穿着淡紫色法衣的神父,身子干瘦,长发稀稀拉拉,胸前佩着一个不大的镀金十字架,他那从黑丝绒袖口伸出的干瘦、青筋暴露的白手,拿着另一个大银十字架,向斯威特洛古勃走来。

"仁慈的主啊。"他开始说,把十字架从左手倒到右手,并把它举到斯威特洛古勃面前。

斯威特洛古勃心头一震,避到一边。他差点要对神父说出伤人的话。这个神父参与了即将结束的绞死他的仪式,却又满口的仁慈怜悯。但是,他记起了新约所说"他们不知道他们在做什么"之后,努力克制自己,羞怯地说:

"对不起,我不需要这。请原谅,我有权不要。谢谢您。"

他向神父伸出手。神父重又把十字架倒到左手,握了握他的手,尽力不看他的脸,下了行刑台。鼓声重又响起,压倒了所有其他声音。神父之后,一个人踩得行刑台的木板摇摇晃晃,快步走到斯威特洛古勃身边。这个人中等身材,一肩高一肩低,双手肌肉发达,俄式衬衫上套着一件西装上衣。这个人迅速扫了斯威特洛古勃一眼,紧贴着他,发出一股难闻的酒气和汗味,用强劲有力的手指抓住他手腕以上的胳膊,他疼痛难忍,他的双手被扣到他的背后牢牢捆紧。双手捆绑后,刽子手停顿了片刻,似乎在琢磨什么,看了看斯威特洛古勃,又看了看自己随手带来放在行刑台上的一些东西,还看了看绞架横木上的绞索。他想他该怎样下手,他走近绞索,稍作调整,又把斯威特洛古勃往前推了推,让他离绞索和行刑高台更近。

正像宣读死刑判决书时斯威特洛古勃理解不了向他宣读的这一事件的整个意义一样,如今,他也弄不明白面临的这一时刻的整个意义,莫名其妙地端量刽子手,看他匆促、灵巧、专注地完成自己可怕的事情。刽子手的脸是最普通的俄国工人的脸,并不凶狠,但像一般人常有的那样专心致志,力求尽可能准确地执行必不可免而复杂的事情。

"还往这里靠近点……再靠近点。"刽子手一边声音嘶哑地说,一边把他推近绞架。斯威特洛古勃挪了一步。

"老天,帮帮我,宽恕我!"他说。

斯威特洛古勃不信神,甚至常常嘲笑信神的人。他到现在还不信神,之所以不信,是因为他不仅不能用语言来表述,而且不能在思想上接纳它。但是他如今理解了他向之呼求的那个对象——他了解这——确实是他所理解的所有对象中最为现实的。他知道,向他呼求是必需而重要的。他之所以了解这一点,是因为他一当向之呼求,内心马上就会平静下来,使他变得坚定不移。

他向绞架靠近一步,不由自主地向几列士兵和五光十色的看客投去一瞥,再次想起:"为什么,为了什么他们要这样干?"他开始可怜他们,也可怜自己,眼泪就夺眶而出。

"你真不可怜我吗?"他说,目光直视刽子手那畏葸的灰色眼睛。

刽子手停顿片刻,脸色突变,显得凶狠蛮横。

"得啦,说得够多了!"他嘟囔着,迅速弯向放着他的上衣和像是一块亚麻布的地板,双手灵巧地从后面抱住斯威特洛古勃,把亚麻布袋套到后者的头上,并快速把它拉到其胸前背后。

"我把我的灵魂交到你手里。"斯威特洛古勃想起了新约里这句话。

他的灵魂并不抗拒死亡,但是他的强健年轻的身躯却不接纳它,不甘屈服,想要抗争。

他想叫喊,挣脱,但就在这一瞬间他感到被推了一下,失去了支撑点,他感到了窒息的动物式的恐惧,脑中"嗡"的一声,随后一切都消失了。

斯威特洛古勃的身躯摇摇晃晃吊在绞索上。双肩升起落下起伏了两次。

刽子手等了两分钟左右,阴沉沉地皱着眉头,两手按着尸体的双肩,使劲拽住尸身。尸体不再动弹,只有套着亚麻布袋、吊在那里的玩偶般的尸身还在缓缓摇晃。它的脑袋不自然地向前伸着,双腿则穿着囚袜,挺得笔直。

刽子手走下行刑台向长官报告,尸体已经可以取下埋葬。

一个小时之后，尸身从绞架上解下，被运到没经宗教净化的墓地。

刽子手完成了他愿意并着手执行的工作。但执行这样的任务并不轻松。斯威特洛古勃"你真不可怜我吗"的话不时从他的脑袋中蹦出来。他本是杀人凶手，苦役犯，刽子手的称号给了他相对的自由和奢华生活。但是从这天起，他拒绝日后执行他自己承担的义务。就在这个星期，他一直在喝酒，不仅喝光了行刑的报酬，而且把自己较为贵重的衣服也变卖喝掉了，竟一直喝到被关进单人囚室，又从单人囚室转到了医院。

8

伊格纳特·密任涅茨基是恐怖党革命首领之一，他就是那个吸引斯威特洛古勃参加恐怖活动的人，此时他已由被捕地区的省里押送到彼得堡。在同一监狱，关着一个见过斯威特洛古勃被处死的分离派老教徒。老人曾被流放到西伯利亚。他总是那样思忖，他怎样才能了解真正的信仰，在何处才能了解真正的信仰，他还会偶然忆起那个容光焕发的年轻人，他居然能高高兴兴微笑着走向死亡。

得知在这同一所监狱关着这位年轻人的同志，和年轻人有着共同信念的人，分离派教徒很高兴，请求狱卒把他带到斯威特洛古勃的朋友那里。

密任涅茨基不顾监狱纪律严格，仍和本党人士保持着联系，每天期待有关地道方面的信息。挖掘地道的计划是他策划的，想炸翻沙皇乘坐的专车。而今他却想起计划中还有几处疏漏的细节，想设法转告与自己思想一致的朋友。当狱卒走进他的囚室，小心翼翼地轻声对他说，有一个囚犯想见他时，他很高兴，希望这一会面使他有机会通知自己的党。

"他是什么人？"他问。

"一个农民。"

"可他想干什么呢？"

"想谈谈信仰。"

密任涅茨基微微一笑。

"好吧，带他来吧。"他说，"他们分离派也是痛恨政府的，也许有用。"他想。

狱卒走了。过了几分钟，囚室门开了，进门的是一个个子不高的干瘪老人，披着一头浓发，留着稀疏、灰白的山羊胡子，长着一双善良、疲惫的蓝眼睛。

"您要怎样？"密任涅茨基问。

老人抬眼望了他一下，又匆匆垂下双眼，伸出一只有力、干枯而不大的手。

"您要干什么？"密任涅茨基重问一遍。

"有话对您说。"

"什么话？"

"有关信仰。"

"什么信仰?"

"人说,您和那个一头鬈发,在奥捷斯特被反基督的奴仆们绞死的年轻人有着相同的信念。"

"什么年轻人?"

"秋天在奥捷斯特被绞死的。"

"大概是斯威特洛古勃吧?"

"就是他。您是他的朋友?"老人每提一个问题,老是热切地用他那双善良的眼睛端量密任涅茨基的脸,然后又马上垂下双眼。

"是的,是我亲近的人。"

"信仰一样?"

"就算一样吧。"密任涅茨基微笑着说。

"这一点正是我要问您的。"

"可您本人想干什么呢?"

"想了解你们的信仰。"

"我们的信仰……好吧,请坐。"密任涅茨基耸耸肩,说,"这就是我们的信仰。我们相信,有一些人攫取权势,并用以折磨和欺骗百姓,应该不惜身家性命与这些人做斗争,以使受他们盘剥的百姓摆脱他们。"密任涅茨基按习惯说,"折磨百姓,"他做了修正,"所以他们应当被消灭。他们杀人,他们要是执迷不悟,他们也得被杀。"

分离派老人不时叹气,没有抬头看一眼。

"我们的信仰是不惜牺牲自己,推翻专制政权,建立自由的、民选的、民众的政府。"

老人沉重地叹了口气,整整囚衣下摆,就在密任涅茨基脚边跪了下去,叩了一个头,额头碰到布满灰尘的地板。

"您为什么叩头呢?"

"不要骗我,快说你们的信仰。"老人说,既没有站起来,也没有抬头。

"我已经说了我们的信仰。快起来,不然我就不再说话。"

老人站了起来。

"这个年轻人的信仰也是这样吗?"他站在密任涅茨基对面说,他那双善良的眼睛偶尔觑着后者的脸,又马上重新垂下。

"就是这样。他因此而被绞死,我也将为了这同样的信仰马上被押送到彼得洛巴甫洛夫斯卡。"

老人鞠了一躬,默默走出囚室。

"不,这不是年轻人的信仰。"他想,"这个年轻人了解真正的信仰,这个人不是在胡诌他和年轻人信仰一致,就是不想公开……也罢,我总会弄明白的。或者在这里,或者在西伯利亚。到处有上帝,到处有人。上了路,就问路。"老人想,重新拿起新约,刚好自行翻到《启示录》,就戴起眼镜,坐到窗口,阅读起来。

9

又过了七年。密任涅茨基在彼得洛巴甫洛夫斯卡要塞单独囚禁刑满,又被流放做苦役。

他在这七年备受煎熬,但是他的思想并没改变,毅力也没消减。在关进要塞前的审讯中,他以其坚定性和对那些决定其生死命运的人的鄙夷不屑的态度曾使侦查员和法官大吃一惊。在他的灵魂深处,由于被捕而不能完成业已开始的事业而深感痛苦,但是他并没有流露出这种感情;因为他与这类人刚一接触,他马上就会义愤填膺。对向他提出的问题,他总是沉默以对。只有在有机会刺痛那些审讯者——宪兵军官或检察官时他才说话。

当有人对他说起那些老生常谈——"只要真心承认,您就能改善您的处境"——之时,他轻蔑地微微一笑,沉默片刻后说道:

"如果你们想威逼利诱我出卖同志,那是你们的一厢情愿。难道你们以为我在从事我为之而受你们审判的事业时,我会不做最坏的打算?所以,你们无论干出什么勾当,都不会使我吃惊,也不会使我害怕。你们可以随心所欲地对付我,但是,我是不会说的。"

看到他们彼此难堪地交换眼色,他很高兴。

在彼得洛巴甫洛夫斯卡要塞,他被关在一个潮湿的小囚室里,高处的窗户安着黑色玻璃,他明白了,他将在里面度过不是几个月,而是几年,一阵恐惧袭上心头。令人恐惧的是这种精心策划的死一般的沉寂,以及意识到他并非一人,在这不可穿透的四壁后面关押着和他一样的囚犯。他们被判刑十年,二十年,痛不欲生,上吊,发疯,因肺病慢慢死去。这里有女人,男人,朋友,也许还有……"多年以后,你也会发疯,上吊,死去,你不复为人所知。"他思忖。

他心中升腾起一股对所有人特别是那些成为他被捕入狱原因的人的怨恨之情。这种怨恨之情要求有怨恨对象,要求行动,要求热烈的争论。可是这里却是一片死寂。只有不回答犯人问题的沉默者轻软的脚步声,开门声,锁门声;他们定时送来囚饭,巡视查号,尽管高悬的太阳透过浑浊的窗子投下一丝光线,但是监狱仍然是一片幽暗,相同的寂静,相同的轻软脚步声,相同的响声。今天这样,明天这样……怨恨之情由于无处发泄,啃啮着他的心。

他试着敲墙,可是没有反应。他的敲墙声只是又引来了相同的轻软脚步声,和以单独囚禁威胁的平稳的人声。

唯一可以休息和放松的时刻是睡眠时刻。可是醒来也可怕。在梦中他总是看到自己是自由的,他大半正陶醉于自认与革命活动不相吻合的事情。他时而演奏一种奇特的小提琴,时而向姑娘们大献殷勤,时而划船,时而打猎,时而因一项奇怪的科学发明而被授予外国大学的博士头衔,并在午宴上致谢词。这些梦是那样鲜明,现实是那样阴暗而单调,以致回忆与现实难有区别。

梦境中使他难过的,大半只是他追求、希望的事情眼见就要大功告成时却突然醒来。心突然怦怦乱跳——令人欢欣鼓舞的整个场景消失了,留下的是令人痛苦的没有得到满足的愿望。还是那堵满是湿气、斑驳陆离的灰墙,亮着的还是那盏小灯,身下还是那硬板床,铺着一边已揉皱的草垫子。

做梦的时刻多美好。但是,关押拖得越长,他睡得就越少。他把梦看作是最大的幸福、期盼、等待,但是期盼越热切,就越期盼不到。只要他问自己:"我能睡着吗?"他就会一丝睡意都没有。

在囚室里跑跑跳跳也无济于事。剧烈运动只能使他变得虚弱,神经更亢奋,脑门疼痛,只要他一闭眼,在那布着点点亮光背景的黑暗中就会浮现出一张张嘴脸,有些披头散发,有些秃头,有些大嘴,有些歪嘴,一个比一个可怕。它们还装扮出最为令人惊悚的鬼脸。以后,这些嘴脸即使是在圆睁双眼时也会出现,出现的不仅是嘴脸,而且还有整个身躯,它们开始说话、跳舞。场景变得那么可怕,他跳起来,用头撞墙,大喊大叫。门上的小窗开了。

"不准叫喊。"传来平静沉稳的声音。

"去喊看守长来!"密任涅茨基大喊。

他没得到任何回答,门上的小窗关上了。

密任涅茨基彻底绝望了,他唯一的愿望就是死。

又一次,他怀抱这样的心情决定结束自己的生命。囚室里有一个气孔,上面刚好能固定有活扣的绳子,站在床上就可上吊。但是没有绳子,他开始把床单撕成长布条,但这些布条不够用。于是他决定绝食。他两天没有进食,到第三天他已虚弱不堪,幻觉猛烈地不断向他袭来。当有人给他送食物时,发现他圆睁双眼,失去知觉,正躺在地板上。

来了一个医生,把他弄到床上,给他服了溴剂和吗啡,他睡着了。

第二天醒来时,医生正站在他身边直摇头。突然,一股他原先熟悉但久已没有体验到的怨恨的洪流涌上心头。

"您怎么不羞愧呢?"当医生低头数他的脉搏时,他对医生说,"偏偏要在这里干活!您干吗为了再折磨我而给我看病!不用说,这与参与鞭刑然后决定再次进行手术完全一样。"

"劳驾,仰面躺着。"医生心平气和地说,并不看他,一边从侧面口袋里取出听诊器。

"那些伤口平复的人,就被赶去补挨其余的五千棍。见鬼,见鬼去吧!"他突然喊了起来,双腿挪到床下,"走开,没有您我也会完蛋的。"

"不好,年轻人,对这粗暴行为我们自有对付的办法。"

"见鬼,见鬼!"

密任涅茨基样子那么吓人,以致医生就匆促离开了。

10

不知是吃药起了作用,还是他度过了危机,或者竟是胸中升起的对医生的怨恨医好了他,总之,从这一刻起,他控制住了自己,开始过一种完全不同的生活。

"他们不能也不会永远把我关在这里,"他寻思,"总有一天会放我出去。也许——这极有可能——制度变了(我们的人仍在继续工作),所以应当珍惜生命,变得健壮有力,能继续工作。"

他对为了这一目的应采取的最佳生活方式考虑了很久,他的设想是:他应在晚九点入睡,一直睡到次日清晨五点——睡没睡着都一样。早晨五点起床,收拾整理,洗洗刷刷,做操,然后如他对自己所说的那样,去干各种事情。在他的想象中,他在彼得堡漫步,从涅瓦大街走到纳杰日金大街。他竭力想象这段路程可能碰到的一切东西:招牌,房屋,警察,迎面而来的马车,步行者。在纳杰日金大街,他走进一位他熟识的合作伙伴的家,在那里,他们和赶来与会的同志一起讨论即将面临的事情。一场唇枪舌剑的辩论展开了。密任涅茨基发言支持自己的观点,也赞成其他人的一些观点。有时他说的声音很大,引得哨兵透过小窗对他训斥一顿,但密任涅茨基压根就没注意,继续做着漫游彼得堡的白日梦。在朋友那里待了两小时左右之后,他回家吃午饭,先只是在想象中,以后却实实在在有人给他端来了食物,他总是吃得不多也不少。随后在他想象中他待在家里研究历史、数学,偶尔在星期天研究文学。历史研究的方法是:他在选定某一个时代和民族之后,记忆历史事件和编年。数学研究的方法则是在心中默算,做几何作业(他特别喜欢这工作)。每到星期天,他回忆普希金、果戈理、莎士比亚,自己动手写作。

睡前他还要做一次小小的回顾,在想象中,他和男女同志做着谈话,有时是笑谑式的,有时是严肃的,有些是原先就谈过的,有些则是重新想到的。这样一直到深夜。为了锻炼,他睡前还在自己的囚室里真正走上两千步,然后上床,大半能酣然入睡。

第二天还是这样。有时他想象到南方去暗中鼓动百姓,开始暴动,和百姓一起驱逐地主,把土地分给农民。然而,所有这一切在他的想象里都不是突然出现的,而是逐渐演化的,同一切细枝末节一起产生的。在他的想象里,革命党处处获胜,政权被削弱,被逼召开大会。沙皇家族和所有民众的压迫者都消失了,共和国建立了。他密任涅茨基当选为共和国总统。有时他很快就达到了这想象的结局,有时,则需要从头开始,通过另一些方法达到目的。

他就这样生活了一年,两年,三年。他偶尔也会脱离这一严格的生活轨道,但大半会重归这一生活秩序。他控制了自己的想象,因而不会出现无果而终的幻景。失眠、幻视、嘴脸偶尔会侵袭他,此时他会盯住气孔,考虑怎样把绳子固定好,怎样打结上吊。但是这类侵袭都为时不长,他总能战而胜之。

他那样度过了差不多七年时光。当刑期届满被送去服苦役时,他已成了一个生机勃勃、完全能掌控自己心力的健康人。

11

他被当作特殊的要犯单独押去服苦役,不准他和其他人联络。只有在克拉斯诺亚尔监狱他才第一次和另一些同样被流放去服苦役的政治犯有了交集。他们一共六人——两女四男。他们是密任涅茨基不熟悉的新派年轻人。这些人是他之后的新一代革命家,是他的继承者,所以他对他们特别感兴趣。密任涅茨基期待在他们中间碰到一些赞赏他及其同志的人,因为他们踏着他的足迹前进,所以理当敬重他们的前辈,特别是他密任涅茨基所做的一切贡献。他准备亲切而宽容地对待他们。但是这些年轻人对他表现出一种并不友好的莫名惊诧,不仅不认为他是他们的前辈和导师,而且对他表现出倨傲的宽容,因为他们回避并原谅他的过时的陈旧观点。据这些新派革命者的看法,密任涅茨基及其朋友所做的一切工作——企图推动农民暴动,主要的是企图进行恐怖活动和暗杀:暗杀省长克拉波特金、密岑卓夫和亚历山大二世本人——所有这一切都只是一系列的错误,只是导致了亚历山大三世时期反动的得势,社会的倒退,几乎回到农奴制。按新派的意见,民众解放的道路则完全不同。

密任涅茨基不停和新熟人争论,延续了近两天两夜。尤其是他们的头,罗曼——大家都只是按名字这样叫他——使密任涅茨基感到撕心裂肺的疼痛,因为他毫不动摇地坚信自己的正确,对密任涅茨基及其同志的原先的一切活动持一种宽容的甚至嘲弄的否定态度。

在罗曼的概念里,民众是愚氓,"供役使的牲畜",处于当前发展阶段的民众将一无可为。企图提高俄国农村居民的一切行为如同企图用石头或冰块燃烧一样。必须培植民众,必须让他们养成团结一致的习性,能造就这点的只有大工业及在其上茁壮成长的民众的社会主义团体。对民众而言,土地不仅不需要,而且会使他们变得守旧,成为奴仆。不仅我们这里是这样,而且西欧也是如此。他凭记忆引证着权威的观点和统计数字。民众应当从土地上摆脱出来,越快越好。民众中进工厂的人越多,土地集中在资本家手里越多,民众受压迫越厉害,那就越好。能消灭专制制度,主要是消灭资本主义制度,只有民众的团结一致的精神,而能达到这种团结一致精神的,只有工人的联盟和团体,也就是说,只有民众不再成为土地私有者并且成了无产阶级才有可能。

密任涅茨基热情洋溢地参加这场舌战,他尤其被其中一个女人所激怒。她目光炯炯有神,头发又密又长又黑,相当漂亮。她坐在窗台上,似乎并不直接参与论争,只是偶尔插上一言半语,为罗曼敲敲边鼓,或者只是对密任涅茨基的言论不屑地投去吃吃的窃笑。

"难道能把所有的民众变成工厂工人?"密任涅茨基说。

"为什么不能?"罗曼反驳说,"这是普遍的经济规律。"

"我们怎么知道它是普遍规律呢?"密任涅茨基说。

"那就去读读考茨基的著作。"黑发女子轻慢地微微一笑,插了一句。

"假定这样,"密任涅茨基说(我并不这样认为),"民众都变成了无产阶级,你们为什么以为民众能根据你们事先给他们所做的规定,建立那样的组织形式呢?"

"因为这是有科学根据的。"黑发女子从窗子那边转过身,又抛过来一句。

当话题涉及为了达到目的应采用的必要的活动形式时,分歧就更大。罗曼及其朋友坚持认为,必须准备一支产业大军,推动农民向工人转化,并在工人中宣传社会主义。为了达到他们的目的,不仅不应和政府做公开的斗争,而且应当利用它。密任涅茨基则说,应当直接和政府做斗争,从事恐怖活动,因为政府远比你们强大而狡诡。"不是你们在欺骗政府,而是政府在欺骗你们。我们则要鼓动民众和政府做斗争。"

"你们做得真够多的。"黑发女子挖苦说。

"然而,我认为,和政府做直接斗争只是一种浪费力量的错误行为。"罗曼说。

"'3月1日'也是浪费力量?"密任涅茨基大喝一声,"我们做出自我牺牲,献出生命,你们却平静躲在家中安享生活,只是做你们所谓的宣传。"

"我们也没怎么安享生活吧。"罗曼平静地说,环视自己的同志,用他那不太有感染力的,然而响亮、清晰而自信的笑声,以胜利者的姿态哈哈大笑。

黑发女人摇头晃脑轻蔑地浅浅一笑。

"我们也没怎么安享生活吧,"罗曼说,"若说到我们被关在这里,那得归功于这股反动势力,而反动势力则正是'3月1日'的产物。"

密任涅茨基不再吭声。他感到愤恨使他透不过气来,他向走廊走去。

12

为了尽力稳定情绪,密任涅茨基顺走廊来回踱步。晚点名前,囚室门都开着。一个囚犯,个子高挑,头发浅黄,只剃去了一半,但就连这怪样也没破坏他脸上温厚的神情。他走到密任涅茨基身边。

"我们号里有一个难友,看到了先生您,就说去把他叫到我这里来。"

"什么难友?"

"他有个外号,叫'烟草强国'。是个小老儿。分离派教徒。他说,去把那个人叫到我这里来。他这指的就是先生您呐。"

"可他在哪里呢?"

"就在我们号里。他说,去把这老爷叫来。"

密任涅茨基和这囚犯一起向一间不大的囚室走去。囚室铺着木板,囚犯们在上面或坐或躺。

那分离派教徒,就是七年前找密任涅茨基探问斯威特洛古勃的那个老人。他正盖着一件灰色囚衣躺在铺边的光木板上。老人脸色苍白,干瘪,满是皱纹,头发仍是那样稠密,稀疏的胡子完全花白了,向上翘着。双眼蔚蓝、善良而专注。他仰躺在那里,显然在发烧:颧骨上带着病态的红晕。

密任涅茨基靠近他。

"您怎么啦?"他问。

老人困难地支着肘子抬起身子,颤巍巍地伸出干瘪、不大的手。他准备说话,似乎在鼓劲,此时他却开始喘粗气,在艰难地歇了一口气之后,终于轻声说起来:

"您当时没有向我指明实情——愿上帝保佑您,如今我却要把它向所有人公开说出。"

"可您究竟要公开说什么呢?"

"关于羔羊……我要公开说出羔羊的实情。这个年轻人和羔羊同在。新约说,羔羊能胜过王,胜过一切人。和羔羊在一起,他们就成了蒙召被选的有忠心的人。"

"我不明白。"密任涅茨基说。

"您要在灵魂中去弄明白。众王拥有野兽出没的国土。羔羊却胜过了王。"

"什么众王?"密任涅茨基说。

"王有七个:其中五个已没落,一个尚存,另一个还没降临,就是说还没到来。他即使来,他的力量也甚小……这意思是,他的末日到了……明白吗?"

密任涅茨基摇摇头,以为老人疯了,在胡言乱语。同样这样想的还有那些囚犯,同一监号的难友。那个剃了阴阳头的、去把密任涅茨基叫来的囚犯走到他身边,用胳膊肘轻轻碰了碰他,发现他并没注意自己,就对老人眨了眨眼。

"老是啰里啰唆,老是絮絮叨叨,我们的'烟草强国',"他说,"可是说了什么,连他自己也不清楚。"

密任涅茨基及老人同室的难友端详着老人,都做如是想。而老人则非常明白他在说什么,他所说的一切对他都是含义分明而深刻的。这含义是,恶的统治已经为时不长,羔羊将以善良和温顺胜过一切人,羔羊将擦干所有的眼泪,不会再有哭泣、疾病和死亡。他感到这一点正在实现,正在全世界实现,因为这正在他弥留之际豁然开朗的心灵中实现。

"快来吧,阿门! 来吧,耶稣!"他说,随后略带深意地微微一笑,可密任涅茨基却觉得他笑得像疯子一样。

13

"正是他,他才是民众的代表,"密任涅茨基想,离开了老人。"他是他们中间最出色的。多么愚昧无知!他们(他指罗曼及其同志)却说,处于当前情况下的民众,是一无可为的。"

密任涅茨基曾有一阵在民众中开展自己的革命工作。他了解俄国农民具有如他所说的"惰性"。他常和现役及退役的士兵交往,知道他们信守誓言,绝对服从,决不受反对意见的影响。他了解这一切,但是从来没有从这认识中得出由此必不可免地得出的那个结论。和新派革命者的交谈使他思想崩溃,恼怒。

"他们说,我们所做的一切工作,哈尔图林、吉巴尔乞奇、彼罗夫斯卡娅所做的一切工作,都是没有必要的,甚至是有害的,正是这些活动引起了亚历山大三世的反动,民众因此而深信,革命活动是地主进行的,他们因为沙皇剥夺了他们的农奴而杀死了沙皇。真是荒谬绝伦!这样考虑问题,是怎样的误会,何等的粗蠢莽撞!"他边想边走,继续在走廊来回踱步。

所有的监号全关着,只有新派革命者住的那个囚室是例外。密任涅茨基走近它时,听到了他讨厌的黑发女人的嬉笑声,罗曼大言不惭的坚定的讲话声。他们显然在谈论他。密任涅茨基停步倾听。罗曼说:

"因为不懂经济规律,所以他们并没有认清他们所做的工作,而这里大部分是……"

密任涅茨基不能也不想听完"这里大部分是什么"的话题,他本来就不必了解这一点。单单这个人说话的声调就表现出他们对他的完全轻慢的态度。而密任涅茨基却是一位革命的英雄,为了这一目的而丧失了十二个春秋。

密任涅茨基心中升腾起一股他还从未体验过的可怕仇恨。恨所有人,恨一切东西,恨这毫无意义的只有像野兽一般的人才能在其中生活的世界,比如这宣扬羔羊理论的老人,还有那半人半兽般的刽子手和监狱管理人,以及一些厚颜无耻、自信、早已流产的死守某种陈腐理论的冬烘先生。

值班狱卒进来把一个女政治犯押到女监号去。密任涅茨基为了不和他们相遇,就退到远处走廊的尽头。狱卒回来后,锁上了关押新来的政治犯囚室的门,吩咐密任涅茨基回自己的监号去。密任涅茨基机械地听从了,但请狱卒不要锁上他囚室之门。

密任涅茨基回到自己的囚室后,就面对墙壁躺到床上。

"难道在这件事情上真正徒劳地浪费了所有力量:精力、意志力、天赋能力(他从来没承认在精神品质方面有人能出其右者)都白白浪费了!"他想起不久前他被发配去西伯利亚的路上收到的斯威特洛古勃的母亲给他的信,为了他把她的儿子吸引进恐怖党而毁灭了她儿子,在信中如他所想的那样,她以她的女人之见愚蠢地责备他。收到信后,他只是轻慢地莞尔一笑:这个傻女人怎能理解摆在他和她儿子面前的那些目标呢?但是,如今想起这封信和斯威特洛古勃那亲切、信任、热情的性格之后,他沉思起来,先是想她的儿子,然后是想自己。难道他们的整个一生都是个错误?他闭上双眼,想睡觉,但是突然一阵恐惧袭来,他感到他在彼得洛巴甫洛夫斯卡要塞第一个月所体验到的那种心境又回来了。又是脑门痛,又是在闪烁着光点的黑暗背景上那大嘴巴,头发蓬松、令人悚惧的嘴脸,又是圆睁双眼前的身影。有一点是过去没有的:一个刑事犯穿着灰裤子、剃光了头,在他上方摇晃。按照思想发展逻辑,他重又开始寻找那能够固定绳索的通风口。

难以忍受的怨恨情绪要求发泄,它烧灼着密任涅茨基的心。他无法坐在一处不动,无法平静,也无法驱散自己的这些想法。

"怎么办?"他开始问自己,"割断动脉?我不会。上吊?这自然最简单。"

他想起用以捆扎堆放在走廊上的木柴的绳子。"可以站在木垛上,也可以站在凳子上。可走廊里有狱卒来回走动。他终要睡觉,终会有事离开的。应该等待时机把绳索马上弄到手,固定在气孔上。"

密任涅茨基站在自己囚室的门边,倾听着狱卒走廊中的脚步声,当狱卒往远处尽头走去时,会偶然对着门孔窥视一下。狱卒老是不离开,也老不睡。密任涅茨基热切地倾听他的脚步声,等待着。

在关押有病老人的监号里,在冒着油烟的小灯依稀可辨的黑暗中,在呼吸声、抱怨声、呻吟声、打鼾声汇成一片的睡意惺忪的夜声中,这时正发生着一件世界的大事。那个老人——分离派教徒死了,他那热切寻觅及他整个漫长的一生期盼的一切都为他的精神之目打开了。在耀眼的光芒中,他看到了化为神采奕奕的年轻人的羔羊,各民族绝大多数人都穿着白衣站在他面前,大家都欢天喜地,人间已不再有罪恶。不管是在他的心灵中,还是在全世界,这一切都已实现,老人知道这一点。所以他感到极大的欢乐和无限的宁静。

同监号的难友觉得,老人大声发出的是一种临终前的喘咳声;睡在他身边的难友醒过来也叫醒了其他人。这时喘咳声已停止,老人安静下来,身体渐渐变冷。他同室难友开始敲墙。

狱卒打开门,走到囚犯那里。过了十来分钟,两个囚犯把他的尸体抬了出去,准备送到停尸间去。狱卒跟在他们后面,门被锁上了。走廊空荡荡的。

"锁上,全锁上。"密任涅茨基寻思,在门后注视着发生的一切,"不要妨碍我离开这个荒谬可怖的世界就好。"

密任涅茨基现在还没感受到此前折磨他的那种内心的恐惧。他全身心只受到一个念头的支配:最好不要有什么来妨碍他完成自己的心愿。

他的心怦怦乱跳,他走近柴垛,解开绳索,把它从木捆下面抽出,扫视了一下门,把它带进了自己的囚室。在囚室,他爬上凳子,把绳索抛到气孔口。把两个绳头联在一起后,把绳结拉紧,然后用合成的双股绳索做成一个活扣。但活扣垂得太低。他重结绳子,重做活扣,在脖子上试了一试,他不安地倾听并看着门,爬上凳子,然后把脑袋伸进活扣,并整了整活扣,他一下踢开凳子,吊了起来……

只是在早晨巡视时,狱卒才发现了密任涅茨基,他双腿弯曲,半吊半站在那里,旁边是一个侧翻着的凳子。他被从扣子里解脱出来。看守长赶到后,知道罗曼是医生,就让他进行抢救。

抢救常用的一切手段都用上了,但是密任涅茨基经抢救无效而死亡。

托尔斯泰

11月4日 语 言

与解释真理相比,为真理而起的口舌之争更会使人瞀乱混沌。

真理应当在幽静中成熟。真理一旦成熟,就变得鲜明夺目,不用争论就会为众人所接受。

1.一个即使正确却善于沉默的人,其内心蕴含着巨大的力量。

卡图

2.放弃争论吧——论争是使人信服你的主张的最无益的办法。见解有如钉子:敲击越多,就隐没进木头越多。

尤文纳尔

3.如果有人欺侮你,使你难过,在你情绪激动时,千万别反驳,如果非为自己辩护,那就先让自己内心的波涛平息下来。

选自 虔信者思想录

4.不要肯定你尚不完全相信的观点。不要轻信听到的一切。

选自 虔信者思想录

5.如果不能马上平息愤怒,那就管住舌头;沉默片刻吧,你很快就会恢复平静。

巴克斯德

6.对那确有一些令人厌恶的坏毛病的人大发雷霆,你能说你理智吗?因为他的罪过,你对他的邻居都会反感。我们对待人的精神恶习,则与此完全相同。

"然而,"你说,"人是有理性的,凭借理性的帮助,他是能意识到自己的缺陷的。"这很正确。所以,你拥有理性,就能用你的待人接物的理性态度使他人意识到自己的不足,那你就表现出你的理性来吧,去好好激发人身上的良知,治好他那盲目无知。你用不着愤懑、心浮气躁和傲慢不逊。

马克·阿夫列里

7.语言是心灵的钥匙。如果言不及义,那么,连一个字都是多余的。

中国谚言集

8.当你独处时,那就想想自己的错误,在你群居时,那就忘掉别人的过失吧。

中国谚言集

———————————

希望说得越多,那说蠢话的风险也就越大。

11月5日　思想的力量

思想是对真理的阐释,所以令人不快的思想——只是一种未经深思的思想。

1.心尚平静者可以保持其平静。尚未显露者可以轻易加以预防。尚孱弱无力者可以轻易加以摧折。为数尚少者,可以轻易加以耗散。

在事物存在前就该加以关注。在无序混乱开始前就该建立秩序。

粗壮的树木始于细枝。九层塔楼由块块小砖砌成。千里之行始于第一步。注意自己的思想——它们是行为的起点。

据 老子

2.清早起身,就该留意并告诫自己:我可能马上会和粗鲁、忘恩负义、厚颜无耻、虚伪、令人厌恶、凶狠之辈发生冲突,因为这一类过错是一切不知好歹的人所常有的。但是,如果我自己确凿知道孰善孰恶,那我就会明白,我的恶行只是那种我自己干的坏事,任何欺侮人的人都损害不了我,因为任何人都不能使我违背自己的意志去作恶。所有人尽可没有血缘关系,但精神上却是一致的:我们每个人身上都有来自上帝的、构成我们超越血缘的本质。如果我们还记得所有人都是我的亲人,那么,我们就不能对我们如此亲近的人生气,大发雷霆,因为我们彼此都是为对方而生,要求相互帮助,就像手足,就像唇齿,它们总是一致行动相互帮助。所以和欺凌我们的人绝交是违背我们真正的天性的。违背这一点,任何为了委屈而憎恨他人的人都是犯罪。

马克·阿夫列里

3.如果你想达到你的目标,啊,真理探求者,那就控制你自己的思想!把你自己的心灵的视线投向那唯一纯洁的、摆脱欲念的光芒吧。

婆罗门智慧集

4.为了火苗能发出平稳的光芒,必须把灯台置于避风之处。如果火苗遭到不断变向的风的吹刮,那火苗就会晃动,摇曳不定,投下诡秘的阴影,既晦暗又怪异。这样的阴影将把愚蠢的思想投向你白纸一般的心灵之上。

婆罗门智慧集

5. 在繁杂的尘嚣中,在跃跃欲试的诱惑中,没有时间寻找足以和我们意愿相抗衡的手段。

当你独处且没有诱惑魅惑你时,你就确定你的目标吧,只有那时,你才能有效地和诱引你的诱惑做斗争。

本丹

6. 沉思是不朽之路,轻忽是死亡之道。在沉思中振奋精神者永远不会灭寂,轻忽无知者宛若亡灵。

你得使自己觉醒,其时,在捍卫自己的观点和勇于听取他人的意见时,你都将始终不变。

佛陀智慧集[达马巴达]

心中一旦产生了愚蠢的想法,这愚蠢的想法就不可能被撵走,但是还是可以明白,出现的这一想法是愚蠢的,还可以找来会削弱、消灭它的那种主张。说人有缺点的想法出现了:我虽然不能撵走它,但是,我明白这种想法是愚蠢的,我可以激发起另一种想法:斥责人是愚蠢的,我自己也一样不好,他身上与我身上一样,都有着同一个上帝,所以我不能不爱他。

11月6日 谴 责

责备人是不明智的:它在任何情况下都是不需要的,而且对自己和他人都是有害的。

1. 晚会结束时,一个客人告别后离去,留下的客人开始对他品头评足,说了他许多坏话。第二个客人离去,遭到了同样的对待。就这样所有客人差不多都走了,只剩了最后一位。"请允许我留下过夜,"最后一位客人说,"我听说所有离去的人都很痛苦,我也为自己担心。"

2. 谚言说,对死者只说好话,否则就闭嘴。我则以为反而应对生者不说坏话,因为坏话可能会使他痛心并破坏他们和其他生者的关系,而对死者来说,早听惯了对他们阿谀奉承的谎言,所以任何东西都妨碍不了对他说出绝对的实情。

3. 出于对人的毛病的议论而责备人,是特别愚蠢的。因为这种议论,对需要它的人却掩掩盖盖,藏而不露,其实,如果把它当面直说,很可能会对此人有所裨益,又因为把这种议论在对其有害的人中间散播,它将在他们中间激起对被责备者的不良感情。

4. 严于律己，宽以待人，那你就不会有敌人。

中国智慧集

5. 人一当战胜自我，就不会再去责备别人。

6. 我认识一个老人，有意在词与词之间延迟几秒，把话拉长。他存心这样做，是因为他害怕犯口舌之罪。

7. 我们大家都不很好，所以我们责备其他人身上的一切毛病，我们也总能在我们自己身上找到。让我们彼此原谅吧。我们在尘世生活的唯一方法，就是相互宽恕。

语言是思想的反映，思想则是神力的显现，所以，语言应当与其反映的内涵相适应，语言能不偏不倚，但是不能也不应成为罪恶的反映。

11月7日 不 朽

人生可被当作梦，死亡则可被看作一觉醒来。

1. 我不能放弃这一想法：我在生之前已经死去，在死亡中则重新回到相同的状态。带着对自己原先存在的回忆的死亡和重生，我们称之为昏迷；在新的机体里的重新苏醒，则指的是出生。

里赫登别尔格

2. 如果我杀死动物——狗、小鸟、青蛙，甚或只是一只小小的昆虫，严格说来，这依然是不可思议的，因为我的凶狠轻率的举动，一个生灵，更准确地说，一种原生力就这样化为乌有了。而这种原生力，一种如此奇妙的现象，一分钟以前还精力弥漫生趣盎然地出现在我们面前。另一方面，千百万形形色色的动物，每一瞬间都在无限多样地、全力以赴地、急不可待地出生——它们任何时候都不能不真正实现其出生的行动，不能不变成某种东西——于是它们必然开始存在。因此，我若发觉一些生物莫名地隐匿不见，不知往何处去，另一些生物莫名地现身，不知从何而来，并且不管是前者还是后者，却有着相同的形式和本质，相同的特征，只是物质不相同而已，物质其实在它们持续生存的阶段，也在不停地新陈代谢——这样，推测就自然形成：那消失的生物和出现在其地的生物是相同的生物，只是它们生存的形式经受了不大的改造和更新罢了，也许，对个体而言是一场梦，而就外观看则是一种死亡。

叔本华

3. 我们梦里的生活几乎完全像真实的生活。帕斯卡尔说,如果我们梦中看到自己一直处在同一情景之中,而非梦的真实生活却完全不同,那么,我们似乎可以把梦认作现实,现实认作梦。

这不完全正确。

现实和梦的区别在于,现实生活中,我们拥有和我们的道德要求相匹配的行为能力。然而在梦中我们常常知道我们做了令人厌恶而不道德的行为,但是我们却控制不了。所以,我似乎可以说,如果我们不了解一种在其中能使我们比在梦中拥有更权威地去满足道德要求的生活的话,那么,我们最好把梦完全看作是生活,最好任何时候都不要怀疑这不是真正的生活。

我们如今由生到死的整个生活及其梦就本身说不也是一场被我们当作是现实和现实生活的梦吗?我们之所以不怀疑其真实性,仅仅是因为我们还不知道较之我们目前所拥有的生活,还有我们能在其中更自由地遵守心灵道德要求的另一种生活。

4. 我并不遗憾我在这里出生成长,度过我生命的一部分,因为我那样生活使我有根据认为会带来某种好处。而当末日来临,我弃世的方式同样也只是像离开人生逆旅,而不是抛别我真正的家,因为我觉得,我们待在这里是我们的一种宿命,只是一种临时的过渡。

西塞罗

5. 即使是我错了,即使如此,我也还是认为灵魂是不朽的,我仍将为自己的错误感到幸福和满足,只要我活着,任何人都无力剥夺我这坚定的信念:它给予我如此坚定不渝的宁静,那么完美的满足感。

西塞罗

我们问死后将会怎样?这样提问本身就是不对的,因为如果说未来,我们就在说时间,然而死亡却正是我们从时间中抽身离去。

11月8日 上 帝

我们对上帝的关系而形成的生命意识,我们由对世界、对事物的关系而产生的感觉是相同的。如果我们对世界、对事物一无所知,那感觉就不会存在,如果我们对上帝一无所知,那我们心中的生命意识也就不会存在。

1. 只有一种敬爱上帝的方法。这方法就是执行自己的义务,并根据理性提供的法则行动。根据我的看法,所谓上帝存在就不能不只是意味着:由于我在保卫自己的自由意志,所以我就感觉到自己必须按照真理来行动。这就是上帝。一般说来,我们的心灵能体验到上帝,但是把这种体验变为可理解的理性,即使不是完全不可能,无疑也是极困难的。问题还在于:没有心灵的参与,理性能否定能在某一时刻独自直达上帝。在心灵体验到上帝之后,理性才会开始寻找他。

里赫登别尔格

2. 上帝的理念,尽管具有其所有的庄严伟大,仍然是我们灵魂本质的理念,只不过它已被无限净化、无限提升罢了。

神的概念的根基在我们心中。

强宁格

3. 敬畏上帝好,爱戴上帝更好,使他在自己心中复活则最好。

安格鲁斯·西列齐乌斯

4. 上帝只能在自己心中寻找。

安格鲁斯·西列齐乌斯

5. 好雇工大概不会了解主人的一切生活细节,只有懒雇工才一事不干,拼命去刺探主人的生活和兴趣癖好,以便讨好他。人对上帝的态度与此相同。重要的是承认他是主人,了解他要求我干什么,至于他本人怎样,他如何生活,我绝不需要了解,因为我和他并不是对等的,我是雇工,他是主人。

人人各自按他固有的方式理解上帝,但执行他的意旨则个个相同。

11月9日 骄 傲

自私是初起的傲慢。傲慢是难以遏制的任性胡为的自私。

1. 一个不十分讨厌其自私及使其自以为老子天下第一的本质的人,是一个完全盲目的人,因为这既与公正乖违,又与真实抵牾。它之所以与公正乖违,是因为愿望人人相同,都想超过别人,之所以与真实抵牾,是因为不可能有天下第一。

帕斯卡尔

2. 人有两类:一类虔信诚实,但自认为罪人;另一类有罪,却自认为虔信者。

帕斯卡尔

3. 人是分数。分子是他可以和其他人做比较的外在的体力和智力的质量;分母则是人的自我评价。扩大自己的分子——自己的质量——不在人的掌控之中,但是缩小自己的分母——自己对自己的看法,并通过这种缩小而使自己趋于完善,则是人人都能做到的。

4. 物体越轻越松散,占地就越大。傲慢者用以给自己脸上贴的金同样毫无价值。

5. 自认是他人导师的人极多,其实他们自己倒是应当开始学习。

东方智慧集

6. 坏车轮永远吱吱嘎嘎响个不停。空麦穗总是高高挺起。傲慢的本质就是如此。

7. 人的低级本性与谦虚格格不入。人的心灵被一脑门子的轻慢和屈辱占据时会愤懑不平,我们总是徒劳地在他人面前掩饰能贬低我们的一切现象;我们甚至竭力在自己内心掩饰自己的坏东西;我们不希望看到我们真实的样子。我们身上这一本性越强烈,我们就越有必要与这种本性做斗争。

———

生活的主要问题是日臻完美。如果人像一切傲慢不逊的人一样对自己完全满意,那又怎么可能日臻完美呢?

11月10日　异端邪说

从最初教堂神父说"让我们赞美圣灵"那一刻起,外在权威就已凌驾于内心之上,就已承认教堂里毫无价值的凡人的议论比人内心具有的唯一真正神圣的——他的理性和良知——更为重要更为神圣,从这一刻起,麻醉人的身心的那一谎言就开始出现了。这一谎言毁灭了千百万人的本性,其令人惊悚恐惧的行径至今仍在继续。

1. 无论如何奇怪,能够不容置疑地使人感觉得到的是,只有在那些被称作异端的宗教学说中,基督教才得以彰显和推进,即得到阐释和践行。异端自身能包含谬误,然而其自身也能包容真正的基督教精神,那些为国家承认,受政权、暴力支持的宗教学说则不可能成为基督教,因为作为它们的基础的暴力是反基督教的。天主教、东正教、路德教、英国圣公会不可能拥有基督教的教义,因为它们都否定了基督教的基本要求之一——爱的劝导。在他们那里,取而代之的是最反基督的暴力手段,并把它推向痛苦极致的死刑、火刑。所有这些和国家政权沆瀣一气的教会,并不是无缘无故地被宗教信徒称作"启示录"的荡妇,事实上它们本身不仅从未成为真正基督教的,而且始终是基督教的最凶恶的敌人;它们至今依然故我,并不忏悔自己的罪恶,反倒认为自己所有的往事都是神圣不可侵犯的,尽管从形式上看更加温和,如同它反对真正基督教的态度一样,这是民众接受向其公开的真理的最大障碍。

2. 英国圣公会一开始就是奴颜婢膝的,是种种压迫的贴心奴仆;它竭力借助世俗政权并以华美庄严的宗教仪式为中介,获得了天主教在欧洲早已获得的同样的地位。它每当碰到困难,就会向国家政权求助。

列基

3. 1682年,英国医生雷顿——一个受人尊敬的人——写了一本反对主教任期的书,受到了审判,判决并执行了下列惩罚:他遭到残忍的鞭打,随后被割掉一只耳朵,撕掉半边鼻子,随后被人又用烧红的烙铁在脸颊上烙了两个字母:S·S,意为叛乱传播者。七天之后,尽管背上的伤疤尚未愈合,他又一次遭到鞭打,另一半鼻子被撕掉,另一只耳朵被割掉,另一边脸颊又烙上烙印。而这一切都是以基督教的名义干出的勾当。

莫里逊

4. 基督没有创建任何教会,没有确立任何国家,没有提供任何法律、任何政府、任何外在权威,但是他全力以赴,在人们心灵中写上神律,以使他们成为能自律自治的人。

赫伯特·牛顿

5. 1415年,约翰·古茨因为其无神行为被揭露,神父们认定他是异端,他受到了审判,被判处不流血的死刑,即火刑。

死刑地点在城外莱茵河畔的花园里。当古茨被带到行刑地点时,他双膝跪地,开始祈祷。刽子手吩咐他走进木柴堆,古茨挺直身子,大声说:

"耶稣基督!为了宣传你的道,我遭到这可怕的、耻辱的死;我将顺从、谦卑地忍受这一切!"

刽子手扒去古茨的衣服,他被双手反背绑在柱子上,双脚则站在凳子上。他周围堆着木柴和干草。柴堆堆到齐他下巴的地方。皇家总管最后一次向古茨建议:与异教决裂以挽救生命。

"不,"古茨说,"我不知道我有罪。"

于是,刽子手点燃了火堆。

古茨唱起赞美歌:"基督,上帝之子,宽恕我!"火焰被风高高卷起,古茨很快就没了声息。

6. 据说,真正的信众构成了教会。这些真正的信众存不存在,我们不得而知。我们人人自然都愿意成为这真正的信众,每个人都竭尽全力成为这种人;但是任何人在说到自己,说到像他一样如此坚信的人,却都不能说他们是唯一真正的信众。因为说这种话的人,就将因此而割断与真正基督教的关系。

即使有教会,对身处其中的人来说,它也不可能是清晰可辨的。

基督教与人的分化

　　基督教作家彼得·赫尔切茨基于15世纪写了一部揭露教会的文集《信仰之网》。在此文集中,基督徒彼得·赫尔切茨基对信仰的堕落做了如下解释:皇帝和神父在自认是基督徒之后,就败坏了真正的基督教。他把这种因为他们而真正信仰遭败坏的现象和渔网被大鱼挣破的现象做了比较。正如所有捕获的鱼都从被大鱼挣破的洞中逃之夭夭一样,一切进入基督之网中的人因为信仰已被神父和皇帝败坏也就失去了信仰。

　　下面,让我们再引述一些彼得·赫尔切茨基本人的言论。

　　被使徒逮住的那些人长久待在未遭破坏的完整的网中,但是,随着时间的流逝,在他们之后,人们因为感到自己安全而开始昏昏入睡。这时,敌人出现了。他们在麦田中播下杂草,杂草疯长,压倒了小麦,使小麦枯萎。当皇帝把财富和政权赋予最高僧正时,基督徒正酣睡入梦,他们因为酣睡而一无知觉,竟然冒失地抛弃了他们曾为了基督而甘处其中的贫困,取而代之的则是统治和皇帝的甚至超越皇帝的那种荣耀。最初他们栖身在土坑、山洞、森林中,后来,一看,皇帝竟忽然亲自让神父跨上白色母马,带他在整个罗马游逛。使徒称号的纯洁质朴由此遭到破坏。彼得之网因这两条巨大的鲸鱼——最高僧正和皇帝——进入其中而遭到重大破坏。最高僧正其时具有了国王的统治权和皇帝望尘莫及的荣耀,皇帝则让异教政权和职位披上了信仰的外衣。当这两条大鲸鱼在网中扭动翻滚时,网被撕扯得千疮百孔,体无完肤。由这两条鲸鱼派生出许多不诚实的阶层,它们也照样撕扯这信仰之网:首先是形形色色的僧侣,随后是大中学校的学者,随后是低级郊区修道院院长,紧随其后的是无知无识的人——饰有家族纹章的不同的贵族世家,最后是市民阶层。这些集群和阶层中的每一个体,或通过狡计,或通过暴力,或通过买卖,或通过继承,力求获得统治权并攫取土地。其中一些人的背景是僧侣,另一些人的背景则是世俗人。

　　罗马教会可以分成三部分:上流人物、王公贵族既破坏又捍卫教会;僧侣则做祈祷;第三方是杂差,他们应当保证前两部分人的物质需求。由这分工产生了怎样的不公正啊!这对前两部分人是好事;他们有的是闲暇,可以胡吃滥喝,可以满不在乎地挥霍金钱,或把它们转嫁给第三方;第三方则备受煎熬,背负起这两部分人饕餮奢华的生活。这种分工有悖基督教义。根据基督教义,全世界应当整合为唯一的多数,唯一的心,唯一的灵魂。

　　对信仰之网造成最大的并不断破坏的,是两条强大的鲸鱼:宗教界的主要统治者,世俗社会的主要统治者。宗教界的统治者教皇破坏了基督的教义,在抛弃贫困、劳动、布道和牧师的其他义务之后,他拥有了世俗政权、荣耀,以求像对上帝一样对他跪拜。他颁布了许多违背神的教义和信仰的律令条例。结果是因为这些律令条例,人们忘掉了神的教义和信仰,以为信仰无非就是教皇的那些律令条例。僧侣们用以指导自己所有宗教活动的正是这些律令条例。厚厚的经书充斥着这些律令条例。他们在根据这些律令条例确立和有意安排的念经活动时刻只是有口无心地喃喃不停,不这样他们就连祈祷都不会。所谓祷告,就是听一个神父在教堂大声地又说又唱不断切换的过程。没有知识的民众不假思索地把这一切看作是基督的信仰,认为没有什么可奇怪的,因为关于信仰,他们只是听说上帝会在教堂现身,礼拜天不可耕作。

另一条落进信仰之网并对其加以撕裂的鲸鱼是拥有异教管理机制和异教法权的皇帝。在康士坦丁大帝接受基督教以前,基督徒接受的是唯一的基督诫命,它并不掺杂神父和皇帝的诏令,在他们中间也不存在王公贵人,他们同被压迫的异教徒一样,只须支付贡赋,完成另一些役差。可当康士坦丁大帝带着异教的管理机制和法权接受了信仰之后,基督教的质朴纯洁就遭到了破坏。

不必历数玷污真正信仰和虔诚的异教所有特点,我们只谈谈同皇帝有关的某些特点。因为希望统治基督徒,康士坦丁及其继承人当然最好尽可能地表现自己是最虔诚的榜样,然而他们尽管生活在基督徒中间,却远离信仰,干着最渎神的勾当。他们的仆从奴婢过着同样不成体统的生活,他们是基督社会中的枯骨腐肉,以其恶臭传染着所有的人。僧侣和高官大吏却还为他们辩护,比如他们说:"这样做和他们的职位是相称的,宫廷人士应当快乐、自由而无拘无束。"

皇帝在利用异教政权时率意任性、踌躇满志、鲁莽大胆,根本不想他是基督徒并且管理着众多基督徒。皇帝为了收缴税赋而用以对付自己臣民的物质压迫还不那么沉重:它带来的只是财产的损失以及人们被繁重的劳作弄得筋疲力尽;如果忍受的只是这些压榨,良知由这压榨还不至感到痛苦。最令人沉重难堪的是:世俗政权并不认为杀人、施暴,使基督徒走上战场仇杀从而以此违背了基督诫命等行为是有罪的。

当异教徒和基督教徒一无共同之处时,初期教会的情况是基督教徒最为顺利的阶段。如果没有魔鬼的阴谋,没有因西尔维斯特和康士坦丁这两个人的愚蠢而把毒药,即神父和皇帝的权力,带进基督教的话,那么,这种顺境可能还会存续到现在。基督的教会完成了犹太教发生过的相似的进程。犹太人在来到神赐的福地之后,没有任何世俗统治者,只在上帝及其诫命的保护下度过了四百多年光阴,但是以后,他们却抛弃了上帝,开始向萨乌伊尔皇帝求助。他们的愿望得到了满足。作为他们重大罪恶的证明,上帝发出了预兆:隆隆雷声和滂沱大雨。基督教也发生了与此相似的情况,只是小有差别:犹太人希望有一个热衷世俗的皇帝,希望他们的世俗事务在世俗皇帝治下比在上帝治下发展得更为顺利;基督教并不抛弃上帝,并不希望有从事异教管理的皇帝,但是,相似情况是在为了教会福祉的借口下完成的;这福祉正是人们由被皇帝接受的基督教信仰中所期待的。其结果表明是矛盾的:皇帝原先为什么不能融入基督教群体之中,因为他使他们遭受痛苦,但是他在和他们表示友好的幌子下,通过因信仰而和他们结成一体的方法从而把他们引入异教不信教的歧途。西尔维斯特和康士坦丁的罪过就在于此,但是那些后起基督徒的罪恶并不亚于他俩,因为这些人自认为在信仰的理解上最为完美,最为英明,他们证明了世俗政权对教会的福祉是必不可少的。

随着时间的流逝,被使徒们网罗到的许多鱼——许许多多信众和许多鱼——那些破坏信仰之网的人间败类混到了一起。这些败类不想保持并遵循这一信仰,他们使信仰迁就自己,在每一个败类拥有了与信仰乖违的所有特征之后,他们想把它们冒充为信仰。我们首先指的是那些饰有族徽的败类和家族。

这许多饰有族徽的不同家族过着违背神的诫命的生活,在侮辱神之子方面远甚于他人。他们生于双重的罪恶之家:其一,像所有人一样,在亚当的罪恶中出生;其二,在出身贵族门第的罪恶意识中落地。由于这种贵族门第,他们力求通过一切只要可能利用的东西——名望、举止风度、衣服、食物、宅邸、权利、待人接物等——使自己和他人区分开来。在他们所有的生活方式习俗和语言中,表现出一种虚荣心。他们利用尊荣和声望,力求拥有一切肉体和上流社会的福利,规避一切人们为自己的罪恶理当忍受的不快。对他们而言,超强的劳动、忍受、迫害、简陋、贬抑、服务都是不体面的;他们需要的生活是自由、闲适、轻松、尽享世俗福利、纯洁、美、别出心裁外表华丽的衣着。他们举办足以使男女神祇都为之吃惊的豪华宴会,他们需要洁净、柔软的床榻,并需要语言甜美、曲意奉承、谄媚讨好说:"大人您乐意吗?"贵族门第使他们能借助仆从洗白频频出现、令人厌恶的卑鄙行为;贵族门第使他们变得貌似清白;最后,贵族门第要求异教的统治权,饰有族徽的家族确实攫取了土地,拥有了统治他人的政权。它通过奴仆和"迟钝的傻瓜"的痛苦和汗水确能证明其贵族门第,可是只要奴仆一停止工作,所有这些贵族门第立即变得萎靡不振,和牧人并无二致。

出生的贵族门第的基础是皇帝、公爵颁发族徽这一异教习俗。有些是在他们服役中因某些英勇行为而获得的奖赏,有些则是为了荣耀而购得的,例如:门,狼首狗头,阶梯,波尔康;号角,刀,猪肉灌肠;等等。所有贵族身份都靠这些族徽来维系,贵族门第的整个价值与族徽的价值相当。可是,贵族门第如果没有钱予以支持,那么,饥饿可能使它抛弃族徽去扶犁耕作。贵族门第的主要力量不在族徽而在金钱。如果没有钱,主子和仆人完全一样,要是羞于从事劳作,那午餐时就会没有面包。

贵族阶层出身的双重罪恶——亚当的罪恶,根据族徽自认为是贵族的意识——招致新的、为数更多的罪恶。贵族意识派生出虚荣心,缺乏谦虚和忍耐。要是有人骂财主卑劣或奴才,他会立即把此人告上法庭,以洗刷自己,说他既非奴才,也不卑劣。由同一源头而来的则是另一些罪恶——无所事事,力求奢华,异教统治,残忍,暴力。僧侣们姑息这些罪恶,对主人们说:"这没有害,按你们的身份理当如此。"僧侣们用这类语言似乎是去滋润这些罪恶,以使它们顺利成长,并把它们变成美德。

这些罪恶由父母传给孩子,他们用自己曾身处其中的相同的谬误培养孩子,上帝的创造物就这样离弃了上帝。根据贵族的出身门第,老爷们认为有必要派自己的孩子去德意志宫廷,以使他们习惯那里不同的吹牛自夸:另一类卑劣,应酬礼仪,彬彬有礼的鞠躬风度,喝光宫廷里侍从端上来的一切毒物。这一切都源于虚荣心:他们极端喜爱世俗的威严伟大,因为他们在家里很难办到,所以就派孩子到大人物身边,并通过他们获得某种荣耀,以对长辈夸耀说,您的儿子是公爵的贴身侍从官,您女儿给女王的拖地裙摆拉齐整平并提着。这些有族徽的家族大量增加,以致他们的土地变得那样稀缺。人人都想紧抓财富不放,可是对一些人来说是难以办到的:许多人苦于贫困,因为耻于劳作而又不想劳动,然而家中所有人的需求又很大。另一些人负债累累,有如无底洞,只得用那种阿谀奉承、花言巧语、不同的空头支票骗取钱财,他们无论为了什么都不想劳动,怕劳动玷污了自己的贵族出身。这些老爷们占有最辽阔、最丰腴的土地,却把它们抛荒,让野狼在其中奔跑出没,可他们自己却按宫廷方式生活,把所有时间打发在喋喋不休地议论种种新闻上。在圣经中,任何地方都没有说及一些人有比另一些人更优秀的血统。连所罗门本人都承认自己出身卑微,如果说旧约和新约中可见到"尊贵的"一词,那只意味着它是基于美德和智慧之上的尊贵。正如这些尊贵者的生活卑劣,他们这些男男女女穿着的衣服也一样卑劣。一般来说,无论是异教徒,还是犹太教徒都还没有像这些以族徽为凭据的并不公地掺杂进信仰之中的贵族家族那样肆无忌惮地玷污基督的信仰。他们无益于上帝,有害于人众,成为人众的重负。劳动者背着他们贵族家世的重轭,他们准备把劳动者生吞活剥,拼命把人间好事通吃,攫为己有。他们之所以能给所有人带来巨大灾害,是因为他们裹挟一切使屈从自己,像发散着恶臭的尸体传染他人,毒化他人。他们首先裹挟的是自己的孩子、仆人,教他们虚荣和一切宫廷行径,市民阶层则随之仿效他们的生活方式。

写这些文字,是为了认清这些拥有族徽的败类,他们都是反基督分子,使徒保罗在提及他们时,称他们是不法分子,死亡之子。

11月11日 努 力

道德完美难以企及,但是接近它却是人生法则。

1.任何道德规范,如果我不能加以践行,那就压根不存在。人们常说:我们生来就是利己者,悭吝而好色,不可能是另一模样。

不,我们能够面目一新。首要的是心灵要比我们应有的更加敏于感受。这种感受会给予我们力量。

索尔德尔

2.你们独立自主的活动家,你们也感受到了这一点。那毫无价值的哲学尽管竭力把宿命学说和人的良知、人的意识的伟大呼声对立起来,但是它的一切可能的诡辩却无力使两个人类自由的不受外物影响的证人缄口不语:良知的责备,蒙难的伟大。从苏格拉底起到基督,从基督起到一代又一代为真理而牺牲者,所有信仰受难者都在抗议这种奴才学说,他们高声对我们申言:"我们也热爱生命,也热爱我们的生命因之而美丽并祈求我们停止斗争的那些人。我们心脏的每一次跳动都在向我们大声吁求:活着!但是为了履行义务,我们宁可毁灭!"从该隐起直到当代最没价值的密探,所有变节者和叛徒,他们选择了罪恶之路;他们听到了心灵深处责备、谴责的声音——一个使他们不得安宁的声音——永远固执地追问他们:"你们为什么背离正道?你们都是独立自主的活动家,所以你们得为自己的行为承担责任。"

约瑟夫·马志尼

3.如果你问:"究竟该怎么办?"那就允许我来作答:"你就保持你现今这种样子罢,任何事情你都不能做。如今摆在你面前的是,尽可能不再对自己和他人的自私、轻浮做出空洞的回应,变成一个哪怕不伟大、却很忠诚的灵魂吧。你应当窥探一下自己的内心,确定一下那里是否有哪怕一丝一毫的灵魂的踪影。这之前,你任何事情都做不了。噢,兄弟们,我们应尽可能使我们内心的灵魂和良知复苏,以真诚取代我们的轻浮,以鲜活的心灵取代那僵死的铁石心肠!只有那时,我们才能开始理解摆在我们面前的那些多多少少具有鲜明的一贯性的一系列无穷尽的好事。跨出第一步吧,第二步就会比较轻松,比较明朗,比较容易执行了。"

卡莱尔

4.有人把一颗宝贵的珍珠掉进大海,为了找回这颗珍珠,他开始用瓦罐舀海水。一个海妖出来打探:"你会很快停止吗?"那个人回答说:"我要舀干海水,找到珍珠才停。"海妖就把珍珠递给了他。

————————

外在结果并不受我们意志支配,但是,努力总是需要的,有益的内在成果则始终与努力相伴。

11月12日 教 诲

土地是所有人均等的共同财富,所以,它不能成为个别人的私有财产。

1. 如果我生在这土地之上,那么,何处才是我安身立命之所呢?如果这人世间的老爷能指定一块林地供我采伐柴火,指定一块土地供我播种粮食,指定一个园子供我修建屋宇,那该多好。可是,人世间的老爷却对我大声吆喝:只要你胆敢碰一碰森林、土地、园子,那你的麻烦就大了;但是,你可以到我们的土地上来干活,我会给你面包的。

爱默生

2. 我的理性教导我,土地不能买卖。大神把它赐给了自己的孩子,让他们在土地上生活,并根据自己养家糊口的需要进行耕作,当他们占有并翻耕土地时,他们就拥有了土地权。

勃拉克

3. 土地任何时候都不能买卖,因为土地是我的,而你们大家都是朝圣的香客。

利未记 25 章

4. 严格地说,土地属于两个人:全能的上帝和所有曾经或即将在其上劳作的人之子。

卡莱尔

5. 听我说,公正的造物主,请评评谁是贼:是那个剥夺我自由利用与生俱来的我所取得的土地的人,还是我这个利用部分土地以便于在其上生活并赖以为生的人?

杰拉尔德·温斯德列伊

6. 所有人从一开始并先于任何法律行为就取得了土地的支配权,换言之,他们有权待在他们天生或偶然被安置其上的那一地方。

康德

7. 难道上帝会把某物给一人,却又拒绝把同一物给另一人?难道我们共同之父会把自己某个孩子排除在外? 你们,在贪求利用他的额外礼物的特殊权利时,那你们就把其据此剥夺另一些兄弟继承他的遗产的遗嘱拿出来看看。

拉门奈

8. 把土地当作私有物占有是最为违反自然的罪过之一。我们之所以没有意识到这一罪过极端的可恶,只是因为在当今世界,这种罪行被称作了权利。

9. 我在林中采集核桃时,一个护林员从灌木丛中探出头来问我在那里干什么。我回答说,采核桃。

"采核桃,"他说,"你怎么敢这样做?"

"可我为什么不能采呢?"我说,"你难道没有看到,连猴子和松鼠都在采摘呢!"

"你听着,"他说,"这不是公有林地,它属于波特兰公爵。"

"原来如此!"我说,"请代我向公爵致敬,告诉他,这片林地对他的了解,一如对我的了解,所以处理林中的一切出产,规则如下:先到就可以采摘。因此,要是波特兰公爵想要核桃,那就告诉他不要错过时机。"

托马士·斯宾塞

承认土地私有权属于个别人,已被当代人意识到是一种不公,有如奴隶制在十九世纪中叶被意识到是一种不公一样。

11月13日 自我完善

自求完善之所以被认为是人所固有的,是因为如果他诚实不欺的话,人任何时候都不可能对自己满意。

1. 一个人应当发展自己向善的素质。天意并没使其在人体内做好充分准备;它还只是一些素质。使自己更优秀——人当追求并达到这一目标。

康德

2. "恶之根在于对真理的无知。"佛陀说。

这根会长成谬误之树,结出成千上万痛苦之果。

反对无知的唯一手段,则是知。能获得真知的唯一途径,只有通过个人的日臻完美。所以能够达到改变社会罪恶目的的唯一方法,是人们掌握更崇高的世界观,因为变得更优秀,人们就会采取与这高尚世界观相应的行为。

所以,如果人不变得更优秀,那么,一切改善世界生活的企图都是徒劳的。每一个体人的改善是世界生活改善的最可靠的手段。

哈特曼

3. 如果向生活索求的只是改善自己作为内心满足和宗教恭顺的本性,这种人比起某些人,很少会有不履行自己生活使命的危险。

阿米埃尔

4. 基督徒不能只是导师,也不能只是门徒,他永远集两者于一身,因为他要永远前进,对他来说,力求完善是没有尽头的。

每个人定会自认是学生和门徒。不要以为你老了,不需要学习了,不要以为你真正成熟了,高度发展了,你的性格和心灵已是应有的模样,不可能更好了。基督徒没有毕业课程,至死都是学生。

据果戈理

5. 思想者体验到悲痛;这悲痛甚至可能招致道德的损失,而肤浅的人对此则难以理解:正当他思考那么强烈地压迫人类的不幸时,由于他不寄希望于某些方面会变得好,他显然体验到对支配着尘世秩序的天意的不满。但不要谴责天意(尽管它注定我们在当前的尘世生活中走着那么一条困顿艰难的道路)——最为重要的是:部分是为了我们在生活的重压下不失去勇气,部分是为了我们在透过于天意时不要忽略我们自己的错误;这一错误也许是我们所有罪过的唯一原因。

康德

6. 就像我们能抛弃自己的坏习惯一样,我们同样能够而且应该抛弃自己的利己主义。想增加自己的欢欣愉悦,想炫耀显摆自己,想引起他人的爱——这一切都免了。如果不想为他人做任何事,那就别做,然而除了必不可免的以外也不要为自己做什么事。

7. 获得美德的第一法则:只考虑自己的自我完善,并不因期待他人的夸奖而行动。

中国书经

8. 以善事掩盖其坏事,有如从乌云缝隙后透出的月光照临这世界。

比掌握全部土地更好,比跃身天空更好,比统治整个世界更好,比所有这些更好的则是最初举步迈向圣洁的欢乐。

佛陀智慧集[达马巴达]

9. 还有一个人说:"主,我要跟从你,但容我先去辞别家里的人。"

但耶稣对他说:"手扶着犁向后看的,无论什么人都不配进神之国。"

路加福音9章

10. 一个使自己的生命日臻完美的人,只向前看,只有那裹足不前的人才会对他所作之事顾盼探视。

———————

不自满是理性生活的必要条件。只有这种不满足感才促使人去提高自己的修养。

11月14日 知 识

比其他一切更为重要的,是那指导生命活动的知识。

1. 了解生活法则很重要;但是引导我们自我完善的知识则是最为重要的知识。

赫伯特·斯宾塞

2. 如果不饿,用人为的办法使自己感到饥饿是有害的。没有不可阻遏的热望而沉溺于性欲之中并在内心激起这种性欲是更为有害的。使人以为即使并无这一要求,却也可像许多人那样,人为地在自己内心引起智力活动,以利用自己的智能改善自己的社会地位则最为有害。

3. 谦虚地掌握一小部分合理有用的知识远胜于自满地占有最大的科学宝库。学识渊博并没有什么不好,所有知识,无论什么就本身而言都是有益的,然而慈善心肠和道德生活永远应当置于知识之前。

肯培斯

4. 科学的发展并不能促进风俗的净化。在我们了解其生活的所有民族中,科学的发展反倒助长了民族的蜕化堕落。我们如今以为矛盾的现象就是因为我们把我们空洞、虚妄的知识与真正的最高知识混为一谈造成的。抽象地说,科学,一般的科学,不能不令人尊重敬佩,但是当今的科学,那被疯子们称作科学的东西,则只配受到嘲弄和轻慢。

卢梭

5. 我们期待教师的,是他能把他的学生先培养成明理的人,后培养成理性的人,最终才是培养成学有所成的人。

此法具有这一好处:要是学生无论怎样都难以达到最后一级(这在现实中是常有的事),他仍然能从学习中获益匪浅。即使不为升学,至少为投身生活,他将变得更有准备。

如果此法被倒转运用,那么,学生还没有对那些公认的道理在自身进行消化以前就会抓住某些智慧不放,学的是那种借用的没经消化的科学。这种借用的没经消化的科学仿佛只是贴在他身上,并没有和他结合成一体。而且,他的精神活动能力也一如往昔,毫无成果,但同时它却已极大地败坏了原先想象中的高深莫测的科学。为什么我们那样频频地遇到失去常识和理智的学者(说得准确点,受过良好教育的人),为什么学院比另一些社会阶层培养出更多头脑荒谬的人呢?其原因就在这里。

康德

6. 只有行动出色的人,才是真正的饱学之士。

吉托巴地

7. 意志在智慧的习惯没有得到矫正之时是不会公正的,因为它们对意志的影响最大。可是智慧的习惯只有建立在整个生活的永恒法则的基础之上时才是最出色的。

塞内加

8. 专注地聆听智者讲话,即使他的事业和他的学说并不相称。人应当接受教诲,哪怕这种教诲是写在墙上的。

萨迪

在知识中,重要的不是数量,而是对它的正确估价。重要的是要了解什么知识最重要,什么知识稍次,什么知识更次,等等,直至什么知识是最后。

11月15日 财　富

财富带来的欢乐，虚幻而不足信。

1. "不要在地上给自己积攒宝物，地上会虫蛀、锈蚀、贼挖洞偷盗，给自己把财富积攒在天上吧，天上没有虫蛀、锈蚀，没有贼挖洞偷盗，因为你的宝物在哪里，你的心也在哪里。"

马太福音6章

2. "你的宝物在哪里，你的心也在哪里。"
人心处在多么可怕的污秽中！你的宝物居然是财富。

3. 人在见到敞亮的屋宇、众多的田地、成群的奴仆、银打的餐具、大量的衣物之后，仍然千方百计力求拥有更多，所以，这就成为最富有的人比不如他那么富有的人，不那么富有的人比财富更少的人更常犯这种罪过的原因。然而，如果富有者真不聚敛财富，不挥霍财富，那么，对不太富裕者和穷人来说，他们就不会成为贪财的教师。对财富的贪求比一切暴行更坏：它派生出种种忧虑、嫉妒、狡计、仇恨、诽谤，也派生出追求美德的无数绊脚石——疏忽愚蠢、淫乱放荡、贪财酗酒。这一切都使自由人变成了奴隶，甚至比奴隶还糟：不是人的奴隶，而是最可怕的欲望和心灵病态的奴隶。这种人因为害怕有人把他从这财产占有下排挤出来的危险，就会下定决心去做许多有悖上帝和人的事情。痛苦、奴隶般、魔鬼似的财富占有欲！这里特别有害的是，在如此不幸的处境里，我们却去亲吻自己的镣铐，即使住在黑暗笼罩的监狱中，却不愿走向光明，对罪恶恋恋不舍，因疾患而沾沾自喜。正因为这样，我们不能解脱而自由，我们像那些在矿场干活的苦役犯一样处境恶劣，因为我们虽遭到艰难不幸，却利用不了自己丰硕的收获。最糟糕的是：要是有人想使我们摆脱这沉重的禁锢，我们不但不答应，而且还怒火中烧、义愤填膺，我们由此显得是不比疯子好多少的东西，甚至比所有的疯子更不幸——因为我们不想和自己的疯狂分道扬镳。难道要为此而生出一批只聚敛财富的人？老天按照自己的形象创造你并不是为了这一点，他创造你，是为了让你执行他的意志。

约翰·兹拉托乌斯特

4. 财富、权力，人们如此努力地料理并保护的所有东西——这一切，要是还有一点价值的话，那也只限于因之而可以把这一切抛弃的那种满足的快感。

5. 人们在聚敛财富方面远比提高自己的才智心灵要多操心千百倍；虽然就我们的幸福而言，人的内蕴无疑比身外之物更为重要。

叔本华

6. 当你为自己买了一件时尚饰品,那你还得买上十余件配件,以使你身上的一切件件相配。

7. 为什么人要腰缠万贯?为什么他必须有贵重的马匹、漂亮的服装、出色的屋宇,有权出入公共娱乐场所?这都因他思想贫乏。

赋予这人以内在的思想修养吧——他将比最富有的人更幸福。

爱默生

8. 穷人比富人更笑口常开,更无忧无虑。

塞内加

对一个过着精神生活的人来说,财富不仅不是必需的,而且是碍手碍脚的:它妨碍人过一种真实生活。

11月16日 信 仰

信仰回答理性不能提供答案的、然而理性又不能不向自己提出的那些问题。

1. 基督是个伟大人物。他宣传了普世的真宗教——爱上帝和爱人的宗教。但是我并不怀疑,在未来,簇拥在上帝身边的将有更加伟大的人物。我这样说,并不是要贬低基督性格的伟大,而是要肯定上帝的万能。当这样的人来临,往昔斗争的烽烟将再起,生机盎然的先知又将被杀,而死者将被神化。

但是无论怎样,基督如今教导我们的真理和人们通常教给我们的道理是南辕北辙的。如果他把自己的学说和人们对他谈及的有关人的观点加以调和,如果他只是和亲近者协调一致,也许他只是一个可怜的犹太人,尘世可能会失去最宝贵的宗教生活的宝库,可能会失去唯一普世的真宗教的令人高兴的信息。

要是他像别人一样说过任何人都不能比摩西更高、更可靠,那么,他很可能就一钱不值,圣灵就很可能会抛弃他的灵魂。但是他与之交往的并不是人,而是上帝,倾听的是自己的愿望,而不是自己的恐惧。他为人、和人一起并通过人从事劳作,信仰上帝和纯正的真理,既不怕教会,也不怕国家,当彼拉多为了把他钉死在十字架上而与残暴者结成一伙时,他也并不惴惴不安。我总觉得我似乎听到了这个崇高灵魂的呼声,他正对我和你们说:"不要害怕,可怜的兄弟,不要绝望!我内心蕴含的善你也能拥有。上帝离你是如此之近,有如他当时离我那么近一样。他同样准备用同样丰富的真理鼓舞每一个想为他效劳的人。"

巴克尔

2. 死亡,沉寂,深渊——这对一个追求不朽、幸福和完美的人来说,是可怕的奥秘。明天我将在哪里,过多久我不再呼吸？我热爱的那些人将在何方？我们走向哪里？我们是什么？永恒之谜以其确定不移的庄严始终不变地面对着我们。奥秘来自四面八方。信念是这一未知的黑暗世界中唯一的星辰。

那又如何？但愿尘世成为幸福的产物,但愿义务意识没有欺骗我们。给予幸福和做善事是我们的法则,我们的获救之锚,我们的灯塔,我们生之意义。即使所有宗教毁灭了,单单这些事也会留下来；我们有理想——就值得活着。

阿米埃尔

3. 虽然有许多不同的信仰存在,但真正的宗教却只有一个。

康德

4. 只有信仰才能衍生出那种坚定、强大的信念,那种毅力和团结,社会只有凭借这一切才得以痊愈。

约瑟夫·马志尼

5. 我们有一位,而且只有一位永不错误的引路人——世界之灵魂；它深入我们所有人和作为个体的每个人之中；它在每个人内心植入一种向往和追求,以使我们努力获取应该获得的东西。在树木中,这一灵魂会吩咐它对着太阳生长；在植物中,这一灵魂会吩咐它尽快长大,撒布种子；在我们身上,这一灵魂则会吩咐我们追随上帝,并在这种追随中彼此越来越紧密连成一体。

———

人活着就会有信念。他的信仰越接近真理,他的生活就越幸福；这信念离真理越远,人就越不幸。

没有信仰,人就无法生活,他会或死于自然灭寂,或死于自杀。

11月17日 当 今

我们之所以会为过去感到痛苦,并伤害自己的未来,只是因为我们鄙视现在。过去和未来是幻想,现在才是唯一的真实。

1. 关注现在吧。只有通过现在我们才能了解永恒。

据 歌德

2. 一个最寻常的谬误是：当前不是紧要的起决定作用的时刻。但愿你牢记在心：每天都是一年中的最佳时光。

爱默生

3. 每一个家族都应敬重自己的卓越人物,不要说"他们的前辈更值得尊敬"。

塔木特

4. 除了我们当前正做的工作,一切都不重要。

5.让我们马上利用自己的器皿（我们的身体）吧，它明天就有可能被打得粉碎。

塔木特

6.你做的是否是你应该做的事情——这十分重要,因为你人生的唯一意义只在于:在赋予你的短暂人生中你做了什么,做的是否是那派你到人世的人要求你做的工作。

塔木特

7.无论过去还是未来都不存在,因为任何时候都无人能洞悉这幽灵的王国。存在的只是当前。不要为明天的事情担忧,因为没有明天。活在当今并为当今活着吧,如果你的今天是美好的,那它永远是好的。

杂志维姆

当你内心沉重,你或因回忆往事而备受折磨,或为未来而惶恐不安,但愿你能记住,生活只存在于当今,把自己所有精力集中在它之上吧,你因往事备受的折磨和对未来的担心也就消失了,你会感到自由和欢乐。

每周阅读

爱的要求

想象一下富裕阶层的人——男人们和女人们,这些身兼丈夫,妻子,兄弟,姊妹,父亲,女儿,母亲,儿子身份的人们——他们真实领悟了在民众一贫如洗和劳动重压的环境中,过奢华而游手好闲的生活是一种罪恶,于是,离开城市,捐出财富,用各种方式抛弃了自己多余之物,立下一纸文书,据说只给两人一年留下一百五十卢布,甚或一点都不留,而靠某种技能——比如在瓷器上作画、翻译优秀书籍——攒生活费,在农村,在俄罗斯农村中生活,租赁或购置农舍,亲手侍弄自己的花圃、菜园,养蜂,同时凭借他们多少熟悉的医疗和教育方面的知识给村民以帮助,教孩子,代写书信、呈文等。

似乎没有比这生活更好了。但是,如果这些人不虚伪,不撒谎,如果这些人诚实不欺,那么,这种生活很快就不再会令人欢欣鼓舞。不用说,这些人确曾抛弃一切城市和金钱给他们提供的作为生活点缀的好处和欢乐,他们这样做,其原因也只是因为他们承认人都是兄弟,在父之前完全平等——尽管在能力、品格(如果希望的话)方面并不一样,但在他们的生活权和生活能给予他们的一切馈赠权上则完全一样。

如果我们把他们每一个人当作具有个人经历的成年人看待,那么,人的平等就有可能遭到怀疑,然而,如果我们把他们当作孩子来看待,这种怀疑就不可能存在。

为什么这个孩子将得到一切照顾,得到知识上的帮助以促进他身体和智力的发展,而那个具有同样甚至更出色的潜质的极可爱的孩子却因奶水不足而成为佝偻病人,蜕化变质,成为半矮子,成了不识字、野蛮、极迷信的人,变成了干笨重活的劳动力?

显然,这些人离开城市,迁到农村定居生活,其原因也仅仅在于他们不是在口头上而是在事实上相信兄弟情谊,认为它哪怕难以实现,那也至少能在自己的生活中付诸实践。这种实现兄弟情谊的尝试是应该的,他们若是真心实意的话——但是这种尝试有可能把他们引入可怕而毫无出路的境地。

带着从童年就形成的生活秩序、舒适,特别是清洁的习惯,他们搬到农村,租赁或购置农舍,清除房屋中的小虫子,甚至可能亲自动手在墙壁糊上墙纸,运来了剩下的并不奢华而必需的家具:铁床、柜子、写字台。他们就这样安顿下来。最初民众对他们有点怕生,他们以为这些人会像一切富人一样,用暴力保护他们的财产,所以并不向这些人求助,提要求。可是渐渐地新居民的心态向人清楚表明他们自己甘愿无偿为人服务。民众中那些最大胆、最难缠的人凭经验知道,这些新居民并不拒人门外,在他们那里能捞到一把。

提出形形色色而且越来越多的要求就这样开始了。

分派比他人多的东西开始了,这不仅是一种请求,而且简直就是一种自然的要求;它不仅是一种要求,而且那些迁居农村和民众交往密切的新居民也已感受到,在这极端贫困的地区拿出多余物品是必不可免的。所以他们感到必须拿出自己的多余物品,只为自己保留下大家都应有的东西,即平均分摊的东西。但是,确立平均分摊之物——人人应有之物——是没有任何可能的,它们不可能固定不变,因为他们周围总有那令人痛心的赤贫现象,而针对这种赤贫现象他们是有多余之物的。本以为似乎可以给自己留下一杯牛奶,可是玛特琳娜有两个孩子,一个正吃奶,母亲的乳房却没有一滴乳汁;另一个两岁的孩子则已开始衰弱不堪。本以为枕头和被褥似乎也可保留下来,以供劳动一整天后在习惯的环境中安然入眠,可是有病人裹着多虱的长衣躺着,夜里即使盖着粗麻布衣服却仍寒冷彻骨。本以为茶和食物似乎能保留下来,但是,食物不得不留给那些香客、体弱多病之人和老人。只要有可能,哪怕只是保持房子的清洁干净也好啊,可是来了一些要饭的小孩,让他们留下过夜,他们却带来了虱子。

不可能固定不变,那么,界限在哪里呢?

只有那些压根不知道人的兄弟情谊的人(这些人却正是为了兄弟情谊而来到农村),或者那些习惯说谎以致泯灭了谎言和真实界限的人才会说:界限是有的,能够而且应当予以确立的界限是有的。问题恰恰在这里:界限并不存在,那一促成这种事业产生的感情恰恰是没有界限的,如果它有界限的话,那只意味着这种感情压根就不存在,存在的只是一种伪善。

让我们继续想象这些人。他们劳作了一整天,回到家,已经没了床,没了枕头,只好就睡在那取来的干草上,这不,吃过面包,他们就这样躺下了。已是秋天,下着雨夹雪。有人敲门。能不开门吗?进来一个浑身湿透的发烧的人。怎么办?让他躺到干的草秸上?可再也没有干的草秸了。这就不得不做出选择:不是把他赶走,就是让他湿漉漉地睡在地板上,或者把自己的草秸让给他,因为总得有个地方躺下,他自己也就不得不和他躺在一起。但是这还不算什么,要是知道来者是醉汉、荡子,你又曾多次帮助他,他每次都把你给的钱喝个精光,如今,他又来了,下巴哆嗦着,求你给他三个卢布,如果不给他,他会去偷钱喝酒,他就会为此而被关进监狱。你对他说,你只有四个卢布,你明天必须用来付账的。于是,来者就会嚷嚷:"是的,你平时只是空口说说而已,到真有事情找你,你和所有人都一样。让我们这些口头上被称之为兄弟的人完蛋好了,只要自己没有损失就好。"

这时该怎么做呢?该怎么办呢?让忽冷忽热的人睡湿地板,自己睡干地方——这比不睡更糟;把他安置在自己床上,和他睡在一起——这会传染上虱子和伤寒。给乞求者最后三个卢布,这意味着明天没有面包;不给,这就意味着如乞求人所说的那样,放弃了他为之而生的原则。如果能到此为止,那么为什么不早点止步呢?为什么过去要去帮助人呢?为什么捐出财产,离开城市呢?界限在哪里?如果你做的这件事有界限,那么,所有事情都没有了意义,或者只有一种令人害怕的意义:伪善。

可这如何是好?怎么办?不就此住步,那就意味着毁了自己的生活,长虱子,憔悴枯萎,死亡,似乎一无好处;就此止步,则意味着放弃为了它才做的一切,放弃为了它才做的一些善事。放弃是不行的,因为很显然,这种主张并不是我和基督虚构出来的,因为我们本来就是兄弟,理当彼此效劳。显然,事情本来就是这样,当这些思想已深入人心,就不可能把这种意识从人心中连根拔出。可怎样才好呢?还有没有别的出路呢?

让我们继续这样推想:这些人,因为对他们处身其中的使他们成为必然的牺牲品,使他们走向必然的死亡的那一环境并不惊惶失措,认定他们的处境是因为他们用以帮助民众的财物太少造成的;如果他们有很多钱,事情就不会这样,他们会给民众带来巨大好处。让我们往前推测,这些人找到了赞助的来源,积聚了巨额善款,开始帮助赤贫之人。可是,过不了几个星期,同样的事情发生了。很快,一切财物,无论它们数额何等巨大,就像倒进了由贫困形成的无底深渊。他们的处境就会依然如故。

然而,也许还有第三条路可走?有一些人说,第三条路是存在的,它就在于推进人们的教育,在这种情况下,这种不平等就会消失。

然而,这方法具有非常明显的伪善性:在居民时刻处于饿死的边缘时,对他们进行教育是不可能的。重要的是,宣扬这种出路的人,其虚伪性是显而易见的,因为一个力求确立平等的人,即使是通过科学,他也不会毕生去支持这种不平等。

但是,还有第四种方法,那就是促进消灭不平等由之产生的那些原因——促进消灭它由之产生的暴力。

一些真诚试图在自己的生活中实现自己对他人的兄弟情谊的认识的人,不能不想到这一出路。

"如果我们不能生活在这里,在这些人中间,在农村,"我想象中的那些人应当会说,"如果我们困在这种可怕的处境中,以致我们不可避免地或憔悴、生虱子、慢慢熬煎而死亡,或抛弃我们生活唯一的道德根基,那么,这种事情之所以发生,是因为一些人富有,一些人贫穷;而这种不平等则是由暴力产生;所以,因为一切的根是暴力,那就应当和暴力做斗争。"只有消灭这种暴力及由之而来的奴役,为人们效力才会变为可能,而且在这种情况下也就没有必要牺牲自己的生命了。

然而怎样去消灭这种暴力呢?它在哪里呢?它在士兵里,在警察局里,在农村村长手里,在封我的门的铁锁里。我该怎样和这些暴力做斗争?在哪里斗,通过什么方式斗?

像那些以暴力为生、以暴抗暴的人那样斗争吗?

但对一个真诚的人来说这是不可能的。以暴抗暴意味着用新暴力替代旧暴力。通过以暴力为基础的教育去帮助人意味所做的是同样之事。攒集由暴力获得的金钱并用于帮助那些因暴力而失去应得份额的人,意味着用暴力去医治由暴力造成的伤口。

如果通过非暴力的宣传,对暴力的揭露,尤其是要推举出非暴力和牺牲的榜样而不是用暴力来同暴力做斗争的话,那么,对一个处在暴力生活之中、以基督教生活为生的人来说仍然没有其他出路,只有牺牲——彻底的牺牲。

人可能在自身找不到力量投进这深渊,但是,一个真诚、愿意执行他意识到的神律的人,不能不看到自己的义务。人若想遵循这种爱的要求而又可能做不了这种牺牲,那就应当如此了解和说及自己:既然不献出一切,不献出自己的整个生命,而又不想欺骗自己,那就认为自己有罪吧。

彻底的牺牲,是不是像感到的那样真那么可怕呢?显然这一需要还不至于深不见底,我们每每像那孩子:他掉进井里,因为害怕想象中的井深不可测,惊恐地整夜用双手紧紧抓住井壁不放,事实上孩子下面半俄尺就是无水的井底。

托尔斯泰

11月18日 善

善既不可用接受者的贫困,也不可用施予者的牺牲来衡量,它只能用赠、受双方与神确立的精神交往来测定。

1. 生活并不总是幸福的;只有好生活才幸福。

塞内加

2. 人的天性就是如此:记得所受的委屈远多于记得所接受的善行。善被遗忘,委屈却牢记不忘。

塞内加

3. 如果我们执行义务时却期待奖赏,那么,这不是美德,它只是一种骗人的从模型翻制所得的制件,履行义务的赝品。

西塞罗

4. 不要诽谤,以免诽谤和耻辱反而转向你自己,因为任何恶意启衅在前,诽谤总会紧随其后。

不要怒火中烧,因为怒火中烧的人总会忘掉自己的义务,错过自己可干的善事。

谨防荒淫无耻,因为疾病和后悔必将是其苦果。

心灵不存妒忌,以免毒化自己的生活。

不要由羞愧而陷于罪恶。

勤奋而默默地生活吧,凭自己的劳动生活吧,从自己的薪酬中留下积蓄,以备贫困无告的日子。这在你的活动中是最有价值的习惯。

不要攘窃别人的财富,不要疏忽自己个人的工作,因为一个不靠自己的工作养家而让别人供养自己的人,是吃人者。

不要把狡猾多诈的人拉进论争之中,最好让他完全平静。

不要和贪婪之人结盟,不要信任他的指导。

不要和蠢货解释,不要从歹徒那里取钱,不要和诽谤者有任何关系。

东方智慧集

5. 当有人问及,就本身而言,纯粹的道德究竟是什么,我们应该怎样把它当作试金石以检验每一行为的道德内涵时,那么,我应当意识到,只有哲学家才会把这问题的答案弄得疑窦丛生,因为对人的健全意识来讲,这一问题已经解决,无须一般抽象的议论来帮助,通过已经做出的善行和恶行的区分确实就能加以确定,我们能区别这些行为的善恶,有如我们能区分左右手一样那么毋庸置疑。

康德

6. 对自己的朋友做好事吧,他们会更加爱你。对自己的对头做好事吧,他们总有一天会变成你的朋友。

当你谈到你的对头时,你要记住,他成为你的朋友的那一天总会到来。

克列奥夫特

7. 所有人多少都会靠近两个矛盾的界限之一:其一,只为自己而活;其二,只为上帝而活。

8.一个善举紧接一个善举而中间一无间隔,我把这称为幸福生活。

马克·阿夫列里

只有在我们并没察觉善并且为他人活着而不顾及自己时,我们此时才能做出真正的善。

11月19日 恶

人实实在在作了恶,这人间可能还没使作恶之徒遭到报应,但是恶行引起的罪恶感无疑会在人心中留下烙印,无论如何都会使他感到痛苦。

1.无罪过者采用的解决办法,在于不使他人伤心,即使通过这办法他能获得巨大的好处。

无罪过者采用的解决办法在于向那曾对他作恶的人不以恶相报。

如果一个人使那些甚至没有理由去恨他的人都感到痛苦,那么,他最终会产生无法排遣的忧伤。

对作恶者的惩处在用对他们做大好事的办法使他们对自己的所作所为深感羞愧。

一个不竭尽全力使自己的亲人同自己一样摆脱痛苦的人,他的渊博知识有什么用?

如果人一早起来就想对他人作恶,那么,恶就会在黄昏时分去拜访他。

库拉尔

2.有如一年四季自然而然地出现其每一季节固有的征候一样,所有人的行为同样会自然而然地把这些人引入他们固有的境况之中。

受欺凌者能香甜入睡,快乐醒来,欢欣生活;欺人者则遭毁灭。

愿任何人都不要怒不可遏,即使他很痛苦,愿大家不要侮辱任何人,不管在事实上,还是在思想上都如此。愿大家不要说那能使人感到不快的话,因为所有这一切都阻碍人获得幸福。

摩奴法典

3.我们不应逃避这种生活,因为恶总和这生活紧紧相连。恶总是与我们密切相关,是我们对真实法则无知的结果。对真实法则的无知使我们今生成为不幸的人,它会使我们处处碰壁受挫。让我们从摆脱我们的无知开始,我们的不幸也就会自然而然地戛然而止。

留西·马洛里

4. 恶人在伤害他人之前先就伤害了自己。

奥古斯丁

5. 人能避免从天而降的不幸,但是对那些他自己惹起的不幸则无药可救。

东方谚语集

6. 有一些人有意把自己置于最不幸的生存境地,以使自己有权变得悲观失望。他们总是为此匆忙而固执地忙碌着。当他们遇到生活的勃勃生机,就把自己灰暗无光、顽固不化的活动当面朝着这种勃勃生机扔过去,这成了这些人的主要娱乐和诉求。这些人很不幸,但他们应当明白,他们自己才是他们不幸的罪人。

7. 一个本有可能行善却没有行善的人,将会感到痛苦。

萨迪

8. 愿每个人都能使自己成为他教导别人成为的那种人。战胜自己的人,才能战胜别人。最难的是战胜自己。

每个人只有自己才能支配自己。自然而然地作恶,自然而然地被培养成的恶,就像金刚钻破碎石块一样毁灭人。自作恶,自受罪;自灭恶,自净化。

愿每个人在迎合另一无论什么样的人时都不要忘了自己的义务。

佛陀智慧集[达马巴达]

无论什么样的物质福利都不能补偿灵魂的损失,因为这种心灵损失是由真正的罪恶产生的。

11月20日 勇 敢

善良生活如果引起的不是爱,而是遭到以罪恶为生者的迫害,那么,这不仅不会动摇这一生活正确无误的信心,而且相反,是证实这一生活正确的最为无可怀疑的标志。

1. 你们要防备人,因为他们要把你们交给公会,并在会堂里鞭打你们。为了我,你们会被送到诸侯君王面前,在他们和多神教徒面前做证。当你们被交出时,你们不用操心怎样讲,讲什么,因为这一刻必赐给你们当说的话,因为不是你们在说,而是你们父之灵在你们里面说。

马太福音10章

2. 连死亡都不能消灭竭尽全力为正义事业斗争者的胜利。斗争吧,不屈的忠诚之心;前进吧,不用管幸与不幸,务必相信,你为之斗争的正义事业必将胜利。毁灭的只是一切不公,而正义事业是不可战胜的,因为它并不是依仗你的意志而是凭恃上帝的永恒法则完成的。

卡莱尔

3. 行善之路所遇障碍，可以通过鼓足勇气加以克服。这一障碍反给我以新的力量。那本用以阻碍善行的威胁本身变成了善行，一条光辉的道路蓦然在见不到出路的地方展开。

马克·阿夫列里

4. "坚持到底的有救了。"

一个人在只须稍加努力即可达到目的时，每每会悲观失望、裹足不前，甚或退避三舍。

5. 如果以基督徒的顺从忍受所有迫害的话，那么迫害将产生一件与迫害者的初衷相反的行动。人们不想让林中闪烁隐现的火苗被发现，压灭火苗时他们用随手取得的一切——树叶、草、枯枝、木头把火苗往地上压，但是火苗却越燃越旺，火光越传越远。

6. 迫害和随后的苦难，是执行基督诫命的必要条件。外在苦难的程度表明我们信奉基督的程度，有如摩擦力表明一切工作的紧张度。

7. 迫害之所以可贵，是因为它折断了一切人为的支柱，召唤人们以之为生的真信仰显露出来。

8. 在迫害中，危险的并非苦难，而是自怜的诱惑及由之而生的对加害者的恶意态度。

―――――――――

不要寻求人们的爱，不要因他们的不爱而惶恐不安。人常常怜爱不好的，却不爱好的。力求让上帝满意，不要迎合人。

11月21日　服　务

我们也许能在今生实现的那种特殊功勋并不存在。但是我们的一生应当成为这种功勋。

1. 每天醒来该提出一个问题：今天会有什么善行可做？想想吧：太阳落山时显然将随身带走我那注定的一小部分生命。

印度格言集

2. 人的美德并不是用他的非凡努力来衡量，而是用他的日常行为来测定。

帕斯卡尔

3. 为神服务与为人服务相比，其好处在于，你因被人说坏话而感到难过时，你会不由自主地想在人前表现出自己的优点，但在上帝面前这一切毫无必要。因为他了解你是什么样的人，在他面前，任何人都不能诋毁你。所以你不必尽量表现自己，只要真正优秀就足矣。

4. 愿每天的晨曦宛如你生命的开端，每天的落日仿佛你生命的结束，愿这每一短暂生命在身后留下为他人所做的爱心事业的脚印，以及你充分自勉的足迹。

约翰·略斯金

5. 我是上帝用以工作的工具。我真正的幸福是能参与他的工作。而我之所以能参与他的工作，仅仅是因为他给我提供的工具——我的灵魂——正处于有秩序、纯净、灵巧而正确的状态之中。

6. 所有最复杂和乱成一团的事情，如果能顺利地使它不受人们的干扰而只受上帝的审判，那么，这些事情就会变得简单而明晰。

7. 生命的意义在于以最出色的方式去做派我们来到人世的那一神力要求我们从事的事业。了解做还是不做这种事总是能够的：良知是这类选择的指南。应当只听从良知，并竭力使它变得越来越敏锐。

根据为上帝效劳的关系，我们所有的行动——有一些被认为是重要的，有一些被认为是微不足道的——它们不是都同样意义重大，就是都同样毫无意义。我们并不知道它们会有什么结果，但却知道我们应当去做。

11月22日　生活制度

一个人越少自满并着手改善其内心生活，那他在外界生活中就越能表现自己。

1. 我们那样习惯于这种议论：安排另一些人的生活是一些人所特具的。一般来说，我们并不会觉得这议论有多奇怪。然而，这些议论大概任何时候都不可能在宗教人士所以是独立自主的人士中间存在。这些议论的根源是承认一些人或若干人管理众人的合法性。

治人者和治于人者自己都如此议论。

这一谬误不仅完全荒唐，因为没有任何根据，为什么一些人——并且是大部分人——应当屈从于另一些——少数最无道德的人呢？而且它还特别有害,因为它在所有人中削弱了纠正自己必要性的意识,然而这却是对他人施加足以产生影响的唯一有效手段。

2. 代议制政权的目的并不在实现多数人的公正,而在使他们接受的即使是一种拙劣的管理,他们也无权控诉它。

3. 如果老人们(因阅历丰富而变得睿智的人)对你说:"毁掉吧。"而青年们说:"创造吧。"那就毁掉,不要创造,因为老人的破坏就是创造,青年们的创造却是破坏。

塔木特

4. 一切立宪宪章无不导向主奴之间的契约;但我们的使命并不在改善奴隶的处境,而是使奴隶根本不存在。

赫尔岑

5. 不仅一个人无权管理许多人,而且许多人也无权管理一个人。

符拉基米尔·契尔特科夫

6. 什么是真理？——对大多数人来说,真理意味着一种真理赝品——是一种可以用因为得到它的好处而投赞成票的票数进行计量的东西。

卡莱尔

7. 多数票不能成为公正的标准。

席勒

8. 我们指定放置刑具的博物馆展架上,不仅有马刀与火枪,而且不能不了解,很快就会有随之而来的警察设备及检举箱。

克洛斯比

9. 当我坐在海边倾听浊浪拍岸的涛声时,我感到自己从一切杂务中解脱了出来,世界各族人民没有我也能审视他们的宪法。

托罗

任何时候都不要建造,但永远要种植,因为在前一种情况下,大自然会妨碍你,毁坏你的劳动成果;在后一种情况下,大自然会帮助你的事业,促成你所种植的一切成长。精神领域与此相同:做与人的本性永恒法则吻合的事情吧,别干和人的暂时法规或仅仅和你的愿望相符的工作。

11月23日 生活的意义

确定生活之意义,它可能是一个困难而难以解决的任务:当人问上帝他为什么派他到人世间来时就是如此。但是它也许是一件很简单的事,当人扪心自问他该怎么办时就是这样。

1. 人的生命任何瞬间都能猝然中断,为了不成为粗俗的笑柄,人应当活得有意义,在这种情况下,生命的价值就不会取决于生命延续的长或短。

2. 旅客把客栈房间弄得脏乱不堪,损毁破坏,随后却责备让他全权处置的店主。人们为了世界的罪恶而责备上帝同样如此。

3. 对智者来说,对高于他的人的本性大发议论不是他所固有的,就像议论低于他的人的本性一样;断言人能赶上前者是极不谦逊的,放言他能把其注意完全集中到后者身上也很有损尊严。必须承认自己的伟大和渺小是永远相对的,必须认清在自然界中的自己和自己的地位,必须对自己因为没有能力赶上上帝而服从上帝感到满意,必须以爱和善管理较低下的创造物,同时又不放纵他们动物性的欲望,不仿效他们——这就意味着,对上帝一定要谦恭,对人一定要善良,对自己一定要明智。

约翰·略斯金

4. 为了生存,却又了解不了自己生命的意义,对这种人只有一种方法可行:用烟草、酒精、吗啡使自己的身体处于经常的麻醉之中,用娱乐和各式消遣使自己的感觉处于经常的麻醉之中。

5. 这个世界不是一则笑料,不只是考验人的苦难场,也不是转入永恒的极乐世界的过道,而是永恒世界之一:美好而欢乐。为了我们现在和他们一起生活的人,为了我们身后在其中生活的人,我们不仅能够,而且应该使它变得更加美好,更加欢乐。

6. 使我们的心灵日臻完美是我们生命的唯一目的,之所以完全正确,是因为其他的任何目的一涉及死亡时,都会变得毫无意义。

不要以为,面对人生意义的困惑和不解,会表现为一种崇高或悲剧性的事件。这种人对生活意义的大感不解类似于一个投入阅读好书的社团之人的大感不解。他没有好好倾听,也没有弄明白阅读的内容,却在这种从事阅读者中间瞎忙乎。这种人的大感不解造成的不是崇高的悲剧性的事件,而是一种可笑、愚蠢而可怜的印象。

11月24日 仁 慈

仁心在于,主要不是对人的物质做帮助,而是对人的精神做支持。而精神支持首先表现为不责备人,尊重其人格尊严。

1. 怜悯那难以忍受而暴怒的穷人吧。想想吧,他们在简陋的住处忍受着各种不幸的贫困,然而离他们只有几步之遥的地方,一些穿着光鲜、饱食无忧的人却正从那里走过,这种忍受是何等困难啊!

选自 虔信者思想录

2. 不要自认宅心仁厚,即使你分给穷人的不仅是你的多余之物,而且是生活的必需用品。真正的爱要求你们:在此之上,在你们心中还给受赠者留有一席之地。

选自 虔信者思想录

3. 不顾诽谤、恶意伤人的人,才是真正的菩萨心肠。

4. 不要相信谈及人的没有证据的任何坏话,不要对任何人传播有关别人的任何坏话。

培

5. 好人,德奥弗拉斯特说,势必对恶人大为生气。但是,果真如此的话,那么,人越好就越会生气。事实则恰恰相反,这种人会变得更温情,不受激情支配,对任何人都不怨恨。明白事理的人不会恨误入歧途的人,不然他就该恨自己了。只要一想起他自己也常违背道德,他的许多行为也需要不求全责备地对待,他就会开始自己生自己的气。因为一个公正的法官将在审判自己人的同一法庭上审判自己。任何人都不能为自己辩护,只有在众人之前,而不是在自己的良心前才能称自己是无辜者。温和、爱怜地对待误入歧途的人,不要折磨他:全力把他拉上正道,是最富人性的。不用说,对迷失在我们土地上的人,我们不要把他赶走,而要把他带向康庄大道。

纠正误入歧途者是我们的义务。为了他,为了他人,我们应当用严肃的教诲去纠正他,然而一定要心平气和。哪有医生对自己的病人生气的呢?

塞内加

6. 要正直,不给愤怒做帮凶,给乞求者以馈赠——他显然对你所求不多;你想向圣人靠拢,那就按这三点要求行动吧。

佛陀智慧集[达马巴达]

7. 如果一个人在其亲人陷入罪恶之中时感到难以为情,受到蛊惑,甚至以热爱善为借口济恶助恶,那么,这个人没有以对上帝的爱为基础的真正的仁慈心,因为源自上帝的一切自身都带有安详、谦恭的印痕,并促使我们思考自己的不足。

选自 虔信者思想录

8.仁慈、温顺、自我割舍,人凭之足以解除任何敌人的武装。没有木柴,一切火焰就能熄灭。

僧伽罗佛教

尽力不要把自己罪恶的可耻回忆隐藏在阴暗的角落,相反,应尽力使这些回忆时刻做好准备,以便在你不得不责备人时利用这些资料。

每周阅读

米里埃主教

1815年,至圣者沙尔—弗郎索瓦—皮因维钮—米里埃当了狄区的主教。

有一天,有人敲主教家的大门。

"请进。"主教招呼说。

门一下子开了,好像有人用全力从外面一推推开似的。

进来一个人。他向前跨进一步,停在那里,并没随手关门。他肩上背个包,手里拿根棍子。他一脸大胆、气恼、疲惫和粗野的神色。炉火映照着他。

主教平静地打量来人。他刚要张口问他需要什么,来人双手支着木棍,用眼睛端详着老人,突然说:

"听我说,我叫让·瓦里让,是苦役犯,在监狱里过了十九年,出狱刚四天。我这正要去旁托尔埃,那是指定我去的地方。我从土伦来,已经走了四天,今天走了三十多公里了。这里的一家客栈因为我的黄色身份证把我赶了出来,第二家客栈也不接待我。'走开!'他们说。我找这里的监牢,守卫却不让进。我进了狗窝,狗咬了我,也把我赶了出来,狗好像也是人,他好像也知道我是谁。我本想在田野过夜,可是天太黑,也好像要下雨,就又回到城里,想躺在门洞里,完全做好准备睡石凳,突然一个老太婆指着您的门对我说:'到那边去敲敲看!'我这就敲了门。您这里是什么地方?是客栈吗?我有钱,一百零九法郎,在监狱里挣的。我会付钱的。钱是有的。我累了,要知道,我走了三十多公里,我也饿了。您能收留我吗?"

"马格洛太太,"主教对自己的女仆说,"加一副餐具。"

旅人向前三步,靠近桌上的灯。

"您听着,"他说,似乎还没明白这善意的接待,"您有没有明白,我是苦役犯?刚出狱,"他从口袋中掏出并打开一张黄纸,"这是我的身份证。黄色的——您看看清。为了它我到处被驱赶。您要不要读一读?我会读,是在狱中学会的;那里有一所学校,想学就可上。您瞧,这里写着:'让·瓦里让,从监狱释放,原籍……'这对您无用。'关押十九年。五年因撬门偷盗,十四年因企图越狱。极端危险。'就这些,大家都把我赶走。您能收留我吗?您有没有马厩?"

"马格洛太太,给厢房床上铺上干净的床单。"

马格洛太太按吩咐去办理。主教转过身对着来客。

"请坐,先生,烤烤火暖和暖和身体吧。我们马上开饭,吃晚饭时再给您准备床。"

旅人显然明白了。他阴郁而呆板的脸色一变而为惊愕、似信非信而高兴的样子,但他像一个被弄糊涂的人一样开始嘟囔起来。

"就这样?啊,您!就这样留下?不赶我,不赶我这个苦役犯!您称我'先生',称'您',而不说'你'!不说'滚开,狗',就像大家对我说的那样。我本以为您会推我走,所以一股脑儿对您说了我是什么人。您像对常人一样邀我共进晚餐,准备干净床单的床铺!我已经有十九年没睡过床了!您真是个大好人!请原谅,老板,怎么称呼您呢?我付账,要多少都行。您真是个忠厚人。您难道不是老板?"

"我是神父。"主教回答。

"神父!"苦役犯大吃一惊,"您大概就是这大教堂的神父?我真糊涂了,竟没有看出您戴的神父法帽。"

他一边说一边把背包和棍子放在角落里,把身份证收进口袋,坐了下来。

他说话时,主教站起来把没关的门关上。

马格洛太太回来了,又拿来一套餐具,放到桌子上。

"马格洛太太,"主教说,"把餐具放在灯的旁边。"他转向客人补充说,"阿尔卑斯山区的夜风很冷。先生您大概挨冻了?"

他用严肃、诚恳的声音说出"先生"这个词时,每一次苦役犯的脸上都会变得开朗起来。

称苦役犯为"先生",有如把一杯水送到干渴者的嘴边。屈辱渴求尊重。

"这灯多昏暗啊!"主教说。

马格洛太太明白这话的意思,就走进主教卧室去取银烛台,把点上蜡烛的烛台放到桌上。她知道,主教喜欢有客人来访时点上这烛台。

"您是好人,"苦役犯说,"没瞧不起我,反而接纳我。我并没向您隐瞒我从哪里来,我是什么人。"

主教温柔地拉着苦役犯的手:"您可以不对我说您是谁。这屋子不是我的,而是神的。这门不问入门者姓甚名谁,而问他有无苦恼。您感到难受,您受饥渴折磨,您请求帮助,那就请进。我并不是在我自己家里接待您,那急需庇护的人才是这里的主人。这里的一切都是您的。我干吗要知道您的名字。您在说出自己的名字之前我就已经知道您的名字。"

客人惊奇地打量了他一眼。

"真的吗？那您知道我叫什么？"

"知道，"主教答道，"我知道您叫'我的兄弟'。"

"真的，我走进这房子时肚子很饿，"客人说，"但您是那样使我惊奇，我竟不感到饿了。"

主教打量了他一眼，问：

"您受过很多苦吧？"

"唉，穿着红色囚衣，脚上拖着铁球，没有床，只有一块板，热、冷、苦工、挨棍子，任何争吵，就铐上加大的镣铐，顶嘴就关单人囚牢，睡觉也用铁链子锁着，连在病房也一样，狗，连狗都不如！这样过了十九年。我现在已四十六岁。'带着黄色身份证，滚你的吧。'"

"是的，"主教说，"您是从苦难处来的。但是您听着，一个流泪忏悔的罪人，比一百个穿得干干净净的善人在天上将享到更多的欢乐。如果您走出那一痛苦场所却还抱着对人的恶意和仇恨，那您就真值得可怜了，如果您怀着温厚平和及宽恕的感情，那您就比我们大家都好。"

这时，马格洛太太端上了晚餐。

主教脸上突然露出接待客人的主人的快乐的表情。

"请入席，"他以一种平时邀请客人入席的热情说。

主教做了祈祷，随即分了汤。客人狼吞虎咽吃了起来。

"我觉得桌上少了点什么。"主教突然说。

确实，马格洛太太放在桌子上的只有三套必不可少的餐具，而按习惯，当有人来吃晚饭时，则要放置全部六套银餐具。

马格洛太太懂主教的暗示，一声不吭地走了出去，过了片刻，六套银餐具已在桌布上闪闪发光，它们被对称地安放在每一个座位前面。

饭后主教从餐桌上拿起一个银烛台并把第二个银烛台递给了客人说：

"我送您到您的房间。"

苦役犯跟在他后面。在他们去卧室那一时刻，马格洛太太正把银器收进主教床头上方的壁橱里。那是她每天晚上睡前都要做的一件工作。

主教把客人送到备好干净床榻的厢房，把烛台放在小桌子上，祝他晚安后就离开了。

当教堂的大钟敲响二点时，让·瓦里让醒了。他因床铺太软醒了。他已有近二十年没有睡过好床，虽然他和衣而卧，但是一种很不习惯的感觉妨碍他睡得很沉。纷繁的思绪不断涌入他的脑海，但是有一个念头不停来纠缠，把其他念头挡住：他看到马格洛太太放在桌上的六套银餐具，一把大汤勺。这些餐具使他难以平静。它们就在那里，离他只有几步之遥。去卧室时他看到老女仆把它们收进床头上方的壁橱里。他看壁橱看得很清楚。它在餐厅出口的右手边。餐具是老式银器,很沉,如果卖掉,他能得到比他在狱中十九年所挣的还多二倍。

整整一个钟头,他心神不定,做着斗争。

钟敲响三点。他张开眼,在床上抬起身子,伸手摸他放在厢房角落的背包,然后双脚落地,坐了起来。

他在这样的情势中寻思了片刻,随后就站起来,又犹犹豫豫地站了一会儿,他侧耳倾听,屋子里静悄悄的。他把鞋塞进口袋,把背包用带子扎紧,背到肩上。他屏住呼吸,小心翼翼向旁边主教卧室走去。卧室门虚掩着,主教并没随手把门锁上。让·瓦里让把帽子低低拉到额上,迅速地,看都不看主教一眼,径直走到小壁橱那里。锁在小门上挂着,他打开了橱门,第一眼见到的就是放着银器的篮子。他取了篮子,快步穿过房间,竟没了原先的小心谨慎,没有注意他弄出的声响,直接走到窗口,抓紧自己的棍子,跨过窗台,把银器塞进背包,飞快跑进花园,翻过栅栏,消失了。

第二天,旭日东升,主教在花园散步。马格洛太太惊慌地跑到他身边。

"大人!他跑了,拿走了你的银器。瞧,他就是从这里爬过去的!"

主教默默站了片刻,随后抬起沉思的目光温和地说:

"首先还得弄清:那些银器是我们的吗?我把它们留在自己身边那么久并不对。它属于穷人,而这人正是穷人。"

不久,主教坐到昨天让·瓦里让坐过的同一张桌子旁开始用早餐。

他刚准备从餐桌后站起来,突然响起咚咚的敲门声。

"请进!"主教应声说。

门开了。三个人抓住了第四个人的领子。三人是宪兵,第四个则是让·瓦里让。

主教以老人所可能的那种灵活程度走到了他身边。

"呀!是您啊!"他看着让·瓦里让说,"很高兴见到您。听着,我可是连烛台也一起送给您了,它们也是银的,和所有其他的一样。您为什么不把它们和餐具一起带走呢?"

让·瓦里让抬眼看着主教,表情是用人的任何语言都难以表达的。

"如此说来,这个人说的是真话,阁下大人?"宪兵问,"我们碰到他,他一副逃犯的模样。我们抓住他,搜查全身,找到了银器……"

"他对你们说,"主教微笑着说,"这是那个让他在家过夜的老神父送给他的?而你们把他带到这里?这是一场误会。"

"那我们该把他放了?"

"当然。"主教答。

宪兵放开了让·瓦里让,他往后退。

"真放我?"他用轻得难以听见的声音说,有如人在梦中说话一样。

"是的,放你,难道您没听见?"一个宪兵说。

"我的朋友,"主教转向他,"您走之前,把您的烛台也拿走。就是这些烛台。"

他走近壁炉,拿起银烛台,递给让·瓦里让。

让·瓦里让浑身一颤,机械地接过烛台,张皇失措地看着它们。

"您现在可以放心走了!"主教对他说,"顺便说说,我的朋友,如果您再来,不必穿过花园。您永远可以从对着街道的大门出入。门白天黑夜都只安一根活闩。"

然后他转过身来对宪兵补了一句:

"先生们,你们可以走了。"

宪兵走了。让·瓦里让感到他快要昏倒了。

主教走近他身边,低声细语说:

"不要忘记,永远不要忘记您的承诺:您发誓用这些钱是为了做一个诚实之人。"

让·瓦里让一点都回忆不起他曾承诺过什么,有点惶恐不安。主教讲这些话,却做了特别的强调。他继续郑重地说:

"让·瓦里让,我的兄弟,您今天不再隶属于恶,您已归顺善。我赎回了您的灵魂。我从您灵魂中赶走了黑暗之灵,把您的灵魂交给了上帝。"

维克多·雨果

11月25日 战 争

如今大多数人都已明白,对他们来说,战争不仅无益,而且疯狂而残忍,然而人们却仍然无法摆脱它,因为他们只是在一般的政府决定中,而不是在自己的、众多个别人的行动中去寻找摆脱它的道路。

1. 不能不承认,19世纪正力求走一条新路。本世纪的人开始明白,应该有各民族都适用的法律和审判庭以审判即使是大规模展开的民族对民族的犯罪,因为其令人发指并不亚于人对人的犯罪。

凯特莱

2. 如果不是肤浅地而是深入地去研究人的不同活动,那么人就不可能抛弃下列可悲的想法:为了延续人间的罪恶王国,丧失了多少生命啊,而常备军则最大限度地助长了这种罪恶。

所有这一切都是不必要的,都是被大多数人宽容地接受的罪恶,它只是因为他们的愚蠢才得以发生,只是因为他们允许相对少数老练而蜕化变质的人盘剥自己才得以发生。这大大加强了人们的惊诧莫名和悲伤感情。

帕特里克·拉罗克

3. 地球居民的处境还那样荒谬、缺乏理性和麻木迟钝。人们每天阅读文明国家杂志上的各国政府首脑外交关系的讨论,而领袖的目的是建立联盟以反对虚拟中的敌人,准备战争,在此情况下,各国民众将允许其领导人安排他们,像牲口一样把他们赶往屠杀场,仿佛没有看透每个人的生命都是他们自己的。

这个怪诞星球的居民受到的教育,使他们深信存在着众多民族、边境线、国旗,大家的人性意识是那样的薄弱,以致面对祖国这一概念,这种人性感情就会消失殆尽。确实,如果有思想的人善于联合一致,这处境本是可以改变的,因为任何个人都不希望战争。但是还存在由之而有千百万寄生者存在的政治联盟,这些寄生者需要战争,他们阻止人联合一致。

弗朗马里昂

4. 一只熊被打死了,因为蜂蜜罐上方用绳子吊着一块笨重的大木块。为了吃蜜,熊推开木块。木块却回过来砸中了熊。熊勃然大怒,更使劲地推开木块,木块则更狠地向它砸去。这样一直继续到熊被打死。人难道不能变得比熊更聪明一点?

5. 战争是屠杀,无论他们把多少人集结在一起以便实施屠杀,无论他们怎样称呼这行为,屠杀总是这人间最坏的罪恶。

———————

迄今为止,在政权及其职能——管理民众、课税、组织审判、惩办——得到承认之处,战争从未中断过。战争是政权之结果。

11月26日 生活制度

正如一支蜡烛可以点燃另一支蜡烛,一支蜡烛足以点亮千百支蜡烛一样,一颗心可以点燃另一颗心,千百颗心将熊熊燃烧。

1. 要提防那些人:他们劝你们不要追求那真正难以企及的善。
绝不要认为服从那能在我们内心唤醒高尚感情的影响是无益的。

约翰·略斯金

2. 相信遥不可及、最不可能的善远胜于相信人所固有的哪怕是最小的恶。

3. 阅读好书是善的熏染浸润;好艺术同样是善的熏染浸润;祈祷是善的自我陶冶;但是最强大的善的诱导是善良生活的榜样。人的善良生活由此而成为一种幸福,不单对那些过着善良生活的人如此,而且对因为发现、了解、熟悉有关这一生活的所有人也是这样。

4. 我们常会见到这现象：一个善良、聪明、公正的人，尽管他知道他做的事情——诸如战争、肉食、占有他不耕作的土地、刑事法庭等——不合法、是犯罪，但他却能平静地继续干他承认的坏事。为什么会有这种令人莫名其妙的现象？它之所以能这样发生，是因为这些人是在比他的良知和理性的要求更强大的外界诱导的作用下行动。人们常会发现，当这些诱导对人的控制越来越强时，人就会开始做有悖于自己良知的事情；然而当这种诱导慢慢被削弱时，理性的要求就得到加强，人就开始动摇，理性最终就取得了胜利。

5. 如果你想说服人，说他的生活差而你的生活好，那就不要用语言去证明。人相信的是眼见为实。

托罗

6. 人独自不会迷误。因为一旦迷误，所有人都会在周围人中间传播其迷误。

塞内加

7. 使人向善，榜样比训诫更容易。

塞内加

不仅要害怕于心灵有害的同伴，而且要远离他们；但要珍惜与善人交往，并寻找他们。

11月27日　灵魂的神圣本质

如果激情控制了你，那就记住，你的强烈欲望并不构成你的灵魂，而只是一种暂时掩盖了你真正本性的暗潮。

1. 成为自己的指路明灯吧。成为自己的避难所吧。让你的指路明灯的灯光常明不灭，你不必去寻找另外的避难所。

佛陀苏塔

2. 可以把灵魂比作一个由其内部自有的光照亮的透明圆球。这光芒对灵魂而言，不仅是一切光和真理的源泉，而且它的外表也会被照得熠熠生辉。处在这情景中，灵魂自由而幸福。那种对表面的偏好只能把它平滑的表面弄得凸凹不平，暗淡无光，从而造成光的折射和损耗。

马克·阿夫列里

3. 人人都有仁慈心、羞恶心和憎恨恶习的感情。每个人都能通过各自的修为使这些感情或增强或衰竭。这些感情完全如他的身体器官一样成为他自身的一部分。这些如他的身体器官完全一样的感情是可以加以培育的。在尼康沙山上长着一些美丽的树木。当它们的枝条被砍下,常会长出新芽;可是若在那里放牧,山就会变得光秃秃的。童山并非它本来就是这样。心灵的蜕变同样如此,如果我们放任卑劣的欲望,让它吞噬我们心灵中的仁慈心、羞恶心和憎恨恶习的感情的高尚嫩芽,难道我们由此可说,人心中并不存在这些感情? 了解天道,意味着发展我们天性中的高尚品质。

孟子

4. 善的源泉在你自身里面,在你的内部。伴随着你对源头的疏通,它就会不停地汩汩流淌。

马克·阿夫列里

5. 人的灵魂是一面镜子,人能在其上看清神圣理性的形象。

约翰·略斯金

————

一当感到欲望蠢蠢欲动,那就召唤自己内心的神圣性的意识吧。一当感到自己的神圣性变得黯然失色,那你得知道,你已被欲望所控制——愿你与之做斗争。

11月28日 不 朽

生命不会陨灭,只是因死亡而发生了变形。

1. 愤恨整天控制着他。不要把自己的生命浪费在怀疑和恐惧之中。献身生命的事业吧,要相信,出色地执行当前的义务乃是一种为随之而来的短期或一生所做的最佳准备。

对我们当前的景况来说,我们未来的景况总像是一种幻想。重要的不是生命的长度,而是生命的深度。问题并不在生命的延续,而在使灵魂超越时间,就像灵魂的一切高尚行为所做的那样。当我们过着充实的生活,我们不会给自己提出时间问题。

耶稣对永生一无说明,但是他的影响带人们走出时间,他们感到自己的永生。

爱默生

2. 人们居住其中的屋宇,能够毁坏和消失;但灵魂用纯洁思想和善行为自己修筑的屋宇甚至不用担心它的经久不坏,任何东西都不能使灵魂的屋宇遭到损害。

留西·马洛里

3. 不必相信未来的生活,应该不仅相信而且知道当前的生活是消灭不了的。

4. 不朽的信仰不是由推论得出,而是因生命而领悟。

5. 让人相信未来生活必然性的并不是那众多的理由,而是当你在生活中与人肩并肩地行进时,这个人却突然消失了,消失在那乌有之乡,你自己却在这深渊前收住了脚,端详着那深渊。

6. 我们弥留之际所体验到的恐惧程度是一个指标,表明我们对生活真实性的理解的程度。

对死亡的恐惧越小,自由、安详平静、灵魂强大和生的欢乐的意识就越多。在完全摆脱这种恐惧的情况下,在充分意识到这一生活和无限真理统一的情况下,人可具有任何事物都不能打破的充分的安详宁静。

―――――――

不朽的意识是人的灵魂所固有。只有我们所作的罪恶和我们做恶的程度才会使我们丧失不朽的意识。

11月29日 语 言

语言即行为。

1. 任何时候都不要说自己没有感觉到的事情。任何时候都不要用谎言玷污你们的灵魂。

选自 虔信者思想录

2. 我们的敌人比我们的朋友可能对我们更有益,因为朋友每每会原谅我们的弱点,而敌人则通常会指出它们,引起我们对它们的注意。

不要藐视敌人的意见。

3. 甚至连讲究细节这样的虚荣心,如果它对自己有足够的理解的话,我们也会发现,比起人自我肯定,它在人被肯定方面,其作用也毫不逊色,前者也许更能使人受到真正的赞赏,因为比起后者它要求更多的自我割舍、自我教养。

康德

4. 聪明人不会因为人的言论而看重人,也不会因为他们的种种言论而藐视人,因为这些话只是由与之无关的人所讲。

中国智慧集

5. 人的语言是传达思想并使之深入人心的合宜工具,但在真实而深邃的感情领域,它只是一个不高明的译者。

科苏特

6. 每个词所具有的意义只是听者能从中接受的意义。你们向奸诈之徒解释不了正直的意义,向绝情之人解释不了爱。如果力求降低这些词的内涵直至使他们理解,那么,你们就会落到再没有词去表达正直和爱的地步。

约翰·略斯金

任何时候无论为了什么目的都不能为谎言辩护。

11月30日 温 顺

谦恭的人通过割舍自己而与上帝联结成一体。

1. 世上没有任何东西比水更柔软、更随和的,可是与此同时,那些坚硬刚强的东西都无法与之抗衡。弱胜强,柔克刚。世上所有人都了解这一点,但无论什么人都不想实行它。

老子

2. 人强制环境,环境也照样反过来强制人。人对它退让,它也对人退让。

当你看到环境对你并不友好,你别和它较劲,而要让它自然发展,因为人与环境抗衡,就会变成它的奴隶,顺从它,则会变成它的主人。

塔木特

3. 当智者谨守道德法则时,他总会避人耳目,并不惋惜任何人都不知道。

孔子

4. 萨迪说,在安息国,一个骑虎者和我邂逅。见到这情景,我吓得寸步难移。但是这个人对我说:"萨迪,你不要为看到的景象惊恐不安。如果不让自己的脖子从上帝的重轭下解脱出来,那么任何东西都没有力量让你的脖子从你的重轭下解脱出来。"

5. 如果人只想成为他当前的样子,他就会极其强大,如果他想凌驾在人类之上,那他就会极其软弱。

卢梭

6. 人在逐渐变得谦恭时,就像从一个圆锥体的顶端向它的底部下降。降得越多,他精神生活的圆圈就越大。

7. 在人间,最软弱的战胜最强大的;所以谦虚具有巨大的优势,沉默拥有巨大的好处。人间只有不多的人能保持谦恭。

老子

人越谦恭,他就越自由越强大。

十二月

12月1日 妇 女

妇女在其基本的生活使命方面与男人并无区别。这一使命就是为上帝效劳。区别只在效劳的目标。尽管妇女的生活使命和男子的使命相同,都是为上帝效劳,并通过同一手段——爱——去加以完成,但是对大多数妇女来说,这一效劳目标比男人具有更大的确定性。这一效劳的目标就是在爱中孕育和培养从事上帝事业的一代又一代新的工作者。

1.告诉我,奢华的女人,如果有人问你两者中你更想要什么——是身体纯洁、健康、美然而穿着寒碜,还是身体畸形、有病却佩金戴银穿着华丽?难道你不更想要自己天生的身体的优雅仪表而不要衣着的华丽?难道你对身体的要求如此,对灵魂的要求却会与此相左?如果灵魂丑恶、不成体统而阴暗,难道你还会认为通过华贵的衣饰能赢得什么?这难道不是极端的痴心妄想?

约翰·兹拉托乌斯特

2.如果女人的善良漫无休止,那就常会使她的抱怨声声不绝。

贤妻是给丈夫的宝贵礼物,恶妻则是他的无穷痛苦。

塔木特

3.话说得温婉而要言不烦,是女人最好的饰品。

穿过整个大城市看看吧,那些顶级商场出售的商品,价值动辄百万,这都是千百万劳动者通过艰苦而常常有害的劳动才得以做成。妇女使用的所有奢侈品即使没有,她们其实也能对付过去。但愿女人能明白,这只是她们轻浮而不必要的奢华产生的一种罪恶!

4.女人越美,她应当越忠实。因为她只有通过忠实才能和其美可能产生的那种伤害相对抗。

莱辛

5. 不是丈夫选择妻子,而是妻子选择丈夫。为自己的孩子选择出色的父亲,女人应当知道孰好孰坏。而这正是女人应当首先学会的。

6. 真正贞洁的、把赋予她的所有母性的忘我力量献给那为上帝服务(表现为对人的爱)的工作,这姑娘是最美、最幸福的人。

7. 无论什么都不像无私忘我那样为妇女所固有;无论什么都不像自私自利那样为妇女所摒弃。

――――――

对男人和女人来说,完美都是相同的:爱的完美。如果男人在爱的理性和坚定性上常优于女人,那么,女人在爱的无私忘我上总胜过男人。

> 每周阅读

I 妇 女

任何人——男人和女人——的使命都在为人服务。我认为,一切有点道德的人都会同意这共同的原则。男人和女人的区别只在执行这一使命时为达到目的而采用的方式方法上,即他们用什么为人们服务。

男人为人们服务,可以通过体力工作——获得食物的手段,可以通过智力工作——为战胜自然而研究自然规律,也可通过社会工作——确立生活形式,确定人们之间的关系。男人为人们服务的方法是非常多样的。除了孕育和哺乳孩子,人类的一切活动都可构成这一服务的舞台。女人则除了通过和男人相同的手段为人们服务以外,根据自己的身体结构,还被男人服务领域之外的另一类服务所吸引。

为人类服务本身可以分为两类:其一,扩大现有人类的福祉;其二,延续人类自身。男人主要被召唤从事前者,因为他们没可能从事后一类服务。女人则主要被召唤从事后者,因为她们在后一类服务上具有特殊能力。这样的区别,不可、不应、不好(即错误)不予牢记,加以抹杀。源于这一区别的前者和后者的义务——并非是人们的向壁虚构,而是以人的天性为基础。而由这一区别引申而来的,还有男女美德和恶习的评价。这一评价存在于一切世纪,如今仍然存在。只要人现在和未来都拥有理性,那么这一评价任何时候都不可能不存在。

这一现象过去和未来都始终会存在:男子在他固有的体力、智力和社会的多样工作中度过自己的大半生,女人则在她特殊的孩子生育、哺乳和成长的操劳中度过自己的大半生。他们会同样感到他们做了他们该做的事情。由于做这些事情,他们都会激起他人的尊重和爱,因为双方完成了他们按其本性注定的工作。

男人的使命多样而广泛,女人的使命虽然单一但深刻;所以,不管过去和未来,都始终存在这一现象:有着百十种义务的男人,即使放弃一部分义务,也只是其中十之一二,他仍不失是一个能完成其部分使命的不坏而无害的人;而女人只拥有少数义务,只要放弃其中的一种,马上会在道德上低于放弃自己百十种义务中的十来个义务的男人。普遍的舆论始终就是这样,将来也永远这样,因为问题的本质就是这样。

为了执行上帝的意志,男子应当在体力劳动、思想、道德这些领域为他效劳:他通过所有这些事业能够完成自己的使命。女人为上帝服务的手段主要是而且几乎是特殊的(因为非她莫属,谁都无法做到这一点)——孩子。男人只有通过自己的产品完成为上帝、为人服务的使命;女人只有通过自己的孩子完成服务的使命。

所以,女人身上蕴含的对孩子的爱是一种特殊的爱,在理性层面上和它做斗争是完全徒劳的,它永远会而且应当会成为妇女-母亲的特征。这种对年幼孩子的爱绝非利己主义,这是一种工人对他正从事的、同时尚未完工的成品的爱。如果剥夺这一对自己工作对象的爱——那工作就不可能。

母亲发生的情况则与此相同,男子必须通过多样的工作完成为人服务的使命,在从事这些工作时他爱这些工作。女人通过自己的孩子完成为人服务的使命,她生养、哺育、教育他们时,她不能不爱她的这些孩子。

根据共同的使命——为上帝、为人们服务——男人和女人是完全平等的,尽管在服务形式上有所区别。之所以平等,在于一种服务和另一种服务同等重要,一种服务缺了另一种服务就毫无意义,一种服务则是以另一种服务为前提;对于实际的服务,了解真理不管对男人还是对女人同样是必要的,否则,不管是男人还是女人的活动都会成为对人类无益而有害的活动。男人必须完成其多样性劳动的使命,但是只有为了真理和他人的福祉而加以完成时,他的劳动才是有益的,他的工作——不管是体力、智力还是社会工作——才会是富有成果的。

妇女的使命同样如此:当她养儿育女不单是为了她的欢乐,而是为了人类未来的服务者,当她培养教育这些孩子是为了真理、为了人们的福祉时,也就是说,当她培养教育这些孩子使他们成为为他人工作的最优秀人才时,只有这时,她孕育、哺乳孩子,帮助他长大成人对人类才是有益的。

"然而,那些没有孩子的女人、还没出嫁的女人、寡妇该怎么办呢?"

要是她们参与男人多种多样的劳动,她们定会干得很出色。

一切没有生育的妇女,如果她们有精力,完全可以及时从事辅助男子劳动的工作。女子在这种劳动中的辅助活动是很可贵的。但是看到一个能生育的年轻女人却干着男人的工作总令人惋惜。看到这样的女人如同看到把宝贵的肥沃黑土地铺上乱石碎砖碾压成练兵场或娱乐场完全一样。更令人惋惜的是,因为这种土地可能培育出的只是粮食,而妇女可能生出的是任何东西都无法比拟的无价之宝——

人。这只有她自己才能做到。

托尔斯泰

Ⅱ 姊 妹

1

　　1882年5月3日，三桅帆船"风中圣母号"离开哈弗尔前往中国海。在中国卸完货，装上新货物，就前往布宜诺斯艾利斯，又从那里出发，把货物运往巴西。

　　几次转运，海损，修理，几个月无风期，把船只远远刮离航路的风，海上的意外事故和灾难，使这艘帆船滞留在他国异乡整整四年，直到1886年5月8日，才满载着美国罐头回到马赛。

　　帆船从哈弗尔出发时，船上共有船长及助手和十四个船员。航行途中，一个船员死了，四个船员在不同的意外中失踪了，只有九个人回到法国。为了替补这些失去的船员，船上又雇用了两个美国人，一个黑人，一个在新加坡小酒馆里找到的瑞典人。

　　船上收起了船帆，横桁和桅杆相交成十字。一条牵引汽船靠过来，噗噗噗喷着气把它拖进一排船只里。海面一片平静，岸边余波发出微微的拍击声。船停泊在一排船中间。这里沿着堤岸并肩一字排开许多船只，它们来自世界各地，大小不一，式样不同，装备也有差别。"风中圣母号"紧挨在一只意大利双桅横帆船和一只英国双桅纵帆船的中间，它们为了给新伙伴腾出空位各自挤了挤。

　　船长办完海关和港口的各种手续后，马上放一半船员上岸过夜。

　　已入夏季，夜暖洋洋的。马赛灯火辉煌，街上可以闻到从厨房里飘出来的食物香味，四面八方传来说话声，车轮滚动声，快乐的尖叫声。

　　"风中圣母号"的船员已经有四个多月没有上岸，现在上了岸，正两个两个挨着，犹犹豫豫地穿过城市，像是不习惯城市生活的外地人一样。他们打量四周，仔细观察街道，终于辨清了通向港口最近的小街，似乎在寻找什么。他们已经四个月没和女人厮混，饱受性的折磨。领头的是船员谢列斯金·杜克洛，一个健壮而灵巧的年轻人。他们上岸时总是他带着他们。他很会寻找那些好地方，也善于在有事时把事情摆平，不卷进船员上岸常有的斗殴，但是一旦卷进斗殴，他绝不落人之后，很会保护自己。

　　船员摸黑在街道上你挤我拥地走了很久。这些街道像阴沟一样向大海倾斜，大大小小的积水坑发出阵阵恶臭。谢列斯金最终选定了一条狭窄的小巷。他们进了小巷。船员跟着他，开着低俗的玩笑，唱着小调。小巷家家门上都点着一盏外挂的灯；灯罩的彩色毛玻璃上标着大大的字码。狭窄的门楣下草秸椅上坐着穿围裙的女人，一看见船员就跳起来，跑到路中，拦住他们，诱引他们进她们的香艳窝。

有一次,前厅深处的门意外地突然打开。门里露出一个半裸的姑娘。她穿着紧绷在身上的粗俗棉裤,短裙子,镶金边的黑丝绒胸衣。"喂,帅哥,进来吧!"她远远地招呼着,偶尔还亲自跑出来,抓住不定哪个船员,使劲往门里拉。她像蜘蛛拖比它有力的苍蝇一样拉住不放。那个船员被性欲冲昏了头,几乎不加抗拒,其他人则停住脚步观察事情的发展,但是谢列斯金·杜克洛吆喝道:"不在这里,别进去!再远点!"船员听了他的话,使劲挣脱了姑娘。船员在怒气冲冲的姑娘的辱骂声的伴送下向远处走去。这吵闹声把整条小街其他所有人都引了出来,并向他们冲来,用嘶哑的声音夸耀着自己的货色。他们就这样越走越远。他们还时不时碰到佩刀乒乓直响的士兵,独自行动的小市民和店员,他们都准备去熟地方鬼混。在另一些小巷,亮着同样的灯,但是船员走得更远,踩过臭烘烘的小水坑,小水坑里满是从塞满女人身体的小屋下流出的脏水。这时,杜克洛却停在一幢比其他略好的房子附近,把自己的伙伴带了进去。

2

船员坐在小饭馆的大厅里。他们每人各自挑了一个女伴,整晚留在自己身边,小饭馆通常都是这样。三张桌子拼接在一起。船员先是和她们喝酒,随后起身和她们一起上楼。二十双脚厚实的鞋子踩踏着木梯一级一级的阶梯,时间很长,声音很大,一直到他们挤进窄门,分散进入卧室。然后,他们从卧室下来,再喝酒,然后再上楼。

船员们拼命狂饮滥喝,纵情作乐。半年工资在四个小时中一下花光。晚上近十一点,他们大家都已喝醉,眼睛充血,断断续续地大呼小叫,连他们自己都不知在喊什么。每人腿上坐着一个姑娘。有的唱,有的叫,有的用拳头敲桌子,有的一个劲往嘴里灌啤酒。谢列斯金·杜克洛坐在伙伴中间。他大腿上坐着一个丰满结实脸蛋红红的姑娘。他喝得不比人少,但还没完全醉。一些想法在他脑海中掠过。他变得温情脉脉,寻思和女伴可以聊点什么。但他刚刚想起的事却又蓦然消逝,他怎么也不能抓住它们,记住并加以表达。

他笑说:

"那,那么……那么……你在这里很久啰?"

"六个月。"姑娘答。

他点点头,似乎是因为这一点而称赞她。

"那么,怎么样,你满意吗?"

她想了想。

"习惯了,"她说,"总该设法活下去。反正比当女佣人、洗衣工要强。"

他满意地点点头,仿佛为了这一点而又称赞她。

"你是本地人吗?"

她摇头表示不是。
"离这里远吗?"
她点点头。
"从哪里来?"
她想了想,仿佛记起来了。
"我从比宾尼昂来。"她说。
"原来如此,原来如此。"他说,不再开口。
"你是海员吗?"现在她开始发问。
"是的,我们是海员。"
"你们走得远吗?"
"是的,不近。什么都见识过。"
"大概绕地球走了一圈?"
"何止一圈,差不多走了两圈。"
她似乎陷入沉思,想起了什么。
"我想你们会碰到许多船只吧?"她问。
"那又怎样呢?"
"你们是否碰巧遇到过'风中圣母号'这条船呢?"
他大吃一惊,她居然说出他的船名,他突然想开个玩笑。
"真巧,上星期还碰到过。"
"真是这样吗?"她问,脸色煞白。
"真的。"
"不骗人?"
"老天做证。"他发誓。
"那你见到船上的谢列斯金·杜克洛吗?"她问。
"谢列斯金·杜克洛?"他重复了一遍,大吃一惊,甚至吓了一跳。她会从哪里得知他的名字呢?
"难道你认识他?"他问。显然她也有点害怕什么似的。
"不,不是我,是这里的一个女人认识他。"
"什么女人? 也是这一家的吗?"
"不,就在这附近。"
"附近什么地方呢?"
"不远。"
"可她是什么人呢?"
"很平常的跟我完全一样的女人。"
"可她为什么想起他呢?"

"我怎么知道。也许是他的老乡吧。"

他们试探着彼此凝视对方。

"我真想见见这个女人。"他说。

"为什么?你想说什么呢?"

"我想说……"

"说什么?"

"我想说,我见过谢列斯金·杜克洛。"

"你见过谢列斯金·杜克洛?他活着而且身体健康?"

"健康。那怎样呢?"

她停了片刻,重新集中思想,随后轻轻说道:

"'风中圣母号'会开往哪里呢?"

"到哪里?到马赛。"

"真的?"她突然喊起来。

"真的。"

"你认识杜克洛?"

"我确实说过我认识。"

她思忖片刻。

"原来这样,原来这样。这很好。"她轻轻说。

"可你干吗打听他?"

"你如果看到他,你就对他说……算了,不该!"

"可为什么?"

"不,没什么。"

他打量着她,越来越不安。

"那你认识他?"他问。

"不,不认识。"

"那你干吗这样打听他?"

她不回答,突然站起来,跑到柜台后坐着女老板的小卖部,拿起一个柠檬切开,把汁挤进杯子,随后又往杯子里兑了点水,递给谢列斯金。

"给,喝了!"她说,像原先一样坐到他的大腿上。

"你这是干吗?"他接过她的杯子问。

"为了醒醒酒。然后我再说。喝了。"

他喝完柠檬水,用袖子擦擦嘴。

"喂,说吧,我听着。"

"你不会对他说见过我吧?不会对他说我说的话是从哪个人那里听来的?"

"行,好吧,我不说。"

"那你发誓。"

他发誓。

"对天发誓?"

"对天发誓。"

"那你就对他说,他的父亲死了,母亲死了,哥哥也死了。都是热病,一个月三个人全死了。"

杜克洛感到全身血液涌上心头,挤得他难受。他一声不吭坐了几分钟,不知该说什么好,最后终于问道:

"你说得可靠吗?"

"可靠。"

"是谁对你说的呢?"

她把双手搭在他肩上,凝视他。

"你发誓,你不会到处嚼舌根?"

"好,我发誓:老天在上!"

"我是他妹妹。"

"弗朗索瓦丝!"他大叫一声。

她死死盯着他,嘴唇无声地颤动着,几乎吐不出一个字。

"那你是谢列斯金了!"

他们一动不动,像原先一样彼此凝视,僵住了。

他们周围其他人都醉醺醺地在大喊大叫。碰杯声,拍手跺脚声,女人尖叫声和嘈杂的歌声交织成一片。

"怎么会这样?"他说得那么轻,轻得她几乎听不到他的话。

她的眼泪突然夺眶而出。

"是的,就这样,全死了,一个月三个人。"她继续说,"我能怎么办?只留下我孤零零一个人。请医吃药,三个人的丧葬费……我卖掉了所有的东西,还清了账,就一无所有了。我就到卡舒老爷家当女仆——你该记得,是个瘸子。当时我刚过十五岁,你离家时我还不足十四岁。我和他睡觉犯了罪……我们女人多蠢啊!以后到公证人那里当保姆。他也一样坏。起初由他包养着,我独自在外住。可是,为时不长,他抛弃了我。我三天没吃一口饭,谁也不管我,我也就和其他人一样到了这里。"

她诉说着,眼泪如小河,从眼睛里、鼻孔中往外流,打湿了脸颊,流进了嘴。

"糟糕,我们这样做算什么呀?"他说。

"我以为你也死了。"她泪眼婆娑地说,"难道这事怪我?"她嘟囔着。

"可你怎么没认出我来呢?"他同样悄悄说。

"我认不出来,这不是我的错。"她继续说,哭得更伤心了。

"难道我能认出你?你难道还像离家时的模样?要是那样,我怎么会认不出呢?"

她伤心至极,挥了挥手。

"啊!我见过这么多的男人!我看他们都是同样的一副嘴脸。"

他的心收缩得那么强劲有力,那么疼痛难忍,以致他像挨打的小小孩,竟想又叫又号。

他站起来,让她离开自己,用两只船员的大手抓住她的头,开始凝神端详着她的脸。

他渐渐地并最终在她身上认出了那个瘦小、纤弱而快乐的小姑娘,是他把她和后来由她埋葬的亲人留在了家里。

"是的,你是弗朗索瓦丝,我的妹妹!"他说。

突然号啕大哭,男人沉痛的号哭,就像醉鬼打嗝一样涌上他的喉咙。他放开她的头,往桌子上狠狠一击,玻璃杯震落一地,碎片四溅,他像野兽般嚎叫起来。

他的伙伴转过身子对着他,定定地看着他。

"看来喝得太多了!"一个人说。"又要大叫大嚷了。"另一个人说。"哎,杜克洛,干吗嚷嚷?我们再上楼吧!"第三个人说,一只手扯住谢列斯金的衣袖,另一只手拥着女伴。她身穿玫瑰红的袒露的丝胸衣,满脸绯红,一双亮晶晶的黑眸子,哈哈大笑。

杜克洛突然默不作声,屏住呼吸,盯着同伴。随后,露出一副跟人打架时常有的架势,怪异而果断,跟跟跄跄地靠近拥着女孩的船员,一拳打在他和姑娘的中间,把他们分开。

"滚!难道你看不出她是你妹妹!她们大家都是某人的妹妹。瞧,这是妹妹弗朗索瓦丝。哈哈哈哈——"他号啕大哭,哭声像是哈哈哈哈的笑声。他跟跟跄跄、摇摇晃晃的,高举双手,突然跪下,脸碰地板。他开始在地上乱滚,手脚乱捶,像临死的人发出嘶嘶声。

"该让他躺下。"一个同伴说,"要在街上,还不把他抓起坐牢?"

他们抬着谢列斯金,弄到楼上弗朗索瓦丝的房间,把他放到她的床上。

托尔斯泰据莫泊桑小说改写

12月2日 素 食

不单不杀人,而且也不杀一切生灵。远在西奈山上听到这一诫命之前,它早已写在人的心上。

1. 反对素食的理由无论怎样令人信服,但是人不能不体验到怜悯之心而放下杀鸡宰羊的屠刀。多数人总是宁可失去肉食的口腹享受,也不愿亲自动手完成这种屠宰。

2. "如果绵羊和家兔该怜悯,那狼和老鼠也该怜悯。"反对素食的人说。"我们怜悯前者,而且也尽力怜悯后者,"素食主义者回答,"我们正在寻找杀戮以外的解决给它们带来意外伤害的方法,这些方法定能找到。如果你们同样提及昆虫,那么,我们即使体验不到对它们的直接怜悯(里赫登别尔格说,我们对动物的怜悯是与它们的大小成正比的),但我们仍认为,对它们的怜悯(如西里维奥·彼里科对蜘蛛)还是能够体验到的,针对它们也是能够找到杀戮以外的其他手段的。"

"然而很显然植物是同样有生命的,可你们却毁灭它们的生命。"反对素食主义的人还这样指出。然而这一论据本身却最为出色地确定了素食主义的本质,指明了满足他们需求的手段。理想的素食主义者食用果实,即食用蕴含着生命的种子的外壳:苹果、桃子、西瓜、南瓜、浆果。文明人承认这些食物是健康的,人吃这些食物是不会毁灭生命的。这方面尤其值得注意的是,果实、种子外壳的好滋味使人们在剥吃这些果实时,把蕴含生命的种子散布到地里,长出更多的植物。

3. 随着教育和人口增长的速度,人们由吃人到吃动物,由吃动物到吃种子和根茎,并由这一食用方法转向最自然的食用果实。

4. 大私有者攫取了广袤的土地,使得果实成了昂贵的奢侈品。土地分配越均等,果实的繁衍就越多。

5. 如果阅读和书写无助于人们更善待一切包括人在内的生灵的话,那它们绝不算教育。

约翰·略斯金

近来由肉食培育起来的道德和物质方面的不理智、不合法、有害,很大程度上可做这样的解释:如今之所以还坚持食肉并非来自某些议论,而只是因为它自古以来的暗示、熏陶、传说和习俗。所以,在当今,已不必对大家证明肉食显而易见的不智。它会自然而然地消亡。

12月3日 艺 术

艺术是一种人类活动;这是一个人自觉地、通过特定的外在方法把他体验到的感情传达给另一些人,而另一些人则受到这些感情的感染而感受到这些感情。

1. 当代艺术作品力求在受众的意识里消除受众和艺术家之间的隔膜,不仅消除在受众和艺术家之间,而且消除在他们和接受同一艺术作品的所有受众之间的隔膜。这种使人摆脱个人和其他人的分离、摆脱自己的孤独的状态,这种个人与其他人融合为一的状态正是艺术的主要魅力和优良品性。

2. 正如思想型作品只有在其传达新内容、新思想而不是人云亦云时才称得上思想型作品,与此完全相同,艺术型作品只有在其把新艺术带进人生阅历时才称得上艺术型作品。

3. 艺术是人类进步的两种手段之一。通过语言,人得以在思想上交流,通过艺术形象,他不仅和当代的而且和未来的所有人发生着感情的共鸣。

知识的日臻完美,就是要用更真实、更必需的知识排挤并取代错误的不必要的知识。与此相同,借助艺术得以日臻完善的感情,也是要用更高尚、更善良、对人的幸福更必需的感情排挤掉那卑劣的、不太好的、对人的幸福不太必要的感情。

艺术的使命就在于此。

4. 爱默生说,音乐向人揭示蕴含在人灵魂中的那种壮美的可能性。对一切真正的艺术而言,同样可以作如是说。

5. 艺术是完善社会的生活之花。像我们基督教世界上流环境存在残忍寄生者这样的社会是开不出好花的。它不可避免地蜕化变质、丑陋不堪。

我们社会的艺术就是如此;它的蜕变和丑陋最近更达到了登峰造极的地步。

6. 如果提出这么一个问题:失掉所有当今所谓的与虚假为伍的艺术,失掉所有现在的好东西,对我们基督教世界是否更好,那么,我认为,一切睿智而有德之士,定会如柏拉图在其《理想国》中的解决那样,如基督教和伊斯兰教的先贤们的解决那样,再次做出同样的解决,他们会这样回答说:"宁可不要任何艺术,也比现存的腐败艺术及其赝品继续流行要好。"

7. 当今的科学、艺术活动家们不执行也无法执行自己的使命,因为他们把自己的义务当作了权力。

我们极端精致而腐败的艺术只有在民众受奴役的情况下才能出现,只有这种

奴役继续存在，它才可能继续存在。

12月4日 人的价值

　　说整个诫命在于爱上帝和爱人，并非偶然。对人的爱是一种个别的事情。人可能存在也可能不存在，上帝却永远存在。因为人爱上帝，爱人可以接近的他的一切显现，所以，处身荒漠和监狱中，他单独一人也能践行这一诫命，哪怕只是在回忆中，在想象里，在思想上。

　　1. 记住每个人的身内都蕴含着神的灵魂——就是赋予你生命的那个灵魂，所以，对待每个人的灵魂要像对待圣物一样，不仅要爱，而且要敬重。

　　2. 马用其狂奔摆脱敌人而获救，它的不幸不在它不能像公鸡一样打鸣，而在于丧失老天赋予它的高速奔跑能力。

　　狗嗅觉灵敏。当它失去老天赋予它的灵敏嗅觉时，它是不幸的，然而它不能飞翔却并非是它的不幸。

　　完全一样，当人不能战胜熊、狮子或恶人时，他不会发生不幸，但是当他失去老天赋予他的善良和审慎，他才会不幸。这种人确实不幸，值得同情。

　　不必惋惜人辞世，也不必惋惜人失去其金钱、屋宇、财产，因为这一切本不属于人。应该惋惜的是人失去真正属于自己的财产——自己的人格尊严。

爱比克泰德

　　3. 无论在稠人广众之中，还是在一人独处之时，都不要做任何有悖良知的事情。

　　4. 在当今，人们常常忘记他们内心首先应当诚信地敬重人。人的高尚特性在于，当人的灵魂处于中和平静之时，他的意识通过和理解之源交融而有能力和无限的精神生活融为一体。然而人却不直接从这源泉去汲取精神食粮，而更愿意可怜巴巴地向人乞求一小杯死水。

爱默生

　　5. 我们中最值得同情的人仍然拥有某种才能，这些才能看起来无论怎样平庸，但是，它仍然构成了我们的特征，在正确运用的情况下，它仍能成为整个人类的才能。

约翰·略斯金

　　除了对人的义务，每个人自己还有作为上帝之子的义务。

12月5日 理 性

人类生活得越久,他从迷信中解脱出来就越多,他看待生活法则也就越简单。

1. 我们的时代,是真正批判的时代。

通常认为,宗教和法律躲过了批判。宗教依恃的是它的神圣性,法律凭借的是它表面的庄严。

但是,它们由此而引起了对自己的怀疑,不能指望获得不加伪装的敬重,因为理性只尊重那能经受住它广泛而公开的考验的对象。

康德

2. 传教士努力在印度传播基督教。但是教会基督教能否给印度以比它昔日已有的、更令人羡慕的命运呢?教会基督教能否给印度以比它现有的、自古以来就拥有的更多理性和精神的力量呢?教会基督教有没有提出比婆罗门教义的信徒所拥有有关无处不在、全能全知神的更加崇高的概念呢?上帝同亚当和夏娃在花园里散步,因为他和他俩离着一段距离,所以没听到他们的说话;他因为居然有建塔人攻击他的天堂而大吃一惊,他和一些老头吃烤羊肉;他因为一些琐事而怒不可遏,为了他们的错误而常常诅咒他所创造的不幸的人。难道这是有关上帝的观念?这样的上帝和无形、全知全能、在全宇宙无处不显示其意志的那个人相比,哪有什么崇高可言呢?而基督的神性及其化身的信仰难道只是复活和赎罪祭献的信仰?把最崇高、最伟大的人物牵扯进死亡的事件之中难道不是一种亵渎?如果印度人该信仰化身,那他们为什么不该信仰黑天或拉摩的化身呢?为什么印度人应该信仰的不是他们,而是基督呢?可是,正如人类真正的圣书(约翰福音 4 章)所说的那样,上帝无形体,也非妇人所生,不可能把他作具象的处理。复活的学说不过是一个童话:坟墓绝不可能交出其死人,如果这些人确实是死人的话。至于赎罪,那么这种教义和最原始的公正概念则完全矛盾。

留西·马洛里

3. 研究一切吧,愿给理性以最显赫的地位。

皮法戈尔

4. 生活在于越来越获得有关其使命的真理,并越来越和这真理和谐相处。然而一切虚伪的宗教却宣布,在他们的经书和传说中可以找到现成的、完美而充分的真理(吠陀,圣经,古兰经),有和这真理相适应的生活方法(信仰、牺牲、祈祷、天惠)。因此,无论什么真理都不必寻找,也不必为提高自己的生命而努力。这真可怕。

不必害怕理性对人们确立的传说所做的那些破坏。理性消灭不了任何东西，真理也取代不了它。它的本质就是如此。

12月6日 迷 误

我们之所以迷失方向，并非我们不能正确思考，而是因为我们活得愚不可及。

1. 无知绝不作恶；只有谬误才极有害。人们之所以迷误，并不是因为不了解，而是因为自以为了解。

卢梭

2. 任何谬误都是毒药，所以不可能存在无害的谬误，尤其不可能存在美好而不可冒犯的谬误。

当失望的达摩克利斯之剑一直高悬在安慰之上时，这种安慰对我们有什么用？唯有真理才没有危险。只有真理是坚定不移的，唯有它是完全可以信赖的。只有在真理中才有真正的安慰。它是唯一牢不可破的金刚钻——使人摆脱谎言意味着不是剥夺而是给予。"假的就是假的"这一认识是真理。谬误永远有害。它迟早会使支持它的人遭到报应。

叔本华

3. 我们借助我们的思想来看世界，我们看到的并不是它的本来面貌，而在其上面平添了一层我们思想赋予它的那种色彩。我们仿佛戴了一副墨色眼镜，憎恨使世界在我们眼中变得朦胧而忧郁。

留西·马洛里

4. 有这样一些所谓不可批驳的谬误。应该告诉深陷谬误的哲人，确有这样一些知识足以使它真相大白，谬误于是就自然而然地消失了。

康德

5. 人恶劣的本性之一，是他疼爱并尊重自己，愿自己幸福。但是如果他爱的只是自己，那他就很不幸：他想成为伟人，却发现他很渺小；他想成为幸福者，却发现自己是倒霉蛋；他想成为完人，却发现自己周身不完美；他想得到人们的爱戴和敬重，却发现他的缺点使人们对他反感，引起人们对他的蔑视。眼见自己的愿望落空，这种人会做出最不可容忍的事情：他开始憎恨他所面对的那一真理，想消灭这一真理，因为他不能做到这一点，所以只要有可能，他就竭力想在自己的心灵里和他人的思想里败坏这一真理，他希望通过这一手段掩盖自己的缺点，既欺骗别人，也欺骗自己。

帕斯卡尔

6. 灵与肉本性间的斗争在每个人身上都是相同的,所以人会陷入相同的谬误。因为处于相同的谬误之中,他们就更加坚定地相信它们,把它们当作毋庸置喙的真理,因为大多数人都赞同它们。

使饥者有饭吃,寒者有衣穿,病者有人问——这都是善举,但与这些善举相比,无可比拟的善举却是使兄弟从谬误中解脱出来。

12月7日 不 朽

人的整个肉体生命是他不易察觉的、但应予以观察的一系列的变化。然而,从最初的童年开始到死亡结束所完成的这些变化,其开端是人的观察难以达到的。

1. 我实实在在地告诉你们,一粒麦子落在地里不死,它仍旧是一粒。若是死了,就长出许多子粒来。爱惜自己灵魂的就丧失灵魂,而憎恨自己在人世的灵魂的,将在永生中保存这灵魂。

约翰福音 12 章

2. 生命持续不断地变换着自己的外表。只有只看事物外表不能深入其中的那些外行才以为,生命投入某一形式中时,生命就毁灭了。其实它即使投入某一形式之中,那也只是为了重新出现在另一形式之中。毛毛虫隐没了,它重又以蝴蝶的形象出现了。孩童隐没了,取代他的是青年;动物的人隐没了,精神的人重新出现了。

留西·马洛里

3. 橡实是什么?它不是失去了自己的枝叶、主干、主根,即失去了所有形式、所有特点的橡树,然而它却凝集了其本质、凝集了其生命力,它能重新赢得被生命力抛弃的一切。这种贫乏可能只是一种表面的简化。回归其永恒,这意味着灭寂。灭寂意味的不是毁灭,而是回归其潜能。

阿米埃尔

4. 我们正处于对现在的了解远少于我们现在对未来的了解的情境之中。我们难道不曾由这一情境复活过一次吗?正像我们此前的情境属于现在,我们现在的情境则同样会属于未来。

里赫登别尔格

5. 难道变化使你害怕?显然,世上万物没有变化就不会发生。没有木块发生的变化,水就难以烧开;没有食物的改变,营养就不可能存在。该明白,等着你的那种变化具有完全相同的意义:它就事物的本性是必要的。应当关心的只有一件事:不要干那违背人的真正本性的蠢事,一切都应按人的本性规定的那样行动。

马克·阿夫列里

6. 世上一切都在生长、开花，回归其本源。回归本源意味着安稳、和本性一致。和本性一致则意味着永恒；所以身体的毁坏在自身并不包含任何危险。

老子

死亡是我们的灵魂与之联结在一起的那一形式发生的变化。不应把形式和与之相连的灵魂混为一谈。

12月8日 律 法

执行反映在基督教义中的神律似乎轻而易举，然而我们离执行这种神律还那么遥不可及。

1. 你们听到过吩咐古人的话：不可杀人，凡杀人，难免受审判。（《出埃及记》20章）

只是我要告诉你们，凡向兄弟动怒的，难免受审判。

你们听到过吩咐古人的话：不可奸淫。（《出埃及记》20章）

只是我要告诉你们，凡看到妇女就动淫念的，这人心里已经和她犯奸淫了。

你们还听到过吩咐古人的话：不可背誓，所起的誓总要向神谨守。（《利未记》19章，《申命记》23章）

只是我告诉你们：什么誓都不可起，你们的话"是就说是"，"不是就说不是"，若再多说，就是出于那狡猾者。

你们听说过：以眼还眼，以牙还牙。（《出埃及记》21章）

只是我告诉你们：不要和恶人作对；有人打你的右脸，连左脸也转过来由他打。

有人想要告你，要拿你的内衣，那就连外衣也由他拿去。

有人强迫你走一里路，那就同他走两里。

有求你的，就给他，有向你借贷的，不可推辞。

你们听说过：当爱你的邻舍，恨你的仇敌。（《利未记》19章）

只是我告诉你们：要爱你的敌人，感谢诅咒你们的人，对恨你们的人行善，为抱怨你们、迫害你们的人祈祷。

这样就可以做你们天父的儿子，因为他叫自己的太阳照好人，也照歹人，降雨给义人，也给不义人。

因为你们若单爱那爱你的人，会有什么赏赐呢？就是税吏不也是这样做的吗？

你们若只是请你们兄弟的安，比人有什么长处吗？就是外邦人不也是这样做的吗？

所以你们要完善,像你们的天父完善一样。

马太福音 5 章

2. 基督的五诫包含着执行神律的条件,指明妨碍神律执行的一切问题。只要人们遵守这五诫,神国就会在人间建立。即使我们这些被教育败坏的人遵守这五诫也并不难。如果所有的孩子都受这五诫的教育,还会有什么问题吗?

3. 宗教持续不断地向前推进,使宗教同道德日益接近。即使神学中观点能改变,人的信念相对于行动却是不易改变的。

爱默生

4. 生活规律对一些智者尽管是不明白的,但是,随着他们遵守这一规律的程度,它就会变得越来越清晰。生活规律对常人虽然是明白可解的,然而,随着他们遵守这一规律的程度,它却会变得越来越昏暗难明。

孔子

5. 只有一种永恒不变的规律存在,它支配着一切时代的所有民族。不服从这一规律的人背弃自己,蔑视人的天性,这样的人尽管可能逃脱人间的惩罚,但是一种非来自人间然而最为沉重的惩罚将因此压到他身上。

西塞罗

为了实现神律,他向我们解释,我们需要做多少努力,这种努力是由人来完成的,无论怎样缓慢,我们还是逐渐在接近这一目标。

每周阅读

Ⅰ 《十二使徒的教义》前言

1883 年,希腊总主教弗里恩尼伊在康士坦丁诺波尔的古基督教训诫旧文集中发现了一部书名为《十二使徒的教义》或《上帝通过十二使徒传给民众的教义》的作品。这部曾为过去某些神圣教会的先哲阅读过的书,此前也已只知道它的标题了。

这一作品本身却包含着基督学说的本质。这书使用的是另一语言,并附有增订和释义,它传达了马太高原布道和路加福音 6 章所讲述的那些伟大真理和教诲。例如,教诲中说到给请求者以帮助时补充说:"根据诫命给予的人是心安理得的,因为他不会受到惩罚;但是接受帮助的人却是痛苦的,他如果因为有需要而接受帮助当然是合情合理的,然而如果并不需要,那接受时就得解释,为什么取,为了什么才取。"还有新约中同样阙如的说明:只有施舍物来自流汗的双手,也就是说,只有施舍者施舍的是通过劳动取得的东西时,施舍物才是施舍物。

同样的观点在4章中则说得更明白。那一章说,基督徒没有什么可认为是自己私有的,他只有通过劳动才能帮助贫困之人。

这作品中还有一些新约中见不到的精彩而极为重要的教诲:基督徒应该怎样根据他们的心情待人。"不要恨任何人,"作品说,"但是,一些人应予揭露,一些人应为其祈祷,而另一些人则应以赤诚之心去疼爱。"

显然揭露一些人的忠告针对的是这种人:他们因为无知,因为沉迷而迷失了方向。对他们的揭露有助于他们走上正路。而劝告他们,为其祈祷的是一向对揭露和规劝都置若罔闻的人。显然新约中也提到过这类人:对那些不看好他的人,不必对牛弹琴,求其理解。这一作品中同样的观点则表现得更为温和,更有善意。这一学说奉劝人们不要与这些人绝交,而应为他们祈祷,就是始终不渝地希望他们真正幸福,在他们态度变得缓和平静的情况下,随时准备去帮助他们。而以赤诚之心去疼爱的则显然是指对待由同一信念联结成一体的人。

在6章中,训诲同样重要而新颖:怎样回应不愿接受基督教义者对基督教义所做的习见的异议。"既然履行,那就该履行一切,"持异议者说,"而要履行一切教义,那就得抛弃生命,这却是不可能的。"对这一异议的回答如下:

"小心有人引诱你离开这一道路,因为他不是按上帝的教诲在开导你,因为如果你能担起所有上帝的重托,那你是完美无缺的,如果不能,那就做你能做的事情。"

除了这些和另一些新颖而卓越的解释以外,这书对应当怎样进行洗礼有着明确的指示。指示说,洗礼应当向受洗者(可见是成年人)宣读所有上述教义之后,就以圣父、圣子、圣灵的名义行洗。还同样说到圣餐,说到在共同进餐时宣读的没有任何神秘暗示的感恩祈祷文。同样说到新约中的祈祷文,祈祷文应当包括《我们的父》这样的作品。

作品还提出了指导性的意见:怎样选主教和执事——作为社团被选的公职人员,却没有举行入职仪式的任何指令。还有许多另外有关使徒和先知的决定,和现存的规章完全不同。

这是一本1世纪末2世纪初所有有学问的人都承认的书。也就是说,它是早于路加福音和与约翰福音同时期的基督教文献,它的主张,证实、阐明和加强了所有我们所知的基督教道德生活方面的观点,但在许多方面和最本质的方面和基督教的外在方面则并不符合。可怎么会这样呢？这一文献的发现似乎揭开了基督教世界应当曾经发生过的最大的风潮。所有基督徒似应抓住这一文献,分析其内容,深入其意义,把自己已确立的原则同其做对勘,并据以校正这些原则。这一文献理当印刷千百万本以在民众中普及,在教堂里阅读。过去没有、现今也没有任何与其相似的读物。数十名学者从教会通史和一般历史的角度考察了这一文献,有几个专家根据神父的部分曲解虚构出一些论断,并据此得出结论说:正确的是最后确立的观点,而非本书中表述的观点。所以《上帝通过十二使徒传给民众的教义》揭示的是最初几个世纪基督教圣者的观点,这种观点只是证实、阐明、加强了我们如今所了解的基督教道德方面的主张罢了,这一文献的发现对基督教社会所产生的影响远不如某次发掘中出土的裸体维纳斯像残块。

某个不幸的疯子尼采或维林身后的作品被发现了,一印就是数十万册,在阅读界普及。我们似乎信奉的基督的这一观点传来了,而我们却只想想方设法尽快离开它,以免妨碍我们从事我们重要的工作:发现新行星,争论物种起源,讨论镭的本质这些一无所需的对象。

是的,过去早已这样指出:"因为这百姓心蒙脂油,耳朵重听,眼睛闭着;恐怕眼睛看见,耳朵听见,心里明白,回转过来,我就医治他们。"(《以赛亚书》6 章,马太福音 13 章)

然而,感谢上帝,民众中还有一些人,对他们来说,来自一世纪的这一观点极为重要,他们乐意在其中探寻,从而更大程度上去阐明和证实那些照亮他们的生活、赋予他们以力量的真理。正是为了这些人,我写了这一前言并重印了这一作品。

托尔斯泰

Ⅱ 上帝通过十二使徒传给民众的教义

有两条道路:生之路和死之道。两者存在的差别是巨大的。生之路如下:首先,爱创造了你的上帝;其次,爱人如己。所以,不愿他人加诸你身的行为,同样勿施于人。

这两点主张的教理如下:

第一条诫命:爱创造了你的上帝。

祝福咒骂你们的人;为攻击你们的敌人祈祷,对欺侮你们的人要克制,因为只爱那些爱你们的人并不是善,那是外邦人也同样会做的。他们爱自己人,恨敌人,所以他们有敌人。可是,如果你们爱那些恨你们的人,那么,你们就不会有敌人。

谨防物质的世俗动机。

如果有人打你的右脸,那就把左脸也转向他给他打,你将变得完善。如果有人强迫你和他走一俄里路,那你就和他一起走两俄里。如果有人要你的上衣,那就连短外套也一起给他。如果有人拿了你的东西,那就不要让他归还,因为不可如此。凡是向你求助的人都该给予而不求归还,因为天父认为,每个人拥有的都是他提供给所有人的。根据诫命给予的人是幸福的,是对的;但是接受帮助的人则是痛苦的,他如果因为需要而接受帮助当然是合情合理的,然而如果并不需要,那接受时就得解释,为什么取,为了什么才取。被网罗进财神之网之中的那个人将为他的所作所为而痛苦,直到交出最后一个子儿,他才得以摆脱这种痛苦。就这点说:愿你的善心来自你勤劳的双手,在你还不知道你帮助的是什么人时就提供帮助。

第二条诫命:爱人如己。换言之,不愿他人加诸你身的行为,同样勿施于人。

不杀人,不通奸,不猥亵孩子,不淫乱放荡,不偷盗,不施巫术,不下毒,不杀母腹中的胎儿,不杀生,不要觊觎他人的东西,不咒骂,不做伪证,不说脏话,别有下流思想,别有恶劣思想,既不模棱两可,又不口是心非——口是心非是死亡之网。愿你的话既不虚假,也不空洞,永远因事实而充实,不要贪得无厌,不要凶恶暴虐,不要伪善,不要阴沉,不要自大。不要对自己人怀恨在心,不要恨任何人,但是,一些人应予揭露,一些人应为其祈祷,而另一些人则应以赤诚之心去疼爱。

我的孩子!远离一切恶意和一切类似的东西。不要怒火中烧,怒火会导向死亡;不要好勇斗狠,不要争论不休,不要暴跳如雷——这一切常会带来杀身之祸。我的孩子!远离淫乱,淫乱会导向放荡生活,不说脏话,对你不必观看的对象不要左顾右盼,这会导向通奸。我的孩子!不要占卜,因为这会把你引向偶像崇拜。不要玩魔术和星象术,不要跳大神,不要念咒文,不要参与类似的活动,因为这些都是偶像崇拜。我的孩子们,不要当骗子,因为欺骗会导向盗窃;不要贪财,不要有虚荣心,这也会导向盗窃。我的孩子,不要不满,不满导致谩骂,不要自满和谴责,因为这也会导致谩骂。要温顺,因为温顺者将承继土地。要忍耐,要仁爱,无恶意,谦恭而善良,在任何情况下都要以一种诚惶诚恐的态度记住你听到的这些话。不要抬高自己,内心不要自负。你的心不是为逐高追强而生,让它紧紧贴近虔敬和谦逊。对你发生的一切事情,都把它当作幸运加以接受吧,要知道,没有上帝什么都不会发生。

我的孩子!日日夜夜都要牢记是谁教会你神的语言,那就像敬重上帝一样敬重他,因为上帝就在你由之了解上帝的那个地方。始终不懈地寻找圣人,和他们交往,以求在他们的言论中寻求自己灵魂的安宁。不要希望人们之间存在隔膜,但是应使反目成仇的人握手言和。应不顾情面实事求是地品评他们,揭露他们的罪过。不要心口不一,不要说"这行,那也行"。不得不取时手不要伸得太长,必需提供帮助时,不要缩手缩脚。你凭双手挣来的财富,就如赎自己的罪一样送出吧。赠予时不要犹豫不决,送出时不要惋惜不舍,因为你知道什么才是对你善心的最好奖赏。不要收回给穷困者的赠礼,让你拥有的一切与你的兄弟共享,不要把任何东西称是你的私产,因为,如果那不朽的一切事物为你们所共有的话,那么,那些不是永存的东西更应为你们所共有。不断指引你们的子女,然而从少年时代起,就得教导他们敬畏上帝。不要统治奴仆,他们和你一样,信仰的是同一个上帝。可是,他们仿佛是由于伤心而始终害怕高悬在你们双方头上的上帝,因为必须加以统治的是神灵命定的那个人,而不是所有的人。

憎恨一切伪善和不合上帝心意的事情。不要把上帝的诫命置之脑后,而且要保持原貌,一无添加,也一无删节。在你心存恶念时,那就在信徒中忏悔你的罪过,不要只想祈祷。

生之路就是如此。

死之道则是这样:首先,它是困苦的,充满卑鄙龌龊。杀人,通奸,性,荒淫无度,偷盗,偶像崇拜,施妖法,下毒,抢劫,欺骗,伪善,口是心非,狡诈,高傲,恶意,过度自信,贪婪,说下流话,妒忌,粗鲁,故作高深,虚荣,压迫善,仇视真理,好撒谎,不承认公正的奖赏,不与善为邻,不知正确的判断,这些人关心并为之奔忙的不是善,而是恶,不懂谦虚忍耐,爱好不足道的琐事,寻求世俗的奖赏,不怜悯乞求的贫困者,不为有难者排忧解难,不明白是谁创造了他们自己,杀人,诱骗孩子,毁灭上帝形象,排斥穷困艰难的人,折磨被劳动弄得筋疲力尽的人,安抚富人,非法审判穷人——是些无恶不作的完全的罪人。当心,我的孩子,谨防这些人!

当心有人把你从这一合乎教义的正道上拉开。

Ⅲ 彼此相爱吧
（对青年小组的告白）

我想在告别(在我这种年龄,和人们的任何会见都是告别)时简短地对你们说几句话,根据我的理解,为了我们的生活不再像大多数人所感到的那种罪恶和痛苦,而成为上帝希望的,我们大家都希望的,也就是它应该成为的那种幸福而欢乐的生活,人该怎样生活。

整个问题在于人怎样理解自己的生活。如果把自己的生活理解为这一生活是由我的身体提供给我——伊凡、彼得、玛利亚的,那么,整个生活问题就在尽可能多地为这一自"我",即伊凡、彼得、玛利亚,攫取一切欢乐、愉快和幸福,那么,生活对所有人来说都永远是不幸的、令人愤恨的。

不幸而令人愤恨的生活之所以出现,是一个人希望为自己弄到手的,也是所有其他人同样企图弄到手的东西。因为每个人都希望为自己取得的尽可能多的好东西,也是其他所有人同样希望取得的好东西,因而这种好东西对所有人来说任何时候都是不足的。所以如果每个人都为自己活着,那么他们就不免要彼此攘夺,斗争,愤怒相向,他们的生活由此就不可能是幸福的。即使人们暂时获得了自己想要的东西,但是欲壑难填,他们总力求获得越来越多的财富。此外,他们还会提心吊胆地怕他们到手的东西被人夺走,还会嫉妒那些弄到他们没弄到手的东西的人。

所以,如果每个人把自己的生活理解成由自己的身体所提供,那么,这些人的生活必然是不幸的。对所有这样的人来说,他们当前的生活就是如此。然而,生活不该成为这样不幸的。生活将赋予我们幸福,我们大家正是这样理解生活的。为了生活变成这样,人们应当明白,我们真正的生活绝不在我们的身体,而在寄寓于我们身体里的灵魂。我们的幸福不在满足身体的欲求,并按这欲求行动,而在完成和满足在所有人身体里跃动,同样也在我们身体里跃动的那相同的灵魂的欲求。这一灵魂希望的是给自己——灵魂以幸福。由于这一灵魂在所有人身上都是相同的,所以,灵魂同样希望给所有人以幸福。希望人人幸福意味着爱人。而爱人则是任何人、任何事物都阻碍不了的。人爱得越多,他的生活就变得越自由、越快乐。

因此,我的结论是,人如果迁就肉体,他无论怎样努力,永远难以办到,因为身体所需的一切,并不总能得到,而且若要弄到手,那也得和别人拼命相搏,然而满足灵魂的要求人总是能办到的,因为灵魂需要的只是爱,而对爱而言,是无须和任何人打斗抢夺的,不仅不需要和别人打斗抢夺,并且相反,爱得越多,和他人也就越密切。因为爱是没有任何事物可以加以妨碍的,所以,任何人爱得越多,不仅他本人会变得越来越幸福而快乐,而且使其他人变得越来越幸福而快乐。

事实就是这样,亲爱的兄弟,我想在告别时对你们说一说,一切圣人、有识之士、基督和全世界的智者以什么开导你们。他们对你们指出的正是这一点:我们的生活常常不幸,是由我们自己造成的。那派遣我们来到人世、我们称之为上帝的力量派我们来到人世并不是为了让我们受苦,而是为了使我们拥有我们大家都渴望的那一幸福本身。我们现在之所以还没获得注定给我们的这一幸福,只是因为我们没有按应有的方式去理解生活,我们所做也不是应做的事情。

可是我们却抱怨生活,说我们的生活安排得不好,而没有想到这一点,不是我们的生活安排得不好,而是我们所做不是应做的事情。这就好有一比,就像酒鬼埋怨他之所以成为酒鬼,是因为开了大大小小的酒楼饭馆。其实,大大小小的众多酒楼饭馆之所以开张营业,恰恰是因为有许多同他一样的酒鬼去光顾。

生活给人们提供福祉,只是要他们能以应有的方式去利用它们;只是要人们在生活中友爱相处,而不是相互嫉妒,生活也许真就会成为人人源源不绝的福祉。

当今处处都只说我们的生活恶劣而不幸,人人都说原因就在于生活安排得不好——如果我们把这不好的安排改造成好的安排,我们的生活就会变好。

亲爱的兄弟,别信这种说法,别信我们的生活因为这一或那一安排而变得或好或坏。更不用说所有那些关心美好生活安排者彼此主张各异,争论不休:一方认为应采取这一方案,认为它最优秀;另一方则认为这一方案最差,只有他们所提建议最好,第三方则对这一方案加以否定,提出自己最为出色的建议,诸如此类,不一而足。但是,即使真有过这样最优秀的安排,即使都同意已经构想出来的最优秀的安排,可当人们习惯并喜欢这种不好的生活时,又该怎样做才能使人们按照这一好安排去生活,又如何能坚守这一好的安排呢?我们现在事实上就已习惯和喜欢这种不好的生活,无论着手做什么,一切都乱七八糟,可我们却说,安排如果好了,我们的生活就会开始好起来。可是,如果人不好,又怎么会有好的安排呢?

因为即使现在确有这样最优秀的生活安排,为了实现这一生活安排,人就必须变得更好。然而，允诺让你们过好生活的前提，却是你们除了过你们当前的恶劣生活之外，还得和人斗争，逼迫他们，甚至杀死他们，以便引进这一好安排，换句话说，人们许诺给你们好生活的前提，是你们自己得比现在变得更坏。

别相信，别相信这一点，亲爱的兄弟，为了生活美好，办法只有一个：人自己变得更优秀。人一当变得更优秀，在好人中间应有的那种生活就能自然而然建立起来。

你们和所有人的救赎，绝不在于罪恶暴虐的生活安排，而在于自己灵魂的安排。每个人只有通过这样的灵魂安排，才能为自己和他人获得最大的福祉，获得人们可能希望得到的最好的生活安排。真正的福祉，每个人心灵寻觅的那一真正的福祉，并不由暴力支持的某一未来的生活安排提供给我们，而如今，这种福祉在我们生甚或死的任何时刻都已无处不在，我们所有的人通过爱就能获得。

这种福祉给予我们已经很久，但是人们并不理解它，也没有抓住它。如今，我们不能不接受它的时代已经到来——不能不接受的原因，首先是我们生活的不成样子和苦难把我们的生活变成了无法忍受的折磨，其次越来越显现在我们面前的真正的基督教义如今已经那么清晰，以致我们为了我们的救赎不能不承认和接受它。我们的救赎只在于承认我们真正的生活不在我们的肉体，而在寄寓于我们内心的上帝的灵魂，因此，我们此前用以改善我们不管是个别人的还是社会的物质生活的一切努力，我们能够而且应该将其用到对人唯一必需而重要的事业上去，用在使每个人在自己内心培育和确立这样一种爱：不仅爱爱我们的人，而且如基督所说，爱一切人，尤其是爱那些与我们形同陌路憎恨我们的人。

我们的生活如今仍远离这一阶段：我们已不再关心世俗事务。当一切的努力都已转向一个我们既看不见也不习惯的事业——爱所有的人时，最初时刻我们会感到似乎是不可能的。

然而，这只是"似乎"而已。爱所有的人，甚至爱仇视我们的人，比之和人斗争并憎恨他们，更多为人的灵魂所固有。对生活意义理解的改变在当代不仅不是不可能的，而且相反，不可能继续下去的是我们现在所过的相互不容、令人痛恨的那种生活。这种改变不仅不是不可能的，而且相反，唯有这种改变才能使人们从他们倍感痛楚的不幸中解脱出来。所以，这种改变不可避免，迟早总会实现。

亲爱的兄弟，为什么、为了什么你们要折磨自己呢？只要记住，你们注定拥有最大的福祉，那就抓住它吧。一切都在于我们自己。这是那样容易，那样简单，那样令人高兴。

但是，那些痛苦、贫困、被压迫的人也许会说："是的，爱敌人，这也许对有钱有势的人是好事，有钱有势的人也很容易爱敌人，因为这些敌人正受他们的摆布。但是，这对我们这些多灾多难、备受压迫的人来说是困难的。"然而，这是错误的。亲爱的兄弟，改变自己对生活的理解，对有钱有势的人和对受人支配的穷人同样是必需的。对受人支配的穷人来说,这种改变比富人更容易做到。受人支配的穷人只需要做到这一点——因为不需改变自己的地位,他们不仅不会做违背爱的事情,而且不会参与诸如施暴这类事件——一些于爱有害的安排自己就垮台了。有权有势的人物接受和执行爱的信条则困难得多。他们为了执行这一信条,他们必须放弃正拥有的政权和财富的诱惑,而这对他们更困难。对穷人和受支配者来说,则只需要不干新暴行,主要是没有参与过旧暴行就行。

人类如同个别人一样正茁壮成长。爱的意识过去和现在都在人类自身生长发展着,发展到当代,我们不能不看到:它应当拯救我们并成为我们生活的基石。显然,当今发生的一切现象都是垂死、暴力、凶恶、无爱生活的最后挣扎。

显然,如今已经不能不明白,所有这些争斗,所有这些仇恨,所有这些暴力安排,所有这一切毫无意义的事情,除了带来越来越多的不幸以外,众多骗局最终都将一无用处。而且不能不明白,摆脱这一切的最简单易行的唯一办法就是意识到所有人的生活的基本因素——爱,这一因素不需做任何努力,不可避免地会用最大幸福去取代最大的恶。

有一个传说说,使徒约翰到了耄耋之年,只全神贯注于一种感情,而且只用一句话加以表达,他说的只是这么一句话:"孩子们,彼此相爱吧!"一个活到一定生命阶段的老者这样表达了一个人的一生。活到特定阶段的人类生活也应当做出完全相同的表达。

要知道,这很简单,也很明白:人活着,就是说人出生、成长、受苦、变老,然后很快死去。你的生活目的难道能够包含在你的自身之中?确实不是。"那究竟是什么呢?"于是人自己问自己,"我究竟是什么呢?"答案只有一个:我是某个会爱的事物——最初似乎觉得我们爱的只是自己,但是,只要稍稍生活一段时间并对其稍作思考,就会发现,爱走过人生即将辞世的自己,是不可能的,也是用不着的。人都会感到,我应该爱,我爱自己。但是,如果我爱自己,我不能不感到,我爱的对象是不值得爱的,然而我却又不能不爱。爱中才有生活。那又该怎样呢?爱别人、爱亲人,爱朋友,爱爱你的那些人?最初,这似乎满足了爱的要求,但是,所有这些人,首先都不是完美的,其次都不断改变着,更为重要的是都会慢慢死去。那该爱什么呢?答案只有一个:爱所有人,爱那爱的因素,爱"爱",爱上帝。爱是为了爱,而不是为了你所爱的人,也不是为了自己。只要明白这一点,人生的一切罪恶就会立即灰飞烟灭,人生的意义就会变得明朗而欢乐。

"是的,要能这样多好。还有什么比这更好的呢?"人们说,"要是人人都能如此生活,真能爱并为爱而生多好啊,可事实上,我为爱而生,把一切给予别人,然而另一些人却为自己、为自己的肉体而生,那么我的情况会怎样呢?而且不单是我一个,我所爱的家庭,我不能不爱的那些人的情况又会怎样呢?有关爱的议论谈论得够久了,可是谁都没有遵照执行。事实上也不可能遵照执行。把自己的生命献给爱只有在所有人奇迹般地一下子用精神的神圣生活替代世俗的物质生活的情况下才有可能实现。可是,这种奇迹是不存在的,所以,这一切只是空话,并非事实。"人们为了自己能心安理得地过着这种虚伪而习惯的生活就这样说。他们尽管这样说,但在灵魂深处却知道,他们是错的。他们知道,这些议论是不对的。它们之所以错误,是因为只是针对世俗的物质生活的利益才需要人们一下子都改变自己的生活,而对于精神生活——爱、爱上帝和人——则并不需要。爱给人以幸福并不在于其结果,而在于爱本身;给人以幸福也完全不取决于别人如何行动,总的来说不取决于外在世界完成了什么。爱之所以给人以幸福,是因为人凭借爱而和上帝联结成一体,自己不仅一无所需,而且愿意把自己拥有的一切、自己的生命献给他人。在这把自己献给上帝的过程中人就找到了幸福。所以,别人所做的一切,世界可能完成的一切对他的行动不可能有什么影响。爱意味着为上帝献身,做上帝希望做的一切,而上帝即爱,就是希望大家都幸福,所以不能以为人执行他的信条就会毁灭。

一个爱人者,即使只身处于不爱人者中间,也毁灭不了。如果有人像基督被钉死在十字架上一样在人群中毁灭,那么,他的死对他是一件幸事,对他人则是一件有意义的事,而不是世俗人死亡时常有的那种绝望和毫无意义。

因此,借口说我不献出爱是因为并不是所有人都在做同样的事,单单我一个人做,既不公平,也令人不快。这如同一个必须为养活自己和孩子干活的人,会因为别的人不工作而不着手干活。

确实,亲爱的兄弟,让我们的生活使爱在我们内心不断加强,让我们建议世人像他们希望的那样,就是按上天对他的规定的那样行动。让我们如此行动起来,请相信我,对人做一切只要我们能够做到的善事,我们就会为自己收获最大的幸福。

显然,这很简单,很容易,很令人高兴。每个人只须按基督的教导那样,只要爱每一个人,不单是那些爱你的人,而是所有人,尤其是那些恨你的人,那么,生活就是源源不竭的欢乐,那些迷误者那样徒劳地企图用暴力加以解决的问题,不仅迎刃而解,而且不复存在。"如果爱兄弟,我们就像体验到由死入生。不爱兄弟者没有永恒的生命。只有爱其兄弟者,才会拥有蕴含在其自身的永恒生命。"

还有一句话,亲爱的兄弟:

"任何事情,如果没有在生活中实实在在体验过,就不可能知道它是好是坏。如果有人对田主人说黑麦得直播才好,养蜂人得给蜂巢做蜂框才好,那么,聪明的田主人和养蜂人为了正确了解人们所说是否真实可靠,他得做试验,并根据试验所得证据决定是否按别人的建议办。"

在整个生活问题上也该如此。为了正确了解有关爱的教导在生活中适用到什么程度,那就得对它们做一番体察。

不妨一试,让我们自己在一定时段在一切方面按爱的要求去做:在生活中在从事一切工作时都应首先牢记,对待一切人,对待小偷、酒鬼、粗暴的小官吏、手下人都不放弃爱,就是和他们打交道时要记得他需要什么,而不是自己需要什么。经过一段预定的时间之后,你该扪心自问:你心情沉重吗?你是否伤害了自己?生活是否得到改善?根据你们所得的体验,就可决定执行爱给生活提供幸福是否属实,或者只是一句空话。去体察这一切吧,力求不再对欺人者以恶报恶,不再背后责备生活糟糕的人,等等,取代这一切的则是力求以善报恶,不说人的任何坏话,连对待猫狗畜生也不要粗暴,而要仁慈而温情。就这样过完一天,两天,更长时间(与体察相比),然后可以把你们这段日子的心态和过去曾有的心态做一比较。去体察这一切,你们就会发现,你们阴郁、暴躁而沉重的心境没有了,你们变得爽朗、快活和欢乐了。就这样过上两三个星期,你们就会发现,你们灵魂的欢乐越增越多,你们的事业不仅不会遭到损害,而且只会越来越顺利。

只要体验这一切,亲爱的兄弟,你们就会发现,爱的教义不是空话,而是实事,最最贴近的大家都能理解的必需的实事。

托尔斯泰

12月9日 祖 国

人的使命是为一切、为一切人服务,而非为一些人服务,因为在那种为一些人服务的情况下,必不可免会对他人作恶。

1. 对基督教来说,爱祖国是爱人的绊脚石。正像古代世界爱家庭应当为爱祖国牺牲一样,在基督教世界,爱祖国也应让位给爱人。

2. 如果说一个不力求了解其生活意义的人,丧失判断力是不正常的,那么一个信仰上帝、生活糟糕的人,丧失判断力则更使人恐惧。几乎所有人都会陷于前一种或后一种盲目情景之中。

帕斯卡尔

3. 人若失掉了真正的天性,那么合乎他的心意的一切都会变成他的天性;与此完全相同,真正的幸福若已丧失殆尽,那么,合乎他的心意的一切就会成为他的幸福。

帕斯卡尔

4. 恶棍最后的避难所——爱国心。

约翰生

5. 爱国心不是美德,为垂死的国家迷信而牺牲自己的性命不可能成为我们的义务。

德奥多鲁斯

6. 爱国心在当代是一切社会罪恶和个人卑劣的辩护理由。人被开导说,为了自己国家的幸福,他不应该构筑他的弥足珍贵的尊严的疆域;人应为了爱国心而屈从于一切可耻的事业,这种所谓的事业,通过使一些正直的人腐化堕落,把整个民族引向毁灭。

比契尔

7. 人因自私而干下许多恶行,为了家庭则干下更多的恶行,而最骇人听闻的暴行——间谍活动,榨取百姓的苛捐杂税,令人毛骨悚然的杀戮,战争——则都是人们因爱国心而干出的暴行,而干出这些暴行的人还为这些暴行感到自豪。

8. 在当今世界各国人民交往的时代宣传对自己民族的唯一的爱并时刻准备和其他民族作战,这无异于在当今的和平民众中宣传对自己村子的唯一的爱,并在各个村子召集军队,修筑堡垒。在我们这一时代,通过各种沟通手段,工商业,科学技术,尤其是道德意识,人们已经联结成一体,在这种情况下,那原先曾把人们团结为一个国家的对自己唯一的父母之邦的爱已经不能使人团结一致,只能使人分崩离析,七零八落。

9. 爱自己的父母之邦,就和爱自己的家庭完全一样,都是自然的天性,但是,它同爱家庭完全一样,绝不可能成为美德,相反,如果它越过了不破坏对人之爱的这根底线,却可能成为罪恶。

爱国心不合乎当代人的本性到了这样的程度,以致只有靠训诫它才可能被激发出来。

这种爱国心是政府及爱国心对其有利的那些人干出来的;他们用爱国心来训导身上爱国心已荡然无存,爱国心对其也一无好处的那些人。应当对这类欺骗保持警惕。

12月10日 诱 惑

用"大家都这样"的话表达出来的诱惑是最习见的、会导向最大不幸的诱惑之一。

1. 这世界因罪恶的诱惑而倒霉了。因为罪恶的诱惑必然到来,那个人倒霉了,因为罪恶的诱惑由他而到来。如果你的手或你的脚诱引了你,那就把它们从你的身上割下扔掉,因为你缺手缺脚地进入永生,强如你手脚齐全地深陷永恒的火焰之中;如果你的一只眼睛诱惑了你,那就把它从你身上挖下扔掉,因为你带着一只眼进入永生,强如你双眼却深陷在地狱之火中。

马太福音 18 章

2. "我们不能抛弃我们尘世的地位。"这一理由永远成为面临的一切有益事业的主要障碍。

对大多数以此为借口的人来说,保留他们由生活或"天意"所提供的那种地位意味着保留其有足够支付能力来维持他们自己的一切马车、所有仆从、整个宽敞的屋宇。可我以为,即使天意让他们处于这样值得怀疑的地位,它还可要求他们抛弃这种地位。

利未的地位是在教堂收税,彼得是加里里湖上的渔夫,保罗是教区主教。他们舍弃了这些地位,因为他们认为应该如此。

约翰·略斯金

3. 人手要是没有伤口,他就能接触蛇毒——蛇毒对好手并无危险。罪恶唯有对那些并不作恶的人才无害。

佛陀智慧集 [达马巴达]

4. 没有人把新布缝补在破旧衣服上,因为所补反而会把旧衣服弄坏,洞就更大。

也没有人把新酒装进旧皮袋里,否则,皮袋就会裂开,酒会漏出来,皮袋也坏了。只有新酒装在新袋里,两样就都保住了。

马太福音 9 章

5. 如果一个人把自己和那种带有罪恶的义务联结在一起,而要摆脱这种罪恶的义务又极端痛苦,那他就极端危险了。开头,人会羞于承认自己深陷罪恶之中,以后就很难摆脱它,再后就变成拒绝罪恶就意味着在人间舆论中毁灭自己。一个人如不在罪恶的起始阶段止步,那他就会走到最后。

巴克斯德

6. 在事物似乎值得我们特别敬重的当儿,应当使它们暴露无遗,从它们身上撕下用以赞美它们的那些谀辞,因为光鲜的外表能够愚弄理性。因为正当你完全相信你所从事的事业会为你赢得敬重之时,正是你受到最恶劣的欺骗之日。

马克·阿夫列里

7. 一个老人正经受考验:他正被一种思想——上帝为什么让罪恶在人间猖獗——所折磨。他因此而责备上帝。

他做了一个梦。在梦中他看到上帝的天使从天而降,手持一个色彩鲜明的花环,他环顾四周寻找可以向之献上花环的人。老人的心怦怦直跳,他对上帝的天使说:"这色彩绚丽的花环用来奖励什么呢？我所做的一切都是为了获得这种奖赏的。"

天使说:"看这里。"他转过身,用手指指着北面。老人投去一瞥,看到一大片乌云。乌云遮蔽了半边天,低低垂向地面。乌云散开,这才清楚显现,原来是正向老人靠近的一支阿比西尼亚黑人部队,而在他们所有人的后边站着一个那么可怕的阿比西尼亚巨人:他巨足踩地,倚天而立,头发蓬松,双眼可怖,嘴唇血红。

"打倒他们,战胜他们,花环就奖给你。"

老人吓了一跳,说:"我能够而且将和一切做斗争,但是这个顶天立地的阿比西尼亚巨人非人力所能制服。我不能和他做斗争。"

"昏话!"上帝的天使说,"你因为害怕阿比西尼亚巨人而不想和所有渺小的阿比西尼亚人做斗争,其实,所有这些渺小的阿比西尼亚人都只是人的小小的欲望,与其斗争是可能的。而阿比西尼亚巨人则是由人的这些小欲望中产生的世界恶,那就是你为之责备上帝的恶本身,不必和它做斗争——它整个儿是无足轻重的。和欲望斗争吧,恶自然而然就在人世消失。"

传说

8. 伪装的羞耻是魔鬼心爱的武器。它甚至比伪装的自尊更能得逞。他用伪装的自尊只是鼓励恶,而伪装的羞耻却能阻断善。

约翰·略斯金

人间不存在恶。所有恶都在我们心中,并能被消灭。

12月11日 劳 动

各色劳动中,最令人高兴的是农业劳动。

1. 所有民族最终承认了其思想领袖早已领悟了的真理,这一真理就是:人类首要的美德在于承认自己并不完美,应该服从最高者的信条。"你本是尘土,仍要回归于尘土。"这是我们认清自己的首要真理;耕耘我们取得的土地,这是我们的主要义务,这是我们认清自己的第二真理。在这一工作中,在我们和动植物间确立的那种关系中,包含着发展我们最高能力和我们最为富足安康的基本条件。没有这种工作,对人来说,无论世界,无论他的理性和精神力量的发展,都是毫无意义的。

约翰·略斯金

2. 一个在市场购粮的人,可以比作尚需哺乳却失去母亲的孤儿:许多乳母喂他奶,但婴儿仍饥肠辘辘,而一个吃自己家收获的粮食的人,可以比作由母乳喂养的孩子。

塔木特

3. 所有工人和工匠结果都回到农事活动,如圣书所说那样。

"所有桨手都下了船,大家都在海上漂游……终于停靠在岸边。"(《叶泽基伊尔》27章)

塔木特

4. 你们自己或你们子女挣得的食物,实在是最好的食物。

穆罕默德

5. "辛辛苦苦挣你的面包。"这是自然的不二法则。赋予妇女以生育的规则,赋予男人以劳动的规则。妇女不能免除自己的规则,要是她收养并非她所生的孩子,他仍然是别人的孩子,她也失去了母性的欢乐。男子的劳动亦复如是,如果男子所食并非他生产所得,他便失去了一切劳动的欢乐。

邦达列夫

6. 凭自己双手劳动为生的人比一味吹嘘独自严守教规的人理应获得更多的尊敬。

当有人劝告他该像蚂蚁一样热爱劳动时,他应感到羞愧;可是他若不听这劝告,他就更应加倍感到羞愧。

塔木特

农事活动并不是某些人所固有的工作。农事活动是所有人所固有的唯一工作,它给人提供最大的独立性和幸福。

12月12日 善 良

善战胜一切,而善自身却不可战胜。

1. 可以反对一切,但不可反对善。

卢梭

2. 不是对恶的谴责而是对善的赞扬才能在个人和世界生活中确立团结和谐一致。人谴责恶和作恶者,但是这种谴责恶和作恶者的行为本身只能助长恶的发展,其实藐视恶和只关注善才能消灭恶。

留西·马洛里

3. 善事若有激励的原因,它已不是善;它若有预期获得奖赏的结局,它也不是善。善超越因果的锁链。

4. 如同火炬和烟火在阳光辉耀时会黯然失色、难以看见一样,智慧甚至天才,美也一样,在心地的善良面前也会变得苍白而惨淡无光。

叔本华

5. 无限温情是所有真正伟人的最大礼物和财富。

约翰·略斯金

6. 最柔弱的植物会穿过最坚硬土地和峭壁缝隙开拓自己的道路。善也如此。什么样的楔子,什么样的锤子,什么样的攻城槌能和善良、真诚者的力量相比呢?无论什么都无法与其抗衡。

托罗

7. 有人的地方,就有他做好事的机会。

塞内加

8. 我们似乎觉得,我们爱那些我们喜欢的人,爱夸奖、对我们做好事的人,然而,这不是爱,而是偏袒,或者是一种利益交换:他夸奖我们,我们也夸奖他,他给我们做好事,我们也以同样的好事回报他。这种感情并不包含任何坏的东西,但这不是真正的爱,不是上帝的爱。我们只有并不因为我们喜欢他或他给我们做了好事才爱他,而是因为他们身上像在每一个人的身上一样可以看到上帝的灵魂而爱他,只有这样,我们才是用真正的上帝之爱在爱人。

我们只有这样爱人时,我们才能如基督的教导那样,爱的不单单是爱我们的人,而且还有那些恶劣的、危害我们和全世界的人——我们的敌人。这种爱不仅不会因人坏和恨我们而减少,相反会变得更有力,更稳固。它之所以变得更有力,是因为一个人被恶控制越多,他就越需要爱。这种爱与袒护的爱和对爱我们的人的爱相比,则更稳固,因为我们所爱的人无论怎样变化,这种爱都不会改变。

以好话回答恶言,用帮助回应欺凌,当一边的脸挨揍,把另一边脸凑过去让打,是可靠的、始终是所有人制服恶的可行手段。

12月13日 信 仰

只有在生活事业和信仰一致,并且无论什么情况都不与之相悖时,信仰才是信仰。

1. 我的兄弟们,如有人说他有信念却没有行动,这有什么益处呢?这种信念能救他吗?如果兄弟姐妹衣不蔽体食不果腹,你们中却有人对他说,平平安安地去吧,愿你们吃饱穿暖,然而却不给他身体所要求的,这又有什么益处呢?信念如果没有行动,本身就是死的。但是有人说,你有信念,我有行动,那就把你没有行动的信念指给我看吧,而我将把来自我行动的信念指给你看。因为正像没有灵魂的躯体是死的,没有行动的信念也是死的。

雅各书 2 章

2. 一个爱基督教甚于爱真理的人，将很快就会爱自己的教会、教派更多于爱基督教，而不可避免的结局是：他将只爱他自己更甚于世上的一切。

柯勒律治

3. 就实质而言，尊奉上帝的唯一方法是完成自己的义务和采取与理性法则相匹配的行为。

里赫登别尔格

4. 宗教操练对人的荣誉或神圣外貌并无价值，这是由心灵的低级要求所产生。忏悔和自虐或他虐都源于错误的学说。忏悔对身体来说是纯洁。忏悔对语言来说是永远说真话，是善意的表达。忏悔对思想来说则是能自制、净化灵魂和乐意为善。

摩诃婆罗多

5. 白天做事不亏心，晚上入梦也安稳；青春年华不胡闹，垂暮之年多平静。

印度俗语

6. 一个信念孱弱的人，难以激发他人内心的信念。

老子

7. 一个把宗教置于次要地位的人，压根就没有宗教。上帝可以和人心中许多想法相容，但他被推到人心的次要地位这一点却难以让他认同。那个把他推到次要地位的人，其实任什么都推不了。

约翰·略斯金

8. 人生和这一世界的终极目的，对他来说是难以理解的，他有如一个给在建的大厦运送建筑材料的工人，那在建的大厦不管形式还是效用他都是难以弄清的。但是人能理解并知道，他参与创建的那座大厦是一幢他和这一世界都需要的、合理而美好的建筑。这就是信念。

不要相信说话，不管是自己的还是别人的；只应相信行动，无论是自己的还是别人的。

12月14日　灵魂的神圣本质

人的灵魂和神同源同根。

1. 人和上帝相通的程度取决于上帝已生活在他心中的程度。正如十七世纪玄学诗人安格鲁斯所说的那样，我用以观看上帝的那只眼睛也就是上帝用以观看我的那同一只眼睛。

阿米埃尔

2. 人的灵魂就是上帝的明灯。

塔木特

3. 有一次,河中的鱼听人说鱼只能生活在水中。听到这话之后,鱼们很是惊讶,开始互相打听,有没有人知道水是什么。这时候,一条聪明鱼说:"都说海里有一条聪明博学的老鱼,它无所不知,让我们一起到它那里去问它水是什么吧。"鱼们这就游到海里聪明鱼居住的地方,问它水是什么,怎样才能认清它。聪明的老鱼说:"水是我们赖以为生并且生活在其中的东西,你们正因此而不认识水,而你们却正生活在其中并以其为生。"

人之所以不认识神就是如此,其实,人们正以其为生并生活在其中。

苏菲

4. 对一个思入九天的人来说,白天始终清朗,云层之上,太阳永远照耀。

5. 神灵拥抱我们的灵魂,深入我们的灵魂。我们看不到他,因为他离我们太近。他之所以那样接近我们,不仅为了使我们认清他,而且为了便于推动我们,影响我们,用其神性熏陶我们。这就是上帝慈父般的大礼。

强宁格

6. 如果你想要某一事物,却又心存畏惧,那就意味着你并不信任那个在你身上的爱之上帝。如果你信仰他,那你可能会一无所愿,因为活在你心中的上帝的所有愿望都永远会自己实现,而且什么都不用害怕,因为对上帝而言,任何东西都不可怕。

7. 心灵的本质是那样深邃,以致我们无论怎样企图了解它,我们却任何时候都不能确定它。

赫拉克利特

8. 设若把我们的力量和大自然的力量相比,那我们是命运手中微不足道的玩具。但是如果我们不把自己和物质创造物相比,而去认清自己内心蕴含的造物主灵魂,那么我们就会意识到自己和整个物质世界毫无共同之处,自己和世界精神倒是同源共生的。

据 爱默生

无论什么临到你头上,如果你认识到你和上帝是不可分的,那么你就不可能成为不幸的人。

12月15日 真 理

真理本身并不是美德,但是它是一切美德的必要条件。

1. 如果一个人知道他说的不是真话,他之所以这样说是因为这对他有利,那么这谎言是自觉的;如果一个人想说真话但却不善于说真话,那么这种谎言是不自觉的。

2. 只有谬误才需人为的支持。真理则能独立自主。

3. 一切幸福,面对真理的幸福都微不足道,一切甜蜜,面对真理的甜蜜都微不足道;真理的极乐无限超过一切喜悦。

佛陀智慧集[达马巴达]

4. 人不可能完全真实不假,因为他内心始终斗争不止,最不同的相互矛盾的追求或此消彼长,或此长彼消,而人常无力对此加以正确的表达。

5. 谬误只能存在一时,真理则万世常存,所有攻击、拉黑、诡计、诡辩、搪塞和一切谎言都无损于它。

6. 对真理应当经常去学习运用、述说和思考,只有开始学习这样行动的人才能理解我们离真理究竟有多远。

7. 谎言在所有生活事务中都是有害的:以陈腐冒充新鲜,以破败替代完整,明知不能却偏说能尽义务等,但是所有这些谎言与精神方面的谎言相比则算不了什么:让不是上帝的冒充上帝,让人相信那不能使人心幸福的东西是心灵的救赎,把真和善贬斥为罪和恶等。在这一类事情中,主要罪恶是不真。

没有无罪之人,也没有完全真诚之人。人与人之间的区别,并不在一些人完全无罪和真诚,另一些人则彻底有罪而虚伪,他们的区别在于一些人力求尽可能地不犯罪和做到真诚,而另一些人则对此没有追求。

每周阅读

I 哈里森及其《告白》

哈里森是一个受过基督教真理之光教化的人,从和奴隶制做斗争这个实际目标开始,他很快就明白,奴隶制的起因并不是偶然的、一时的对南方几百万黑人的占有,而是一种久已存在的、普遍的、有悖于基督教教义的,承认一些人对另一些人行使暴力的权利的现象。承认这一权利的原因始终也是一种恶,但是人们认为它可能根除或削弱那些粗野势力即同样的恶。弄清了这一点之后,哈里森针对奴隶制度的不是奴隶的苦难,不是奴隶主的残忍,不是人的公民权利的不平等,提出的是一条不以暴力抗恶的基督教永恒诫命,non resistance*。哈里森已理解最先进的反奴隶制斗士尚未弄明白的原则:反对奴隶制度的唯一毋庸置喙的理由乃是反对一个人在无论什么情况下支配另一个人的自由权。废奴主义者力求证明奴隶制不合法、无益而残忍、败坏人等。但奴隶制的拥护者同样言之凿凿地证明,释放奴隶不合时宜、危险,而且有可能引发有害后果。双方都无法说服对方。而哈里森却因明白了黑人的奴隶地位只是普遍暴力的许多个例之后,提出了一个不能不同意的一般原则:任何人无论以什么为借口都无权统治人,即对与自己一样的人使用暴力。哈里森坚持的与其说是奴隶有权获得自由,还不如说否定了无论什么人或集群以暴力强迫其他人做事的权利。为了与奴隶制度做斗争,他提出了和世界一切罪恶做斗争的原则。

哈里森提出的这一原则无可辩驳,但是它触及并破坏了早已确立的秩序的基础,所以那些珍视现存秩序中自己地位的人对告白、尤其是在生活中应用这一原则大吃一惊,竭力对其保持沉默,加以回避,希望达到自己的目的:没有告白,不以暴力抗恶这一原则也不应用于生活之中,因为在他们看来,这一原则破坏了人生的一切完善制度。拒绝承认暴力不合法,其结果就是那种兄弟相残的战争。它在以外部方式解决问题之后,因为伴随着一切战争而来的蜕变,又把新的、未必不大的罪恶带进了美国民众的生活之中。而问题的本质依然没有解决,同样的问题,如今只是以一种新的形式正摆在美利坚合众国民众面前。于是,过去的问题是怎样把黑人从奴隶主的暴力中解放出来,现今的问题变成了怎样把黑人从一切白人的暴力中解放出来,怎样把白人从黑人的暴力中解放出来。

这类新型问题的解决当然不能用私刑杀害黑人、美国政客的某些矫揉造作的自由主义方法去完成,而只能用把半个世纪以前哈里森倡导的那一原则付诸实践的办法去加以了结。

不管人们希望不希望这样,只有在这一原则下人们才能从彼此奴役和压迫的困境中解放出来。不管人们希望不希望这样,这一原则是建立在人生一切过去已经实现的、目前正在实现的真正不断完善的基础之上的。人们以为把不抵抗的原则全面应用于生活之中似乎会在瞬间毁坏所有如此珍贵的、如此困难才确立的生活制度,然而人们忘了,不抵抗的原则不是暴力原则,而是和谐和爱的原则,所以不会成为人必须履行的义务。这一原则只能被人自愿接纳。只有它被人们自愿接纳并在生活中加以运用到某一程度,人们生活中的真正进步才能完成。

哈里森第一个宣布这一原则是人们生活安排的法则,这是他的伟大功绩。

即使他当时并没做到在美国和平解放黑人,但他却指明了使一切人普遍从粗暴势力的统治下解放出来的道路。

托尔斯泰

---

* 英文,意为"不对抗"。

Ⅱ 告 白

(社会成员所接受、以确立人间普遍和平为基础的一些原则)

波士顿 1838 年

我们不承认任何人的政府。我们承认人类头上只有一个国王、一个立法者、一个法官和一个首脑。我们承认整个世界是我们的父母之邦,我们承认全人类是我们的同胞兄弟。我们既爱我们的故土,也同样爱别的国家。对我来说,我们的利益和权利并不比全人类的利益和权利更珍贵。所以,对于给我们民众带来的屈辱和祸害所做的报复,我们不能容忍用爱国感情做辩护。

教会宣传的观点是:大地上一切政府都由上帝确立并赞同,美国、俄罗斯、土耳其现存的一切政权都与上帝意志相符,这种宣传是如此荒诞不经,是那么亵渎不敬! 这一观点把我们的造物主贬斥为偏袒、确认和鼓励恶的人。任何人都不敢断然说无论什么国家的现存政权在对待自己的敌人方面都是按照教义的精神并以基督为榜样那样行动的。所以这些政权的活动不能令上帝高兴,这些政权不可能是由上帝确立的,理该加以推翻——不用暴力,而是用人的精神复活来实现。

我们承认,不仅战争本身——不管是进攻,还是防守——而且包括一切战备:一切兵工厂、战争工事、军舰的配置,都是反基督的,非法的;我们承认,一切常规军,一切军事指挥机关,一切胜利纪念碑,一切阵亡敌人悼念碑,一切战场战利品,一切凭军力实现的军事侵占都是反基督的,非法的;我们承认,一切征召臣民服兵役的命令也是反基督的,非法的。

由于这一切,我们认为,不仅自己不可能在军队中服役,而且有义务促使人们面对监狱和死刑的威胁仍能好好行动。我们由此应自觉自愿地脱离一切政府机构,拒绝任何政治、任何世俗荣耀头衔和职务。

由于我们不认为自己有权在政府机关中占有职位,我们同样认真地并不认为有权选举别的人担当这一职位。我们还认为自己无权审判他人,以使他们归还从我们这里取走的财物。我们认为,那个拿了我们衬衣的人,我们还须把外套送给他,而绝不使他遭到暴力(马太福音 5 章)。

我们相信旧约"以眼还眼,以牙还牙"的惩罚已被耶稣·基督废除,根据新约,他的所有信徒宣传宽恕敌人,不报复,任何情况都一无例外。以暴力敛财,关进监狱,流放或处死显然都是报复,而不是宽恕。

人类史充满证据,证明对肉体的施暴无助于精神的复活,人的罪恶倾向只有爱才能制服,恶只有善才能消灭,不应期望过人膂力能使自己不受恶的侵犯,人的真正安全在于善、忍耐和仁慈,只有温顺者才能继承土地,高举刀枪的必然死于刀枪。

所以,不管是为了更可靠地保障生命、财产、自由、社会安定、个人幸福,还是为了执行在位进行有效统治的君王的意志,我们应衷心接受不以恶抗恶的基本教义,坚定不移地相信,这一教义会对一切可能的意外事件做出反应,同时反映上帝的意志,最终应能战胜一切恶势力。

我们不宣传革命学说。革命学说的精神是复仇、暴力和杀戮的精神。它不畏惧上帝,也不尊重人的个性。我们希望满怀基督的精神。因为遵守我们不以恶抗恶的基本原则,我们不能采用阴谋、叛乱、暴力。我们服从政府的一切法令和要求,当然有悖新约要求的一切不在其列。我们的抗争局限于顺从,因为不服从命令而加诸我们身上的惩罚。尽管希望我们毫不抗争地忍受一切对我们的攻击,但从我们的角度看来,我们却仍然应该毫不停顿地攻击人间恶。不管它在何处,在上面或在下面,在政治、行政、宗教领域无不如此,并力争用一切我们可能采用的手段去实现众多人间王国汇入耶稣基督我们主的唯一王国。我们认为,有悖新约及其精神的,所以必须加以消灭的一切,应当立即消灭是天经地义无可怀疑的真理。所以,如果我们相信锻剑为犁、化矛为镰的那个时代正在到来,那么,我们就不应把它推到未来,而应立即行动,做一切力所能及的工作。

我们的任务可能会给我们引来欺凌、屈辱、苦难,甚至死亡,我们也会遭到不被理解、误会和诋毁,会掀起反对我们的风暴。骄傲和伪善、功名心和残忍、统治者和当局,所有这一切全会沆瀣一气以便消灭我们。他们就是以这种方式对付我们竭力加以仿效的救世主的。但是这些恐怖吓不倒我们。我们寄希望于全能的上帝,而不是普通的人。如果我们拒绝人的庇护,那么,那能支持我们的,难道不是那唯一能战胜世界的信仰吗?我们不会对我们遭到的那些考验大吃一惊,我们将为有幸分担基督的苦难而高兴。

由于所有这一切,我们把自己的灵魂献给上帝,深信经书所说:"那为基督而离家,留下兄弟姐妹、父母妻儿,留下田地的人将得到百倍回报,得到永生。"

总之,即使有能武装起来反对我们的一切势力,但是我们仍坚信,反映在《告白》中的那些基本原则将毫无疑义地在全世界取得胜利,所以我们在这里签上自己的名字;我们信赖人类的理性和良知,最根本的是因为我们把自己托付给他的上帝的力量。

12月16日 爱

只有扩大人间之爱才能改变现存的社会制度。

1. 人相互毁灭,但同时也彼此相助相爱。生活不是凭借破坏的激情来支撑,而是依靠我们心灵语言称之为爱的相互感情来维持。

据我所能观察到的世界生活的发展,我在其中看到的只是这种互助法则的显现。整个历史不是别的,只是越来越鲜明地表露出这一所有人彼此和谐一致的唯一法则。

2. 爱是一个危险的词。有人在爱家的名义下干着罪恶勾当,在爱国的名义下干着更糟糕的行径,在爱人的名义下制造令人发指的惨祸。爱赋予人类生活以什么意义早已为人所知,然而爱究竟是什么呢? 这一问题不断被人类智慧所解决,但是都以否定的方式做出:在爱的形式下被错误地命名并流行的东西,被证明并不是爱。

3. 爱赋予这个式微的旧世界以全新的外貌。在我们生活其中的旧世界,我们彼此形同陌路,相互为敌,爱却使心灵感到温暖,以致人们很快就会发现,官方的外交活动、庞大的军队、海军舰队、城堡构成的防线都已转瞬即逝,枉费心机。人们只是惊诧莫名:他们的前辈为什么会那么持久地致力于这些一无所需而愚不可及的事情!

爱默生

4. 应用于人类社会巨大利益的爱力日逐衰颓而遭到忽略。它在历史上却曾有过一两次应用,而且始终都获得巨大成功。但是,爱成为人生普遍法则的时代到来了,人们现在为之受苦的一切灾难都将消失,人们将在阳光普照下成长。

爱默生

5. 设若可以劝导人和自己去尊重那些想象中的圣物——圣餐、干尸、圣书的话,那么就更应百倍需要地去劝导孩子和缺心眼的人,使他们尊重那些非想象的,而是最现实的、人人都能理解的、人们彼此相爱的快乐感情。

一个时代,就是基督说他因期待而苦恼的那个时代将要到来——在这一时代,人们将不会因他们能掌控人及其劳动成果而自豪,也不会为他们能恐吓和憎恨人而高兴;他们自豪,是因为他们爱所有人,他们高兴,是因为尽管有使人们由之而引起的那类伤心,但是他们还是体验到了他们由摆脱一切愚蠢行为而产生的那种快乐感情。

6. 中国圣人中有一个名叫墨翟的人,他建议统治者劝导人不要尊重强力、财富、政权、好勇斗狠,而要珍视爱。他说:"把人培养成珍惜财富和荣誉的人,他们就会珍惜它们。把他们培养成以爱为爱的人吧,他们就会以爱为爱。"孔子的弟子孟子不同意这一观点,批驳这一观点,墨翟的学说没能取得胜利。但是,两千年过去了,当把一切阻挡人们接受所宣传的这种完全相同的真正基督教之光的障碍抛弃之后,这一学说应当在我们基督教世界实现。

7. 有一个区分人的行为善恶的无可怀疑的标志:能增进爱和人的团结的是好行为,会造成恶意和分裂的是坏行为。

一个应当取代纷争、战争、死刑和仇恨的和谐、宽恕、爱的时代不能不降临,因为人们业已知道,而且是毫不怀疑地知道,仇恨不管是对心灵还是对身体,对个人还是对社会,都是有害的,而爱则能给每个人,给所有人以内在和外在的幸福。

这一时代即将降临。这有赖我们从事一切能促使它降临的工作,而排斥一切使它远离的事情。

12月17日 团 结

我们意识到自己和其他人、其他人和自己是彼此隔膜的这种观念是由生活的时空环境造成的。这种隔膜消除得越多,我们承认自己和一切生灵的统一性就越多,我们的生活就会变得越轻松,越欢乐。

1. 身体本不是一个器官,它是由许多器官组成的。设若脚说"我不属于身体,因为我不是手",它难道因此而不属于身体了吗?

设若耳朵说"我不属于身体,因为我不是眼睛",它难道因此就不属于身体了吗?

若全身都只是眼,那它从哪里听声音呢?若全身都只是耳朵,那它的嗅觉又在哪里呢?

眼不能对手说:"我用不着你。"头也不能对脚说:"我不需要你。"

相反,身体的许多器官,即使看起来极端软弱,但却都是非常需要的。

若一个器官受苦,那所有的器官就和它一同受苦,若一个器官受到赞美,那所有器官就和它一同受赞美。

哥林多前书 12 章

2. 一根枝条被从其主干上割下,它因而也就和整棵树分离。一个人和他人吵闹不休时,他就脱离了整个人类。但是,枝条是被别人的手扳断的,人则是通过自己的仇恨和罪恶把自己和亲人弄得针锋相对的,即使他真没有发现他因此而使自己和整个人类脱离。但是,号召作为兄弟的人共同生活的神却赠予他们纷争之后重归于好的自由。

马克·阿夫列里

3. 上帝创造了天地,天地感觉不到自己存在的幸福;于是他想创造一个人,他能意识到这一幸福,并由许多会思维的器官组成了身体。所有人,都是这一身体的器官。为了成为幸福的人,他们应当使自己的意志和指挥整个身体的普遍意志相适应。可事实上人常常以为他就是一切,因为他看不到他所依赖的那个身体,所以就以为他只依赖于自己,他想使自己成为中心,成为整个身体。然而在这种想法中,人就像那脱离了身体的器官一样,因为在自身中没有了生命的源头而感到迷惘,因为对自己本质难以理解而惊诧莫名。当人最后终于理解了自己的使命,这才恍然大悟,这才意识到他并非整个身体,而只是共同体的一个器官,成为身体的一个器官意味只有通过整个身体的生命、为了整个身体的生命,器官才会拥有生命,脱离自己身体的器官只会死亡,毁坏生命;爱自己就只该是为了这个身体,或者更正确地说,应当爱的只是这个共同的身体,因为爱这个身体,就是爱自己,因为生命只寓于这个共同的身体之中并通过它才能存在。

为了确定对自己应当有什么样的爱,就该想象一下由众多思维器官组成的身体,因为我们器官一起才能决定每一单独的器官应当怎样爱自己。

身体爱手,手如果有意志,那就应当会像身体爱它那样爱自己。超出这一范围的任何爱都不合法。要是手脚有自己特别的意志,只要它们能服从自己的身体,它们就会一切正常;超出这一范围,它们就会陷入一团混乱,变成灾难;希望身体幸福,它们才能获得自己的幸福。

我们身体的众多器官没有感觉到自己联合成一体、自己所具的惊人协调是一种幸福,也没有感觉到天性怎样关心,用和谐的精神教导它们,以使它们成长、生存。可是他们若有了理解力,却把已获得的食物保留在自己手中只供自己享用,而不把它交给另外一些器官,那么,它们就可能会不仅不公平,而且会不幸,会彼此不相爱,更正确地说,可能会相互憎恨;因为它们的幸福完全和义务一样,就在于与它们所属的、爱它们甚于它们爱自己的共同灵魂的活动保持协调一致。

帕斯卡尔

我们生灵和所有其他事物不可分离的意识是以爱的形式显现于我们心中的。爱拓宽了我们的生命。我们爱得越多,我们的生命就变得更开阔、更充实、更欢快。

12月18日 进 步

人类不断完善,而这种完善不是自然而然达到的,它是借助人们为了自身的完善而做的所有努力完成的。神国只有努力才能建立起来。

1.暴君是大权在握、独断专行、天性特别的人,一切功劳全归自己,他人则一无所获,这个日暮途穷的沙皇,即将被未来的沙皇从宝座上推下。未来沙皇降生的最初消息一传出,他已从中感受到了威胁。他该怎么办? 始初,他大耍滑头,佯装不知。接着,他为此"谣言"而杀人。不分青红皂白,大开杀戒,连还在吃奶的孩子都不放过,因为他怕那个不知名字的孩子。为了把这不知名字的孩子一定杀死,他别无他法。所以,就让所有孩子都死,只要这不知名字的孩子能死去就好。可是他并没有死。未来的沙皇活下来以便和日暮途穷的沙皇做斗争。这将是一场持久的斗争,它将一代又一代继续下去,与一个暴君又一个暴君做斗争,充满了苦难和血泪,充满了父辈与子辈的鲜血,充满了母亲们的哭泣,所有人的苦难。但是这些灾难并没使你们惶惶不可终日。不要垂头丧气,鼓起勇气,坚定不移、毫不气馁、无畏无疑地斗争吧,因为未来的沙皇必胜。

拉门奈

2. 常听到议论说,一切为改变生活、铲除罪恶、建立公正生活的努力都是无益的,所有这一切都会自然而然到来,进步将完成一切。人用桨划船前行,但桨手已到达目的地,上了岸,留在小船上的旅人却没拿起桨,因为他们以为,小船像原先一样,现在也会前行。

3. 在这大地上,没有也不应有平静。生活是对一个可靠近却不可能达到的目标的追求,所以这里不存在平静。平静是不道德的。我不敢指明这一目标是什么,但是这一目标无论怎么样,它总是存在的,或者是应当存在的。没有目标的生活毫无意义;如果容忍这一点,就意味着否认上帝,至少意味着承认生活是凶恶而愚蠢的玩笑。

约瑟夫·马志尼

4. 整个历史证实这一不可辩驳的真理:能领悟上帝的,不是议论,而是服从;世界永恒秩序的存在只有在服从这一秩序时才变得清晰可见;只有通过这一方法我们才能在尘世认清他的意志。

约翰·略斯金

5. 只有我们自己才能把公正带进世界生活。没有我们,自然力什么都做不了。人类作为有意识的人的集合体若做不到这一点,那就无论什么人都做不到。

吉日茨基

6. 如果我们承认事物除了它现今的面貌,不可能有另一种模样,那么,我们就成了使世界固守不变的那一力量的一员。

如果我们不顺从听命,我们就成了改变事物的那一力量的一部分。

索尔德尔

7. 大部分人浑浑噩噩地打发日子;大部分人把自己的精力全用在生存斗争上,以致他们无暇顾及思考,他们只是把现存事物简单地当作理应存在的事物。这常是社会改革者的任务那么艰巨、道路那么曲折的原因,这常是最初一批大声疾呼、奋起捍卫某一伟大真理的人遭到上流社会嘲笑、庶民诅咒的原因,也是他们遭流放、受折磨、穿粗毛衣、戴荆冠的原因。

亨利·乔治

你参与的改善世界生活的共同活动无论怎样难以察觉、微不足道,它还是必需的,因为正是由这许多微不足道、难以察觉的努力形成了那整个追求你将享有的那种福祉的运动,所以不要虚情假意,套上你拉车的套索吧,即使没有任何人看得到,没有任何人来驱赶,照样行动吧。

12月19日 幸 福

真正的幸福永远在我们手中。如影随形,它总随善良生活而到来。

1. 能使我们变得更好更幸福的一切,都是上帝直接置放在我们面前或置放在我们附近的。

塞内加

2. 没有那强健到永不会得病的身体,没有那不致散失的财富,没有那不遭暗算的伟大政权。这一切都是速朽易败之物,都是过眼烟云。一个把一生建立在这一切之上的人会永远不安、担心、不快和痛苦。他绝不能如愿以偿,而将陷入他想规避的灾难之中。

唯有人的灵魂比任何坚不可摧的堡垒更安全。可为什么我们要千方百计、竭尽全力削弱我们这唯一的坚固堡垒呢?为什么要去占有那些不能给我们心灵以欢乐的事物,反倒不去关心那唯一能给我们心灵以平静的东西呢?

我们大家都忘了,如果我们的良心纯洁无瑕,那么任何人都无法伤害我们,只是因为我们的不明智,希望拥有身外令人不屑一顾的小玩意,这才生发出一切争端和敌意。

爱比克泰德

3. 一个把自己的生命建立在精神完善之上的人不可能不满意,因为他渴望得到的东西始终在他的掌握之中。

帕斯卡尔

4. 幸福,真正的幸福,就是善本身。

斯宾诺莎

5. 一些不理解真正生活的人,其活动目标永远是获得享受、使自己摆脱苦难、远离不可避免的死亡。

但是享受的意愿加强了斗争的紧张性,加强了感受苦难的敏感程度并接近死亡。为了向自己隐瞒死亡逼近的目的,人们知道的只有一种方法:更多地追求享受。但享受也是有限度的,一旦超过这限度,它们就会转变成对越来越迫近的死亡的痛苦和恐惧。

对那些不理解生活的人来说,这些痛苦的主要原因在于他们把不能在所有人中间平均分配,且应以暴力对其他人加以剥夺的东西认为是享受。为了以暴力剥夺其他人所需要的东西,他们就得消灭对一切人的善意,就得消灭唯一能给人以真正幸福的爱心。

所以,以获得这些享受为目标的活动越努力,人能获得这一唯一的幸福——爱就变得越不可能。

6. 有两类幸福的心态:宁静的灵魂(纯洁的良心);始终不变的快乐心灵。前者是在人不认为自己有任何过错而且明确认为尘世生活微不足道的条件下创造出来的;后者则是天性的礼物。

康德

7. 把由某命运之手造成的定会落到我们头上的或好或坏的每一生活瞬间变得尽可能美好,这是一种生活艺术,也是拥有理性的人之真正优势。

里赫登别尔格

8. 人生最惬意、最纯洁的欢乐是在灵魂没有骚动不安、回忆旧事也没有良心的谴责的情况下达到的。

约翰·略斯金

那个说因为做好事却感到不幸的人,他或者是不信仰上帝,或者是所做所说的好事并不是好事。

12月20日 神国即将来临

教会对基督教的曲解,使我们远离推动神国实现的活动,然而基督教的真理就像火堆上的火苗,它会被压下来的潮湿枝条暂时压灭,但火苗却会烤干这些枝条,开始吞噬它们,直蹿上柴堆。基督教的真正意义如今已为一切人所了解,它的影响也已比用以掩盖它的欺骗更为强大。

1. 必须把耶稣宣传的宗教从以耶稣为对象的宗教中解脱出来。我们一旦认清了构成基础组织和永恒福音的源头的意识形态,我们应当会支持它。

正如木彩灯的浅平油盏或游行队伍中的微弱光亮在太阳光这一伟大奇迹前黯然失色一样,微不足道、偏于一隅、出于偶然、令人怀疑的奇迹在灵魂生活的法则面前,在由上帝指引下的人类历史面前同样会黯然失色。

阿米埃尔

2. 我看到一个以相信人为基础的新宗教。它正召唤生活在我们心中的从未被触及的那一深处。它正宣传人可以不想奖赏而热爱善,宣传人的心中拥有神圣的源头。

索尔德尔

3. 我们需要的,民众需要的,也是我们世纪所要求的,就是要寻找使人民从深陷其中的利己主义、怀疑和否定的污泥浊水中挣脱出来的出路。这就是一种我们的灵魂因之而在寻找个人目标时不再犹豫徘徊的信念,因为大家承认出身相同、诫命相同、目标相同,因此而会走到一起。一切强有力的信念在分崩离析、死气沉沉的旧信仰的废墟上崛起,改变着现存的社会秩序,因为每个强有力的信念必不可免地会应用于人类活动的一切部门。

人类在不同的话语中和不同的阶段上重复着上帝的这一祈祷词:"让你的王国降临大地,有如在天上一样。"

约瑟夫·马志尼

4. 有一些人只爱自己,这是些心怀仇恨之人,因为只爱自己意味着仇恨别人。

有一些人高傲,他们不能忍受与人平起平坐,总想命令和支配别人。

有一些人贪婪,他们要金钱,要荣耀,要享受,而且永不餍足。

有一些人是强盗,他们窥探弱者,以便用暴力或狡计把其劫掠一空,他们在房前屋后四处搜寻孤儿寡母。

有一些人是杀人犯,满脑子暴力。他们说:你们是我们的兄弟,他们却杀死他们称之为自己兄弟的人,一当疑心后者对抗他们的意图,就用后者的鲜血书写自己的法律。

有一些胆小怕事的人,他们在恶人面前战战兢兢,吮痈舐痔,希望以此摆脱其压迫。

所有这些人都正在破坏人间的和平、安全和自由。

然而,这些各民族的压迫者,如果失去了民众的支持而自行其是,他们能干什么呢?

如果为了把民族禁锢在奴隶制度之中,他们只利用奴隶制度对其有利的那些人的帮助,岂非意味着以少数反对整个民族?

上帝的卓越智慧如此安排世界,以致人们永远能反抗专制制度,人们若明白了上帝的这一卓越智慧,那么专制制度也就不能存在。

但是,世界统治者却使撒旦-魔鬼的卓越智慧和上帝的卓越智慧相对抗;魔鬼,这个压迫人民的魁首,教会他们使用毒药般的狡计,以便巩固他们的专制制度。

他对他们说:"该这样做。应该召集每个家庭身强力壮的年轻人,给他们武器,教他们使用它们,他们将同自己的父辈和兄弟厮杀,因为我会劝导他们说,这是他们的荣耀。我给他们做了两个偶像,一个叫荣誉,一个叫忠诚。它们的信条是毫无条件的服从。他们将崇拜这两个偶像,盲目地服从这一信条,因为我搅乱了他们的理智,你们什么都不用担心。"

各民族的压迫者干着魔鬼对他们所说的那一套,魔鬼则干着对各民族压迫者许诺的事情。

正是这些来自各族的人们起而反对自己人,杀戮自己的兄弟,囚禁自己的父辈,甚至把关心他们的人丢在脑后。当有人对他们说:"为了一切神圣的事物,好好想想你们受命所干勾当的不公和残忍吧。"他们回答说:"我们不用思考,我们只要服从。"

当有人对他们说:"难道你们不爱自己的父母兄弟?"他们回答说:"我们不爱,我们服从。"

当有人对他们谈到上帝和基督,他们回答说:"我们的上帝就是忠诚和荣誉。"

我真诚地向你们说:没有比这更可怕的诱惑。

但是,这种诱惑已经走到了尽头。

不用多久,魔鬼和各民族的压迫者将一起消失。

拉门奈

5. 不要希望能看到神国的降临,但不应怀疑它正到来。它正不停地在前进。

不要认为,尽管教会基督教是不完满的、片面的、形式主义的基督教,但它仍然是基督教。也不要那样认为,教会基督教不仅不是基督教,而且是真正基督教的最凶恶的敌人。如今,这教会基督教对真正的基督教来说,就像是在犯罪现场被逮住的罪犯一样。它只有两条出路,或者自我消亡,或者干出越来越多的新罪行。它的情况无论怎样不可救药,它却还继续从事着自己可怕的犯罪活动。

12月21日 祈 祷

在人的意识的巅峰状态,他会感到孤独。这种孤独感常常奇特,不习惯,显得沉重。那些缺乏理性的人会用消遣来排解这种孤独意识的沉重感,他们就会立即从这巅峰降落到低谷;那些理性的人则用祈祷使自己坚守这一高度。

1. 对上帝的态度,也是他所希望于我们的,就是在生活中始终不渝地执行他的意志。但是,生活的利益、我们的欲求则无时无刻、坚持不懈地把我们从这里拉开。意识到这一点,我们常会采用一种外在的口头方式,表明我们对上帝、对祈祷的态度,竭力在自己内心唤起依赖上帝的积极意识。如果我们在受到诱惑的瞬间成功地在自己内心唤起祈祷的心情,那么,这种祈祷就能使我们回忆起我们的过错,我们的义务,从而摆脱诱惑而获救。

2. 个人即限制。所以,人们无论怎样去理解他,上帝仍然不是个人。但是,祈祷却是一种向上帝提出的请求。

然而,我们究竟怎样去向"非个人的"上帝吁求呢?

天文学家知道,在他们视野里移动的,不是天空的星星,而是他们和天文台及望远镜所处其上的地球。然而,他们记述时并不说地球在移动,而是说星星在移动。不能不是这样。祈祷则与此相同。上帝不是个人,但是,我是个人。所以,我不能不这样把上帝当作个人来表达自己对他的态度,尽管我知道他不可能成为"个人"。

3. 一个人或掉进矿井,或僵卧冰面,或在海上饥饿待死而毫无获救希望,或被单独囚禁,或又聋又哑即将辞世,如果不做祈祷,他们靠什么来度过这残生呢?

4. 当一个人在寻觅人世福祉时一无所获,极度厌倦,这个疲惫不堪的人把自己的双手伸向上帝,对这个人来说是多美好啊!

帕斯卡尔

能不做祈祷而生活的,只有两类人:或完全被欲望吞噬,或其一生都在为上帝服务。但对一个尚在与欲望斗争、远没完成他认为是自己义务的人来说,祈祷是生活的必要条件。

12月22日 生活制度

存在一种通过外在形式的改变以达到社会制度改变的企图。任何事物都不像这一企图给社会制度的改善造成那么大的障碍。这一虚假的企图使人们不去从事推动人们生活改善的活动,反而使人们脱离能推动人们生活改善的道路。

1. 社会生活依靠的是意识,而非科学。文明首先是精神的事业。如果没有诚实,没有对法制的敬畏,没有对义务的敬畏,没有对人的爱,总之,如果没有道德,那一切就会危机四伏,遭受破坏:无论科学、艺术、奢侈品、工业、雄辩术,还是警察局,关税,都不能支撑起这没有基础的空中楼阁。一个以报复和靠恐怖维系的政权是一座既令人厌恶又不稳固的建筑。只有群众的道德精神才是一切文明的稳固基础,义务则成为其基石。那些不声不响地执行义务的人给这些人提供了一个出色的例子,足以用这一方式拯救和支持他们并不了解的那个光辉世界。如果九个虔敬的正人就能拯救索特,那么,为了使百姓摆脱腐化和毁灭而获救,却需要成千上万个善人。

阿米埃尔

2.真正的思想方针并不在为世俗或宗教当局制定新的法则,而在承认每个人的道德价值。这种思想方针将促进人类的进步,与瞎子带领瞎子,结果大家都落入教条和权威的深渊的一切不幸尝试相比,好得无可比拟。

约茨

3.问题完全不是在基督教或社会主义中两者选其一。

甚至不可把这两种学说彼此比较——它们本质上是那么不同。

基督教用以教导的是整个宇宙的永恒意义,是神圣性因而是我们精神本质的不可毁灭性,是人的使命,自然也就由此引申而来满足人的物质需要的合乎规则的方式。

社会主义和基督教相比,提出的则是一个次要的小问题:跟人生意义这个主要问题无关的工人阶级的物质需要。

可以提基督教和社会主义交集的问题,但是不可提基督教或社会主义两者选一的问题。

费多尔·斯特拉霍夫

4.无政府主义者在一些问题上完全正确:否定现存事物,肯定在现存风尚下没有什么能比当局的暴力更恶劣。但他们犯了一个不可宽恕的错误:以为通过革命可以确立无政府状态。无政府状态将确立起来,但它之所以能确立,只是因为不必去保卫政府当局的人将越来越多,羞于依附这个政权和参与这个政权的人将越来越多。

5.我以为,我们首先应当成为人,然后才成为臣民。在自己身上像培养尊重善良一样培养尊重法律是不适宜的。法律从来没有把人变得更公正,相反,因为敬重法律,众多好人变成了不公正的执行人。

托罗

6.我们人应当明白,我们大家都是同一父亲的孩子。他召唤我们在这大地之上执行一个共同的诫命;我们每个人应当为他人而不是为自己活着;生活的目的并不在或多或少成为幸福的人,而在自己和帮助他人成为更合乎道德的人;同我们无论在什么地方碰到的不义和谬误做斗争,不仅是我们的权利,而且也是我们的义务——我们整个生活的义务,我们不能忽视或破坏这一生活义务,否则就会陷入严重的罪恶。

约瑟夫·马志尼

7.无政府状态并不意味着没有管理机构,只是没有了强迫人屈从的机构罢了。好像没有了暴力,就不能也不该建立赋有理性的人的社会似的。

8.社会任务无界限。

维克多·雨果

如果承认并服从错误的、由暴力制定的法律,不仅不能确立真理,而且不能减少错误。

每周阅读

受伤害者

到旅馆时,外面天气已经很热,我坐到露台上。眼前一条被太阳烤灼的道路宛如一条长线蜿蜒起伏,它沿着绕山的狭窄的螺纹条直通海边。一群骡子饰着红色流苏,铃铛叮当作响,运送一桶桶葡萄酒,步步小心地前进。它们缓慢地行进,挡住了一辆轿式驿车,驿车夫"啪啪"挥着长鞭并大声吆喝,骡群被挤在陡峭的山道侧壁,车夫破口大骂,盖着厚厚一层灰尘的驿车越来越近,停到了我所坐的露台下面。驿车夫下马开始卸车;戴着国民近卫军制帽的胖胖的酒馆老板先于仆人打开了车门,两次以公爵的尊号向坐在轿式驿车里的人致敬,随后,睡在车前赶车座位上的仆人清醒过来,伸伸懒腰,下到地面。

"只有俄国的仆人才会那样睡在车前赶车座位上,才会那样美美地伸懒腰。"我琢磨并凝视他的脸,因尘土而变成棕褐色的浅褐色髭须,大鼻子,与髭须紧连的络腮胡子占了半边脸,他一切行事方式所特有的民族特征最终使我确信:这位可敬的陌生人是出身于唐波夫省、宾泽省或西姆彼尔省的仆人。无论怎样抽象地高谈阔论,无论怎样诅咒自己,但是,当在遥不可及的远方突然意外地遇到了自己的同胞,还是有一种莫名的感情使我心旌摇曳。这时,一个三十上下的男子下了车,一副餍足、健康而快乐的模样,给人一种无忧无虑、消化良好、拥有并非多余的发达的神经系统的印象。他把原先用细绳吊着的眼镜架到鼻子上,东望望,西瞧瞧,以一种孩子气的单纯对车里的旅伴叫了起来:

"多奇妙的地方,我的天哪,真迷人!这就是意大利,如此意大利。天哪,天湛蓝湛蓝,简直就是一块蓝宝石!意大利就从这里开始了!"

"从阿维尼昂起,你已经第六次说这话了。"他的同伴用一种懒洋洋、神经质的声音指出,慢慢地从车里出来。

这是一位消瘦的高个子男人,比前者老得多,他几乎上下一色:身穿浅绿色大衣,头戴用没经漂白的细麻布做成的帽子,颜色与沾着灰尘的浅黄色头发很相称,他那对疲软的双眼在浅色的眉毛衬托下显得格外分明,最后,他那枯瘦而病态的脸与其说苍白,还不如说更多是一层浅浅的青黄色。

这个忧伤的人默默打量他的同伴所指的方向,既不惊奇,也不高兴。

"不用说,这里全是橄榄树,全是橄榄树!"年轻人继续说。

"橄榄的绿荫极单调,极无聊,"穿浅绿色大衣的同伴反驳说,"我们的白桦林更美!"

年轻人摇摇头,似乎想说:不可救药,真糟!他抬头往上望了一眼。我觉得他的脸有点熟,但是我无论怎样搜索枯肠,却怎么也想不起来我在哪里见过他。俄国人在异国他乡一般很难辨认:在俄国,他们像德国人一样不留胡子,而在欧洲,则按俄国人的方式行事——他们以难以置信的速度使胡子疯长。

用不着我挖空心思长时间瞎想。那年轻人一副温厚和无忧无虑、心满意足的表情(他就是以这种表情赞赏橄榄树的),跑到我跟前,用俄语说:

"你想不到也猜不着吧,正像老话说,山与山不相会,人与人常巧遇。你似乎不认识我了?连熟人都开始忘了?"

"我现在认出来了,你变得太厉害了。一把大胡子,又大大发福了,变得更漂亮了,那样的白里透红。"

"In corpore sano mens sana."*他回答,由衷地笑了,露出一排连狼都会嫉妒的牙齿。"你也大变了,老了——怎么样?生活逐渐好起来了吧?不过,我们已有四年没见面啦,从那时起,有多少年华如水消逝了。"

"时间确实不短。你怎么会到这里呢?"

"我陪病人一起来的……"

他是莫斯科大学的医生,从前有过一段时间从事尸体解剖工作。五年前我研究过解剖学,结识了他。他心地善良,甘于平凡小事,极其勤奋,热衷于以这一方式从事科学研究:自己绝不在任何一个尚未被他人解决的问题上绞尽脑汁,对一切业已解决的问题则了如指掌。

"噢!如此说来,那个穿浅绿大衣的同伴是您的病人喽。您要把他带到哪里呢?"

"他这一号人,在你们意大利很难找到,真是个怪人!机器尚好,零件多少有点毛病(说这话时,他用手指指额头),我如今还在修理它。他到了这里,鬼让我多嘴说我认识您,他吓了一大跳——多疑病,自以为遭到迫害的狂躁症。有时候,他整日一言不发,有时候,又说个没了没完。老讲那些事情——听了简直使人毛骨悚然。所有人都和他断绝了来往,所有的人,这真是太过分了。您知道,我本人不很相信婆娘式的闲言碎语,可是总有点让人纠结。其实,他是一个超安静、特善良的人。他压根就不想出国。家人说服了他,您知道,大家如释重负,要知道,所有人——仆役、扫院人——都已被警察收买,家人担心他的话传出去——那就等着在那里为自己辩解吧。他想去乡村,可是他的庄园是和妹妹共有的,她吓了一跳——他会向农民宣传共产主义,于是,所有尚未被拿走的东西都会被拿走。最后,他答

---

* 拉丁文,大意为:"健康的精神寓于健康的身体。"

应离开,只是必须去意大利南部——Magna Graecia! 去卡拉布里亚,区区就以御医的身份陪侍在他身边。得啦,这里算什么地方,除了土匪和神父,就找不到人。我这就乘车顺路到马赛买了一把左轮手枪——您知道,是四个枪筒转动连续发射的那一种?"

"我知道。可您的工作不是最愉快吧——得不断和疯子打交道。"

"他显然并不真是那种疯疯癫癫或者惹人生气的人。他甚至以他自己的方式爱我,虽然他没有说出口,以免我反对。其实,我还是很满足的,一年有一千银卢布,供膳宿,甚至连雪茄都不用买。他对那些与他有所交集的人都很客气。有些事值得您去见见世面。听我说,您真该见见我那怪人,我去把我那病人拉来。唔,你一个钟点后真就走了,他是个特别善良的人,可能还是个最聪明的人。"

"但愿他精神不失常。"

"这真不幸……老天,与他见见,您不会损失什么,可是分散他的注意力对他是必要的,有益的。"

"您已经开始以药剂师的目的强人所难,"我指出这一点,可是医师已在狭长的走廊飞奔。

我本不想听从他的劝告,服从他俄国式指挥他人意志的能力,但是,我对那穿浅绿大衣的共产党-地主很感兴趣,所以就留下等他。他怯怯地腼腆地走上来,对我过分客气地深深鞠了一躬,神经质地微笑着。脸上变化多端的肌肉赋予他一种怪异而难以捉摸的犹豫特征;它不断变化,由忧郁而转为嘲弄,有时表情甚至一变而为单纯的轻信。在他那一对大多时间哪里都不看的眼睛里,引人注目的是其专注的习惯和巨大的内心活动;这通过额头眉毛上方老是纠结在一起的众多抬头纹足可证实。在不足一年的时间里,脑子居然穿过头骨挤压出这样的额头和如此多的皱纹不是没有原因的,脸上的肌肉变得这样游移不定,也不是没有原因的。

"叶甫盖尼·尼古拉耶维奇,"医生对他说,"请允许给您介绍——瞧,这是一个多么奇怪的巧合,居然在这里邂逅——老朋友,我过去和他一起解剖过猫狗。"

叶甫盖尼·尼古拉耶维奇微笑着嘟囔:

"幸会,幸会……真有点意外,请原谅。"

"您记得吗?"医生继续说,"我们怎样把守门人的爱犬绥契夫切断胃神经——这小可爱竟咳起嗽来。"

叶甫盖尼·尼古拉耶维奇做了个鬼脸,双眼对着窗外,清了两次嗓子,然后问我:

"您早已离开俄国?"

"快五年了。"

"还好吗,习惯这里的生活吗?"叶甫盖尼·尼古拉耶维奇问,脸都涨红了。

"还好。"

"是的，但国外生活很不舒服，令人烦闷。"

"国内才这样。"说话随便的医生加了一句。

突然，大大出乎我的意料，我的叶甫盖尼·尼古拉耶维奇竟哈哈大笑起来，最后，经过长时间的努力，他总算平静了一点，开始断断续续地讲了起来：

"这正是我和菲利普·达尼洛维奇争论不休的问题。哈——哈——哈！我说地球不是一颗做得不成功的星球，就是一颗有病的星球，他却说，这只是不值得一提的小事。此后还怎么来解释国外和家里都生活得烦闷无聊，令人厌烦呢？"他又哈哈大笑，直至额上血管流血才罢。

医生狡猾地对我使眼色，露出一副优越神色，因为我非常可怜他。

"可为什么星球一定不会有病呢？"叶甫盖尼·尼古拉耶维奇特严肃地问，"如果人会生病的话？"

"为什么？"医生代我回答说，"因为星球压根没有感觉，没有神经系统它就不会痛。"

"我和您说什么好呢？病是无关神经的。葡萄和土豆不就常有病吗？照我看来，地球不是毁了，就是飞出了轨道。这真是咄咄怪事！无论是卡拉布里亚，尼古拉·巴甫洛维奇及其冬宫，还是我和您菲利普·达尼洛维奇，大家都飞出了轨道，您的手枪是用不着的。"

他又哈哈大笑，同时以一种充满热情的坚定态度对我继续说：

"那样是不可能生活的。这是不言自明的，应当做点什么，让星球重新开始变好。当前的情况很不妙，一团糟；一个机体，要是月亮被排除在外，有些事情又没相应安排好，那会怎样呢，那就一切都不再按应有的方式行动。开头病很急：地质灾变时内部是何等炽热啊！虽然生命占了上风活了过来，病却留下了后遗症。星球因为失去了平衡，一会儿这边一会儿那边乱窜。最初，所有事物到处疯长；看哪，来了一只蜥蜴，大小竟和房子一样，蕨类植物的一片叶子，竟能覆盖一个室内练兵场——唔，这一切自然都相继灭绝了。这样的疯狂怎么可能存活下去呢？如今体积疯狂膨胀的阶段已经过去，然而更糟了，头脑，头脑，神经都得到了高度发展，发展到懵懵懂懂的糊涂地步。历史毁灭人，您想这样说，确实，您看吧——人即将被毁灭！"

在一反常态的宣泄之后，叶甫盖尼·尼古拉耶维奇开始不再说话。

送来了早餐，他吃得很少，喝得也很少，在用餐时段，除了"是"和"不"，他什么也没说。早餐结束前，他鼓起勇气要了一杯酒，可是品了品就厌恶地放下杯子。

"怎么，"医生问，"看来是酒不好？"

"不好。"病人回答。医生拿这事羞辱小酒馆老板，责骂仆人，对人的贪婪、自私大为吃惊，责备老板拿百分之三十五的利润还骗人。

叶甫盖尼·尼古拉耶维奇心平气和地指出，他并不明白医生为什么生气，从他的角度看,小酒馆老板如果有能耐的话,为什么不能拿百分之六十五的利润呢?他卖劣酒给买家,他做得很聪明。我们的早餐就在这一道德评判中告终。

从受害者第一次讲话开始,他的病人的才智,独立不群的无畏精神使我惊异。他是"伤残者"的鲜明形象,尽管医生使我相信,他一生没有任何大的不幸,没有经历大的动荡,但是我很不相信我这位好心的病理解剖医生的心理分析。

我们一起到了盖纳亚,停在被我们市民阶级贬称为旅馆的一座大宅邸那里。叶甫盖尼·尼古拉耶维奇对我的谈话既没表现出特别的兴趣,也没表现出特别的厌恶。和医生却不停地斗口。

当疑心病发作的沉重时刻压得他难以忍受时,他就离人远去,锁在房中,极少露面。出来时则浑身灰黄色,像打摆子一样打寒战,偶尔他的双目好像哭泣过一般。医生担心他自尽,早采取了许多愚蠢的预防措施,把刮脸刀、手枪远远藏起来,用分散和减轻神经兴奋的药物折磨他,让他洗香草熏蒸浴。病人火冒三丈,满腹怨气,忍受痛苦,屈从吩咐,就像娇生惯养的孩子,一边反抗着,一边又一件一件地执行着。

在病情稳定的美好时光,他很安静,很少说话,但有时他的话会突然像从决口的堤坝涌出,然而它会为痉挛性的哈哈大笑和喉咙憋得喘不过气所打断。谈话随后即半途而废,就此打住,而使听者陷入苦恼的沉思中。他仿佛觉得他的奇怪的难以置信的反常行为就像乘法表一样能使人轻易明白。他的观点对那些他以之为基础的臆断因素来说,确实可信而且贯穿始终。

他知识渊博,但权威对他却没有丝毫影响,这使好学、常引证居维埃或洪堡作为最终结论的医生深感屈辱。

"可我为什么非得像洪堡那样思考呢?"叶甫盖尼·尼古拉耶维奇发难说,"他是聪明人,到过很多地方,他的所见所思令人神往,但这并不使我必须像他那样思考。洪堡穿蓝燕尾服,可为什么我也得那样穿蓝燕尾服呢?您未必也这样相信摩西吧?"

"您知道,"深受伤害的医生把话题转向我说,"叶甫盖尼·尼古拉耶维奇竟看不到宗教和科学的区别,那别人还能说什么?"

"没有区别,"病人坚定地加上一句,"难道它们不是用两种不同的语言说同一件事情吗?"

"可还是有区别的,一个是基于奇迹,一个是基于理智,一个要求信仰,另一个需要知识。"

"好吧,奇迹在这里和那里都是存在的,其实两者都是一样的:宗教刚由它们那边走来,科学则正向它们靠拢。宗教已那样坦然地说,人的理智难以理解,据说还有另一种智慧更合理,它能说明这样或那样的问题。科学则在欺骗,以为它明白'怎样'的问题……其实,就本质而论,两者都证明了这一点:人是不可能了解一切的,能理解的也只是某些东西,如果人不愿承认这一点,那好吧,根据人性的弱点,有一些人就相信摩西,另一些人就相信居维埃。哪里有什么标准? 一些人说,上帝创造了野兽和树木;另一些人则说,这一切都是生命力所创造。矛盾实际并不在知识和天启之间,而在对信仰的怀疑和接受方面。"

"可我为什么会相信这些病理学的真实原则呢? 那是因为我通过大脑从有机体的规律中引申出来的。"

"当然大可不必那么麻烦,显然您和无论其他别的什么人都并不了解这些规律,所以就不得不相信和加以牢记。"

"您这样反驳,"我抓住他的双手对他开玩笑说,"如果您回国之后,尼古拉·巴甫洛维奇任命您为国民教育大臣,我会一点都不觉得奇怪的。"

"请不要责备我,不要责备我,"他动情地反驳说,"也不要嘲笑我的思想。我自己曾嘲笑过卢梭,也知道伏尔泰曾写信给他,说学习四肢着地来回爬行为时已晚。通过沉重而痛苦的努力,我这才终于明白一切罪恶从何而来,明白了我们自己是何等生性怯懦畏葸。我以前从未对人说过,一直保持沉默,但是当人们的痛苦、啜泣声变得越来越大,罪恶变得越来越明显,我就不再隐瞒真相。我们都是杀人犯,我们都在为长期回避我们先人的罪恶而付出代价,成为牺牲品。我们岂能得救! 未来一代也许能幡然醒悟。"

"à la fin des fins*,康复开始于不要进步,而要倒退,目的是随时加入猩猩的行列。"医生说,一边吸起一支新雪茄。

"成为天使的尝试失败之后,并不妨碍他向动物靠拢。所有野兽都能适应它们应当生活于其中的那一环境。变换环境几乎总是毁灭。比起海水,我们更乐意饮用河水,因为它更纯洁。但是如果把某海洋软体动物放入其中,它必死无疑。人压根不像想象的那样受到大自然丰厚的馈赠:他的神经和大脑病态的发展使他沉湎于非他固有的那种高等生活之中,而在那种生活之中,他却会毁灭、枯萎、痛不欲生! 如果置人于安乐之中,他们在那里感到安宁、满足和幸福,人们怎么会去阻断这种病痛呢? 瞧瞧印度某地一代一代的族系吧。大自然赋予他们一切丰饶的物产,国家和政治生活的祸害已过去,理智对机体的另一些机能的病态优势也已平息。世界历史早把他们遗忘,他们像所有人那样美满地生活着,像所有人那样过着可能的生活,直到该死的东印度公司出现;它把这一切都彻底毁了。"

"不过,"医生指出,"我们这里的芸芸众生几乎也都是那样生活的。"

"这可能就是有利于我的最重要的证据。您所谓的芸芸众生,正是人类。然而,芸芸众生并没得到他们所希望的那种生活——这正是不幸的所在之处。教育贵得吓人。国家、宗教、士兵折磨饥肠辘辘的社会底层。为了彻底毁灭他们,就在

---

* 法文,意为"总之"。

他们眼前显摆炫耀自己的财富,他们在自身发展出一些不自然的趣味,不必要的需求,而必需的满足手段则都予以抛弃。这一使人心碎的处境多么令人忧伤!下面挤满被工作压垮、受饥饿折磨的居民,上面是另一些受思想压制、因追求而孱弱的萎靡不振、精疲力竭的居民。他们的追求少有回报,一如穷人解决饥饿时少有面包一样。然而,在这两类疾病之中,在这两类苦难之中,在愚蠢生活造成的冷热发作和疯狂的神经造成的肺痨亢奋之间,在他们之间存在着优秀的文明之花,文明宠爱的孩子,独一无二、好歹感到愉悦的人。这是些什么人呢?是我们的那些中等地主和这里的小酒馆老板。但是,大自然是不会让自己受欺凌的……它痛斥背叛并不比任何迫害者更坏。"他继续往下说,在房间来回走动,却突然在镜子前停止了脚步,"瞧,你瞧这副嘴脸——哈哈哈!当您把我们任何一个农民和我这个新varietas*比较,显然是很吓人的。布鲁明巴赫曾观察过这一新变种,称之为'高加索市民',所有定居在文明世界的小官吏和小酒店老板,学者,贵族和这一切白化病人及侏儒症患者都属于这一行列。他们是蜕化的一族,没有肌肉,全身风湿病,并且愚鲁、凶狠、浅薄、不成体统、迟钝,和我这个三十五岁的无助、多余、像独行菜一样度过一生的老头一模一样,丝毫不差。这种独行菜冬天是在两条毛毡间生长的——呸,多么令人讨厌的东西!不,不,不能这样继续下去了,这非常荒谬,极端腐朽!回到自然……回到宁静的自然……社会体制的巴别塔必须全面建设并不断加以改造!抛开它,一切都了结了!完全是强做那不可为的事情!热恋中的姑娘幻想"von einer besseren Natur, von einem andern sonnenlichte."**这多好。是回家躺到大自然给准备的软床上的时候了,空气清新,自作主张,自由自在,各行其是!"

叶甫盖尼·尼古拉耶维奇脸涨得通红,额上血管流出了血,蓦然皱起双眉,一脸严肃的表情,开始固执地一言不发。

赫尔岑

12月23日　真知灼见

智慧是贴近生活的永恒真理。

1. 苏格拉底第一个把哲学从天堂拉下,并在人间加以普及,同时鼓励人们研究生活、人间风尚、善恶后果的学问。

西塞罗

---

* 法文,意为"变种"。
** 德文,意为"美好的自然,和另一种明媚的阳光"。

2. 身体的不洁只有用刮垢涤污才能消除;人类社会的情况同样如此。让人类社会在精神方面变得纯洁而健康吧,让寄生在他们身上的教会和国家这样的寄生虫就像纯洁而健康的肌体上的虱子一样自然消失吧。

3. 渊博和智慧很少相合。学者了解的事物甚多,但大多无用而令人怀疑。而智者虽然了解的事物不多,但他所了解的一切都是他和其他人所必不可少的,他了解的那些知识都是他确凿了解的。

4. 一个认清自己灵魂的人,就会了解自身蕴含的神圣因素;而认清了自身蕴含的神圣因素之后,他将会始终不渝地如此行动和思考:怎样才能无愧于他所获得的这份神圣礼物。

西塞罗

5. 一个在福音书中不善于区分心灵方面基本的重要的因素和不重要、不需要的因素的人,通过无论什么样的批评研究都发现不了这种区别。一个善于加以区分的人,这种研究是不需要的。他之所以善于区分,是因为他需要福音指导生活,而不是为了多知。

6. 聪明人不常有学问,有学问的人不常聪明。

老子

7. 现代科学工作者认为,科学问题并不在它应当怎样确定应当加以确定的事物,而在描述它现在如何。事物现在如何我们大家都已或多或少有所了解,所以对任何人来说,描述事物现在如何并无必要。人喝酒、抽烟,科学给自己提出的任务是从生理学角度证明使用烟酒正确。人彼此残杀,为了少数人而抢夺所有人的土地或劳动工具,科学就应当从法律和经济角度证明其正确。人相信荒诞不经的事,神学得证明其正确。认识事物应当怎样,而非现在如何,应当是科学的任务。而当今科学却恰恰相反,给自己提出的主要任务是使人的注意力脱离事物应当怎样,并把注意力引向事物现在如何,因而这种科学对任何人来说都是不需要了解的。

———————

把由智慧提供的幸福和其他一切知识所提供的幸福相比,其重要性就像把沙漠中的一盆水和一普特黄金相比。

12月24日 成长

从童年起,精神成长和肉体影响减弱的相反相成过程就开始了。作为由顶点环旋下降至基底的两个圆锥体,肉体作用的缩小和精神影响的增长是一致的。

1. 无论是自然界,还是人自身,和谐协调的成长总是在无声无息而宁静中完成的。只有所有破坏性的、不道德而粗野的行为才常有喧嚣哄闹。

可是只有不多的人才明白宁静和无声对真正的精神成长和发展具有生活的必然性。多数人活得忙忙碌碌,杂乱无章,一当他不得不独处时,就会感到寂寞无聊。

只有在独处的宁静中,人才能找到生存和成长的强大力量。基督通过这些谈话说到了这一观点:"如果一个人要做祈祷,那就进入你的斗室。"……内心世界极端需要这种无声的成长以实现内心世界的宁静。以许多不同的新学说面貌出现的千百种主张虽然许诺拯救他,也貌似能拯救他,实际却正使他脱离真正的精神成长。我们最需要的是宁静,无声之声会告诉我们那能使我们自由的真理。

留西·马洛里

2. 有学问的人不断提高才智和洞察力,没有学问的人则常常陷入无知和罪恶。

中国智慧集

3. 一些过着精神生活的人越老,他们的思想视野就越开阔,他们的意识就越清明爽朗;而一些过着世俗生活的人,随着时间的推移,则会越来越变得迟钝麻木。

塔木特

4. 应当在老之将至时变得更善良,我绝不会欢迎我早已不会再犯的那种错误。

歌德

5. 心灵的成熟比精力充沛而踔厉风发更为珍贵,我们内心的永恒因素应当对时间在我们身上产生的那种破坏加以利用。

阿米埃尔

6. 肉体的成长只是一种为了灵魂劳作——为上帝和人们服务——而做的储备;这种服务发端于身体凋萎之时。

7. 世上的一切都在生长、开花和回归其本源。回归其本源意味着和大自然和谐一致的宁静。和大自然和谐一致意味着永恒。所以,身体的毁灭其自身并不包含任何危险。

老子

8. 愿你精神上成长,愿你帮助他人成长!这包含着整个生命。

———

一个意识不到自身精神生活及其成长的人,其情况是极其可怕的。只有肉体生活,那就不可阻遏地走向毁灭,瞬息消失。

认清自己的精神本质吧,以它为生,那取代绝望的,是你将体验到任何东西都破坏不了的、越来越多的欢乐。

12月25日　仁　慈

　　善心应当完全不以人们的赞美和身后预期的奖赏为转移。这种善心才是真正的善心。

　　1. 你们要小心,不可在人前做善事,故意叫他们看见;若是这样,就不能得到你们天父的赏赐了。所以,你施舍时,不可在你前面吹号,像那假冒为善的人在会堂和大街上所做的那样,故意要得人的赞誉。我实在告诉你们,他们已得到了他们的奖赐。

　　你施舍时,不要叫左手知道右手所做。

　　要让你施舍的事在暗中进行,你父在暗中察看,必在明处报答你。

马太福音6章

　　2. 穷寡妇的少许捐助不仅与价值连城的礼品相当,而且只有这少许的捐助才是真正的慈悲心肠。

　　只有穷人、劳动者能有幸实行这一善心,富人、游手好闲者则失去了这种机会。

　　3. 慈善机构可以成为无益或有害的,也可以成为有益(这不常见)的,但绝不能成为道德的。这些机构只是最为明白地表明,在建立这些机构的人身上,完全失去的不仅是感情,而且是对同情心及由之而来的慈悲心的理解能力。

　　4. 善心始于家庭。如果为了显示善心而必须另找场所,那你所显示的未必是善心。

　　5. 富人公开给予穷人的帮助,在最好的情况下是一种礼貌性活动,怎么也算不了善心。有人问您:怎样才能通过某地?出于礼貌,您应当停下给他指明道路。另一个人请您给他五戈比、五个卢布或五十个卢布,如果您有多余的五戈比、五个卢布或五十个卢布,应该把它们给他,这同样是一种礼貌性活动,但是这一行为与善心没有任何共同之处。

　　物质方面的善心,只有它是一种牺牲时才是善。只有在这种情况下,收到物质馈赠的人同时也收到了精神的馈赠。

　　如果只是多余之物,而不是一种牺牲,那就只会使受赠者生气。

12月26日 教　化

童年是一个理当熏陶诱导的年代。所以,教育中最重要的事情,就是选好能影响儿童的那些熏陶物。

1. 当今大多数人只是想象他们信奉基督教,恪守基督教的道德。事实上,他们遵循的只是异教徒的道德,他们却把这种道德当作培养青年一代的理想。

2. 人最易接受濡染的是童年时代。说教给他们的影响,较之榜样给他们的影响还不足千分之一。
所以,当孩子们在榜样身上看到的与向他们灌输的有关操行的宣传相反时,这一切就变得徒劳而可笑。

3. 孩子的宗教信仰有赖于行为的榜样,而不是双亲口头上的耳提面命。他们内在的无意识的理想,他们的由他们生活推动的信念,这才是影响孩子的因素;他们的讲话、申斥、惩罚、愤怒,孩子甚至不把它看作别的,而只是一种意外罢了,然而孩子却能本能地预感并真切感受到双亲的信念。
孩子能鉴貌辨色,猜出我们的意图。他们由此成了颇为内行的相面者。
鉴于此,教育的首要原则应当是先教育好自己;为了管控好孩子的意志,应该遵守的第一法则——是管控好自己。

阿米埃尔

4. 大人也许会告诉孩子,不应残忍地对待动物,一般说来对所有弱小的生灵也应如此。可只要孩子一进入厨房,他们马上会看到已经宰杀的、毛已拔光的鸡鹅。这些成年人当着孩子的面所做的野蛮而不道德的行为与这些漂亮的道德说教尖锐对立,那么,这些说教还能给孩子带来什么好处呢?

斯徒卢威

5. 减少欲求,这是应该对年轻人务必提出的忠告,为此必须竭尽全力让他们得到锻炼。欲求越少越幸福——这是一个古老、然而远非已被接受的真理。

里赫登别尔格

6. 人爱过快意的生活比一切生活不幸更糟糕。所以,最重要的是让孩子从少年时代起就习惯劳动。

康德

7. 对孩子来说,最重要的莫过于使他们习惯于生活的节制、简朴、勤劳和仁慈。但是,当孩子们看到双亲以奢华为荣,竭尽可能地大讲排场,认为游手好闲比劳动更惬意,在穷人中过富足的生活,那究竟怎样让他们养成这些习惯呢?

所有对孩子的道德教育归根结底要有好榜样。好好生活吧,哪怕只是力求好好生活也行,您得视您在良好生活中取得的成就而好好对孩子们进行相应的教育。

12月27日 精神的本质

我们看到和了解一切;然而,我们看到和了解的一切并非是它们现实中的真实面貌,而是它在我们认知能力中呈现出的模样。

1. 天地广袤,但它们有色、有形、有度量。人的内心同样存在一种事物,却是无色、无形、无数、无度量的——这是有理智的。

即使世界本身是无生命的,但是只要通过人的理性它就会变得生机盎然。然而,世界无际无涯,人的理性有限,所以人的理性不能成为世界的理性。

由此可见,世界应当通过理性变得生机盎然,这种理性也应变得无际无涯。

孔子

2. 如果说天堂是幸福者居住的处所,那么,人通常会把它想象成一个广阔无垠的宇宙中高悬头顶的空间。但在这一情况下,人们却忘了,若从那宇宙空间观察我们地球,它同样是苍穹中众多星星中的一颗。这些宇宙居民当然能以同样的权利指着地球说:"瞧那颗星星——永恒之极乐世界,为我们准备的天堂般的栖身之地,我们总有一天会到达那里。"问题在于,根据我们理智的奇怪错误,我们信仰的飞跃总是和向上升腾的概念联系在一起的,可是我们为什么不想一想,无论我们飞升得怎样高,我们仍然不得不重新往下降落,以便让我们稳健结实的双腿站在另一个世界的大地上。

康德

3. 不要说我们内心反映世界,最好更正确地说,我们的理性在世界中得到了反映。我们不能另作他说,我们应当承认世界的秩序和高明的管理都源于我们思维能力的有序配置。当然,完全不该由此再推导说,我们的思维必需的某物的模样,正是现实的模样,因为我们对外部世界的真实结构还一无了解。

里赫登别尔格

4. 看看这个打扮漂亮的幽灵,为众多的愿望所苦而奄奄一息,它已没有精力,它已无法自卫,这个委顿而孱弱的身躯已衰颓不堪,它仿佛整个骨头架子都要散成碎块,他身上的生命即将转化为死亡……裸露的颅骨像秋天摘下的南瓜……这还能高兴吗?还能快乐吗?

这健壮的身躯是骨骼造成的,为肌肉所覆盖,由血液所滋养,可瞧——这躯体里却寄寓着衰老和死亡、自豪和傲慢……国王珍贵的双轮马车毁了,衰老把躯体推向毁坏;只有善人的学说不老也不坏。

佛陀智慧集[达马巴达]

5. 当人把自己仅仅当作是一种肉体的存在,那他立即就变成一个难解的谜,乱成一团的矛盾体。

为了弄清事物的真实意义,把一切有形归结为无形,把一切肉体归结为精神是必要的。

12月28日 知 识

所谓科学,当它的目的在于揭示人们生活的规律时,它就是人的最重要的活动;当它研究的是一切能够引起无所事事者好奇心的事物时,它只是最不足道的愚蠢的工作。

1. 为了承认人们从事所谓科学工作的重要性,就应当可以证明这些工作是有益的。而科学工作者通常会肯定地说,因为我们正在从事某种工作,那么,这些工作不定什么时候、不定什么地方、不定对什么人无疑是有益的。

2. 有一种不可宽恕的科学迷信,它由和宗教迷信相同的源头产生:出于迁就人的弱点的愿望;它即使并不比宗教迷信更坏,却也同样如此有害:人们会误入歧途,生活恶劣。人的天性在于,意识到自己生活的错误之后,总想力求改变它,而这时"科学"就现身了——国家、金融、宗教、刑事、警察和其他一切法的科学,政治经济学,历史和最时髦的社会学——就出现了,人的恶劣生活仿佛是因为这些一成不变的规律而产生,人的问题并不在和自己的弱点做斗争,使自己的生活由坏变好,而仅仅在于在自己的生活进程中按照学者发现的那些规律参与行动。这种迷信显然与人的健康意识和良知抵牾乖违。如果这种迷信没有那么安抚性地为人们处于恶劣生活做辩解的话,那它可能在任何时候都不会被人所接受。

任何时候任何宗教迷信都没有产生也不能产生像它那样给人带来的这种灾难。

3. 我们的知识不足以理解哪怕只是人体生命的问题。请注意,为了这一目的,我们必须理解身体需要的处所、时间、运动、温暖、光、食物、水、空气以及许多其他东西。而在自然界,这一切都是那么彼此紧密地联系在一起,以致不研究另一个就不能弄清这一个。不了解整体就不能了解部分。我们身体的生命,只有在整体研究它需要的一切之后,我们才能理解;而为了这一目的,就必须研究整个宇宙。但是宇宙无限,人是难以认识的。因而我们不能对自己完全解释明白我们身体的生命。

帕斯卡尔

4. 研究对精神生活不需要的科学,诸如天文、数学、物理等,如同参与任何娱乐、竞赛、游览、散步一样,只有在这些活动不妨碍完成义务的情况下才是可以的;然而,像娱乐一样,研究不能促进人类真正精神幸福的科学,在有损于自己直接的义务的情况下,同样是不道德的。

———

科学并不是那人们以这一名称加以命名的东西,而是那构成人们幸福最高尚最必需的认识对象。

12月29日 战 争

迄今有暴力,有战争。能战胜暴力的不是暴力,而是不与暴力对抗,不参与暴力。但是,对最优秀的人来说,那就该想一想,我们如此引以为骄傲的所谓高雅文明究竟为何物?几乎和我们想到的古代墨西哥人及其吃人风尚一模一样,好战、虔诚、兽性同时共集于一身。

列屠尔诺

1. 如果我的战士开始思考,那就可能没有一个人会留在部队之中。

弗里德里希二世

2. 军事杀戮的野蛮本能在千年长河中得到了那么悉心的照料和鼓励,以致深深扎根在人类的脑海中。然而,应当寄希望于比当代更为优秀的社会,它能从这可怕的罪行中解脱出来。

3. 我所理解的纪律正是这样:下士和士兵讲话,下士永远正确;中士和下士讲话,中士永远正确;士官和中士讲话,士官永远正确,以此类推,直至元帅,哪怕他们说二乘二等于五也是如此。最初,这样理解很难,但是每一营房中悬挂的一览表和为解释自己的主张而对它所做的解读有助于做这种理解。这张一览表写明一切士兵可能希望做的事情,诸如返乡、拒绝执行任务、不服从上级等,他们将为此遭到的惩罚:死刑或五年苦役。

爱克曼·沙特里昂

4. 我买了黑奴,他是我的。他像马一样干活;如果他不听话,我就不给他吃饱、穿暖,还揍他。这有什么好奇怪的?难道我们会更好地对待士兵?难道他们不是像这个黑奴一样失去了自由?区别只在士兵便宜得多。一个好黑奴当前至少值五百埃居,一个好士兵只值五十埃居。不管前者和后者,都不能离开他们所处的地方,都会为一点小小的错误而挨揍,所得报酬则几乎一样;但黑奴对士兵拥有的优势是,没有生命之虞,且有妻儿陪伴。

阿那托里·法朗士

只有人们不再参与任何暴力并准备忍受为此而可能遭受到的一切迫害时,战争才可能被消灭。这是消灭战争的唯一方法。

每周阅读

论广泛分布于匈牙利、塞尔维亚、克罗地亚的拿撒勒教派

拿撒勒教义的本质是继承新约的主要是摩西在西奈山地布道的教义。他们不承认任何教职等级、书写成文的教义和一般的组织机构;他们的教义并未定型,仍在变动,不同的社团对教义的态度也各不相同——甚至同一社团存在着按各自的方式信仰的众多成员。但是他们的道德观念却完全一致,他们都过着严格的有节制的道德生活,他们认为生活的主要准则是热爱劳动,待人谦逊,平静地忍受欺凌,拒不参与暴力。他们不承认审判,不自愿缴纳税赋,不宣誓,拒服兵役,通常把政府当作他们不需要的机构来看待。

在其主要由劳动者组成的社团中,拿撒勒教徒接受的只是"精神复活"、忏悔和以复活新生为生命。所以拿撒勒教徒的孩子,在他们尚未达到懂事的年龄,本人又不愿加入信徒的社团时,并不被认为是拿撒勒教徒。

拿撒勒教徒拒绝服兵役的义务招致了奥地利政府对他们的迫害。但是拿撒勒教徒坚守服兵役有悖基督教的信念,甘愿接受对他们的惩罚而不背弃基督教的教义。

拿撒勒教徒拒绝服兵役的义务的根据是基督的这些言论:"只是我告诉你们,不要与恶人作对"(马太福音5章)和"爱你们的仇敌,给诅咒你们的人祝福,为欺凌你们的人祈祷"(马太福音5章)。

淳朴的农民青年,拿撒勒教徒,以其忍受一切折磨的坚定性,常常使自己的加害者大吃一惊。如此行动的,不仅有新兵,而且有预备役的士兵,即那些已经退出现役已成拿撒勒教徒的人。他们被征召入机动部队时,拒绝手持武器,因为知道这样做他们可能被判终身监禁,他们都事先安排了他们的家务事,以便妻子日后能对此独自处理,和自己的家庭告别时则似乎是一辈子再也见不到他们。他们的家人大多同情他们的苦难。

例如,几年前,维奇巴斯(巴奇卡)的约戈·拉多瓦诺夫(塞尔维亚人)被征召

入彼什塔的六团六连当兵时,说他的信念不容许他这样做之后,就拒绝拿起武器。法庭判他监禁二年。他的大哥于1894年被判监禁,已坐了十年牢。这两兄弟的母亲来探望小儿子。首长不允许她见面。她站在监狱院子里哭泣。这时一个窗户后面露出了儿子的脸,她立即对他说:"我的宝贝儿子,上帝保佑你,你千万别拿枪!"

1895年8月末,谢盖琴后备团征召预备役士兵。当向预备役士兵分发枪支时,其中两人不想要枪支,因为如他们所说,拿撒勒信念不允许他们这样做。团长奥尔契瓦里开始对他们说,上帝爱军队,显然如今不是上战场,而只是进任何人都不会流血的营房。拿撒勒信徒对此回答说:"但是,我们是为此而被带进军营学杀人的。"

团长试图恐吓他们改变主意。他对他们说,去年秋天,一个拿撒勒人采取了同样的行为,受到几次惩罚后,最终被判在要塞监狱中囚禁十七年。

"那就让人把我们枪毙了吧!"拿撒勒信徒平静地回答,"我们不能背弃上帝的诫命。"

另一些预备役士兵到这些拿撒勒信徒的家中,他们尚未加入拿撒勒教派的妻子哭求丈夫服从命令,但他们并没同意。团长初步决定,把他们关押十天。他们被带走时哭着和家人告别。

"愿上帝赐福给你们,"他们说,"为了上帝,为了神圣的义务和纯洁的灵魂,我们将一生埋没断丧,因为人应当成为上帝的羔羊。"

弗朗戈·诺瓦克应当在塔密什瓦拉服兵役,当他第一次和其他新兵一起被带到练兵场时,他拒绝领武器。当发现诺瓦克周围的乱象后,在场的将军走来问发生了什么事情。有人向他做了报告。将军温和地问诺瓦克他为什么不想拿武器。诺瓦克从口袋里掏出一本小小的圣经说:"最高当局允许出版这本小书,同样也不禁止按书上所说的遗训生活。这本书上这样说:'爱人如己。'我不想拿武器,是因为我想遵守救世主的遗训。"

将军平静地听完了诺瓦克的话,随后对他说:"可是这本书里还说,'这一些都是恺撒陛下的,我这就把他的全给他'。"

诺瓦克开头有点慌乱,一声不吭,随后醒悟过来,就摘掉军帽,放下武器,脱掉军服,把这一切放好之后说:"这一切都是恺撒陛下的,我把所有属于他的都归还给他。"

1897年,一位年老体衰的老人来找市公证处的公证人维里卡·科金达。他手里有几页纸:48年残废抚恤金领取证。

"请登记,公证人先生,"老人说,"我放弃自己的抚恤金。"

公证人大吃一惊,问老人:

"为什么,难道找到了宝藏?"

"是的,确实这样,公证人先生,"老人回答说,"我找到了宝藏,公证人先生,我找到了自己的上帝,对我来说,他比全世界所有的宝藏都珍贵。他不喜欢他的仆人以用武器挣来的面包为生。"

尽管政府用以对付拿撒勒信徒的手段极其严厉,但是他们并没背弃他们的信仰。

奥里霍夫斯基

(选自《拿撒勒教徒在匈牙利》一书,中介出版社)

12月30日 团 结

人人皆兄弟,个个都平等的意识在人类中越来越普及。

1. "一切艰难求生、负担沉重的人都到我这里来,我将抚慰你们。"说这话的人,其本人将通过这话变成整个人类的焦点,因为全人类都生活在压迫和苦难之中。

统计一下吧,那些不必忍受这重压并把它转嫁给其他人的人,那些享用别人的劳动成果并压迫别人的人,这种人一共有多少呢?百万奴隶头上只有一个主人,一个魔鬼意义上的幸运儿,他下面却有百万面对黄土背对天、用汗水和眼泪灌溉大地的生灵。这些衣食无着的人——善良牧人的羔羊,基督的羔羊,是那些他为之牺牲自己生命的人。他召唤他们回到他身边,慢慢地,根据他许诺的时代日益迫近的程度,他们抬头凝听他的召唤,认出了他,做好了追随他的准备。这些羔羊从羊舍里,从所有民众的环境里跑出来,因为他们是属于善良的牧人的,他正把他们集合拢来。他们原本分散各处,互不来往,他们如今聚成一群,在朦胧中期待有一个人把他们带向这样一个牧场:在这里,他们不会被交给看见正在靠近的恶狼就会丢下他们的羊跑掉的雇佣者;也不会被交给只顾私利,贪图享受,只想把它们据为己有,食肉寝皮的那种外人。所以,所有的羊来到善良的牧人身边,聚在他周围,变成了一群羊,一个牧人。

基督尘世使命的目标:是把所有人组成一个兄弟般的民族,使所有人彼此结合成一体,在把他们和上帝连成一体之后,使他们在爱的永无止境的进步的神圣法则下,确立团结一致的关系。爱是现存一切事物的永恒生命。

拉门奈

2. 我们是否理解我们是精神上的兄弟?我们是否理解我们来自同一个天父——我们身上具有天父的形象,我们也能始终不渝地接近他的完美?我们是否承认所有人的灵魂中就像我们的灵魂中一样,都存在着相同的神圣生命?事实上,正是这一点才构成了人们彼此之间真实而自由的联系。

为了改变人的生活制度,人与人彼此间的新型的尊重是必不可少的。此前,就如现在一样，人们彼此几乎都把对方看作是牲口，他们即使不再牲口一样待人，却仍会使用暴力和欺诈手段继续使人们成为达到自己目的的工具。当他们尚不理解他们来自同一个精神渊源及他们与上帝的关系，也不理解生命赋予他们的伟大使命时，人们之间的兄弟情谊是不可能存在的。现在仍有人把这样的思想看作是幻想，把希望在人间找到有关自己的兄弟情谊和上帝之子的信仰的导师看作是幻想家。其实，承认基督教这一最简单的真理将会彻底改变整个社会，将在人间建立我们如今还难以想象的那种关系。我们中的任何人都不能想象人际关系中的这一变化，那种温馨、尊重、柔情和致力社会改善的毅力。这些社会改善是随着人们能否洞察彼此的精神世界，是否理解人类社会最底层的每一个人的灵魂的意义而出现的。其时，我们现在不以为意的那些凌辱、伤心、压迫会比现在最大的罪行更使我们愤慨。其时，任何人在他人眼里都是神圣不可侵犯的，欺凌人就是与上帝为敌。如果承认这一真理，人就不会去侮辱他人，因为人会在他人身上看到神圣的因素。不能想象真理能像这种学说那样具有如此的实践的性质。是的，我们的确需要新的启示，但与天堂和地狱无关，它正活跃在我们身上的那一灵魂之中。

强宁格

3．既不可爱你怕的人，也不可爱怕你的人。

西塞罗

4．一些鼓吹道德却又把你们的义务限制在你们的家庭和祖国范围之内的人，他们在向你们贩卖的是一种或多或少的利己主义，但对你们和另一些人的伤害并不小。家庭和祖国是两个范围，它们包含在更加广泛的范围——人类之内。这是两个必定会经过，但都不应停留的阶段。

约瑟夫·马志尼

自己和整个人类一致的意识，源于人人内心都有同一神圣起源的意识。这种意识赋予人们以最高的内在的——个人幸福和外在的——社会幸福。对国家、民族、等级、宗教等的迷信则最为有碍于这一意识。真正的宗教则将确立这种意识。

12月31日　当　今

过去已不存在，未来尚未到来。现在是已不存在的过去和尚未到来的未来的无限小的接合点。人的真正生活就在这节点上，在这瞬息即逝的节点上完成。

1．"时间过了！"我们习惯这样说。其实，时间是不存在的，是我们在变动。

据 塔木特

2．时间在我们后面，时间在我们前面。时间并不存在于我们旁边。

3. 我由灵魂和肉体构成。对肉体来说，一切都一无区别，因为物体已丧失区分无论什么事物的能力。而对灵魂来说，一切不是来自灵魂的事物同样是一无区别的，因为灵魂生活是独立自足的。但是，灵魂生活无论在过去还是在未来却都毫无意义。它的整个重要性都集中在现在这一时刻。

马克·阿夫列里

4. 时间是最大的错觉。它只是一件内在的棱镜，我们通过它才能分解生活、生命和形象，我们借助它才能渐渐看清观念中超越时间的事物。眼睛并不是一下子就看到整个圆球的，尽管圆球是一下子整个儿呈现在我们眼前的。两者必须择一：或者让球在观察这一球体的眼睛前转动，或者让眼睛绕着它所观察的球体转一周。

第一种情况，这个世界是在时间中逐渐展开的，或仿佛是在时间中逐渐展开的；后一种情况，则是我们正做分析和逐渐确立的思想。对最高智慧来说，时间是不存在的，将来即现在。时空在被有局限的人利用时则都成了"无限"被揉碎的碎块。

阿米埃尔

5. 可以想象，一个如此善于思考的人，对他来说，预见未来总比回忆过去更为轻松。昆虫的本能中存在的一种因素可使我们推测出，指引它们的，未来远多于过去。如果动物能像预见未来一样多地拥有回忆过去的本领，那么，某些昆虫就可能比我们更高明；可事实上，预见的能力显然总是与回忆过去构成一种反比关系。

里赫登别尔格

6. 我们的灵魂被投入肉体之中，在那里它有了数量、时间、向度。它思考这一情况，称这是本性、必然性，而且不能做别的思考。

帕斯卡尔

时间并不存在。有的只是无限小的现在。生命就在这现在之中实现。所以人应当把自己的整个精神力量集中到唯一的现在之上。

主题索引

说明：

1. 本索引根据原书译出，以便读者查检。

2. 主题词词序系根据俄文字母先后排列，现一仍其旧，不再改动。有些主题词义项颇多，为保持与文本一致，偶在词后用括号注明。

3. 斜线前为月，斜线后为日。

不朽　1/20　2/12　4/9　6/10　9/22　11/7　11/28　12/7

幸福　7/5　8/19　12/19

上帝　2/22　3/6　3/24　4/12　4/26　6/15　7/7　9/3　10/7　10/17
　　　11/8

财富　2/27　3/19　5/28　7/31　9/12　10/3　11/15

灵魂的神圣本质　2/14　4/22　4/25　5/14　5/18　5/29
　　　　　　　　6/18　7/1　7/18　8/29　9/18　10/9　10/16　10/18
　　　　　　　　11/27　12/14

疾病　4/29　10/6

婚姻　3/11

素食　2/21　5/6　6/20　9/24　12/2

信仰　1/2　1/8　1/13　1/15　2/13　4/17　5/16　8/18
　　　8/28　9/11　10/2　11/16　12/13

互助　3/25

教诲　8/5　9/28　10/29　11/12

节制　3/4　3/29　5/23

报复　4/15　8/3

战争　1/22　2/9　3/9　4/8　6/17　7/6　9/29　11/25　12/29

教化　1/10　5/5　12/26

一切在自身　5/7　5/13　8/11　8/27

骄傲　10/11　11/9

事业　3/12　6/1　6/22　7/22　10/26

童年　9/8

善　3/3　4/7　5/21　11/18

善良　1/7　2/3　3/30　6/8　8/17　12/12

人的价值　4/16　10/25　12/4

灵魂　2/1　5/10　6/5

精神的本质　2/16　12/27

团结　1/4　3/10　6/3　7/12　8/16　10/24　12/17　12/30

妇女　6/2　12/1

迷误　9/6　12/6

律法　1/28　2/11　5/19　7/24　9/26　12/8

恶　1/23　4/11　6/6　8/9　11/19

知识　1/1　1/9　1/25　3/16　4/1　4/18　5/3　7/9
　　　7/27　8/22　9/9　9/16　9/23　11/14　12/28

理想　2/29　5/11

艺术　2/28　7/2　8/31　10/14　12/3

真理　2/24　5/15　8/23　9/15　12/15

异端邪说　1/12　1/31　6/4　7/10　8/8　9/2　9/19　10/31　11/10

爱　1/14　1/27　3/15　5/24　7/8　7/21　10/4　12/16

仁慈　1/26　7/11　11/24　12/25

祈祷　2/25　3/8　8/21　12/21

真知灼见　1/17　1/24　1/29　3/13　3/28　6/21　8/13
　　　　　9/13　9/30　10/1　12/23

勇敢　3/27　4/24　5/1　10/12　11/20

惩罚　7/4　9/5

暴力（强制）　7/17　8/14　9/14　10/13

当今　8/10　11/17　12/31

科学　10/8

麻醉（蒙蔽）　9/1

谴责　3/18　4/27　9/27　10/22　11/6

祖国　12/9

忏悔　3/31　7/28

神国即将来临　3/26　4/10　7/14　8/30　12/20

进步　2/20　12/18

教育　1/18

纯朴　2/15　4/23　7/19　8/20

平等　2/17

欢乐　4/4　5/31　8/15

理性　3/14　4/13　6/13　6/26　7/29　8/6　10/27　12/5

成长　5/22　6/12　8/24　10/15　12/24

自我舍弃　1/19　2/18　4/20　8/4　10/30

自我完善　1/21　2/7　4/6　11/13

自由　5/20　6/23　7/3　8/1

家庭　6/28

思想的力量　2/5　5/4　6/11　9/21　11/5

自己的意志和上帝的意志融为一体　3/2　7/15　8/12

语言　1/5　2/8　2/26　5/2　5/25　7/16　11/4　11/29

服务　10/20　11/21

死亡　2/2　3/1　4/3　5/12　5/26　6/24　8/2　9/7　10/10

温顺(谦逊)　1/11　2/10　3/5　5/8　6/7　7/30　11/1　11/30

生活的意义　3/21　4/30　10/19　11/23

诱惑　5/27　11/2　12/10

良知　6/19　9/10　10/23

宁静　10/21

公正　3/22　8/26

苦难(痛苦)　4/19　7/25　10/28

激情(欲望)　2/6

秘密(神秘)　3/20

劳动　2/19　3/7　4/5　4/28　8/25　9/25　12/11

虚荣心　6/25　8/7

沮丧　6/29

努力　1/6　4/2　5/9　6/27　7/23　9/4　9/20　10/5　11/11

生活制度　1/3　1/16　1/30　2/23　3/17　3/23　4/14　4/21　5/30
　　　　　6/16　6/30　7/13　9/17　11/22　11/26　12/22

癫狂　5/17

引文索引

说明：

1. 本索引为全书引文出处之索引。由索引可见托翁的思想倾向。

2.《阅读天地》全书引文或出自各类文献，或出于个人署名作品。本索引相应设甲、乙两编。甲编为文献索引，乙编为作者索引。

3. 对文献性质和作者生卒行状之说明，均据原书卓林所编索引翻译，偶有增删改动，以和已有汉译一致。

4. 文献索引主要以地域、宗教为依据做分类编排，作者索引则按汉译核心词第一字的汉语拼音顺序定先后。

5. 斜线"/"前后分别为月、日，横线"—"后为引文在当日正文中的序号。

甲编

一　南亚地区

婆哈瓦多——印度叙事诗《婆哈瓦吉多》的一部分

7/22—2

婆罗门智慧集

6/23—6　7/15—7　7/27—2　8/4—6

10/16—1　11/5—3　11/5—4

布拉纳(包括阿格尼-布拉纳、巴马那-布拉纳、毗湿奴-布拉纳等)——印度宗教叙事诗

3/5—2　3/12—小序　3/12—4　4/22—4　5/14—2

6/18—3　7/26—4　8/29—2　10/2—3

佛陀格言集

2/16—2　4/7—8

佛陀苏塔(包括密塔-苏塔)——印度佛教文献

1/27—8　11/27—1

佛陀智慧集［达马巴达］——汉译《法句经》(《法集要颂经》),为佛陀语录集句

1/6—4　1/23—5　1/23—6　1/25—3　2/5—2　2/6—2

2/18—7　3/10—1　3/29—3　3/29—9　3/31—6　4/7—5

4/11—3　5/6—4　5/7—5　5/12—5　5/12—8　5/23—11

5/23—12　6/6—4　6/14—6　6/25—6　7/18—1　7/23—2

8/1—9　8/3—1　8/7—1　8/7—8　8/9—5　8/11—4

8/15—4　9/14—6　9/18—6　9/20—3　9/21—6　9/21—8

10/5—3　10/11—6　10/11—7　10/29—5　11/5—6

11/13—8　11/19—8　11/24—6　12/10—3　12/15—3

12/27—4

吉托巴地——印度劝世文学文献

4/5—1　11/14—6

库拉尔——印度文献

5/18—1　5/18—2　5/23—7　6/6—2　7/8—2　9/22—2

11/19—1

罗摩衍那——印度史诗

10/20—3

摩诃婆罗多——印度史诗

12/13—4

摩奴法典——印度古代文献,传说为人类始祖摩奴所作
1/29—8　5/6—3　6/6—1　6/8—5　8/23—4　10/7—2
11/19—2

奥义书——古印度文献,《吠陀》的最后一部。印度散文和诗的宗教哲学论集
10/9—7

僧伽罗佛教
6/6—3　11/24—8

印度智慧集
2/22—5

印度格言
3/12—5　11/21—1

印度谚言
5/23—4

印度俗语
10/3—6　12/13—5

二　西亚、北非地区

阿拉伯智慧集
3/24—3

阿拉伯俗语
2/26—2

巴比特表——伊朗19世纪由巴勒创立的穆斯林支派的作品
6/14—7　6/27—8　7/18—3

波斯手册
3/12—2

波斯格言集
1/5—1　8/23—3

波斯智慧集——选自阿尔彼季斯(19世纪,《所有民族道德言论集》编者)和捷尔别洛(1625—1695,法国东方学者)
1/24—5　1/27—3　5/1—1　5/1—2　5/14—4　5/18—4

波斯
1/13—5

岑达维斯塔——古伊朗叙述琐罗亚斯德学说的圣书
7/7—3

古兰经——穆斯林圣书
5/9—7

穆斯林传说

7/30—4

米什卡特(穆罕默德)传说

7/11—3

苏菲(苏菲智慧集)——苏菲派,8—12世纪伊斯兰教之神秘主义流派

3/28—1 5/7—1 6/22—6 12/14—3

塔木特——形成于公元前4世纪—公元5世纪的阐明犹太教宗教道德和法律原则的文集

1/6—3 1/11—4 1/11—5 2/10—4 2/14—3 2/18—5
2/25—1 3/2—2 3/4—7 3/7—5 3/8—2 3/8—4
3/12—3 3/18—4 3/19—1 3/28—6 3/29—6
3/31—3 3/31—5 3/31—7 4/7—3 4/11—1
4/15—2 4/15—3 4/15—4 5/2—1 5/5—5
5/12—6 5/21—6 5/23—6 6/14—5 6/15—3
6/15—4 6/25—7 7/15—6 7/30—1 7/31—2
8/3—2 8/13—2 8/20—3 8/22—6 9/18—7
9/23—3 10/2—2 10/15—2 10/19—4 10/26—3
11/17—3 11/17—5 11/17—6 11/22—3 11/30—2
12/1—2 12/11—2 12/11—3 12/11—6 12/14—2
12/24—3 12/31—1

土耳其俗语

2/26—9

台札季——古波斯宗教作品,包含15位先知之书

5/3—5

埃及智慧集

5/8—1

三 东亚地区

东方集

1/5—3

东方智慧集

1/7—5 3/29—8 4/18—9 5/3—1 6/13—3 6/26—3
7/11—5 7/19—5 8/1—3 8/13—4 10/16—3
11/9—5 11/18—4

中国智慧集
1/3—3 1/17—5 2/3—2 2/10—5 2/14—2 3/14—2
3/28—5 3/28—7 4/25—4 5/3—6 5/13—1 5/17—3
5/19—3 5/24—5 6/7—7 7/13—7 7/16—1 7/16—2
8/1—2 9/4—2 9/20—1 10/19—7 10/21—4
10/22—3 10/26—4 11/6—4 11/29—4 12/24—2

中国书经——"书经",中国古籍《尚书》,系中国古代历史文献,因其重要性而被后人尊为"书经"
4/25—3 11/13—7

中国谚言集
1/4—1 3/13—9 3/28—2 5/15—8 7/5—6 8/27—5
9/13—6 11/1—2 11/4—7 11/4—8

中国 Кваи-Хци
6/3—3

佛本行集经——中国佛教言论集
7/20—3

中国东北满族俗语
2/27—4

四　欧美地区
马太福音
1/3—1 1/10—1 1/11—2 1/11—8 1/12—4 1/14—1
1/31—5 2/8—4 2/18—6 2/25—3 2/27—7 3/3—5
3/6—1 3/11—6 3/11—7 3/15—4 3/30—2 4/8—5
4/8—6 4/20—2 4/20—4 4/27—1 5/1—4 5/10—1
5/17—1 6/7—2 6/27—2 6/27—6 6/28—6 7/1—8
7/4—1 7/15—2 7/17—1 7/22—2 7/31—1 8/9—2
8/12—9 8/21—2 8/21—4 9/5—1 9/8—1 9/8—2
9/12—1 9/12—2 9/20—2 9/26—2 9/26—6 10/2—1
10/3—5 11/15—1 11/20—1 12/8—1 12/10—1
12/10—4 12/25—1

马可福音
5/24—2 7/15—2

路加福音
1/31—4 3/15—2 3/20—11 4/7—1 5/8—2 5/12—7
6/8—3 6/28—5 6/30—3 7/11—4 7/15—2 8/6—1

8/12—2　8/24—5　9/4—5　11/1—1　11/13—9

约翰福音

1/28—1　2/14—1　2/18—2　3/24—1　4/21—2

4/22—1　4/24—1　4/25—1　5/20—2　6/12—1

7/26—3　8/12—4　8/12—8　8/13—5　8/23—1

9/5—3　10/9—4　10/18—1　10/27—6　11/3—1

12/7—1

罗马书

6/14—2

哥林多前书

12/17—1

雅各书

1/5—2　2/27—1　5/25—1　5/28—2　7/22—3

12/13—1

约翰一书

1/14—4　1/26—7　5/24—1

利未记

11/12—3

第二诫命（申命记）

5/19—4

诗篇

1/5—5　5/12—1　9/8—6

以赛亚书

4/8—3

耶利米书

4/8—4

弥迦书

4/8—8

费萨龙第2书

8/25—3

费萨龙第1书

10/1—4

十二使徒教义

3/15—3

艾克列齐亚斯特——圣经中的一书名

1/11—1
英文
3/19—6
虔信者思想录
1/4—2　1/7—2　1/7—4　1/11—6　1/21—3　2/8—5
3/3—3　3/3—4　4/27—3　5/23—5　5/25—2　5/25—4
6/12—7　6/14—3　6/19—7　7/16—5　7/21—3
7/21—4　8/19—5　10/4—3　10/4—7　10/4—8
10/22—4　11/4—3　11/4—4　11/24—1　11/24—2
11/24—7　11/29—1
苏格拉底谈话录
6/25—5　9/14—1
世界进步思想杂志
4/25—2　6/7—5　7/1—6　7/1—7　8/30—2　9/19—3
杂志维姆
11/17—7
谚言
3/20—8　8/7—3
谚言引语人人必备手册
9/13—4
传说
12/10—7

乙编

A

阿尔比季斯(19世纪)——《所有民族道德言论集》(1850)的编者
10/1—2
阿尔菲耶里(1749—1803)——意大利戏剧家
10/23—4
阿米埃尔(1821—1881)——瑞士随笔作家,哲学家,诗人,《内心倾诉日记》(1883—1884)一书作者
1/13—3　1/24—4　1/27—5　1/29—5　1/29—6
2/11—2　3/2—6　3/2—7　3/4—4　3/8—1
4/2—3　4/12—2　　5/4—1　5/4—5
5/10—5　5/10—8　5/10—10　5/11—1　5/15—9

5/16—4　5/22—4　5/24—3　5/26—1　5/26—7
5/29—2　5/31—1　6/24—6　7/1—4　7/2—2
7/8—1　7/8—4　7/15—3　7/15—4　7/15—5
7/21—2　8/4—7　8/7—10　8/9—1　8/12—5
8/14—2　8/20—1　8/29—5　9/8—5　9/10—3
9/30—3　10/4—4　10/8—2　10/9—6　10/10—2
10/25—3　10/30—4　11/2—1　11/13—3　11/16—2
12/7—3　12/14—1　12/20—1　12/22—1　12/24—5
12/26—3　12/31—4

阿福里特 梅狄(1822—1888)——英国诗人,教育家,艺术理论家
2/22—3

阿仑 格朗特(1848—1899)——美国随笔作家,小说家,自然科学家
5/30—4　9/17—3

阿夫列里 马克(121—180)——罗马皇帝,斯多葛派哲学家
1/4—6　1/6—5　2/1—1　2/2—2　2/3—3　2/4—1
2/7—6　2/19—6　3/3—6　3/27—1　3/30—4　4/2—2
4/4—4　4/7—2　5/1—7　5/12—10　5/17—2　5/20—1
5/20—3　6/3—4　6/7—4　6/23—4　6/24—2　6/24—5
6/26—1　7/5—2　7/5—4　7/5—9　8/3—9　8/5—5
8/16—4　8/19—3　8/26—5　9/18—5　9/18—8　9/26—3
9/26—4　10/9—2　10/11—2　10/21—3　10/22—6
10/23—2　10/28—2　11/2—2　11/4—6　11/5—2
11/18—8　11/20—3　11/27—2　11/27—4　12/7—5
12/10—6　12/17—2　12/31—3

安方登(1796—1864)——法国空想社会主义者,圣西门的继承者
6/10—6

爱比克泰德(约50—约138)——罗马斯多葛派哲学家
1/6—2　2/4—2　2/4—3　2/6—1　3/2—4　3/18—2
3/30—3　4/7—4　4/25—6　5/1—3　5/10—2　5/14—3
5/20—4　6/23—2　7/3—1　7/3—4　7/27—3　8/1—6
8/11—2　8/12—6　9/4—1　9/4—4　9/21—2　9/27—1
10/7—3　10/11—3　10/18—2　10/21—2　10/22—1
10/24—3　12/4—2　12/19—2

爱拉兹姆(1466—1536)——荷兰人文主义作家
2/12—2

艾略特 乔治(真名玛丽·艾万斯,1819—1880)——英国小说家
1/21—4 3/11—2 3/11—4 7/12—3
爱默生(1803—1882)——美国哲学家,作家,诗人,随笔作家
1/1—1   1/9—5   1/12—3 1/15—2 1/28—2 1/29—7
1/30—6 2/24—6 3/14—4 3/21—2 3/27—3 4/2—5
4/3—4   4/9—3   4/16—6 4/19—4 4/23—3 4/23—4
4/24—3 4/27—6 5/13—4 5/14—1 5/18—3
5/24—7 5/28—1 5/30—3 6/4—4   6/12—4 6/18—4
6/19—6 6/27—5 7/2—4   7/5—7   7/10—2 7/12—6
7/24—2 8/3—8   8/5—3   8/5—7   8/11—3 8/25—1
8/25—2 9/4—6   10/3—4 10/12—1 10/12—2
10/15—3 10/16—2 10/25—5 11/12—1 11/15—7
11/17—2 11/28—1 12/4—4 12/8—3 12/14—8
12/16—3 12/16—4
奥维德(公元前43—约18)——古罗马诗人
7/20—2
奥古斯丁 圣(354—430)——神学家
8/24—3 11/19—4
奥利根(约185—253/254)——基督教神学家,哲学家,宗教作家
3/9—3

B

巴克尔(1810—1860)——美国宗教作家,传教士,废奴主义者
3/14—6 4/8—1   4/17—1 4/17—2 6/19—5 8/6—4
10/4—9 11/16—1
巴克斯德(1615—1692)——英国清教传教士,神学家
6/7—6   11/4—5 12/10—5
巴莱(1743—1805)——英国哲学家,道德训谕作家
2/23—2
巴鲁 阿(1803—1890)——美国牧师,政论家,不以暴力抗恶学说的拥护者
1/22—4
邦达列夫(1820—1898)——农民,《热爱劳动和不劳而获,或庄稼汉的胜利》(1890)一书的作者
12/11—5
邦泽(1800—1882)——奥克斯福大学教授,批判著作作者,英国教会合法化拥护者,论文《时代之路》(1833)的作者

10/26—2

贝尔谢(1805—1889)——法国传教士

6/30—8

本丹(1748—1832)——英国幽默作家,哲学家

2/3—5　11/5—5

比契尔(1813—1887)——美国废奴主义文学作家斯陀夫人的兄弟,美国传教士,废奴主义者

12/9—6

比斯马克(1815—1898)——德国国家活动家

7/28—5

比尤西育——法国女作家

5/28—5

波里斯莱(约1630—1714)——英国作家

2/10—6

勃

4/27—5

勃拉克　哈乌克(1767—1838)——北美印第安萨克部落领袖

11/12—2

柏拉图(前427—前347)——古希腊哲学家

4/3—6　5/10—3

勃列基(1809—1895)——英国诗人,哲学家

3/29—7

布尔克

6/23—1

布拉恩(1811—1891)——英国宗教作家,主教

8/30—3　9/27—5

布卡(真名阿尔罕格尔斯·基阿伊,1857—1906)——兽医士,托尔斯泰追随者,政论家

2/1—2　4/19—5　4/30—5　7/14—4　10/20—6

布亚斯特(1765—1824)——法国词典学研究者

2/15—7

D

达朗贝尔(1717—1783)——法国数学家,哲学家,启蒙学者,百科全书作者

2/15—8

达尼埃尔(1562—1619)——英国诗人,历史学家,戏剧家

达乌德 伊尔·哈菲尔
5/13—2
德谟菲尔——古希腊哲学家
6/25—9　6/25—10　9/12—5
德谟克利特 阿布德拉(约前460—约前370)——古希腊哲学家
5/7—7
德奥多鲁斯
12/9—5
代舍尔尼
4/26—5

F

法拉尔(1831—1903)——英国神学家,作家
7/26—2
法朗士 阿那托尔(1884—1924)——法国作家
4/19—8　6/17—1　12/29—4
法西克里特
9/22—4
菲里蒙(约前360—前262)——古希腊戏剧家
9/3—3
费涅龙(1651—1715)——法国作家,康勃大主教,1699年被教会清除出教
1/25—2　5/9—2　10/26—1　10/30—1
菲奥格尼斯特(前6世纪后半时期)——希腊诗人,生于墨伽拉
2/23—3
佛陀(前623—前544)——佛教创始人
6/11—4
伏尔泰(1694—1778)——法国启蒙思想家、作家
2/26—7　2/26—8　8/20—2　9/29—1
弗列契尔(1579—1625)——英国戏剧家
6/12—8
弗朗西斯科(1182—1226)——天主教僧侣,弗朗西斯科骑士团创始人
4/15—1
弗朗马里昂(1842—1925)——法国天文学家,科普作家
11/25—3
弗里德里希二世(1712—1786)——普鲁士国王,统帅

12/29—1

G

盖齐
5/1—8

歌德(1749—1832)——德国诗人
2/29—1　4/7—6　8/7—13　8/25—6　10/26—5
11/17—1　12/24—4

戈尔施坦因(1853—1905)——化学硕士,彼得堡大学编外副教授,新闻工作者,教育家,在一次示威游行中被黑色百人团分子杀害
7/20—5

果戈理(1809—1852)——俄国作家,戏剧家
1/5—4　3/10—5　5/10—4　7/25—6　11/13—4

H

哈尔丘恩——1904—1905年俄日战争时期巴黎《马登》报记者
3/9—2　7/6—2

哈费特　阿尔曼卓尔·达尔
5/29—4

哈里生(1805—1879)——美国社会和政治活动家,作家,废奴主义者
8/21—5

哈米德　赛义德·本
5/12—11

哈特曼——德国作家
11/13—2

哈桑　穆罕默德
8/29—3

海涅(1797—1856)——德国诗人
1/31—3

海亚姆　奥马尔(约1048—约1122)——波斯和塔吉克斯坦诗人,数学家,哲学家
9/3—4

赫贝特　罗德·爱德华(1583—1648)——英国哲学家
7/30—3

赫尔岑(1812—1870)——俄国革命民主主义者,哲学家,作家
1/17—1　6/30—10　7/13—1　10/25—6　11/22—4

赫拉克利特(约公元前544—前470)——古希腊哲学家

1/20—4　12/14—7
霍尔姆斯(1809—1894)——美国作家
1/24—6

J

吉尔西(死于1900)——英国政论家,拥护素食主义者
2/21—2
加尔文(1509—1564)——瑞士神学家,宗教改革家
3/16—3
捷卡尔特(1596—1650)——法国哲学家,数学家,物理学家,生理学家
5/29—1
杰斐逊(1743—1826)——美国启蒙者
1/7—3　9/5—8

K

卡尔宾德(1844—1929)——英国作家、诗人和政论家
8/4—1　11/3—6
卡图(公元前234—前149)——古罗马作家,国家活动家
11/4—1
卡莱尔　托马斯(1795—1881)——英国历史学家,政论家
1/21—2　1/30—7　2/29—5　3/21—5　3/26—2
4/14—1　4/20—6　4/28—5　5/2—3　7/10—6
7/16—8　7/28—4　8/1—8　8/4—5　8/28—10
9/6—2　9/13—7　10/19—3　11/11—3
11/12—4　11/20—2　11/22—6
开
8/7—5
凯特莱(1796—1874)——比利时人口学家、数学家、天文学家
11/25—1
康勃(1785—1827)——英国空想社会主义者
8/14—1
康西杰朗(1808—1893)——法国空想社会主义者,傅利叶的继承者
9/14—3
康德(1724—1804)——德国哲学家
1/2—5　1/10—2　1/15—3　2/1—6　2/11—3　2/13—1
2/13—2　2/13—7　2/19—4　2/28—1　3/16—6
3/19—2　3/29—5　4/1—1　4/1—5　4/2—1　4/9—1

4/16—1　4/18—5　4/28—1　5/2—4　5/5—3　5/9—5
5/19—5　5/21—3　5/21—4　6/13—4　6/13—5　6/16—4
6/18—1　6/22—2　6/22—4　7/14—2　7/14—3
7/23—1　7/24—1　7/30—小结　8/6—2　8/17—3
8/17—6　8/21—1　9/8—10　9/9—3　9/19—6
9/22—5　9/23—5　9/26—1　9/26—5　9/28—2
9/28—3　10/2—8　10/10—1　10/28—3　11/12—6　11/13—1
11/13—5　11/14—5　11/16—3　11/18—5　11/29—3
12/5—1　12/6—4　12/19—6　12/26—6　12/27—2

柯勒律治(1772—1834)——英国批评家,诗人
12/13—2

科苏特(1802—1894)——匈牙利国家和政治活动家
11/29—5

克利福特(1778—1830)——英国古玩收藏家,作家
1/31—1

克列奥夫特(公元前6世纪)——斯巴达人,希腊"七贤"之一
11/18—6

克洛斯比　恩内斯特(1856—1907)——观点与托尔斯泰相近的美国作家
1/27—7　11/22—8

科尔达夫斯基　伊卜拉吉姆
1/8—5

肯培斯　多马(1380—1471)——奥古斯丁骑士团修道院院长,《论效法基督》一书的作者
10/28—4　11/1—4　11/14—3

孔子(约前551—前479)——中国古代思想家,儒家学派创始人
1/11—7　1/29—1　2/7—4　2/14—4　3/29—4　4/2—4
5/1—5　5/3—4　5/15—5　5/20—4　6/8—2　6/14—4
6/21—3　7/9—7　7/24—3　8/17—5　9/4—3　9/13—1
9/21—1　9/21—2　10/5—2　10/24—2　11/30—3
12/8—4　12/27—1

孔德　奥古斯特(1798—1857)——法国哲学家
3/20—2

L

拉马克利室那(1836—1886)——印度哲学家,宗教改革家
7/1—2　10/16—1

拉克丹齐伊(死于330年)——基督教作家
6/22—1

拉法德尔(1741—1801)——瑞士神职人员,传教士,作家
2/26—6

拉罗什福科(1613—1680)——法国道德劝谕作家
2/24—3

拉马丁(1790—1869)——法国政治活动家,历史学家,诗人
6/20—小序　6/20—5

拉维莱(1822—1892)——比利时历史学家,经济学家,和托尔斯泰通信者
1/30—4

拉伯雷(1645—1696)——法国道德劝谕作家
2/1—4　2/1—5　2/22—6　3/5—8　4/20—1　5/12—2
5/12—4　6/25—2　8/7—4　8/7—12

拉门奈(1782—1854)——法国政论家,宗教改革家,天主教神父,基督教社会主义奠基人之一
1/8—2　1/17—3　1/19—4　1/22—1　2/7—1　2/20—3
3/9—4　3/23—1　3/26—1　4/19—1　5/7—3　5/10—7
6/3—1　7/3—3　7/14—1　7/25—3　7/26—1　8/18—1
8/24—1　8/30—1　11/12—7　12/18—1　12/20—4
12/30—1

老子(公元前4—前3世纪)——中国古代哲学家,"道家"的奠基人
1/4—4　1/6—1　1/19—2　2/3—1　2/7—5　2/9—3　2/10—1
2/22—1　2/22—2　2/26—4　3/16—5　4/15—6　5/8—4
6/8—4　6/10—1　6/10—5　6/27—4　7/17—2　9/13—3
10/4—6　10/13—1　11/1—3　11/1—6　11/1—7
11/5—1　11/30—1　11/30—7　12/7—6　12/13—6
12/23—6　12/24—7

莱辛(1729—1781)——德国戏剧家,哲学家,文学批评家
1/13—2　1/17—2　1/29—2　2/13—3　2/15—5
4/21—4　5/15—6　8/18—2　9/19—4　12/1—4

朗费罗(1807—1882)——美国诗人
9/13—8

列基(1838—1903)——英国历史学家,随笔作家
11/10—2

里舍　沙里(1850—1935)——法国生理学家

里顿(1752—1803)——伦敦古玩商

9/24—6

里赫登别尔格(1742—1799)——德国作家,物理学家

3/16—1　4/1—2　4/18—6　4/18—7　4/18—10
4/26—3　5/3—3　5/5—6　5/20—5　6/5—3　7/9—4
7/12—4　7/27—7　8/7—6　8/7—11　8/15—1　8/22—4
9/29—5　10/1—3　10/3—2　10/11—8　10/24—4
10/31—1　11/7—1　11/8—1　12/7—4　12/13—3
12/19—7　12/26—5　12/27—3　12/31—5

鲁米　日拉列杰(1207—1273)——伊斯兰苏菲神秘教派之波斯语诗人

10/20—2

路德(1483—1546)——德国宗教改革活动家

9/21—3

卢梭(1712—1778)——法国作家,哲学家

2/1—3　2/19—5　2/25—2　3/16—4　4/12—7　4/14—3
4/26—1　5/15—3　5/28—6　6/8—7　6/9—4　6/19—4
6/24—1　7/9—2　8/3—4　9/17—1　9/24—5　10/23—1
11/14—4　11/30—5　12/6—1　12/12—1

洛狄

7/21—5

洛克(1632—1704)——英国哲学家

1/1—2　9/21—4

洛德(1857—1910)——瑞士法语作家,道德劝谕作家

4/11—5　7/6—1　8/8—1

罗伯逊(1816—1853)——英国神学家,传教士

7/28—1

略斯金　约翰(1819—1900)——英国艺术理论家,艺术批评家,历史学家,政论家

1/3—7　1/8—3　1/9—3　1/10—5　1/24—3　1/26—5
1/26—6　2/3—6　2/7—2　2/8—6　2/10—7　2/18—8
2/19—2　2/23—1　2/28—5　2/28—6　3/3—7　3/7—2
3/19—5　3/22—4　3/22—5　3/25—3　3/25—5
3/28—4　4/1—4　4/4—6　4/13—4　4/15—5　4/15—7
4/15—9　5/2—8　5/9—4　5/13—3　5/18—6　5/22—1

5/23—1　5/30—5　6/4—2　6/12—5　7/2—5　7/8—5
7/9—8　7/10—1　7/11—2　7/13—4　7/13—5　7/13—6
7/19—6　8/10—2　8/15—2　8/16—3　8/23—5
8/30—4　8/31—2　8/31—3　9/8—4　9/8—7
9/9—2　9/9—5　9/20—4　9/23—2　9/23—4
9/25—1　11/21—4　11/23—3　11/26—1
11/27—5　11/29—6　12/2—5　12/4—5
12/10—2　12/10—8　12/11—1　12/12—5
12/13—7　12/18—4　12/19—8

M

马地
9/13—2

马尔丁诺(1802—1876)——英国女作家
4/9—2　5/11—2　5/21—5　7/23—3　8/10—3　9/2—4
9/16—1　9/16—2　11/3—2

马赫　加斯东
6/17—2

马科夫斯基　谢尔盖(1877—1962)——新闻工作者,诗人,批评家,《阿波罗》杂志编辑
8/24—4

马洛里　留西——美国女作家,《世界进步思想》杂志出版者,和托尔斯泰通信者
1/16—3　1/24—1　1/27—1　2/5—4　2/5—5　2/7—7
2/21—1　2/21—4　3/12—6　3/13—3　3/26—3　4/6—4
4/18—8　4/20—3　4/20—7　5/4—3　5/4—6　5/7—2
5/10—9　5/13—5　5/15—1　5/22—3　5/22—5　5/22—6
6/3—5　6/5—4　6/9—5　6/11—3　6/11—6　6/15—5
6/20—3　6/21—2　6/25—1　6/30—4　7/10—4　8/1—4
8/3—5　8/8—3　8/12—1　8/13—1　8/22—3　8/27—2
8/27—3　8/27—6　9/6—3　9/10—4　10/1—5　10/5—1
10/5—5　10/7—4　10/12—3　10/13—3　10/17—3
10/22—5　10/23—3　11/19—3　11/28—2　12/5—2
12/6—3　12/7—2　12/12—2　12/24—1

马蒙杰尔(1723—1799)——法国作家
5/30—2

马宁格　卡尔基纳尔(1805—1892)——红衣主教,传教士,布道者
3/23—6

马志尼　约瑟夫(1805—1872)——意大利革命家,民族解放运动领袖
1/2—1　1/3—6　2/5—3　2/13—5　2/23—7　2/28—6
2/28—8　2/29—2　3/17—1　3/17—3　3/26—4
4/10—6　4/12—1　4/14—6　5/19—6　6/2—3　6/10—4
6/19—2　7/3—5　7/7—4　8/14—3　8/16—2　8/24—2
9/11—3　10/25—2　11/3—4　11/11—2　11/16—4
12/18—3　12/20—3　12/22—6　12/30—4

孟德斯鸠(1689—1755)——法国启蒙学者,法学家,哲学家,作家
4/28—4　5/27—5

蒙德维尔　布尔纳德(1670—1733)——英国作家,医生
9/24—2

蒙田(1533—1592)——法国怀疑论哲学家,神学和经院哲学的敌人
2/19—7　3/13—4　10/1—1　10/29—1

孟子(约前372—前289)——中国哲学家
11/27—3

弥尔顿(1608—1674)——英国诗人,政治活动家
1/12—1　2/20—2　3/14—5

米南德(前342—前291)——古希腊戏剧家
9/3—2

密涅杰姆(死于公元前278)——古希腊哲学家
5/23—3

密兹凯维支(1798—1855)——波兰诗人
9/27—2

莫里斯(1834—1896)——英国诗人,画家,作家,艺术理论家,社会活动家
1/2—4　2/28—2

莫泊桑　居伊·德(1850—1893)——法国作家
7/6—3

莫里逊　达维生(1843—1906)——英国律师,新闻工作者,和托尔斯泰通信者
11/10—3

莫里纳里(1819—1912)——比利时经济学家
9/29—4

莫尔　托马斯(1478—1535)——英国人文主义者,国家活动家,作家
5/28—3

穆罕默德(570—632左右)——伊斯兰教创始人
3/15—7 4/5—5 5/6—2 6/2—5 12/11—4

穆鲁克 赛伊夫
5/7—6

N

尼采(1844—1900)——德国哲学家
5/21—2

纽曼(1801—1890)——英国神学家,传教士
1/30—5

牛顿 赫伯特
11/10—4

O

欧文 罗伯特(1771—1858)——英国空想社会主义者
6/4—5

P

帕斯卡尔 布列兹(1623—1662)——法国数学家,物理学家,宗教哲学家,作家
1/24—2 2/12—1 2/18—1 3/5—5 3/14—1 3/24—4
4/1—6 4/4—3 4/6—3 4/11—4 4/18—2 4/21—6
4/22—5 4/26—4 5/9—1 5/12—3 5/12—9 6/26—2
6/28—8 7/1—1 7/5—1 7/5—8 8/13—6 8/19—1
8/24—8 9/2—2 9/6—4 9/14—5 9/20—5 9/22—3
9/29—2 10/5—4 10/19—5 10/19—6 10/28—5 11/2—4
11/9—1 11/9—2 11/21—3 12/6—5 12/9—2 12/9—3
12/17—3 12/19—3 12/21—4 12/28—5 12/31—6

潘恩 托马斯(1737—1809)——美国政论家,政治活动家
3/23—3

培(1644—1718)——英国政治活动家,公谊会教徒,北美英国殖民地宾夕法尼亚的创始人
5/2—6 8/7—2 11/24—4

培根(1561—1626)——英国哲学家
3/13—7 6/6—5

皮法戈尔(公元前6世纪)——古希腊思想家
5/6—5 7/5—5 12/5—3

皮格洛夫 赫伯特

6/22—7　7/4—11

皮塔库斯(约公元前650—前570)——古希腊"七贤"之一
7/29—4

普卢塔克(46—约120)——古希腊作家,历史学家,道德劝谕作家,《希腊罗马名人比较列传》作者
9/19—1　9/24—1　9/24—3　9/24—4

普波(1688—1744)——英国诗人
8/7—7

普林尼(小普林尼,61或62—约113)——古罗马诗人,国家活动家
9/27—6

Q

契尔特科夫　符拉基米尔(1854—1936)——托尔斯泰密友,其文集之出版家
11/22—5

齐密尔曼　德尔(1807—1878)——德国作家,医生,素食主义宣传者,《通向天堂之路》作者
6/20—1

恰科(1771—1848)——瑞士作家
5/1—6

恰赛　本
3/3—8

强宁格(1780—1842)——波士顿新教牧师,传教士
1/10—4　1/12—2　1/13—4　1/15—1　2/10—3
2/27—6　4/2—6　4/10—1　4/10—2　4/13—6
6/15—2　6/18—2　6/23—5　6/26—4　6/28—3
7/3—2　7/18—2　7/19—3　7/29—2　8/23—2
8/29—1　8/30—5　9/10—5　9/19—5　10/27—1
10/29—6　11/8—2　12/14—5　12/30—2

乔治　亨利(1839—1897)——美国经济学家,政论家,"土地单一税制"拥护者
1/4—3　1/16—2　1/30—3　2/9—1　2/9—4　2/23—4
2/23—5　2/23—6　3/17—2　3/22—2　3/23—2
3/23—4　4/14—2　4/14—5　4/16—2　4/16—3
5/30—1　6/4—3　6/16—2　7/13—2　7/13—3
7/31—3　7/31—5　9/17—6　9/17—7　9/17—8
9/25—4　10/20—1　10/31—2　12/18—7

丘特切夫(1803—1873)——俄国诗人
9/30—1

裘克洛(1704—1772)——法国历史学家
9/2—7

R

让-保尔(里赫德尔)——德国出版家
4/19—7

日涅维奥-拉克——美国女作家
1/11—3

若尼扎(拉斐兹的)
4/11—2

S

萨迪(1203/1210—1292)——波斯作家,思想家
1/4—5 2/26—1 3/3—2 3/4—2 3/5—4 3/15—8
4/5—3 4/5—4 7/16—3 7/27—4 7/27—5 7/30—6
9/6—1 10/25—1 11/14—8 11/19—7

塞诺芬(约前430—约前355)——希腊历史学家,苏格拉底的学生
1/25—1 7/9—1 9/23—1

塞内加(约前4—前65)——罗马政治活动家,哲学家,作家
1/1—3 2/14—6 3/3—1 3/10—2 3/20—1
3/22—1 4/18—4 5/4—2 7/19—1 7/28—2 8/1—1
8/1—5 8/4—2 8/12—7 8/13—1 8/20—6 8/22—5
9/7—2 9/7—5 9/18—3 10/3—3 10/8—3 10/8—6
10/9—8 10/16—4 11/14—7 11/15—8 11/18—1
11/18—2 11/24—5 11/26—6 11/26—7 12/12—7
12/19—1

沙特里昂 爱克曼——两位法国小说家艾米尔·爱克曼(1882—1899)和亚历山大·沙特里昂(1826—1890)的共同笔名
12/29—3

叔本华(1788—1860)——德国哲学家
1/1—5 1/1—6 1/7—1 1/9—2 1/25—4 2/21—3
2/24—4 3/28—3 4/3—1 5/6—1 5/13—7 6/3—2
6/16—1 7/2—1 7/2—3 7/12—7 7/20—1 7/20—4
8/11—1 8/16—1 9/2—5 9/7—1 9/10—2 9/15—1
9/15—3 9/22—1 10/3—1 10/24—1 10/27—3

10/27—4　10/28—1　11/7—2　11/15—5　12/6—2
12/12—4

斯宾诺莎(1632—1677)——荷兰哲学家

3/6—2　4/9—6　6/5—5　6/24—3　7/21—6　7/26—5
12/19—4

斯宾塞　赫伯特(1820—1903)——英国哲学家,社会学家

1/30—2　6/30—9　9/17—2　9/17—4　11/14—1

斯宾塞　托马士(1750—1814)——英国空想社会主义者

11/12—9

斯梅里斯(1812—1904)——英国道德劝谕作家

4/4—5

斯科沃洛达　格里戈利(1722—1794)——乌克兰哲学家,诗人,人道主义者,启蒙学者

4/23—1

斯普林格费尔德(生于1861)——英国作家

4/8—7

斯徒卢威(1805—1870)——德国作家,政治活动家,1848巴登起义领导者

12/26—4

斯特拉霍夫　费多尔(1861—1923)——与托尔斯泰思想一致者,哲学文集作者

1/28—3　2/4—2　2/22—7　4/10—3　4/12—5
4/15—11　6/16—3　7/21—7　8/13—7　9/10—1
9/18—2　10/27—2　12/22—3

斯威夫特　约纳丹(1667—1745)——英国讽刺作家,政治活动家

6/17—4

苏格拉底(前469—前399)——古希腊哲学家,辩证法奠基人之一

1/23—4　4/6—2　8/20—5　9/18—1

苏莱曼　格拉纳达(13世纪)——医生,以阿拉伯语译古犹太"梅蒙尼达"

1/29—3

琐罗亚斯德(生活于约前10至前6世纪)——古伊朗宗教改革家,宗教学说奠基人,先知

4/5—6　9/21—9

梭伦(约前648—约前559)——雅典立法者,古希腊"七贤"之一,政治活动家,社会改革家

5/9—3　10/24—5

索尔德尔(死于1778)——英国宗教作家
4/14—4 11/11—1 12/18—6 12/20—2

T

汤波尔特
4/19—6

托克维尔(1805—1859)——法国社会学家,历史学家,政治活动家
3/21—4

托罗(1817—1862)——美国作家
1/1—4 1/9—1 1/15—4 1/28—4 2/24—1 4/5—2
4/6—5 4/12—3 4/19—2 4/23—2 5/3—7 5/13—6
5/27—3 6/8—6 6/11—2 6/11—5 7/1—5 7/9—3
7/23—4 7/24—4 8/8—4 8/27—4 9/14—4 9/16—4
9/25—6 10/7—5 10/8—4 10/8—5 10/17—1 10/19—2
11/22—9 11/26—5 12/12—6 12/22—5

托马斯 达维(1813—1894)——英国宗教作家
4/9—5

W

瓦比尔顿(1698—1779)——英国宗教作家,主教
9/2—6

维里基 瓦西里(约330—379)——神学家,凯萨尔大主教
5/23—2

维里门(1790—1870)——法国文艺史家
5/7—4

维尼 阿弗雷特·德(1797—1863)——法国作家,诗人
4/8—2

温斯德列伊 杰拉尔德(1609—约1652)——英国空想社会主义者,"掘土派"思想家
3/23—5 11/12—5

沃维纳克(1715—1747)——法国道德劝谕作家
4/13—2 5/24—4 6/29—7 8/9—3

X

西列齐乌斯 安格鲁斯(1624—1677)——德国宗教诗人
2/22—小结 11/8—3 11/8—4

西鲁斯 普布里乌斯(1世纪)——罗马诗人
3/18—5

席勒(1759—1805)——德国诗人,戏剧家,艺术理论家
1/29—4 6/30—7 10/28—8 11/22—7

西塞罗(公元前106—前43)——罗马政治活动家,演说家,作家
1/30—1 2/16—4 4/3—3 4/24—5 4/25—5 5/4—4
6/23—3 7/3—6 7/3—7 7/19—7 7/25—2 8/2—5
8/29—4 9/9—8 9/12—6 10/6—4 10/9—5 11/7—4
11/7—5 11/18—3 12/8—5 12/23—1 12/23—4
12/30—3

休姆(1711—1776)——英国哲学家
6/7—3

Y

耶稣 小希拉霍夫(西拉赫之子?)——圣经中一部书的作者
4/24—2

尤文纳尔(约60—约127)——罗马讽刺诗人
11/4—2

雨果 维克多(1802—1885)——法国诗人,作家
12/22—8

约翰生(1573—1637)——英国戏剧家,莎士比亚同时代人和朋友
3/29—1 12/9—4

Z

泽侬墨(1763—1810)——德国政论家,作家,诗人,启蒙学者
3/1—2

兹拉托乌斯特 约翰(约350—407)——君士坦丁诺波尔牧首,东正教思想家,传教士
1/26—1 1/26—2 2/27—3 3/17—4 3/19—4
3/22—3 5/28—4 6/9—3 7/31—4 8/20—4
8/20—7 9/12—4 10/12—5 11/15—3 12/1—1

译　后

　　2010年11月7日，是俄国文学泰斗列夫·托尔斯泰忌辰一百周年纪念日。是年，全国一些单位相继举行学术讨论会以纪念这位伟大的人道主义作家。2010年6月、2011年7月，大连外国语学院（2013年更名为大连外国语大学）两度举办纪念托尔斯泰逝世一百周年的学术活动。我有幸两次参加盛会。

　　会议严肃而热烈，与会者踊跃发言，各抒己见，不仅就托翁的作品等展开讨论，而且对如何在中国把托翁研究推向更高阶段提出了建议。会上有学者提出，托尔斯泰有一部重要著作尚无翻译，而这部作品对了解他的思想发展、研究他的作品，对一般人的人格修养都有着不可替代的重要意义。这就是《阅读天地》。当时曾有人建议两位与会学者接受这一工作。但两位先生或科研任务过重或教学工作难以摆脱而婉拒。辛守魁等先生建议我担起这担子。我当时已退休在家，时间充裕，身体也尚好，觉得退休后能为托尔斯泰研究做一点工作是件好事，就贸然答应试试。

　　会议结束返家不久，大连外国语学院信守承诺，寄来了1991年莫斯科政治文献出版社出版的该书的复印件。看到原书复印件，才感到翻译此书殊非易事。自己虽对东西方文化略知一二，但此书涉及的东、西方宗教文化、哲学史、思想史、政治史等内容，都是我知识方面的短板。我很犹豫。但是古人认为，食言而肥，不足为训。所以我义无反顾，下定决心着手工作，即所谓箭在弦上，势在必发。知识的不足只能有待日后工作过程中加以补救了。鉴于此，译者心存敬畏，坚守"勤能补拙"的立场和态度，力求把这一工作做好。工作虽然进度不快，却也从未中断。经过了五六个寒暑，多次易稿，《阅读天地》终于以目前的面貌呈现在读者面前。

　　在本书的翻译过程中，曾碰到不少的拦路虎。这自然不敢轻慢对待。我曾请教过专家，查阅过能找到的一些工具书，甚至还曾通过儿子安宁在网上征询过问题的答案。但书中仍有一些问题难以解决。最后只能按古人"不知为不知"的教诲，老老实实地在文本中注明"意义不明"，这当然不是最好的解决办法。这些问题有待方家指点。

　　此书的翻译，首先需要特别感谢大连外国语学院，是他们无私地提供了工作底本，为我创造了最基本的工作条件，否则，任何事情都无从说起。

　　其次，还要感谢郑州师范学院尚钊教授。就书写工具和工作方法而言，我有点像《庄子》中的抱瓮灌园的老人，没有采用更省力更有效的电脑操作，而是抱残守缺，依然一笔一纸，俯桌而作。然而电子文档是当代出版、阅读的必要条件，得知这一情况，尚钊教授虽然身体不佳，却仍主动请缨，担负了此书繁重的文字录入工作，最终圆满地完成了任务。对她的深情厚谊，译者在此由衷地表示感谢。

译文告竣后，深感此书出版之不易而犹豫彷徨，所以曾特意咨询过此时正在郑州大学出版社工作的杨秦予女士，承她热情指点和大力支持，此书的信息得以进入郑州大学出版社的视野。可以说，这是此书出版迈出的第一步。衷心向她表示深切的谢意。

尤其要感谢的是郑州大学出版社的全体领导。他们对此书的出版起了关键作用，他们竭尽全力，解决了本书的出版资金，使此得以问世。译者对此深表谢忱。

责编张帆女士，为保证本书的出版质量付出了巨大的劳动，她认真负责、虚怀若谷的工作态度和精神风貌令人敬佩，令人赞赏。

感谢国家出版基金为本书出版提供的资助。

由于原作的历史文化蕴涵深厚，译者对此没有足够的准备，加上俄语修养不足，译文中疏漏、瑕疵、错误难免，如发现问题，请坦诚相告，以便日后改正。

安国梁

2018 年 2 月